U0531136

社科学术文库
LIBRARY OF
ACADEMIC WORKS OF
SOCIAL SCIENCES

应克复　金太军　胡传胜 ● 著

西方民主史

（第三版）

中国社会科学出版社

图书在版编目（CIP）数据

西方民主史：第三版／应克复，金太军，胡传胜著．—北京：中国社会科学出版社，2012.2
（社科学术文库）
ISBN 978-7-5161-0452-1

Ⅰ.①西… Ⅱ.①应… ②金… ③胡… Ⅲ.①资产阶级民主-历史-西方国家 Ⅳ.①D082

中国版本图书馆 CIP 数据核字（2011）第 272941 号

特约编辑	李登贵等		
责任编辑	陈　彪		
责任校对	邓晓春		
封面设计	毛国宣		
技术编辑	王炳图		

出版发行	中国社会科学出版社	出版人	赵剑英	
社　　址	北京鼓楼西大街甲 158 号	邮　编	100720	
电　　话	010－84029451（编辑）	64058741（宣传）	64070619（网站）	
	010－64030272（批发）	64046282（团购）	84029450（零售）	
网　　址	http：//www.csspw.cn（中文域名：中国社科网）			
经　　销	新华书店			
印　　刷	北京金瀑印刷有限责任公司	装　订	廊坊市广阳区广增装订厂	
版　　次	1997 年 2 月第 1 版	印　次	2012 年 2 月第 1 次印刷	
	2003 年 9 月第 2 版			
	2012 年 2 月第 3 版			
开　　本	710×1000　1/16			
印　　张	41.5	插　页	2	
字　　数	700 千字			
定　　价	98.00 元			

凡购买中国社会科学出版社图书，如有质量问题请与本社发行部联系调换

版权所有　侵权必究

出 版 说 明

　　以出版哲学社会科学各类学术著作为主的本社，自1978年6月成立以来，沐浴着"实事求是"与"思想解放"的时代春风，伴随着日显生机和日益活跃的社会科学的发展而发展，十数年来出版了大量的各类哲学社会科学研究著作，积累了一批有影响、有分量的高层次学术图书。为使其中具有精品性质的图书更好地服务于社会和发挥更大的效用，我们从中遴选出若干种组编为"社科学术文库"。

　　"社科学术文库"从本社已出版的各类社会科学研究著作中拔优选萃，选收那些在各个学科领域里选题重大、研究深入、见解扎实和学风严谨的专著性著作；作者老、中、青兼顾，重名家名作，亦重新人力作。

　　"社科学术文库"分辑推出，每辑10种，将陆续出版。

中国社会科学出版社
1996年11月20日

撰稿人

应克复：第三版续论、再版前言、导论、第一章、第二章、第三章、第四章、第五章、第六章、第七章、第八章、第九章、第十五章、第十六章、第十七章、第十八章、第十九章、第二十章第一节的第一部分、第二十四章第五节的第三部分、后记

金太军：第二十章、第二十一章、第二十二章、第二十三章、第二十四章

胡传胜：第十章、第十一章、第十二章、第十三章、第十四章、第二十五章

目　录

第三版出版说明 ··（1）
再版前言 ··· （1）
序 ·· 王惠岩（1）

导论 ·· （1）

第一篇　西方民主渊源

第一章　氏族社会民主制 ···（15）
　　一　氏族成员的民主权利 ···（15）
　　　　选举氏族首领和酋帅的权利（16）　罢免首领和酋帅的
　　　　权利（16）　氏族会议（17）　酋长（17）
　　二　部落的政治功能 ··（18）
　　三　联盟、联盟会议和军事首领 ·······································（20）
　　　　联盟的组织原则（20）　联盟会议（21）　行政长官的
　　　　萌芽（22）
　　四　三权政府：氏族社会民主制的最高形式 ······················（23）
　　　　酋长会议（23）　人民大会（23）　巴赛勒斯（24）
　　五　军事民主制的再认识 ··（25）
　　六　酋邦：前国家的一种社会组织 ··································（27）
　　　　酋邦分布的广泛性（28）　酋邦的基本特征（28）
　　　　酋邦——丰富了文明社会起源的知识（30）

第二章　雅典城邦民主制 ···（33）
　　一　贵族政治时期 ··（33）
　　二　梭伦——民主政制的奠基人 ······································（34）

三　克利斯提尼改革和雅典民主制的建立 ………………（37）
　　四　伯里克利时期民主政治的进一步发展 ……………（39）
　　五　雅典民主制的基本特征 ………………………………（41）
　　　　主权在民（41）　权力制约（43）　法律至上（45）
　　　　公民意识（47）
　　六　雅典民主制的缺陷 ……………………………………（49）

第三章　罗马共和国民主制 ……………………………………（53）
　　一　早期罗马共和国政治制度 ……………………………（53）
　　二　平民与贵族的斗争推动了共和国民主制的发展 ……（55）
　　　　保民官和平民大会的初步确立（55）　十二铜表法的
　　　　制定（56）　平民大会和保民官地位的提高（56）
　　　　平民参与最高权力和债务奴役制的取消（57）
　　三　罗马共和国的权力结构 ………………………………（58）
　　　　新旧贵族联袂——共和国的阶级基础（58）
　　　　元老院（60）　人民大会（61）　高级官吏（62）
　　四　罗马民主制的衰落，帝制的建立 ……………………（65）

第四章　古代西方思想家对优良政体的探索 …………………（70）
　　一　亚里士多德的平衡政体思想 …………………………（70）
　　　　共和政体是最优良的政体（70）　优良政体的实质在
　　　　于合理地分配政治权利（72）　混合政体的原则（74）
　　　　不受约束的势力是政体稳定的隐患（75）
　　二　波里比阿、西塞罗的混合政体与分权制衡思想………（78）
　　　　波里比阿（78）　西塞罗（83）

第二篇　近代西方民主理论

第五章　天赋人权论 ……………………………………………（89）
　　一　中世纪的神权、君权与等级特权 ……………………（89）
　　　　封建特权的社会基础（89）　封建特权的神学论证（92）
　　二　人的发现 ………………………………………………（94）

三　人的自然权利 ……………………………………………（96）
　　　格老修斯（96）　霍布斯（98）　洛克（100）　卢梭（101）

第六章　契约论与人民主权论 ……………………………………（106）
　　一　格老修斯——倾向君主主义的契约论与主权论 …………（106）
　　二　霍布斯——绝对君主主权论外壳内的自由主义啼鸣 ……（108）
　　三　斯宾诺莎——倾向于自由主义的契约论 …………………（113）
　　四　洛克——高扬个人权利的契约论 …………………………（115）
　　　自然状态的缺陷和国家的产生（115）　国家的形式、
　　　目的与权力的蜕化（116）　论人民主权（117）
　　五　卢梭——民主主义契约论与人民主权论 …………………（119）
　　　契约论与国家权力的合法性（120）　激进民主主义
　　　思想的人民主权论（122）　人民享有革命权是人民
　　　主权论在特殊情况下的必要形式（125）　贡斯当对
　　　卢梭民主理论的批评（126）

第七章　自由论 ……………………………………………………（129）
　　一　斯宾诺莎论思想言论自由 …………………………………（129）
　　　自由是天赋之权（130）　人的思想是不能控制的（131）
　　　言论自由是道德进步、科学发展的重要因素（132）
　　二　洛克——自由主义的奠基人 ………………………………（133）
　　　《政府论》（下篇）的主旨（133）　自由主义奠基
　　　之作（134）　反抗权与自由（136）
　　三　亚当·斯密的自由主义经济学说 …………………………（137）
　　　自利、自由——财富增长的最终动力（138）
　　　国家的职能（140）
　　四　密尔论社会自由 ……………………………………………（140）
　　　对社会自由的界定（141）　论思想自由和讨论自由（142）
　　　论个性自由（146）　国家与自由（148）
　　五　杰斐逊论自由是最宝贵的权利 ……………………………（150）

第八章　分权制衡论 ………………………………………………（153）

一 洛克的分权、限权理论 ………………………………（153）
　　强调立法权（153）　政府的权力不应当是无限的（154）
二 孟德斯鸠的"三权分立"学说 ………………………（155）
　　自由、法治、分权（155）　三权分属与行政居优（157）
　　同洛克的比较（159）
三 杰斐逊对分权制衡说的重要贡献 ……………………（160）
　　杰斐逊分权制衡说的特点（160）　人民必须控制政
　　府（161）　分权论的集大成者（163）

第九章　代议制政府论 ……………………………………（166）
　一 潘恩——代议制政府理论的开创者 …………………（166）
　二 密尔——代议制理论的经典作家 ……………………（169）
　　边沁论政府制度的改革（170）　政府形式优劣的标
　　准（171）　君主制不是好的政府形式（172）　理想
　　上最好的政府形式是代议制政府（173）　代议制政
　　府容易有的弊病和危险（175）　真正的民主制和
　　虚假的民主制（176）　议会制建设的几个问题（178）

第三篇　近代西方民主运动

第十章　民主、运动和革命 ………………………………（185）
　民主运动作为民主理想和民主制度的中介（185）
　民主和文化传统（186）　民主作为运动（187）
　民主作为革命过程（188）　西方民主运动（189）

第十一章　英国方式 ………………………………………（191）
　一 英国的政治传统 ………………………………………（192）
　　英国政治的传统结构：议会与王权的演变（192）
　　英国政治传统的特征（193）
　二 17世纪英国革命 ………………………………………（194）
　　英国社会的两个问题（194）　革命的开始（195）　第
　　二次内战和英吉利共和国（196）　1660年复辟和"光

荣革命"（197）　英国革命史讨论（198）
　　三　18世纪：民主政治制度化和激进主义 ······················（200）
　　　　民主政治制度化（200）　激进主义的兴起：普选权的
　　　　要求（201）　国民大会和英国政府对民主运动的
　　　　镇压（203）
　　四　从激进主义到宪章运动 ····································（204）
　　五　19世纪后半期的民主进展 ··································（206）
　　六　英国方式 ··（207）

第十二章　美国方式 ··（209）
　　一　英国的根源 ··（209）
　　　　英国式的代议制（209）　殖民地与母国的紧张（211）
　　二　独立革命 ···（214）
　　　　大陆会议、《常识》与《独立宣言》（214）
　　　　《邦联条例》（217）　州宪法（218）
　　三　从邦联到联邦：19世纪中期以前的民主进程 ············（219）
　　　　制宪会议与联邦宪法（1786—1788）（219）　从华盛顿
　　　　到亚当斯（224）　政党制度的形成与发展（225）
　　　　国家的整合与杰克逊的大众政治（227）
　　四　内战时期的民主进展 ·······································（229）
　　　　废奴运动与南北分离危机（229）　林肯对美国民主的
　　　　表述（231）　内战的后果（233）
　　五　重建时期（1865—1877） ·····································（234）
　　六　美国方式 ···（235）

第十三章　法国方式 ··（237）
　　一　法国的政治传统 ··（237）
　　二　贵族的反抗 ··（238）
　　三　法国革命 ···（241）
　　　　宪政的发展（242）　法国革命讨论（244）　革命的第
　　　　二阶段（246）　革命的第三阶段（248）　拿破仑时期
　　　　的法国和西方（250）

  四　1814—1847 年的法国政治 ……………………………（252）
    波旁王朝（252）　七月王朝（253）
  五　1848 年革命及其后果 ……………………………………（254）
    制宪会议与 1848 年的宪法（255）　帝国复辟（257）
  六　第三共和国 ………………………………………………（258）
    共和派的胜利（259）　社会党成为重要的宪政力量（260）
  七　法国方式 …………………………………………………（260）

第十四章　近代西方民主运动的几个阶段 ……………………（263）
  一　法国革命与拿破仑时期 …………………………………（263）
    拿破仑征服和梅特涅秩序（264）　德意志（265）
    意大利：1793—1830 年（267）
  二　1848 年革命时期 ………………………………………（268）
    德国：三月革命到宪法运动（268）　意大利（269）
    奥地利（270）　东欧：捷克、波兰（272）
  三　1870—1914 年，欧洲民主的总体进展 ………………（272）
    1848 年以后的欧洲政治地图（272）　宪政的发展（273）
  四　20 世纪末西方民主的进展 ……………………………（276）
  五　西方方式 …………………………………………………（278）

第四篇　西方民主制度

第十五章　英国政体 …………………………………………（285）
  一　象征国家的"虚位元首"——英王 ……………………（285）
  二　议会 ………………………………………………………（286）
    议会的演变（286）　议会的组成（287）　议会的职权（287）
    议会的立法程序（288）　议会权力向政府的转移（289）
  三　责任内阁 …………………………………………………（290）
    内阁的形成与组成（290）　内阁的职权（291）
    内阁首相（291）
  四　两党制 ……………………………………………………（292）
    英政党的产生和发展（292）　两党轮流执政（293）

两党制特点（294）　两党制长期稳定的原因（294）
反对党的作用（295）

第十六章　美国政体 ……………………………………（298）
一　总统 ……………………………………………（298）
总统的产生（298）　总统的任期（299）　总统的
职权（299）
二　国会 ……………………………………………（302）
国会的沿革（302）　国会议员（303）　国会的组织
（303）　国会的职权（304）　国会的立法程序（306）
国会与利益集团（307）
三　联邦法院 ………………………………………（307）
联邦法院的组织（307）　联邦最高法院的构成及
其权力（308）
四　两党制 …………………………………………（311）
两党制的形成（311）　第三党（312）　两党制的
特点（313）

第十七章　法国政体 ……………………………………（314）
一　法国政体的演变 ………………………………（314）
法兰西第一共和国政治制度（1792—1804）（314）
法兰西第二共和国政治制度（1848—1852）（315）
法兰西第三共和国政治制度（1870—1940）（315）
法兰西第四共和国政治制度（1946—1958）（316）
法兰西第五共和国政治制度（1958—　）（316）
二　总统与内阁 ……………………………………（317）
总统的产生与任期（317）　总统的权力（317）
内阁的组成及其职权（319）
三　议会 ……………………………………………（320）
两院议员（320）　两院机构（320）　两院职权（321）
四　司法体系与宪法委员会 ………………………（322）
司法体系（323）　最高司法委员会（323）　宪法委

员会（323）

　　五　多党制 ……………………………………………………（324）
　　　　多党林立与变化（324）　多党制的原因（326）
　　　　法国政党制度的特点（327）

　　六　法国政体的特殊性 …………………………………………（327）

第十八章　西方民主的基本制度 …………………………………（329）

　　一　议会制度 ……………………………………………………（329）
　　　　议会的法律地位（329）　议会的构成（330）议会的
　　　　组织（331）　议会的职权（332）议会的议事规则（333）
　　　　议会的会议与议会的解散（334）

　　二　选举制度 ……………………………………………………（335）
　　　　选举制度的演进（335）　选民与候选人的资格（337）
　　　　选区划分与选票计算（339）　选举的监督、争讼与
　　　　仲裁（343）　普选制的意义（344）

　　三　政党制度 ……………………………………………………（345）
　　　　西方政党制度的基本特征（345）　西方政党的产生（346）
　　　　西方国家的几类政党（348）　多元化的政党体制（351）
　　　　西方政党的法律地位（353）

第十九章　西方民主机制 ……………………………………………（355）

　　一　参与机制 ……………………………………………………（355）
　　　　公民选举（355）　公民投票（358）　利益集团（360）

　　二　竞争机制 ……………………………………………………（365）
　　　　竞选（366）　考试（369）

　　三　制衡机制 ……………………………………………………（371）
　　　　国家权力之间的制衡（371）　非国家权力对国家权力
　　　　的制约（375）

　　四　法治机制 ……………………………………………………（382）
　　　　依法立国（383）　法律面前人人平等（386）
　　　　司法独立（388）　司法审查（389）

第五篇　当代西方民主

第二十章　当代西方民主理论（上）……………………（393）
　　一　新自由主义政治思潮 ……………………………（394）
　　　　自由主义的基本问题（394）　倡导国家干预（398）
　　　　国家干预与公民权利之间的平衡（399）　哈耶克论
　　　　自由与民主（402）
　　二　新保守主义民主观 ………………………………（409）
　　　　论自由与平等（410）　论精英统治（411）　论限制
　　　　民主（414）　新自由主义与新保守主义的兴衰更替
　　　　及两者的深层分野（416）

第二十一章　当代西方民主理论（中）…………………（419）
　　一　民主社会主义的民主观 …………………………（419）
　　　　政治民主（419）　经济民主（421）　社会民主与社
　　　　会公正（422）　国际民主（426）
　　二　多元民主论 ………………………………………（428）
　　　　多元民主理论的早期形态（428）　达尔的多元民主
　　　　论（430）　多元民主的困境（432）
　　三　精英民主论 ………………………………………（435）
　　　　精英民主论产生的历史背景和理论渊源（435）　韦伯、
　　　　熊彼特的精英民主论（437）　对精英民主论的倡扬（440）
　　　　对精英民主论的批评（443）

第二十二章　当代西方民主理论（下）…………………（445）
　　一　参与民主论 ………………………………………（445）
　　　　参与民主诞生的社会背景及其理论基础（445）　参与
　　　　民主的潜在条件（447）　参与民主论的理论演进（448）
　　　　参与民主和代议民主（452）
　　二　协商民主论 ………………………………………（454）
　　　　协商民主概念（454）　协商民主来源（457）　协商

　　　　民主要素（459）　　协商民主价值（462）　　协商民主
　　　　局限（464）
　　三　电子民主论 ……………………………………………………（464）
　　　　电子民主产生的原因（465）　　电子民主概念与本质（467）
　　　　电子民主类型（468）　　电子民主实践的基本条件（470）
　　　　电子民主的困境（471）

第二十三章　20世纪欧美民主：特征与走势（上） …………（473）
　　一　公民权利的普及 ……………………………………………（473）
　　　　关于公民自由权利（473）　　关于公民平等权利（475）
　　　　关于公民决策参与权利（476）
　　二　分权与制衡机制的变化 ……………………………………（479）
　　　　三权重心的位移（479）　　国家与社会之间的制衡（484）
　　三　政党制度的新格局 …………………………………………（485）
　　　　政党林立与各政党的联合趋向（485）　　两党竞争与
　　　　政策趋同（489）　　社会民主党纷纷上台执政（491）
　　　　政党和政党制度的法律化、规范化（496）

第二十四章　20世纪欧美民主：特征与走势（下） …………（498）
　　一　民主体系中的新要素 ………………………………………（498）
　　　　多元民主的主体——利益集团（499）　　第四种权力——
　　　　新闻界（503）
　　二　民主社会主义的勃兴 ………………………………………（505）
　　　　民主社会主义发展的几个阶段（505）　　"第三条道
　　　　路"——民主社会主义的理论创新（509）　　社会主义
　　　　的世纪遗产（513）
　　三　民主的"泛化" ………………………………………………（516）
　　　　经济、社会非政治领域的民主（517）　　民主扩大到处理
　　　　西欧各国之间的关系（518）

第二十五章　西方民主在亚非的扩展 …………………………（524）
　　一　亚洲的民主化进程 …………………………………………（524）

奥斯曼—土耳其的民主化（525） 日本的民主化进程（528） 印度的民主化（531） 东亚、东南亚的民主化（534） 中亚五国的民主化（539）

  二 非洲的民主化进程 ···（543）
    殖民主义的遗产（544） 非洲民族独立运动及独立后的政治发展（546） 20世纪末开始的非洲民主化（550）

  三 关于民主化的反思 ···（553）

第三版续论 ··（557）

  一 民主及其歧见 ···（557）
    人类生存与制度依赖（557） 什么是民主——西方民主要义概括（558） 民主的歧见：举三例说明之（562）

  二 民主：内生与借鉴 ···（567）
    多元的政体资源与万代不变的专制政体（568） 国家、社会的二元结构与国家控制社会的集权结构（571）
    宗教与政治、教权与王（皇）权关系上的重大差异（575）
    源远流长的法治理念与根深蒂固的人治传统（578）
    结论（583）

  三 古代中国专制集权主义剖析 ································（583）
    文化的"一元"与"多元"（584） 秦皇朝的专制集权主义遗产（586） 儒法合流——专制主义的完备形态（588） 奴隶主义是专制主义的基石（589）
    民本主义与民主主义：我们有什么？（589）
    游民文化：另一种文化基因（591） 专制主义、游民文化与百年中国（593）

  四 马克思主义与自由主义 ······································（594）
    马克思主义的两次嬗变：问题的提出（594）
    马克思主义的嬗变之分析（596）

  五 民主社会主义评析 ···（605）
    民主社会主义与激进社会主义：从对立到和解（606）
    民主社会主义模式与社会性质（608）
    资本主义与社会主义：从对立到融合（611）

主要参考文献 …………………………………………（614）
人名译名对照表 ………………………………………（620）
人名索引 ………………………………………………（626）
后记 ……………………………………………………（631）

第三版出版说明

1. 《西方民主史》系国家"八五"社会科学规划研究项目，于1992年立项。1997年2月由中国社会科学出版社出版。2003年出版修订本。现在推出的是第三版。

2. 《西方民主史》第一版获1997—1998年度江苏省哲学社会科学优秀成果二等奖（苏社科奖第060033号）。

3. 《西方民主史》第三版列入中国社会科学出版社《社会科学学术文库》。

4. 该书是19世纪中叶西方文化影响中国以来中国学者系统、概括地介绍西方民主的首部学术著作。该书出版后，受到学术界与教育界关注，成为带有工具性的学术著作。该书作为改革开放的产物，对改革开放的实践也将产生某种积极作用。

5. 《西方民主史》第三版在原书框架基础上，内容上有若干增补与改写。

增补的内容：第三版绪论；第七章第二节、第三节；第二十章第一节中第一、四部分；第二十二章；第二十四章第五节；第二十五章。

改写的内容：第六章第二节；第十二章；第二十一章第一节中第三部分。

增补与改写的篇幅近20万字（不包括其他章节的修订）。

应克复
2009年3月21日

再版前言

刚刚逝去的 20 世纪，对中国人来说，实在有太多的事情值得省思。

至关重要的是，中国应当走什么路。对此，中国在一个世纪中出现了两次历史性的选择。

第一次选择发生在 20 世纪 20 年代。

"十月革命一声炮响，给我们送来了马克思列宁主义。"1921 年中国共产党成立。这个党，效法苏俄，在中国掀起了一场新的革命。历经 28 年的艰苦奋斗，于 1949 年夺得了全国政权。

在革命行将胜利之际，毛泽东在《论人民民主专政》一文中总结了这次选择的历史正确性。

他写道：自从 1840 年鸦片战争失败那时起，先进的中国人，经过千辛万苦，向西方国家寻找真理。洪秀全、康有为、严复和孙中山，代表了在中国共产党出世前向西方寻找真理的一派人物。在当时知识分子的眼中，认为西方资产阶级民主主义的文化可以救中国。中国向西方学得很不少，但是行不通，理想总是不能实现。怀疑产生了，增长了，发展了。十月革命之后，中国人找到了马克思主义，从思想到生活，才出现了一个崭新的时期。走俄国人的路——这就是结论。

中华人民共和国成立之后，更是"一边倒"，一心一意"走俄国人的路"，效法苏联搞社会主义。[①]

毛泽东主政下的社会主义，倒也不是照搬苏联的那一套。如一拨又一拨的"政治运动"就是一大"中国特色"。从"三反五反"，"三大改造"，"整风反右"，"大跃进、人民公社化"，直到"文化大革命"。不过，在经济、政治和文化方面所建立的体制，中国与苏联则是一脉相承的。如农田集中，共同耕种；如消灭私人资本，消灭市场，国家作为全社

---

① 毛泽东说："苏联共产党已经建设起来了一个伟大的光辉灿烂的社会主义国家。苏联共产党就是我们的最好先生，我们必须向他们学习。"见《论人民民主专政》一文，《人民日报》1949 年 7 月 1 日。

会资产的所有者，进行计划生产和分配；再如，权力高度集中，出现领袖的个人权力凌驾于党、国家和国家法律之上的个人专制，"个人崇拜"狂潮泛滥不已。文化上则是"舆论一律"，任何异见都可能遭杀身之祸。这种体制，虽也使社会获得了某些进步，但更多的是不断地给党和人民带来灾难，因此，在不断地坚持中不断地遇到挑战。

到"文革"后期（1976年），国家的经济已濒临崩溃。原先的种种美好承诺——走到反面。"怀疑产生了，增长了，发展了"。（毛泽东语）中国向何处去？历史的挑战迫使中国共产党人作出新的选择。

1976年9月9日，毛泽东去世，中国前途扑朔迷离。10月6日，中共领袖华国锋与叶剑英等联手，一举粉碎以江青为首的祸国殃民的"四人帮"。这一事件，惊天动地，举国上下无不为之振奋！人们欢欣灾难时代的结束，并永志这一刻骨铭心的时刻。很难想象，有"四人帮"挡道，能结束"左祸"横行，能否定"文革"，能解放思想、拨乱反正，迎来改革开放的新时期！因此，"四人帮"一夕覆灭，标志旧时代的结束和新时代的来临。1977年，对中共建国后数千万起的冤假错案的平反开始启动，它为地主、资本家摘帽，为"右派""改正"，为"右倾机会主义分子"平反，为"文革"时期数千万获罪者恢复名誉。这是中共对过去近30年中的罪错第一次认真的富有勇气和诚意的清算。1978年春，"真理标准"的大讨论在全国范围内展开，思想解放的激流猛烈地冲击了对毛泽东的神化和僵化的教条，人们的精神面貌为之一新！该年年底举行的中共十一届三中全会，顺应历史潮流，实现了工作重心的转移，开启了现代化建设的新时期。

从粉碎"四人帮"到中共十一届三中全会，是中国当代史上风雷激荡的一个重大的转折时期，这一转折时期所发生的历史事件深刻地影响着国人的思想，也深刻地影响着中国以后的发展。这是20世纪中国人的第二次选择——告别"俄国人的路"——的开端。

1991年，发生了苏联解体、苏共解散的重大事件。这是这一体制的内在逻辑发展之必然。[①] 社会主义祖师爷的不幸结局，对中国共产党人是

[①] 关于"苏联体制"或"苏联模式"的弊端，俄共中央总书记久加诺夫（曾任苏共中央总书记）作了经典的概括，他指出，苏共垮台是因为它长期坚持"三垄断"的制度：垄断真理的意识形态制度；垄断权力的政治法律制度；垄断利益的特权制度。参见吴南生"实践三个代表要认真建立民主制度"，《同舟共进》（广东）2001年第11期，第8页。

最严厉的警示。

1992年，年迈的邓公毅然南下，发表重要谈话，力排改革就是"改向"的质难。不久，中共十四次代表大会宣告推行社会主义市场经济。这是告别"俄国人的路"所迈出的重要一步。

历史的进程使我们越来越清楚，20世纪中国人的第二次选择，就是告别"苏俄模式"，走世界文明的共同道路。时下的话语就是"与世界接轨"或"转轨"、"转型"。所谓"改革"，就是改掉"苏俄模式"中背离人类文明发展轨道的那一套制度、体制、规则；所谓"开放"，就是接纳与建立符合人类文明发展轨道的那一套制度、体制、规则。

当今中国的进步（或者说"复兴"），就是一步步地告别苏俄模式，一步步归依世界文明，即一步步地融入全球化的潮流。对中国来说，这已是不可逆转的趋势，但困难还是不小。

今天，主导全球化潮流的是西方发达国家，是西方文明。这一点，我们应当承认。但麻烦也在这里。因为我们曾否定过这种文明，[①] 并长期作为讨伐的对象；因为我们曾闭关锁国，长期与这种文明相隔阂；因为我们曾夜郎自大，自认为有悠久的文化和先进的社会制度；还因为，即使向西方学习，在如何学习问题上，也各执一端、争论不休达一个多世纪。"中体西用"，"全盘西化"，就是两种有代表性的意见。20世纪80—90年代以来，又冒出姓"资"姓"社"的叫喊声，阻挡中国向西方文明靠近。现在，姓"资"姓"社"的论调已被人们看破，失去了传播的市场；但"西化"一说，是贯穿20世纪的骂声，仍是国人的一块心病。

诚如袁伟时先生所说："铁的事实是，给古老中国带来勃勃生机的是来自西方的现代主流文化。"[②] 陈乐民先生对此也说了一句富有启迪的话："中国的近代史是在19世纪中叶与西方文明的撞击并接受其影响而启其端的。"[③] 鸦片战争是列强的侵华恶行，却更是中国由中世纪进入近代社会的开端。这早成定论。战争的诱因，若从中方反省，实因清廷夜郎自大，闭关锁国，拒绝参与世贸。此次战争之后，紧锁的天朝国门打开了，

[①] 毛泽东在《论人民民主专政》一文中认为，由于中国革命的胜利，"西方资产阶级的文明，资产阶级的民主主义，资产阶级共和国的方案，在中国人民的心目中，一齐破了产"。

[②] 袁伟时：《执著为中国的新文化辩护》，载《随笔》2002年第5期。

[③] 陈乐民：《西方文化传统与世界历史》，载《学术界》2002年第3期。

西方文明扑面而来，于是有了洋务运动、戊戌变法、辛亥革命、五四运动、北伐战争等的历史事件，这些都是中国脱离中世纪孽根的西化现象，其进步意义谁也不能否定。有鉴于此，康有为感慨地说："若使地球未辟，泰西不来，虽后此千年率由不变可也。"① 而袁世凯称帝，蒋介石"一个主义、一个政党、一个领袖"的独裁政治，是抗拒西方文明的铁定的倒行逆施。新中国成立之后，闭关锁国，"全面专政"，"宁要社会主义的草，不要资本主义的苗"，导致贫困、落后，也是拒斥西方文明对我们的惩罚。中国与西方的差异，先贤们早有洞见。如冯友兰说，所谓"中西之交"，乃"古今之异"。瞿秋白也明白地说："东西方文化的差异，其实不过是时间上的。"姓"资"姓"社"的诘难也好，"不符合国情"的龃龉也罢，面对这些卓识，不知还有什么招数。

现在已是今非昔比。推行市场经济仅仅10年，中国的城乡面貌和人们的精神世界发生了巨变。但绝不可轻信"21世纪是中国世纪"之类的虚妄之说。对中国的家底，我们时时要有清醒的认识。

"转轨"、"转型"也好，"改革开放"也好，"现代化"、"全球化"也好（其实，这些不同的提法，其内涵大致是一样的），如果作全方位的理解，任重而道远。

肇始于20世纪80年代的"改革开放"新路，其重心限于经济领域。虽然经济是一个社会的基础，但如果不在这个基础上向前向上推进，那么现代化只化了"一半"，而且是非根本的"一半"。所以邓小平强调，"我们的所有改革最终能否成功，还是决定于政治体制的改革"。2001年中国加入世贸组织，只是在经济上与世界接轨、一只脚跨进了全球化的门槛。中华民族的伟大复兴，关键在于国家政治制度的创新，在于跨进现代民主国家的行列；因为经济的持久繁荣，国家的稳定康宁，人民的自由幸福，文化的推陈出新，都有赖于它。这方面，美英等国已作出了有说服力的示范。

当然，在政治领域，我们也有了不少的进步。如领导职务终身制业已废除，依法治国深入人心，选举制度在逐步推行，法律体系在快速完善，权力制约在不断加强；民主、法治、人权愈来愈成为普遍的诉求，在提高物质生活的同时，人们迫切期待着提高政治生活和精神生活的水准。但

---

① 康有为：《上皇帝书》，转引自《冷眼向洋》下卷，三联书店2000年版，第371页。

是，权力高度集中的政治体制未有突破，基本上还在苏俄体制的惯性下运作。邓小平在1980年就指出："权力过分集中，越来越不能适应社会主义事业的发展。对这个问题长期没有足够的认识，成为发生'文化大革命'的一个重要原因，使我们付出了沉重的代价。现在再也不能不解决了。"[①]时至今日，又过去22个年头了，权力高度集中的体制自然更不适应全球化、现代化的潮流了！

中国共产党第十六次代表大会提出："改革要有新突破"。突破什么呢？就政治改革而言，关键是要突破权力高度集中的政治体制。这是人民的意愿，历史的必然。虽然艰难，但必须去做。如果从这样的背景来认识，《西方民主史》的出版（1997年）和再版（2003年），恰适应了中国社会"转型"、"转轨"的需要，可以说是中国20世纪第二次历史选择的产物。本书为了解、研究西方民主提供了一个框架性的文本，但它的意义恐怕不只是工具性的。"五四"时期倡导的民主非但未能在中国扎根，而且曾遭遇了排斥的命运。只是在经受了浩劫和重挫之后，才又呼唤民主。这使我们感到，似乎又回到20世纪之初的起点，虽然历史不可能是重复的。民主，不是中国的国粹，中国的传统是悠久的专制主义文化。要实行民主，只能向西方国家学习。这并非说，人家的制度是尽善尽美的。丘吉尔说："没有人以为民主是完美无疵的。说实在的，倒是有人说民主是最坏的政府形式，只不过要除掉不断试验过的所有其他一切的政府形式。"（1947年11月11日在下议院的讲话）此言的意思是，民主不是完美无缺的政体，但同其他的政体相比，是最不坏的政体。学习，也不能照搬。西方民主，就美英法三国而言，也各不相同，怎么照搬？制度上各有特色，但制度中所体现的原则与价值观又是相通的。比如，都实行参与、竞争、制衡、法治的原则，都信奉自由、平等、人权、正义的价值观。所以，建立民主制，必须与国情相结合，但必须改造国情（体制、观念、习惯等）中的种种非民主的因素，才能吸纳先进文化——民主。对我们来说，确立正确的民主概念，建立与世界同轨的民主制度，一要清理传统的专制主义影响，二要清理支撑苏俄政治模式的理论体系。后者的任务，尤为艰巨。建设政治文明，最重要的是要落实民主制度；但只有在人心中树立民主意识、民主理念和把民主看成是每个人不可须臾离开的东西，才能使民主制

[①] 《邓小平文选》第2卷，人民出版社1994年版，第329页。

度如同万里长城屹立于中国。

《西方民主史》可以说是一部处女作,这固然对于该书作者,也可概指中国学术界。欧风美雨浸润中国百余年来,却没有一个中国学者从事撰写介绍西方民主历程的著作,着实令人深思。技术上的困难或许是一个原因;更重要的是思想上存在难以逾越的屏障。"全面专政"的年代,知识分子背负赎不完的"原罪",更遑论研介西方民主了。即使到了20世纪80—90年代,"西化"的幽灵仍使学者们望而却步。因此,《西方民主史》作为开山之作,如果说有什么值得肯定的话,那么,首先是对西方民主进行了较为完整与客观的介绍,并作出了实事求是的肯定性评价。对西方民主由否定方面转到肯定方面这是近百年来(尤其是1949年以来)中国思想史上的一种新气象,[1]它对于借鉴西方民主为我所用中所存在的障碍,终于打开了一个缺口。这不但需要智慧,更需要勇气、远识和责任心。本书出版后受到众多读者的好评,应当说这是一个重要原因。

其次,相对于学术与技术层面,本书所作出的探索大致有二:一是第一次提出西方民主发展的三个阶段:古代民主,近代民主,当代民主。特别是,认为"二战"以后西方民主的发展进入了当代阶段是西方民主理论研究中的一大创新。三阶段论奠定了全书的框架,揭示了西方民主的逻辑过程。这里需要说明,近代民主因创造了议会、政党、宪法等民主形式而区别于古代民主,但近代民主的划时代成就还不反是这些有形的民主外壳,而是确立了人权至上的原则。有没有根深蒂固的人权观念,有没有制度化、规范化的人权保障,不但是近代民主与古代民主的根本区别,也是真民主和各种版本的假民主的试金石。因此,以洛克为始祖的自由民主理念是西方近代至当代主流的民主理论形态。如果要问,当代民主与近代民主又有什么区别?那么,这种区别集中到一点,当代西方民主不过是人权得到了普及而已。二是对西方民主制度的概括,在三项基本制度(普选制、议会制、多党制)基础上,第一次

---

[1] 对于西方的所谓"资产阶级民主",陈独秀早在1940年就认为,"资产阶级民主和无产阶级民主,其内容大致相同"。其实,只要是民主,不管它是什么式样的民主,都要保障人权,实行言论、信仰、选举的自由权利,都允许政府反对党派的公开存在,都实行司法独立,等等。应当说,陈独秀才是对西方民主作出公正评价的第一人。可惜他的这一闪光思想被长期尘封而鲜为人知。陈氏的这一见解见《对于民主的再思考》一文,《陈独秀著作选》,上海人民出版社1993年版。

提出了"四大机制"：参与机制，竞争机制，制衡机制，法治机制。四大机制的提出，是对西方民主制度认识的深化，是对西方民主理论研究中的又一项创新成果。四大机制不像议会、政府、法院、政党那样是一种有形的设施，它需要在把握西方民主的精髓的基础上才能作出这一科学的抽象。认识四大机制就能从深层次上认识西方民主制，认识人类成熟的民主制度所呈现的普遍性原则。它对于我国政治文明建设的启示与借鉴作用，是不言而喻的。

这次再版，作者尽可能作了修订，当然，全书的框架和基本观点没有变化。

比较大的修改有：

导论，对某些重要提法和辞语作了修订。

第一章"氏族社会民主制"，对第 5 节、第 6 节进行了重写。新撰写的两节内容吸取了《古代民主与共和制度》一书中有关章节的研究成果（也是 20 世纪西方一些学者对氏族社会的研究成果）。

第六章第 5 节"卢梭——民主主义契约论与人民主权论"，补充了"贡斯当对卢梭民主理论的批评"。这对了解卢梭民主理论的缺陷和把握西方民主的真谛是有裨益的。

第十三章"法国方式"，第 1 节、第 3 节、第 6 节作了较大修改。第 6 节"第三共和国"实际上是重写的；第 2 节"贵族的反抗"是新增加的。

第十四章增加了第 4 节、第 5 节。第 4 节"20 世纪末西方民主的进展"，勾画了西方民主正在向东方迅速扩展。不足之处写得太简单了。第 5 节"西方方式"，有助于了解近代以来西方民主之精髓。

第十九章第 4 节，对该节引言作了重写，清晰而简明地表述了"什么是法治"的基本概念。

第二十章、第二十一章当代西方民主理论（上）（中），对各节次序作了调整，将"自由主义"（作为近代以来西方主流意识形态）列为各节之首，对当代自由主义（如伯林、罗尔斯）作了简单介绍。原将列于首位的"精英民主论"现将之排列到（下）第 1 节。这次修订作者删去了"西方马克思主义民主观"与"欧洲共产主义民主观"。

第二十二章，对有的问题（如当代西方政党的现状等）增添了新的内容。

因胡传胜君的建议，书尾还增加了"人名索引"，该项工作也主要由他承担。

应克复
2002年12月
于江苏省社会科学院

序

在当代，民主作为一种政治价值已得到普遍承认，实行民主已成为世界性的潮流。在实行民主的国家中，有的是西方式（资本主义）民主政治，有的是社会主义民主政治。

社会主义民主就其本质而言是对资本主义民主的一次历史性超越。这种性质决定了我国在建设与发展社会主义民主的过程中，一方面要不断地总结我们自己的经验；另一方面也要吸收、借鉴历史上的、外国（包括西方民主政治）的经验。因为，"在人类历史上，在新兴资产阶级和劳动人民反对封建专制制度的斗争中，形成民主和自由、平等、博爱的观念，是人类精神的一次大解放"。（1986年9月《中共中央关于社会主义精神文明建设指导方针的决议》）因此，从历史的角度对民主追根溯源，揭示民主思想、民主运动以及民主制度的发生、发展的历史过程及其内在规律就必然成为我国政治学的重大研究课题之一。由应克复同志主持撰写的《西方民主史》一书，正是适应这种需要所作出的一次艰辛的努力和尝试。这本书不仅对于全面地了解和认识西方民主的历史具有较高的学术价值，而且，它的出版也必将进一步推动和深化我国对民主问题的研究，从而有助于我国的民主政治建设。正是在这个意义上，我认为该书的完成是对我国学术研究的一大贡献。

西方民主，经历悠悠岁月，源远流长。本书以西方民主发生、发展为主线，对西方民主理论从古典到当代，从民主运动到民主制度的确立及发展，以及西方民主在当代的新特点、新走势等方面，作了多角度、多层次、多方面的介绍与分析。书中所涉及的史实、人物、理论观点不但时间跨度长，空间范围广，而且内容充实、系统。全书五篇22章50余万字，涉及西方民主的各个侧面。读罢全书能使人对西方民主有一个较全面而不是单方面的、较系统而不是一知半解的认识。就系统性而言，应该承认，本书是近年来国内出版的有关西方民主论著中最全面的一本力作。

西方民主内容纷繁，采用什么方法，使之统揽全局、条分缕析地论述西方民主，是关系该书写作是否成功的关键。应当说，作者在采用科学的研究方法分析西方民主方面所作的努力是十分成功的。

本书在研究方法上采用"两个结合"、"两个统一"的原则。两个结合，是指纵向与横向的结合，个体与一般的结合；两个统一，是指历史与逻辑的统一，科学性与阶级性的统一。

本书在纵向上，从古代民主、近代民主到当代民主的分层论述中，使人们了解西方民主的历史进程，而对近代民主又分解为西方民主理论、西方民主运动、西方民主制度加以细述，从而使人们把握了西方民主的基本问题。在一般性方面，介绍了西方各国都经历了思想启蒙、民主运动和先后建立民主制度的历史过程。在个性方面，以英、美、法为重点作典例分析，展示了西方民主多元方式的历史面貌，以此与一般性相辅相成。

本书清晰地展示了西方民主发源于古代的希腊与罗马，以此为起点，西方民主的发展依次经过了并且还在经历着由低级到高级的历史性跨越：它已经历了由古代民主到近代民主的跨越；19世纪末以来进入了从近代民主到当代民主的跨越。作者在阐述西方民主的历史过程中，始终注重对西方民主演化过程的内在逻辑和规律的揭示，即西方民主始终是在各种矛盾的推动下获得发展的。除了资产阶级与封建阶级之间以及工人阶级与资产阶级之间的矛盾之外，还始终潜在着民主制本身的矛盾。作者通过对这些矛盾的分析，完整地揭示了西方民主发展的动力，也充分体现了历史性与逻辑性统一的原则。

本书力戒对西方民主否定一切或肯定一切，力求站在历史唯物主义的高度，观照历史，说明历史，在深入地研究马克思、恩格斯和列宁对西方民主的评述的基础上，认真地研究了西方民主的大量文献，对西方民主的成就与局限作了实事求是的总体评论。这一方法充分体现了科学性与阶级性的统一，这也是本书具有较高学术价值的关键因素。

科学研究的一个重要特点及可贵之处，在于理论的探索与创新。创意新、结构新、观点新也是本书的一大特点。作者对西方民主的研究，未停留在介绍、分析和评价上，而是依据大量的资料，勇于冲破传统观点的束缚和局限，大胆提出了一些颇具新意的观点，给人们以启发。如在分述英、美、法三国政体的基础上，概括了民主制的三项基本制度，最后抽象出西方民主发展更高层次的四大机制的观点。对近代代议制民主制下各种矛盾的分析，揭示了近代民主向当代民主发展的动力；特别是将当代民主作为西方民主发展史上一个新阶段，并初步探索了当代民主的机制、形式和内容方面的新特点，突破了对西方民主认识的传统模式，体现了研究西方民主的新成就。理论上的探索与创新，必然引起学术界的不同认识和意见，这是一件好事。就认识真理的方法而言，讨论、争鸣恰恰是通向真理的正确道路。本书的可贵之处，就在于作者有胆识、有勇于创新的精神。

综观全书，逻辑严谨、结构清晰、内容完整，理论与史料相结合，是我国第一部比较系统地介绍与论述西方民主的学术著作，对我国社会主义民主政治建设具有较高的借鉴价值，同时也可作为高等院校和科研机构研究民主问题的重要参考书。

导　论

　　民主之真谛，为古今学者所探求不息。然而，要把握民主的真谛，最好（不是唯一）的方法是研究西方民主史。

　　西方民主史，旨在揭示西方社会的民主由低级向高级发展的历史轨迹，展示其内涵逐渐展开和形式不断丰富的历史过程。

　　西方民主，已经历了古代民主和近代民主两大历史阶段，自20世纪中叶起，开始进入了一个新的历史阶段——当代民主阶段。

　　古代民主是西方民主的渊源，其代表堪称古代雅典和罗马的城邦民主制。城邦是以城市为中心的自治国家，由于地窄人寡，因此孕育了直接民主制：每个公民权的享有者直接参与和决定城邦的大事，公民大会享有城邦的最高权力。直接民主制奠定了民主的基本含义，即民主是"人民的权力"或"人民的统治"。"政事裁决于大多数人的意志，大多数人的意志就是正义。"[①] 也因此，这类民主制尚无议会等复杂的机构，作为国家权力的立法、行政、司法的各项职能，还未有相应的机构分别行使。直接民主制也因而可称"简单民主制"（潘恩），特别是重大国是由多数人说了算，少数人的意见不但得不到保护，反而往往遭到鄙视与惩罚，由此使历史冤案或错误决策时有发生。这种只遵循多数原则而没有少数原则的极端民主化倾向，是直接民主制的明显缺陷。然而，城邦民主制毕竟奠定了后世民主的基石。

　　雅典和罗马的城邦民主制的确立，都经历了贵族与平民的长期斗争和改革，在其全盛时期，创造了灿烂的古代文明，经济、科学、哲学与文化艺术都取得了令后人赞叹的成就。由于城邦制的局限以及民主制以奴隶制为基础，终于使这一民主制在历史进程中衰落下去。

[①] 亚里士多德：《政治学》，商务印书馆1982年版，第312页。

中世纪专制统治的漫漫长夜似乎湮没了古代城邦的民主精神。但在西欧，其中在有些地区，如意大利的佛罗伦萨和威尼斯等地出现了城市共和国，而英国的议会和法国的三级会议均起源于中世纪的13世纪与14世纪。这些都是近代欧洲民主内在生长的社会因素。但是，只是经历了14世纪之后的文艺复兴运动、16世纪的宗教改革运动以及17、18世纪的启蒙运动，使闪耀着理性精神的人本主义和民主主义，在新的历史条件下以新的面目重放光彩。近代欧洲民主才得以降临。

近代民主实现了对中世纪专制主义的否定。它适应资本主义发展的客观要求，实现了社会上层建筑的三大变革。

首先，实现了政治思想观念上的深刻变革。中世纪是神学世界观大一统的时代，宗教神学万流归宗，人世间的一切都是万能的主——上帝创造与安排的。面对神权，人们只能顶礼膜拜。在封建社会，只有神学教条与蒙昧主义，而无科学的理性精神；只有政治强制和人身依附，而无人的尊严；只有神权、君权和等级特权，而无人的权利。这种社会的一个总原则是"轻视人，蔑视人，使人不成其为人"（马克思）。孟德斯鸠讥讽道："在专制国家，人人平等是因为每一个人'什么都不是'。"① 近代民主主义思想家们从神学的禁锢下冲杀出来，他们高扬神圣的天赋人权论，指出人们组织政府的目的在于保障人的生命权、自由权和财产权等基本权利。他们继而创立了契约论、人民主权论和分权制衡论等学说，宣传人的言论和信仰等自由的必要性，为创建未来的资产阶级民主共和国奠定了坚实的理论基础。从此，至高无上的神权和君权就被人民主权论所取代，在思想领域内完成了以神为中心到以人为中心的历史性深刻变革。

其次，近代民主实现了政治制度的历史性变革。思想变革成为政治变革的先导。随着启蒙思想家倡导的民主主义思想的深入人心，专制制度的精神支柱动摇了。适应资本主义发展的客观要求，近代资产阶级民主革命运动风起云涌，它在各国以不同的方式实现创建资产阶级民主政制的目标；英国方式、美国方式和法国方式是其中的三个典型。经过两个世纪的历史变革，资产阶级共和国终于取代中世纪的专制统治，先后在欧美大陆确立。这一制度以民权代替君权，以分权代替集权，以立宪共和代替君主专制。这是人类政治制度的深刻变革，是国家制度在人类文明史上的重要

---

① 孟德斯鸠：《论法的精神》上册，商务印书馆1982年版，第76页。

创新，对世界其他地区产生了深远的影响。

资产阶级民主制不仅实践了启蒙思想家的理论，而且，进一步将这种理论升华为以下三项颇值得重视的政治规则。

一是法治的规则。在民主政制下，国家的政治生活，国家机器的运转以及对各种社会问题的处理，均以法律为指导。权利为本，法律至上，以法立国，依法办事，在法律面前人人平等，便是这一规则和精神的集中体现。与此相反，专制政制的基本规则是人治。"法自君出"，"君驾御法"。君主的意志便是法律。国家生活往往无章可循。封建统治难以摆脱皇朝循环的怪圈（中国两千余年的皇权专制的周期循环是其中的典型），其重要原因恐在于此。

二是限权的规则。民主政制下，国家元首、政府首脑、议会议员、政府各部要员等，其所赋的权力在时间和空间上均受到法定的限制。时间上的限制表现为限届制。各国法律都规定每届政府和议会的任期年限，到时便换届更替。空间上的限制表现为分权制，国家权力分割为几个领域，由相应部门的官员各司其职，不得越权或滥用职权。特别是国家作为公共权力（公权）不能超越其职权边界入侵公民的权利（私权）。对于公民的基本权利，只能保护，不得践踏。否则，便是恶政与虐政。限权原则还表现为，政府大小官员只不过是执行法律而已，无超越法律的特权。即使作为立法机构的议会，每立一法或修法，也都需遵循法定的程序。与此相反，专制政制的规则是权力的无限性。君主的权力无论在时间上和空间上均不受限制。君主制因而与终身制和集权制相伴随。君主权力的无限性和绝对性的一个重要后果是，使国家（王室）权力不能和平有序地更替。历史上的情形常常是，一旦国王去世，往往发生为争夺王位的阴谋政变，杀戮四起，引起社会的震荡。君主权力的无限性和绝对性的另一个严重后果是，使君主权力得不到约束，因而对君主的任性、腐败、昏聩及其所酿成的严重后果，人们只能忍耐与等待。封建社会停滞不前，其症结正在于此。

三是公民参政的规则。近代以来的民主制，虽不再像古代城邦民主那样，全体公民可直接参与国事的讨论与决策，但他们可以逐步地以多种方式参与政治：普选、全民公决；通过各种媒体自由地表达政见，或披露政府的舞弊行为；组织各种社会团体影响政府的决策等。总之，人民虽不再躬亲理政，但他们可以通过多种方式的参与来监督与制约政府，使政府执行民意。杰斐逊这样说："人民对于他们政府机关的控制，是衡量一个政府是否为共和制的标准。"① 与此相反，专制政府的规则是服从。专制政制下，群臣百姓皆听命于上。服从是臣民的义务，也是臣民的道德。任何异见，都为大逆不道。各种言论被堵塞，各种声音被压抑。万马齐喑，绝对统一，便是专制政制的最好秩序。

最后，近代民主还实现了阶级关系的深刻变革。这一变革的内容虽不纯属上层建筑的范畴（因为经济关系的变动是阶级关系变化的基础），但资产阶级只是首先在政治领域取得胜利，在议会和政府中占据优势地位之后，才使它最终获得对于封建阶级的全胜，开始在社会中确立了主导地位。

资产阶级真正显示它作为历史的主导阶级则是在资本主义生产方式确立之后。实现这一历史性目标，除了政治革命，还有科技革命和工业革命。这三大革命，是西方世界近代化的三大动力。值得重视的是，在三大动力中，民主革命运动是领头的，并使三者呈现三位一体的链式动力结构。受民主思想解放运动的感召，近代自然科学勃然兴起。科学动摇了神学教条。哥白尼的日心说首先对神学发起了挑战。科学在与神学的斗争中不断奏响的凯歌，终使神学世界观成为无法与时代潮流抗争的孤舟。民主与科学在反封建斗争中成了天然的同盟军。科学又促使技术发明不断问世（如蒸汽机等），从而使工业革命首先在近代民主制率先降临的英国崛起，然后波及欧洲各国。民主、科学与工业革命，是近代化的三大动力，亦是近代化的三大成果。可以说，民主、民主理论与民主制度是近代西方文化的核心价值与近代西方文明首要的特征。它作为一种世界观与政治制度，被奉为人们的行为准则。这一点，对于欲实现现代化的一切国家具有重要的启示。

近代民主也是对古代民主的超越。古代民主是直接民主，近代民主是代议制民主。形成两者形式上的差别的主要原因在于，前者是地域狭小的城邦国家，后者是地广人众的民族国家。虽然按人民主权论的要求，民主国家应当是人民当家做主，但在实践上却行不通。针对直接民主派（如卢梭）理论上的困惑，密尔指出："既然在面积和人口超过一个小市镇的社会里除公共事务的某些极次要的部分外所有的人亲自参加公共事务是不

---

① 转引自马啸原《近代西方政治思想》，云南人民出版社1987年版，第222页。

可能的，从而就可得出结论说，一个完善政府的理想类型一定是代议制政府了。"①

于是，议会民主成为近代民主的象征。由于代议制民主是一个"最复杂的政体形式"（康德），因而演绎出某些重要特征。第一是普选制的诞生。享有公民权的选民定期选举自己的代表或国家元首，委托其组织政府，依法管理国家。第二是近代政党的问世。议会是不同阶级和具有不同政治倾向的代表的集合体。面对重大问题与不同的利益诉求必然分为不同的派别（如英国早期议会中的托利党与辉格党，美国早期国会中的联邦党人与反联邦党人就是议会政党的雏形）。近世各类政党的出现，是议会民主的普遍现象和必然结果，议会也就成为各党派斗争的重要场所。后来，各党派的活动又扩展到社会。政党在议会内外各领风骚，成为政治舞台上的主角。第三是政府权力和平有序的交接成为可能。政党的功能在于竞取国家权力，入朝执政。这一目标是通过大选中的竞选实现的，只有以这种方式产生的政府才被认为是合法政府。"和平、有序"的权力角逐已成为议会民主的一大特色（也不排除某种情况下议会外的武力斗争）。第四是政党有了朝野之分，多数派与少数派之别，并且不时互相更换角色。作为少数派的在野党的合法存在，并保有其合法权利，是近代民主的一项"神圣的原则"和突出成就。没有少数反对派的存在，近代民主是不可想象的。考茨基就此认为："保护少数派是民主发展的必不可缺的条件，其重要性并不亚于多数派的统治。"② 第五是资产阶级改造并控制议会之后，使议会成为与行政机关抗衡的机构，拥有立法、监督等职能，加之司法独立原则的确立，三权分立与互相制衡的权力结构遂成为近代民主政制政权组织的基本原则。

上述各点，都是古代直接民主制所不具有的内涵，从这些方面同时也可知道代议制政府下若干政治原则（如议会、普选、政党、多数原则与少数原则的互补、三权分立与制衡）的内在逻辑联系。

但是，启蒙思想家不会想到的是，他们所追求的理性王国不过是资产阶级的理想化王国。他们所提出的关于自由、平等、民主等人的基本权

---

① 密尔：《代议制政府》，商务印书馆1982年版，第55页。
② 转引自《科学社会主义研究》，《少数意见保留权与党内民主》1989年第6期。

利,在现实中几乎都成了资产阶级的专利:自由在挣脱人身依附的镣铐后转化为贸易自由,劳动力买卖自由,以及一定的言论、出版自由;平等也主要表现为每个财产所有者都平等地受到法律保护,这恰恰是资本主义的私有制,是资产阶级十分美妙的东西;而民主不过是资产阶级的政治统治。建立于资本主义私有制上的民主制势必造成这样一个矛盾:形式上的平等和事实上的不平等。说得更明白些,是"富人和穷人不平等的前提下的平等"(恩格斯)。

这就是资产阶级民主制的内在矛盾和历史局限性。

从马克思到列宁,在批判资产阶级民主的局限性时,不但没有否定这种民主的形式,恰恰认为这种民主的形式为工人阶级的斗争提供了可资利用的手段。我们批判资产阶级民主,只是揭露其在普遍的民主、自由与平等的口号下不过是资产阶级独享的政治权利。因此,对工人和劳动者来说,是要把这种民主、自由与平等的口号贯彻到底,实现于全社会。现在,走向这一目标的手段早在19世纪末开始就已经创造出来了:既然有了普选制,我们就可以为争取普选权而斗争,去占据议会中更多的席位,使议会成为工人阶级展示自己力量的舞台。既然有了结社自由,我们就可以组织工人政党,开展工人运动,直至推举自己的政治家参与竞选,竞取国家权力。既然有了言论、出版自由,我们就可以宣传自己的政治主张,或揭露当局的丑行,如此等等。所以恩格斯说:"如果说有什么是毋庸置疑的,那就是,我们的党和工人阶级只有在民主共和国这种形式下,才能取得统治。"[1] 恩格斯此言,可以理解为,工人阶级可以利用资产阶级民主共和国的形式取得国家政权;还可以理解为,工人阶级在取得国家政权之后,只能以民主共和国的形式实行统治。关于后一方面的理解,可以用恩格斯在另一处的话进一步加以证实:"共和国是无产阶级将来进行统治的现成的政治形式。"[2] 甚至列宁在1915年也认为,"无产阶级借以推翻资产阶级,获得胜利的社会的政治形式将是民主共和国"[3]。由此可见,资产阶级民主制对于无产阶级的重要意义在于:第一,当国家政权还是被资产阶级所控制时,无产阶级可以利用其民主制的形式进行公开、和平的

---

[1] 《马克思恩格斯全集》第22卷,人民出版社1965年版,第274页。
[2] 同上。
[3] 《列宁选集》第2卷,人民出版社1960年版,第709页。

合法斗争（也不排除非和平方式的斗争）；第二，在无产阶级取得政权后，共和国将是进行统治的现成形式（当然需要经过某些改造，并且，在各国往往会显示出某些差异）。

因此，资产阶级民主不过是通向无产阶级民主的历史性环节，两者在形式上和原则上并无对立可言，区别仅仅在于政权的社会基础，即由谁以及为谁实行统治。

西方民主的成就不能狭隘地理解为地区性的。它是人类政治文明的共同财富，其意义是世界性的。西方民主，对于经过漫长封建社会逐步转变到现代社会的国家而言，对于促使其民主思想和民主制度的生长而言，其重要性不言而喻。就是说，西方民主不仅对西方国家的无产阶级争取与实现政治上的统治具有积极意义，而且对于世界各国为建设民族特色的民主制度，亦有不容低估的示范意义。

事物内在不断完善化的倾向必定要打破资产阶级民主的局限性。这一民主的内在矛盾——近代两大阶级的对抗，便是克服这一局限性的动力。当资产阶级成为保守阶级的时候，无产阶级为争取自身权利的斗争展开了。工人终于认识到，所谓现代国家不过是管理整个资产阶级的共同事务委员会。工人阶级政治上的权利被剥夺和在经济上受剥削，阶级斗争不可避免地在各个领域展开。整个19世纪的西欧充满着连绵不绝的两大阶级的冲突。特别是1848年，革命席卷欧洲，但都遭到了资产阶级当局的镇压。昔日标榜自由、平等、博爱的资产阶级，今日却以骑兵、步兵和炮兵来对付无产阶级。无产阶级的斗争失败了，但显示了自己的力量，积累了经验，并证明，资产阶级民主的外壳已经不能容纳它内部日益增长的新的力量了。

对于这种日益增长着的新的力量，社会如果持续地不能加以容纳，就会显得愈来愈滑稽可笑。除非社会以经济、政治的全面衰落作为代价。

以后的事实是，19世纪70年代之后，资本主义进入了和平发展时期。资产阶级对工人运动的扼制有所松弛（如德国《反社会党人法》的取消）。各国工人党普遍地建立起来了。1889年第二国际宣告成立。又由于普选制在各国的确立，使其成为工人手中"最锐利的武器中的一件武器"（恩格斯），致使在大选中多数社会民主党获得了愈来愈耀眼的成就。20世纪初发生了第一次世界大战和十月革命。十月革命的胜利，对世界劳工阶级是极大的鼓舞，工人运动和革命运动以不可遏制的强劲势头发展着。特别是经过第二次世界大战，法西斯独裁及其所发动的侵略战争无不给本国和世界各国人民带来了深重的灾难，使人们更认清了独裁与专制是人类之大敌。同时，经过长期反法西斯战争的考验，民主的力量，工人政党的力量都大为增强。现在，对于这种力量，资产阶级当局已无法像先前那样单凭武力就可以镇压下去。到20世纪中叶之后，西方民主开始演进到了一个新阶段：当代民主阶段。

当代民主作为一个新的历史阶段有些什么特征呢？对于这一问题，在马克思主义经典著作中缺乏可供直接引证的文献，在我国学术界亦基本上未曾展开研讨，因而是一个尚待探索的领域。根据我们的研究所获得的初步认识，试从形式和内容两方面加以概括说明。

当代西方民主在形式上，在原有间接民主基础上，直接民主的因素增长与扩大了。其具体表现，第一，在作为议会民主之基石的选举制方面，资产阶级国家在18世纪、19世纪近两个世纪中，对选举人的资格，在财产、性别、教育、种族等方面加以限制，实际上剥夺了广大劳动者的选举权。选举的狭隘性直接损害着民主的质量。20世纪上半叶，西方国家对选举资格的许多限制取消了。普选制真正在各国确立，使选举成了民意的真实汇合。这时由选举所产生的政府，才意味着是民众所批准的政府。

第二，除自由组织政党外，以各类利益集团为主体的民间社团的广泛建立，形成了强大的、有组织的政治参与力量。利益集团作为直接民主的形式其优势是，它弥补了选举这一直接民主形式的不足，弥补了议会（包括政府）间接民主功能的不足，还弥补了政党政治功能过强的缺陷。所谓弥补选举这一直接民主形式的不足，是因为选举不是经常或随时可以运用的手段，在两次选举之间的若干年内便出现了直接民主的某种空缺。现在有了利益集团的网络，便可以使任期内的政府行为控制在民意的轨道上运行。所谓弥补议会（包括政府）间接民主功能的不足，是因为现代社会生活的复杂化以及快节奏的脉搏，使国家机构所担当的事务不堪重负，顾此失彼在所难免。为了使决策、立法正确、及时，符合民意，决策机关和立法机构必须与利益集团建立一定的合作关系。因此，政府与利益集团的关系是双向互动互补的。所谓弥补了政党政治功能过强的缺陷，是指两党制与多党制虽然对近代以来的西方民主的成长有积极意义，但由于政党在国家政治生活的若干重要环节上如竞选、举荐政治家、组织政府、指挥行政等无不起着举足轻重的作用。特别是在每次大选中，它迫使选民就范；因为大选对选民来说，无非是在两党（或数党）中选择其中之一而已。就是说，要集中民意，此时只能经过政党；而经过政党这一环节，民意的实现无不会打一定的折扣。现在，由于有了利益集团，就为社会多种特殊利益的直接表达提供了组织形式。总之，利益集团的广泛崛起，是当代民主的显要特征。

第三，新闻舆论力量的无孔不入，使政府感到民众的力量无所不在。资本主义国家标榜言论出版自由，但书报检查制度无疑使这一自由受到限制。20世纪西方国家对新闻出版检查制度的普遍取消，使新闻出版的自由权利有了保障。特别由于通信技术的日益发展，使新闻传播手段现代化了，具有更敏捷、更广泛的特点及强有力的威慑力，它作为一种强大的直接民主的因素，在政治、社会广阔的舞台上显示着自己的特殊作用。任何一个明智的政治家都不能不时时考虑新闻舆论的存在。

普选制、利益集团、新闻舆论三位一体，形成当代西方直接民主、半直接民主的机制，彼此互相配合，相得益彰，从而使当代西方民主的形式由间接民主向着间接民主与直接民主、半直接民主相结合的方向转变。如果说，城邦的直接民主是民主的古代形态，代议制的间接民主是民主的近代形态，那么，间接民主与直接民主、半直接民主的结合，便是民主的当代形态。

我们再来讨论当代西方民主内容方面的某些变化。

从民主形式的变化中，已可窥见某些民主内容的变化。因为直接民主的扩大，不过是将资产阶级革命时期所承诺的民主形式由虚幻变为现实。如普选权，它为每个公民所真实享有。如结社和言论自由，使自由地组织社团和政党、自由地发表言论成为现实。可是这样一来便产生了一个新的情况：工人和劳动者因此可以在大选中推举自己的代理人了。而在以往，即使他们有选举权，也不过是互相争夺国家权力的资产阶级党派借以上台执政的阶梯。现代西方国家，政党林立，老牌的资产阶级政党虽仍有实力，但毕竟不能再包揽天下了。各种派别的政党都竭尽全力在争取选民，以争得或多或少的席位。于是，议会成分多样化了，席位分配分散化了，而议会中的议员结构也向着有利于社会民众这一侧面倾斜。第二次世界大战后，西欧不少国家的社会民主党相继获得了广大选民的支持，取得了入主政府的钥匙，单独或与别的政党联合执政。上述政治舞台上的若干重大变化，表明西方民主的社会基础扩大了；像18世纪、19世纪那样国家权力为资产阶级所垄断的局面正在被打破。即使在由两大资产阶级政党牢固控制政局的美国，其政策差别也在趋向模糊。原因是，为了执政他们不能不迁求于选民，其纲领不能不贴近民意。这也意味着，广大选民在一定程度上影响与控制着政府。

当代西方民主在形式上是对近代民主的刷新，在内容上是对近代民主的突破，因而其民主制在完善化的过程中达到了一个新的水平。这就是，当代西方民主已经具有比较健全的四大机制：参与机制、竞争机制、制衡机制、法治机制。

参与机制——每一届新政府的产生，国家重大决策的出台，政府政策的制定，政府官员行为的评定，公民们均可以以一定的方式加以参与。

竞争机制——议会中席位的分配，政府权力交替过程中的竞取，各政府机构中公职人员的录用与奖惩，都是在比较均等的机会下按一定的竞争规则实现的。

制衡机制——为杜绝权力的滥用，有国家权力的内部约束机制（以权力制约权力，即三权分立与互相制衡）与国家权力的外部制约机制（即各种社会力量对国家权力的监督与制约）加以管束；使各部门的国家权力保持均衡的态势，在约束中各履其职。

法治机制——以法治观念为基础的法律体系和执法体系日臻完备：包括法律至上，以法立国，司法独立，依法办事，法律面前人人平等。

人不是天使，否则就不需要政府了。如果是天使统治人，就不需要对政府的任何控制了。如何使政府能管理好被统治者，同时又能管理好自身，这是自古至今的思想家们所探讨的经久不衰的主题。当代西方民主的成就，表明人类在解决如何管理好自身，使复杂的社会生活在民主与权威、自由与秩序之间维持动态的和谐状态，已积累了颇有价值的经验。难怪米利班德自信地宣称："资本主义民主制最显著的特点之一，正在于它有一定的恢复力及政治体制承受危机、冲突和混乱的巨大能力。"[①] 自第二次世界大战以来，在西方资本主义国家中，可以说没有一个政府受到过重大的威胁。由此可见，民主政制是政治稳定和社会安定的保障。

---

① 拉尔夫·米利班德：《英国资本主义民主制》，商务印书馆1988年版，第50页。

这绝不是说，当代西方民主作为一种制度已尽善尽美了。面对西方民主的历史性成就，有的西方思想家提出了民主面临着危机的警告；认为民主的愉快而和谐的形势已接近尾声，民主政府现在面临着挑战，这种挑战恰恰是"过去这些成功和变化的产物"。

所谓民主的危机，概要地说，是指由于民主的盛行，强调平等和个人的权利，导致了政府权威的削弱；个人与集团对政府的要求越来越多，而且总认为这些要求政府应有责任加以满足，使政府背上了"过重的负荷"；民主社会要集中各种利益以建立共同目标，但公民大众的充分表达往往冲击这种共同目标，如此等等。总之，"过分的民主意味着统治能力的匮乏，统治能力的疲软表明民主的不完善"。[①]

面对西方民主的现状，精英民主论与新保守主义都强调，民主只是选择领导的过程，而国家的治理者只能是少数"精英"和社会上的优秀人士。民主如不加以"节制"，最终必然毁掉自由或文明。即便是自由主义，在坚持反对国家专制的同时，也认识到国家干预的必要（当然，这种干预是有严格界限的，这个界限就是国家不能侵犯个人的自由、安全、财产等权利，否则就是专制），以谋求国家与个人之间的和谐。"第二次世界大战"以来，古典自由主义复兴，个人价值重新被强调而置于首位。以达尔为代表的多元民主论则强调公民集团的广泛参政，使权力得到合理的分配和制约，不致出现"寡头政制"。但是，多元论也感到，在权利对功能，在个人之间的平等对组织之间的平等，在一致性对多样性，在集中对分散等诸问题上，也面临着困境。电子技术的广泛运用，人类进入了信息时代。将这一技术运用到政治过程，出现了一种新的民主形式：电子民主或曰网络民主。它扩大了公民表达和参与的空间与机会，使政府的任何行为更受到社会的广泛监督，政府和社会的互动节奏更为快速与频繁。现代民主又上了一个新的台阶。

西方各派政治学家对当代西方民主所提出的质疑，一半是对现实的评论，一半是对未来的探索。

民主，作为一种具有较强的自我调节能力的制度，正是在不断地消除社会生活中出现的矛盾而得以维护和发展的。

西方民主发展的历史过程，证明了"历史上依次更替的一切社会制

[①] 米歇尔·克罗齐等：《民主的危机》，求实出版社1989年版，第149页。

度都只是人类社会由低级到高级的无穷发展进程中的一些暂时阶段"。"这种辩证哲学推翻了一切关于最终的绝对真理和与之相应的人类绝对状态的想法"。①

《西方民主史》以历史辩证法作指导，以全方位的视角客观地介绍了西方民主：历史与现状，理论与实践，个别与一般，进步与局限。作者致力于尝试纠正以往对待西方民主的某种简单化观念（特别是来自"左"的偏见），这对于正确借鉴西方民主为我所用，全面推进我国现代化事业的健康发展至关重要。至于如何借鉴，乃是另一个大题目，需另作探讨。我们希冀本书的出版，对推动这一探讨能有一定的裨益。

---

① 《马克思恩格斯选集》第4卷，人民出版社1972年版，第212页。

第一篇

西方民主渊源

第一章 氏族社会民主制

民主，是人类历史上很古的现象。远在人类的发端时期，即蒙昧时期，它已有了萌芽；到了氏族社会的全盛时期，原始民主制已臻于完善，民主已成了根深蒂固的观念。但是，在未揭开氏族社会的秘密之前，人们并不知道人类在距今遥远的漫长时期内，曾普遍流行过民主制。直到摩尔根的《古代社会》这一划时代的著作问世后，这一谜底才得以揭开。

对氏族社会的民主制，在民主史的研究中多被学者们所忽视，没有作为专门的篇章去论述它。水有源，树有根。研究氏族社会的民主，就是寻求民主的"源"和"根"，可称为民主的"发生学"。正如摩尔根所说："政治的萌芽必须从蒙昧社会状态中的氏族组织中寻找；然后，顺着政治制度的各种演进形态，下推到政治社会的建立。"①

由此可以认为，氏族社会民主制是人类民主史的开端。了解氏族社会的民主制，才可以对民主的发展过程有一个完整的概念。

一 氏族成员的民主权利

人类在进入政治社会之前，经历了漫长的无阶级的以血缘为基础的氏族社会。氏族，是有共同祖先、有统一名称，以血缘关系为纽带的血族团体。它是氏族社会所赖以维系的根基。若干氏族联合为胞族，若干胞族联合为部落，若干部落最后又联合为部落联盟。"这种组织流行于整个古代

---

① 摩尔根：《古代社会》上册，第5页（本书中以下有关引文出处的注释，所引著作凡在书末第602页"主要参考文献"中列出者，页下注中不再注明出处及出版时间，而只列编著者、书名及引文所在页码。凡未列入"主要参考文献"或版别不一致者，另外注明。——编者注）。

社会，遍及于各大洲。"①

在氏族内，每一成员平等地享有权利与承担义务。在诸权利中居首位的是选举和罢免氏族首领和酋帅的权利。② 可见，民主权利被视为诸权利中最重要的内容。

选举氏族首领和酋帅的权利

美洲所有的印第安部落差不多都有两种不同级别的酋长，可以区别之为首领（sachem）和酋帅（chief）。他们是每一个氏族从本氏族成员中选举出来的。首领的职责仅限于管理平时任务，而酋帅之被选任是由于个人的勇敢、处理事务的机智，所以酋帅们总是才能出众的人物。首领的关系主要属于氏族，他是氏族的正式领袖；而酋帅的关系主要属于部落，他和首领一道都是部落会议的成员。

首领的选举，由成年男女自由投票，选出的人通常是已故首领的兄弟，在举行选举时，每一个成年的男女都被召集来，让他或她表示赞成选谁的意见，得到最大多数人同意的候选者就成为被提名的人。氏族内选举后还需要得到其余氏族的同意才算正式完成提名手续。同时，新的首领还须经过部落联盟会议的授职，才能就任。"各个氏族的权利和利益通过这种方式来协商而得以维持；因为一个氏族的首领根据其职权乃是部落会议和更高一级的部落联盟会议的当然成员。"③ 对于酋帅职位的选举和任命也采取同样的方式，其理由也是同样的。

罢免首领和酋帅的权利

氏族成员还享有罢免其首领和酋帅的权利，这种权利的重要性不在选举权之下。在职者虽然名义上是终身职，因为人们有罢免他的权利，实际上必须行为良好才能保持其权力。首领就职的象征是"头上戴角"，被罢

---

① 摩尔根：《古代社会》上册，第62页。

② 氏族成员的权利、特权和义务如下：（一）选举氏族首领和酋帅的权利。（二）罢免氏族首领和酋帅的权利。（三）在本氏族内互不通婚的义务。（四）相互继承已故成员的遗产的权利。（五）互相支援、保卫和代偿损害的义务。（六）为本氏族成员命名的权利。（七）收养外人为本氏族成员的权利。（八）公共的宗教仪式。（九）一处公共墓地。（十）一个氏族会议。上述内容也就构成了氏族法（jus gentilicium）。见《古代社会》上册，第69页。

③ 摩尔根：《古代社会》上册，第71页。

免时就"摘角"。首领或酋帅倘被本氏族的会议按正当手续罢免，就成为一个普通人了。部落会议也有罢免首领和酋帅的权利，用不着等待本氏族采取行动，甚至还可以违反本氏族的意愿。氏族成员由于具有罢免权，并不时地行使这种权利，才能够维持主权，来控制他们的首领和酋帅，保障氏族的民主制。

氏族会议

氏族会议是氏族社会形式最简单的初级会议，"它是氏族的一切成年男女享有平等表决权的民主集会"①。可见它是氏族成员行使其民主权利的重要形式。参加会议的每一个成年男女都对他们所讨论的一切问题有发言权。在这个会议上选举和罢免首领和酋帅，选出司礼，对本氏族成员被杀害的事件决定宽赦凶手还是采取报仇行动，以及收养外人为本氏族成员。比氏族会议高级的部落会议和更高级的联盟会议都是从氏族会议发展而来的，后两种会议都只有酋长才能参加，酋长即为氏族的代表。

选举权和罢免权构成了氏族社会民主制的基本要素，从此之后，也成了一切民主制的基本要素。完全、自由的选举和罢免的存在，乃为民主制是否真实存在的首要标志。

酋　长

酋长是氏族社会中惟一令人注目的政治职务，它在氏族中代表氏族。在部落及部落联盟中，由各氏族的酋长所组成的部落会议和联盟会议，分别是它们的政府机构，它们分别代表部落和部落联盟。酋长如何产生，具有何种权力，同氏族成员以及同部落、部落联盟的关系，很能说明氏族民主制的特质。

酋长一职其基础在氏族，如上所述，由氏族成员自由选举，并可罢免。但正式履行其职必须由部落会议，以后在形成部落联盟之后，又须由联盟会议举行授职仪式后，才可正式上任。如果联盟会议加以拒绝，则该氏族必须重选；虽然这种情况几乎没有发生过。这种规定，表明对被选出的酋长，需经过授职仪式加以最后的监督。氏族内与氏族间对于酋长的制约，是十分明确的。这是维系部落及其联盟的重要原则。

---

① 《家庭、私有制和国家的起源》，《马克思恩格斯选集》第4卷，第84页。

用政治社会的观念去看待氏族首领和酋长，往往产生一种误解。摩尔根指出：西班牙的著述者们把印第安人的酋长描写成欧洲人心目中的领主，这是一个错误观念。因为领主一词所暗示的一种社会状态在印第安人中根本不存在。一个领主是由世袭特权而获得爵级和头衔的，他凭借剥夺全民权利的特殊立法来保有这种世袭特权。与此相反，一个印第安酋长之任职不是由于世袭权而是由全体选民的选举，全体选民只要有充分的理由就有罢免他的权利。这个职位负有增进全体选民某些利益的义务。他无权支配氏族成员的人身、财产或土地。由此可见，在一个领主及其头衔和一个印第安酋长及其职位两者之间完全没有共同之处。一个是属于政治性社会的，其所体现者为少数人对多数人的侵占；另一个是属于氏族社会的，其基础为氏族成员的公共利益。在氏族、胞族和部落中，不容许有不平等的特权。

总之，在氏族制下，它的全体成员都是自由人，都有相互保卫自由的义务；在个人权利方面平等，不论氏族首领或酋帅都不能要求任何优越权；他们是由血族关系结合起来的同胞。自由、平等、博爱，虽然从来没有表述为公式，却是氏族的根本原则，而氏族又是整个社会制度的单位和基础。这就可以说明，为什么印第安人具有那种受到普遍承认的强烈的独立感和自尊心。①

二　部落的政治功能

氏族，这一氏族社会的基础，在其自然分裂过程中形成了部落。每一部落都自有其名称，有其所占据、所保卫的领土，因此各具特色。当一支氏族从他们所占有的地域分离出去，然后形成了另一部落。

部落具有以下主要政治功能：

对各氏族选出的首领和酋帅有授职之权　例如，在易洛魁人中，凡被选为酋长者必须待到酋长会议授职后才能正式担任此职。因为部落会议是由各氏族的酋长们组成的，它有维护共同利益之权，所以，把授职的功能委托给部落会议是合理的。但是，自从组成部落联盟之后，"推举"首领

---

① 参看马克思《摩尔根〈古代社会〉一书摘要》，人民出版社1965年版，第86页；摩尔根：《古代社会》上册，第82页。

或酋帅的权力就从部落会议转到了联盟会议。

对这些首领和酋帅还有罢免之权 罢免首领和酋帅之权主要属于该首领或酋帅所属之氏族。但部落会议也有这种权力，并且可以不经本氏族同意，甚至可以违反本氏族的意愿。在蒙昧社会、低级野蛮社会以及中级野蛮社会，酋长都是终身职，或者说在其行为不出轨的期间内一直充任。此时的人类还不知道要对被选举的职位规定年限。于是，为了维持自治的原则，罢免权尤其是不可少的了。罢免权是氏族以及部落的统治权的永恒保障；虽然他们对于统治权的理解很浅，但这种权力却很实在。

部落的上述两种权力，表明一氏族的权利是受到部落及联盟的制约的。氏族是自治的，但它又得服从部落及联盟的共同利益；由此，由若干氏族组成的部落及若干部落组成的联盟便结成了一个共同体。

酋长会议是部落的最高政府 酋长会议即部落会议是由各氏族的酋长所组成的；既然氏族是由它的酋长们来代表的，所以部落也就由各氏族的酋长们所组成的会议来代表。这个会议是全部落的最高权威，也就成为这种社会制度的固定特征了。会议在众所周知的情况下召集，在民众当中举行，人们可以公开发表演说，因此，它必然是在群众的影响下进行工作。

保护全部落的公共利益，是酋长会议的责任。一个部落的昌盛与生存，要依靠民众的机智勇敢，也要依靠酋长会议的深谋远虑。一般的习惯是，任何人如想对某个公共问题发表意见，都可以自由地到酋长会议上来发表演说。即使是妇女，也允许通过她自己所挑选的演说者来表达她的愿望和意见。不过，决议之权操在会议手中。在易洛魁人中，通过决议需要一致同意，这是一个基本的规律。这跟德意志人的马尔克公社在解决某些问题时是一样的。部落会议有宣战、缔和、派出使节、接受使节和结盟之权。特别是，调整同其他部落的关系也包括在部落会议的权限之内。要是发生战争，大半都由志愿兵来进行。

在有些部落中间有一个部落大首领 大首领的地位高于其他同僚之上。虽然部落会议是最高权力机构，它并不经常召开，但问题可能随时发生，需要授权某人代表部落立即予以处理，但他的行动必须得到会议的事后追认，否则无效。这是设立大首领职位的惟一基础。但大首领权力有限，在有些部落，其权威之低乃至不如我们概念中的一个行政长官。

部落的政治功能基本上都体现于酋长会议之中，酋长会议是人类政治机关中最古老的制度。它实际上是近代议会、国会、立法机构的萌芽，因而在人类历史上具有重要的意义。

根据摩尔根的研究，在氏族社会人类政治观念的发展从蒙昧时代的高级阶段，经过野蛮时代进入文明时代为止，表现出三大进展阶段。第一个阶段为部落的酋长会议，它是由各氏族选举的酋长所组成的政府。可以称之为"一权政府"，"一权"者即指会议而言。这种政府在低级野蛮社会的部落中是普遍流行的。第二个阶段为由酋长会议和一个最高军事统帅平行并列的政府，前者执掌内政，后者执掌军务。这种形式的政府在低级野蛮社会的部落组成联盟以后始露头角，而到中级野蛮社会才开始确立。最高军事统帅的职位就是最高行政长官、国王、皇帝和总统等职位的萌芽。我们可以称这种政府为"两权分立政府"，"两权"者指酋长会议和最高军事统帅而言。第三个阶段为由一个酋长会议、一个人民大会和一个最高军事统帅来代表一个部族或一群人民的政府。这种政府出现于进入高级野蛮社会的部落中，如荷马时代的希腊部落和罗木卢斯时代的意大利部落即是其例。在人民大会出现之后，酋长会议依然存在，但无疑地在民众的压力下，在处理最重要的公务时不得不服从一个人民的大会的认可或否决。这个大会并不提出任何措施，它的职能是认可或否决，它的决定是最后的决定。酋长会议从此不再通过重要的公共措施，而变成了一个预先筹商的会议，其权力仅在于提出和制定法案，但这些法案只有通过人民大会才能发生效力。我们可以把这种政府称为"三权并立政府"，"三权"者即指预筹会议、人民大会和最高军事统帅。这种政府一直维持到政治社会之形成，例如，在雅典人中，一直维持到酋长会议变为元老院、人民大会变为公民大会时为止。这两种组织流传到近代变成议会、国会或立法机构的两院。而最高军事统帅也就是近代最高行政长官一职的萌芽。[①]

下面，我们将分别说明，两权分立政府和三权分立政府的形成及其特征。

三 联盟、联盟会议和军事首领

联盟的组织原则

以易洛魁人为例，联盟的组织原则可以概括如下：

---

① 摩尔根：《古代社会》上册，第116—117页。

（1）联盟是五个血缘亲属部落的联合组织，在一切内部事务上完全平等和独立。

（2）联盟设立一个首领全权大会，即联盟会议，参加此会议的首领名额有固定的限制，其级别与权威一律平等，此会议掌握有关联盟一切事宜的最高权力。

（3）设置50名首领，各授予终身名号，这50名首领分配在各个部落的某些氏族中。每逢出缺，这些氏族有补缺之权，有正当理由亦有权罢免其本族之首领。不过委任之权则属于联盟会议。

（4）联盟的首领也就是他们各自所属部落的首领，他们同各部落的酋帅一道分别组成各部落会议，全权处理该部落的一切事务。

（5）每一项公共法令必须得到联盟会议的一致通过始为有效。

（6）联盟会议的表决是按部落为单位投票的，因而每一部落都可以对其他部落投反对的一票。

（7）每一部落会议都可以召集联盟会议，但联盟会议不得自行召集。

（8）会议在民众面前公开举行，任何人都可以在大会上发表演说来讨论公共问题，但决定之权属于会议。

（9）联盟无最高行政长官或正式首脑。

（10）联盟设有两个职能和权力平等的最高军事首长，使之彼此间可以互相节制。

联盟会议

此会议为联盟最高权力机构，会议成员由参加联盟的各部落酋长组成。在易洛魁人的联盟中，五个部落相互间是彼此独立的；各部落在联盟内，在权利、特权和义务方面均处于平等地位。从表面来看，分配给各部落参加联盟的首领团体的人数是有差别的，但这并不意味着给予某些部落更多的权力，"因为当通过决议或否决另一部落的意见时，每一个部落的首领都有平等的发言权。他们在会议上是以部落为单位来投票表决的，每一项公共法令必须全体一致通过才能生效"[1]。

"一致同意"是联盟会议议事决事的规则。"所有的公共问题必须得到全体首领的一致同意才能决定，每一项公共法令也只有得到全体首领的

---

[1] 摩尔根：《古代社会》上册，第130页。

一致同意才能生效。这是联盟的一项基本法则。"① 显然，他们还完全不知道会议活动中少数服从多数的原则。如果不能取得一致同意，议案即被否决，大会也就宣告结束。

行政长官的萌芽

联盟还设有最高行政长官，但开始出现将军这个职务时，易洛魁人称之为"荷斯-加-阿-格-达-哥-瓦"，意即"大战士"。因为此时几个部落联合对外作战的情况势必发生，指挥联合部队军事行动的总司令就将感觉必要了。这是合乎逻辑的发展。在其他一些联盟中，都有这种类似职位的出现，如阿兹特克人的"吐克特利"，希腊部落的"巴赛勒斯"和罗马部落的"勒克斯"。在政府中设立这样一个职位作为常设官职，这是军事权力和行政权力分化的开端，这种分化一旦完成，就由一权政府改变为两权政府，这确实"是人类进步历史上的一件大事"②。在往后的发展中，军事首脑虽已占了上风，但他"始终是军事民主制下的一个将军"③。这主要是氏族的权力制约制度遏制了僭位篡权的行为。不论是在易洛魁人、阿兹特克人和罗马人中，这个职位都是由全体选民选举或认可的。

在易洛魁联盟成立之时，或在此事件后不久，即设立了两名常设的军事酋帅。他们的身份是总司令，负责指挥联盟的联合部队。这两名酋帅的选举方式与首领相同，也要由联盟大会推举。他们彼此的级别和权力是平等的。易洛魁人设立两名而不是设立一名最高军事酋帅，并且授予平等的权力，这足以说明他们采取了机智而有远虑的方法来预防个人专制，即使在军务方面也不容许这样。罗马人废除"勒克斯"一职后设立了两名执政官，以避免把一人升到危险的高度。他们从教训中终于认识到："设立两名执政官就能使他们彼此间的军事权力平衡，以便相互防止对方成为至高无上的统帅。"④

了解了首领和酋帅的任期和职能，了解了酋长会议的职能以及最高军事酋帅的任期和职能，我们也就知道部落联盟的政治制度是以民主原则为

---

① 摩尔根：《古代社会》上册，第 135 页。
② 同上书，第 141 页。
③ 同上。
④ 同上书，第 142 页。

基础的。易洛魁人所组织的联盟，我们不得不承认是"英明智慧的伟大结晶"①。

四　三权政府：氏族社会民主制的最高形式

从氏族到部落、到联盟是氏族社会一系列逻辑发展的自然过程。联盟自身的发展，又形成了民族，它是部落的联合体；在政治方面此时由两权政府发展到三权政府，它是氏族制度下所能达到的最发达的民主制形式。这种三权形式的政府，即被摩尔根称为"军事民主制"，通常以英雄时代的雅典民族为代表。

英雄时代的雅典民族，在政府上呈现为三种不同的又互相协调的三个部门，或曰三权政府：第一，酋长会议；第二，人民大会；第三，巴赛勒斯，即军务总指挥官。

酋长会议

希腊的每一个民族从我们所知道的最早时代起直到建立政治社会为止，始终存在着酋长会议。酋长会议的天职就是代表主要氏族的一个立法团体，它是氏族组织下的天然产物，所以它一开始就具有最高地位。虽然巴赛勒斯职位显得日益重要，以及由于人口繁殖、财富增多，在军事和市政方面设置若干新的官职，这多多少少使酋长会议对处理公共事务的关系有所改变，或使其重要性有所减损；但是，只要在制度上没有发生剧烈的改革，它就不可能被废止。"因此，看来大概是这样：政府的每一个官职，从最高级至最低级，在公务上始终要向酋长会议负责。在他们的社会制度中，酋长会议是最主要的机构。"② 古代希腊社会的酋长会议乃是后来希腊政治制度中元老院的前身。

人民大会

人民大会的历史不如酋长会议之古老。酋长会议是在氏族建立初期就产生了；人民大会则可能是在野蛮时代的高级阶段才得以形成一种制

---

① 摩尔根：《古代社会》上册，第144页。
② 同上书，第244页。

度。在人民大会问世后,拟定公务措施方案的大权仍属于酋长会议,拟定之后需提交人民大会,大会赋有采纳或否决酋长会议提出方案的最后决定权。此时,"真正的权力集中在人民大会上"[①]。"人民大会的功能仅限于这一行动。它既不能提出议案,也不能干涉行政;但无论如何它是一种实际存在的力量,显然足以保障民众的自由。"[②] 将人民大会与酋长会议联系起来看,就可以确证希腊整个英雄时代的氏族社会制度是民主的制度。在罗马人和德意志人那里,也存在这类人民大会。"从这一制度的创立及其演进,可以探索到民主政治原则的产生和发展情况。"[③] 在人民大会召开时,人民——男男女女都站在周围,按规定的程序参加讨论。凡是想说话的人都可以自由发言,大会听取了讨论之后,即作出决议。通常是以举手来表决。在德意志人那里,怨声表示反对,喝彩、敲打武器表示赞成。人民大会同时也是审判法庭,各种控诉都向它提出,并由它作出判决,死刑也在这里宣判。氏族酋长只能是诉讼的领导者和审问者,判决由全体作出。这种民主是原始的,却说明在这一时代,主权是切实地属于人民的。人民大会由联盟酋长会议召集,自身无召集之权能。民众通过大会讨论与决定关系全体人民利害的公务,由此而经常学习自治的本领,使酋长会议按民众的意志办事。

巴赛勒斯

这个职位在英雄时代的希腊社会中开始成为一个显要的角色。史学家们把巴赛勒斯置于当时制度的中心地位。关键的问题是,巴赛勒斯一职是否真正根据世袭权而父子相传。如果真是这样,氏族民主就会遭到破坏。但是,我们知道,在低级野蛮社会中,酋长的职位是在一个氏族内承袭的,即每遇该职位空缺时通常总由本氏族的成员来补任;但选举的原则仍然保持着,这是自治政府的根本原则。我们承认,巴赛勒斯的长子或其任何一个儿子通常继承其父亲的职位,但这一事实并不能确定他所根据的是绝对的世袭权。因为他只是属于可能被选中的继承人之列,最后是否被选中,还要经选民团的自由选举。这显然"与巴赛勒斯一职根据世袭权继

[①] 恩格斯:《家庭、私有制和国家的起源》,《马克思恩格斯选集》第4卷,第140页。
[②] 摩尔根:《古代社会》上册,第245页。
[③] 摩尔根:《古代社会》下册,第314页。

承之说不相容，而偏向于承认这个职位的继承是由民众通过其法定的组织进行自由选举，或予以认可，其情况同罗马人的勒克斯一样"①。由此可见，此时的希腊巴赛勒斯一职虽然在政治体制中显得十分重要，但是它"依然掌握在人民手中。因为，不通过选举或得不到认可，继任者就不可能取得这个职位"②。

希腊英雄时代的三权政府，摩尔根称为军事民主制。巴赛勒斯是他们的军帅，这种职位可算是最有势力的。他享有军事和宗教的职权，但还不具有民政方面的权力。设有军帅是这种政府的一个显著特征；但更为重要的是，人民大会与酋长会议握有最高之权，军帅受到它们的限制，他的权力是有限的。这是军事民主制的实质。酋长会议代表氏族成员，象征着民主，而巴赛勒斯不久便代表贵族，象征着专权；为了把后者控制在人民同意授职的权力范围之内，两者之间大概始终进行着斗争。后来，雅典人终于废除了巴赛勒斯的职位，如同罗马人废除了勒克斯的职位，其原因"很可能是他们看到这个职位由于攫取新权力的倾向而难以驾驭，而且与氏族制度也不相容"③。

氏族社会的民主制，经过自然、历史和逻辑的发展，依次从一权政府、经过二权政府、最后到达于三权政府。在三权政府下，人民享有最后决定权，民众依然控制着政府，巴赛勒斯、勒克斯之类的军事首领仍难以驾驭政府，控制人民。人民是自由的，而且三权之间是互相制约的，除了酋长会议与人民大会之间的互相制约外，酋长会议与人民大会还共同限制着军事首领的权力。这是人类最早的权力制约机制。三权政府是氏族民主制的最高阶段，正如恩格斯所说："这是氏族制度下一般所能达到的最发达的制度；这是野蛮时代高级阶段的模范制度。只要社会一越出这一制度所适用的界限，氏族制度的末日就来到了；它就被炸毁，由国家来代替了。"④

五 军事民主制的再认识

对于军事民主制，恩格斯在摩尔根的研究基础上，提出了自己的见

---

① 摩尔根：《古代社会》上册，第248页。
② 同上。
③ 同上书，第250页。
④ 恩格斯：《家庭、私有制和国家的起源》，《马克思恩格斯选集》第4卷，第142页。

解。除了前述已提到的认为军事民主制是氏族社会"最发达的制度",认为酋长会议和人民大会两者的权限,"真正的权力集中在人民大会上"之外,恩格斯还认为,军事民主制下的三权之间的相互制衡不是静止不变的。总体上,氏族社会诸管理机关的权力仍体现着民主的原则,但"掠夺战争加强了最高军事首长以及下级军事首长的权力";无论在希腊、罗马还是在德意志,"其中有几个联盟已经有了王;最高军事首长……已经图谋夺取专制权,而且有时也达到了目的。但是这种侥幸的篡夺者绝不是绝对的统治者,不过他们已经开始粉碎氏族制度的枷锁了"①。军事民主制是原始社会开始瓦解并向国家过渡的时期所出现的"最发达的制度",它一方面保留着原始民主的基本特征,另一方面由于军事首长个人权力的发展,开始打破军事民主制下三种权力之间的平衡,使原始民主制走向衰落。

军事民主制一直是前国家社会研究领域中颇受关注的问题。20 世纪以来在考古学、民族学、人类学一批成果面前,对摩尔根的这一学说进行了验证。人们提出的问题主要有以下几点:一是军事民主制是否可以看做一个社会的发展阶段;二是军事民主制是否具有普遍性;三是军事民主制与国家形成的关系如何。②

关于军事民主制是否可视为一个社会的发展阶段,苏联学术界早在20 世纪 50 年代就讨论过。我国学者日知曾明确指出:"军事民主制只是氏族制解体时期的一种上层建筑,它不应该也不必要成为某一社会发展阶段或历史时代的名目。"③ 实际上,摩尔根在论述南美洲印第安人阿兹特克联盟时,对这一制度还使用了"军事民主政体"这一术语。这意味着摩尔根本人也未把军事民主制看做是社会发展的一个阶段。将之视为原始社会末期的一种社会组织管理制度,可能比较科学。

关于从氏族制度向国家演进中,军事民主制是否具有普遍性,也不能一概而论。我们知道,部落之间经常发生战争是促使军事民主制产生的重

---

① 恩格斯:《家庭、私有制和国家的起源》,《马克思恩格斯选集》第 4 卷,第 140—141 页。

② 以下对这些问题的阐释,均参考、吸取《古代民主与共和制度》一书第二章第一节(四)的研究成果。

③ 参见日知《史诗"吉尔伽美什和阿伽"与军事民主制问题》,《历史研究》1961 年第 5 期,第 99 页及同页注释。

要原因。掠夺性战争是促使国家产生的一个重要原因，但不是惟一原因，也不是根本原因。原始社会末期氏族制度内部结构变化是由诸多因素造成的，这个时期的氏族组织及管理机关未必都带有军事组织的色彩，也未必都存在军事民主制为特征的三权机构。例如有学者指出，在某些氏族公社已经瓦解的民族（如大洋洲许多岛屿上的土著居民）中还不知道有任何形式的军事民主制。① 可见，军事民主制在前国家社会向国家过渡中并不具有普遍意义，摩尔根以来的许多人类学和民族学的研究资料表明，原始公社的解体不一定都采取军事民主制的形式，都经过军事民主制的途径。把它看做是人类早期国家产生的一种模式，比较恰当。

关于军事民主制与国家形成的关系，也就是，军事民主制下的诸机关在后来的发展中是否直接变为国家的政治机构。摩尔根通过对雅典和罗马氏族制度下三权政府的研究，认为人类从野蛮时代开始，建立并发展了三个主要的政府机件，现代文明国家的政治制度将这三个机件包括在其编制之中，已是非常普遍的事了。人们因此认为，原始社会时期的三权制的政治权力分别改造成了以后的国家机关，如人民大会成了公民大会，酋长会议成了议会，军事首领成了行政首脑。但是，雅典和罗马的国家形成的模式，在古代特别是西方一些国家具有典型性，对于整个古代世界就不完全适用。众多的原生的早期国家未必都采取这种模式。有学者指出，军事民主制机构并未直接转变为国家机构，而是被在国家出现前的、以排斥大部分居民管理社会为基础的别的机构代替了。② 所以，在军事民主制向国家转变过程中，权力结构的转变可以存在着不同的形式，雅典和罗马的古代国家的发展过程可能是其中最典型的形式，但不是惟一的形式。

六 酋邦：前国家的一种社会组织

酋邦（Chiefdom），亦称酋长国，酋长制社会。它是西方人类学家和民族学家在研究前国家社会时提出的一个概念，它强调酋邦这种社会形态是以原始社会向文明社会过渡中间的一个社会发展阶段。

---

① 参见 В. П. 阿列克谢耶夫等著《世界原始社会史》，第261页。
② 阿·姆·哈扎诺夫：《原始公社制度的解体与阶级社会的产生》，收入 А. И. 别尔什茨主编：《原始社会》，中央民族学院出版社1987年版，第128、136页。

酋邦分布的广泛性

酋邦这一概念最初是在对美洲加勒比海地区印第安人的民族学研究中形成的。之后，西方的人类学和民族学用这一理论对世界各地前国家社会进行了广泛的研究，发现除加勒比海地区外，在美国东南部、太平洋地区、撒哈拉沙漠以南的非洲的广大地区，当西方殖民势力来到之前，都还处在酋邦阶段。

从最初发现的加勒比海地区印第安人的部落（酋邦）的基本状况是：部落主要从事农业，人口较密集，村落布局经过规划，村落中心是由栅栏围起来的广场，村中有庙宇、酋长的住宅、仓库；社会成员被划分为数个阶层，酋长的地位最高，有时一个酋长统治着数个村落和部落；酋长住在大房子中，拥有众多的妻妾和侍从，并接受他人的朝贡；酋长和氏族贵族一般是结合在一起的，酋长和贵族有大量财富，这些财富一部分是由他们自己的大家庭中生产出来的，另一部分来自部落平民的朝贡。一个酋长国由许多个村落和地区组成，大酋长是最高统治者；大酋长下面有许多小酋长，分别治理各地区和村落；酋长们有权处理各类纠纷，甚至有权对犯禁者处以死刑。在大酋长的领导下，酋长有权征调人民从事战争。

奥本格在1955年第一次明确使用"酋邦"这一概念，并视酋邦为从部落发展到国家的中间阶段。1962年美国民族学者R.塞尔维斯在《原始社会组织》一书中第一个从理论上详细论述酋邦，提出人类社会发展经过了"原始群—氏族—酋邦—国家"这样几个发展阶段。英国考古学家K.伦弗鲁等人认为当今许多国家史前时期都曾经历过酋邦发展阶段。他们认为世界上最早的酋邦产生于西亚地区，形成于公元前5500年左右。欧洲的不列颠岛约在公元前4000年出现酋邦，在中欧，酋邦的形成约在公元前3000年。美国华裔学者张光直将酋邦理论引进中国史前史研究，认为龙山时代的文化已处于酋邦发展阶段。

可以说，到20世纪后期，西方学者对前国家社会的研究中已很少采用军事民主制的概念，更多的是放在补充、修正和验证酋邦的理论上。

酋邦的基本特征

那么，酋邦这一社会组织有哪些基本特征呢？

徐建新在《古代民主与共和制度》一书的第二章中对酋邦的基本特征作出了以下的概括。

1. 在酋邦的社会结构中存在着一个最高首领,即大酋长。社会的各种权力如军事权力、主掌宗教祭祀的权力、经济生活的管理与控制(如公共财产的再分配权)较多地集中在最高首领手中,他在社会生活中往往起着关键作用。

2. 酋邦与平等的氏族社会最大的不同是存在着社会分层。整个社会已有数个阶层(等级)构成。阶层的划分原则是依据财产的多寡或所担任的社会公职的不同,有的则是依据与传说中的共同始祖或大酋长本人的世系的远近关系。各阶层之间的关系是不平等的,因而形成金字塔式的分层结构。处于这种分层社会顶端的是大酋长。他可以将自己的出身上溯到传说中的共同始祖,享有礼仪上的权威。他往往居住在特殊的场所,平时主持宗教仪式和公共活动,战时则成为指挥全体战士的酋帅。从属于大酋长的村落或部落,各有自己的村落首领和部落酋长,所有的村落或部落都负有忠于最高酋长的义务。

3. 酋邦社会中存在着一种社会财富集中与再分配的体制。一方面,剩余产品的增长和生产的专业性分工产生了将产品和劳役在整个社会中分配的需要;另一方面,社会分层又导致了社会首领对经济生活的控制,酋长位于社会再分配网络的中心,他可以征收社会产品并进行再分配,还可以征调劳役修造大规模的公共设施,如庙宇、宗教纪念物、灌溉系统等;还有,在军事扩张中,被征服的部落多以纳贡的方式表示对征服部落的归属,酋长往往将收取的贡物以及在战争中攫夺来的财产进行再分配,以巩固和提高自己的威信。

4. 与国家相比,酋邦社会尚是缺乏强制力量的、非制度化的社会。尽管某些酋邦中已出现法律的雏形以及原始的暴力组织,但一般来讲,酋长对社会的控制不是基于暴力,酋邦的行政管理机构也不如国家那样复杂和制度化。在实际的社会管理中,传统习惯、社会舆论与宗教的制裁比政治力量更为重要。

概括起来,酋邦社会结构是家庭式的,但却不平等;具有中央集权式的管理系统乃至最高权威,但缺乏暴力和政府组织;严格控制物质生产和财富分配,但还没有形成财产私有制;社会已发生分层分化,但尚未产生真正意义上的阶级。所以,酋邦社会被认为是介于原始社会和文明社会之间的、由前者向后者演进的过渡性的社会。①

酋邦——丰富了文明社会起源的知识

酋邦的基础是氏族—部落，是从氏族社会发展而来的，它与氏族社会最大的区别在于，酋邦已演化为不平等的分层社会。在酋邦社会，原始民主正在衰落，摩尔根称之为军事民主制下的权力机构和权力运行机制并不发达。原始民主的衰落主要表现为：一方面，社会组织管理的权力越来越向着社会上层的酋长为首的氏族贵族阶层集中；另一方面，普通的社会成员往往已被排除在社会管理之外，氏族成员大会即便存在，也不再起重要作用。比如，西非尼日尔河流域的约鲁巴人的国王（最高酋长）拥有大量财富和至高的权力与权威，国王与贵族会议成为社会的决策层，不仅全体臣民，就连贵族会议也必须绝对服从国王，贵族会议的决定要通过国王的准许才能施行。② 同样，在东非乌干达境内的安科尔王国中，作为最高酋长的国王穆加贝接受人民的大量纳贡，生活在富裕的王室村庄中。他被认为是王国传说中的共同始祖的子孙，并掌握着象征国王权力的宝鼓。在世俗社会中，他是司法和行政的首领。在发生战争时，战与和的问题要由穆加贝作出最后的选择。③

一方面，酋邦社会研究中所揭示出大量生动、具体的例证，丰富了人们对原始社会到文明社会过渡阶段的认识，特别为国家的起源提供了新材料、新知识。恩格斯在国家起源的研究中，以雅典、罗马和德意志人作为典型，说明原始社会末期氏族酋长个人权力的发展与加强是由原始民主向着政治统治转变的主要原因。酋邦社会研究中的大量生动实例，比以往更为详细地向人们展示了酋长个人权力是怎样从发挥个人的特殊作用、享有无形的个人威望发展到掌握特殊的权力、占有物质财富的具体过程。再如，阶级的产生是人类跨入文明社会的主要标志之一，而酋邦社会的研究揭示出在阶级社会产生之前形形色色的分层社会、等级社会的具体面貌；阶级的出现，对这种社会来说，并不是遥远的事了。

---

① 转引自谢维扬《中国早期国家》，浙江人民出版社 1995 年版，第 225 页。
② Н. Б. 科恰科娃著，张晓华译：《十九世纪初的约鲁巴城邦》，载《古代世界城邦问题译文集》，时事出版社 1985 年版。
③ 参见蒲生正男、祖父江孝男编《文化人类学》，日本有斐阁 1984 年版，第 54—55 页。转引自施治生、郭方主编《古代民主与共和制度》，第 61 页。

另一方面，也应看到，在酋邦中，最高酋长的权力还不是绝对的和专制的，氏族制度下的原始民主因素仍在不同程度上存在着。例如，它还普遍存在着由氏族贵族组成的议事机构（如阿散蒂王国早期的长老会议、安科尔王国的由重臣集团组成的评议会等），这类议事机构在王位继承等重大问题上，往往成为限制酋长个人权力的力量。又如，酋邦的基层组织，即归属于酋长所在的中心部落的那些普通部落或村落，在向酋长纳贡和表示归服的前提下，在管理内部事务上仍保持着相对的独立性和自主权。在这一级组织中，传统的氏族制度的原则仍在不同程度上发挥着作用。在某些地区，氏族成员大会甚至仍起着重要的作用。例如在西非约鲁巴城邦的一些距中心地区较远的落后地区，各项事务仍要由氏族大会决定。[①] 另外，在许多酋邦社会中，还活跃着一些社会团体（如秘密结社、男子联盟、女子联盟）。这些社团的性质和所发挥的作用不尽相同，但是在某种程度上都起着监督、干预或限制酋长统治的作用。例如在西非的库贝尔、梅恩迪、约鲁巴等酋邦社会中，男子秘密联盟管理着酋长继承的财产，独自分担着司法与行政方面的事务，有效地控制着酋长的权力。[②] 在班克斯群岛，男子联盟几乎作为政府机构而代替了酋长统治；在约克斯基公爵岛上，秘密联盟的首领与酋长分享权力。[③] 在东非坦噶尼喀的苏库马部落的农民中间，有一种叫"埃利卡"（意为青年协会）的社会团体，它能独立地执行政治职能而不受酋长的约束，因而对酋长的权力起着平衡的作用。"埃利卡"的领袖是社会上有势力的人物，在酋长的宗教力量"失灵"时，每每是各"埃利卡"的领袖们联合采取行动，在酋长的茅屋前示威，要求他退位。[④] 在这些社团的活动中，不难看到传统的氏族制度的影响。总之，那些已显示集权倾向的酋邦中，原始民主传统仍在不同程度上发挥着作用。

酋邦社会及其研究表明，原始社会到文明社会的发展有其共同规律，

---

① Н. Б. 科恰科娃著，张晓华译：《十九世纪初的约鲁巴城邦》，载《古代世界城邦问题译文集》，第350—351页。

② 蒲生正男、祖父江孝男编：《文化人类学》，第56页。

③ 阿·姆·哈扎诺夫：《原始公社制度的解体与阶级社会的产生》，载《原始社会》，第121页。

④ 参见奥德丽·艾·理查兹编《东非酋长》第10章"苏库马部落"，商务印书馆1992年版，第241—247页。

但其形式又呈现多样化的发展。酋邦社会的状况为我们揭示了这一过渡阶段发展的一种重要模式。

无论是军事民主制或酋邦制社会都证明，在原始社会后期，随着生产力的提高和剩余产品的增多，个人财富有了积累，私有制降临了；社会出现了富有阶层和权势阶层；财富和权力向这些阶层集中，导致了社会的分层及其分化；战争等因素又促使部落首领个人权力的膨胀。这多种因素的交互作用，终于使原始民主制衰落下去，特别是"世袭王权和世袭贵族的基础的奠定"（恩格斯），氏族社会才告别它的历史，之后，便出现了国家。

国家是部分地改造了氏族机关，部分地用设置新机关来排挤掉它们，并且最后全部以真正的国家权力机关来取代它们而发展起来的。国家本质上不同于氏族社会。"它从一个自由处理自己事务的部落组织转变为掠夺和压迫邻人的组织，而它的各机关也相应地从人民意志的工具转变为旨在反对自己人民的一个独立的统治和压迫机关了。"[①] "氏族制度是从那种没有任何内部对立的社会中生长出来的，而且只适合于这种社会。除了舆论以外，它没有任何强制手段。但是现在产生了这样一个社会，它由于自己的全部经济生活条件而必然分裂为自由民和奴隶，进行剥削的富人和被剥削的穷人，而这个社会不仅再也不能调和这种对立，反而要使这种对立日益尖锐化。一个这样的社会，只能或者存在于这些阶级相互间连续不断的公开斗争中，或者存在于第三种力量的统治下。这第三种力量似乎站在相互斗争着的各阶级之上，压制它们的公开的冲突，顶多容许阶级斗争在经济领域内以所谓合法形式进行。氏族制度已经过时了。它被分工及其后果即社会之分裂为阶级所炸毁。它被国家代替了。"[②] 人类的发展创造了国家，但国家却成了社会的异己力量，人类一直难以制服这个异化的对立物。所以，文明的每一发展，是一个进步，也是一个退步。此后，人类在漫漫的长夜中，一直在国家制度的统治下生活，民主、自由被专制和奴役所取代。直到资本主义出世，民主才又不可遏制地复兴起来，重新展现它的青春活力，直至成为世界性的潮流。

[①] 《家庭、私有制和国家的起源》，《马克思恩格斯选集》第4卷，第161页。
[②] 同上书，第165页。

第二章 雅典城邦民主制

雅典的城邦民主产生于公元前6世纪初的梭伦改革，经过长期曲折而逐步完善，到了公元前5世纪中期后，进入鼎盛时期，至4世纪下叶，由于内部政变和外部战败，雅典民主制随着城邦的衰落而逐渐消逝在人类历史的长河之中。只是到了19世纪，它不断地成为人们的研究对象。

一 贵族政治时期

公元前8世纪，雅典城邦形成后，政治权力为氏族贵族所控制。

德拉科（公元前621年）以前，国家高级官吏王者执政官、军事执政官和司法执政官，其任用都以门第和财富为准，而且是终身任职，后来才改为10年一任。到了公元前683年，官职选举又改为一年一次，并增加6名司法执政官。9名执政官对于讼案有权作最后判决。还设有贵族会议，即阿勒俄琶菊斯议会职掌保护法律，它事实上"管理最大多数和最重要的国事，对于违反公共秩序的罪人，不用控告，就可以课以刑罚或罚金"；贵族会议的成员"又是由曾任各执政官的人组成，而且终身任职"[1]。广大平民毫无政治权力，在他们眼中，"觉得他们他们自己实际上什么事都没有参与"[2]。

此期间雅典完全是寡头政治。由于土地集中在贵族手里，平民以及他们的妻子儿女事实上成为富人的奴隶；他们被称为"被护民"和"六一汉"（其收成的六分之五归地主），如果他们交不起租，他们自身和其子女便要被捕。所有借款都用债务人的人身作担保。

---

[1] 亚里士多德：《雅典政制》，第6—7页。
[2] 同上书，第5页。

德拉科当政时订立了若干法律。规定凡能自备武装的人有公民权，9执政官等官职在公民中选举产生，对各种官职各有财产的限制（如执政官的财产不少于10明那，司令官和骑兵司令的财产不少于100明那）。贵族会议仍为法律保护人，它监督各长官，使之按照法律执行任务。它实际上掌握着国家的最高权力。正如亚里士多德认为的那样，这些法律"都是在原来的政制下颁行的。除了以课罪从重、处刑严峻著名外（如偷窃蔬果，也可判处死刑。——引者注），德拉科没有值得提示的特点"①。

贵族寡头专政使平民与贵族长期处于对抗状态，阶级斗争十分尖锐。亚里士多德概括这一时期的状况说，多数人被少数人奴役，人民起来反抗贵族。党争十分激烈，各党长期保持着相对抗的阵势，直到后来才共同选择梭伦为调停人和执政官，把政府委托给他。②

二 梭伦——民主政制的奠基人

梭伦出身贵族，年轻时从事工商业，旅行很多地方，因此和一般新兴工商业奴隶主的政治观点颇接近，也比较了解平民的疾苦。他常责难贵族集团的贪婪、傲慢。他写的一首哀歌说：

> 你们这些财物山积，丰衣足食而且有余的人，
> 应当抑止你们贪婪的心情，压制它，使它平静；
> 应当节制你们傲慢的心怀，使它谦逊，
> 不要以为要什么就有什么，我们决不会永远服从。③

梭伦执政前，阶级关系极度紧张。如同他自己所说，"这爱奥尼亚最古老的地方竟至陷于绝境"。自由民下层正酝酿武装起义，贵族阶级惶恐不安。同时，新兴的工商业奴隶主阶层，亦反对少数氏族贵族专政。在这种背景下，公元前594年，贵族被迫同意倾向平民的梭伦执掌政权，施行改革。

---

① 亚里士多德：《政治学》，第107—108页。
② 亚里士多德：《雅典政制》，第8页。
③ 同上。

梭伦的改革，取中庸之道，抑富扶贫，以仲裁者身份登上政治舞台。他的宗旨是"调整公理和强权"，他说，在贫富之间，"我拿着一只大盾，保护两方，不让任何一方不公正地占据优势"。他说："我制定法律，无贵无贱，一视同仁，直道而行，人人各得其所。""如果我有时让敌对的两党之一得意，而有时又令另一党欢欣，这个城市就会有许多人遭受损失。所以我卫护两方。"梭伦的改革，如他自己所说的，在"武装对垒群中，立起了一根分隔两方的柱子"[1]。亚里士多德在谈到梭伦所肩负的历史任务时指出，他是被斗争双方选择为"调停人和执政官"，"他以仲裁者身份，代表每一方与对方斗争，而后劝告他们共同停止他们之间方兴未艾的纷扰"[2]。

梭伦一成为领导者，就颁布"解负令"，取消债务，特别是农民由于欠债而负担的义务；废除债务奴隶制，由国家赎回因欠债而被卖到外邦为奴的人；并永远禁止以人身为担保的借贷。梭伦这一法令，"一举而永远地解放了人民"[3]。由此改善了广大中小所有者、首先是农民的经济和政治地位，使正在萎缩中的公民集体日益壮大，为雅典民主政体的发展提供了最主要的社会物质保证。

梭伦在经济上还推出一系列的改革措施，如鼓励工商业和对外贸易，进行货币改革，颁布"土地最大限度法令"，试图限制土地过分集中，还承认私有财产的继承自由。这些改革，促进了城邦的繁荣，对民主制的发展提供了肥沃的土壤。

在政治方面，梭伦按财产多少将公民划分为四个等级，使并不富有的广大公民享有一定的政治权利。第一级是每年可以从自己的田产中收入500麦斗谷物或油、酒的公民；第二级是收入300麦斗的公民，称"骑士"；第三级是收入200麦斗的公民，称"双牛者"；第四级是收入在200麦斗以下的贫穷公民，称为"佣工"。第一、二两级公民有资格担任如9执政官等高级官职，第三级可任低级官职，第四级则不能担任任何官职，但他们可以充当民众会即公民大会和陪审法庭成员。

梭伦对官吏任选进行了改革。以前，9执政官这样重要的职位由贵

---

[1] 亚里士多德：《雅典政制》，第14—16页。
[2] 同上书，第8页。
[3] 同上书，第9页。

族会议选举任定、发布传达，现在则由各部落选举产生，其方法是先由各部落投票预选候选人10人，然后就在这些人（共40人）中抽签选举。这就大大地削弱了贵族会议的权力。不过，贵族会议仍担负着保卫法律的职责，它仍是宪法的监察人，它监督最大多数和最重要的国家大事，惩处罪人尤其具有最高权力，它又可以审讯阴谋推翻国家的人。

梭伦还恢复公民大会和建立四百人会议。公民大会是国家最高权力机构，各级公民有权参加，它有权选举重要官员，决定战争与媾和等国家大事。四百人会议相当于公民大会的常设机构，由4个部落各选100人组成，第一、二、三等级公民都可当选。四百人会议负责准备和审理公民大会的提案，因此代替了贵族会议的部分职能。此外，还设立了每个公民都有权参加的民众法庭，并可推举陪审员，参与审理案件。他规定，每个公民都有权向公民大会和民众法庭就自己的切身利害问题提出申诉，而且任何人都有自愿替被害人要求赔偿的自由。

梭伦"既为高贵者亦为卑贱者制订法律"[1]。他调节了贵族和平民的利益，建立了新的社会关系。恩格斯称颂梭伦是"以侵犯财产关系的办法开始了一套所谓政治革命"[2]。亚里士多德认为，梭伦改革的民主特色最重要的是禁止以人身为担保的借贷。他还指出，元老院和执政人员以选举方式产生本为雅典旧制，梭伦只是予以因袭；"但他规定全体公民都有被选为民众法庭陪审员的机会，这确是引入了民主精神"[3]。亚里士多德还指出，梭伦赋予平民的实权是有限度的，他所规定的民权仅仅是选举行政人员并检察那些行政人员有无失职之处；但他强调，"这些都是平民应有的权利，他们倘使没有这些权利，就同非公民的奴隶无异了"[4]。他进一步认为，"人民有了投票权利，就成为政府的主宰了"[5]。施行"解负令"，使平民免为奴隶；普及选举权，又使他们享有公民的基本民主权利、扩大政治参与的社会基础。梭伦确为雅典民主政制的奠基人。

---

[1] 日知：《古代城邦史研究》，第244页。
[2] 恩格斯：《家庭、私有制和国家的起源》，《马克思恩格斯选集》第4卷，第110页。
[3] 亚里士多德：《政治学》，第103页。
[4] 同上书，第105页。
[5] 亚里士多德：《雅典政制》，第15页。

三 克利斯提尼改革和雅典民主制的建立

但是，梭伦改革使贵族和平民双方都不讨好，各有怨言。因取消债务而招贵族之怨，又不能满足平民的土地要求。梭伦认为他的改革事业已经完成，决定卸任执政官之职，条件是必须施行他颁布的宪法。于是他离开了雅典出国旅行了。此后国内即展开激烈的党争。党派有三：平原党代表富有的地主（氏族贵族），希望恢复旧秩序；海岸党代表工商业集团和沿海居民，拥护梭伦法律；最大多数的山地党代表少地的农民、贫民、牧人等，其领袖是出身贵族的庇西特拉图。他是一个"极端倾向人民的人"[1]。公元前560年，他以暴力获得政权，实行僭主政治。后曾两次被其他两党赶走。第二次被逐后在色雷斯经营金矿，积聚财富，招募佣兵，和狄萨利亚、底比斯等订立同盟，于公元前541年攻占雅典，重获政权，直至公元前527年去世。

庇西特拉图实行一人统治，但并没有取消梭伦宪法。他顺应民主，推行了有利于民主发展的政策措施。他打击贵族，没收敌人土地，分给无地农民，并发放贷款。他设立农村巡回法庭，以便利农民诉讼，并使他们安居乡村，少管城市政治。农民所负担的是比较轻微的什一之税。他又发展工商业，建造船队，加强黑海方面的贸易。在城市建筑和文化发展方面，也极有建树。

在《雅典政制》中，对庇西特拉图有这样的记载：在人们谈到他的一切事情中，最重要的一点便是他倾向人民，性情温厚。他愿意一切按照法律行事，不使自己有任何特权。特别是有一次，他被控犯杀人罪，传他到阿勒俄琶菊斯受审，他也亲自出庭，自行辩护；传讯的人怕了，反而离开了。这样，他能够长期保持他的职位，每次被人推翻，也都易于恢复。因为大多数贵族和一般人民都愿意他统治。他以殷勤厚待，博得贵族拥护，又以帮助人民私事，获取他们好感，所以他对两方都讨好。[2]

然而，民主维系于一人，必然具有很大的危险性。庇西特拉图死后，他的儿子希庇亚斯继位，骄奢日甚，雅典公民十分不满。失势的贵族乘机

---

[1] 亚里士多德：《雅典政制》，第17页。
[2] 同上书，第20页。

勾结斯巴达，图谋复辟。公元前510年，希庇亚斯被逐出雅典，雅典贵族在斯巴达支持下夺得政权。雅典公民又起来和复辟的贵族斗争。他们击败斯巴达军队，推选克利斯提尼进行政治改革。

克利斯提尼于公元前509年当政后即进一步实行改革。他完全按照地区原则划分的选区代替了按氏族部落组成的旧选区。原来雅典分为四个部落，选举依部落进行，氏族贵族依仗在部落中的传统势力左右选举。克利斯提尼取消了原有的四个部落，把全雅典划分为10个选区，每个选区包括不相毗连的内地、城区、海岸区三部分，各称为"三分之一区"。这就既打破原来由贵族操纵的四部落的界限，清除部落组织的残余，也防范了山地、平原、海岸三地区因利益冲突而可能引起的混乱。新选区的各个三分之一区由村社组成。全雅典约有100个村社，公民都在所住的村社进行登记和选举。从此地籍代替了族籍，完全摆脱了氏族关系的约束。在公民登记过程中，又吸收了一批失去族籍的自由民和异邦人，因而扩大了公民的民主力量。

克利斯提尼以五百人会议取代梭伦建立的四百人会议。五百人会议从10个新选区各选出50人组成。先由各村社按人口比例选出代表（资格是年满30岁的第三级和第三级以上的公民），再按每选区50人的名额从代表中抽签选出会议成员。五百人会议为公民大会准备议案，并执行大会决议，因而在一定意义上起着雅典政府的作用。公民大会则为国家最高权力机关。但是，由500人来处理事务，人数还是太庞大了，需要将人数减少到适合工作的规模，于是设置了称为"主席团"的"五十人团"常设机构，由各选区推出的50名成员依次轮流执政，为期为一年的十分之一。这50人主席团中，另有其余9个不当政的部落各派一名议事会成员参加。这个"五十人团"以"议事会"名义掌握并处理事务。"五十人团"每日用拈阄法决定任期一天的主席一人；如值五百人会议和公民大会开会，也由此人任主席。在克利斯提尼任职后期，产生了10司令官，每选区选出一人组成，一年一任，享有统率军队等重要职权。

为了防止危害国家的可能性，克利斯提尼制定了贝壳放逐法：每年公民会议举行投票一次，决定是否实行放逐；如要实行，即召集第二次会议，享有公民权的任何人可在陶片上写下自己认为必须流放的分子，一人得6000票者即被逐出国门10年，期满方可归国，复得公民权利及财产。

紧接克利斯提尼改革之后，雅典人胜利地粉碎了由斯巴达国王克利奥麦涅斯组织的武装干涉,并在这一胜利基础上,在剥夺来的土地上,一举安置了4000名军事殖民者。希罗多德满怀激情地记述了这一胜利,并且评论说:"雅典人现在强大起来了。看来,不仅在一个方面,而且在一切方面,民主都是重要的。如果说,处于僭主统治之下的雅典人,在军事方面不比他们的任何邻居强,那么,在摆脱僭主的羁绊之后,他们很快就成了佼佼者。"①

克利斯提尼改革使雅典城邦民主制最后确定下来,"氏族制度的最后残余也随之而灭亡了"②,民主政治改变了雅典的阶级关系,推动了奴隶制和雅典经济的繁荣。

四 伯里克利时期民主政治的进一步发展

公元前492年,波斯军队入侵希腊,希波战争由此爆发。这场历史上的著名战争持续了约半个世纪,直至公元前449年才以签订和约而告结束。希波战争使波斯帝国元气大伤,而雅典的军事实力和政治威信却大为提高,取得了希腊盟主的地位。雅典霸权的建立,为雅典的奴隶制经济开辟了广阔的市场和充足的财源,也为民主政治发展创造了极有利的条件。

希波战争第一阶段,雅典民主派领袖泰米斯托克利推进了民主改革。贵族派对泰米斯托克利极其怀恨,借故诬告泰米斯托克利勾结波斯,泰米斯托克利被迫逃往波斯。公元前461年,民主派重新得势,在厄菲阿尔特领导下通过了一系列剥夺贵族会议权力的法案。根据这些法案,雅典公民大会的决议不再受贵族会议的干预和监督,贵族会议审判公职人员渎职罪的权力也被取消。不久,贵族暗杀了厄菲阿尔特。伯里克利领导民主派继续斗争,于公元前443—429年连任雅典的首席将军,为雅典最高统治者,开创了"希腊的内部极盛时期"③。

伯里克利时期,又进行了旨在推进民主发展的若干政治改革。执政官对第三等级开放,对第四等级虽没有正式开放,但事实上若当选者为第四

---

① 转引自《古代城邦史研究》,第248页。
② 《马克思恩格斯选集》第4卷,第113页。
③ 《马克思恩格斯全集》第1卷,第113页。

等级亦不加过问。也就是说，执政官向所有等级的公民开放了。为了使贫穷公民有可能担任公职，规定公职津贴，如陪审官日得2奥波尔，执政官4奥波尔，五百人会议议员5奥波尔，等等。对于贫穷公民，给予"观剧津贴"，每人每场2奥波尔，以资助贫穷民众参加城邦文化生活。公民权利既多，公民资格限制亦严，公元前451年，公布公民法，规定公民者其父母必须均为雅典人。

作为最高国家权力机关的公民大会的作用，此时得到了较好的发挥，会议经常召开，与会者可自由发言，决议采用公开投票和秘密投票（如贝壳、石子）方式。由选举产生的官员，除10司令官外，执政官和其他一些官员权力很小，又不得连任。陪审法庭不但有司法职能，且有立法职能，特别是公民参与不受限制。任何公民皆可向法庭提出"不法申诉"，即使是五百人会议或公民大会的决议，如有违反现行宪法或不合立法程序者，普通公民亦可申诉，陪审法庭有审理之权。正如亚里士多德所说："人民使自己成为一切的主人，用命令，用人民当权的陪审法庭来处理任何事情，甚至议事会所审判的案件也落到了人民手里了。"亚氏接着赞扬道："他们这样做显然是做得对，因为少数人总比多数人更容易受金钱或权势的影响而腐化。"①

伯里克利时期，雅典经济繁荣，文化昌盛，民主政治得到前所未有的发展，雅典成了完善城邦民主制的典型。

雅典民主制成就辉煌，但它是建立在奴隶制基础上的民主。享有公民权的不过是全体雅典居民中的少数。奴隶、妇女和异邦人皆无公民权。据学者估计，在伯罗奔尼撒战争发生时，雅典成年公民为4万人，其家属14万人，异邦人7万，奴隶在15万—40万之间。② 雅典的民主制是以排斥和剥削、压迫广大奴隶为前提的，是少数人对多数人的一种统治制度。正如恩格斯所说："在希腊人和罗马人那里，人们的不平等比任何平等受重视得多。如果认为希腊人和野蛮人、自由民和奴隶、公民和被保护民、罗马的公民和罗马的臣民（指广义而言），都可以要求平等的政治地位，那么这在古代人看来必定是发了疯。"③

---

① 亚里士多德：《雅典政制》，第46页。
② 东北师范大学历史系编：《古代世界史》，高等教育出版社1958年版，第203页。
③ 《马克思恩格斯全集》第20卷，第113页。

五 雅典民主制的基本特征

通过雅典民主制建立的历史叙述，可知新兴工商业奴隶主和广大平民与氏族贵族的斗争，是雅典民主发展的动力。从根本上来说，民主是商业经济发展的内在要求。雅典依山濒海的自然条件又为海外贸易提供了天然的条件。雅典民主发展的动力和促成因素是值得研究的一个问题。

关于雅典民主制的基本特征，从以下几方面进行论述。

主权在民

雅典民主制是城邦民主制，是小国寡民的民主制。享受民主权利的公民不过四五万人。这是使雅典民主制具有直接民主形式的一个基本原因。然而，直接民主还是间接民主还不能说明某种民主的本质。主权在民，才揭示了雅典民主制的本质。伯里克利在著名的《丧礼上的演说词》中说："我们的政治制度之所以被称为民主政治，是因为政权是在全国公民手中，而不是在少数人手中。"[①] 亚里士多德也认为，雅典这种平民政体的本质特征是"平民群众必需具有最高权力；政事裁决于大多数人的意志，大多数人的意志就是正义"[②]。

体现主权在民这一特征的，在国家权力结构上，就是（1）公民大会是最高的国家权力机构；（2）全体公民皆可参与的法院与公民大会具有同等的政治地位。

年满20岁的雅典公民集体构成"公民大会"，一年中定期举行40次会议。[③] 应议事会的召集举行特别会议。它对议事会提交的议案作出决定：通过、修正或否定。国家的法令、政策和一切重大问题，诸如宣战、媾和、结盟、征收直接税等都要由大会公众批准。"议事会"是公民大会的常设机构，其实际作用是雅典的真正重要的统治机构。各种议案，皆由它提出，公民大会作出决定后，又由它去执行。所以，它不但是立法机

---

① 修昔底德：《伯罗奔尼撒战争史》，第130页。
② 亚里士多德：《政治学》，第312页。
③ 亚里士多德：《雅典政制》记载："议事会实际上除假日外每日开会，民众会则在每一主席团任期内开会四次。"（第48页）一些书上认为，民众会即公民大会一年开会十次，这一说法与历史记载不符。

构,还是政府的中央行政机构。它具有巨大的多方面的权力。外国使节只有通过它才能接近人民。各级官员大都接受它的管辖。它可以监禁公民,甚至判处他们死刑;它又可以作为一个法院对犯人进行审判。它有全权管理财政、处理公共财产和征税。雅典的舰队及其武器直接由它控制。议事会不过是执行公民大会意志的从属机构。最瞩目的重要官员——10司令官由大会直接选举,并可连选连任(伯里克利就是以将军身份年复一年地当上了雅典的首领)。他们不只是军事长官,实际上在内政外交上赋有重要权力,所以他们的地位犹如现代政府的总理或首相。但是,他们的权力必须得到公民大会的同意和支持,否则,就会立即被赶下台。

公民具有对官员和法律的实际控制权,他们通过法院实现这一权力。法院是属于全体公民的。雅典法院所具有的地位不是现代政府法院可以比拟的。他们除了在对民事或刑事案件作出司法上的判决外,还享有行政或立法的权力。法院的成员(或称陪审员),是由各区提名的。任何年满30岁的雅典公民都可被挑选担任这项职务。总共有6000名陪审员,每年由选举产生,然后经抽签分派到各个法院行使职权。这样,每个法院是一个非常庞大的机构,通常都有500人以上。他们既是审判员,又是陪审员。审理案件中,首先对诉讼各方提出的案件就罪与非罪进行表决,如断定有罪,然后就确定量刑进行表决。法院作出的决定是最后决定。因为雅典法院的理论是:法院是以全体人民的名义行事和作出决定的。它同公民大会一样,两者都直接代表人民。亚里士多德说:"在梭伦以后,这些法庭的权威日益增强,历任的执政官好像谄媚僭主那样谄媚平民,于是雅典的政体终于转成现世那种'极端民主'的形式。"① 从亚氏这一描述中我们可以想象,雅典公民是怎样牢固地控制着国家的权力。

体现"主权在民"这一特征的,还表现为雅典公民"轮番为政"。雅典政治向全体公民开放。官职不再受财富和门第的限制。"任何一位公民只要有所作为,他就会被推荐担任公职;这不是一种特权,而是对功绩的报偿。贫穷绝不是一个障碍,一个人不论他身世多么寒微都能为他的国家造福。"② 雅典人有这样一种观念:既然每一个公民都是自由的,那么任何人就不应受别人的统治,这实际上是做不到的,于是只好"人人轮番

---

① 亚里士多德:《政治学》,第104页。
② 转引自萨拜因《政治学说史》上册,第34页。

当统治者和被统治者"。或者，出于这样的考虑：凡自然而平等的人具有同等价值，应当分配同等的权利和名位，"依此见解所得的结论，名位便应该轮番，同等的人交互做统治者也做被统治者，这才合乎正义"①。雅典公民参政的机会很多。每个年满 30 岁的公民皆可被选为议事会议员。500 名议员任期一年，可连任一次。每个年满 30 岁的公民还可被选为陪审员，6000 名陪审员任期一年。此外，许多官职也大都以抽签方式选举产生，而且任期很短。抽签选举保证了普通公民群众广泛当选的可能性，任期短可以让更多的人有机会从政。据亚里士多德估计，每年 6 个雅典公民中就有 1 人可能担任某种公职。即使没有任何公职在身，还有一年 40 次参加公民大会的机会，讨论城邦重大问题，并有权对所要表决的问题作出认为妥当的选择。

亚里士多德对雅典为代表的民主政体所体现的主权在民的原则，作了如下的概括：

在行政方面：全体公民从全体公民中选举官职；全体挨次进行统治，也挨次而被统治；抽签参加政治机构；对于任官资格完全没有财产定额的限制；一切职司各人都不得连任；一切职司的任期应该短暂。

在司法方面：有公众法庭制度，这些法庭由全体公民或由全体公民中选出的人们组成，有权审判一切案件，至少是大多数案件，包括审查政务和财务报告。

在议事方面：最高治权应属于公民大会的制度，一切政事必须由公民大会裁决；反之执政人员就该完全没有主权，至少应把他们的权力限制得很少很小。②

权力制约

虽然亚里士多德已经提到一切政体都有三个要素：议事机能、行政机能和审判机能，但从雅典的情况来看，三种机能或国家的三种权力还没有作明确严格的划分。正如恩格斯所说，"在雅典没有总揽执行权力的最高官员"③，公民大会特别是五百人议事会，既是立法机构，也是行政和司

---

① 亚里士多德：《政治学》，第 167 页。
② 同上书，第 312—313 页。
③ 《马克思恩格斯选集》第 4 卷，第 114 页。

法机构，在总体上管理城邦的事务。法院除有司法权外，也享有立法权。所以，各个机关的权限往往是交叉的。这是雅典政制的一个重要特色。

但是，这并不妨碍雅典的民主制实行严格的权力制约。这种权力制约并不是像近现代国家那样侧重于国家权力机构之间的相互制约，即立法、行政与司法之间的制约，而主要是城邦的公民集体对官吏的监督和制约。"主权在民"原则的切实实施，本身就已经是对政府的一种最有力的制约了。

如前所述，议事会这一公民大会的常设机构受着公民大会的制约；同时，后者也受前者的制约。"民众会并不能通过未经议事会准备和未经主席团事先以书面公布的任何法案；因为提出这样法案的人事实上将被起诉为不法行为而受罚金处分。"①

议事会还受法院的制约。《雅典政制》有这样的记载：有一次，议事会已经把吕锡马库斯交付公众的行刑吏了，他正在坐着等死的时候，阿罗珀刻村的优美里德斯却救了他。优美里德斯说，公民未经陪审法庭判决不得处死；到了陪审法庭举行审判的时候，吕锡马库斯却得以免罪，于是他得到了"鼓槌下人"（即免于刑杖之人）的绰号；人民因而剥夺了议事会判处死刑、监禁和罚金的权力，定出法律，凡议事会所通过的罪和罚的判决案必须由法官送交陪审法庭，而陪审官的任何投票都应当具有最高权力。②

对官吏的审判，一般由议事会来进行，但议事会的审判不是最后的，还可以向陪审法庭上诉。

议事会还审查将于次年任职的议员资格以及9执政官的资格。本来，议事会如认为他们不合格，有加以拒绝的最高权力，后来，这种终判权也属于陪审法庭了。

总之，议事会，这一具有立法、行政、司法职能的权力机构，受到公民大会、也受到由人民直接广泛参与的法庭的制约。

法院还对官吏和法律进行控制。

首先，所有通过抽签选举和举手选举的雅典官吏，"在任职前，其资

---

① 亚里士多德：《雅典政制》，第50页。
② 同上书，第49页。

格皆须先经审查"①。如 9 执政官先在议事会中审查,而后亦在陪审法庭中审查。其他官吏,则在陪审法庭中审查。如果某候选人不是一个适合于担任公职的人,就可以提出起诉并由法院取消他的资格。这种官职的任用程序使得用抽签决定官员的办法不像人们所以为的那样完全是一个机会问题。其次,一个官员在任期结束时可以责成他对他的所作所为做一次检查,这种检查也是向法院做的。最后,每一个官员任期结束时,还要专门查对他的账目和检查他经手的公款。由此看来,雅典官员是受到严格的监督和限制的,他们"很少有独立行动之权"②,这不但因为任期短,不得连任,而且在他们就任前和任满之后都要受到由五百名以上和他同样的公民组成的法院的审查。只有那些居于高位的 10 将军(即 10 司令官),似乎稍有例外。但是他们在公民大会选出之后,"在每一主席团期中都举行一次信任投票③,看他们是否称职;如果这种投票反对其中任何一个官吏,他便应在陪审法庭中受审,如有罪,则决定他的刑罚或罚金,但是如果无罪,他即复职"④。

法院的控制绝非只限于官员。法院还控制法律本身,它不仅能审判一个人,而且能审判一项法律,因而使它具有真正的立法权。这样,"议事会"或"公民大会"的一项决议可能受到来自法院的一种特殊形式的令状的攻击,断定该决议违反宪法。就是说,公民大会也受到来自法院的某种制约。法院具有如此崇高的地位,因为在雅典人看来,陪审团就等于全体人民。

特别是贝壳放逐法是全体雅典公民对高级行政官吏进行控制的重要手段。在雅典人看来,在平等人民组成的城邦中,以一人高高凌驾于全邦人民之上是不合乎自然的。如果某行政官权势太大就可能危害国家,公民就以在每年举行一次的秘密投票中把他逐出国门。贝壳放逐法就是现代对高级行政官的弹劾法。区别在于,在雅典执行此法的是全体公民。这是我们所知道的最早的权力运转中的重要安全装置。

法律至上

雅典政制严格实行法治,绝禁人治。正如伯里克利所说:"在我们私

---

① 亚里士多德:《雅典政制》,第 58 页。
② 萨拜因:《政治学说史》上册,第 30 页。
③ 议事会主席团每年轮换 10 次,因此这样的信任投票每年要举行 10 次。
④ 亚里士多德:《雅典政制》,第 64 页。

人生活中，我们是自由和宽恕的；但是在公家的事务中，我们遵守法律。这是因为这种精神深使我们心服。"①

雅典人视宪法为最高法律，神圣不可侵犯。从梭伦开始的每一次改革，无不以修改宪法作启动，接着便以执行和捍卫宪法为基本职责。享有巨大权力的法院的基本任务之一，就是审查某项法律是否违宪。包括公民大会通过的决议，若有违宪，法院可宣布撤销该项决议。公民享有崇高的"不法申诉"权，任何一个公民，都可以对某项法令提出认为违反宪法的控诉，在法院审理此控诉时，该项法令便暂停实行；如果法院对该法令作出否定性的裁决，该法令便予以撤销。

在雅典，每个官员在任职前，经过议事会和陪审法庭审查后，受审人就走向那块宰牲祭供的石头，登上这块石头宣誓说，他们将公正地和依法地从政，而绝不以他们的职务接受礼物，如果他们接受任何东西，他们就要立一金像。宣誓之后，他们就到卫城去，在那里再次进行这样的宣誓，然后他们才就职。这种以效忠法律的就职仪式，很能说明雅典人的法律至上意识。

法律至上，更表现为以法治国，在法律面前人人平等。官吏必须秉公执法，不图私利，不徇私情，一旦触犯法律，便要受到惩处。包括 10 将军这样的高级官员，概莫能外。公元前 5 世纪雅典的许多最显赫的政治家、军事家因触犯法律或遭流放（如阿里斯特伊德斯、特米斯托克列斯、客蒙等），或被罚款（米尔提阿德斯、伯里克利），或被处死（公元前 406 年阿尔基努萨伊海战后无辜而被判罪的一批将军，其中包括伯里克利的儿子）。阿尔基比阿德一生中几度受到公民大会的处理。

在尊崇法治的同时，雅典人强烈反对人治。亚里士多德说："谁说应该让一个个人来统治，这就在政治中混入了兽性的因素。"② 雅典人认为，无视法律的专制政体是最坏的政体。为了防止僭主政治复辟，《雅典政制》记载："雅典的法令和祖宗原则：任何人为了达到僭主统治目的而起来作乱者，或任何人帮助建立僭主政治者，他自己和他的家族都应被剥夺公民权利。"③ 雅典人公认僭主政治是非法的。大约在公元前 514 年，两

---

① 修昔底德：《伯罗奔尼撒战争史》，第 130 页。
② 亚里士多德：《政治学》，第 169 页。
③ 亚里士多德：《雅典政制》，第 20 页。

位青年因刺杀僭主被害，雅典人尊他们为一代英雄，并塑像以资纪念。直到公元前338年，雅典还竖立刻有反僭主法的大理石石碑，规定企图在雅典建立独裁政制的人，任何人杀死他都无罪。

亚里士多德深深赞赏这种法治的精神。他说："法治应当优于一人之治。遵循这种法治的主张，这里还须辨明，即使有时国政仍须依仗某些人的智虑（人治），这总得限制这些人们只能在应用法律上运用其智慧，让这种高级权力成为法律监护官①的权力。"② 这段话蕴涵深意。它肯定法治优于人治。由于法律不可能对每个实际问题作出具体的答复，因此不否定为政者在行使权力时需要发挥个人的智慧；但只能在不违背法律的前提下运用个人智慧，因而为政者亦应当是法律的监护官。亚里士多德的法治观念无疑是雅典法治实践的思想结晶。

公民意识

雅典城邦民主制以它的辉煌成就揭开了人类民主史上光辉的一页。然而，在这一制度后面还存在着相应的政治观念与政治文化，它与民主制相辅相成，伴随发展，是雅典民主发展成就的另一方面，其重要性不亚于制度本身。

民主制，使雅典获得了空前的繁荣，每个雅典人以生活在团结和谐的雅典而自豪。伯里克利那篇葬礼演说中字里行间洋溢着雅典人的这种荣耀感：

"我但愿你们天天注视着宏伟的雅典，这会使你们心中逐渐充满对她的热爱；而当你们为她那壮丽的景象倾倒时，就会想到那些缔造这个帝国的人们，他们明白自己的职责并有履行职责的勇敢精神，他们在战斗的时刻总是想到要维护荣誉，他们即使在某项事业中失败了，也决不让自己丧失对国家的忠贞，而是为她慷慨地献出自己的生命，就好像是为她的节日所能奉献的最美好的礼物。"③

由于任用官职不再受财产和门第的限制，人人皆可为政，贵族和平民

---

① "法律监护官"原为雅典政制中职官名称；这里亚氏应用原来字义说明执政人员只应遵守法律，不应君临于法律之上。雅典法律监护官共7人，公民大会或议事会开会时坐主席之旁，如有提案或决议违反成文法和政制的，监护官即席加以否定。
② 亚里士多德：《政治学》，第167—168页。
③ 萨拜因：《政治学说史》上册，第32页。

的对立状态终于消逝了。统一的公民集体形成了。关心雅典，参与政治，轮番理政，是雅典人心目中神圣的事。城邦至上，政治为本，成为雅典人的共识。家庭、财富、亲朋、各社会团体，皆居其下。"一个雅典公民是不会因为照顾自己的家务而忽视国家的；我们之中即使是那些忙于业务的人也都具有极其鲜明的政治观念。只有我们才把那些不关心公共事务的人不仅看做是无害的人，而且看作是无用的人"[①]。梭伦改革就提倡每个公民关心政治。他曾制定一种特别的法律，规定任何人当发生内争之时若袖手旁观，不加入任何一方者，将丧失公民权利，不再成为国家的一分子。公民、公民权，对雅典人来说，显得多么重要。即便拥有巨额财富和出身名门世系，若不能享有公民权，就失去价值和意义。最高的幸福在于参与城邦本身的生活、家庭、朋友和财富，只有作为这种最高幸福的组成部分才能充分发挥作用而使人享有乐趣。"人是一个政治动物"，此言是个人与城邦一体化的生动写照。这种价值观念是雅典经济繁荣和民主发展的深层原因。

城邦至上这种公民意识产生了古代的政治哲学。政治学这门独立的学科也由此产生和发展起来。虽然自近代以来，这种理论极大地丰富了，但是，许多概念的发源地却来自希腊城邦。民主，这个随着时代发展而不断获得新内容的概念，这个一代又一代先进的人们为之奋斗的崇高理想，就起源于古希腊；而雅典，作为希腊诸城邦民主政体的典范，也就成了人类民主的发祥之地，成了人类民主思想的摇篮，对世界各国影响深远。时至今日，人们在讨论民主问题时，往往要回顾雅典。公民、公民权，对于雅典人来说至关重要。城邦的政治权力既然被公民所控制，公民又轮番为政，因此，作为雅典的公民是荣耀而崇高的。于是，公民的概念，公民资格，公民的权利和义务，就成了城邦生活的首要问题，同时也成了政治学的一个重要概念。雅典的公职向所有公民开放，作为一个公民，不但有广泛的政治参与权，还有担任各种官职的可能，他们轮番着当统治者和被统治者，用今天的话来说，能上能下，能官能民。这就是雅典人朴素而真实的平等、自由和正义的观念。雅典，也是一个公民自治体。雅典的10个区，由于彼此平等，相互独立，又可以认为是10个自治区。雅典城邦，给人们研究自治提供了很好的历史资料。法治的观念也深深地扎根于雅典

---

① 萨拜因：《政治学说史》上册，第34页。

人的心际，以法治国是金科玉律，任何人不得动摇。宪法与法律已明确相分。宪法为根本法，其他法律不得违反，否则经审判后可予取消。各次民主改革无不以修宪作启动。据《雅典政制》记载，这样的修宪从雅典的王政时期以来，共变更了11次。在宪法变更过程中，"人民大众的权力一直在增长"，到了第11次修宪后，"人民使自己成为一切的主人"[①]。在雅典，宪法、政体和政治制度，其内涵是同一的，至少是相近的概念。外国有的学者就把亚里士多德的《雅典政制》译为《雅典宪法》(Constitution of Athens)。亚里士多德提出的法律制定必须根据政体、与政体相适应，实际上就是指法律必须与宪法相一致。宪法就是确定政体与政治制度之法。宪法与法律这种关系一直流传至今。国家机构的设置也值得注意。雅典设有公民大会和贵族会议，前者为最高国家权力机构，后者的权力不断缩小。它们实际上是近代以来在各国出现的众议院和参议院的胚芽。而五百人会议可称为众议院的常设机构（在实行间接民主的代议制国家这一机构便是众议院）。立法、行政、司法机构均已产生，只是职责的划分尚未像近代国家那样分明。此外，雅典人对行政官吏的控制意识十分强烈，其控制制度也很严密，以致官员几乎没有独立性可言。在那里产生了人类早期权力制约的学说。

六　雅典民主制的缺陷

　　雅典民主制所取得的辉煌成就令今人赞叹，但是，雅典民主制毕竟是人类民主发展中的初级阶段，因而存在着某些值得注意的缺陷。

　　雅典的直接民主制，使公民大会合乎逻辑地成了最高国家权力机构。这种民主方式使公民的意见可以直接在会上表述，违背民意的议案是绝不可能被大会通过的。但是我们也应看到问题的另一面，那就是，公民在大会上的讨论与表决产生消极作用时有发生。不难理解，在公民大会等民主机构中，提出各种议案和以自己的演说及影响左右会议进程的，经常是富有闲暇、受过较多教育、有广泛社会联系，因而知识较多、能言善辩的富人。在是否要派遣大军远征西西里的问题上，修昔底斯清楚地记述了阿尔基比阿德斯的言行怎样影响了雅典公民大会。阿尔基比阿德斯不仅利用了

[①]　亚里士多德：《雅典政制》，第46页。

广大公民不了解西西里的真实情况，但又想通过远征达到某种私人目的的心理，而且动员了一些人在会上为自己助威。尽管尼基阿斯当众对阿尔基比阿德斯的别有用心的动机和行动作了无情的揭露，并且号召与会者从国家利益出发慎重地对待表决，但他的努力终归于徒劳。当西西里远征全军覆没的消息传到雅典的时候，雅典人开始不相信。当他们确信消息属实之后，他们痛恨那些鼓动他们赞成远征的演说家，似乎他们自己没有投票赞成。公正地说，如果没有阿尔基比阿德斯等人的煽动，公民大会根本不可能提出派遣那样一支空前庞大的远征军到西西里去的问题，又何谈表决！当然，公民大会不支持尼基阿斯，却采纳了阿尔基比阿德斯的意见，这是广大与会者应负的责任。

在雅典民主史上，由于领袖人物的鼓动，公民大会通过错误决议的事，并非只此一端。

同公民大会享有同等权力的民众法庭，年满30岁的公民出任审判官，而且人数一般多达500人以上，大案甚至有一两千人参与审判。开庭后经原告与被告辩论后，参与审判的众多法官就投票断案；而且，法庭是最后的审判，不像现代法庭那样可以提出不服申诉。这同样体现了"多数裁定"的民主原则。陶片放逐法的实施也是由公民无记名投票，公民们在陶片上诉讼的名字若超过6000者，即被逐出国境。这同样遵循了政事决定于多数人的意志的原则。

这种多数决定的原则同君主个人独裁或少数寡头专制形成了明显的对照。但这种制度在当时是存在着严重的缺陷的。首先，审判官都是普通公民，多数人缺乏必要的法律知识，加上当时法律还很不完善，许多案件没有现成法律条文可资援引，只能依靠个人自己的判断，难免夹杂个人的恩怨和偏见。这样的投票结果，往往带有较大的随意性。而且当时没有律师，判案的根据是原告的控诉和被告的申辩，审判官在开庭前不作调查核实，不善于言辞者时常败诉。法庭的判决又为最终判决，被判者无申诉要求复审的可能。在这种情况下，发生冤案和错案也就在所难免了。

更为重要的是，雅典民主制只尊奉多数人的意见，视多数人的意志为正义，少数人的意见不仅受到忽视，而且受到排斥和打击。这种将多数人的意见绝对化，缺乏保护少数的原则，不能正确处理多数与少数的关系，产生了严重的后果。它扼杀真理，使新思想的出现受到重重的阻力。真理总是由少数人发现的，一种破旧立新的思想也总是由先知先觉的贤达提出的，如果一定要按照多数人的意见，那么，真理永远抬不起头，新思想也将长期被打入冷宫，难见天日。这无疑是保护了落后，阻碍社会的发展。

正因为雅典民主制不能保障公民的言论、信仰自由，因此出现了多数人专制的悲剧，给雅典民主制涂上了斑斑的黑点。伯里克利时代竟通过了教士奥菲特斯提出的法律，规定："对一切不相信现存宗教者和一切神明持不同见解者，立即治罪。"① 根据这条法律，一批优秀的哲学家、科学家遭到公众法庭的错误判决。如著名的哲学家、科学家阿那萨哥拉（伯里克利的老师和挚友），他曾指出，太阳是一团燃烧着的物质，月亮的光借自太阳，并提出月食的正确理论。但因为他的理论有悖于传统观念和宗教迷信，因而以渎神罪被投入监狱，经伯里克利营救，改为驱逐出境。② 这是人类历史上因科学见解触犯宗教教条而遭到迫害的第一例，它恰恰发生在被公认为当时世界上最民主的雅典。伯里克利去世后，特别是经过20多年的伯罗奔尼撒战争，民主势力大为削弱，民主派同寡头派力量对比发生变化。遭到战败和瘟疫折磨的雅典人希望得到神明的保佑，对于一切"渎神"言论，更加无法容忍。如哲学家普罗塔哥拉（希腊阿布德拉人）访问雅典时说："至于神，我既不知道他们是否存在，也不知道他们像什么东西。"他因此被指控为无神论者，被驱逐出境。③ 戴阿哥拉斯（雅典青年作家）因"诽谤天神"被判死刑。④ 最令人触目惊心的是苏格拉底的冤案。苏格拉底（公元前468—前399）是希腊杰出的哲学家。公元前399年，他以"慢神"和"蛊惑青年"罪被指控。公众法庭开庭审理，出席审判官501人，以281票对220票通过判处死刑。虽然苏格拉底死后约14年，雅典人重新审理此案，认为系一冤案，判处诬告者梅勒托士死刑，其他诬告者驱逐出境，但这一历史大错终究成了雅典文明的一大耻辱；这是导致苏格拉底的学生柏拉图等思想家对民主制持否定态度的重要原因。

雅典民主制的这一缺陷，很容易为专制政治打开一条通途。因为，在专制政治下，只容许存在一种意见；不管这种意见是多数人的意见或少数

---

① 罗素：《西方哲学史》上卷，第94页。
② 同上书，第93—95页。
③ 《古希腊罗马哲学》，第72页。
④ 同上。

人甚至是个别人的意见，其实质是一样的。自17世纪起，西方几代启蒙思想家，抨击专制主义，鼓吹公民享有言论、出版、信仰、结社等各种自由，认为这是公民神圣不可侵犯的基本权利。这是对两千多年人类政治经验教训的深刻总结。从此摧垮了千余年专制政治的思想基础，也最终根除了古希腊民主制的这一缺陷（因为它否定少数专制，也否定多数专制），这是人类民主概念的重大发展。

雅典人主张既当统治者又当被统治者，主张轮番执政，认为没有一个人生来就适于当官，也没有任何人能够用钱势可以换取官职。他们通过抽签的方法使每个公民有同等机会担任公职。这确实闪烁着民主、平等的精神，但其中也渗透着极端民主意识。它忽视了政府公职人员必须具有公正无私、为公众服务的品德，以及管理政务的必要知识和才能；如果让品德不良或缺乏知识才能的人担任公职，很有可能把公务办糟，甚至危害民主制本身。关于这个弊端，苏格拉底当时就指出："用豆子拈阄的办法来选举国家的领导人是非常愚蠢的，没有人愿意用豆子拈阄的办法来雇用一个舵手或建筑师或吹笛子的人，……而在这些事上如果做错了的话，其危害是要比在管理国务方面发生错误轻得多的。"① 可惜他的真知灼见，不但没有被采纳，反而引起平民的反感。

雅典民主制给我们以启发，特别是其中的缺陷可使我们引以为鉴。不管是它的成就或是不足，都是人类民主发展中的一个重要环节，为以后民主制在更高基础上的发展，奠定了良好的基础。

---

① 色诺芬：《回忆苏格拉底》中译本，第8页。

第三章 罗马共和国民主制

公元前6世纪末叶，罗马建立了贵族专政的共和国。以后，平民与贵族经过长达近两个世纪的斗争，推动了罗马民主制的发展，成为古代民主制的另一典范，对后世产生深远的影响。不过，罗马的民主化发展程度是不及雅典的，贵族一直是整个政治权力运转中的主导力量。

一 早期罗马共和国政治制度

大约公元前510年，罗马推翻了塔克文王朝后，成立了罗马共和国。共和国的首脑初称军政长官，稍后称执政官，由百人团会议从贵族中选出。

百人团会议是出身微贱的罗马国王塞尔维·图里阿（公元前578—前534）对罗马公社的政治和军事制度进行了一次重要改革而建立的制度。他将罗马全体自由居民——贵族和平民按财产分为五个等级：第一级是拥有财产10万阿斯①以上的人；第二级是7.5万阿斯；第三级是5万阿斯；第四级是2.5万阿斯；第五级是1.25万阿斯。财产比这还少的人们则"不入级"，他们被称为"无产者"。军团也是按这五级组织的。第一级，其中最有钱的公民在骑兵中服务，称为"骑士"，这一级的其他成员拥有步兵的全套重兵武装，位于军团的前列。其他各级公民则拥有较轻武装，位于军队中后面的位置。"不入级"的人们根本不能服军役。由于平民加入军队，他们也应享受某些政治权利，于是贵族和平民都参加了百人团会议（或百人团民会）。百人团是一种军事上的战术单位，此时也就成了投票单位。自从有了百人团会议，原来氏族制下的库里亚会议虽仍存在，但

---

① 阿斯是一种铜币，最初是一磅重，它早期的价值不能确定。

逐渐丧失它在政治上的重要性。在百人团会议中，表决是按百人团来进行的，每团1票。当时百人团共193个，它们的分配是：第一级98个百人团；第二、三、四级各20个；第五级30个，军事手艺人和乐师4个，无产者只有1个。在百人团的分配中，富人占着多数；而富人不可能多于中产者和贫民，因此可以推论，高级百人团的人数构成要比低级百人团少。由于富人占着绝对多数的百人团，因而所决定的问题，总是有利于他们的利益。

经过这次改革，罗马由一个部落结合的公社变为一个真正具有一定疆域的国家。过去的血缘关系被财产关系代替了。从此决定一个人的政治地位的，主要是他的财产而不是他的氏族出身。塞尔维·图里阿的改革破坏了旧的氏族制度，奠定了富有者统治穷人和奴隶的国家基础。从这一点看，这次改革和雅典的梭伦改革具有类似的历史意义。

百人团享有宣战、官吏的选举、审判等重要职权。共和国的首脑——执政官就是由百人团从贵族中选举产生的。执政官共2人，权力相等，任期2年，协议处理国家事务；遇紧急事变则以其中一人为独裁官，称狄克维多，为期半年。关于执政官设置2人，史家们有多种解释。一说是，这样做是为了削弱最高权力，使国家免于暴政的统治。再说是，在政变时，城市民军是由两个军团组成的，每一个军团都推举自己的首领。又说是，最初的行政长官的权力并不是像后来的执政官那样具有协议的性质，而是分为高级行政长官和低级行政长官，即他的副手。行政长官的权力具有严格的协议性质，那是在公元前4世纪之后。

最有权力的是元老院，它由氏族长老和退任的执政官组成，享有决定内外政策以及审查和批准法案的权力，百人团选出的执政官也要他们批准。退任执政官富有政治经验，在元老院中颇有影响，以致左右元老院；现任执政官不过是执行他们意旨的工具。

早期罗马共和国的政治制度实质上是贵族专政。平民按财产资格可以参加百人团会议，可以参加选举，但由于百人团的分配有利于贵族，表决时并非193个百人团都需投票。首先由第一级98个百人团优先表决。如果第一级百人团同意或否决某一议案，其他各级百人团就连投票的形式也无须举行，一律遵从第一级的决定。可见选举权对中等阶级和贫困者来说有名无实。而且百人团会议无提案权，他们只对元老院审查过的议案进行表决，亦无讨论。罗马的广大平民与贵族的政治、社会、经济地位悬殊极大，他们不能当选为高级长官，不能充任元老院议员，不能和贵族通婚，不能参与国家公有土地的分配，对罗马因征服而获得的土地完全无权。随着经济的发展，平民中的一部分成为富有者，他们不甘于政治上的无权地位，要求向贵族平权。多数人日渐穷困，他们土地很少，破产负债。根据旧法，债权者可以拘禁债户，迫为债奴。要求获得土地，免除债务压迫，这是绝大多数平民的强烈要求。平民和贵族的矛盾成为共和国早期的主要矛盾。在这一矛盾的驱使下，平民与贵族进行了长期的斗争。

二 平民与贵族的斗争推动了共和国民主制的发展

从共和国开始时起，两个世纪期间，罗马的平民与贵族进行着时而潜伏、时而激烈的斗争。在不同时期里，斗争的重心有所侧重，但总起来看，围绕着三个问题展开：（1）关于政治权利的平等问题；（2）关于债务奴役问题；（3）土地问题。斗争分为两个阶段，第一阶段以争取政治权利问题为中心，第二阶段以土地和债务问题为中心。

保民官和平民大会的初步确立

第一次斗争发生于公元前5世纪初的494年。平民的处境由于债务奴役而愈来愈不堪忍受了，他们骚动起来了。当时罗马不仅在北方有强敌伊达里亚人和高卢人，而且也在与邻近的埃魁人、沃尔斯奇人发生战事。为了安定平民情绪、保持军队战斗力，贵族答应改善债务人的处境；但当敌人被打退后所有诺言便忘掉了。平民于是携带武器离开罗马，在离罗马5公里的圣山安营扎寨。这种斗争方式称为"撤离"运动。罗马因平民离去而丧失了大部分兵力，城里人惊惶起来了。贵族不得不让步。这次斗争胜利使平民获得可以推举出自己的官吏、即人民（平民）的保民官的权利。保民官有权否决行政长官侵害平民利益的命令，保卫平民不受贵族高级官吏横暴势力的侵犯。与此相应的，出现了平民会议。保民官就是由平民会议选举产生的。到公元前471年第二次"撤离"运动，平民会议已按称为特里布斯的地区召集，得名为特里布斯会议。保民官任特里布斯会议的主席，有权召集会议，向会议提出议案，经会议通过的议案称为平民决议。保民官开始时为4人，后来增加到了10人，他们的权力也是逐步扩大的，直至对政府的法令具有否决之权。由此形成了对贵族权力的重要制约力量。

保民官的出现是罗马共和国民主制发展中十分重要的事件,也是罗马民主制的一大特色。自平民有了自己的官吏,有了自己的民主集会后,为以后一系列的斗争奠定了良好的基础。这一人民运动的成果创造了仿佛是平民自己的国家组织,某些研究者称之为"国中之国"。以后他们依靠这一组织获得了重大的成就。

十二铜表法的制定

公元前5世纪中期斗争的又一成果是十二铜表法的制定。

虽说保民官神圣不可侵犯,但是他们的权力是逐步扩大的。开始的时候他们只能根据已有法律,保障平民不受非法的迫害。当时法律还是习惯法,不但那些不利于平民的陈规依然存在,而且法律本身也因为没有成文法典做依据,往往任凭贵族法官的曲断。这样,要求订立成文法就成为平民下一步的目标。

约公元前450年,十二铜表法制定。法律基本上是习惯法的记录,因而仍然是一部有利于贵族的法律。它保留氏族复仇法,承认家长在家庭中的绝对权威,有权把子女卖为奴隶;它保护私有财产和债奴,承认债奴制,对放火、夜间行窃或践踏他人田地庄稼者处死刑;准许债权者拘禁不能偿债的债户,将其卖为奴隶,甚至处死;不准贵族与平民通婚等。但铜表法对高利贷多少作了一点限制,规定最高年息为8.33%。特别由于法律已编订了明确的条文,量刑定罪要以法律为依据,这就限制了贵族的恣意专横。法律中所表现的种种矛盾(如同等报复法和罚金,氏族的继承和遗嘱自由,严酷的债务法和宪法保证等)意味着贵族在若干重大问题上的一定让步。西塞罗不止一次地写道,"十二铜表法"禁止一切特权,那就是说,禁止任何人违犯宪法的行为。铜表法在树立法制的权威,以法律形式保护平民的利益、限制贵族的特权方面是一个重要的开端;它对全部罗马史以及中世纪和近代的欧洲的法权观念的发展都产生过重大的影响。

平民大会和保民官地位的提高

与此同时,执政官瓦勒里阿和贺拉西又被迫实施三项法律:(1)规定平民在特里布斯大会上通过的决定对罗马全体人民都具法律效力,这样，平民会议就具有公民会议的性质了，它所通过的议案也约束贵族，贵族也因此不得不参加平民会议。这只是平民立法权的开始；人民真正享有立法权，是直到公元前 287 年才得以确立的。（2）当公民被行政长官判定死刑或体罚时，他有向人民大会控诉的权利。（3）人民保民官神圣不可侵犯，侮辱保民官的人要处以死刑，他的财产也要被没收。这三项决定提高了平民大会和保民官的政治地位。

公元前 445 年，保民官卡努利阿提出允许贵族与平民婚姻的法案，遭到贵族的殊死反对，因为亵渎了高贵的贵族血统和消灭了氏族的权利。同时，保民官还提出了允许平民担任高级官职即行政长官。结果，贵族在婚姻上让步了；但是，为了长期把行政长官的职位留在自己手里，他们提出了妥协的办法：设立具有协议权力的军团司令官这一特殊职位。如果产生这个军团司令官，则行政长官的最高权力就授给他们。公元前 444 年，选出的三位军团司令官便有一位是平民。不过平民是很少有机会成为这种新的军团司令官的一员的。因为百人团的优势在贵族一边。贵族及其代表者——元老院，拼命要为自己最大限度地保持行政长官的那些权利，这是很自然的。

平民参与最高权力和债务奴役制的取消

平民在这一阶段为争取政治权利获得了不少重要的胜利。但是，和下层平民密切相关的经济问题并未解决。土地依然不足，债务奴隶制也没有废除。平民在第二阶段的斗争中，除了继续争取政治权利外，土地和债务问题，即经济上的解放成为斗争的中心。

这阶段斗争中最重要的事件是公元前 367 年通过的李锡尼—绥克斯图法案。李锡尼和绥克斯图主张限制贵族土地和减轻债务，遭到贵族拼死反对。平民连续十次支持他们做保民官，斗争也持续了 10 年，其中有 5 年（公元前 376—前 371）不能进行一般高级官吏的选举。最后贵族被迫让步，李锡尼—绥克斯图法案终获通过。法案主要内容有三：（1）已付的债息一律折作本金，未偿清部分分三年归还；[①]（2）占有公地的最高额定为 500 犹格；[②]（3）规定执政官中必须有一人出身平民。公元前 366 年塞

[①] 这个规定等于取消债务，因为债户已付的利息往往超过本金。
[②] 约合 125 公顷。

克斯成了第一位平民执政官（但此时执政官的审判职权转到贵族选出的行政长官中去了）。公元前356年平民第一次被任命为独裁官，公元前351年第一次担任监察官，公元前337年第一次担任行政长官。公元前339年是平民取得巨大胜利的一年。这一年独裁官施行了三项法律：（1）重申平民决议对全体公民具有法律效力（早在公元前449年就定有此法，但屡遭破坏）；（2）人民大会决议无须经元老院的批准就可成为法律；虽事先需交元老院讨论，但已成形式。从此，特里布斯会议成为罗马共和国具有完善立法权的公民会议；（3）两位监察官中的一位必须从平民中选出。到了公元前326年，通过了波提利阿法案，规定债务人只以其所有财产而不以其人身对债权人负责，因债被奴役者释免。至此，债务奴役制正式取消。这个法案不如雅典梭伦"解负令"鲜明，但实际上是废除了债务奴役制。罗马自由民从此免除了沦为贵族债务奴隶的威胁。

平民与贵族经历了近两个世纪的斗争，获得了一部分的政治权利，贵族的特权有了一定的削弱，从而使共和国的民主制有了重大的发展。它使贵族专政的共和国发展为贵族与平民分享国家权力的国家，共和国政权的社会基础扩大了。平民由于获得了完整的公民权，他们在法理上是共和国的主人。他们的自由身份受到法律的保护，债务奴隶制的废除使他们和奴隶的命运分手，从此在自由平民和奴隶之间有了不可逾越的界限。平民可以在特里布斯会议上行使政治权利，而且所通过的法案具有普遍的法律效力，它也就由平民会议转变为最高立法权的公民会议。这削弱了为贵族所控制的百人团会议。罗马全体公民在会议中表决国家立法、选举保民官、财务官等官员。百人团会议表决和战问题、选举执政官、监察官等高级长官。存在着两个民会，特里布斯会议为平民所左右，百人团会议则为贵族所控制。元老院仍拥有广泛的权力，它决定内外大政，实际上是共和国的最高统治者。共和国民主制阶级基础的扩大和完善，使罗马这一城邦国家表现出强大的力量，成为古代史上最强盛的国家。

三　罗马共和国的权力结构

新旧贵族联袂——共和国的阶级基础

持续近两个世纪的斗争，平民分享到一部分政治权利，改变了贵族垄断政治的局面。全体平民，不论其财产多少都有了公民权，他们免除了成为奴隶的可能，他们有自己的会议，有自己的保民官，高级官吏中也有平民的一席之地，从而改变了元老院贵族一统天下的格局。但是，由于平民的经济地位的差别，胜利对平民的实际意义也极不一致。虽然各种官职向平民开放，但能进入仕途官阶的，只限于贫民中的富有者；对于大多数的平民，只是一纸空文。因为早期罗马官职和早期的雅典官职一样，都是无给职，没有报酬，特别对于高级官吏，要求一定的资产作为"代表资格"。而且当时还流行这样的观念：有官职的人们不但需要按照他们的身份生活，他们中间的许多人还必须把个人的财产投到公共建设、娱乐组织中去。由此，能享受担任公职权利的，只限于那些有足够财产的人。衣食无告的平民，即使被选上了，也不能枵腹从公。因此，所谓一切公职都向平民开门的制度，其实只是法理上如此。在财产不平等的社会里，法理和现实之间存在着很大的距离。只有少数的富于资产的平民，才可以挤进上层统治圈里去，一般的平民依旧被撇在权力圈子外面。

在一系列政治改革中挤进上层统治圈的富有平民，形成了罗马的新贵。他们不但可以担任高级官职，而且还可以和传统的贵族一样，在任满以后，列为元老院的议员。元老院的权力一直没有改变。议员都是终身职，而且多半是退了任的高级官员。他们的政治经验远比一年一任的执政官丰富，一般的执政官只能算是他们的代理人。元老院又有控制立法的实权，全民会议所通过的法案往往是由它授意的。在权倾一切的元老院中，新旧贵族联袂而坐，两者合流成为罗马上层的统治者。这些统治者在罗马形成有数的豪门巨姓，国家的高级公职一直落在他们手里。所以，尽管经过近两个世纪政治上的变革，罗马实质上依然是一个贵族性质的共和国。政治的基础虽有所扩大，但主要是少数的富有平民。这并不是说，平民与贵族的长期斗争没有什么积极意义。如上所述，他们在斗争中争得了一定的利益，改变了自己的社会地位，他们获得了土地，获得了投票权，他们和奴隶分了手，因此，他们是共和国的拥护者。

罗马共和国民主制有一定的特色，但从总体上看，比雅典民主制略显逊色。罗马共和国的经济基础是土地占有制，不像雅典那样是手工业和商品经济。商业和金融业从公元前3世纪末才日益从新贵族转到"骑士"手里。罗马统治者上层是占有较多土地的富有公民，这是罗马民主派势力弱小的根本原因。

元老院

罗马共和国的最高权力一直控制在元老院手中，也就是一直控制于贵族之手。元老院一般是300人。任命元老院的权力以前属国王，后来属于执政官，公元前4世纪最后25年，这项权力又转到了监察官之手。每隔5年监察官要重新审查一次元老院名单，他可以某种理由从名单中删去不适合的那些人，并把新人物加进去。根据法律，监察官要宣誓把各种高级官吏中最优秀的人物选入元老院。

元老也是分等级的。坐在前位的是高级元老，如过去曾任独裁官、执政官、监察官、行政长官和营造官。在这后面的是平民营造官、保民官和财务官，以及过去没有担任过任何高级官职的元老（这样的人不多）。名单中第一名是首席元老，他最受尊重。能够召集元老院和担任元老院主席的应当是非常高级的官吏，如独裁官，再一般的高级官吏则是执政官、行政长官和保民官。

最初能加入元老院的只有贵族家族的家长。随着平民能获得各种高级官职，他们在元老院中的人数迅速增加了。到了公元前3世纪，绝大多数的元老院议员都是新贵了。他们便成了罗马社会的统治阶级。因此，在元老院内部总是团结的，它的纲领和战术是统一的。在元老院和高级官吏之间是密切一致的，因为每一位高级官吏最终都将参加元老院；新的官吏事实上也同样是从那些元老中间选出来的。高级官吏每年往来更替，但元老院的成员则是基本不变的，它是经常起作用的机构。这使它具有传统的继承性和丰富的政治经验。

元老院具有广泛的权力。公元前339年之前，它有权批准人民大会的决定；在这一年之后，对于提交民会的法案，只要经元老院预先同意即可。在国家处于危急情况时，可宣布非常状态，即戒严状态。此时，它可以任命独裁官。自公元前2世纪起，元老院可责成执政官（或其他官员）享有类似独裁官的全部特殊权力。行政权集中的另一个方法是只选一位执政官。

军事上的最高领导权也属于元老院。宣战、缔结和约与盟约的权力虽属于人民，但这一切的准备工作都是由元老院来进行的。一般的外交活动，如派遣使节、接受外国使节等也是元老院的经常工作。元老院还掌握财政和国家财产：编制预算、规定税收、监督租税和钱币的铸造等。对祭仅加以最高监督的权力也属于元老院，如规定节日，规定感恩和赎罪的牺牲奉献，解释神兆。

司法权亦操之于元老院，一切常设的审判委员会的成员皆由元老院组成。直到公元前123年经盖约·格拉古改革，才把法庭交到"骑士"（指当时的富商和高利贷者）手里。在选举执政官的人民大会上，如果担任主席的职位是空着的话，元老院中便选派一位担任主席（"摄政"），这个职位他只担任5天，之后他便把权力移交给自己的继承者，直到执政官在百人团民会上选出时为止。

这样看来，元老院是共和国的最高权力机关，行政的、军事的、外交的、司法的、监察的、祭司的种种权力，皆属于它。

人民大会

人民大会的形式不是像雅典那样是单一的，它同时存在几种组织形式：库里亚民会、百人团民会和特里布斯民会——三种组织形式中有氏族制的残余，有贵族控制的百人团会议，又有平民为主体的特里布斯民会。后者开始时权力较小，经过反复斗争，才有所扩大，并成为有平民、贵族共同参加的民主集会。总体来说，公民大会所享有的权力不像雅典公民大会那样具有最高的权威。

库里亚民会（Comitia Cariata）　　这是最古老的一种民会，在塞尔维·图里阿改革之前，是贵族的惟一集会形式。随着百人团民会和特里布斯民会的出现，库里亚民会便失掉了现实意义而只是作为古代的残余而保存着罢了。

百人团民会（Comitia Centuriata）　　长时期是最高类型的人民大会。最初是城市民军的一种会议。只有握有军事大权的高级官吏（执政官、行政长官、独裁官、摄政）才能召集百人团民会和担任大会主席。投票在百人团中起初是按人计算的，后来则只计算投票赞成或反对票的百人团的总数了。如果第一级98个百人团投赞成票，投票即行中止（因这是193个百人团的绝对多数）。公元前3世纪中叶，对百人团民会进行了民主改革；根据这一改革，每一阶级的百人团的数量平均分配，这样，贵族控制百人团民会的局面也就宣告结束了。

百人团民会具有立法权，一切法律必须经百人团民会通过；在公元前287年之后，这一职权转到特里布斯民会。但百人团民会的职权仍比较广泛：它最后决定宣布战争、缔结和约；它选出一切普通高级长官：执政官、行政长官、监察官，以及具有协议权力的军团司令官。此外还享有一部分司法权：有权审判一切有关剥夺被告全部公民权的刑事案件。

特里布斯民会（Comitia tributa） 这是最民主的一种人民大会，因为它不分等级并且不要求财产资格。最初只有平民参加这种集会，因此是一种平民集会，在会上作出的决定只对平民来说是必须遵守的。根据公元前449年法律以及公元前339年和公元前287年对此法的一再重申，平民的决定才获得了普遍的法律效力。从此时起，平民集会就变成了一个不分等级的、有平民和贵族共同参加的人民大会。不过平民有时仍单独召集特里布斯会议，因为某些问题是不需要贵族参加的纯粹是等级性的问题，如平民的高级官吏的选举。

公元前287年之后，它实际上成了主要的立法机关，因为一切宪法和法律都是由它来通过的。它还享有审判权：判处与罚金有关的一切刑事案件都归它审理。它还选举财务官、高级营造官，部分军团司令官（另一部分由执政官任命）和各种低级长官。还选举纯属平民的高级官吏，如保民官、平民营造官。

上述可见，由于存在两个人民大会，权力受到削弱，没有能够成为政治生活中的权威。更重要的是，罗马的人民大会没有创制权，他们对主席提出的法案或通过或否决，不能改变或讨论。百人团民会一直为富有者所控制，即使3世纪中叶后，优势仍在较富裕的分子一边。特里布斯民会，乡村占了31票，城市只占4票，它的基础是土地关系，不是工商业经济，这样，无组织的、保守的、容易受土地显贵影响的乡村居民，在政治生活中占了优势。凡此种种，都影响了罗马的人民大会在民主政制中的地位与作用，与雅典的公民大会相比，不能不说是相形见绌。

高级官吏

罗马的高级官吏有以下的一些特点：第一，除摄政、独裁官和骑兵长官外，都是由人民选举产生的。第二，他们是没有报酬的，担任国家的职位被认为是一种荣誉，和取得薪俸是不相容的。第三，他们是暂时的，有严格的期限，照例是一年（限期18个月的监察官除外）。第四，具有协议性，大多数的高级官吏一般有2名或2名以上，作出决定，必须协议一致；哪怕有一成员反对也会使事情停顿下来，这明显表现出官员之间相互制约的原则。第五，他们是要负责的，一切官员，除去独裁官、监察官和保民官外，都要对自己担任的官吏的行为负责；高级官吏是在离职之后，低级官吏甚至在任职期间不时受到监督。由此可见，罗马民主制下的官吏制度体现着比较严格、全面的监督和制约。这是古罗马人民在政治领域中的杰出创造。

各高级官职分述于下：

执政官 两位执政官是共和国的最高官吏，他们是百人团民会上选举产生的，任期一年。执政官拥有军事权和民政权。作为军事大权的代表者，他们是罗马军队的总司令。他们进行征兵，任命部分军团司令官（另一部分在特里布斯民会中选举产生），领导军事行动等。作为人民政权的代表者，执政官召集元老院和人民大会，担任他们的主席，提出建议和法案，领导官吏的选举，他们又是元老院和人民决议的主要执行者，他们负责国内的安全，主持某些节日等。

两位执政官职权相等，双方都有否决对方的权力，因此一切重要民政事务必须共同决定、共同行动。某些要求单独的行动（如在民会中担任主席）用抽签或协议的办法解决。战争发生时，一位执政官上战场，另一位则留守城里。当两位执政官都上前线时，则用抽签或协议的办法，分配军事行动的地区。当他们的军队共同行动时，他们轮流担任统帅，每日进行更迭。

独裁官 大约在公元前5世纪中叶，罗马出现了这一官职。这一职位的出现，一般认为不符合民主原则。罗马的高级长官，如执政官、军团司令官、保民官等，都在2人或2人以上。之所以需要设置这种特殊职位，是当国家因外敌或内乱而受到极大的威胁的时候，才由元老院作出决定任命独裁官一职。对于独裁官一职的理解与现代对"独裁"一词的理解有很大的距离。独裁官的正式名称是 Magister populi，意为人民的首长，而且，它的权力有效期不超过6个月。独裁官把最高军权和民权结合在自己的身上，但只是在一定的、委托给他的任务范围之内。因此，就是在独裁官执政的时候，一切高级官吏也还保留着，以便处理经常性的工作。

行政长官 行政长官是诉讼方面的最高领导者，而后又担起了领导罗马行省的职责。起初，行政长官是一人，从公元前242年起，每年选出两位行政长官，分别负责罗马和罗马以外地区的审判事务，或前者管理公民之间的诉讼（因罗马以外的人很长时期内未享受公民权），后者管理外国人之间或公民与外国人之间的诉讼。随着行省数目的增加，行政长官的数量也不断增加,到公元前 1 世纪中叶增加到 16 名之多。行政长官在就职之后发布命令,指出在诉讼方面他们将要遵守那些主要的法规。行政长官的命令成了罗马法最重要的史料之一。

行政长官被认为是仅次于执政官的最重要的高级官吏。因此,在罗马,当执政官一人不在的时候,行政长官就是他的代理人。在非常场合下,元老院把军事统帅权委托给行政长官中的一人(通常是其他城市)。一年任职期满后,行政长官便得到治理行省的权力,并带有副行政长官的称号。

监察官 被称为最神圣的高级官职。根据惯例,监察官是由过去曾任执政官的人中选出的。公元前 433 年起,每 5 年选举一次,但他们的任职期只有 18 个月。监察官的职责是:(1)审查元老院的名单;(2)进行公民调查;(3)监督公民的道德;(4)管理国有财产和公共工程。对公民的道德监督即惩罚那些法律管不到的违反良好风俗的一些行为,如虐待孩子,不敬父母,浪费,暴饮,奢侈,对奴隶过分残酷等。根据情况监察官可以公布相应的命令,可以把元老开除出元老院,把公民开除出特里布斯民会。

保民官 保民官一职,作为平民的高级官职,而且只有平民才能担任此职,是罗马民主制的一大特色,是平民向贵族斗争的重要成果。它在平民的特里布斯会议上选出,一共 10 人,任期一年,在整个共和国时期是民主制的一个特殊监督机构。

保民官神圣不可侵犯,若受到侮辱或伤害是犯法的。保民官在历史上最早的权利是"帮助权":以个人的干涉帮助向他请求协助反对每一位高级官吏(除去独裁官,因干涉权不适用于他)的任何一位公民。为了便于找到保民官,他不能离开罗马一天以上,他的家门必须永远是开着的。从"帮助权"后来发展到"否决权",如反对官吏的命令、元老院的决定,甚至反对交付人民大会的建议的权利。被保民官否定的命令、决定、建议,如不经保民官撤销,相应的命令、决定是不能生效的。否决权属于每一个别的保民官,因而妨碍全体保民官协议一致的行动,并常常引起滥用职权的行为。对于反对保民官的人,保民官可以采取强制措施,如罚金,逮捕,在特殊情况下甚至是死刑(从塔尔佩岩上抛下)。

保民官还召集平民大会,任大会主席,当平民大会和百人团民会之间的实际区别已不再存在时,保民官便能积极地参加一般的立法。同时,还可以加入元老院，后来，又取得了召集元老院的权利。

可见，保民官的权力开始较小，后来逐渐伸展。只有两个因素制约保民官的权力，一是他的同僚，二是他的权力只能在罗马行使。由于保民官具有如此神圣的权力，因此它容易成为贿买和从敌视民主派方面施加影响的对象。在这种情况下，保民官的干涉权便成了滥用职权的主要源泉。在共和国末年，保民官的职位完全蜕化了，它成了个别集团进行斗争和军事独裁的工具。

四　罗马民主制的衰落，帝制的建立

贵族和平民联袂的罗马民主制建立后，经过两个多世纪就渐渐衰落下去了。研究罗马民主制的衰落同研究罗马民主制的形成，具有同样重要的意义。

罗马民主制衰落的最根本原因是这一制度是建立在对奴隶的残酷压迫的基础上的。

早在公元前135年和公元105年就爆发了两次西西里奴隶起义。特别是公元前74年，在意大利又爆发了著名的斯巴达克起义，震撼了罗马共和国的秩序，直接威胁到奴隶主的统治。某些头脑清醒的贵族看到了共和国的危机。为此，他们认为必须限制土地兼并，使失去土地的农民重获土地，恢复服兵役的财产资格，并成为社会上的稳定力量。这就是公元前2世纪70年代历史上有名的格拉古兄弟改革的历史背景及改革的主题。但是，格拉古兄弟的改革都没有成功。因为，当时的罗马社会，由于奴隶制的大发展，大田庄的形成，使自耕农的沦落成为不可避免的现象。这就陷入不可解救的矛盾之中。改革的失败是合乎逻辑的。

格拉古改革的路线走不通，就需要寻找新的出路。公元前107年，马略不顾元老院的顽固反对，放弃了早已难以实行的兵役财产资格的规定，把征兵制改为募兵制。应募人的惟一资格是具有自由人的身份。从此广大的无产游民成为取之不竭的兵源。军队长期的正规训练，促使战斗力的提高。西西里的第二次奴隶起义和斯巴达克起义，都是被这样久经战阵的职业军镇压下去的。罗马的奴隶制国家越来越走上依靠军事统治的道路。

由此而来的，军阀之间的殊死斗争，军队成为政治斗争的主要工具，成了罗马共和国后期政治发展的主要特点。共和国末期，党派的政治纷争都取决于双方所拥有的军事力量。这是罗马共和国民主制的重要蜕变。

但是，镇压奴隶起义，还不是当时罗马共和国所面临的全部问题。经过三次布匿战争以及征服东方和高卢，罗马实际上已成了拥有遍及地中海和海外的许多属地的帝国。然而这个共和国的公民权还只限于罗马城内的自由民，领导这个共和国的还是那眼光狭隘的元老院。姑且放开海外的属地和行省不论，就连意大利本土的许多城市和地区，尽管早就以同盟的地位向罗马提供军事义务，参加罗马的扩张，但所有这些地区的奴隶主和自由民都不享有罗马的公民权。死守城邦共和国制度的元老院，总是想紧紧地抓住罗马和非罗马的区别，他们既要统治奴隶，还要骑在罗马以外的奴隶主头上。这显然不能适应罗马扩张以后的发展。

公元前2世纪，罗马兴起了"骑士"阶层，他们是贵族以外的新兴富有者，多为商人和高利贷者。他们竭力要求打破贵族垄断政权的局面。他们号称"民主派"，在共和国所面临的许多重要问题上采取和贵族相对抗的立场。他们主张削弱元老院的专制权力，主张把公民权扩大到罗马的行省，建立比较合理的地方行政制度。骑士与贵族的矛盾同样威胁着罗马奴隶主的统治。

上述几个方面的矛盾，焦点集中在罗马元老贵族的寡头统治。他们绝不接受任何改革方案，对公元前91年保民官德鲁苏的改革以及意大利人争取公民权的斗争采取残酷的武力镇压。在共和国后期，"骑士"和元老贵族的斗争占了几十年的时期，斗争的关键是谁拥有强大的军权。这就是罗马共和国后期出现军事独裁的重要原因。

第一个军事独裁者是苏拉。在派遣东征将领的人选问题上，苏拉在贵族的支持下，取得军队的统辖权；但全民会议却选马略为将军。当马略还没有集合兵力的时候，苏拉已率军直下罗马。并用兵力迫使全民会议通过反动的宪法改革案。根据这个法案，不经元老院的同意，全民会议不得通过任何法律。在罗马共和国的历史上，执政官用武力劫持全民会议更改立法程序，这是破题儿第一次，它为利用军力来达到政治目的创了先例。于是，此后罗马的政治斗争，不再是什么宪法改革的问题了，军事力量成为左右政局的关键。但是，军力上的优势是暂时的，因此那个暂时获得军力上优势的人也潜藏着惨败的危险。

代表贵族派的苏拉取得了胜利，但他的旧属克拉苏和庞培在苏拉死后却乘机转到骑士派这边。于是元老贵族的势力江河日下。此时，恺撒出现在政治舞台上。他坚守骑士派立场。在反对贵族的活动中，提高了他在平民中的声望。公元前60年，他和庞培、克拉苏结成同盟，史称"三雄政治"，并于次年出任执政官。恺撒以他杰出的军事才能，仅三四年时间，就征服高卢的全部土地，而且击退了日耳曼人的入侵；加之克拉苏在和安息作战中被俘而死，三雄政治变为二雄并立的局面，对庞培构成莫大的威胁。为了对付恺撒，庞培与元老贵族再度结合。公元前52年，元老院违例任命庞培为惟一执政官，二雄公开决裂。此时，罗马的政治已经十分明朗化了。从个人说，是恺撒对庞培；从党派说，是骑士民主派对元老贵族派。

公元前49年，元老院命令恺撒解散军队，否则以罗马"公敌"论罪。恺撒对此命令的回答是以迅雷不及掩耳之势进兵罗马。离发布命令只有3天（1月7—10日），恺撒的军团就越出自己的防区，渡过泸泌涧，①直逼罗马。在恺撒进逼之下，元老贵族们逃出了罗马，逃出了意大利，最后到了希腊。这时恺撒成了罗马的主人，很快被选为执政官。使他的政变披上了一件合法的外衣，而元老贵族和庞培倒成了罗马的叛逆。

之后，恺撒乘对方喘息未定之机，扩大胜利成果。他平定意大利，击败庞培，并进而控制罗马的全部属地。恺撒的胜利，使他登上了权位的极峰，并意味着贵族专政的溃亡，使罗马的发展越出了那故步自封的共和国制度。他当权的日子并不多，但作出了有决定意义的政治变革。他首先改革元老院，把议员的人数增加到九百。从此，它不再是一个狭隘的、仅仅代表罗马贵族的机构了。其次，他还扩大了公民权。由于公民权的扩大，来自各行省的自由民，有的被列入元老院，有的被列为保民官。这就扩大了罗马统治的基础。恺撒还改进地方市政制度和行省吏治。地方的城市取得较多的自治权，行省长官的贪黩行为受到限制。这些改革，打击了元老院，也使罗马和罗马以外的区别开始消除。共和国时代的那种狭隘的元老贵族的统治被基础比较广泛的奴隶主政权所取代。从此，罗马就不再是一个骑在行省头上的城邦共和国，它开始成为行省所环绕的帝国的中央。几十年来的"骑士"、平民和贵族的斗争，终于为事实上早已形成的罗马帝国找到了适合于现实发展的统治制度。恺撒的改革，可以看做是走向这个

---

① 按照法律，罗马的将军是不许带兵越出自己的防区的。从此"恺撒渡过泸泌涧"成为一句谚语，意思是不顾一切，下了决心。

途径的第一步。

这个新起的政权所采取的形式是军事独裁。公元前49年法塞勒之战后,每年都赋予恺撒以独裁权力。直至成为终身的独裁官。奴隶主的军事独裁,始于苏拉。在奴隶起义的威胁下,在"骑士"与贵族的斗争中,客观上要求独裁;问题是谁来掌握这个独裁的权力。恺撒的军事独裁的出现,不过是宣告这个权力不再属于元老院而已。

但是,垂死的力量是不甘心失败的。此时元老贵族的余党已经没有军事力量来反对恺撒了,惟一的办法是阴谋。公元前44年3月15日,以贵族布鲁多为首的阴谋者在元老院议事厅刺杀了恺撒,演出了罗马史上惊心动魄的惨剧。他们以为只要杀死恺撒就可以使共和国复活。但是,"建立在军事统治上的帝政(不是指这个或那个皇帝)是无法改变的必然性"[①]。

公元前30年,恺撒的甥孙渥大维登上了罗马的政治舞台,成为恺撒的事业的继承者。到了渥大维时期,经过内战和各种方式的清除,元老贵族的地位已经支离破碎。坐在元老院里的,多半已是新政权的支持者。在这种形势下,渥大维不用采取激烈的手段,只要善于权变也就可以达到政治上的目的了。他尽量尊重元老院的地位,使人感到共和国的制度好像并没有受到损伤;但实际上,他把大权集中于一身,元老院徒有虚名,不过是一个驯服工具。他是第一个罗马皇帝,但却没有皇帝的称号(他称"第一公民",意即元首)。他双手埋葬了共和国,但他所行使的各种权力,一一都戴上共和国的职衔。总之,他善于利用旧制度的躯壳,但却改变了它的实质。

公元前27年1月16日,元老院授予渥大维一个称号,叫做"奥古斯都"(Augustus,意为"崇高"或"庄严")。此时他拥有无限的权力。军事上,他是最高统帅,军权是他一切权力的基础。在政治上,从公元前27年起曾连续4年任执政官,且早就终身取得保民官的职权。他可以召集元老院,享有元老院优先讨论他的提案的特权,还可以向全民会议提出法案。在对外关系上,和战问题由他最后决定;他和外邦订立条约,可以不经元老院和全民会议的同意。在地方行政上,表面上采取和元老院分权的办法,实际上他对各行省都有颁布法令的"高级权力"。他还有权控制元老院名单,有权提拔新贵和"骑士",组成一支从中央到地方的有给职

---

① 《马克思恩格斯全集》第19卷,第332页。

的文官队伍。在他的压倒一切的权力之下,元老院俯首帖耳,全民会议也起不了实际作用,所谓公民权,已名存实亡。但他不但不说自己推翻共和,还宣称恢复了共和。这是自马略、苏拉以来最完整的军事独裁者。在他的统治下,军事独裁已成为罗马的政治脊梁。这是一个多世纪各种力量(奴隶和奴隶主、贵族和"骑士",罗马与罗马的属地、行省等)尖锐复杂斗争所形成的代表整个地中海地区即罗马帝国奴隶主的统治形式。尽管渥大维不曾南面称王,不曾举行过登祚践位的仪式,然而后代的史家,仍称他和他的后继者为罗马的皇帝。

由此,罗马帝国的统治秩序开始建立起来了。渥大维的独裁,结束了共和国后期的纷扰,开始了罗马史的帝国时期。

第四章　古代西方思想家对优良政体的探索

古代雅典城邦民主制和罗马共和国民主制的实践，孕育了古代政治思想家一代宗师。他们对这类具有典型形态的民主制进行理性分析，提出并探讨人类社会自身如何进行管理，何种政体为优良的政体等重大问题。他们的研究形成了西方最早的民主理论，奠定了后世民主理论的基石。

一　亚里士多德的平衡政体思想

对于国家的研究，亚里士多德舍弃了他老师柏拉图的方法，开辟了一条通过广泛调查，以现实城邦的实例作为研究对象，经过分析、比较和归纳的方法，提出了他的政治学说。柏拉图所运用的是抽象、演绎的方法，构筑了他的理想国，提供给人们的是想象中的理想国家。亚里士多德通过对150多个城邦的政治制度考察后，提出并回答了现实中所能实现的理想国家是什么。或者说，前者是理想的国家，后者是国家的理想。这种国家理想，质而言之，就是平衡政体论。亚里士多德的研究方法和政治思想对后世产生了深远的影响。

共和政体是最优良的政体

亚里士多德的《政治学》在说明国家的起源和国家的本质后，着重讨论了国家的政体。有的论者认为他的《政治学》是城邦政治学，我们认为也可以称之为政体政治学。他所构筑的政体学说，在框架上令后人很难超越。

他的政体分类学依据有二：一是依据国家"最高统治权的执行者"人数的多少，二是依据最高治权执行者实行统治的目的。按第一个依据，可分为君主政体或僭主政体（一人执政）、贵族政体或寡头政体（少数人执政），共和政体或平民政体（多数人执政）。君主政体和僭主政体，虽都是一人执政，区别在于执政者的统治目的。君主统治就像父权时代的家长那样，是以整体幸福为目的的，若为利己的目的而统治，就蜕变为僭主政体了。贵族政体蜕变为寡头政体，共和政体蜕变为平民政体，其根据也在于此。前三种政体为正宗政体，蜕变后的三种政体为变态政体，它们的区别就是政体分类的第二个依据：最高治权执行者实行统治的目的是为了城邦的"共同利益"还是仅仅维护执政者本身的利益？在亚里士多德看来，最高执政者的人数多少对政体的分类不是主要的，执政者的执政目的才是主要的。

在《政治学》中，亚里士多德以大部分篇幅讨论政体问题，目的是为了研究并说明何种政体为最优良的政体。他认为，在一个城邦中确实有才德无双的英豪能充当政治领袖，则君主政体在那里是最优良的政体。如果有若干才德优异的人，而广大自由民又乐于接受其统治，则贵族政体在那里便是最优良的。如果自然地存在有胜任战争的民众，那里在小康阶级之间按照各个的价值分配政治职司，他们在这样的制度中既能统治，也能被统治，那么共和政体便是最优良的。亚里士多德认为，根据多数城邦的情况，前两种政体是无法实现的，最适合于一般城邦并容易实行的，是共和政体。

共和政体之所以是最优良的政体，因为这种政体包含各种因素，它照顾到各方面的利益，这种政体是吸取了贵族和平民政体优点的混合政体，是最有利于稳定的平衡政体。亚里士多德的这一思想在许多世纪中为大多数研究政治结构问题的思想家所信奉。

实际上，在柏拉图那里，已提出了"混合式"国家的原则。柏拉图认为，国家的目的是要在国内关系和对外关系两方面都求得和谐。为了达到这一目的，就应当使国家中的各种倾向的力量相互结合，从而使之能够保持一种均势状态。他认为这种形式的国家才能导致稳定的政治局面。这是柏拉图后期的思想。这时他所关注的已是实际存在的国家，而不是纯理论的虚构了。他还提出，研究政治的强盛和衰落，应该研究人类文明的发展过程。他通过追溯斯巴达的覆灭，指出其原因是实行压倒一切的军事化体制。实行专制权力的结果，也必然会导致国家的衰亡，波斯就是一个特别明显的例子。如果像雅典那样采用毫无约束的民主政体，由于过分自由也会遭之毁灭。这两种国家，如果使权力同智慧相结合，自由同守法相结合，便可以继续繁荣昌盛。如果两者都走向极端，结果便同归于尽。他认为，即使不是一个君主国家，也必须至少含有君主政体的原则，即强有力的统治。同样，即使不是一个民主制国家，也必须含有民主政体的原则，即群众分享自由和权力。当然，两者都必须服从法律。把君主政体和民主政体的优点加以结合的混合政体便是优良的理想政体。

柏拉图的这一思想对亚里士多德无疑产生了重要的影响，亚里士多德结合他的研究，丰富了平衡政体的思想。

优良政体的实质在于合理地分配政治权利

亚里士多德的平衡政体或混合政体的理论具有两个最基本的思想：一是要兼顾富人和穷人的利益，不让其中一方过分伸张侵犯另一方的利益；二是要吸取贵族政体和平民政体各方的优点，使之互相补充，优化组合。

在希腊诸城邦中，贵族和平民的斗争直接影响政体的形态。"一个政治制度原来是全体城邦居民由以分配政治权利的体系"[1]。问题是以什么原则分配政治权利。穷人与富人所持的原则无疑是相异的。这是组织混合政体困难之所在。社会中同一些人可以既是农民，又是工匠、士兵，同一些人可以参加议事会，也可以参加陪审法庭。然而有一件事却是办不到的：同一组人既是穷人又是富人。他们是城邦中相反的两部分人。于是他们各凭自己的优势，组织起有利于自己的政体，这就是人们所以认为政体具有平民和寡头两式的缘由。

亚里士多德批评穷人和富人所持的对于什么是正义的价值标准的偏颇性。人们都企求以正义和平等的原则来组织政体。平民认为，大家既然是平等地生为自由人，就要求一切都归于绝对平等。寡头们则认为在某一方面不平等，就应该在任何方面都不平等；那些在财富方面优裕的人便认为，他们在一切方面都照例应该绝对地优胜。由此出发，平民们要求平等地分享一切权利，寡头们则要求按财产来分享权利。亚里士多德说："两者各自坚持正义，但所坚持的实际上都不是绝对正义。"[2] 两者所建立起来的政体难免要发生变革。

---

[1] 亚里士多德：《政治学》，第109页。
[2] 同上书，第232页。

解决这一矛盾,方法之一是,不论是平民政体还是寡头政体,"不让任何人在政治方面获得离寻常比例的超越地位"①。在平民政体中,应该保护富室。不仅他们的产业不应瓜分,还应保障他们从产业中所获得的收益。就寡头政体而言,应认真注意穷人的利益,那种可以取得小小功赏的职司可尽量让穷人担任,如有富户侵凌穷人,处罚就应该比富户侵凌富户所受的惩戒还要加重。在贫富之间都要力求平等,甚至应该让在政体中政治权利较小的阶级(在平民政体中让富室,在寡头政体中让平民)稍占优先。② 这一方法的实质是,任何阶级执政,要兼顾到别的阶级、尤其是相反阶级的利益,保障他们合理的经济利益和政治权利,这样的政体才会稳定。

方法之二是,在经济上制定法律,使执政者不能假借公职,营求私利。在寡头政体方面,对于贪污问题更加应该注意。因为群众对自己不得担任公职,不一定感觉懊恼,他们甚至乐于不问公务,专管家业。但一听到公务人员侵蚀公款,他们就深恶痛绝,他们因此才感觉自己在名利两方面都有所损失了。如果受任公职都不能获得私利,平民和贵族政体就可以合并,并且也只能由这一途径使它们合并。经过这样的安排,贵族和平民可以各得其所,各安其宜。合乎平民政体的原则是,这里的全体公民都可以担任公职;合乎贵族政体的原则是,出任公职的全都是著名人物。官职既然不能赚钱,就同时可兼备那两个政体的原则。穷人因为公职无私可图,便宁愿经营自己的行业而无意从公;富户既然不需以公款来维持生活,就可以接受名位而为城邦克尽义务。这一方法的实质是,通过杜绝以职谋私,使官职成为无利可图(但享有名位)的事业,以此可以避免为分享权力的争斗,调和穷人与富人的矛盾。

但是,最根本的办法是创造一种共和政体。③ 这种政体,其权力不专属于哪一方,它能将各种因素混合而达到平衡。"混合得愈好愈平衡,这个政体就会存在得愈久。"④ 亚里士多德批评建立贵族政体的人的错失,

---

① 亚里士多德:《政治学》,第 268 页。
② 同上书,第 270—271 页。
③ 什么是共和政体,亚里士多德的解释是,"我们显然应该用共和政体一词来称呼贫富两要素混合的政体"。见《政治学》,第 200 页。
④ 亚里士多德:《政治学》,第 211 页。

"他们忽视了平衡的重要性"①。

混合政体的原则

怎样拼凑或混合这样的政体呢？亚里士多德提出了三种原则（方法）。

第一种原则（方法）是同时采取平民和寡头政体的两种法规。以法庭中的陪审席位为例。在寡头政体中，富人倘若不出席作陪审员就要受罚，穷人如果出席则无津贴；反之，在平民政体中，则穷人出席可以取得津贴而富人缺席不受罚。混合这两种法规所获得的中间型式便是，富人缺席须罚款，穷人出席可得津贴，于是贫富都将出席法庭。这是共和政体使贫富一律到法庭投票而不致使断案偏袒一方的措施。② 这种将两种政体中的法规合成中性的方法就是共和政体的本质。第二种原则（方法）是把两类法规折中而加以平均。如平民政体对于出席公民大会完全没有财产资格的限制，或者仅订立极低的财产数额作为出席的资格；在寡头政体那里，则订立了高额的财产资格。到了这里，两类法规都不适用，将两者加以平均而订立一个折中的数额。第三种原则（方法）是既不全部兼取，也不是折中，是在两种政体中选择一些因素而加以混合。譬如，就任用行政人员而论，抽签法被认为属于平民政体的方法，选举法则属于寡头政体方法。又，订有财产资格的属于寡头性质，平民性质的行政官员就完全无财产资格的限制。到了共和政体就在两类法规中各取它的一部分：寡头政体中选择其选举法作为任官的方式，在平民政体中任官不受财产资格的限制。当时的希腊就出现过这种中间状态的政体，如拉栖第蒙政体。亚里士多德说，"一个混合得良好的共和政体看来应该是两备平民和寡头因素的，又好像是两都不具备"③。也就是说，是一种亦此亦彼、非此非彼式的政体。

在亚里士多德看来，这类政体才是一种稳态政体。对此，他发表了一个颇有价值的见解："共和政体不应凭借外力支持，而要依赖内在均势来

---

① 亚里士多德：《政治学》，第211页。
② 古希腊"法庭"异于我们今天所见的由常任法官断案的法庭。他们以出席投票于诉讼两方的陪审员人数的多寡来决定案件的曲直胜负。
③ 亚里士多德：《政治学》，第202页。

求其稳定；至于就内在力量而言，有大多数人维护这种制度还是不够的，因为一个不良的政体也可能得到多数人拥护的，只有全邦没有任何一个部分存在着改变现制的意愿，这才算是稳定。"① 这里，亚氏指出了一个政体稳定的基本条件是：不是凭借外力支持而是依赖内在各种力量的平衡；不仅有大多数人的拥护，而且社会中没有一种力量企图政变这种制度。

亚里士多德由此指出了建立这种政体的思想原则和阶级基础。

"中庸之道"是亚氏奉行的哲学，也是建立这类政体的思想原则。事情不能推向极端。譬如大家要求按平等原则分配政治权利。可是平等有两类，一类为其数相等，即你所得的同他所得的数量相等。另一类为比值相等，如 4∶2＝2∶1。穷人要求按第一类的平等原则（人数）分配权利，富人则要求按第二类的平等原则（财富）分配权利。这种"在任何方面要求一律地按绝对平等观念构成的政治体制，实际上不是良好的政体。史实已经证明：这些政体都不能持久"②。许多被认为是平民主义措施实际上是在败坏平民政体，许多被认为寡头性质的措施实际上是在损伤寡头政体。坚持这两种政治主张的党人，各自以为他们的政体是惟一合理的，于是变本加厉地各自趋向极端。他们忽略了一个政体需要保持平衡。亚里士多德告诫说："寡头和平民政体两者虽然都偏离了理想的优良政体，总还不失其为可以施行的政体。但两者如果各把自己的偏颇主张尽量过度推进，这就会使一个政体逐渐发生畸形的变化而终于完全不成其为一个政体。"③

不受约束的势力是政体稳定的隐患

在任何一个政体中都可能会产生出破坏政体平衡的力量。为了确保政体的稳定，亚里士多德根据一些城邦的经验，提出了一个重要的问题，即要防止在城邦中出现政治上获得特别优越的势力。"当一人或若干人所组成的一个团体，势力增长得过大，以至于凌驾整个公民团体，这种人或团体因此占取了某些形式的特权"，"这特殊地位常常会造成君主专制政治

---

① 亚里士多德：《政治学》，第 202 页。
② 同上书，第 235 页。
③ 同上书，第 273—274 页。

或门阀寡头政治"①。因此他强调,为了根除邦国的隐忧,城邦应当树立成规,"不让任何人在政治方面获得脱离寻常比例的超越地位"②。我们知道,在雅典,就制定有贝壳(陶片)放逐法。但是亚氏说,这是这种特殊人物产生以后所采取的补救办法。之所以会产生这种特殊人物,说明它不是一个良好的政体。因此他认为,问题是要使所建立的政体不可能产生这种特殊人物。

亚氏的这番意见自然是鉴于一些城邦的经验。原来,僭主政体所以被认为是一种很糟的政体,就是因为这种政体僭主单独一人统驭着城邦,"施政专以私利为尚,对于人民的公益则毫不顾惜,而且也没有任何人或机构可以限制他个人的权力"。亚里士多德说:"这是暴力的统治;所有世间的自由人当然全都不愿忍受这样的制度。"③

深入一步考察,这种恶劣的政体是如何酿成的呢?亚氏认为,人都应该受到限制,"倘若由他任性行事,总是难保不施展他内在的恶性"④。一个人拥有权力、改变了地位之后,他心灵中的意愿和欲望也会随之改变。我们常常见到,"弱者常常渴求平等和正义。强者对于这些便都无所顾虑","人们要是其权力足以攫取私利,往往就不惜违反正义。"于是亚里士多德深有感触地感叹:"要在理论上弄明白谁对平等正义这些问题所抱有的见解是正确的,这实在很困难。然而这类困难,比之更加困难的劝人遵守正义,那就微不足道了。"⑤

亚里士多德由此推崇法治,以法律来抑制人潜在的恶性。"人在达到完美境界时,是最优秀的动物,然而一旦离开了法律和正义,他就是最恶劣的动物。"⑥ 这是因为,法律是"理智的体现",它"是全没有感情的",它能免除"一切情欲的影响"⑦,而"人类的本性(灵魂)便谁都难免有感情"⑧。所以,每个人都应在法律的约束下生活。

---

① 亚里士多德:《政治学》,第238页。
② 同上书,第268页。
③ 同上书,第203页。
④ 同上书,第319页。
⑤ 同上书,第316—317页。
⑥ 同上书,第9页。
⑦ 同上书,第169页。
⑧ 同上书,第163页。

当有人认为法律和自由是对立时，亚氏说，说法律是对自由的奴役，毋宁说是对自由的拯救。他批评平民主义极端形式的"自由"和"平等"。古希腊这样的观念颇为流行，即认为平民政体的城邦最具有自由精神。他们认为，平民政体有两个特点：其一，"主权属于多数"，大多数人的意志就是正义。其二，"个人自由"。他们先假定正义在于平等；进而又认为平等就是至高无上的民意；最后则说"自由和平等"就是"人人各行其意愿"。亚里士多德坚决不同意这种对自由的理解。他说："在这种极端形式的平民政体中，各自放纵于随心所欲的生活，结果正如欧里庇特所谓'人人都各如其妄想'（而实际上成为一个混乱的城邦）。"因此，"这种自由观念是卑劣的。"他倡导，"公民们都应遵守一邦所定的生活规则，让各人的行为有所约束"，接着他说出了以下一句名言："法律不应该看做（和自由相对的）奴役，法律毋宁是拯救。"①

亚里士多德也反对极端的民主，反对"政事最后裁断不是决定于法律而决定于群众，公众决议就可以代替法律"的做法。如果这样行事，民众就成了一位集体的君主，而且包含着专制君主的性质。② 因为，在平民政体中为政既不以法律为依归，群众意志至上，那么这种政体类似僭主政体，平民群众就类似于君主或僭主。平民群众的命令犹如僭主的"诏敕"，平民领袖就类似于僭主的佞臣。君主政体下政权落到了宠臣手里犹如平民政体下政权落到其领袖手里。"平民领袖"们把一切事情招揽到公民大会，用群众的决议发布命令以代替法律的权威。此时，他们实际上代表了群众的意志，也代表了法律；"群众既然被他们所摆布，他们就站上了左右国政的地位"③。这就是极端民主，废弃法治，走向少数人专制的过程。亚氏由此强调，"凡不能维持法律威信的城邦都不能说它已经建立了任何政体。法律应在任何方面受到尊重而保持无上的权威"④。亚氏这番剖析给人们以深深的启迪。

但是法律是否一定代表正义呢？须知法律是由人制定的，它不能不受到制定法律的人的意志的影响，因此不能认为一切法律都是好的。为此，

---

① 亚里士多德：《政治学》，第276页。
② 同上书，第191页。
③ 同上。
④ 同上书，第192页。

亚里士多德对法治提出了十分精辟的意见："法治应包含两重意义：已成立的法律获得普遍的服从，而大家所服从的法律又应该本身是制订得良好的法律。"① 可是，到哪里去寻找这种良好的法律呢？亚氏没有留下这一问题的答案，也不可能留下答案。

二　波里比阿、西塞罗的混合政体与分权制衡思想

亚里士多德推崇平衡政体（或混合政体）论，认为这种政体内部的各种因素之间的相互制约，便可使国家保持平衡态势。

罗马共和国时期的波里比阿和西塞罗，在亚里士多德平衡政体思想基础上，明确提出分权与制衡的思想。

波里比阿

波里比阿（公元前204—前122）是公元前2世纪希腊大史学家、政治活动家和思想家，"希腊化时代"希腊文化的代表者。他生活在马其顿统治希腊的时期。马其顿衰败后，罗马逐渐侵入希腊。公元前2世纪中叶，马其顿和希腊均被罗马征服，成为罗马的行省。公元前167年，希腊的亲罗马派波里比阿及一些有名的政治家一齐被送到罗马作为"人质"，他因此在罗马度过了17年（公元前167—前151）之久。波里比阿在罗马期间不仅受到斯奇比奥家族的庇护，而且以其深厚的学术素养使沉湎于希腊文化热的罗马统治集团折服。这样，波里比阿得以漫游各地，到处寻访古迹，进行实地调查，还可以进入罗马的国家档案库，看到第一手文献资料，为他撰写四十卷《罗马史》作了充分准备。该书记述了公元前274—前146年间罗马统治属地的情况，分析了罗马兴盛的原因，论述了政治制度的原理。

波里比阿撰写《罗马史》时，罗马共和国正处在全盛时期。作为富于政治理想的政治思想家，对罗马人在很短时期内几乎征服了全世界的历史，自然要倍加研究。正如他自己所说："罗马以一个小小的城邦，几乎征服了整个文明地区，并将之置于自己的统治之下。而这种征服事业，是

---

① 亚里士多德：《政治学》，第199页。

在不到53年的时间内完成的。罗马何以能够如此？它是用一种什么方法致胜的？这些功业是在一种什么政体之下完成的？对于这样的事迹，一个人焉能无动于衷，嘿然无述。"① 颂扬与解释罗马的政治制度，探究罗马强大的道路，是他撰写《罗马史》的目的。他说："在各种国家事业中，政制形式是兴衰成败的最有力的动因。"② 这就是他研究罗马史所得出的主要结论；这虽有失偏颇，但他的研究是有价值的，对欧洲政治思想的发展是有积极作用的。

政体循环论 波里比阿把政体分为君主政体、贵族政体和民主政体三种，并把每一种政体形式又分为纯粹的、腐败的两种。因此，他就把政体分为君主政体、暴君政体、贵族政体、寡头政体、民主政体和暴民政体六种（这种政体分类法明显承袭了亚里士多德的思想）。波里比阿认为，国家的产生和政体的更替正是遵循命运——自然法的指示运动变化的结果。任何一种政体，同生物体一样，先是生成，然后是繁荣，最后是衰落，政体形式的发展就是按照这样一种自然次序，由一种形式过渡到另一种形式，周而复始，循环发展。每一种政体形式内部包含有腐败因素，这是政体衰落并为另一种政体所代替的必然性所在。他认为，人类早期在洪水、饥馑和瘟疫与天灾人祸面前，促使他们自然本能地结合起来，并由一个强者来统率。这时权力的限度完全是由体力大小决定的；体力强大和有勇气的人自然统率着体力弱小和胆怯的人。这种权力是专制主义的。后来，由于人类理性的逐渐发达，经验日益丰富，懂得了政府与君主的必要与可贵，产生了正义和道德的观念，在此基础上建立的君主权力是纯粹君主政体。由于君主凭借所掌握的权力，对人民实行暴力和恐怖统治，于是君主政体便腐败了，成了暴君政体。有德性和有能力的领袖率领人们推翻暴君政体，建立了贵族政体，这时国家进入繁荣时期。贵族政体由于其本身的腐败因素，德性堕落，欺压人民，逐渐变为寡头政体。人民不能长此忍受少数人的暴虐统治，于是奋起反抗驱逐寡头政府。此时人民既不敢恢复君主制，也不敢把公众的福利委托给贵族政体，便自立政权，由全体人民进行统治，遂产生民主政体。按照波里比阿的观点，民主政体是国家走向衰落的表现。在民主政体下，由于无知的群众日趋堕落，不义和不和的观念

---

① 朱庭光主编：《外国历史名人传》（古代部分）上册，第303页。
② 波里比阿：《罗马史》第6卷。

与日俱增，内部发生分裂是不可避免的，因而由民主政体向暴民政体转化。最后，当暴民统治走向极端，必然产生一个新的基于强力的专制政体，至此，政治形式发展的整个循环便告终结，新的循环又重新开始。

混合政体论 波里比阿阐明政体循环论的目的是为了寻求一种最好的政体。君主、贵族和民主政体虽然是纯粹的政体形式，但并不是最好的政体。这是因为，君主政体只适用于在位由人民同意、施政靠德和理而不是靠武力的一人政体；贵族政体只适用于因才能出众而得到政权的少数人的政体；民主政体只适用于崇神敬亲敬老的多数人的政体。但这些政体都包含有腐败的因素因而都会导致发生变革。为确保稳定，防止腐败、变革，必须把上述三种政体中所包含的长处集中起来，组成一个保持均衡的混合政体。这显然继承了柏拉图、亚里士多德的政体思想。此外，斯多葛派的创始人芝诺和中期斯多葛派的领袖潘尼提乌也都赞同混合政体。芝诺曾指出："最好的国家制度是民主制、君主制与贵族制的混合。"① 波里比阿认为，不稳定性为每一种单独的、简单的政体所固有，这些政体只能各自体现一种原则，如君主政体的权威和力量，贵族政体的知识和智慧，民主政体的自由和平等，这些原则就其本性来说必定蜕变为自己的对立面。因此，最完善的政体形式应集君主制、贵族制、民主制的原则和特点于一身，从而保证这些政体的任何一种原则都不致蜕变，这样国家才能稳定。他认为罗马共和国就是包含着这三种政体原则的混合政体。不论在法律的制订上，还是随后在它的行政措施上，三种政体的原则的运用"都显得如此公平妥帖，连一位本国人都难以肯定这一套制度究竟是贵族政体，民主政体，还是君主政体。"他说："如果我们只注意执政官的权力，那国家似乎完全是君主政体或王权政体；如果只注意元老院的权力，它又像是贵族政体；可是，如果再注意到人民的权力，那么必定认为是民主政体了。"②

三种权力的制衡 更重要的是，波里比阿在分析罗马政体中提出了各种权力之间的相互制约的思想。他认为罗马政体的优点还在于，国家三种权力机关不是各自独立、毫无联系，而是在分权基础上互相牵制，从而使政体保持平衡。从混合政体论进一步发展到权力制约的思想，这是波里比

---

① 涅尔谢相茨：《古希腊政治学说》，第218—219页。
② 世界史资料丛刊初集《罗马共和国时期》（上），第47—48页。

阿超越柏拉图、亚里士多德政体理论的重要之点，开创西方分权学说的先河，为以后提出分权制衡的理论奠定了基石。

罗马共和国的国家权力合理地分配于元老院、平民大会和执政官三个部门，波里比阿认为，三个部门间是互相"抵制"又互相"配合"的。他说，当执政官在行使他的权力、带了他的军队出征时，看来在一切实现他的目的所必需的事项上，有着绝对的大权；但在事实上，他必须有平民大会和元老院的支持，少了他们便没有办法把他的行动贯彻到底。因为军团需要经常的给养，没有元老院的同意，不论谷物、衣服或饷款，都没法筹措。所以元老院如果故意怠慢或者从中作梗一下，司令部的一切计划便成泡影。一个司令官能否把他的意图和计划全部实现，也取决于元老院，因为当他一年的任期届满之后，它有权决定把他撤换或者让他留任。再则，对一个司令官的成就，究竟是盛大地庆祝和褒扬一番，还是故意抹杀和藐视它们，也在他们的权力之中。因为他们称为"凯旋式"的那种游行（在这种游行里，将军把显示其功业的真实景象，展示给他们的同胞看），如果不经元老院同意，并且提供所需的基金，就不能很好地组织起来。至于人民，执政官不管离开国家多远，都绝对要设法得到他们的欢心。因为和约及协定的批准或否决，正是由他们做主的。最重要的是，在任终卸职时，执政官必须把他们的所作所为向人民交代一番。因此，如果执政官们忽视了保持同元老院和人民双方对他们的好感，他们就会到处碰钉子。

再说元老院，它虽然掌握那样大的权力，也不得不在公共事务上首先照顾老百姓，并且尊重人民的愿望；它也不能对那些反抗国家的极端严重、该处死刑的罪行，径自加以审讯，除非关于该案的院令（即元老院通过的决议）已获得人民的认可。直接影响到元老院自身的事情也是如此。譬如有人提出一项法律，意在剥夺元老院的某些传统权力，或者废除元老们的特权甚至剥夺他们的私产时，也只有人民才有权通过或反对这类法案。最重要的是：那些保民官之中，只要有一人提出异议，元老院就不能在任何事情上作出最后的决定；而保民官又是必须遵守人民的决议行事，并且密切重视他们的愿望的。鉴于这种关系，元老院是害怕群众的，它一定要对人民的意志予以适当的重视。

同时，人民也一定得重视元老院。因为大部分的诉讼，不论是刑事、民事，如果案件情节重大，法官都是在元老院的成员中指派的。所以全部公民都处在元老院的势力之下，战战兢兢地瞻望着吉凶未卜的讼事，绝不敢贸然地阻挠或抗拒它的决定。同样，每个人也不敢轻易地反对执政官，因为一旦在战场上，所有的人就毫无例外地都在他们的大权之下了。

波里比阿说："这就是各个部分所拥有的牵制或配合其他部分的权力"，"我们不可能发现比这更好的政治制度了"①。可见，罗马共和国的民主制为波里比阿提出国家权力相互制约的思想提供了现实原型。

制衡政体外可抗强敌，内可防腐败与专横 这种把国家权力合理地划分为三个部分并且相互牵制又相互配合的政体，波里比阿赞赏备至。认为"这种特殊形式的政体，具有不可抗拒的力量，任何它所决心追求的目的都可以实现"②。对外，可以抵御外来的威胁和侵犯。他说，"只要任何时候有外来的共同危险威胁到他们，迫得他们非配合一致行动、互相支持不可时，国家的力量便会变得这样强大，以致没一件必要做的事会被忽略，因为大家都热心地争着想办法来应付当前的需要"③。对内，可以防止腐败和专横。他说，当国家"摆脱了外来的威胁，获得了胜利所带来的幸运和丰硕的成果，并且在安富尊荣之中，像屡见不鲜的那样，被阿谀和懒惰所腐蚀，变得傲慢、专横起来；可是，我们看到国家本身已为它所患的这种毛病，提供了一种补救之方，这就是它的特殊之处。因为当某一部分长得跟其他部分已不相称，企图取得优势，并且有变得过分揽权的倾向时，由于上面所举出的理由，即三权之中没有一个可以专权，一个部分的意图要受到其他部门的抗拒和抵制，所以，很明显的，它们之中没有一个可以凌驾其他部门，或者以轻侮的态度对待他们。事实上，各个部门永远都保持着原状，一方面，由于任何越权的行为必然会被制止，而且每个部门自始就得担心受到其他部门的干涉……"④ 可惜原文到此中断，使我们不能完整地看到他的精辟见解。不过我们在这里已经可以看到，他对权力制约的深刻分析。

尽管波里比阿十分推崇政体内各种权力的均衡混合，相互牵制，实际上他对三种权力机构还是有所偏废的。这从他对迦太基与罗马政制的比较

---

① 世界史资料丛刊初集《罗马共和国时期》（上），第52页。
② 同上书，第53页。
③ 同上。
④ 同上。

中可以看出。他认为，与罗马争夺统治的迦太基之所以败北，重要原因之一，就是政制上劣于罗马。"在迦太基，一切创举上拥有最大力量的是庶民，而在罗马则是元老院；在迦太基，掌握会议的是普通人，而罗马则是最优秀的公民。所以在决定国家事务的时候，罗马人更为贤明些。"① 这种看法不仅符合罗马共和国的实际，而且充分表明了波里比阿本人偏爱贵族共和制的倾向。所以，混合政体的落脚点不是民主制而是贵族制，这几乎是西方政治思想史上所有赞同混合政体的思想家的共同立场。

西塞罗

西塞罗（公元前 106—前 43），是罗马共和国末期大奴隶主、贵族派政治家、思想家。他一生周旋于政治舞台，经历曲折。在担任执政官期间镇压过民主运动，主张恢复贵族共和制，维护元老院的权力，因而为军事独裁者所嫉恨；迫于形势，又主张君主制，宣称君主制优于其他制度，最后成为罗马共和国的殉葬品。作为一个思想家，他的历史地位和历史贡献是为世人所公认的。

西塞罗生活在共和国民主制向帝制过渡时期，他的政治思想反映了这一时期政治斗争的特点。他一方面坚持共和制，但当贵族共和制行将瓦解时他又鼓吹君主制，反对民主制。不过主张共和国制在他的思想中占着主导地位。由此，在民主思想史中他仍有一席之地。

推崇均衡政体 西塞罗认为，三种单一政体都有积极因素，也有引起循环变动、趋于腐败的因素，因而都不是最理想的政体。他认为，在单一政体下，国家的统治权像"皮球"一样，由君主、贵族和人民来回争夺，因此哪个政体也不会长久、稳定。为了防止腐败因素的发展，确保国家的和平与稳定，他推崇波里比阿的混合政体。在《共和国》一书中指出："根据经验来看，觉得王政比别种政体是最可取的，但是王政总比不上以三种最好的政体互相联合互相纠正而成的那种共和政体。"② 这种政体能把三种政体的积极因素结合起来，取其所长，避其所短，使之成为一种"温和的和均衡的政府形式"。这才是理想的政体。当时的罗马共和国，就是这种最理想的政体。

---

① 涅尔谢相茨：《古希腊政治学说》，第 233 页。
② 《西方法律思想史资料选编》，第 65 页。

除了这种理想政体，在三种单一政体中，最优良的便是君主政体了。他说："如果比较各种纯粹的国家形式，那么不但没有根据去责难君主制度，而且我确信，君主制度要远胜于其他制度。"如果不得已只能采取单一政体，那么首先是君主政体，其次是贵族政体，最后是民主政体。他把民主政体贬斥为"所有国家统治形式中最腐败的一种"。在这种政体下"人民品尝贵族的鲜血"，使国家大事"听命于群众的高兴而决定"，因此这种政体会"引起无穷的纠纷"。他哀叹要降伏一批握有大权的、犹如脱缰之马的群众，要比平伏大海和大火都还要难。如果他们当权，必然一朝触发，不可收拾。他诅咒"没有什么东西比群众的暴政更使人反感"，"没有什么东西比自称人民而徒有其表的群氓更为可怕"。西塞罗的结论是：民主政体是万万要不得的。西塞罗对民主制的攻击，对混合政体和君主政体的推崇，是迎合了罗马由共和国向帝制过渡的客观需要。话也说回来，共和制也好，君主制也好，都是不同时期奴隶主阶级的统治形式。

对制衡政体的设计　　西塞罗的共和政体理论在某些方面比波里比阿已有所发展。国家各权力机构的关系，两者都明确认为应当互相制约、互相配合，但波里比阿只是从罗马政体的现实出发，他的各权力机构间的相互制约关系的思想，只是描述性的；西塞罗虽然也以罗马现实政体为依据，但已不是简单的描述、而是进一步上升为理论的构思。他设计了一个各权力机构相互关系的模式，自认为这是一个"使国家权力均衡的模式"[①]。

根据西塞罗设计的方案，元老院为最高权力机关，它掌握立法权，并为平民大会准备议案。但是，平民大会选举的保民官有权主持元老院会议，只有平民大会才有权处死公民和剥夺罗马公民的公民权。行政首脑是最高执政官，共2名，经选举产生，任期5年。其他行政官任期1年，均不得连任，至少不得在10年内连任同一职务。在非常情况下，可以从2名最高执政官中委任1名全权军事执政官处理军务、政务，但为期只能半年，过期收回兵权，以防拥兵自重。执政官不论在候选期、任期或卸任后，均不准赠送或接受任何人礼物。公民有权向元老院和平民大会控告违法的执政官。执政官届满卸任时，应向监察官查询自己任期内的公务行为

---

① 《西方法律思想史资料选编》，第83页。

有无违法情况,但并不能因此免除对其违法行为的起诉。国家要制定严格的刑法,对犯罪实行惩罚,但须有严格的诉讼和审判程序。司法执政官主持审判,但要受平民大会和元老院的监督。一般民事案可由司法官受理,重大国事案要由平民大会处理。司法官不得受贿。监察官具有清洗元老院中犯罪成员的权利,根据国家法律监督执政官工作,接受执政官询问任期内的公务行为并作出公断。

从西塞罗上述的方案可以看出,在元老院、执政官和平民大会三种权力之间,在立法、行政、司法、监察机关之间都存在比较严格的制约关系,相互牵制,保持一种平衡的态势。他的贵族政治倾向也是明显的;这一政体的立足点是元老院,以元老院这个贵族阶层的集体力量去同平民、执政官抗衡。同平民的抗衡表现为控制共和国的立法权,以削弱平民大会的作用;同执政官的抗衡表现为通过种种法律措施抑制执政官的个人行政权力。这一思想反映出时代的特点。作为贵族政治势力的代表,西塞罗希望通过抑制执政官来防止罗马政制由共和制向帝制的蜕变。因为,如果执政官的权力高于一切,即使没有国王的称号,也就等于保留了君主专制制度之实。因此,权力的制衡,特别是对行政权力的限制是西塞罗共和国理论的基本特点之一。撇开当时的历史背景,从人类政治社会的一般情况来看,权力制约的重点是行政权力,这一点是具有普遍意义的。由此可以认为,西塞罗关于国家权力相互制约的设计,具有普遍性的意义。

权力从属于法律 强调法治精神是西塞罗比波里比阿的权力制约思想具有更充实内容的又一表现。他从法律上规定了国家权力机构之间的制约关系,为共和政体制定了一整套具有宪法性质的法律制度。这是他作为法学家的独到之处,也使他的分权理论与波里比阿的分权理论有了重要的区别。波里比阿的权力制约还只是靠执政官、元老院、平民大会三个权力机构之间的相互制约;而西塞罗的权力制约不是单靠各权力机构的相互制约,它依靠法律的力量,用法律的形式明确各权力机构、各政治力量的职权,具有规范性和强制性的特点。正是这一点被资产阶级启蒙学者视为宝贵遗产,成为近代分权学说的直接来源。

西塞罗非常推崇法律和法治。他认为,法律是根据正义的原则制定的,法律是永恒的、普遍的,具有普遍的适用性,对任何民族都有约束力。他甚至认为法律产生于国家建立之前,是和上帝的意志同时发生的,是国家和人民的最高行为准则。他说:"法律是最高理性,从自然产生出来的，指导应当做的事，禁止不应当做的事。"① 他显然是为了把奴隶主阶级的意志神圣化。在他看来，国家之所以能够把众多的人集合成一个政治共同体，就在于拥有法律，相互承认权利和义务。因此，国家乃是一个法人团体，国家和法律是人民的共同财产。由此，他提出了"共和国是人民的事业"这一著名论断。他用"共和国"的概念取代了"城邦"的概念，在国家观念上进行了一次更新。他还认为，法律的最高原则和目的，就是为全体人民谋福利，所以，只有建立在法律基础上的政府，才是合法的政府，只有切实地按照法律行事的政府，才是正当和合理的政府。他提出"权力从属于法律"的著名论断。官吏之所以拥有权力，其根据就是法律，甚至官吏本身就是法律的创造物。所以他说："因为法律统治执政官，所以执政官统治人民，并且我们真正可以说，执政官乃是会说话的法律，而法律乃是不会说话的执政官。"② 正因为法律统辖权力，法律是人们行为的准绳，所以全体公民，包括执政官，在法律面前一律平等，不允许任何人享有法律之外的特权。

西塞罗的共和政体理论的上述特点，使他在西方民主发展史上赢得了显著的地位。特别是他的权力制约思想，较之波里比阿更为明确，更为理论化、法制化。如果说波里比阿的权力制约思想是政治学说史上分权学说的萌芽，那么，西塞罗的分权制衡思想是政治学说史上分权制衡理论的早期形态。他们两人是分权学说的古代先驱。

---

① 刘绍贤主编：《欧美政治思想史》，第93—94页。
② 《西方法律思想史资料选编》，第79页。

第二篇

近代西方民主理论

第五章 天赋人权论

近代西方的民主理论是以人权理论为出发点的,这同中世纪的政治学说正好形成了鲜明的对立。在中世纪,只有神权、君权与等级特权,根本不承认凡人还有什么权利。正如卢梭所言,在专制制度下,大家都是平等的,即都等于零。资产阶级思想家们举起了"天赋人权"的旗帜,经过长时期的努力,终于以神圣的人权取代了神权、君权与等级特权。

一 中世纪的神权、君权与等级特权

封建特权的社会基础

随着罗马帝国的崩溃,日耳曼蛮族的铁蹄粉碎了罗马文明,西欧社会由此进入了一个漫长的黑暗时期。恩格斯指出:"中世纪是从粗野的原始形态发展而来的。它把古代文明、古代哲学、政治和法律一扫而光,以便一切都从头做起。它从没落了的古代世界承受下来的惟一事物就是基督教和一些残破不全而且失掉文明的城市。"[①] 日耳曼人摧毁了罗马社会结构之后,使广大奴隶成为享有小块土地的小生产者,日耳曼人在西欧定居后也建立了农村公社(马尔克)。这样,从奴隶制演化而来的农民的小块土地耕作制,和从日耳曼氏族公社中演化而来的马尔克公社制度,构成了中世纪最初的社会组织,它们自给自足,没有交换。随着封建化的深入和大量农民破产,使自由农民成为地主和教会的依附者。"经济上的屈从取得了政治上的认可。""自由人法权上的平等地位,一去不复返了。"[②] 土地的集中,两极分化的加剧,形成了中世纪的封建领主

---

① 《马克思恩格斯全集》第7卷,第400页。
② 《马克思恩格斯全集》第19卷,第554页。

所有制。

封建领主所有制的基本特点是，在承认全部土地归封建主所有的前提下，实行领主逐级分封，即国王把大部分土地分给教俗大封建主——公爵、伯爵和大主教、修道院院长；大封建主把土地留下一部分，其余的分封给中等封建主——男爵和子爵；中等封建主也把土地留一部分，其余的分封给小封建主——骑士。在上的叫封主（领主），在下的叫陪臣（附庸）。公爵和伯爵是国王的陪臣，同时也是男爵和子爵的封主；男爵和子爵是公爵和伯爵的陪臣，同时也是骑士的封主。这样，从国王到骑士，构成了一套严格的封建等级制度。

在封建领主所有制的基础上，封建庄园成为中世纪封建社会的基层组织。庄园是自给自足、闭塞的自然经济单位。农奴被束缚于土地，遭受封建主的剥削。庄园不仅是经济实体，也是一个政治实体。每个封建领主在他的领地内，都是一个最高的统治者，握有行政、司法大权，拥有自己的军队，并有权征收赋税，建立关卡，铸造货币，实行对农奴的全面统治，使农奴丧失人身自由，毫无政治权利。正是在这种封建政治关系下，形成了中世纪政治的基本特征，这就是政治强制无所不在，等级关系无所不在，人身依附无所不在。

专制政治的超常发展，使它渗透社会各个领域，使社会普遍具有"政治"的性质。在封建社会中，国家控制并代替了社会，两者采取了直接同一的形式。马克思对此作过精辟的论述，他说："中世纪的精神可以表述如下：市民社会的等级和政治意义上的等级是同一的，因为市民社会就是政治社会，因为市民社会的有机原则就是国家原则。"① 又说："在中世纪，政治制度就是私有财产的制度，但这只是因为私有财产的制度就是政治制度。在中世纪，人民的生活和国家的生活是同一的。"②

因此，封建社会不仅君权至上，而且其政治权力支配一切，干预一切，控制着每一个领域。社会中的每一个要素，每一个团体，乃至每一个"人"，均具政治性质，失去了自身的本质与独立性。在这种国家中，一切人均没有独立的私人生活领域，丧失了自己的独立意志和主权，只有君主才是"惟一的私人"。人是"不自由的人"，人民"无非是一种非人

---

① 《马克思恩格斯全集》第1卷，第334页。
② 同上书，第284页。

民",在这里,"实际上发生作用的不是人,而是人的异化。惟一发生作用的人,即国王,是与众不同的存在物,而且还是被宗教神化了的、和天国与上帝直接联系着的存在物"①,所以,马克思说:"君主政体的原则总的说来就是轻视人、蔑视人,使人不成其为人。"② 总之,在黑暗的中世纪,无人权可言。

市民社会与国家的同一还表现为,以私人对财产占有的差别为基础的社会差别直接表现为政治国家中的等级特权。每个等级"有一定严格限定的特权"。如法国封建社会,就存在着三个等级,天主教僧侣和封建贵族是第一、二等级,他们在政治上享有一切特权(如不纳税等),把持着教会和国家机器,他们只占全国人口的2%,却占有全国60%的土地。农民、城市平民和资产阶级是第三等级,他们在政治上没有任何权利,却承担全国的赋税和劳役。所以,"在中世纪,权利、自由和社会存在的每一种形式都表现为特权",都表现为隶属一定等级的特殊权利,而且"这些特权都以私有财产的形式表现出来"③。各种类型的商业和工业是各种特殊的同业公会的私有财产;宫廷官职和审判权是各个特殊等级的私有财产;各个省是个别的诸侯的私有财产;掌握国家大事的权力等是统治者的私有财产;精神是僧侣的私有财产;国家的主权是皇帝的私有财产,如此等等。一言以蔽之,私有财产转化为政治特权,而政治特权又转化为私有财产。正如马克思所说:"在封建制度中正好显示出王权就是私有财产的权力。"④ 正是在这种等级制度下,"在几个世纪内消除了一切平等观念"⑤。

而且,这种"特权",如同私有财产那样是"世袭的"。某些个人的肉体的出生就直接注定了"他的社会权利",自然界就像生出眼睛和鼻子一样"直接生出王公贵族"。马克思称这种世袭的等级特权为"动物的世界观",因为"由于出生,某些个人同国家要职结合在一起,这就跟动物生来就有它的地位、性情、生活方式等等一样"⑥。这种特权,使社会分

---

① 《马克思恩格斯全集》第1卷,第433—434页。
② 同上书,第411页。
③ 同上书,第381页。
④ 同上。
⑤ 《马克思恩格斯全集》第3卷,第143页。
⑥ 《马克思恩格斯全集》第1卷,第376页。

裂凝固化，"使人脱离自己的普遍本质，把人变成直接受本身的规定性所摆布的动物"。所以，马克思认为，"中世纪是人类史上的动物时期，是人类动物学"①。

封建特权的神学论证

但是，在中世纪，享有至高无上的权威的是宗教和神学。基督教神学在中世纪欧洲万流归宗，以致人们"只知道一种意识形态，即宗教和神学"②。神学教条便是封建专制统治的精神支柱，它竭力论证神权、王权和等级特权的合理性。它使被压迫者"承认自己被支配、被统治、被占有的事实，而且要把这说成是上天的恩典"③。《圣经》中反复宣扬："凡掌权的都是神命定的"，"要诚惶诚恐地服从你的主人"。罗马基督教神学家奥古斯丁在他的"神国论"中宣称，宇宙间只有上帝才是惟一的"存在"，上帝神是宇宙的本源。因此，神是万物之源，是永恒的真理、理念的最高最终极的体现者。在神那里，才有最高的善，最高的爱，最高的美。神也是世上一切是非、善恶、美丑的判定者。奥古斯丁的"原罪论"认为，按照神的本意，世俗社会的所有成员应该是一律平等的，可是人类始祖亚当和夏娃出世后由于偷食了上帝园中的禁果——智慧果，因而惹怒了上帝，犯了"原罪"（一切罪恶的根源）。此后，他们的子孙即整个人类都继承了这种原罪。人间的不平等和各种苦难都是上帝对原罪的惩罚。这是上帝安排的、不可改变的命运。他劝人们服从上帝的安排，应该以"信"（信心）、"望"（盼望）、"爱"（热爱）来敬拜上帝，求得上帝的宽恕，使来世得到解救。奥古斯丁还鼓吹，人类由于原罪而丧失了改恶从善的意志，但是，由于上帝的恩典，一部分人将被拣选得救，于是成为上帝的选民，他们是有善良的本性，具有理性，他们出于对上帝的"热爱"而"轻视自身"，他们构成上帝之国的成员。另一部分是被上帝摒弃的人，他们本性堕落，追求情欲和物欲，他们"热爱自身"而"轻视上帝"，构成地上之国的成员。他宣称，穷人和富人都可能成为上帝的选民，前提是，接受教会的洗礼，真诚笃信上帝，并在"虔诚、敬畏、忏悔、勤劳和禁欲"等一切行善方面

---

① 《马克思恩格斯全集》第1卷，第346页。
② 《马克思恩格斯选集》第4卷，第231页。
③ 《马克思恩格斯选集》第1卷，第4页。

都服从教会。根据他的说教，那种上帝的选民应该统治被上帝摒弃的人，人世间那些穷人、贱人们被统治、被奴役，是不可违抗的；他们除了忏悔"原罪"，安贫乐穷，无知无求，逆来顺受，以便获得上帝的神恩，死后灵魂得救，争得来世上升为上等人之外，别无选择。显然，"原罪"说是神权、君权与等级特权的理论依据，是一种根本否定人权的蒙昧主义宗教教条。

这种神权思想在神学理论集大成者托马斯·阿奎那（1226—1274）那里得到了更为精致的论证，他要使信徒们笃信不谬，"一切现存的事物都是由神布排的"①。他也承认人是有理性的，然而这不过是神启示的。他强调有智力的人应该支配愚昧的人，犹如人的体力服从人的智力指挥一样。他说："既然人有智慧和感觉，同时也有体力，这些禀赋就由天意安排，仿照宇宙间普遍存在的那种秩序的式样，彼此处于从属的地位。体力从属于感性和智力，并决心服从它们的指挥，而感官则从属于智慧，并遵从它的指导。由于同样的道理，在人们中间也可以找到一种体系；因为才智杰出的人自然享有支配权，而智力较差但体力强壮的人则看来是天使其充当奴仆。"② 阿奎那还说，上帝创造的人类原本都是自由、平等的，由于"原罪"而受到神的惩罚，被沦为奴隶，这是神意。因此，社会政治生活的准则就是"人们之间的天然不平等"。他指出："有两种服从的形式。一种是奴隶式的，在这种情况下，主人为了自己的便利而使用他的仆人：这种服从是作为犯罪的结果而开始的。还有另一种服从的形式，主人依靠这种形式统治着那些为他们自身的福利而对他服从的人们。这种服从是在犯罪以前便存在的：如果人类社会不受那些比较聪明的人管理，它就会证明是缺乏合理的秩序。"③

在阿奎那的神学体系中，整个世界就是在上帝主宰下的不可逾越的等级结构；一切事物都是按照等级从属关系布排的，这些等级系统是完全自然、合理的。

总之，在中世纪的神学世界中，没有人权，没有人的自由与平等。正是由于在现实社会中"人的本质没有真实的现实性"，所以，"宗教把人

---

① 《阿奎那政治著作选》，第99页。
② 同上书，第98页。
③ 同上书，第100页。

的本质变成了幻想的现实性"①。人们企盼的"人的主权"只有到"天国的幻想的现实性"中去寻求，这不过是被压迫者的一种精神寄托。资产阶级倡导的人权，正是将宗教神学中天国中的自由、平等转化为现实世界中的正当要求。

二 人的发现

在中世纪的神权世界中，也出现了反映被压迫阶级权利的"异端"思想，这些思想的进一步发展，便构成近代的"人权"思想。冲破神学世界观，在欧洲整整经历了三四百年的时间，即15世纪、16世纪的"文艺复兴"运动和17世纪、18世纪的"启蒙运动"。

恩格斯指出：从15世纪中叶起的整个文艺复兴时代，"是一次人类从来没有经历过的最伟大的、进步的变革"②。这是一场规模宏大的反对"神权"，争取"人权"的思想解放运动。

文艺复兴运动所倡导的以人为本的"人文主义"精神，以"人道"对抗"神道"，以"人性"对抗"神性"，抬高"人"的地位，贬低"神"的地位，他们在反神学斗争中发现了人，要求以"人"为中心，把人作为一切的出发点和归宿。

他们赞美人。但丁说："人的高贵，就其许许多多的成果而言，超过了天使的高贵。"③ 庞波那齐说，人因为有智力，能识别善恶，辨认美丑，因而才有德行；有德行，才显示出人的高贵，"世间再没有比德行本身更为可贵、更幸福了，所以人是万物中的上选"④。文艺复兴时期意大利的另一个思想家皮科引证古代的经典说："人是一件大奇迹"，"再见不到什么东西比人更奇异"⑤。他说，上帝赐给了人一个居于世界中央的位置，人仅比天使微小一点，这样的位置不仅畜生忌妒，甚至世界上的日月星辰也都忌

---

① 《马克思恩格斯选集》第1卷，第1页。
② 《马克思恩格斯选集》第3卷，第445页。
③ 引自《从文艺复兴到十九世纪资产阶级文学艺术家有关人道主义人性论言论选辑》，商务印书馆1973年版，第3页。
④ 同上书，第55页。
⑤ 引自《从文艺复兴到十九世纪资产阶级哲学家政治思想家有关人道主义人性论言论选辑》，第32页。

妒。文艺复兴时期西班牙的人道主义者裴微斯说,人虽有兽性,但更重要的是人具有理性和上帝的不朽性。他在《关于人的寓言》中说,天神们在看完戏后评价哪一个演员最好,一位最聪明的天神说,人这个演员最值得赞美。

他们提倡自由意志,鼓吹个性解放。但丁认为,人能克制自己的欲望,人可以按照自己的判断自由选择生活道路,因此,人是自由的。皮科说,人站在上帝和禽兽之间,为神为兽可以自由选择。人和动物的区别,就在于人有自由意志,能按照个人的愿望自己塑造自己。他说:"我们愿意成为什么就成为什么。"《巨人传》的作者拉伯雷主张人们可以按照自己的理性与智慧来安排个人的行动,想做什么,便做什么。他在该书的题词中写道:"顺从你的意欲而行。"蒙台涅也提出了个性解放问题,主张挣脱封建社会的约束,研究自我,思考自己,按照自由的良心我行我素。他说:"世界上最伟大的事情即是去学知我们怎样归依自己。"① 总之,他们反对"原罪"说和"命定"说,认为人的本性即天性是自由的,无拘无束的,是"在自己的自然状态中的东西"②,可凭自己的自由意志决定自己的命运,通过自由选择成为他自己想成为的那种人。

同时,他们还认为,人类就其本性来讲是平等的。薄伽丘说:"我们人类的骨肉都是用同样的物质造成的,我们的灵魂都是天主赐给的,具有同等的机能和一样的效用。我们人类是天生一律平等的,只有品德才是区别人类的标准,那发挥大才大德的才当得上一个'贵';否则就只能称是'贱',这条最基本的法律被世俗的谬见所掩盖了。"③ 薄伽丘以人自身的存在和品质作标准,而不把地位、财富、出身作为人的价值标准。莎士比亚更在名剧《亨利五世》中借亨利之口说出了国王和平民同样是人的主张:"国王和我一样,也是一个人罢了。一朵紫罗兰花,他闻起来,跟我闻起来还不是一样?他头上和我头上合顶着一方天;他也不过用眼睛来看,耳朵来听。他把一切荣衔丢开,还他一个赤裸裸的本相,那么他只是一个人罢了。"这种以人的眼光观察社会,动摇了封建特权对人的禁锢。

人文主义者还提倡世俗享受,反对禁欲主义。被称为"人文主义之

---

① 引自《从文艺复兴到十九世纪资产阶级文学艺术家有关人道主义人性论言论选辑》,第163页。

② 同上书,第30页。

③ 薄伽丘:《十日谈》,上海文艺出版社1959年版,第357页。

父"的彼特拉克说:"我不想成为上帝,……属于人的那种光荣对我就够了。这是我所祈求的一切,我自己是凡人,我只要求凡人的幸福。""凡人先要关怀凡间的事物。"① 蒙台涅也认为:"一个能够真正地、正当地享受他的生存的人,是绝对地、而且几乎是神圣地完善的。"② 所以,他们大声疾呼:"让我也利用这短暂的人生,追求我的乐趣吧。"③ 基督教把人的幸福寄托于来世与天国,人文主义者则鼓吹人的幸福应当在现在、在俗国中去实现。

上述人文主义思想,以人性取代神性;以人的世俗世界代替神的天堂;以人的理性和世俗生活代替蒙昧主义和禁欲主义;以人的自由奋斗代替宗教的宿命论。这些思想的传播,动摇了人们对上帝和天堂的信念,动摇了基督教教义。这一思想解放运动,是资产阶级的"天赋人权论"的前奏。

三 人的自然权利

在人本主义基础上,几代启蒙思想家系统地论述了人的自然权利,即天赋人权论。

格老修斯

荷兰政治思想家和法学家胡果·格老修斯(1583—1645)是近代西方自然法的奠基人之一。他的关于人的自然权利的思想是以自然法的形式加以表述的。

他将法分为两大类:自然法(Natural)和意志法(Volitioua)。意志法又分为神命法和人为法两种。在他的法学体系中,神命法虽高于人为法,但却居于自然法之下。虽然他是个有神论者,是一个虔诚的天主教徒,却将自然法作为一切法律的依据。

---

① 引自《从文艺复兴到十九世纪资产阶级文学艺术家有关人道主义人性论言论选辑》,第11、12页。

② 引自《从文艺复兴到十九世纪资产阶级哲学家政治思想家有关人道主义人性论言论选辑》,商务印书馆1966年版,第165页。

③ 引自《从文艺复兴到十九世纪资产阶级文学艺术家有关人道主义人性论言论选辑》,第17页。

自然法虽不见诸文字，但它是一定存在着的，它是由人的自然本性和人类理性所产生的。人的自然本性是，人是驯良的，有交际的愿望，顺应理性的要求，有趋向和平与过有组织生活的意愿。人的理性表现为，它有顺应自然本性、明辨是非的能力。格老修斯给自然权利（自然法）所下的定义是："自然权利是正当理性的命令，它根据行为是否和合理的自然相谐和，而断其为道德上的卑鄙，或道德上的必要，并从而指示该一行为是否为创造自然的神所禁止或所命令。"① 合乎理性和自然的，便是人的正当的必要的并且是道德的权利，否则是荒谬和卑鄙的。

格老修斯高扬自然法，指出："自然法是固定不变的，甚至神本身也不能改变。"② 他勇敢地认为，上帝与人在自然法面前是平等的。因为上帝也要受自然法的支配，"上帝自己不能使 2 加 2 不为 4；所以也不能把理性上认为恶的变成善的"③。上帝在自然理智上与一般人无特殊差异，即使无上帝，人类自己的理性也能做人的行为的向导。这些见解乃是格老修斯在自然法问题上的划时代贡献。因为按照中世纪神学家们的观点，自然法不过是神的意志在人类社会和一切生物界的运用，自然的必然性渊于神法的永恒性。而格老修斯则大胆地把自然法从中世纪的神学束缚中解放出来，恢复了它在罗马自由法学时代的含义与权威。

同时，格老修斯是用 jus naturele 而不是用 lex naturelis 来表示自然法。他强调的是理性的自然法，道德的自然法，而不是法典意义上的自然法。在他看来，自然法的效力，既不靠权威，也不靠强制，因为人类生来就有理性，而自然法寓于理性之中，所以凡是有理性的人类都会接受自然法的支配。

格老修斯对自然法（自然权利）的另一个重要贡献，是将财产所有权定为自然法的重要原则。他说："自然法规定，不得侵犯他人的财产，应归还不属于自己的东西和由此而来的收益；应履行自己的诺言；应赔偿因自己的过错所引起的损害等。"④ 他反复强调私有财产的神圣不可侵犯性，反对专制君主任意侵夺人民的财产。他说："自然法不但尊重那些不

---

① 引自《从文艺复兴到十九世纪资产阶级哲学家政治思想家有关人道主义人性论言论选辑》，第 222—223 页。
② 同上书，第 224 页。
③ 格老修斯：《战争与和平法》，转自《西方法律思想史资料选辑》，第 144 页。
④ 同上。

以人类意志为转移的事物，而且也尊重那些由于人类意志而产生的事物。例如目前使用的'财产'就是根据人类意志而产生的东西，一经承认，自然法就指示我们，违反任何人的意志而拿走他人的东西就是坏事。"①他还引述了古代许多名人的言论，证明私有财产的不可侵犯性是人们公认的"真理"，例如，古希腊诗人欧里庇底斯就这样写道："因为神的本身憎恶强暴，所以决不允许我们由劫掠而发财，只允许我们通过合法的所得而成富有。这种由不义之财而成的富有，乃是一种罪孽。"②格老修斯关于财产权的观念，为近代许多资产阶级思想家所反复阐发，成为资产阶级天赋人权论的主要原则。

霍布斯

托马斯·霍布斯（1588—1679）是自然法的另一位代表人物，17世纪英国著名的政治思想家。霍布斯生活在英国社会发生急剧变动的年代。1640年，国会开始反对国王。1642年，国王查理一世拒绝国会提出的《大抗议书》，宣布讨伐国会，内战爆发。霍布斯为此离英赴法，在巴黎留居达11年之久。了解霍布斯的生活年代有利于理解他的政治思想。

霍布斯对自然状态与人性的理解建立起他的政治学说。人的自然权利与自然法（霍称之为"自然律"，约束人非理性行为的律令之意）也派生于此。霍布斯对自然状态的描写充满恐怖。当时的思想家都几乎提出了"自然状态"这一概念，实际上是一种虚拟的理论假说，却是他们政治学说的一块基石。自然状态是人类在未有政府与国家之前的一种生活状态，是人类远古时期的生存状态。霍氏将无政府状态也列入这种秩序的范围。他生活在社会动荡的年代，因此非常嫌恶这种状态，这大概是他为君主专制辩护的一个重要原因。

霍布斯认为，自然状态下每个人都是平等的，又都是自由的。自然状态下有没有财产权呢？看来还没有。他说，由于每个人的权利都是平等的，因此大家都拥有占有某物的权利；但大家都不会让出这份权利给予争夺的对方。这是可以理解的。因为自然状态下，物质财富很短缺，每个人

---

① 引自汉默顿编：《西方名著提要》（哲学社会科学部分），第112页。
② 引自《从文艺复兴到十九世纪资产阶级哲学家政治思想家有关人道主义人性论言论选辑》，第223页。

都要保存自己，势必相互争夺。霍氏还认为，欲望，感情与理性是人的本性。首先是欲望。求生之欲望（所谓"自我保存"），求利之欲望，追求权势之欲望，驱使人们"得其一思其二"乃至"永无休止"，这是"全人类共有的普遍倾向"。由于在自然状态下，没有公共权力（政府），没有法律，没有财产，也没有是非与道德，每个人为了自己，为了财富，为了权力，人与人之间充满着争斗与欺诈，所以，在霍布斯看来，自然状态是"一切人反对一切人的战争"状态，每个人生活与恐惧之中，把人生弄得"险恶、残酷而短促"。

但是，人还具有理性（尽管人的欲望与感情往往大于理性）。生活于自然状态下的人们都期望和平。于是，理性启示人们节制人的欲望。自然法（自然律）就是人的理性的发现，它是为限制人的欲望，谋求和平的社会生活所必须遵守的原则。他说："所谓自然法，乃是理性所发现的一种箴言，或普遍的规则。这种自然法是用来禁止人去做伤害他自己生命的事情，或禁止人放弃保全生命的手段，并且命令他去做他认为最可以保全生命的事情。"[①] 霍布斯的自然法思想与西方思想家的自然法思想，其共通之处，都是理性的启示与要求。不同之处是：第一，其出发点仅仅是为了更有利于自我保全，并不要求人不去做伤害他人的事，是立足于个人主义的自然法。第二，自然法是约束人的自然权利的，是人的理性约束人的欲望。因为在自然状态下，每个人既然都是自由的，都有做或不做的自由，每个人势必都出于私利互相纷争不已。如果不用理性来约束自己的权利，只会危及自己的安全。所以，自然法是作为自然权利矛盾方、制约方存在的。而西方许多思想家则认为，两者是统一的，自然法是为了保障（而不是约束）人的自然权利。自然法不是对每个人自身的律令，它是每个人对于他人和社会所承担的一份责任，尤其是政府必须遵守自然法，否则人的权利会遭受损害。

在霍布斯的理论中，"自我保存"是最基本的自然权利。人们所以要建立国家，其目的也在于此。人们订立契约建立政府之后，保障每个人的这一自然权利便交给了主权者（国家），成为主权者的主要义务与职责。为了"自我保存"，霍布斯提出了其他相关的权利，如人的生命权，财产

[①] 引自《从文艺复兴到十九世纪资产阶级哲学家政治思想家有关人道主义人性论言论选辑》，第234页。

权，经济自由权等。在下述介绍霍布斯国家思想时将作具体阐述。

洛　克

洛克（1632—1704）对自然状态和自然法，则作了与霍布斯不同的解释。洛克认为，自然状态是和平而美好的，充满平等、善意与互助。在这种状态下，每个人都按照自己的意愿，采取合适的办法来决定他的财产与人身，而无须听命于任何他人的意志。自然状态下也是平等的，一切权利和管辖权都是平等的，没有一个人享有多于别人的权利。"爱人"和"爱己"具有同样的责任。因此不是一种可以为所欲为的状态。虽然人们享有无限的自由，但人们不能用这种自由去任意侵害别人，因为人类彼此平等，人们无权彼此侵害或毁灭。

自然状态所以能维持这种秩序，因为存在着自然法。他说："自然法，教导着有意遵从理性的人类：人们既然都是平等和独立的，任何人就不得侵害他人的生命、健康、自由或财产。"[①] 所以，自然法就是确保人的自然权利的原则。自然权利的内容实际上也是自然法的内容。

洛克把人的自然权利归结为四项内容：即生命、自由、财产和惩罚权。洛克突出个人权利，这是他的自然法思想的显著特征。

洛克十分重视人的自由的自然权利。他说："自由是其余一切的基础。"[②] 他区分了自然自由与社会自由，认为"人的自然自由，就是不受人间任何上级权力的约束，不处在人们的意志或立法权之下，只以自然法作为他的准绳"[③]。自然自由不仅在自然状态中是绝对的，就是在社会生活中，当威胁到自己的生命安全时也仍旧是绝对的。用他的话讲就是，"凡是不能剥夺自己生命的人，就不能把支配自己生命的权力给予别人"[④]。也就是说，人的生存权是绝对不可转让的。在谈到社会自由时，洛克不同意把自由理解为无限制的为所欲为。如果每个人只顾自己，不管别人，他可以任意地把别人的财产据为己有，可以毫无限制地侵犯别人的生命和安全，如果这样，他的生命和财产也必然受到别人的任意侵犯，其

---

① 洛克：《政府论》下篇，第 6 页。
② 同上书，第 13 页。
③ 同上书，第 16 页。
④ 同上书，第 17 页。

结果只能是相互侵犯，争斗不息，丧失自由。为了克服这些缺陷，应制定法律，明确规定每个人应享有的自由。所以，在社会生活中，自由应受到法律的约束，它表现为遵守立法机关制定的法律（当然，前提是该立法机关为人民所同意、所委托），除此之外，不受其他任何意志与法律的统辖。所以，"法律按其真正的含义而言与其说是限制还不如说是指导一个自由而有智慧的人去追求他的正当利益"，"法律的目的不是废除或限制自由，而是保护和扩大自由"①。洛克的这一思想是精辟的。

洛克十分重视财产权。正是这一方面洛克赋予人权以资产阶级的特色。他把财产的私人占有和自由支配看成是最主要的和不可侵犯的权利，而把保护这种权利说成是政治社会从而也是法律的主要目的。他认为，财产权早就存在于自然状态中，并且正是基于财产纠纷，人们才不得不建立政治国家。所以，"政治社会的首要目的是保护财产"②。"人们参加社会的重大目的是和平地和安全地享受他们的各自财产，而达到这个目的的重大工具和手段是那个社会所制定的法律"③。他甚至认为财产比生命还可贵，认为统治者可以剥夺一个人的生命，但"未经本人同意，不能剥夺任何人的财产"④。正因为如此，洛克把社会自由主要解释为在法律保护下对财产的自由支配权。他说，自由就是在"法律许可的范围内，随其所欲地处置或安排他的人身、行为、财富和他的全部财产的那种自由，在这个范围内他不受另一个人的任意支配，而是可以自由地遵循他自己的意志"⑤。总之，国家的法律应保护私有财产，个人对自己的财产有自由支配的权利。

卢　梭

让·雅克·卢梭（1712—1778），法国杰出的启蒙思想家，也是西方古典自然法学派的著名代表之一。

卢梭也是以自然状态的假说来阐明人的权利的。他赞美人的自然状态，其目的是用淳朴来批判虚伪，以美好的自然状态来鞭笞文明社会的弊

---

① 洛克：《政府论》下篇，第35—36页。
② 同上书，第58页。
③ 同上书，第82页。
④ 同上书，第118页。
⑤ 同上书，第36页。

病。他颂扬人的"天性",认为自然法应该是"天性法",不包含理性的成分。

卢梭认为,人类在私有制和国家产生之前,经历了一个原始、野蛮的自然状态时期。在自然状态下,每一个人都是自由、独立、平等的,没有奴役与被奴役,统治与被统治,压迫与强制服从的情况。人们过着淳朴的道德生活,在人们的观念中,无所谓善,也无所谓恶,无所谓美德,也无所谓邪恶。卢梭十分强调人类有天生的同情、怜悯和仁慈之心,他引一位叫犹维纳尔的诗人的诗说:"自然既把眼泪赋予人类,就表示出:他曾赐予人类一颗最仁慈的心。"[①] 正因为这样,在自然状态下,人们互相同情,彼此关怀,亲密无间,和平友好。卢梭因而把自然状态看成是人类的真正青春,是人世间真正的"黄金时代"。

卢梭批评了亚里士多德关于某些人天生就是统治者,另一些人天生就是奴隶的观点。他指出,按人类的天性来说,人是生而平等的,绝没有什么天然的奴隶和统治者。他还批评了霍布斯关于人性恶的观点。卢梭说,野蛮人不是恶的,正因为他们不知道什么是善。

卢梭认为,在自然状态中,人们没有私有财产,他们丝毫没有"你的"和"我的"这种观念,人们也不知道什么是虚荣、尊崇和轻蔑,那时,人类的需要是异性、食物和休息。所以,人类在那时还谈不上有什么理性。当时支配着人类活动的原则有两条,一是:"我们热切地关切我们的幸福和我们自己的保存";二是:"我们在看到任何有感觉的生物,主要是我们同类遭受灭亡或痛苦的时候,会感到一种天然的憎恶"[②]。这两条便是人类的自然"天性",一切美好的东西都来源于人类善良的天性,而当理性萌发之后,便逐渐窒息了人类的天性,开始产生邪恶。因此,卢梭被人们称为"反理性主义者"。其实,卢梭赞美自然状态,只是想借歌颂野蛮状态下人的善良的天性、平等自由的生活、人与人的关心和相爱来对照、批判当时法国社会的伪善、冷酷、罪恶和尖锐的贫富对立,以此为构想一个平等自由的理想社会提供理论基础。卢梭的本意并非主张重新回到原始的自然状态中去。

卢梭关于人类平等的学说在人类思想上享有重要地位。他辩证地论述

---

① 卢梭:《论人类不平等的起源和基础》,第 101 页。
② 同上书,第 67 页。

了人类由平等到不平等再到平等的历史过程。

如上所述,人类在自然状态下是平等的。然而人具有一种"自我完善化的能力",这种能力使人类脱离了它的原始状态而进入社会状态,即文明社会。人类在获得智慧和理性的同时,也产生了谬误和邪恶,所以,人类一方面在进步,另一方面又在退步。正是这种能力的发展,终于导致了私有财产的出现,而私有财产的出现,便是人类不平等产生的根源和基础。

卢梭指出,人类的不平等是向前发展的,文明前进一步,不平等也就前进一步。不平等的发展经历了三个阶段。第一阶段是财富的不平等阶段。在这个阶段,社会分裂成富人和穷人。在富人的诱骗下,建立了国家,不平等便发展到第二阶段:政治不平等阶段。在这个阶段,统治者利用国家和法律来维护自己的特权和利益,并且剥夺了人们平等自由的自然权利。于是,不平等便由财富方面转向政治方面,社会上的大多数人便陷入了政治上被奴役被压迫的状态。这种情况的进一步发展便进入了不平等的第三阶段,即暴君统治下的不平等阶段,这是社会不平等发展的顶点。卢梭深刻地指出,不平等好像是一个封闭的圆圈,到了这个阶段,便和人类平等的出发点相遇,在暴君的统治下,一切人又都变为平等的,因为在暴君面前,大家都等于零;除了暴君的意志之外,臣民再也没有别的法律。君主除了他自己的欲望,再也没有别的规则。这时,善的观念,正义的原则,又重新消失了,因而也就回到了一个新的自然状态。社会不平等到达顶点的时候,人民必然要起来以暴力推翻暴君的统治。"暴力支持他,暴力也推翻他。一切事物都是这样按照自然的顺序进行着"①。这样,不平等又重新转变为平等,但不是转变为原始人的自然平等,而是转变为更高级的契约平等,压迫者被压迫。这是卢梭在黑格尔诞生前16年提出的光辉辩证思想。恩格斯称赞卢梭:"因此,我们在卢梭那里不仅已经可以看到那种和马克思《资本论》中所遵循的完全相同的思想进程,而且还在他的详细叙述中可以看到马克思所使用的整整一系列辩证的说法:按本性说是对抗的、包含着矛盾的过程,每个极端向它的反面的转化,最后作为整个过程的核心的否定的否定。"②

---

① 卢梭:《论人类不平等的起源和基础》,第146页。
② 恩格斯:《反杜林论》,《马克思恩格斯选集》第3卷,第180页。

自由也是人的一种天赋权利，卢梭关于自由的见解，也值得重视。他说：“自由不仅在于实现自己的意志，而尤其在于不屈服于别人的意志。自由还在于不使别人的意志屈服于我们的意志。”"做了主人的人，就不可能自由。"① 卢梭这一思想是深刻的："奴役别人的人是不会有真正自由的。"但是，历史上更多的情况是，以牺牲别人的自由来获得自己的自由，卢梭说这是一种"不幸的情况"，"在这种情况下，人们不以别人的自由为代价便不能保持自己的自由，而且若不是奴隶极端地作奴隶，公民便不能完全自由"②。因此，自由与平等便天然地相联系。如果允许社会生活中一些人居于另一些人之上，享有特权，可以干涉和支配别人，人间便无自由可言。可见没有平等，"自由便不能存在"③。

如上所述，人在自然状态下是自由的，那么，在社会生活中人如何获得自由呢？他认为，人们之间应有约定，应有道德，建立一个政治的和道德的共同体，即国家，由它保卫大家的自由与平等。国家制定的法律是所有参加者的共同意志，人人必须遵守。他指出，在社会状态里，自由的存在是离不开在法律面前人人平等的原则的，否则，"不管一个国家的政体如何，如果在它管辖范围内有一个人可以不遵守法律，所有其他的人就必然受这个人的任意支配"④。除了法律之外，再不受任何力量的约束，这样，每个人就可以像以往那样自由。

卢梭认为在这种特殊契约基础上所产生的社会使人类上升到一个新的境界，它与自然状态相比，人们"行动中正义代替了本能"，"义务的呼声代替了生理的冲动，权利代替了嗜欲"，"理性"代替了"欲望"，"他们的行动也就赋予了前所未有的道德性"。"他的能力得到了锻炼和发展，他的思想开阔了，他的感情高尚了，他的灵魂整个提高到这样的地步，以至于……从此使得他永远脱离自然状态，使他从一个愚昧的、局限的动物一变而为一个有智慧的生物"⑤。这样，人类就进入了一个新的状态：它"以一种更美好、更稳定的生活方式代替了不可靠的、不安定的生活方式，以自由代替了天然的独立，以自身的安全代替了自己侵害别人的权

---

① 卢梭：《社会契约论》，第23页。
② 同上书，第127页。
③ 同上书，第69页。
④ 卢梭：《论人类不平等的起源和基础》，第52页。
⑤ 卢梭：《社会契约论》，第29—30页。

力，以一种由社会的结合保障其不可战胜的权利，代替了自己有可能被别人所制胜的强力"[1]。由此，他认为，社会自由比自然自由更广泛更高级。因为社会自由以国家权力作后盾，以道德和理性为基础，使人摆脱了性欲的枷锁，所以也更真实更有保证。他说："惟有道德的自由才使人类真正成为自己的主人；因为仅只有嗜欲的冲动便是奴隶状态，而惟有服从人们自己为自己所规定的法律，才是自由。"[2] 总之，惟有社会自由才是真自由。

---

[1] 卢梭：《社会契约论》，第45页。
[2] 同上书，第30页。

第六章　契约论与人民主权论

人权是天赋的，生而具有；那么，国家权力是怎样产生的？契约论者说，是人们相互间订立契约的结果。所以，契约论是关于国家和国家权力起源的学说；它否定神权至上，君权神授，具有反对封建专制主义的革命进步意义，并且从一个侧面揭示了国家权力的源泉。契约论同时还是民主主义理论的基石。契约论者都承认人的自然权利，正是为了保障人的权利人们才组织国家。所以，它以人的自由、平等为基础，又是为了使人的基本权利得到保障。这样，这一理论还涉及国家的目的、主权、个人权利、国家与人民、国家与社会这些基本问题。在西方几千年的政治思想史上，有各种各样的契约说，它们的理论观点不尽一致，但它们一般都是与社会发展的民主趋向联系在一起的。契约论为现代民主学说提供了丰富的思想资料，它是17世纪、18世纪西方民主理论的核心。它不仅是批判封建专制主义的思想武器，也是建立新型资产阶级国家的指导原则。

西方思想史上，国家起源于人们相互间的契约，起源于Contrato social（社会契约），这一观点是伊壁鸠鲁最先提出来的。因此，它被马克思称为"古代真正激进的启蒙者"[①]。在近代，契约论的著名代表有霍布斯、洛克、斯宾诺莎、卢梭等思想家。

一　格老修斯——倾向君主主义的契约论与主权论

格老修斯（1583—1645）是近代契约论的先驱，虽然他的理论还不够成熟。但我们可将他的契约论与主权论看作是由封建专制主义向民主主

[①]　《马克思恩格斯全集》第3卷，第147页。

义转变中具有过渡形态的理论。他明确指出:"在最初,人们因为经验的教训,觉得孤立的家庭实不足以抵抗暴君的侵逼,于是由他们自己的同意(不是由上帝的命令)组成政治社会;因此,就生出了政府的权力。"[1] 在此,他排除了神的因素,把政府权力看成是自由平等的人彼此自愿订立契约而产生的;组成政府的目的是为了克服孤立的家庭无力抵抗暴君的侵逼。所以,格老修斯认为,人类建立国家的目的在于谋求公正,国家的主要任务,一是保护私有财产,二是保护个人安全。他给国家下了这样一个定义:"国家是一群自由人为着享受公共的权力和利益而结合起来的完善的团结。"[2]

格老修斯没有从契约论中引出革命的结论,他是君主制的拥护者,认为民权绝对不能高于君权。他还不是一位人民主权论者。

格老修斯认为,国家的主要特征就是拥有主权。主权是国家至高无上的权力,它既不受其他任何权力的限制,也不能为其他任何权力所取消,它是独立的不受任何法律和个人干涉的权力。主权包括颁布与执行法律、任命公职人员、征收捐税、决定战争与和平及缔结条约的权力。譬如,虽然私人财产神圣不可侵犯,但主权者为了公共利益而对私人财产提出要求,个人应义不容辞地将财产奉献给国家。所以他说:"君主对于臣民的财产,是比财产的主人对于财产,还有更大的权力。"[3]

主权者必须是君主或极少数人,而不能是多数人,否则祸患必起。他还认为,君主的权力是由契约所赋予的,一经确立,人民便要永远服从君主,如同妻子要永远服从丈夫一样。他说:"有些人认为,最高权力永无例外地属于人民,所以只要他们的君主滥用权力,人民便可以起来限制他、惩罚他,我们却不能不反对这种意见。"他认为,人们进行抵抗保护自己免受侵害固然是一种天赋权利,但是国家的权力超越于个人的天赋权利之上,因为国家所维护的是"公共和平和良好秩序";"如果允许滥用抵抗的权利,国家将无法存在,而变成一盘散沙式的人群"[4]。

---

[1] 蔡拓:《契约论研究》,第64页。
[2] 引自《从文艺复兴到十九世纪资产阶级哲学家政治思想家有关人道主义人性论言论选辑》,第226页。
[3] 同上书,第222页。
[4] 汉默顿编:《西方名著提要》(哲学社会科学部分),第113页。

但是，格老修斯又认为，在某些特殊情况下，人民对主权者的反叛仍然是允许的。即"那些依赖人民的王侯……如果违反了法律和国家利益，人民不但可以用武力反抗他们，而且在必要时还可以处他们的死刑"[①]。在这种情况下，人民可以推翻原先的君主统治，再次缔结新的社会契约，建立新的国家。

可见，格老修斯在否定神圣的封建君权上已迈出了重要的一步，尽管他给一国之君主的权力保留了重要的地位。

二 霍布斯——绝对君主主权论外壳内的自由主义啼鸣

霍布斯是契约论的奠基人之一。契约论是关于国家起源于契约的学说。这同马克思、恩格斯所说的国家起源于阶级与私有制，乃大相径庭。不过，就像经线和纬线编织成我们的地球那样，仅知道经线的某处或纬线的某处，我们都无法知道某物在地球上的确切位置。对事物的真相的描述或本质的揭示只要言之成理、自圆其说，都允许各种意见自成一家。人类在各种意见的比较中接近真理。不过契约论的国家说与阶级论的国家说其实践的后果不可等闲视之：前者为民主制奠定基石，后者导致专政的国家制度。

自然状态和人的自我保存的本性是国家起源的两个动因。自然状态下人们生活在恐惧、混乱之中，每个人都企图支配别人来保全自己的自由，但又不可得，惶惶而不可终日。人们自然都希望结束这种自然状态，建立起一个和平的环境。于是，许多人便聚集起来，推选一个人或一个集体，大家"放弃我管理自己的权利，把它授予这人或这个集体"，使他的权力大于一切人的权力，以震慑住人们无限的欲望，建立和平的社会秩序。大家的这种意愿统一在此人的人格之中，这时国家便建立起来了。[②] 国家，这个强大的公共权力被霍布斯称为"利维坦"（Leviathan，《圣经》中提到的巨大的怪兽，水族中至高无上之物）。

国家起源于契约这在当时是一次思想变革，因为它抛弃了国家神创说、君权神授说，破天荒地宣告，国家的权力来自人民的委托（契约）。

[①] 汉默顿编：《西方名著提要》（哲学社会科学部分），第114页。
[②] 霍布斯：《利维坦》，第131—132页。

但是，霍布斯的契约论在逻辑上是有漏洞的。他认为，人民在订立契约时，把每个人管理自己的权利转让给第三者（国家、主权者），这第三者虽拥有管理安全事务很大的权力，但他不是契约的一方，因此不受契约的约束。这一说法，不符合契约的基本要求。因为契约的双方应当是权利的互相转让，双方都要受契约的约束、承担相应的义务，而不是单方的赐予。单方的赐予不能称为契约。霍布斯契约论中的这一缺陷引出了他的主权专制主义。

国家的"元首"拥有主权，人们把权力交给主权者，便成了臣民。霍布斯美化国家，给主权者以无限的权力。认为主权者是人民普遍意志的化身，是人民利益的人格承担者。主权者不存在什么违约与否的问题，它的一切行为都是合法的。对于主权者的一切决定，都应心甘情愿地服从。他认为，主权者的一切决定与行动，虽然有的人会赞成，有的人会不赞成，但是，主权者的这些决定，实际上也是每个人的决定，因为这些决定的目的，"为的是大家彼此过和平生活，并且受到保护不致为别人侵略"[①]。他还认为，国家的一切行为，从道理上讲，不会加害于人民自身。他说，国家、统治者是以所有人民的权力而行事的，如果有人怨言统治者加害了他们，那也是自怨的；因为自己伤害自己是不可能的事。统治者处事欠公平或有之，伤害与不义，那是不可能有的。[②]

国家权力神圣不可侵犯，而且遍及各领域：对一切发表的意见和学说有最后的裁定权；对人民的财产（夺取或给予）有决定权；对人民的争讼有判决权；对宣战与媾和有决定权；对人民有征税权；对官吏有任免权；对爵位、荣誉、特权有授予权。此外对书报有检查权，对大学教师、教会的教职有任命权，对宗教的教义有规定权。总之，凡与公共的和平与安全有关的一切社会政治经济权力均属于主权者掌握的范围。

即使是私有财产，国家也有权干涉。他说，认为对私有财产人民有绝对主权，国家不能侵犯，那是"乱国之谬论也"。如果国家不能干涉个人财产，"则是内无以平等，外无以御侮，而国将不国矣"[③]。

霍布斯甚至认为，臣民不仅应当在政治上服从主权者，在思想上也应

---

① 引自《十六至十八世纪西欧各国哲学》，第99页。
② 霍布斯：《利维坦》，第118页。
③ 同上书，第209页。

当服从主权者,人民群众不应当有是非判断的自由。霍氏在自然观上是一个唯物主义者,批判神学,但他不主张取消宗教。他把宗教与迷信相区别:元首所赞同信仰的是宗教,不赞同信仰的是迷信。凡是元首提倡的,大家都要遵从、要信仰。对元首的命令,要像医生开的药片一样,吃的时候不要嚼,要整片地吞下去,既不能品尝,也不应分析检查,否则便可能发现谬误,也可能发现真理,不论发现谬误和真理都可能引起混乱;发现谬误会引起怀疑,发现真理会激动感情,两者都有可能破坏和平安全。他甚至主张,为了和平,必须牺牲真理。

霍布斯还认为,主权是不能分割的,必须由主权者即君主一人独揽。他说,权分则国分,国分则不成其为国。如果主权者交出了军队,没有武装,法律便将成为一纸空文,审判便无法进行。如果交出了征税权,军队便没有给养。如果交出了言论学说的最后裁定权,人民有了判断是非的自由,便会起来闹事。他甚至认为,如果尼德兰革命思想不传入英国,英国便不致发生流血的革命和内战。如果英国人不学习拉丁文,不接受古代民主自由的思想,斯图亚特王朝的统治便不会如此迅速地瓦解。因此,他叹息说,任何代价都不如英国人学习拉丁文付出的代价那样大。

霍布斯如此推崇君主专制,势必否定民主制。他说,在民主制下,各派争权夺利,力图把一派的利益置于国家之上。在君主制下,整个国家就是君主一人的私有财产,君主的权利就是人民的公利,君主集一切大权于一身,便可避免争斗。

霍布斯如此卖力为君主专制辩护,但他的著作在复辟时期却被政府下令烧毁,似乎匪夷所思。原来霍氏的著作在专制主义的外壳中散布了自由主义的思想火种,这是一个矛盾的思想体系:集旧时代的烙印与新时代的召唤,反映资产阶级思想形成时期的特点。

主权者虽拥有绝对的权力,但霍布斯指出,这一权力为臣民们所授。他说:"每一个臣民都是主权者每一行为的授权人,所以他除开自己是上帝的臣民,因而必须服从自然律(即自然法)外,对其他任何事物都决不缺乏权利。"[1]

这里,至少包含两层思想:第一,"主权在民"的思想萌芽;第二,臣民除了服从自然法(霍认为,国家法律是加上主权者权威的自然法),

---

[1] 霍布斯:《利维坦》,第165页。

在此之外的任何事务享有广泛的权利。就是说，臣民们是平等的（大家都是上帝的臣民），也是自由的。

他是阐明法律与自由关系的第一人。要自由，但又必须守法，这样，法律对每个人便成了"锁链"，不过这是必需的锁链。因为国家制定法律，结束自然状态，维护社会和平，使每个人得以自我保存。所以霍布斯的自由并不是无视法律、排除法律的自由。但霍布斯又说了以下重要的话："世界上没有一个国家能订出足够的法规来规定人们的一切言论和行动，这种事情是不可能办到的；这样就必然会得出一个结论说：在法律未加规定的一切行为中人们有自由去做自己的理性认为最有利于自己的事情"①。霍氏的这一思想为以后的自由主义所继承。公民可以做法律未加禁止的事情，在西方国家早已家喻户晓。

公民权利与国家权力的关系是自由主义的一个更为重要的话题。虽然霍布斯赋予主权者莫大的权力，但他没有剥夺臣民自我保存的权力。他说："如果主权者命令某人把自己杀死、杀伤，弄成残废或对来攻击他的人不予抵抗"，那么，"这人就有自由不服从"②。就是说，人的生命权主权者无权侵犯。这是对专制主义者权力的重要限制。但霍氏指出，这种反抗仅仅限于维护自己个人的生命权，他不能为了他人而反抗主权者。霍布斯对反抗权在此作了限制，即只允许个人自卫、而不允许人们组织起来推翻暴虐的统治者。虽然这种个人自卫意义不大，但在政治思想上，霍布斯是第一次主张为了个人利益反抗主权者是正义的行为。这对专制主义者无疑是"叛乱的火种"。

霍布斯还将主权者的权力限定在政治领域，认为经济领域应当是公民们的自由空间。这意味着霍氏对国家权力与公民权利划定了一个边界：主权者——政治；公民——经济。他认为，主权者的根本义务是为人民求得安全，而这种安全不仅仅是生命的保全，"而且也包括每个人通过合法的劳动、在不危害国家的条件下可以获得生活上的一切其他满足。"③ 这显然是经济自由和保障个人合法财产的要求。霍布斯还列举了经济生活的种种自由，如"买卖或其他契约行为的自由，选择自己的

---

① 霍布斯：《利维坦》，第164页。
② 同上书，第169页。
③ 同上书，第260页。

住所、饮食、生活方式以及按自己认为适宜的方式教育自己子女的自由，等等。"① 他还主张贸易自由，反对封建专卖制度。这些正是新兴资产阶级对经济自由的基本要求。霍布斯把"自我保存"扩展到经济自由，这是对自由主义思想的一大贡献，对以后资本主义的自由经济产生了深远的影响。

霍布斯虽没有明确提出公民个人财产"神圣"不可侵犯，但已有了这样的思想。他认为，如果一个臣民与主权者在债务、土地、财物的所有权、徭役和罚款等问题发生争议，那他便有自由在主权者所指定的法官面前为自己的权利进行诉讼，就像对另一个臣民进行诉讼一样，但条件是有关的争讼是根据已定的法律、而不是根据主权者的意志。② 这明显反映了霍布斯反对主权者凭借其国家权力侵犯公民财产与其他权益；还明显反映了霍的法制思想，即使是一个普通的臣民在民事问题上与主权者发生了争议，也应当通过法律手段加以解决，这里所蕴涵的法制原则是：第一，司法独立，主权者也应接受法律的裁决；第二，臣民与主权者在法律面前平等。可见，霍布斯是法治主义的先行者。

霍布斯的法治思想丰富而珍贵。他要求主权者制定和推行良法，确保公民的财产和其他权益（但他又认为，主权者作为国家公共利益的代表时，对人民的财产具有所有权，认为财产权仅就臣民对臣民讲才有效，对主权者讲不成立，这为主权者侵犯公民财产提供了借口。所以他的私有财产不允侵犯的思想还是不彻底的）。一切法律应当公之于世，使之家喻户晓。他说，"人民的安全还要求""对所有各等级的人平等施法"。执法时不应有贫富贵贱之分。他认为贵者所作暴行"不能认为他们地位尊贵而得到宽宥，反倒是要因此而加重罪行"。他还要求公正征税，不是根据财富多少，而是根据其对国家所负债务的多少来征税。他还主张，为了提倡节俭，应按消费的多少来征税。为了法律的公平实施，他要求主权者选用优秀的法官，优秀法官对"自然法"有正确的理解，"头脑清晰"，"深思明辨"，"听讼耐心"。

霍布斯上述自由主义思想火种威胁着正在退出历史舞台的君主专制主义统治，他的著作被下令焚烧也就不甚奇怪了。

---

① 霍布斯：《利维坦》，第163页。
② 同上书，第170—171页。

三 斯宾诺莎——倾向于自由主义的契约论

可以把斯宾诺莎（1632—1677）的契约论看成是由霍布斯的君主主义契约论到洛克自由主义契约论的过渡性的理论。

在自然状态下人与人之间的状况，斯宾诺莎与霍布斯持同样的见解，认为是一种"非理性状态"。他指出，人类的共同本性是自我保存，趋利避害，因此，凡有利的，必定要去夺取；凡祸患，必定竭力避之。所以，在自然状态下充满了对抗和流血冲突，这时人们不能为理智所控制，而由欲望和力量所决定。"在自然状态下，无所谓人人共同一致承认的善或恶"，因为大家都以自己的利益为前提去判断什么是善什么是恶。除了服从自己外，不受任何法律的约束，服从任何人。在自然状态下，亦无所谓"公正"与"不公正"，无所谓"功"与"罪"，也没有任何自然物属于这个人而不属于那个人，"而乃是一切物属于一切人"[1]，这是一个没有理性，没有法律约束，没有善与恶、功与罪，没有私有财产的社会。

在这种自然状态下每个人的利益仍得不到保障，于是，人们希望结束自然状态，建立国家与法律。这是人性之所然。"无论玩世者流如何嘲笑人事酬酢，无论出世者流如何指斥人世的污浊，无论悲观消极者流如何颂扬原始愚昧的生活，如何蔑视人群，赞美鸟兽"[2]，都不能改变这一由经验事实中得出的结论。

人们相互间订立契约，让渡一部分自然权利，主要是实行私人报复的权利，转让给一个最高的政权，国家便产生了。

斯宾诺莎认为，理性固然可以节制人们的欲望和放荡的行为，但实际上，仅依靠理性的启迪，往往很难克服人的欲望。人类的本性，特别是人在感情激动的时候常常会忘记理性。因此，社会应该设立一种有威慑性的强制力量，辅之以理性启迪，使人们不轻易作恶。他说，有这样一条定律，即"一种感情只有通过和它相反的，较强的感情才能克服和消灭"[3]。一个人由于害怕另一种较大的祸害，便能制止他做损害他人的事情。所

---

[1] 斯宾诺莎：《伦理学》，第186页。
[2] 同上书，第181页。
[3] 同上书，第162页。

以，国家建立后，绝不能只依靠宣传和说服教育，必须设立法律和刑罚，以激起人们"恐惧"的感情，使人们一想起它便不敢做恶事。因此，只有依靠法律和刑罚的力量，才能节制人们的情欲，使人们过理性生活。他指出，人要享受天然属于个人的权利，"要取决于全体的力量和意志"①。这就是建立法律的必要性和法律的目的。

所以，在斯宾诺莎看来，建立国家的目的，是为了使人们在理性的指导下，享受属于个人的天赋之权。国家和公民的定义是："像这样的坚实的建筑在法律上和自我保存的力量上的社会就叫做国家，而在这个国家的法律下保护着的个人就叫做公民。"②斯宾诺莎的契约论立足于人的自我保存。

国家应当有权威，行使强有力的国家权力。斯宾诺莎指出，即使在民主政体下，每个人也应当"把他的权力全部交付给国家，国家就有统御一切事物的天然之权；就是说，国家就有惟一绝对统治之权，每个人必须服从，否则就要受最严厉的处罚"③。他说，人民的义务"是服从统治权的命令。除统治权所认许的权利以外，不承认任何其他权利"④。

这样，人民不就成了国家的奴隶？斯宾诺莎说，这是一种误解。如果人们行动的目的是为国家利益，不是为本人利益，则行动者是奴隶。在民主制下，最高原则是全民利益，不是统治者的利益，服从最高统治者之权不会使人变成奴隶。他比喻孩子们虽然必须听从父母的命令，可是他们不是奴隶，因为父母的命令大致是为孩子们的利益的。

他还指出，民主政体是"与个人自由最结合的政体"。"在民主政治中，没人把他的天赋之权绝对地转付于人，以致对于事物他再不能表示意见。"⑤斯宾诺莎认为，如果将人们的天赋之权完全剥夺净尽，"那暴政就是可能的了。"所以，在民主政体中，"每人保留他的权利的一部分，由其自己决定，不由别人决定"⑥。

斯宾诺莎一方面强调国家的权威，认为国家代表社会全体人的利益，

---

① 斯宾诺莎：《神学政治论》，第214页。
② 斯宾诺莎：《伦理学》，第185页。
③ 斯宾诺莎：《神学政治论》，第216页。
④ 同上书，第218页。
⑤ 同上书，第219页。
⑥ 同上书，第226—227页。

因此每个人必须服从统治者的命令。另一方面，他强调在民主政体中，每个人不应把天赋之权绝对地转让给国家，人们还必须保留一部分权力，如自由地发表意见、评论是非，对宗教信仰的选择，对于真理的探讨与承认等。这种权利政府是不能剥夺的，否则就叫"误用治权与篡夺人民之权"[1]。斯宾诺莎已经把契约论建立在民主主义的基础之上，因为一则他认为建立国家的目的是为了有利于人们的自我保存，不互相侵害；二则国家建立后每个人仍应保留部分天赋之权，主要是自由的权利，否则暴政就会降临。这一思想对洛克和卢梭等思想家产生了很大的影响。

四 洛克——高扬个人权利的契约论

斯宾诺莎提出人们订立契约建立国家之后，个人还应保留一部分权利，特别是思想自由的权利。洛克则认为，建立国家的目的，就是为了保护个人的权利。他为契约论奠定了自由民主主义的基础。

自然状态的缺陷和国家的产生

在政治社会产生之前，人类生活在自然状态。那时人类遵循自然法，"按照他们认为合适的办法，决定他们的行动和处理他们的财产和人身，而无须得到任何人的许可或听命于任何人的意志"[2]。可见，自然状态下人们是自由、平等的。

但是，洛克又认为，由于人们利己的天性使他们在自然状态下所享有权利仍处于一种"不稳定"状态，不断受到他人侵犯和威胁，特别是生命和财产，很不安全，很不稳定，因此人们便"愿意放弃一种尽管自由却是充满着恐惧和经常危险的状况"[3]。洛克指出在自然状况下有三大缺陷：

第一，缺少一种确定的、众所周知的法律，这个法律是为人们共同承认和接受的，可作为是非的标准和裁判他们之间一切纠纷的共同尺度。

第二，缺少一个有权依照既定的法律来裁判一切争执的知名的和公正

---

[1] 斯宾诺莎：《神学政治论》，第270页。
[2] 洛克：《政府论》下篇，第70页。
[3] 同上书，第77页。

的裁判者。

第三，往往缺少权力来支持正确的判决，使它得到应有的执行。

自然状态本身无法克服这些缺陷，为了确保生命和财产的安全，人们便订立契约，把在自然状态中除享受天真乐趣的自由之外的两种权力交给社会：第一种是在自然范围内，为了保护自己和别人，有可以做他认为合适的任何事情的权利；第二种是自由惩处违反自然法的罪犯的权利。人们把这两种权力"交由他们中间被指定的人来专门加以行使，而且要按照社会所一致同意的或他们为此目的而授权的代表所一致同意的规定来行使。这就是立法权力和行政权力的原始权利和这两者所由产生的缘由，政府和社会本身的起源也在于此"①。

可见，人们在订立契约时所转让的权力是有限的，而且受委托执行权力的政府，其权力的行使亦受到严格的限制。

洛克还提出了政府的合法性问题。他认为，只有在人民共同协议的契约基础上建立的国家才是合法的国家，他坚决否认那种通过征服所建立的政权的合法性。他说，通过赤裸裸的暴力建立的政权与国家的本质是相对立的，如果人们承认它的合法性，就是甘愿充当强盗政权的牺牲品。他强调，只有在人民自由表达意志的基础上，通过契约建立的政权才是合法的政权。这一合法政府的概念是洛克契约论的民主主义精神，对近代以来的资产阶级政府的组成产生了很大的影响。

国家的形式、目的与权力的蜕化

订立契约建立了国家后，随着时间的推移和立法权力的转换，可以产生多种多样的国家形式。洛克指出，立法权属于社会大多数成员的，是民主制国家；立法权属于少数人和他们的嗣子或继承人的，就是寡头政治；立法权交给一个人的，就是君主制，如果他死之后，权力继承交给他的嗣子，便是世袭君主制，如果权力只限于他本人终身，这便是选任君主制。

洛克反对君主专制政体。他说："有些人认为君主专制政体是世界上唯一的政体，其实是和公民社会不相调和的，因而它完全不可能是公民政府的一种形式。"②他指出，在这种政体中，在专制君主的头上再也没有

---

① 洛克：《政府论》下篇，第78页。
② 同上书，第55页。

任何权力可以约束他们的行动,他们可以任意摆布自己的臣民,因此,如果人们把自然状态换为君主专制制度,这就好像"他们注意不受狸猫或狐狸的可能搅扰,却甘愿被狮子所吞食,并且还认为这是安全的"①。

在洛克看来,君主立宪制是最好的国家制度。在这种国家制度中,议会是最高的立法机关,享有主权,国家根据大多数人的意志来行动,政府受到监督,并无为所欲为的专断权力。

关于国家的目的,洛克指出,国家的权力是人们"明确的或默许的委托,即规定这种权力应用来为他们谋福利和保护他们的财产"②。国家掌握这种权力,只能用于颁布公正的法律,裁决和惩处罪犯,除了保卫社会成员的生命、自由和财产的安全外,不应再有其他的目的。

但是,国家可能违背它的目的,即背弃订立契约时的初衷,这就是国家权力的蜕化。洛克指出,任何一种国家形式,都可能发生腐化而蜕变为"暴政"。何谓暴政呢?"暴政便是行使越权的、任何人没有权利行使的权力,不是为了处在这种权力之下的人们谋福利,而是为了获取他自己私人的单独利益。"③ 用我们的话来表达就是"以权谋私"。洛克认为,统治者不论他们以如何冠冕堂皇的理由,只要他们不以法律而以个人意志为准则,不以保护人民而以满足自己的野心、私愤、贪欲和其他任何不正当的情欲为目的,都是暴政。洛克还认为,暴政并非君主政体才会产生,其他政体也如君主政体一样,一旦把人民赋予自己的权力应用于其他不正当的目的,不论运用权力的人是一个人还是许多人,都会产生暴政。

论人民主权

洛克的契约论确立了人民主权论,这是洛克对民主理论的重要贡献,也是洛克政治思想的精髓。

洛克的人民主权论思想,表现为政府权力的确立、运用、监督直至更换。只有由人民委托、认可的政府才是合法政府。此政府的权力必须按人民的意志行使,保卫社会成员的生命和财产的安全。如果政府滥用权力,侵害人民的权利,人民便可收回政府权力,重新建立代表他们意志的新政

---

① 洛克:《政府论》下篇,第57—58页。
② 同上书,第105页。
③ 同上书,第121页。

府。显然，在政府与人民、国家与社会的关系上，洛克把重心移到了后者。

这一理论的基本出发点是，在组成政府之后，政府只掌握一部分有限的权力，没有绝对的权威，主权仍在人民手中；无论是立法机关或最高执政者，如果违背了人民当初建立政府的目的时，人民就可以收回曾经给予的权力，可以不再服从它，直至推翻它，建立新的政权。

洛克指出："当立法者们图谋夺取和破坏人民的财产或贬低他们的地位使其处于专断权力下的奴役状态时，立法者们就使自己与人民处于战争状态，人民因此就无须再予服从，……人民享有恢复他们原来的自由的权利，并通过建立他们认为合适的新立法机关以谋求他们的安全和保障。"①

洛克指出，这一原则同样应当用于违反人民意志的最高执行者。一旦当最高执行者以专断的意志来代替社会的法律时，人民就可以不必再服从它，可以收回他们的委托，直至推翻它。

洛克的这一思想，是否会埋下激发叛乱的根苗呢？对此，洛克回答说：如果人民受到专断权力的祸害，纵然你把他们的统治者赞美为神圣不可侵犯、受命于天，人民还是要起来反抗。再说，这种革命不是在稍有失政的情况下就会发生的。但是，如果一连串的滥用权力、渎职行为和阴谋诡计都殊途同归，那么，人民奋身而起，是毫不足怪的。人民有革命权以重新为自己谋安全这一学说，是防范叛乱的最好保障和阻止叛乱的最可靠的手段；因为以强力破坏法律并以强力为他们的违法行为辩护，才"真正是地道的叛乱者"②。

这是比较彻底的民主主义思想。最高的权威不是政府及其执法者，而是人民以及维护人民利益的法律。

那么，谁来判断君主或者立法机关的行为是否辜负人民所寄予的重托呢？洛克的回答是："人民应该是裁判者。"③ 因为受托人或代表的行为是否适当和合乎对他的委托，除委托人之外，就没有人可以作裁判者。当受托人辜负委托时，委托人就必须有权把它撤回。如果在私人的个别情况下，这是合理的话，那么，在关系极大的场合，例如君主与立法机关和人

---

① 洛克：《政府论》下篇，第 80 页。
② 同上书，第 82 页。
③ 同上书，第 149 页。

民之间的委托和被委托的关系上，更应该是这样了。洛克还指出，每个人在参加社会时交给社会的权力，只要社会继续存在，就绝不能重归于个人，而应始终留在社会中。但是，他们应当规定立法机关的期限，"使任何个人或议会只是暂时地享有这种最高权力，或如果掌权的人由于滥用职权而丧失权力，那么，在丧失权力或规定的期限业已届满的时候，这种权力就重归于社会，人民就有权行使最高权力，并由他们自己继续行使立法权，或建立一个新的政府形式"①。洛克清楚地区别了国家（政府）与社会（人民）。在国家权力中他肯定了议会享有最高权力；在议会与君主和人民之间，他肯定了人民享有最高权力。他已警惕国家的权力可能导致腐化，因此予以限制，而赋予人民对议会、君主有最后的裁判权、革命权。洛克这些民主主义思想对建立资产阶级民主制度起了重要的指导作用。正因为此，马克思、恩格斯称颂洛克是近代资产阶级"自由思想的始祖"②。洛克是人类思想史上一位激进的反对君主专制的斗士，资产阶级启蒙运动的先驱，才华横溢的杰出的政治思想家，对他的这种评价是确切的。

洛克契约论中所表达的彻底民主主义思想，对后代资产阶级思想家影响很大，特别是英伦海峡彼岸的法国资产阶级思想家，如孟德斯鸠、伏尔泰、卢梭等更是直接受其影响。他们的国家学说都不同程度地吸收了洛克的思想。卢梭赞颂洛克为贤明的洛克，他以完全和他一样的原则进一步丰富了民主理论。

五　卢梭——民主主义契约论与人民主权论

卢梭是法国杰出的启蒙思想家，契约论的集大成者。他的契约论与激进的人民主权思想，对法国与西方世界，乃至以后的苏联等社会主义国家，都产生了深远的影响。

卢梭出身于瑞士一个钟表匠家庭，自幼生活艰辛，长期过着漂泊动荡的生活；他的后半生，几乎全靠替人抄写乐谱换来的微薄收入过日子。1749 年，《科学与艺术》一文获奖使他一举成名。从此，他决心放弃对财富和声誉的奢望，埋头从事著述，愿永远保持贫困和独立的生活。他的名

---

① 洛克：《政府论》下篇，第 151 页。
② 《马克思恩格斯全集》第 7 卷，第 249 页。

著《论人类不平等的起源和基础》(1755)、《社会契约论》(1762) 及《爱弥尔》，奠定了卢梭激进民主主义的政治理论的基础。

卢梭的著作代表了小资产阶级、小手工业者和农民的呼声，表达了对封建专制统治的憎恨和民主共和国的热情，因此他的著作自然不能为封建专制政府所宽容。1762—1769 年，法国、荷兰、瑞士等政府逮捕卢梭，将其著作焚毁，直至 1770 年才获法国政府赦免，让他重返巴黎。晚年，完成了自传性小说《忏悔录》，叙述了他一生坎坷的遭遇。1778 年 7 月 2 日，这位伟大的民主主义思想家与世长辞。

契约论与国家权力的合法性

除了否定君权神授、封建专制，卢梭重点讨论了一个违反人民意志的暴政是怎样产生的，人民应怎样建立一个合法的政权。

卢梭还从人类不平等的历史发展过程来考察国家的起源和演变，其中所体现的辩证法思想是他的契约论的独到之处。

卢梭也认为，人类曾经历了一个原始、野蛮的自然状态时期。那时人都是自由、独立、平等的。人们过着淳朴的生活，没有奴役与被奴役、统治与被统治、压迫与强制服从的情况，"在自然状态中，不平等几乎是不存在的"[①]。由于私有制的出现，便产生了不平等。人类的文明前进一步，不平等也前进一步。人类不平等的发展经历了三个阶段。

第一阶段是财富的不平等阶段。由于私有制的出现，社会分裂成富人和穷人，为争夺财富而互相残杀的战争状态时有发生，如果不摆脱这种状态，无论贫者富者，都不得安宁，尤其富者更受威胁，于是他们动听地诱劝人们说："咱们联合起来吧，好保障弱者不受压迫，约束有野心的人，保证每个人都能占有属于他自己的东西。因此，我们要创立一种不偏袒任何人的、人人都须遵守的维护公正与和平的规则。"总之，"要把我们的力量集结成一个至高无上的权力，这个权力根据明智的法律来治理我们"[②]。粗野的人相信了富人的话，大家便前去迎接他们的"枷锁"，建立国家，制定法律，以为可以保障自己的自由。这时候的国家虽是契约的产物，却是富人的工具，"它给弱者以新的桎梏，给富者以新的力量"，"它

---

① 卢梭：《论人类不平等的起源和基础》，第 149 页。
② 同上书，第 128—129 页。

们把保障私有财产和承认不平等的法律永远确定下来，把巧取豪夺变成不可取消的权利；从此以后，便为少数野心家的利益，驱使整个人类忍受劳苦、奴役和贫困"①。

国家建立之后，不平等进入了第二阶段，即政治不平等阶段。由于富人控制了国家政权，因此，"在世界上，人们再也找不到一个角落，能够摆脱他们的枷锁，能够避开自己头上的利剑"②。一些有野心的权贵废弃选举，逐渐形成官吏的世袭；世袭的首领们习惯于把官爵看做自己的家产，把自己看做国家的所有者，这样，他们习惯于把他们的同胞叫做奴隶，而社会上的大多数人便陷入了政治上的被奴役和被压迫状态。

第三阶段是专制权力和暴君统治的出现，这是社会不平等的顶点。卢梭认为，世袭制必然产生专制和腐化，它是产生暴君的土壤，一旦如此，便吞没了它在国家各部门一切善良和健全的东西，"一切都被这恶魔吞没殆尽，人民既不再有首领，也不再有法律，而只有暴君"③。这里是不平等的顶点。它如同是一个封闭的圆圈的终极点，与出发的起点相遇。这时大家都是平等的，因为在暴君面前大家都等于零。"臣民除了君主的意志以外没有别的法律；君主除了他自己的欲望以外，没有别的规则。"④ 这样，善的观念，正义的原则，又重新消失了，一切回到强者的权力上来，这时，政府的契约已被专制政治所破坏，合法政府已不复存在。这时，社会又回到了新的自然状态，但不是国家产生前那种自然状态，后者是纯洁的自然状态，前者是过度腐化的结果。

在不平等的顶点，人民必然要起来发动暴力革命推翻暴君的统治。人民在推翻暴政之后，就重新订立契约，来组织一个合法、合理的政府。这样的政府应该是怎样的形式呢？卢梭对此进行了探讨。他说："要寻找出一种结合的形式，使它能以全部共同的力量来护卫和保障每个结合者的人身和财富，并且由于这一结合而使每一个与全体相联合的个人只不过是在服从自己本人，并且仍然像以往一样地自由。"⑤

这个由每个个人与全体相联合的共同体，是"公共的大我"，是"公

---

① 卢梭：《论人类不平等的起源和基础》，第146页。
② 同上。
③ 同上书，第145页。
④ 同上书，第146页。
⑤ 卢梭：《社会契约论》，第25页。

共人格"的承担者,当它主动时,它被称之为"主权者";当拿它和它的同类相比较时,则称它为"政权";至于它的结合者,作为集体就称之为"人民",作为个人,就称之为"公民"。在这个共同体中,"每一个人都以其自身及其全部的力量置于公意的最高指导之下","虽然在这种状态中,他被剥夺了他所得之于自然的许多权利,然而他却从这里面重新得到了如此巨大的收获,他的能力得到了锻炼和发展,他的思想开阔了,他的感情高尚了,他的灵魂整个提高到这样的地步,以至……对于从此使得他永远脱离自然状态,使得他从一个愚昧的、局限的动物一变为有智慧的生物,一变而为一个人的那个幸福的时刻"①。卢梭赞扬这一共同体各个成员之间的新的约定,他说:"它是合法的约定,因为它以社会契约为基础的;它是公平的约定,因为它对一切人都是共同的;它是有益的约定,因为它除了公共的幸福而外就不能再有任何别的目的;它是稳固的约定,因为它有着公共的力量和最高权力作为保障。"② 卢梭强调,共同体是人民在自愿、平等的基础上建立的,因此他们遵守自己的约定,服从共同体的最高权力,就不是在服从任何别人,而只是在服从他们自己的意志。简言之,人民在共同体中是被统治者,又是统治者。这是卢梭对民主共和国基本原则的设想。

激进民主主义思想的人民主权论

主权在君还是在民?这是西方近代政治思想家们所讨论和争论的一个重大问题。从斯宾诺莎开始,到了洛克已将主权转到了人民这一边,卢梭则全面地确立了主权在民的理论,这是近代西方民主理论的核心,卢梭也因此以这一理论的主要代表而载入史册。

人民订立契约建立国家,他们便是国家权力的主人。国家为了社会全体成员的利益,必须具有"普遍的强制性的力量",具有支配社会各成员的绝对权力,这种权力,当受"公意"指导时,便是主权。

卢梭提出了"公意"和"众意"两个概念。他指出,"公意"是代表全民的共同利益和愿望的意见,"众意"则着眼于私人的利益,是个别意志的总和。在民主国家,主权必须以公意为指导,他说:"治理社会就

---

① 卢梭:《社会契约论》,第29—30页。
② 同上书,第44页。

应该完全根据这种共同的利益",这才符合"国家创制的目的"①。

卢梭指出,主权在民要求立法权必须属于人民。法律是国家意志的体现,"是公意的行为",所以,主权主要是通过立法权来实现的。"立法权是国家的心脏"②,是主权的核心,而行政权是法律的执行者,它是从属于立法权的。卢梭强调,"立法权是属于人民的,而且只能属于人民"③。人民不仅有权创制法律,而且永远有权改变法律。

公意永远是正确的,法律应体现公意,但在事实上代表公意的判断并不永远都是明智而正确的。这就要求代表人民的立法者要像"神明"一样地公正,他需要有一种能够洞察人类的全部感情而又不受任何感情所支配的最高智慧。他能认识人性的深处,能关怀人民的幸福。他能照顾到长远的光荣,绝不以权谋私,玷污自己的名声。卢梭看到,立法者要公正地代表公意是一件很不容易的工作。

法律一经建立,任何人都必须服从。卢梭指出,法律的创制者也必须是法律的服从者,任何人不服从公意的法律,人民就要强迫他服从。

人民主权不可以转让,这是卢梭主权论的一大特点。他认为,主权体现人民的意志,是公意的运用,是集体的生命。转让主权就是出卖意志、自由和生命。然而,他又说:"权力可以转移,但是意志却不可以转移。"④ 主权的转让和权力的转移两者有何区别与联系,卢梭并无交代,从而使主权"不可转让论"让人感到费解,难以具体运用。另外,他还认为,主权也不能代表。他说:"正如主权是不能转让的,同理,主权也是不能代表的;主权在本质上是由公意所构成的,而意志又是绝不可以代表的;它只能是同一个意志,或者是另一个意志,而绝不能有什么中间的东西。"⑤ 卢梭认为,议员不能是人民的代表,他们只能充当人民的"办事员"。他认为凡不是由人民直接参加的集会制定的法律,都是无效的。卢梭在此实际上主张直接民主制,由全体公民集会讨论并通过法律,以此便以为可以将主权牢牢地握于人民之手,他因而排斥代议制。他批评英国的议会制说:"英国人自以为是自由的,他们是大错特错了。他们只有在

---

① 卢梭:《社会契约论》,第35页。
② 同上书,第117页。
③ 同上书,第75页。
④ 同上。
⑤ 同上书,第125页。

选举国会议员的期间,才是自由的;议员一旦选出之后,他们就是奴隶,他们就等于零了。"①

卢梭所理想的民主制是以当时瑞士为模型的小邦共和国。在小邦共和国里,一切居民都直接参加法律的讨论,当然也不存在所谓主权的转让了。历史上的雅典民主制,就是这种共和国的最初形式。卢梭企图以此推广为一种民主制的普遍形式,是不现实的,而且即使在小国,仅采用直接民主形式,也是有弊病的。在他之后的政治思想家,纠正了他的民权思想的这一缺陷。

人民主权不可分割,是卢梭主权论的又一大特点。他认为主权代表着人民共和国的统一的意志,这个意志是不可分的。由此他反对分权论,反对主权是受其他权力约束的权力。他说,有些思想家把主权分割为立法、行政、外交等若干权力,这是因为他没有形成主权权威的正确概念。他们把仅仅是主权权威所派生的东西误认为是主权本身,他们不知道主权仅仅是立法行为,而其他权力都只是法律的运用,主权是集体的统一意志,其他权力只是执行和贯彻这种意志的个别行为。卢梭进而强调了主权的至高无上和神圣不可侵犯。任何侵犯主权意志的行为,作为主权者的人民都有权改变它或用暴力推翻它。所谓主权是至高无上的,即主权不受其他任何权力的约束和支配,却可以约束和支配其他权力。但卢梭也指出,主权虽如此神圣,但不应超越契约的界限,不能做损害人民的事情,只有在维护人民共同利益的前提下,主权的不受限制才是正确的。

卢梭说,政府和主权者往往被人所混淆,"其实政府只不过是主权者的执行人"②。"行政权力的受任者绝不是人民的主人,而只是人民的官吏,只要人民愿意就可以委托他们,也可以撤换他们。对于这些官吏来说,绝不是什么订约的问题,而只是服从的问题;而且在承担国家所赋予他们的职务时,他们只不过是在履行自己的公民义务,而并没有以任何方式来争论条件的权利。"③ 卢梭在此实际上是说,人民是主人,政府官员是仆人。在民主制下,每个公民都可以被推选担任行政官吏,那些担任行政职位的官吏不是一种"便宜",而是一种"沉重的负担",是每个公民

---

① 卢梭:《社会契约论》,第 125 页。
② 同上书,第 76 页。
③ 同上书,第 132 页。

应履行的一种义务。但是不可能人人都担任行政长官，卢梭因此主张以抽签普选的方式来产生行政长官。

在民主政体下，由于人民是国家的真正主人，因此他们都有高度的积极性。除前面所指出的，把在政府任职看做是公民的义务，而不是享受特权的机会。同时政府官员也不是用钱买的，也不是花钱来逃避自己的义务，反而花钱来履行自己的义务。"在一个真正自由的国家里，一切都是公民亲手来做，没有任何事情要用钱的。"① 在公民的思想里，公共的事情也就愈重于私人的事情。他甚至认为："私人的事情甚至会大大减少的，因为整个的公共幸福就构成了很大一部分个人幸福，所以很少还有什么是再要个人费心去寻求的了。"② 由于人民积极参政，国家的行政管理机构便能大大精简。卢梭说："行政机构的行为愈少，则行政机构也就愈好。"③ 反之，行政官吏愈多，则行政效率愈低，"负责的人越多，则处理事务就愈慢；由于过分审慎，人们对于时机就会重视不够，就会坐失良机；并且由于反复考虑，人们往往会失掉考虑的结果"④。

人民享有革命权是人民主权论在特殊情况下的必要形式

卢梭指出，政府虽然是人民的委托，但它很可能违背人民意志，篡夺主权，即使在民主政体下，这种情况也是难以避免的。因此，他提出了"防止政府篡权的方法"这一极其重要的问题。⑤ 他提出，应当定期举行集会，由人民讨论两个问题，并付诸表决，这两个问题是：

（1）主权者愿意保存现有的政府形式吗？

（2）人民愿意让目前那些实际在担负行政责任的人们继续当政吗？

尽管卢梭在指出解决这一重要问题的方法上不尽完善，重要的在于他提出了这一问题，要人们永远不要失去必要的警惕性。

当民主政体蜕化为专制政体，当暴君毁灭了人民的自由和平等，使人民沦为奴隶时，卢梭同洛克一样，认为人民有革命权，推翻暴君的统治，重建政府。卢梭说，当暴君"被驱逐的时候，他是不能抱怨暴力的。以

---

① 卢梭：《社会契约论》，第124页。
② 同上。
③ 同上书，第142页。
④ 同上书，第84页。
⑤ 同上书，第132页。

绞杀或废除暴君为结局的起义行动,与暴君前一日任意处理臣民生命财产的行为是同样合法。暴力支持他,暴力也推翻他。一切事物都是这样按照自然的顺序进行着,无论这些短促而频繁的革命的结果如何,任何人都不能抱怨别人的不公正,他只能怨恨自己的过错或不幸"[1]。卢梭这一精彩的论述表明他的人民主权思想的彻底性。

卢梭的人民主权论思想自然已远远超越了反封建专制的意义,它已成为建立和捍卫人民民主政权的理论武器。尽管他对民主共和国的设计有过分理想化的色彩。

卢梭的契约论和人民主权论给法国大革命和其他各国资产阶级革命都打上了深刻的烙印。正如列宁所说,各国革命时代的资产阶级都把卢梭的《社会契约论》当做福音。

贡斯当对卢梭民主理论的批评

卢梭在直接民主与间接民主上主张直接民主(认为主权不能转让,不能代表,批评英国议会制);在共同意志(公意)与个别意志上张扬共同意志(认为公意代表了每个人的利益);在集权与分权上,主张集权(认为主权不能分割)。不过,卢梭的民主理论最要害的是没有提出在组织国家权力时必须保存公民的个人权利;相反,认为在国家建立之后,人们应绝对服从这个权力。这一思想同洛克主张国家权力有限与保障公民个人权利有着原则的区别。20世纪以来,西方思想界称洛克为自由主义民主,卢梭为极权主义民主。

最早对卢梭理论提出批评的是贡斯当(1767—1830,比卢梭晚55年)。他对法国大革命的反思中发现卢梭民主理论的缺陷。

卢梭认为,国家—主权者确立之后,每个人将全部权利(包括个人权利)转让给了国家,这时,国家不但代表公共利益(公意),也代表每个人的利益。这时国家赋予支配它"各个成员的绝对权力",享有"普遍的强制性力量"[2]。每个人都必须绝对地服从国家,如果拒而不从,全体就要迫使他服从。

贡斯当指出,卢梭理论中代表公意的主权者,是个"抽象的存在"。

---

[1] 卢梭:《论人类不平等的起源和基础》,第146页。
[2] 卢梭:《社会契约论》,商务印书馆1982年版,第41页。

主权者由所有的个人组成，但它要行使其权力必定由单独的个人或少数去支配，这时候你凭什么说这些个人或少数必定是代表公意的呢？所以，卢梭所说的当一个人把自己奉献给全体时，实际上是奉献给了"以全体的名义行事的人"，结果，这些人从别人的奉献和牺牲中"获得了独享的利益"。他认为卢梭的主权说"创造了一种能够从他们那里夺走一切的权力"①。

贡斯当就此强调，民主政体下的国家，只能享有"共同安全所需要的那种权力"②。"那种绝对、无限的权力，不管落到什么人手里，不管是君主，还是自称是人民的代表，结果你将发现它同样都是罪恶。"③

贡斯当指出，人类生活的一部分内容必然是属于个人而独立的，它有权置身于任何社会权能的控制之外。这些个人权利就是"个人自由、宗教自由和言论自由，享有财产及免受一切专横权力侵害的保障"。这些权利是个人存在的起点，也是主权者管辖的终点。"社会跨过这一界限，就会像手握屠刀的暴君一样邪恶。"④ 所以，"任何侵犯这些权利的权力都会成为非法权力"，不论这种权力是来自神权、征服还是人民的同意。⑤ 贡斯当的自由民主思想比之洛克更是入木三分，因为贡氏有了法国大革命的切肤教训。

是否享有个人权利，是民主与专制的分界，是近代民主的主要成就。当代自由主义者伯林认为，"人类生活的某些部分必须独立，不受社会控制。若是侵犯了那个保留区，则都将构成专制"⑥。他强调，在国家权力与公民权利之间应有"绝对的屏障"或"疆界"，一个社会的自由程度如何，便取决于这些屏障的力量如何。⑦ 他认为，一个民主的社会必须遵循两个相关的原则：第一，惟有"权利"才能成为绝对的东西，除了权利以外，任何"权力"都不能被视为绝对；第二，人类在某些界限以内是

---

① 贡斯当：《古代人的自由与现代人的自由》，商务印书馆1999年版，第59页。
② 同上书，第60页。
③ 同上书，第56页。
④ 同上书，第57页。
⑤ 同上书，第63页。
⑥ 伯林：《两种自由概念》，载《市场逻辑与国家观念》，三联书店1995年版，第205—206页。
⑦ 同上书，第207—208页。

不容侵犯的,如容侵犯,就是不人道、不正常的行为。[①] 伯林的思想更包容了20世纪法西斯与极权专制的惨痛教训。

为了保障个人自由,公民还应当有参与公共事务的权利,贡斯当将此称为政治自由。他指出应当将这两种自由结合在一起,否则会导致丧失任何自由。他说,一方面,制度必须尊重公民的个人权利,保障他们的独立;另一方面,制度又必须尊重公民影响公共事务的神圣权利,号召公民以投票的方式参与行使权力,赋予他们表达意见的权利,并由此实行控制与监督。[②] 当政府官员或议会议员"背弃了对他们的信任时将其免职,当他们滥用权力时剥夺其权力"[③]。

贡斯当对卢梭民主理论提出批评时,卢梭思想的影响正如日中天,因而被人们所忽视。发现贡斯当的思想价值是在20世纪下半叶,这时人类已经历了极权主义的浩劫。

[①] 伯林:《两种自由概念》,载《市场逻辑与国家观念》,三联书店1995年版,第207—208页。

[②] 贡斯当:《古代人的自由与现代人的自由之比较》,载《自由与社群》,三联书店1998年版,第326页。

[③] 同上书,第324页。

第七章 自由论

自由在资产阶级民主理论中占有重要位置。每一位杰出的资产阶级思想家都论述到人的自由权利，并为自由的权利而不懈地奋斗。

一 斯宾诺莎论思想言论自由

巴鲁赫·德·斯宾诺莎（1632—1677），是17世纪荷兰伟大的唯物主义哲学家和杰出的无神论者。他出生在阿姆斯特丹的一个犹太商人家庭。父亲是当地一个很有地位、颇有资产的商人。他从小在家里受到犹太传统教育，在幼小的心灵里对那些先烈们为了信仰自由、不畏强暴、视死如归的英雄事迹留下了深刻的印象。在早期学校教育中，他接触到犹太哲学，这对斯宾诺莎的思想发展打下了第一个重要基础。后来，在协助父亲商务中他结识了许多富有自由思想的年轻商人，特别是他在一位自由主义思想家恩德开办的学校里研究了许多自然科学，正是在这所学校里使他摆脱犹太神学走向新哲学，并终生投身于哲学研究。他将神、自然和实体三个概念视为同一个东西，从而建立起他自己的哲学体系。斯宾诺莎的言论也因此被视为异端邪说。24岁那年他被永远开除教籍，教会还严厉规定："谁都不得以口头或书面方式同他交谈，不得对他进行任何服务，不得与他同住一屋，不得同他并肩站着，不得阅读他编写的任何东西。"[①] 不久，他又被当局驱赶出阿姆斯特丹，并几乎没有任何生活资料。在精神苦闷、生活坎坷的处境下，他对真理的追求却愈益坚定。在《知性改进论》开篇中说道："初看起来，放弃确实可靠的东西，去追求那还不确定的东西，未免太不明智。我明知荣誉和财富的利益，倘若我要认真地去从事别

[①] 《西方著名哲学家评传》第4卷，第320页。

的新的探讨,我就必须放弃对于这些利益的寻求。……因此经过深长的思索,使我确切见到,如果我彻底下决心,放弃迷乱人心的财富、荣誉和感官快乐这三种东西,则我所放弃的必定是真正的恶,而我所获得的必定是真正的善。"①

1660 年起,斯宾诺莎专事著述,先后完成《笛卡尔哲学原理》、《知性改进论》、《伦理学》,应当时荷兰政治斗争需要,1665 年秋起又集中全力著述《神学政治论》,直至 1670 年完成,在阿姆斯特丹匿名出版。此书一出,立即轰动全国,并远及欧洲各国,在短时期连出 5 版。守旧派攻击此书是"一个叛逆的犹太人和魔鬼在地狱里杜撰而成"。可斯宾诺莎因此声誉大增。1675 年完成《伦理学》后,他又着手撰写《政治论》。他的政治理想是共和制。鉴于荷兰情况,他探讨了如何在贵族政治形式下来建立共和国。此书写到十一章时,病魔夺去了他的生命。

斯宾诺莎的一生是为真理和自由奋斗的一生。他为人公正,善良,满腔热情,终生为人类进步和正义事业而斗争。两百年后,在海牙他最后居住地的铜像落成典礼上,德国哲学史家文德尔班在纪念这位伟大哲人时说:"为真理而死难,为真理而生更难。"斯宾诺莎的一生就是为真理和自由而生的人。

自由是天赋之权

斯宾诺莎认为,"天意赋予每个人以自由","任何人不应别人让他怎么样就怎么样,他是他自己的自由权的监护人"②。每个人应当是"他自己的思想的主人"③。"天然所赋予的权利都不能绝对为人所剥夺"。

斯宾诺莎指出,一个"民主国家应当容许思想言论自由"。人们订立契约组成政府后仍应保留着自由思想和自由发表意见的权利,所以,"政治的真正目的是自由"。他说:"政治的目的绝不是把人从有理性的动物变成畜生或傀儡,而是使人有保障地发展他们的心身,没有拘束地运用他们的理智";"可见政府最终的目的不是用恐怖来统治或约束,也不是强制

---

① 《西方著名哲学家评传》第 4 卷,第 321—323 页。
② 斯宾诺莎:《神学政治论》,第 16 页。
③ 同上书,第 271 页。

使人服从，恰恰相反，而是使人免于恐惧"①。

人的思想是不能控制的

斯宾诺莎指出："命令一个国民恨他所认为于他有益的，或爱于他有损的，或受辱而处之泰然，或不愿意摆脱恐惧，或许多与此类似的事，那永远是枉然的。"② 人心是不能控制的。"如果人的心也和人的舌头一样容易控制，每个国王就会安然坐在他的宝座上，强制政治也就没有了。"③ "思想分歧矛盾的人，若强迫他们只按最高当局的命令说话，是不会没有可悲的结果的。……所以政府剥夺个人吐露心里的话的这种自由，是极其严酷的"④。他说，个人可以放弃自由行动之权，但不应该放弃自由思考与判断之权。"虽然他的想法与判断可以与当局有分歧；他甚至可以有反对当局的言论，只要他是出于理性的坚信，不是出于欺骗、忿怒或憎恨，只要是他没有以私人的权威去求变革的企图"⑤。具体地说，如果有一个人认为有一条法律是不合理的，他可以向当局提供修改的意见，但同时没有违反那条法律的行动，这是一个好国民，是无可指责的。斯宾诺莎还指出："强制言论一致是绝对不可能的。因为，统治者们越是设法削减言论的自由，人越是顽强地抵抗他们。"⑥ "自由判断之权越受限制，我们离人类的天性愈远，因此政府愈变得暴虐。"⑦ 所以，政府的权力不论如何大，却不能大到可以剥夺人们的思想自由。

既然人的思想自由是无法禁止的，强制人们服从是无济于事的，因此，斯宾诺莎认为，统治者追求的目标应该是心悦诚服。他深刻地指出："服从不在于外表的动作，而在于服从的人的内心状态；所以凡全心全意决心以服从另一人的命令的人是最受别人统治的人。因此之故，最坚强的统治是属于最能左右国民之心的统治者。"⑧ 强暴的统治虽可使人缄默，

---

① 斯宾诺莎：《神学政治论》，第272页。
② 同上书，第226页。
③ 同上书，第270页。
④ 同上书，第271页。
⑤ 同上书，第272页。
⑥ 同上书，第275页。
⑦ 同上书，第277页。
⑧ 同上。

但却无法夺去人民内心的思想自由,而缄默比之于让人吐露心里话,对统治者来说更加危险。

言论自由是道德进步、科学发展的重要因素

斯宾诺莎认为,"思想自由其本身就是一种德行,不能禁绝"。又说:"这种自由对于科学与艺术是绝对必须的,因为,若是一个人判断事物不能完全自由,没有拘束,则从事于科学与艺术,就不会有什么创获。"①

他说,即令自由可以禁绝,把人压制得除非有统治者的命令他们都不敢低声说一句话;这仍不能做到当局怎么想,人民也怎么想的地步。"因此,其必然的结果会是,人们每天这样想,而那样说,败坏了信义(信义是政治的主要倚靠),培养可恨的阿谀与背信,因此产生了诡计,破坏了公道。"②

强制言论一致所以是不可能的,因为争取自由的人不是贪财奴,谄媚者,以及别的一些笨脑袋。这些人"因受良好的教育,有高尚的道德与品行",才为自由而斗争。可是,普通的人容易把他们相信不错的意见定为有罪,把他们的思想定为邪恶,但在他们自己看来,这种所谓"罪恶不是可耻的,倒是光荣的"。斯宾诺莎指出:"所以,制裁人的意见的法律对于心地宽宏的人有影响,对于坏人没有影响,不是使罪犯以必从,而是激怒了正直的人;所以这种法律之保留是对于国家有很大的危害的。"③他还说:"这种无用的法律只有崇尚道德与爱好艺术的人才会犯的。把正直的人士像罪犯似的加以流放,因为他们有不同的意见无法隐蔽,一个国家的不幸还能想象有甚于此吗?"当然,那些为自由和真理而斗争的人并不畏惧惩罚,他们心中也没有因做了丢脸的事而懊悔。"他认为为正义而死不是惩罚,而是一种光荣,为自由而死是一种荣耀。"④

至于自由与社会安定的关系,斯宾诺莎在该书的"序"中就申明:"自由比任何事物都为珍贵。我有鉴于此,欲证明容纳自由,不但于社会的治安没有妨害,而且,若无此自由,则敬神之心无由而兴,社会治安也

---

① 斯宾诺莎:《神学政治论》,第 274 页。
② 同上书,第 275 页。
③ 同上。
④ 同上书,第 276 页。

不巩固。"斯宾诺莎此处所指的"敬神之心",乃是自然或自然规律。自由无妨于社会安定,因为,自由不是每人想怎么样就怎么样,他不能与国家法律相背,否则,就是不尽本分,国家必然会随之灭亡。①

二 洛克——自由主义的奠基人

《政府论》(下篇)的主旨

洛克(1632—1704)的思想在本篇已有不同侧面的介绍,这里,需要从总体上对他的思想作一评述。

洛克对自由主义作出了开创性、奠基性的贡献,尽管那个时代还没有出现"自由主义"这一概念。

洛克将阐述自己自由主义思想的著作命名为《政府论》(下篇),而不是命名为《自由论》,是意味深长的。自由,可以说是人类多数人的共同理想,当然,也有人是反对自由的,如国家主义者、专制主义者、极权主义者,他们是自由的敌人了。他们反对的是多数人享有自由,以维护少数人的自由。在追求自由、实现自由的人群中存在着不同的思想派别,自由主义是其中显赫的一个派别,此外还有无政府主义、马克思主义等。无论是崇尚自由,还是视自由为敌,都面对一个共同的对象:国家(或政府)。那些自由的敌人,通过强化国家权力,来剥夺、取缔公民的自由。无政府主义者看到,既然国家权力会践踏自由,使自由遭致毁灭,因此认为国家是一种祸害,任何一种形式的国家权力都必须消灭之。马克思主义认为,国家是阶级压迫的工具;只要国家存在,就不可能有自由,因此也主张消灭国家。但要消灭国家,首先得消灭阶级。怎样消灭阶级呢?通过无产阶级专政。无产阶级专政也是一种国家形式,是阶级社会到无阶级社会过渡时期的国家形式。马克思主义区别于无政府主义仅仅在于,国家的消灭(马克思主义称为"国家消亡")要有一个历史过程,在这个过程中,必须要有国家,即无产阶级专政的国家,这个国家仍然是一个阶级压迫的工具,因此在此阶段,还不能实现社会的普遍自由。

这样,自由主义给自己确定的任务是:1. 在国家(政府)存在的条件下来探讨人的自由;2. 何种国家(政府)形式才利于自由的实现以及

---

① 斯宾诺莎:《神学政治论》,第273页。

如何防范国家（政府）权力的蜕变从而威胁自由。这样我们就理解了，洛克何以以《政府论》作命题来阐明他的自由主义思想。

自由主义奠基之作

对人的自由的威胁大概来自以下三种情况：第一，自然灾害与恶劣的自然条件；第二，社会中缺乏理性和道德的人出于满足自己的欲望对别人的侵袭，如谋财害命；第三，政府将统治下的人民当做奴隶施以恶政、暴政。第一种情况不属于社会生活范畴，不是我们讨论的对象。第二种情况虽然是我们讨论的范围，但是同恶政、暴政给人们带来的不幸相比，真是小巫见大巫；而且，减少或消除此类社会现象也只能依赖政府的良好治理。因此，社会生活中构成人们自由最主要的威胁是来自政府。

这就引出了自由主义的基本问题：即公民与国家的关系。这里要讨论的问题是，怎样使国家权力不侵犯公民的自由等权利。因此，自由主义基本问题的完整表述应当是：公民的权利与国家权力的关系问题。在权利和权力两者中，何者本位，何者至上？洛克的回答是权利本位，权利至上。虽然在《政府论》（下篇）中我们看不到洛克有如此明确的回答，但在他论述政府的起源与政府的目的等问题之前，首先论述了人类的自然状态和人的自然权利。说明他思维中的逻辑顺序是：人的权利在前，政府的权力在后。人的权利是《政府论》（下篇）的逻辑起点和逻辑前提，有关政府的一系列问题都基于权利问题依次展开。这是读懂洛克这篇名著的关键。

第一，人们为什么要组织政府？人在自然状态下虽然享有自由、平等和独立，但在这种状态下也有些缺陷。当人们因利害关系而发生纠纷、冲突时，缺乏大家一致公认的法律和依照法律裁判一切争执的公正裁判者。"为了彼此间的舒适、安全和和平的生活，以便安稳地享受他们的财产并且有更大的保障来防止共同体以外任何人的侵犯"，于是大家就想到要建立一个共同体——政府。[①] 可见，人们为了保障他们的权利才需要建立政府。

第二，政府起源于契约，或者说政府的权力来源于人们的委托，它必须基于被统治者的同意。"政治社会的创始是以那些要加入和建立一个社会的个人的同意为依据的"[②]。可见，政府是人们的权利所派生的。

---

① 洛克：《政府论》下篇，商务印书馆1982年版，第59页。
② 同上书，第65页。

第三，政府的目的。上面两点已说明，人们建立政府是为了保障每个人的权利，是为了共同体的福利；对政府来说，不具有自身的目的。政府所做的一切，"都没有别的目的，只是为了人民的和平、安全和公众的福利"①。另外，洛克还强调："保护财产是政府的目的，也是人们加入社会的目的"，即使"最高权力，未经本人同意，不可剥夺任何人的财产的任何部分"②。

可是，政府是否会忠实地履行它的义务、谨慎地运用它的权力呢？政府的权力是否会被滥用？当政府违背了当初建立政府的约定，人们该怎么办？对此，洛克也有所考虑。

第四，政府的权力应当是有限的。可以认为，洛克提出了"限权政府"的重要命题。这一命题可以从两方面去理解：一是政府权力的边界。政府只拥有管理公共事务的职权，不能侵入个人的权利领域。人们在建立政府时，每个人转让了一部分自然权利。在没有政府时，这部分自然权利是他自己行使的。譬如，当个人的财产被偷盗时，他对偷盗者进行裁判并执行这一裁判，惩治违反自然法的人。这样做的结果，可能会使社会更加混乱和无秩序。现在这部分事务交由政府统一去处理。而个人的生命、自由、财产的基本权利仍保存于自身，是不可转让、不可剥夺的。这个个人权利的领地，政府权力在任何情况下是不允许侵入的。"超越职权的范围，对于大小官员都不是一种权利，对于国王或警察都一样无可宽恕"③。二是政府获取公共权力必须取得被统治者的同意，这是政府合法性的依据。更直白的表述是，政府的权力为人民所授，政府的权力需得到人民的许可状。将这一原则贯彻于实践的操作层面，就是竞选和选举。获得多数人选票的竞选者就获得了政府的权力。这种选举按法律周期进行。所以，权力获得者只是暂时地拥有政府的权力。"如果他们曾规定……任何人或议会只是暂时地享有这种最高权力，那么在规定的期限业已届满的时候，这种权力就重归于社会，人民就有权……建立一个新的政府形式"④。上述两点，第一点表现为权力在空间上的有限性，第二点表现为权力在时间上的

---

① 洛克：《政府论》下篇，第80页。
② 同上书，第87页。
③ 同上书，第129页。
④ 同上书，第156—157页。

有限性。这两点后来成为重要的宪政原则先后落实于英美等先进国家的宪法之中。

第五，政府的权力应当是分立的。洛克是分权说的首创者，提出"立法权和执行权"应当分立的思想。洛克所指的执行权就是行政权，是立法权与行政权两权分立。分权的目的在于防止制定法律的人不受法律的约束，失去公正。"如果同一批人同时拥有制定和执行法律的权力"，就会"在制定和执行法律时，使法律适合于他们自己的私人利益，因而他们就与社会的其余成员有不同的利益"①。后来，孟德斯鸠在洛克分权说的基础上提出了三权分立与互相制衡的权力构架。孟氏对分权的认识比洛克有所深化。他指出：不分权就没有自由。一切有权力的人都容易滥用权力；必须以权力制约权力。如果立法、行政、司法三种权力都集中于一个人，或一些人或一个机关，"则一切都完了"。洛克、孟德斯鸠的分权理念后来也成为美、英、法等国家的宪政原则，成为近代以来民主制中的基本元素。

反抗权与自由

对政府的权力，洛克虽提出了种种防范措施，以阻止它背离设立政府的目的。到此，人民对政府是否就可以信赖了？洛克在此书的最后专门论述了"暴政"与"政府的解体"，意在提醒人们，不能解除对政府作恶的警惕。对这一问题，在介绍洛克自由主义思想的著述中一般不加提及。它所以被人们所忽视，大概是在业已实行宪政民主的国家里这种现象已被杜绝。

什么是暴政？洛克回答说：任何人运用他所掌握的权力，不是为了处在这个权力之下的人们谋福利，而是为了获取他自己私人的单独利益，那么就是暴政。国王和暴君的区别在于：国王以法律为他的权力范围，以公众的福利为他的政府的目的，而暴君则使一切都服从于他自己的意志和欲望。洛克强调，不要以为，暴政仅为君主制所特有。任何人，一旦将权力"被利用来使人民贫穷、骚扰他们或使他们屈从于掌握有权力的人的专横"，"那么不论运用权力的人是一个人还是许多人，就立即成为暴政。"②

---

① 洛克：《政府论》下篇，第91页。
② 同上书，第127—128页。

而对暴政,人民应当忍受还是反抗?洛克申辩说:"自然允许其他一切生物为保卫自己不受侵害可以充分行使以强力对抗强力的共同权利,是否唯独人就不能行使这种权利呢?我的回答是:自卫是自然法的一部分"(第148页)。如果"用不堪忍受的虐待残暴地压迫人民的全部或一大部分,人民在这种场合就有权进行抵抗,保卫自己不受损害"(第148页)。

当有人说,人民对暴政进行反抗,"会埋下激发叛乱的根苗"。针对此言,洛克的驳斥一针见血:"不论什么人,只要以强力破坏法律并以强力为他们的违法行为辩护,就真正是地道的叛乱者。"这是"握有权力的人最容易作的事"①。

关于个人自由,洛克也有所阐述,不过这是他思想中较为单薄的一部分。

个人在社会中的自由,是指"除了立法机关……所制定的法律以外,不受任何意志的统辖或任何法律的约束。"②洛克显然不同意那种"不受任何法律约束的那种自由"。他强调法律对社会自由的意义,指出"哪里没有法律,哪里就没有自由。"他认为,"法律按其真正的含义而言与其说是限止还不如说是指导一个自由而有智慧的人去追求他的正当利益"③。

洛克对生命、自由、财产这三项人的自然权利中,最为重视的是财产权。他很少涉及对于思想自由、言论自由、信仰自由、个性自由的阐述。这方面,与他同时代的荷兰哲学家斯宾诺莎倒有精彩的论述。在他一百年之后的另一位英国思想家密尔对言论与个性自由更有一番经典的论述。洛克的贡献在于在公民权利与政府权力关系上作出了开创性的论述。他的10万字的《政府论》(下篇)完成了政治思想上一次"光荣革命"。

三 亚当·斯密的自由主义经济学说

亚当·斯密(1723—1790)的学术思想涉及道德哲学、政治学、经济学等广泛的领域。《道德情操论》(1759),《国民财富的性质和原因的研究》(1776),即《国富论》是他的主要著述。斯密的声誉主要是由于

---

① 洛克:《政府论》下篇,第142页。
② 同上书,第15页。
③ 同上书,第35页。

他为经济学奠定了基础,影响深广,被尊为现代自由资本主义制度的设计师。

自利、自由——财富增长的最终动力

斯密政治经济学的研究对象是国民财富问题,其探讨的核心问题是怎样的制度框架最能促进国民财富的增长。

这个问题的答案对今天的中国人来说并不陌生了,那就是自由的市场经济。不过,从更深的理论层次来分析,斯密经济学说的基石是他对人的本质的分析,这一点值得我们重视。

人们生活在社会中必须进行交换,社会可以看作是交换联合体。从事交换的人是为了什么?斯密的回答是为了利己而不是利他。个人利益是人们从事经济活动的出发点。斯密说:"我们每天所需的食料和饮料,不是出自屠户、酿酒家或烙面师的恩惠,而是出于他们自利的打算。我们不说唤起他们利他心的话,而说唤起他们利己心的话。"① 斯密企图以人的利己本性来说明人类社会进步与经济发展的最终动力。但是,这种利己的本性是"恶"还是"善"呢?密斯之前的一位经济学家曼德维尔(1670—1733)在其著作《蜜蜂的故事:或私人罪恶与公共利益》中提出一个著名的悖论:私人罪恶产生公共利益。他认为人性在本质上是自私的、缺乏公共精神的;但这自私的本质恰恰是社会运作与发展的动力。这同黑格尔认为"恶"是历史发展的动力的说法是一致的。但斯密不同意将人的自私行为说成是"罪恶"。一方面,他认为只要这种自私或自利行为不伤害他人,而实际上也有利于他人的话,那么每个人在追求自己的利益过程中就会造成社会利益的总实现。另一方面,个人只有在为他人利益服务的情况下才可能实现自己的私利。这样,个人的利己与利他,个人的私人利益与公共利益就达到神奇般的和谐。斯密的解释比曼德维尔显得更为完善。他为人的利己行为以及人与人之间的物品交换的正当性、必要性提供了理论依据。在中国,即使计划经济年代,也流传过这样的民间谚语:主观上为自己,客观上为他人。但这种话语与当时的意识形态所宣传的"毫不利己,专门利人"是相冲突的。一切利己行为都是可耻的。所谓"狠斗私字一瞬间",说明那个年代所提倡的道德是多么的违逆人性。在排斥人

---

① 亚当·斯密:《国民财富的性质和原因的研究》上卷,商务印书馆1997年版,第14页。

的利己行为的年代,经济活动缺乏动力,社会生活缺乏活力,这从反面证实了斯密理论的正确。

人在经济活动中的利己目的如何实现呢?比如,企业生产了一大堆商品,如何通过交换实现其价值,牟取利润呢?这就必须要有市场。市场就是这样自然形成的。但是,这种通过市场的交换是否都能顺利实现呢?每个人的利己行为是否都能达到利他的结果呢?原则上说,市场为利己与利他的统一提供了桥梁,提供了机会,但并非每个人都能实现这种统一。这里有各种原因。在交换中人们发现:由于产品不适销对路,或该产品生产过剩,或你的产品在质量和价格上缺乏优势,这些情况都会给交换带来障碍。出现这种情况问题在生产经营者,而不能责怪市场。市场交换和市场竞争中,有的人成功了,实现了利己和利他的统一;有的人失败了,未能实现利己与利他的统一。所以斯密说,市场如同一只"看不见的手"指导着人们的经济活动,成为经济发展的有力推手。在市场的条件下,每个经营者的目的都"在于使其生产物的价值能达到最大程度,他所盘算的也只是他自己的利益",但受着市场这只"看不见的手"的指挥,为了实现利己目的,他不得不"去尽力达到一个并非他本意想达到的目的"①。这里所说的"并非他本意想达到的目的",是指为了使他的生产物在交换中实现价值的最大化,必须使他的生产物受到市场的欢迎,为此他只得作出种种努力,如提高产品质量,降低生产成本,推出换代的新产品,这样,他在市场竞争中才能获得优势,取得成功。当大家都这样做的时候,就有效地增进社会利益,促进社会财富的快速增长。所以,斯密说:"每个人为改善自身境况所作出的不懈的、经常的、不断的努力是社会财富、国民财富及私人财富所以产生的重大因素。"②斯密的经济学说的基本主张"自由放任"就是根据这一理由提出的,他因此反对国家干预。

人们自利的经济活动,人们互相之间的交换而产生的市场,都是自然产生的,都应当任其发展,不应当人为地加以干预。干预了反而不利于资本主义生产的发展和国民财富的增加。最好的经济政策就是给私人的经济活动以完全的自由,包括雇工自由,贸易自由,竞争自由等。斯密说:"每一个人,在他不违反正义的法律时,都应听其完全自由,让他采用自

---

① 亚当·斯密:《国民财富的性质和原因的研究》下卷,商务印书馆1997年版,第27页。
② 亚当·斯密:《国民财富的性质和原因的研究》上卷,商务印书馆1997年版,第13页。

由的方法，追求自己的利益，以其劳动及资本和其他人或其他阶级相竞争。"他强烈反对政府"监督私人产业，指导私人产业，使之最适合于社会利益的义务"①。

国家的职能

主张自由放任并非说市场万能。作为自由主义者的斯密认为，国家有它应做的事。斯密将国家（政府）的职能划定在三个方面："第一，保护社会，使不受其他独立社会的侵犯。第二，尽可能保护社会上各个人，使不受社会上其他人的侵害或压迫，这就是说，要设立严正的司法机关。第三，建设并维持某些公共事业及某些公共设施。"这类公共事业与公共设施由国家经营，其利润常能补偿所费而有余，若由个人或少数人经营，就不能补偿所费。②就是说，政府的职能是：保障公民权利，抵御外敌，维护社会安全，承担社会公共事务，提供公共产品。这就是斯密对国家职能的设计。自由主义不是不要国家，只是不要权力无限的全能国家。他们要求的是有限政府，同时也是有效政府。斯密对政府职能的合理界定同他的自由市场的经济思想都一直影响至今，对改革中的中国具有启示意义。

从总体上理解斯密自由主义经济思想，他把社会与国家的功能作了严格的界分。经济的发展，社会的繁荣，财富的增长决非政府有计划组织、操办所能达到的，它只能是社会中无数个人为追求自己利益发挥个人才智的结果；政府的作用仅仅在于提供必要的保障，为人们的经济活动提供可靠的外部环境，特别是，政府绝不能扮演经纪人的角色，介入社会经济活动，并对社会经济生活乱加干预。这是斯密自由主义经济思想的精髓。了解这一点，反省中国以往走过的道路，指导今天调整社会与国家的关系，很有现实意义。

四 密尔论社会自由

约翰·斯图亚特·密尔（1806—1873），是19世纪英国哲学家、政

---

① 转引自李强《自由主义》，中国社会科学出版社1998年版，第85页。
② 亚当·斯密：《国民财富的性质和原因的研究》下卷，商务印书馆1997年版，第252—253页。

治思想家和改革家，资产阶级自由主义的典型代表人物。密尔在更广特别是更深的层次上论述了自由。他承认自己"绝不是一个社会主义者"，但他的民主与自由的思想对欧洲和世界各国产生了广泛和积极的影响。

对社会自由的界定

密尔认为，公民自由或社会自由，是指社会所能合法施用于个人的权力的限度。

在政治社会中，一般情况是"统治者必然处于与其所统治的人民相敌对的地位"。在这种情况下，"所谓自由，是指对于统治者的暴虐的防御"①。为此，对统治者行使于人民的权力应当受到限制，这种限制，就是自由，也是公民的权利；若统治者加以侵犯，"那么个别的抗拒或者一般的造反就可以称为正当"②。不过，由于对政府官员实行选举制、罢免制和限任制，各种官府已成了人民的租户或代表，从而使政府权力不致被妄用到人们的头上已有了"完全的保证"，以前那种限制统治者权力的努力，似乎已不复成为一种必要了。

密尔进一步提出，在"平民政府"、"民主共和国"、"自治政府"普遍建立起来的情况下，对政府权力加以限制是否已无必要了呢？密尔揭示了在民主政体下的一种现象，即在这种政体下"运用权力的'人民'与权力所加的人民并不永是同一的；而所说的'自治政府'亦非每人管理自己的政府，而是每人都被所有其余的人管治的政府"。他指出："至于所谓人民意志，实际上只是最多的或者最活跃的一部分人民的意志，亦即多数或者那些能使自己被承认为多数的人们的意志。"③ 在这种情况下，密尔认为，会出现人民中的一部分人压迫另一部分人的情况。对于这种权力的防范的必要不亚于防范于一独夫、一族、一世袭阶级之权力对大众的妄用。密尔称此为"多数的暴虐"和"社会暴虐"。密尔认为，这种暴虐"比许多种类政治压迫还可怕，因为它虽不常以极端性的刑罚为后盾，却使人们有更少的逃避办法，这是由于它透入生活细节更深得多，由于它奴

---

① 密尔：《论自由》，第1页。
② 同上书，第2页。
③ 同上书，第4页。

役到灵魂本身"①。密尔因此指出，仅只防御官府的暴虐还不够。对于得势舆论和得势感想的暴虐，对于某些观念和行为处事作为准则强加于不同意见的人，以束缚人们个性的发展，迫使一切人都按照某种模型来剪裁自己，对于这些，也都要加以防御。他说，"关于集体意见对个人独立的合法干涉，是有一个限度的；要找出这个限度并维持它不遭侵蚀"，这便是密尔研究自由所要解决的问题。

密尔对界定社会自由提出了一条原则。他说，社会中的个别或集体之所以有权干涉他人的行动自由，只是为了自我防卫。也就是说，任何个人的行为只要不涉及他人和社会，他的自由不应受到限制；只有涉及他人时，人们才可以干涉他的自由。所以他说："在仅只涉及本人的那部分，他的独立性在权利上则是绝对的。对于本人自己，对于他自己的身和心，个人乃是最高主权者。"②

根据这一原则，密尔规定了人类自由的领域：第一，在意识领域中，应享有良心的自由，思想的自由，发表意见的自由。第二，每个人应享有趣味和志趣的自由。"有自由照自己所喜欢的去做"，"只要我们所作所为无害于我们的同胞，就不应遭到他们的妨碍，即使他们认为我们的行为是愚蠢、悖谬或错误的"。第三，还应享有个人之间相互联合的自由，只要这种自由无害于他人的目的。密尔认为，"任何一个社会，若是上述这些自由整个说来在那里不受尊重，那就不算自由"③。

论思想自由和讨论自由

密尔提出这样一个深刻的见解：如果全体人当中除一人之外都持有相同的意见，仅一人执有相反的意见，那么，人类要使那一人沉默并不比那一人要使人类沉默可称为正当。对于某种意见的压制，迎合公众心声比违反公众的心声使用它，是同样有害，或者更加有害。他说，迫使一种意见不能发表是"特殊罪恶"，"是对整个人类的掠夺"。因为，"假如那意见是对的，那么他们是被剥夺了以错误换取真理的机会；假如那意见是错的，那么他们是失掉了一个差不多同样大的利益，那就是从真理与错误冲

---

① 密尔：《论自由》，第4页。
② 同上书，第10页。
③ 同上书，第13页。

突中产生出来的对于真理的更加清楚的认识和更加生动的印象"①。

密尔指出，我们永远不能确信我们所力图窒息的意见是一个谬误的意见；即使我们确信，要窒息它也仍然是一个罪恶。权威压制某个意见"可能是真确的"，但是权威者"不是不可能错误的"。因而权威者"没有权威去代替全体人类决定问题"，把个别人排斥在判断资格之外。密尔认为，对任何意见的十分确定性正是人们易犯的错误之一。一些专制君主，或习惯于无限服从的人们，几乎在一切问题上对自己的意见都感到信心十足，但是，"每个时代都曾抱有许多随后的时代视为不仅伪误并且荒谬的意见；这就可知，现在流行着的许多意见必将为未来时代所排斥"②。

不过，密尔认为，如果你仔细地形成了自己的意见，并十分确信它是对的，那么就要本着自己的意见去行动，如果还畏怯退缩，那就是懦夫了。当然，一旦发觉这种意见有错，应当及时纠正。他说，人类判断的全部力量和价值就在于，当它错了时能被纠正过来。

密尔说，即使最专制最不宽容的天主教会，在授封圣徒时，还容许并耐心倾听一个"魔鬼的申辩"，何况是人中最神圣的人呢？牛顿定理如果不允许人们加以责难，人们对它正确性的认识便不会像现在这样深切。历史上，由于对不同见解不能宽容，像苏格拉底这样一位有史以来一切杰出思想家的宗师，竟以不敬师和不道德之罪被国人处死。这种不幸的事件，在一千八百多年以前又发生在加尔瓦雷（Calvary）的身上，他同样被当作不敬神的巨怪而处死了；可是他的崇高与伟大以致18个世纪以来人们都敬奉他为万能上帝的化身。

历史上的思想家、科学家发现了前人所不知的事物，向世界指明人们在某些重大问题上的误解，这是赠献给人类的最宝贵的礼物，可是他们所得的报酬却是以身殉道，当做最恶的罪人来对待，这实在是人类可悲痛的错误和不幸。所以密尔认为，"说真理永远战胜迫害，这其实是一个乐观的错误"，实际经验却相反。③ 历史上压灭真理的事例可以说屡见不鲜。"即使不是永远压灭，也使真理倒退若干世纪。"④ 宗教改革在路德之前，

---

① 密尔：《论自由》，第17页。
② 同上书，第19页。
③ 同上书，第29页。
④ 同上。

至少就爆发过 20 次,但都被镇压下去了。在路德时期之后,只要什么地方坚持迫害,迫害总是成功的。在西班牙、意大利、奥地利,新教都被根绝了。密尔说,真理的真正优越之处仅仅在于:"一个意见只要是正确的,尽管可以一次再次或甚至多次被压熄下去,但在悠悠岁月的进程中一般总会不断有人把它重新发现出来,直到某一次的重现恰好情况有利,幸得逃过迫害,直至它头角峥嵘,能够抵住随后再试图压制它的一切努力。"①

密尔指出,摧残先知,惩处异端,给知识分子会造成很大伤害,对科学和道德的进步会造成巨大的损失。它使真理只在一些深思勤学的人们的狭小圈子里暗暗地燃烧,而不能传布得遥远而广泛;它使最积极、最好钻研的知识分子把真正的原则和信念深藏在自己心里,而在公开的演说中尽量使自己的结论与他们内心早已弃绝的东西不相冲突。在这种情况下,我们所能见到的,"不是滥调的应声虫,就是真理的应时货",他们的论证"都是为着听众,而不是自己真正信服的东西"②。密尔说,凡属非正统的结论一概禁止,损害最大的乃是那些并非异端者的人;由于害怕异端之称,他们的整个精神发展被限制了,他们的理性弄得痉挛了。因此,使世界上一大群有前途的知识分子不敢有生气地去独立思想,"请问谁能计算这世界受到何等的损失?"③ 尽管如此,我们还可以间或看到具有深刻良心和精细理解的人,用其他所不能压熄的智力从事于矫作世故,并竭尽一切巧思努力把良心和理性所迫促的东西与正统调和起来,而最后或许还是不能成功。在这种背景下是难以产生出伟大的思想家的。密尔指出,"须知作为一个思想家,其第一个义务就是随其智力所致而不论它会导致什么结果,谁不认识到这一点谁就不能成为一个伟大的思想家。"④ 当然,倡导精神自由主要不是为着形成伟大的思想家,而是为了产生智力活跃的人民。他精辟地说:"在精神奴役的一般气氛之中,曾经有过而且也会再有伟大的个人思想家。可是在那种气氛之中,从来没有而且也永不会有一种智力活跃的人民。"⑤ 他说,只要哪里存在着凡原则概不得争辩,凡有关人们所关切的重大问题不得讨论,我们就不能希望看到那种曾使某些历史

---

① 密尔:《论自由》,第 30 页。
② 同上书,第 34 页。
③ 同上书,第 35 页。
④ 同上。
⑤ 同上书,第 36 页。

时期特别突出的一般精神活跃的高度水平。只要争论是避开了那些大而重要足以燃起热情的题目，人民的心灵就永不会从基础上被搅动起来，而所给予的推动也永不会把即使具有最普通智力的人们提高到思想动物的尊严。①

密尔认为，即使一种意见确系真理，"若不时常经受充分的和无所畏惧的讨论，那么它虽得到支持也只是作为死的教条而不是作为活的真理"②。如果对某个问题有两种不同的意见，那么真理就像是摆在一架天平上，要靠两组互相冲突的理由来较量。要真正知道那部分真理，只有兼顾双方、无所偏重，并力图从最强的光亮下来观察双方的理由才能做到。

密尔指出，还有这样一种情况：两种互相冲突的意见，不是此为正确彼为谬误，而是各有部分真理。其中流行的意见往往认为是正确的，实际上不是全部真理，只是真理的一部分，可总是被夸张。而另一种被认为是"异端"的意见受到压制；这种意见若突然摆脱锁链，它对通行的意见中所含真理部分的内容不谋求调和，而是摒弃为敌方，于是把自己的意见立为全部真理。这也是一种片面性。譬如有两党，一党要求秩序和稳定，一党要求进步和改革。直到两党提高了理解力，懂得什么宜保存什么应扫除，成为既重秩序也重进步的政党。达到这一目标，"很大程度上各靠对方的反对才把己方保持在理性和健康的限度之内"③。关于民主政体和贵族政体，关于财产和平等，关于合作和竞争，关于奢侈和节约，关于社会性和个人性，关于自由和纪律等问题，每一方都有一定理由反对对方。密尔指出，像这类重大问题，"真理在很大程度上乃是对立物的协调和结合问题"。在两种意见中，如果一个意见比另一个较为得势，那么应予宽容和鼓励的应该是属于少数地位的那一个。"因为那个意见当时代表着被忽略了的利益，代表着人类福祉中有得不到分所应得之虞的一面。"④ 总之，各种意见应得到"公平比赛的机会"。

密尔说，人们往往只能掌握"部分真理"，部分真理之间的猛烈冲突不是可怕的祸患，可怕的是"半部真理的平静压熄"。只要人们还被迫兼

---

① 密尔：《论自由》，第 36 页。
② 同上。
③ 同上书，第 50 页。
④ 同上书，第 51 页。

听双方，情况就总有希望；"而一到人们只偏注一方的时候，错误就会硬化为偏见，而真理本身由于被夸大变成谬误也就不复具有真理的效用"①。

论个性自由

密尔认为，人类不仅应享有自由地无保留地发表意见，还应享有自由地依照其意见而行动；当然，个人的自由必须受到这样的制约，即"必须不使自己成为他人的妨碍"②。他称这种自由为个性的自由，并认为"个性的自由发展乃是人类幸福的主要因素之一"③。他在该书的"引论"中就强调："人类若彼此容忍各照自己所认为好的样子去生活，比强迫每人都照其余的人们所认为好的样子去生活，所获是要较多的。"④

密尔认为，人的个性的自由发展，对于人类的发展和社会的进步是十分重要的。

第一，既然人类尚未臻于完善，人们对不同生活方式的试验如同允许不同意见的存在是同样大有用处的。人的各种个性只要对他人没有损害，就应当给以自由发展的余地。不同的生活方式的价值，也应当由实践来证明。"总之，在并非主要涉及他人的事情上，个性应当维持自己的权利，这是可取的。"⑤ 就是说，在密尔看来，人的个性的自由发展，也是人们自己的一项权利。

第二，人的自我完善有赖于人的个性发展。密尔说，人类的知觉力，判断力，辨别感，智力活动，甚至道德取舍等，只有在进行选择中才会得到运用。如果循习惯办事，即使有最好的机会也得不到实习。"智力的和道德的能力也和肌肉的能力一样，是只有经过使用才会得到进展的。"⑥ 如果去做同自己情感和性格不相吻合的事，"只会使他的情感和性格趋于怠惰和迟钝，而不会使它们变得活跃而富有精力"⑦。人若只要听凭于世界而无须自己选定生活方案，那么一个人只要人猿般的

---

① 密尔：《论自由》，第55页。
② 同上书，第59页。
③ 同上书，第60页。
④ 同上书，第13页。
⑤ 同上书，第60页。
⑥ 同上书，第62页。
⑦ 同上。

模仿力就可以了。如果要由自己选定生活方案,人就要使用其他一切的能力。他必须用观察力去看,用推论力和判断力去预测,用活动力去搜集各项材料,然后用思辨力去作决定,而在决定之后还必须用毅力和自制力去实施自己的决定。密尔说,人类使用其生命求其完善化,第一位重要的"无疑是人本身"。如果有自动机械那样的一批人,把房子盖起来了,把谷物种出来了,把仗打了,把案件审问了,甚至把教堂也建立起来而且连祈祷文都念过了,我们若把一些男男女女换成这样的机器人,那是很可观的损失。因为机器虽可以毫厘不差地去做规定好了的工作,但却是按照一个模型铸造出来的,而人是活的东西,其内在力量趋向不断地生长和发展。①

总之,"人类要成为思考中高贵而美丽的对象,不能靠着把自身中一切个人性的东西都磨成一律,而要靠在他人权利和利益所许可的限度内把它培养起来和发扬出来"②。人的个性的发展,使自己更有价值,因而对于他人也更有价值。

为了使人的个性获得自由发展,就外部环境而言,要允许人过不同的生活。密尔指出:"在任何时代,只要看这一项独立自由运用到怎样程度,就相应地可以知道那个时代怎样值得为后代所注视。"他还认为,"凡是压毁人的个性的都是专制,不论管它叫什么名字,也不论它自称是执行上帝的意志或者自称是执行人们的命令"③。

第三,人类的首创精神和天才人物的出现,都要有人的个性的自由发展。密尔指出,首创性乃是人类事务中一个有价值的因素。他说,"人们都要记住,没有一件事不是有某一个人第一个做出来的;人们还要记住,现有的一切美好事物都是首创性所结的果实"④。然而首创性这个东西,对于无首创性的人来说是不会认识到它的价值的。密尔说,有一个天才能作一首动人的好诗或画出一幅好画,人们都会赞赏他。但是,天才更为重要的是思想和行动上的首创性,恰恰在这个领域许多人不以为然。密尔说,这是不奇怪的。他们怎么会看到呢?假如他们都能认识到这一点,它

---

① 密尔:《论自由》,第63页。
② 同上书,第67页。
③ 同上书,第68页。
④ 同上书,第70页。

就不成其为首创性了。所以,"首创性得为他们服务的第一件事,乃是把他们的眼睛打开"①。他说,当一般群众的意见成为支配势力的时候,对于这种倾向的一个矫正办法,就是那些在思想方面立于较高境地的人发挥其断然的个性,鼓励他们去作出与群众不同的行动。这对社会是大有益处的。因此,"凡一切聪明事物或高贵事物的发端总是也必是出自一些个人,并且最初总是也必是出自某一个个人"②。密尔声明,我绝非在鼓吹那种"英雄崇拜"。

天才之如此重要,社会应为天才的发展创造条件。"有天才的人乃是而且大概永远是很小的少数;但是为了要有他们,都必须保持能让他们生长的土壤。天才只能在自由的空气里自由地呼吸。"③ 天才者,命定比任何人有较多的个性,不屈服于习俗,不纳入一个模式,不习惯于唯命是从,于是就被社会指斥为"野人"、"怪物"。其实,"人们的怪僻才更可取"。密尔说,仅仅是不屑苟同一个例子,仅仅是拒绝向习俗屈膝,这本身就是一个贡献。"一个社会中怪僻性的数量一般总是和那个社会中所含天才异禀、精神力量和道德勇气的数量成正比的。今天敢于独行怪僻的人如此之少,这正是这个时代主要危险的标志"④。密尔在这里所说的"怪僻性",就是人的个性自由,这种自由以不侵害他人和违背法律为前提。这种个性自由是社会进步不可或缺的。他认为:"一族人民是会在一定长的时期里前进一段而随后停止下来。在什么时候停止下来呢?在不复保有个性的时候。"⑤

除详细讨论发表意见的自由、个性自由外,密尔还提出"个人之间相互联合的自由",这种自由同样应当是无害于他人的,同时联合者是彼此自愿的。关于这方面的自由,他没有进行讨论。

国家与自由

为了公众的秩序和利益,必须建立国家(政府)。但是,政府的权力往往会妄用。"所谓自由,是指对于政治统治者的暴虐的防御。"为此,

---

① 密尔:《论自由》,第70页。
② 同上书,第71页。
③ 同上书,第69页。
④ 同上书,第72页。
⑤ 同上书,第76页。

必须对政府的权力加以限制。这种限制有二：一是政府应承认被统治者自由的权利，不得加以侵犯，否则就是背弃义务；二是政府制定的比较重要的措施应得到被统治者代表的同意。密尔特别认为，近代政治由于使政府官员如妄用权力，人们就可以予以撤销，这就保证了政府与人民利益的一致。

为了个人自由，政府应当干预社会，但不是什么事情都应当干预。

密尔提出以下三种情况反对政府干涉。当然这三种情况有的同自由并无直接的联系。

第一种是，所要办的事，若由个人来办比由政府来办更好一些。一项事业要办好，最重要的是让与这项事业有切身利害关系的人去办，这主要是经济领域，他说："立法机关或政府官吏不应当像一度通行过的那样干涉到普通的工业生产过程。"①

第二种是，有些事让个人来办虽未必能像政府官吏办得那样好，但仍宜让个人来办；因为这样可以增强公民的主动性，锻炼他们的判断能力，在这些领域中使他们获得熟习的知识。如陪审制度，地方自治，城市自治，自愿组织办工业和慈善事业等。这乃是对公民的特种训练，是自由人民的政治教育的实践部分。参加这些事业，可以摆脱个人和家庭狭小的圈子，可以领会共同利益，学会管理共同事务。政治自由若不建立于这一基础上便往往只昙花一现。他指出，"纯粹地方性事务应由地方管理，巨大工业企业应由自愿出资者的联合组织管理"②，这样便会创造出无穷多样的经验。

第三种是，一种权力，对于政府来说若是没有必要的，但却增设了，那会造成很大的祸患。政府若将各种社会事务包揽无遗，那么，公民就成为政府（或组成政府的某一党派）的依赖者，从而失去活力和进取性。他认为，假如公路、铁路、银行、保险机构、巨大的合股公司、大学，以及各种公共慈善机构等都变成政府的分支机构；再假如市政公会和地方议事会以及现在传留给它们的一切也都变成中央行政系统的一些部门；又假如所有这些不同事业的从业人员都由政府来任用和支付薪金，因而其生活上的每一提高都要巴望政府的赐予；那么，即使有一切所谓出版自由和平

---

① 密尔：《论自由》，第119页。
② 同上。

民的立法组织，也不足以使这个国家或任何国家成为一个名副其实的自由之国。他指出："这种行政机器愈是构造得有效率和科学化，网罗最有资格的能手来操纵这个机器的办法愈是巧妙，为患就愈大。"① 因为若将一切社会事务都掌握在政府之手，并且政府的职司又都由最能干的人来充任，那么，广大的民众势必指望从政府中谋求一切：一般群众须听从他的指挥；有能力的则从政府中谋求步步高升。这样的政府固然是社会的沉重负担，也是社会进步和改革的巨大障碍。即使有志改革的统治者掌握大权，也不能实施与这个官僚机构利益相反的改革。他指出，俄罗斯帝国的可悲正是这样。沙皇本人也没有权力反对那个官僚集团；他能把那个集团的任何一个人放逐到西伯利亚，但是他不能脱离他们或违反他们的意志而进行统治。他们对于沙皇的每项诏令都有一个不声不响的否决权，只要不把它付诸实施就得了。所以，"若在凡事必经官僚机构来办的地方，凡为官僚机构所真正反对的事就没有一件能办得通"②。

密尔认为，"国家的价值，从长远看来，归根结蒂还在组成它的全体个人的价值。"一个国家若只为（即使是为着有益的目的）使人们成为它手中较易制驭的工具而阻碍他们的发展，那么，它终将看到，民众便不能真正做出大的事业；它还将看到，它不惜牺牲一切而求得机器的完善，但由于它为求得机器较易使用而宁愿撤去了机器的基本动力，结果将使它一无所用。显然，在密尔的思想中，国家（政府）只是为了保障公民的个人自由，即为了实现公民个人的价值，这是国家最重要的财富。

五 杰斐逊论自由是最宝贵的权利

托马斯·杰斐逊（1743—1826）对美国乃至西方民主制的贡献，是将他的民主思想落实为政治制度，固定为法律法规，成了人们应当普遍遵循的行为规范。他的关于自由的思想也是如此。

美国独立战争后，大资产阶级和大种植园主惧怕民主势力的壮大，竭力主张限制民主。在1787年制定的宪法中不仅赋予美国总统以极大的权力，而且只字不提《独立宣言》中早已宣布的人民的权利，甚至鼓吹，

---

① 密尔：《论自由》，第120页。
② 同上书，第122页。

人民是"强横和反复无常的",应该由"富人和出身名门的人""永远掌握政权"。针对这种反民主的逆流,杰斐逊进行了坚决的抵制。他指出,人民是国家中一切权力的源泉。人民不是生来在背上就有一副鞍子,而少数幸运儿也不是生来就拿着马鞭和装上马刺、蒙上帝的恩惠可以随时理所当然地骑在人民的身上。他说:"人民是权力的惟一可靠的受托人,他们应在符合社会的秩序和安全的情况下,亲自行使他们力所能及的每一项职能。"① 他指出,应该"坚持在新宪法里附上一项人权法案,也就是说,在这一法案里,政府必须宣布:1. 信仰自由,2. 出版自由,3. 一切案件均由陪审团审判,4. 取缔商业垄断组织,5. 废除常备军"②。

杰斐逊十分强调言论自由、出版自由和信仰自由。

关于言论自由,他指出,一个共和政府必须尊重人民的言论自由,如果没有思想自由和表达思想的自由,人就不过是一架"肉的机器",只能靠外力而活动。他主张人民有权批评政府,不论这种批评对与不对。他认为人民有权利发牢骚、吐怨言,政府不应加以禁止或治罪。他说,在人民的意见变为公开行动之前,政府不应干涉意见的发表,政府只应干涉行动,而不能干涉意见。杰斐逊指出,人是有理性、有良知的,"自由若不是在理智的进步中生根和发展的,假如只是偶然地或靠武力来恢复的,那么,由于人民思想上没有准备,它仍会成为许多人、少数几个人,或者一个人的暴政"③。

关于出版自由,杰斐逊认为,出版自由比言论自由更重要,因为它影响到全国每个角落。他说,民主共和国必须要依靠理性和真理来治理,"所以我们的第一个目的就是向他敞开一切通往真理的途径。到现在为止我们所发现的最有效的途径,就是出版自由。因此,那些害怕自己行为受到查问的人,首先禁止的也是出版自由"④。当有人顾虑政府可能被报刊的谎言所打倒时,他说:"我心甘情愿让自己成为一项伟大的试验的对象,要通过试验来证明,一个正派的、得到共同谅解的政府是打不倒的,就连放肆的报刊的造谣也打不倒。"⑤ 相反,出版自由,可以防止统治者

---

① 吉尔贝·希纳尔:《杰斐逊评传》,第452—453页。
② 《杰斐逊文选》,商务印书馆1963年版,第55页。
③ 吉尔贝·希纳尔:《杰斐逊评传》,第453页。
④ 马啸原:《近代西方政治思想》,第228页。
⑤ 同上。

"用他们自己的意志来束缚人民",篡夺国家大权。

关于信仰自由,杰斐逊指出,信仰纯粹是个人的事情,国家不应干涉。"我的邻居说有二十个上帝也好,说没有上帝也好,都于我无损,这既没有偷走我口袋里的财物,也没有斩断我的腿。"① 他认为,强制信仰会使人心口不一而变得更坏,它使人变得虚伪而不能使人变得诚实,它使人坚持错误而不能使人悔改,只有信仰自由才会使人变得诚实,使社会风尚变得敦厚。他说:"强制的结果是什么呢?使世界上的人一半成了傻子,一半成了伪君子。使全世界的坏事和错误都有了靠山。"② 杰斐逊还认为,允许信仰自由和对宗教问题的自由探讨,对宗教的传播也是有好处的。他说:"假若罗马政府不曾容许自由探讨,基督教就不会得到传播。假若宗教改革时代不曾容许自由探讨,基督教的腐败现象就不可能得到清除,如果现在限制自由探讨,就会使现有的腐败事物受到庇护,而且使新的腐败事物滋长起来。"③

在以杰斐逊为首的民主派的斗争下,在人民群众的压力下和法国大革命的影响下,美国国会于1789年9月不得不通过宪法第一至第十条修正案,此修正案即所谓著名的《人权法案》,于1791年生效。资产阶级思想家倡导的关于"天赋人权"从此被载入国家根本大法,得到宪法的承认和保障,这是人类政治发展史上的一个重大事件,对以后各国的宪政产生了深远的影响。以后许多国家纷纷仿效,把言论、出版、信仰、结社等项自由作为公民的权利载入宪法,包括社会主义国家也不例外。

---

① 《杰斐逊文选》,商务印书馆1963年版,第76页。
② 马啸原:《近代西方政治思想》,第229页。
③ 同上。

第八章 分权制衡论

分权制衡论是关于国家—权力组织原则的学说。所谓分权，即权力不能集中于国家机构的某部门或某一部分人，自然更不容个人独揽；应当合理地分割成若干部分，为不同的国家机构和不同的人所掌管。所谓制衡，即彼此相分的权力应形成制约关系，其中任何一部分权力都不可能独占优势，使国家各部分权力在运行中保持总体平衡。这一理论的依据是人不是天使，人性是有弱点的。这一弱点在权力面前的表现就是人们都觊觎权力，一旦在握便要尽量地享用，致使权力滥用，政治腐败。

一 洛克的分权、限权理论

近代资产阶级的分权制衡论者首推洛克。

洛克（1632—1704）的分权理论是英国阶级斗争和资产阶级革命成果的产物，是英国议会民主的理论论证。

强调立法权

洛克认为，"立法权是指享有权利来指导如何运用国家的力量以保障这个社会及其成员的权力"[1]。所以，立法权是"国家的最高权力"；当共同体一旦把它交给某些人时，它便是神圣的和不可变更的。

除了立法权，还有执行权和对外权。执行权是负责执行被制定的和继续有效的法律；对外权是负责决定战争与和平、联合与联盟以及同国外进行一切事务的权力。

洛克所指的执行权和对外权，实际上均属行政权，因此，他所划分的

---

[1] 洛克：《政府论》下篇，第89页。

三权实际上是两权，是"两权分立"。立法权属于议会，国王只享有行政权。这种分权，在当时的英国是一种带有阶级性质的分权。

洛克强调立法权和执行权应当分开。他说："如果同一批人同时拥有制定和执行法律的权力，就会给人们的弱点以绝大诱惑，使他们动辄要攫取权力，借以使他们自己免于服从他们所制定的法律，并且在制定和执行法律时，使法律适合于他们自己的私人利益，因而他们就与社会的其余成员有不相同的利益，违反了社会和政府的目的。"① 洛克在这里阐明关于立法权和执行权应当相分的思想，表明他的分权思想不限于阶级性的一面，揭示了人类管理社会共同体的普遍性经验。

政府的权力不应当是无限的

虽然立法权是国家的最高权力，但它不是无限的专断的权力。立法权是人民赋予的，目的是要它制定法律保护人民的财产和自由，增进公众的福利，因此，它是服务和隶属于人民的。人民才是国家权力的真正所有者。

这样，洛克对国家权力制约的学说又作了另一方面的重要贡献。不但国家权力彼此间需要制约，而且国家的各部分权力无例外地要受到人民的制约。人民是制约国家权力更重要的力量。

他说，国家虽然只能有一个最高权力，即立法权，其余一切权力都是而且必须处于从属地位，但是，立法权既然是一种受委托的权力，"当人民发现立法行为与他们的委托相抵触时，人民仍然享有最高的权力来罢免或更换立法机关"。所以，立法权也是永远受制于人民的。于是，"社会始终保留着一种最高权力，以保卫自己不受任何团体、即使是他们的立法者的攻击和谋算"②。但洛克又认为，只有在"政府解体"时人民才能行使这种最高权力；"只要政府存在，立法权是最高的权力"。在一般情况下，人民需受政府的制约（管理）。

所谓"政府解体"，就是推翻侵犯人民利益的政府，直至建立他们认为适合的新的立法机关以谋求他们的安全和保障。

这样，洛克提出了人民具有革命权的论断。在洛克看来，人民始终

---

① 洛克：《政府论》下篇，第89页。
② 同上书，第92页。

保持着一种革命的权力，以防备政府的专断和对人民的奴役，人民对政府的服从是有条件的。一旦政府谋求自己的私利而侵犯人民的利益，人民就可以不再服从它，就可以收回他们的委托，直至推翻它。在洛克看来，政府没有绝对的权威。人民是国家权力最高和最终所有者，人民是制约国家权力的主导性力量，这是洛克权力制约学说中的民主主义精神。

二 孟德斯鸠的"三权分立"学说

完整地确立"三权分立"的分权制衡学说的是法国启蒙思想家孟德斯鸠。

孟德斯鸠（1689—1755）生活在17世纪末和18世纪前半期，此期间正是法国腐朽的封建君主专制制度发展到顶峰转向急剧没落的时代。封建专制制度成为资本主义经济发展的严重障碍。历史把资产阶级推上推翻反动专制制度、实行资产阶级革命的政治舞台。在这样的历史条件下，一代启蒙学者应运而生。时代给他们提出了反封建、反暴政、反教会，争民主、争自由，建立共和政体的历史任务。孟德斯鸠的《论法的精神》正体现着这种时代精神。

发表于1748年的《论法的精神》是孟德斯鸠花了将近20年的时间，总结他自己一生研究的成果，是他集政治、经济、哲学、法律、历史等方面研究成果的一部重要代表作。这部著作系统地论证了他自己的哲学思想和政治观点，明确地提出了以君主立宪制代替专制君主制的主张，因而成为资产阶级反对封建专制制度、夺取政权的理论武器，为行将到来的法国大革命作了思想上理论上的准备，在18世纪法国思想史上占有重要地位。

正是在《论法的精神》这部著作中，孟德斯鸠论述了他著名的"三权分立"的理论。

自由、法治、分权

孟德斯鸠的分权理论，是以维护人的自由权利为其出发点的。但是，什么是自由呢？孟德斯鸠正确地回答："政治自由并不是愿意做什么就做什么。""自由是做法律所许可的一切事情的权利；如果一个公民能够做法律所禁止的事情，他就不再有自由了，因为其他的人也同样会有这个权利。"① 他把自由与法治相结合，反对无法律依据的自由。

他进而指出，政治自由只在宽和的政府里存在，而即使在宽和的政府里，政治自由也不是经常存在的。只有在"权力不被滥用的时候才存在"。在他看来，权力不被滥用是实现政治自由最重要的条件了。"但是，一切有权力的人都容易滥用权力，这是万古不易的一条经验。有权力的人们使用权力非到了限度，决不休止。"因此，"要防止滥用权力，就必须以权力约束权力"②。这是孟德斯鸠提出的至理名言。

在这一思想指导下，他提出了分权制衡的理论。

他认为，只有法治，才会有宽和的政府，才会有公民的政治自由。但如果没有分权，法治就会遭到破坏。这样，他把分权作为实现法治的一个必要条件，把分权与反对封建专制统治、争取公民自由即资产阶级的政治自由联系起来；同改革整个封建君主国家的政治制度和实现资产阶级政治统治的斗争密切结合起来。在孟德斯鸠看来，这种实现分权和具有法治的所谓宽和政府的最好形式，就是英国的君主立宪制。因为"它的政制的直接目的就是政治自由"。于是，他在分析"英格兰政制"中提出并完善了洛克的国家权力结构说。

他首先正确地划分了国家的三种权力，指出："每一个国家有三种权力：（1）立法权力；（2）有关国际法事项的行政权力；（3）有关民政法规事项的行政权力。"依据第一种权力，国王或执政官制定临时的或永久的法律，并修正或废止已制定的法律。依据第二种权力，他们媾和或宣战，派遣或接受使节，维护公共安全，防御侵略。依据第三种权力，他们惩罚犯罪或裁决私人讼争。我们将称后者为司法权力，而第二种权力则简称为国家的行政权力。

这样，孟德斯鸠在资产阶级思想家中第一个正确地把国家权力划分为立法、行政、司法三个方面，从而为国家的权力结构奠定了理论基础。

同洛克一样，他反对把三种权力掌握在同一个机关或个别人手中。因为"一切权力合而为一，虽然没有专制君主的外观，但人们却时时感到

---

① 孟德斯鸠：《论法的精神》上册，第154页。
② 同上。

君主专制的存在"①。在这种情况下，公民的自由遭到毁灭。那是必然的。

他说："当立法权和行政权集中在同一个人或同一个机关之手，自由便不复存在了；因为人们将要害怕这个国王或议会制定暴虐的法律，并暴虐地执行这些法律。

"如果司法权不同立法权和行政权分立，自由也就不存在了。如果司法权同立法权合而为一，则将对公民的生命和自由施行专断的权力，因为法官就是立法者。如果司法权同行政权合而为一，法官便将握有压迫者的力量。

"如果同一个人或是由重要人物、贵族或平民组成的同一个机关行使这三种权力，即制定法律权、执行公共决议权和裁判私人犯罪或争讼权，则一切便都完了。"②

"因此，企图实行专制的君主总是首先独揽各种职权。"③

孟德斯鸠所指出的情况，都是有历史根据的。当时的土耳其，三种权力集于苏丹一身，在那里可怖的暴政统治着一切。即使是共和国，如像当时的意大利，由于三种权力合而不分，自由反不如实行分权的君主制国家。在三权合一的国家中，"同一个机关，既是法律执行者，又享有立法者的全部权力。它可以用它的'一般意志'去蹂躏全国；因为它还有司法权，它又可以用它的'个别的意志'去毁灭每一个公民"④。

三权分属与行政居优

那么，三种国家权力如何分别掌握于不同的机关和不同的人呢？

孟德斯鸠认为，司法权不应授予一个常设性的元老院；应当每年在一定的时期内，依照法定的方式，由全体人民中挑选出一些人来组成一个法庭，行使这种权力。法庭久暂视需要而定。他认为采取这种方式的好处是：人人望而生畏的司法权既不专归某个特定等级，也不专属某种特定职业，变得视而不见，若有若无，人们就只怕官职不怕官员了。

立法权和行政权可交给一些官员或常设性团体掌握，因为它们并不是

---

① 孟德斯鸠：《论法的精神》上册，第157页。
② 同上书，第156页。
③ 同上。
④ 同上。

对任何个人行使的,"一种权力(指立法权)无非是国家的一般意志,另一种权力(指行政权)无非是这种一般意志的执行"。

孟德斯鸠认为,在一个自由的国家里,应该自己来统治自己,所以立法权应该由人民集体享有;人民应派代表来做他们自己所不能做的事情。他说:"各地区的公民在选择代表时都应该有投票权。"他又认为,在一个国家里,总有一些人出身、财富或声望高于一般人,如果他们也和其他人一样只有一票,那么公共自由将成为对他们的奴役,而且他们也不会有保卫这种自由的任何兴趣,因为大多数的决议将会是和他们作对的。因此,孟德斯鸠认为:"他们参与立法权的程度应该和他们在国家中所享有的其他利益成正比例。""因此,贵族团体和由选举产生的代表平民的团体应同时拥有立法权。二者有各自的议会、各自的考虑,也各有自己的见解和利益。"①

孟德斯鸠在此提出了两院制(参议院、众议院或上院、下院)的设想,即立法权一分为二,分别归属于贵族和资产者,在立法过程中各以否决权互相制约。

关于行政权,孟德斯鸠认为应该掌握在一位君主手中,因为政府的这一部分几乎永远需要随机应变,由一个人比由多数人掌握更好,反之,立法权则是多数人比单独一人更好。

孟德斯鸠在阐述三权分属基础上,更重视建立它们之间的相互制约关系。在三权关系中,孟德斯鸠既不视三权平等,也不像洛克那样,赋予立法权高于行政权的地位。在他看来,三权中,司法权相对于立法权和行政权来说并不重要,"司法权在某种意义上可以说是不存在的"②,国家政权中最有影响的,是行政权和立法权,权力制衡也就主要是指这两种权力的关系。可见,虽然孟氏提出权力制衡,然而在立法权和行政权之间,他是偏袒行政权的。他主张行政权拥有废除立法权决议的权力和解散立法议会的权力,因为"如果行政权没有制止立法机关越权行为的权力,立法机关将要变成专制;因为它把它所能想象到的一切权力都授予自己,而把其余二权毁灭"③。对于立法权,孟氏则认为不能同行政权具有同等的权力。

---

① 孟德斯鸠:《论法的精神》上册,第159页。
② 同上书,第160页。
③ 同上书,第161页。

他说:"立法机关不应有权审讯行政者本身,并因而审讯他的行为。他本身应该是神圣不可侵犯的,因为行政者之不可侵犯,对国家防止立法机关趋于专制来说是很必要的。行政者一旦被控告或审讯,自由就完了。"①孟德斯鸠由此总结道:"如上所述,行政应通过它的'反对权'来参与立法;否则,它必将失去它的特权。但是,立法如参与行政,行政也同样要失去它的权力。"②

孟德斯鸠赋予行政权享有重要特权,而对立法权,处处提防它趋向专制。这同洛克的思想相比已有了很大的变化。在洛克那里立法权为最高权力,主要是立法权制约行政权。奉行的是"议会至上"的原则。其原因在于,洛克的使命是通过加强议会权力来削弱或架空王权。而孟氏所处的时代,英国的封建王权基本上被摧毁,行政权已被资产阶级所握,如果不再限制立法权,被统治阶级便可以利用议会给资产阶级制造麻烦。资产阶级在未取得国家权力时需要议会限制行政权力,在取得权力之后则要求议会不干扰它的统治。孟德斯鸠推出行政权和立法权的新关系,反映了改变政治地位后的资产阶级(英国)的政治要求。这种突出行政权的政治结构,不可能实现国家诸权力之间的平衡。

同洛克的比较

孟德斯鸠的分权制衡说,发展并完善了洛克的"二权分立"说。他把国家权力正确地划分为立法、行政、司法三部分,对这三部分如何分属,如何行使其职责作了具体说明;同时,他在对国家权力的合理分工的基础上,又指出彼此间如何互相监督,互相制约,进行协调工作,防止国家权力被某一机构或某一集团所独揽和滥用。这对确保法治和公民的自由,确保资产阶级的阶级统治具有重要意义。孟德斯鸠因此以完善"三权分立"说而享有盛名。

但是,在权力制约的民主意义上,孟德斯鸠却不及洛克。

首先,在三权中,洛克视立法权为国家最高权力,以立法权制约行政权;而孟氏则赋予行政权特别重要的职权,他主张行政权拥有否定立法权决议的权力和解散立法议会的权力,他防范立法专政,而声称行政权神圣

---

① 孟德斯鸠:《论法的精神》上册,第162页。
② 同上书,第163页。

不可侵犯。这样，他把国家权力的重心由立法权转移到了行政权。行政权是国家权力中直接与社会发生联系的部分，是对社会最有影响也最有威胁的一种政治力量，它应该是权力制约的重心，可是孟氏却赋予它极大的特权，尽力减少对它的制约，而对所谓"立法专制"倒分外关注，这未免有失偏颇。

其次，对国家权力的制约，孟德斯鸠局限于以权力制约权力，即局限于国家三种权力间的互相制约。洛克除了重视国家权力的相互制约外，更强调人民对国家权力的制约。他认为，政府的权力不能是无限的，不应当是绝对的权威，认为政府中任何一部分权力包括立法机关和它的最高执行者，如果违背了人民当初建立政府的目的，人民可以不服从它，收回曾给予的权力。可见洛克不限于国家权力内部的分工与制衡，他站在更高的政治视角上考虑对国家权力的制约，这又是孟德斯鸠所不及的。孟氏的分权制衡说同他的整个政治理论一样，具有温和、妥协的色彩。

孟德斯鸠的分权制衡学说，锋芒所指是法国封建专制制度，他反对把国家权力集中于君主一个人之手，无疑具有反封建的历史进步性。尽管他对当时法国封建等级制进行了无情的揭露，由于反封建的不彻底性，却没有得出必须用革命手段推翻封建统治的革命主张。他主张走改良的道路，主张以英国式的君主立宪制来革新法国政治。分权说在一个方面反映了他的温和的政治纲领。但是，他的著作和思想对法国革命、对世界各国资产阶级革命，影响深远。他的分权原则，作为反对封建专制、争取资产阶级自由权利和政治统治的武器，在 1789 年法国大革命的《人权宣言》和 1787 年的美国宪法中都得到了反映，对资产阶级国家政权建设，都起着不可忽视的积极作用。

三 杰斐逊对分权制衡说的重要贡献

在洛克、孟德斯鸠之外和之后，对分权制衡学说贡献和影响较大的可算是杰斐逊。

杰斐逊分权制衡说的特点

托马斯·杰斐逊（1743—1826）是美国独立战争时期和建国初期杰出的资产阶级革命家、启蒙思想家和民主派领袖，他在美国创建初期的半个多世纪中对美国政治制度的民主化起了重要的推动作用,是美国民主传统的奠基者。

杰斐逊年轻时就受到欧洲民主思想的熏陶。1769年当选为弗吉尼亚州议员。1775年参加第二届大陆会议,并受托起草著名的《独立宣言》,《宣言》是杰斐逊为美国人民反英斗争所写下的最光辉的文献。1779年当选为弗吉尼亚州州长,卸任后出使法国。1790年回国后被华盛顿任命为第一届联邦政府国务卿。1791年和麦迪逊等人组建共和党并为该党领袖。1796年,当选为副总统。1801—1809年,连任两届美国总统。在执政期间,杰斐逊采取了一系列有利于美国民主和经济发展的措施。他的一生是与美国争取独立和建立民主共和国的斗争联系在一起的,功绩卓著,影响深远。

杰斐逊将洛克、卢梭的人民主权思想同孟德斯鸠的分权制衡原则成功地结合起来,第一次将启蒙思想家的主张付之于实践,这就形成了他的权力制约理论的一个重要特点:以"人民主权"论为基础的权力制约说。孟德斯鸠主张权力相分,互相制约,但仅限于国家权力之间的相互制约,即立法、行政、司法之间的相互制约;更由于他主张君主立宪,他的民主思想因而是倾向于保守的。卢梭主张主权在民,倡导直接民权,认定权力不能转让,不能分割,这种小国寡民思想使他的民主理论有很大的缺陷,很大程度上是一个幻想。杰斐逊吸取两者合理因素,舍弃其局限成分,丰富、发展了孟德斯鸠与卢梭的民主理论,成功地创造了大国实现民主共和国的先例。

人民必须控制政府

美国建国时期的思想家认为,人类的弱点使政府存在着蜕变的可能。麦迪逊就说过如下深刻的话:"如果人都是天使,就不需要任何政府了。如果是天使统治人,就不需要对政府有任何外来的或内在的控制了。"[①]杰斐逊更明确地指出:"地球上任何一个政府,都表现出人类弱点的某些痕迹,某些腐败和蜕化的因素。……每个政府如果只是委托给人民的统治者,就会蜕化。因此,人民自己才是惟一可靠的委托人。"[②] 由此他竭力

[①] 《联邦党人文集》,第264页。
[②] 〔美〕吉尔贝·希纳尔:《杰斐逊评传》,第457页。

主张人民对政府的控制，认为这是防止政府腐败、保障人民自由幸福的关键。

杰斐逊指出："人们对于他们政府机关的控制，是衡量一个政府是否为共和制的标准。"这是杰斐逊民主思想的精髓。人民控制政府的重要手段之一，是自由地选举和罢免自己的代表。人民应当实行统治，"但是人民不是亲身、而是由他们的代表，即由每个成年的、精神正常的男子选出的代表进行统治"。同样重要的是，人民"可以自由地通过他们所共同关心的事情；他们可以随时个别地撤换这些代表，或在形式上在职能上改变代表的组织"。"否则，民选的代表仍然可能蜕变成豺狼。"① 通过普选、罢免的手段，达到控制政府的目的，可以"温和地"、"安全地"矫正弊政，在缺乏这种补救方法的地方，弊政则常需要用革命的刀剑才能斩除。为此，他提出健全普选制的意见。意见之一是增加投票的人数。他指出英国政府之所以腐败，就是因为只有十分之一的人才享有选举议员的权力，因而无法避免收买选票和行贿舞弊的行为。如果扩大选举权，把左右国家政权的力量真正交给人民，让每个公民都享有几分最高的权势，这样，任何私人依仗钱势就都无法收买全体人民。他说："我相信，我们可以减轻买卖选票的危险，其方法就是大大增加投票人数，以致令人无法进行任何收买。"② 意见之二是反对议员长期任职，因为长期任职易于脱离人民。他说，这些代表或者要随时选出，或者选举间隔时期要短，以便保证代表们真正反映选民的意志。"距离公民的直接的、经常的控制愈远，政府的共和性质就越少。"对政府的控制，除选举和罢免外，还应当经常地参与对当地政府和对高级政府的监督，使自己不仅在一年一度中只有在进行选举的那一天，而是每天都是国家事务的参与者和管理者。他说："当这个州里没有一个人不是本州大大小小参议会的议员时，他们就会宁愿粉身碎骨，也不肯让恺撒或拿破仑那样的人来夺取他们的权力。"③

杰斐逊还认为，当政府损害了人民的自由和幸福，人民就有权予以变更或废除，并建立新政府，这是人民控制政府的一种特殊的必要的方式。当然，不是要人民轻率地去使用这种权利，正像在《独立宣言》中也申

---

① 《杰斐逊文选》，商务印书馆1963年版，第51页。
② 同上书，第57页。
③ 同上书，第58页。

明的那样:"诚然,谨慎的心理会主宰着人们的意识,认为不应该为了轻微的、暂时的原因而把设立已久的政府予以变更;而过去一切的经验也正是表明,只要当那些罪恶尚可容忍时,人类总是宁愿默然忍受,而不愿废除他们所习惯了的那种政治形式以恢复他们自己的权利。然而,当一个政府恶贯满盈、倒行逆施、一贯地奉行着那一个目标,显然是企图把人民抑压在绝对专制主义的淫威之下时,人民就有这种权利,人民就有这种义务,来推翻那样的政府,而为他们未来的安全设立新的保障。"[1]

分权论的集大成者

为了使国家权力保持均衡状态,杰斐逊在实践中调整了立法、行政、司法之间的关系;他还提出并实行了中央与地方之间的分权,即所谓纵向分权,发展了孟德斯鸠的分权学说。

洛克和孟德斯鸠的分权学说,皆是带有阶级性质的分权(前者是新兴资产阶级与封建贵族之间的分权,后者是资产阶级的内部分权)。杰斐逊则是在主权在民和自由原则下的分权。他认为,三权必须分立,不应当使一种权力能超越其合法限度而不被其他权力有效地加以制止和限制,否则,民主就会蜕变为专制。他认为,立法机关如果违背了人民保护者的责任,或者掌握、行使了宪法授予范围以外的权力,立法机关就专制了。他说:"政府的一切权力——立法、行政和司法,均归于立法机关。把这些权力集中在同一些人手中,正是专制政体的定义。这些权力将由许多人行使,而不是由一个人行使,情况也不会有所缓和。"[2] 他又认为,最高法院的权力也同样必须加以限制。当时最高法院首席法官马歇尔根据1787年宪法的规定,经常以"违宪"为理由判决并宣布国会通过的法律无效。司法机关的权力在国会和总统之上,并且成为阻碍社会进步的堡垒。杰斐逊感到最高法院的权力过大,法官是一切宪法问题的最终仲裁者是很危险的,它会把美国人民放在一个寡头统治的暴政之下。因此,他运用他作为总统的权力力图对最高法院的任意性加以牵制。后来,他又认为最大的危险来自行政元首的权力,因此必须对总统的权力特别加以限制;因为总统的权力过大,很容易导致个人专制。他特别担心由于宪法没有规定总统的

---

[1] 引自李道揆《美国政治和美国政府》,第746页。
[2] 见《联邦党人文集》,第254页。

任期，连选连任制将会为总统终身制铺平道路，而终身制必然会诱发个人权力的膨胀，最终使共和制名存实亡。由此，他坚决反对总统连选连任，主张总统只能任期4年，不能再次被选为总统。后来虽作了让步，同意可以连选连任，但坚决不同意连任三次。他自己在连选连任总统8年后，于1808年主动辞退，果断地放弃竞选第三任总统，成为继华盛顿之后又为后人创造真诚实践民主制的光辉范例。以后，总统任期不得超过两届就成为美国的一项政治制度。

除了三种权力应保持平衡、互相牵制外，杰斐逊还主张立法机构建立两院制，对提案实行双重审议。他说："在立法机构方面，我们认为经验已经表明，把问题交给两个不同的审议机构是有好处的。"① 建立两院制的办法是或者规定其中一院的议员年龄必须较大，或者在选出的议员中用抽签的办法把他们分为两院，并且定期不断重新划分两院成员以防结党营私。两院制不仅可以使立法机构互相约束，而且重大议案的双重审议有利于集思广益，避免疏漏。议会实行双院制，也为各国提供了仿效的范例。

为了防止权力过分集中于中央机构，形成极权体制，杰斐逊还提出了中央与地方的分权以及层层分权的意见，这是对孟德斯鸠分权说的重大发展。当时，汉密尔顿强调中央集权，为大资产阶级建立强大的中央集权政府服务。杰斐逊则认为，除了一部分必须由联邦政府集中的权力外，反对把权力过分地集中于联邦政府。中央机构应当是强有力的，但不应当是万事的总管。他主张把国家权力分散到地方各级政府。以便形成权力纵向制约机制，即中央政府与地方政府，以及地方政府与地方政府之间的相互制约的权力结构，以有效地防止中央政府走向专制。他说："如果国内外一切政务，事无巨细，均集中到作为一切权力中心的华盛顿的话，一个政府部门对于另一个政府部门的牵制就成为无力的了，并且变为……腐败和暴虐的了。""把一切州权都集中到全国政府手中，就会增加盗窃、投机、掠劫、冗官及钻营官职的机会。"② 他建议把国家的防务、对外和州际关系的协调委托给中央政府；各州掌握公民权利、法律、警察及一般涉及州事务的行政管理；各郡掌管郡的地方事务，各区管理区内有关事务，这就是层层分权的地方自治制度，把全国分割成大小不同的共和国，直至使每

---

① 引自《资产阶级政治家关于人权、自由、平等、博爱言论选录》，第90页。
② 刘绍贤主编：《欧美政治思想史》，第317页。

个人管理自己的眼睛可以监视到的范围,使一切都可以管理得尽善尽美。他设想区的面积应为6平方公里,可设一个初级学校,一队民兵,一个执法官和法警,选举一个或二三个陪审员出席县法院,每区都自己照顾本区贫民,自己建设街道,自己选举一切行政官吏,"这样,每个街区就会成为一个小共和国,州内的每一个人就会成为共和国的政府的积极成员"[①]。"惟有在这种政府的治理下,每一个人才会随时响应法律的号召,争先恐后地奔到法律的旗帜跟前,把公共秩序看做自己的私事,对一切侵害公共秩序的现象做斗争。"[②]

杰斐逊为美国建立完善的共和制倾注了毕生的心血。他在理论和实践上所奠定的分权制衡制度,一直指导着美国的政治生活,成为美国精神的重要组成部分。

[①] 刘绍贤主编:《欧美政治思想史》,第317页。
[②] 《杰斐逊文选》,商务印书馆1963年版,第23—24页。

第九章　代议制政府论

民主的理论一再申明国家的主权属于人民，政府是人民委托的办事机构，人民建立国家是为了使社会中每个成员的权利不受到侵犯。这一理论要达到它的目的，必须有相应的制度保障。分权制衡的理论已涉及这一问题，代议制政府的理论则具有更重要的意义。这一问题在启蒙思想家那里谈得较少，除潘恩已提到这一问题外，很少见到这方面的思想资料，因为那时还缺少实践经验。只是到了19世纪中叶，才产生这方面的理论成果，其代表人物是英国杰出的政治思想家密尔。

一　潘恩——代议制政府理论的开创者

托马斯·潘恩（1737—1809）是资产阶级革命时期启蒙思想家，美国争取独立时期资产阶级民主派代表人物。他生于英国，1774年移居北美，不久加入北美独立运动，参加北美独立战争。1787年回到欧洲，参加法国大革命，参与《人权宣言》起草和制宪工作，1790年回英国，因撰写《论人权》、支持法国革命而遭到英政府的迫害，再度回到法国。在法国又因他站在吉伦特派一边，反对处死国王路易十六，被雅各宾党投进监狱，在美国营救下一年后出狱。1802年返回美国，在贫困中度过最后几年。《论人权》集中反映了他的民主主义思想。

关于政府产生的根源，潘恩归结为三大类。第一，迷信。第二，权力。第三，社会的共同利益和人类的共同权利。

第一种是受僧侣控制的政府。第二种是征服者的政府。第三种是理性的政府。

第一种政府是靠迷信维持统治的政府，它乞灵于神谕，把所谓神说的那一套变为法律。这种政府能维持多久，要看迷信能维持多久。

第二种政府是依靠暴力建立起来的政府。这样建立起来的政府，支持它们的力量存在多久，它们也存在多久。这类政府为了维持自己的生存，把欺骗和暴力相结合，建立起神权的偶像。①

第三种政府是理性的政府，即是从社会中产生的，是人类为了社会的共同利益和人类的共同权利而建立的政府。潘恩指出，考察政府的起源，不外两种情况，"政府不是出自人民之中，就是凌驾于人民之上"②。他赞同契约说。但他不同意政府是统治者与被统治者之间订立的一种契约的说法。因为人必然先于政府而存在，这就必然有一段时间并不存在什么政府，因而也就不存在可以与之订约的统治者。因此他指出："实际情况是，许多个人以他自己的自主权利互相订立一种契约以产生政府；这是政府有权利由此产生的惟一方式，也是政府有权利赖以存在的惟一原则。"③他纠正了那种政府能够作为同全体人民订立契约的一方的错误说法，这等于承认政府在取得存在的权利之前就已经存在了。他指出："人民与那些行使政府职权的人之间惟一能够发生契约关系，乃是在人民选中和雇用这些人并付给他们报酬之后。"④

可见，理性的政府与由迷信或暴力所建立的政府截然不同，它以人民主权为基础，是人民选择的结果。人民主权是永恒的，不可剥夺的，而政府的权力是暂时的。这与卢梭的意见完全一致。他说："一国的国民任何时候都具有一种不可剥夺的固有权利去废除任何一种它认为不合适的政府，并建立一个符合它的利益、意愿和幸福的政府。"⑤

潘恩因此反对君主制、贵族制和世袭制。世袭制是强加于人的，不适合建立政府的目的。"一切世袭制按其本质来说是暴政"⑥，"是杜绝知识的最有效的一种形式"⑦。这种政体的存在，简直是理性与人类的奇耻大辱。

他还深刻指出，共和政体体现自然状态，而君主政体则体现不平等的

---

① 《潘恩选集》，第144页。
② 同上书，第145页。
③ 同上。
④ 同上书，第254页。
⑤ 同上书，第213页。
⑥ 同上书，第237页。
⑦ 同上书，第245页。

权力。在共和政体下,人民的领袖假使不称职,可以通过投票撤换,而国王只能通过武力撤换。在前一场合,即使投票失败,投票者的安全是不受影响的;但在后一场合,如果尝试失败,那就是死亡。这也就是说:"在一种情况中成为我们权利的东西,在另一种情况中竟会是我们的毁灭。"由此可以得出以下结论:"把我们的权利变成我们的毁灭的那种政体,必然不可能是一个正确的政体。"①

潘恩推崇共和政体,这种政体"很自然地同代议的形式结合起来,因为代议制最适合于达到国民要付出代价来支持的目标"②。它是为了个人和集体的公共利益而建立和工作的政府。

但是,当时有人认为,共和政体不适用于幅员广大的国家。对此,潘恩提出了"简单民主制"的概念,分析了简单民主制与代议制的区别。这是潘恩对民主理论的重要贡献。

他指出,认为共和政体不适用于幅员广大的国家的人,首先是,把政府的职责误认为政府的体制,因为respublica对无论多大领土和多少人口都是适用的。其次是,他们所理解的共和政体只是像古代民主制那样一种政府体制,即简单民主形式,这种形式是不具备代议性质的。这里,潘恩指出了民主制的两种形式,一种是古代的简单民主制,如雅典城邦民主制,我们亦称为直接民主,它在形式上确实是简单的,是受着幅员和人口的限制的。另一种是代议制。潘恩指出,问题不在于共和国的范围不能扩大,而在于它不能在简单的民主形式基础上扩大。这就自然提出一个问题:在共和国变得领土过大和人口过多而不适用于简单的民主形式之后,什么是管理这个respublica或国家的公共事务的最好的政府体制呢?③

潘恩认为,既不能是君主制,也不是贵族制。前者由于知识不足而受到限制,后者同君主制具有同样的罪恶和短处。那么,简单民主制的缺陷,不是由于它的原则,而是在于它的形式。所以,只要把民主制作为基础保留下来,同时摒弃腐败的君主制和贵族制,代议制就应运而生;而代议制一经产生,就立即弥补简单民主制在形式上的各种缺陷以及其他两种体制在知识方面的无能。它的优越性,潘恩指出,"简单民主制是社会不

---

① 《潘恩选集》,第85—86页。
② 同上书,第244页。
③ 同上。

借助辅助手段而自己管理自己。把代议制同民主制结合起来，就可以获得一种能够容纳和联合一切不同利益和不同大小的领土与不同数量的人口的政府体制；而这种体制在效力方面也胜过世袭政府"①。

潘恩说，美国政府就是建立在这种体制之上的，这正在成为现代社会人人赞美的目标和典范。这是所有的政府中最容易理解和最合适的一种，并且马上可以把世袭制的愚昧和不稳以及简单民主制的缺陷一扫而空。他认为，甚至在领土有限的国家中，代议制也比简单的民主制可取。雅典如采用代议制，就会胜过原有的民主制。

潘恩还认为，所谓政府不过是使社会各部分团结的一个中心。要做到这点，除了采用能增进社会的各种利益的代议制外，别无他法。"代议制集中了社会各部分和整体的利益所必需的知识。它使政府始终处于成熟的状态。""它永远不年轻，也永远不老。它既不年幼无知，也不老朽昏聩。它从不躺在摇篮里，也从来不拄拐杖。它不让知识和权力脱节，而且正如政府所应当的那样，摆脱了一切个人的偶然性，因而比所谓的君主制优越。"②代议制始终同大自然的秩序和规律并行不悖，并且在各方面与人的理性相适应；代议制把大量关于政府问题的知识普及全国，从而扫除了愚昧，杜绝了欺骗。在代议制下，随便做哪一件事都必须把道理向公众讲清楚，每一个人都是政府的经管人，把了解政府情况看做是他分内之事；最重要的是，他从来不采取盲目服从其他政府称为"领袖"的那种奴才作风。

总之，"代议制以社会和文明作为基础，以自然、理性和经验作为指导"。"自然既然如此安排，政府也必须循此前进，否则，政府就会如我们看到的那样，退化为愚昧无知。"③

潘恩是代议制理论的奠基者，尽管他还没有论述代议制的各种细节问题，重要的是已经被他发现了。这是一个伟大的发现。代议制，足可堪称是人类近代民主的伟大创造。

二 密尔——代议制理论的经典作家

进入 19 世纪后，西方政治思想家对民主理论的研究由抽象转变为务

---

① 《潘恩选集》，第 246 页。
② 同上书，第 246—247 页。
③ 同上书，第 241 页。

实,对制度建设提供自己的意见,密尔为其主要代表。他的《代议制政府》一书为资产阶级的议会制奠定了理论基础,直到现在,西方国家仍把这本书视为研究议会制政府的必读之书。

在密尔之前,他的老师、功利主义的创始人边沁(1748—1832)就研究资本主义政治制度问题。边沁是18世纪末19世纪初英国著名的伦理学家、法学家,他第一个将功利主义原则系统地运用到政治思想领域,在西方政治思想史上有重要的地位和影响。

边沁论政府制度的改革

边沁提出自由政府与专制政府的区别,首先要看它权力分配如何?自由国家最高权力是分配于不同的阶级的。其次看它的统治者和被统治者之间的关系如何?在自由国家中,统治者与被统治者的利益是容易调和变换的。此外,自由国家的公民可以公开地指出和尽情地讨论每一项法令,无论是哪个人还是哪个阶级都可以安全地讲出他们的怨言,提出抗议,享有出版自由、结社自由、言论自由。

边沁提出了公民对政府的态度的原则。他说:"在一个法制政府之下,善良公民的金科玉律是什么呢?那就是'严正地服从,自由地批判'。"[①] 他认为,一种制度应当去找出它的毛病,不断地批判,不断地改进,才能不断地增进幸福。他还认为,一个自由政府依靠这种自由批判,可以比专制政府较少发生激烈的挑衅行为的革命;而当革命成为必要的时候,不能通过暴烈行动,应通过自由批判,使革命成为一种不激烈的正常变化。

边沁对当时英国政治制度的弊病提出了他的改革意见,主要有:(1) 成年识字的男子都应有选举权。(2) 秘密投票,即无记名投票,以防止选举中的威胁、利诱。(3) 国会要每年改选一次,以防议员以权牟私,也便于他们同选举人接触。其中(1)、(2) 两点以后被普遍采用。

对于议员的设立,他提出要废除英国的上议院,只留下代表民众的立法机关的下议院,认为由贵族组成的上议院是不合理的。如果说上议院代表的是全体的利益,那么已经有代表全体的下议院,上议院就是多余的;如果说上议院代表的是个人的利益,那么它根本就没有存在的理由。对于

---

① 引自《西方法律思想史资料选编》,第480页。

议员，他也提出：议员必须以选民意见为根据；不受政府左右；不担任行政官员；经济补贴一样；任期为一年。

作为一个法学家，他在法律改革方面更提出了许多改进意见，还草拟宪法、民法、刑法。他的改革思想和方案，对19世纪及以后的英国政治改革发生了巨大的影响。

继边沁之后，密尔利用功利主义和自由主义思想，对议会制政府作了系统的论述。

政府形式优劣的标准

密尔对这个问题的回答立足于功利主义。他指出，检验政府好坏的标准应当是"社会利益的总和"①。他认为政府整个来说只是一个手段，手段的适当性必须依赖于它的合目的性。政府的目的，是促进社会的利益，因此要以是否促进社会利益作为检验政府好坏的标准。密尔进一步分析指出，好政府的第一要素就是组成社会的人们的美德和智慧。可以设想，当政府管理者是无知、愚蠢、持有偏见，那么这个政府肯定搞不好。如果政府官员是具有卓越美德和智慧的人，而围绕着他们的是有道德和开明的公众，这就是一个好政府。所以他还强调，政府的一个重要职责就是增进被统治者的品质；其增进程度愈大，政府就愈好。

好政府的第二个要素是政府机器本身的性质。所谓"政府机器本身的性质"，就是"它适于利用每个时候存在的全部好性质来帮助实现正当目的的程度"②。密尔以司法制度来说明这个问题。司法制度一旦确定，执法上的优点就和组成法庭的人员的价值以及影响或控制他们的舆论的价值成比例。好的司法制度必然能够使社会中的全部道德的和智力的价值对执法施加影响，并使它对执法的结果充分起作用而采用各种办法。如：有益的诉讼程序；允许对任何差错进行公开的评论和批评；通过报刊进行讨论和指责的自由；接近法庭的便利；等等。这就是说，良好的司法制度，除完备的法规、健全的司法机构外，还要有优秀的执法人员和具有公共精神的公众。政府的行政部门，情况也是这样。如果进行控制的官员和他们所要控制的官员一样腐败或玩忽职守，如果作为控制整个政府的主体的公

---

① 密尔：《代议制政府》，第17页。
② 同上书，第27页。

众太无知，太消极。那么，即使有最好的行政机构也不会得到多大好处。所以，好政府的第二个标准是政府机器本身好，能有效地将人民组织起来，管好社会事务，促进社会利益。

当然密尔也看到，评价政府的好坏，要立足于现有的人民的实际水平，有利于进一步提高和改善人民的品质。比如，尚处于蒙昧的未开化状态的人民需要学会服从，才能进入文明社会；这时候具有专制的政府才能管理好社会，它是适合当时人民品质的有效的政府形式。但仅看到这一点还不够，还必须考虑到，这种形式是否会妨碍人民品质的进一步提高和改善。埃及的等级制度，中国的父权专制政治，对于把这些民族提高到它们已达到的文明程度来说都是很合适的工具。"但是一经达到那种程度以后，由于缺乏精神自由和个性，它们就永远停止下来了。"①

君主制不是好的政府形式

密尔要推崇代议制政府，首先要否定君主制政府。长期以来英国有句谚语说，假定能保证有一个好的专制君主，君主专制政体就是最好的政府形式。密尔说，这是极端的也是最有害的见解。

首先，要靠一个好君主管理社会是不可能的。如果有一个好君主能管理好社会，这意味着他是一个洞察一切的君王，他必须在任何时候都能详细地正确地了解国家的每个地区每个行政部门的行为和工作，能够在24小时内有效地注意广阔领域的一切部分，必须能辨别和选出那些能管理公共事务的忠实而有能力的人。这是难以做到的。一个君主是无法差强人意地具有非凡才能和精力来承担这些任务，即使是最好的君主也无法管理好国家各个方面的事务。

退一步讲，即使有这样一位非凡才能和精力的君主能管理好全部社会事务，情形将会怎样呢？绝对的权力产生消极被动的人民，或者说，"消极被动暗合在绝对权力这个观念本身中"②。

密尔指出，当整个民族，以及组成民族的每个人，对他们自己的命运没有任何发言权，关于他们的集体利益不运用自己的意志，一切都由非他们自己的意志的意志为他们作决定，违反这种意志是法律上的犯罪，在这

---

① 密尔：《代议制政府》，第34页。
② 同上书，第38页。

种制度下能造成什么样的人呢？那就是思想和智力缺乏活力，道德衰退。密尔指出："当一个人不能为他的国家做任何事情，他也就不关心他的国家。"所以，"在专制国家最多只有一个爱国者，就是专制君主自己"①。人民远离政治，他们的智慧只是用于关心物质利益和私生活。如果这样，必定是这个民族衰落时代的开始，它往往会被更强大的君主国所征服。

或者，我们再假设有一个好的专制君主，他不包揽一切公共事务，是一个遵守立宪政府的规则的君主，容许出版和言论自由，这无疑可以减少专制政府的许多害处。但在这样的情况下，人民的政治能动性就发展起来，他们不再是政府舆论的应声虫，因而势必产生与君主意见相反的情况。这对君主就提出了挑战。此时，君主如听从人民的意见，那么他就不再是专制君主，而是立宪君主了；如果不是这样，他就必须用他的专制权力将反对意见压制下去，或者出现人民和独夫之间的持久对抗，从而不再是一个好君主了。这是一个好的专制君主的假设无法克服的难题。

同以前的思想家相比，密尔对君主制的批判，思想深刻，富有新意，他立足于人民应具有公共精神的美德，应具有智力和独立思想能力，因而甚至连好的君主制也予以否定了。君主制无存在的任何理由，人类只能选择民主制了。

理想上最好的政府形式是代议制政府

密尔首先肯定一般意义上的民主制，进而指出代议制政府是最理想的政府形式。民主制政府的优越性表现在两个方面：它比任何其他政体更有利于提供良好的管理；也比其他任何政体更有助于人民的道德、智力和积极能力的提高。

第一，民主制政府有利于社会事务的良好管理，有利于增加社会福利。密尔指出，只有在民主制下，个人的权利和利益才能得到保证，免遭忽视。密尔说："每个人是他自己的权利和利益的惟一可靠保卫者——是深谋远虑的基本准则。"② 可是许多人对此感到极大厌恶，并公然诬蔑为自私的学说。但事实是，人通常总是爱自己胜于爱别人，爱和自己接近的人胜于爱较疏远的人。虽然我们不能相信普遍的自私，但以下情况无须假

---

① 密尔：《代议制政府》，第39页。
② 同上书，第44页。

设："当权力存在于一个排他的阶级手中时，该阶级将明知和有意地为自己而牺牲其他阶级的利益。"① 只有人人有权捍卫、支配自己权益的民主制，才能避免产生此类情形。古希腊的城邦同古波斯帝国相比，现代共和国同专制国相比，都证明民主制越广泛的国家，越利于社会利益的改善，越利于社会的普遍繁荣。

第二，只有在民主制下才能有利于提高和改善人民的道德、智慧和积极的能力，有利于民族性格的发展。密尔把人的性格区分为积极的和消极的，即是同邪恶作斗争的性格或是忍受邪恶的性格，是适应环境的性格还是使环境适应自己的性格。他说，消极的性格为道学家所赞成，是独夫的统治或少数几个人的统治所喜爱的。"服从命令是一切政府对完全不参加政府的人们当做自然法则谆谆教诲的"②。但是，这和自治相对立。虽然法律必须服从，但人绝不是统治者手中单纯的工具或材料。为了人类的进步，需要积极性格。智力上的优越是积极努力的结果，不断前进、不断尝试的积极精神是成功之母。在民主制政体下，每人立足于平等，充分享有自由的权利，才能推动积极性格的发展。当有人被排斥在政体之外，从门外向自己命运的主宰者恳求，那是令人沮丧的。在民主制下，公民能轮流担任社会职务，参加管理，这样，就容易培养起积极主动的精神和努力向上的性格，从而有利于人们道德水平和智力水平的提高和改善。

在论证了民主制的优点后，密尔进一步提出"理想上最好的政府形式是代议制政府"的论断。同彻底民权主义者那样，密尔赞同主权在民，所以他说过"理想上最好的政府形式就是主权或作为最后手段的最高支配权力属于社会整个集体的那种政府"，但是，这对于国土较大，人口较多的国家来说，全体人民参加政府管理是不可能的。就是说，既要坚持人民主权的原则，又要考虑到领土较大国家的条件，只能是代议制政府。密尔正确指出："显然能够充分满足社会所有要求的惟一政府是全体人民参加的政府；任何参加，即使是参加最小的公共职务也是有益的；这种参加范围大小应到处和社会一般进步程度所允许的范围一样；只有容许所有的人在国家主权中都有一份才是终究可以想望的。但是，既然在面积和人口超过一个小市镇的社会里除去公共事务的某些极次要的部分外，所有的人

---

① 密尔：《代议制政府》，第45页。
② 同上书，第52页。

亲自参加公共事务是不可能的,从而就可以得出结论说,一个完善政府的理想类型一定是代议制政府了。"① 这样就克服了简单民主制的局限性,又发扬了民主制的一般原则。

关于代议制政府或政体的概念(本质),密尔指出:就是全体人民或一大部分人民通过由他们定期选出的代表行使最后的控制权。他们必须完全握有这个最后的权力。无论什么时候只要他们高兴,他们就是支配政府一切行动的主人。不需要由宪法本身给他们以这种控制权。② 这就是说,代议制政府的最高权力归于人民的代表;这些代表由人民定期选出;代表组成的团体有权支配政府的一切行动;代表行使权力时不受宪法和法律的限制。

代议制政府容易有的弊病和危险

理想上最好的政府并不意味着不再会有弊病。在密尔看来,代议制政府容易有的弊病和危险有两条:一是代议团体以及控制该团体的民意在智力上偏低的危险;二是同一阶级的人构成的多数实行阶级立法的危险。

密尔认为,由于选举制的毛病,智力优秀、道德高尚的人往往反而不被选进代议团体,以致使代议团体、议会中智力条件不能优化,由此引起种种不好的后果。例如,撵走一个好阁员或提升和支持一个坏阁员;对阁员们的滥用职权加以纵容或姑息;废除好的法律,制定坏的法律;或固执地墨守旧的弊端;等等。"如此种种就是从代表的构成不保证议会中适当的才智和知识而产生的代议制政府的危险。"③

关于代议制受到和社会普遍福利不同的利益影响的危险,即所谓"阶级立法"的危险,是指由同一阶级的人构成的多数制定只有利于某一阶级的利益而不顾社会普遍福利的法律。这种情况,在君主制和贵族制中是明显可以见到的。问题是民主制是否会有类似的情况发生呢?密尔的回答是肯定的。假定多数是白人,少数是黑人,或者反过来也一样:多数会让少数得到公平审判吗?假定多数是天主教徒,少数是新教徒,或者反过来,不会有同样危险吗?

---

① 密尔:《代议制政府》,第55页。
② 同上书,第68页。
③ 同上书,第91页。

为什么民主制也不能避免"阶级立法"的危险呢?密尔认为,人一旦掌握了权力,人性中坏的部分,对于眼前私人利益的追求的欲望就会在心中很快燃烧起来。他说,人人都知道,以一个人处于普通人的地位的行事来推论他处于专制君主地位将同样行事,那会是何等可笑。处于后一种地位时,他的人性中的坏的部分,不是受到他的生活状况和周围的人的限制和压抑,而是受到所有的人的阿谀奉承,并且一切情况都对他有利。他指出:"一个人或一个阶级的人,一发现他们手中有权力,这个人的个人利益或这个阶级的独有的利益就在他们的心目中具有更大的重要性。""这就是建立在普遍经验之上的、人们被权力所败坏的普遍规律。"[1]

因此,"民主制,和所有其他的政府形式一样,最大危险之一在于掌权者的有害的利益,这就是阶级立法的危险;就是意图实现(不管是否真正实现)统治阶级的眼前利益,永远损害全体的那种统治的危险"。要防止这种危险的出现,密尔提出了克服的方法是:"任何阶级,或是任何可能联合起来的阶级联合,都不应该在政府中发挥压倒一切的影响。"[2] 在社会分裂为两大阶级的现代社会,代议制要做到理想上的完善,其组织就必须是这样:"这两个阶级——体力劳动者及其同类为一方,雇主及其同类为另一方——在代议制度的安排上保持平衡,每一方左右着议会内大致相同的票。"[3] 密尔实际上提出了防止"议会专制"的重要问题并且就如何克服"议会专制"贡献出宝贵的意见。这一意见将权力制衡的原则运用于议会立法和议会活动。

真正的民主制和虚假的民主制

为了防止代议制产生上述危险,密尔进一步在理论上阐明了"真正的民主制"和"虚假的民主制"的概念。

"真正的民主制"是代表全体的民主制,"虚假的民主制"是仅仅代表多数的民主制。密尔认为,代议制民主制应当是真正的民主制,即是代表全体、而不是仅仅代表多数的民主制,密尔又把这种民主制称谓"纯粹的民主制"。他指出,以上两个概念常常容易混淆,实际上有极不相同

---

[1] 密尔:《代议制政府》,第96页。
[2] 同上书,第98—99页。
[3] 同上书,第99页。

的内容。通常认为,迄今所实行的民主制,是独占代表权的人民的简单多数所治理的全民的政府,它利于人民的多数,只有这个多数在国家有发言权。然而,这样的民主制,在密尔看来实际上是"特权的政府"①。因为它排斥了少数。

密尔认为,少数必须服从多数,应该被多数压倒,但这并不是说,少数不应该有代表,少数的意见不必要听取。在一个真正的民主制国家里,任何部分人都会有其代表(当然是按比例的),而且和多数一样有充分的代表权。要不是这样,就是不平等的特权的政府,即人民的一部分统治其余部分,一部分人被剥夺他们在代表制中的影响。"这违反一切公正的政府,但首先是违反民主制原则,民主制是声言以平等作为它的根底和基础的。"② 密尔还指出:"这种不公正和对原则的违反,并不因为受害的是少数罪恶就小一些。"③ 少数应有适当的代表,这是民主制不可缺少的部分,没有它民主制成了"虚伪的装潢"。

密尔之所以重视少数人的代表权,重视代表全体的民主制,是出于他对当时代议制政府实际情况的估计;出于他关于对抗职能的理论;出于反对阶级立法和滥用权力,出于防止代议制民主的两个主要的危险。

他说:"现代文明的代议制政府,其自然趋势是朝向集体的平庸,这种趋势由于选举权的不断下降和扩大而增强,其结果就是将主要权力置于越来越低于最高社会教养水平的阶级手中。"④ 那些有高度智力和优良品质的人,却因总是少数因而在虚假民主制中往往没有发言人,那么,要防止阶级立法的害处只能依赖阶级本身的良知、自律的克己精神了。但是这种限制是十分有限,难以生效的。密尔因此充分阐明作为少数对于防止政府衰退的重要意义。

密尔认为,政府衰退乃是因为缺乏"对抗的职能"。在每一个政府中都存在着一种比其余更强大的力量,这种最强大的力量总是倾向于变成惟一的力量,它有意无意地总是力求使其他的一切屈从于自己。"但是,如果它成功地把一切对抗势力压下去,按照它自己的模子铸造一切,那么,

---

① 密尔:《代议制政府》,第 101 页。
② 同上书,第 102 页。
③ 同上书,第 103 页。
④ 同上书,第 112 页。

这个国家的进步就会终结，而衰退就此开始。"① 当社会中最强大力量和某个对抗力量之间，精神权威和世俗权威之间，地主阶级和劳动阶级之间，国王和人民之间，正统教会和宗教改革者之间进行着斗争的时候，社会才会有长期继续的进步，当任何一方取得斗争的完全胜利，不再发生冲突，最初的停滞就跟着发生，然后就是衰退。

密尔还进一步指出，认为多数掌权较为公正较少危害，实际上伴随着更为确定的危险。因为当政府掌握在一个人或几个人手中时，民众总是作为一种对抗力量而存在着，虽然他们可能不能控制前者，但总还能得到社会的支持。当民主制是至高无上的时候，少数几个人的意见微不足道，往往找不到强大的支持者作为他们的后盾。密尔因此呼吁："到目前为止民主制政府的一项巨大困难似乎是如何在一个民主社会里为个人抵抗统治权力提供一种社会支持，即一种支点。""它是被占优势的公众舆论所轻视的那些意见和利益提供的一种保护，一种集合点。""只有在有教养的少数这部分人中才能够给民主制的多数的本能倾向找到一种补充或使之臻于完善的矫正物。"②

密尔提出"对抗的职能"，重视少数人的合法权益，以防止代议制政府的危险，即防止阶级立法、防止滥用权力、防止平庸。"在这种有对抗职能的政府里，各种有才智的人的利益和意见虽然居于少数但仍然会被听到，并会有机会依靠品质的分量和论点的有力得到照他们的人数说来得不到的影响。这种民主政体，才是惟一平等的、惟一公正的、惟一由一切人治理的一切人的政府、惟一真正的民主政体。"③

密尔关于两种民主制的论述，丰富了民主理论，对于纠正当时和以后民主制中的缺陷有重要指导意义。当然，完全的民主制，始终是相比较而言的。

议会制建设的几个问题

密尔除论述代议制政府诸重要理论问题外，还就议会制政府建设的问题一一作了讨论。

---

① 密尔：《代议制政府》，第114页。
② 同上书，第115页。
③ 同上书，第125页。

（一）关于议会的职能

密尔指出，代议制议会的第一个职能是监督和控制政府。他说："代议制议会的适当职能不是管理——这是它完全不适合的——而是监督和控制政府：把政府的行为公开出来，迫使其对人们认为有问题的一切行为作出充分的说明和辩解；谴责那些该受责备的行为，并且，如果组成政府的人员滥用职权，或者履行责任的方式同国民的明显舆论相冲突，就将他们撤职，并明白地或事实上任命其后继人。"[①]

密尔认为，对政府事务的控制和实际去做这些事务，其间有着根本的区别。一个人或一个团体可以控制一切事情，但不可能做一切事情；而且许多情况下它亲自去做的事情愈少，它对一切事情的控制就愈完全。军队指挥官如果亲自参加战斗或率领队伍去袭击，就不能有效地指挥军队。用这一理论来界定议会的职能，那就是人数众多的代议团体不应当管理国家事务，甚至事无巨细对负责行政管理的人发号令，也是有害的，即使这种干涉是好心好意的。一个团体能比任何个人做得好的是对问题的考虑；当听取或考虑许多相冲突的意见成为必要的事情时，一个进行审议的团体就是不可缺少的。但政府的行政则是一种技术性业务，有许多重要原则和管理方式，要经过专门知识的训练才会适宜去做。因此，议会的职责，不是由它来裁决行政事务，而是选择能胜任对行政事务作出正确裁决的人。密尔指出，如果以为议会和它的代表享有国家的最高权力，因而企图干涉行政事务，这就是滥用了议会的权力，是代议制政府面临的实际危险之一。

通常认为，立法和修订法律是议会的基本职责。关于这一点，密尔认为，人数众多的议会也不适宜于直接的立法事务。这是因为，立法更需要有专门经验和经过专门训练的人去做。法律的每一条乃至每一措词都需有充分的理由并且恰如其分，又要考虑与其他条款的联系，与其他法律的衔接，与根本法的原则一致等，这就需要训练有素的专门几个人的委员会去做，议会只是决定派谁去做并决定法案的认可或否认。在整个立法工作中，立法委员会"将仅仅体现创设法律方面的智慧因素，议会将代表意志因素"[②]。总之，议会不具体介入立法工作，但它统率立法工作。

---

① 密尔：《代议制政府》，第80页。
② 同上书，第78页。

议会的第二个职能，"其重要性不亚于上述职能：既是国民的诉苦委员会，又是他们表达意见的大会"①。议会是一个舞台，在这个舞台上，不仅国民的一般意见，而且每一部分意见，以及国民中杰出个人的意见，都能充分地表达出来。在那里，这个国家的每个人都可以指望有某个人把他想要说的话说出来，并且和他自己说得一样好或者比他自己说得更好。在那里，每个政党或每种意见都能检阅自己的力量，比较准确地了解它的追随者的人数或力量。在那里，国民中占优势的意见明白显示它的优势，这等于在政府面前集合队伍，从而迫使政府作出让步。在那里，政治家可以远比依据任何其他信号更可靠地弄明白何种意见和力量正在发展，何种正在衰退，从而在制定措施时不仅注意当前急务而且注意发展中的倾向。

但是，反对议会制的人常常把议会"讥笑为纯粹清谈和空谈的场所"，密尔认为，"很少有比这更大的误会"②。密尔说，当问题关系到国家巨大公共利益的时候，我不知道还有比代议制这种在谈论中工作更好的形式。在议会中，每一种利益和每一种意见，都能在政府以及其他利益和意见面前进行热烈的辩护；这是"最重要的一种政治制度和自由政府的头等好处之一"③。总之，议会的作用就是表明各种需要，成为反映人民要求的机关和关于大小公共事务的所有意见进行争论的场所；还有，通过批评，最终是通过不给予支持，对高级官员进行制约。

（二）关于选举权问题

关于选举权，密尔提出了关于比例选举法和复票权两种主张，这两种主张同他关于防止议会制民主政体中的"阶级立法"和议会中智力偏低、趋向平庸的倾向的观点是密切联系着的。

鉴于当时英国议员选举法剥夺了少数代表权，使议会只是代表多数而不代表全体，造成"多数的暴虐"，密尔因而提出应让少数同多数一样享有充分的代表权；少数并不因为它是少数而被剥夺代表权，除了被多数压倒之外，再也没有自己的声音。为此，他赞成黑尔当时提出的比例选举法的方案，以保证少数人在议会里有自己的代表，使少数人的意见在议会里得到表达。

---

① 密尔：《代议制政府》，第80页。
② 同上书，第81页。
③ 同上。

密尔主张扩大选举权。他认为只要纳税、守法的公民都应享有选举权，否则是不公平的，是同民主制的平等原则相悖的，而且会导致统治者忽视这些人的利益。他甚至提倡妇女应有选举权，这比边沁只承认男子有选举权前进了一步。但是，密尔认为，随着选举权的扩大、普及，大多数选民是劳动者，就会使代议制政府面临知识水平下降和阶级立法的双重危险。为了防止这种危险的趋势，又主张把选举权只给那些受过教育的人。此外，对领取救济金的人、破产者、长期不交税的人都应取消其选举资格。

密尔在选举问题上还有一个重要的主张，就是提出复票权的原则。所谓复票权，就是指应当给道德、才智较高的人享有两票或两票以上的选举权。他认为，虽然每人都有公认的发言权，但这绝不是说每人的发言具有同等价值。他反对把复票权作为一种特权，同有权力的人和财富联起来，认为这是极为讨厌的。复票权的标准只能由个人智力上的优越性来确定。应该通过普遍的考试对人的教育进行检验以确定是否给予复票权。他还申明，复票权同样应向穷人开放，只要他们能证明自己有较高的道德、才智，就有资格享有复票的特权。密尔认为，复票权的方向"是代议制政府的真正理想"，按这一方向去做，"是真正的政治进步的道路"[1]。

（三）关于代议制政府的行政

密尔把代议制的议会与担负行政的政府正确地加以区别，两者的职责不同，因而工作原则也有明显的区别。密尔对代议制政府的行政工作提出了若干重要的原则。

（1）个人负责制。每一种行政职务，不论高低，应该是委派给某个特定个人的职责。"当任何人都不知道谁应负责的时候，责任就等于零。""当要求两个以上的负责官员对同一行为表示同意时，责任就削弱了。"[2] 一旦委员会共同负责一件事，那时责任就徒有虚名，就不知道究竟是谁应对某事负责任。所以委员会不是处理行政事务的适宜工具，委员会只是可以作为顾问，以咨询性质发挥它的作用。

（2）行政官员不应是由选举产生的。密尔认为，好政府的一个最重要的原则是，任何行政官员都不应该根据人民的选举来任命，也不根据他

---

[1] 密尔：《代议制政府》，第136页。
[2] 同上书，第190—191页。

们的代表的投票来任命。这是因为，政府的全部工作都需要有专门的技术，因而必须具备特殊的知识和技术，或具备这方面的经验才能承担这项繁重的工作。凡是无须某种竞争方式的下级公务人员，由各大臣直接负责选任并有权免职。在所有政府官员中，最不应由人民选举产生的是司法官员。

（3）构成公共服务常备力量的重要人员，不随政治变动而变动。政府各部门的公务人员，不应随政治变动而变动，他们留在政府部门，用他们的经验和传统协助每一位部长、向他们提供业务知识，并在部长的监督下从事具体业务。这些人随着年龄的增长而升级，除非行为不端被免职。对这些人的任命，是通过公开考试竞争，择优任命，以后对这些人的提升则是按资历和选拔的混合制度进行。

密尔提出的代议制政府的行政管理原则，对西方国家行政制度产生很大影响。英国最早形成了近代文官制度。它适应两党制需要，适应社会公共事务复杂化的需要，对保证国家改革的连续性，提高办事效率，都有积极作用。这些原则，也先后被世界各国所借鉴。

第三篇

近代西方民主运动

第十章 民主、运动和革命

民主运动作为民主理想和民主制度的中介

西方民主发轫于希腊和罗马。在希腊，关于民主的改革（或变法，著名的有梭伦改革、德摩斯梯尼法案）或实践先于关于民主的理论或构想。亚里士多德关于雅典政治和《政治学》的著作，是在雅典古典民主制已消失的时代写成的，是对古代民主政治的纯客观的叙述。近代民主与古代民主不一样。虽然近代民主建立在中世纪城邦自治、文艺复兴基础上，但局部世界史范围的、取得实质性进展的近代民主史，是在17至19世纪取得的。理论先于运动并在运动中日渐成熟与明确，是近代民主的特征。继承文艺复兴后期自然法学派的传统，洛克和法国启蒙主义者、19世纪密尔关于代议制政府、葛德文关于政治正义的理论，是近代民主理想的主流。

民主的理论具有很强的理想特征，兑现理论的运动可能既沉重又显得漫长。孟德斯鸠和洛克的民主理论较为中庸，他们的理想实践起来也似乎与构想相差不大；卢梭把启蒙主义政治理想推上了顶峰，但雅各宾派的实践多少在历史上留下比较可怕的阴影。

把英国的光荣革命、美国革命、法国革命说成是洛克、孟德斯鸠、卢梭理论的兑现是不够确切的，虽然在革命过程中，这些伟大的思想被当作旗帜。包括革命在内的近代民主进程，既是早期民主理论的实践，又是对这些理论的检验。理论上比较小的差异在实践上可能产生非常不同的结果，如吉伦特派和雅各宾派。同时，被理论家忽略或以为不值得太重视的问题，可能在实践上产生很严重的问题。更有甚者，那些认为可一下子解决问题的想法，做起来可能产生的问题要比要解决的问题更严重。

制度，尤其是固定化为法律甚至宪法的制度，与理论之间既有历史的辩证关系又有逻辑的辩证关系。理论一是要考虑现实的可行性，二是要考虑逻辑的一贯性。思想家往往在后一个问题上绞尽脑汁。制度往往是解决某些经验问题的做法的习惯化或者模式化。可行性或解决问题，是制度的第一要旨。在制度上，理想成了条条框框、华丽的东西，推理的东西变少了。

民主和文化传统

近代民主制度在世界范围的建立充满着暴力，这是近代民主运动的重要特征之一。用暴力打碎旧的专制制度，建立民主制度，这个观念因卢梭与法国大革命而深入人心。这也是十足的近代观念。实际上，民主制度的一个重要目标恰恰在于废除政治强制，在于在政治生活和公共生活中遵守共同的规则（宪法），公开地表达政治喜好，和平地、理性地、以宪法规定的方式获取政治资源，从而使政治生活能有效地杜绝暴力、阴谋和政变。这的确是西方古代民主制度，尤其是雅典民主制度的巨大魅力。也是它留给近代世界的最丰厚的遗产。平民可以随时出入最高行政长官的官邸，只需一次大会表决，就使处在权力顶峰的人成为一介百姓或遭放逐，而对此，他毫无怨言。在古代罗马共和国后期，为最高行政长官配备类似于保镖一样的人，而保镖只是手持棍棒，身随长官而已；这个最低限度的对政治大人物的"人身保护"，竟是"法西斯"这个使当代人感到非常可怕的词的来源。而罗马共和国的最初的危机，也就是政治生活中的暴力化倾向——这种暴力不过是气愤的平民跑到政治领袖家中，将他羞辱一番。在古代西方，人们不相信暴力可以创造甚至恢复民主。

这就引出了民主与文化传统的话题。人们可以很容易地在孔子和苏格拉底的学说中发现某些相同的见解，甚至还有人可以在孟子"民为贵"的话中发现民主的萌芽。但是，当我们制度性地考察中国古代政治与西方古代政治时，就会发现，巨大的、本质的差异始终是第一位的。中国有悠久的法制传统，却没有现代称作宪法的东西，也没有公民权的概念，没有形式化的法制意识，法律至上的观念从未确立。政治被认为是最神圣的领域之一，也因此，它完全不向大众开放。它还是最令人恐惧的领域，恰恰是那些进入最高权力圈的人最缺少安全感。政治资源是垄断性的，表面的一致性压倒一切。在西方，一致性限于法律（宪政）和规则上，而在广泛的领域中保障人的自由，容许人们在政治喜好、政策取向上有极大的差异。在中国，一致性要求在政治喜好、政策取向上，要效忠而不是反驳。政治派别与权力斗争一般采取隐蔽的形式,一旦出现公开的斗争则表明政治已陷入危机。相反,在西方,政治派别是公开的,权力斗争也是公开的,不同见解的政治家可以相互反驳、辩论(有时发展到中国人认为实在有失体统的诋毁),这叫"反对",合法化的反对。

东西文化还塑造了不同的政治人形象。在中国,政治人物不许有鲜明的个性,他是在幕后达成的一致性的代言人,所以地位越高,越注意讲话的措词、分寸;政治家以"大人"、"长(长辈)官"身份出现,他们时时自我感到也让人感到他们是高高在上、在道德等各方面有特殊能力的人,精英意识发展到神圣地步。在西方,政治人是有自己形象、个性的人,他要树立不同于别人而又受到认同的形象,所以他坦率发表意见、发展修辞术,展示他的才华与魅力,他的形象不是圣人,而是能人。

撇开经济学家、社会学家对近代民主产生条件的那些精彩分析,光从文化的角度,我们便会得出结论,那些承袭希腊、罗马文化遗产的民族,建立近代民主的历程要稍微快一些。西欧快于东欧,因为在东欧,强大的古典西方文化遗产拜占庭化了,东正教化了。但西方文化渊源的影响仍然是有的。在拉美,近代早期君主制的西班牙殖民地为其开始,民主的建立也稍有困难。政治生活虽动荡,秩序难以建立,但公开性、反对意见的表达是典型的。再往东,至广大的儒教文化圈,是一种完全不同的文化,一种对政治与西方完全不同的理解。在这种文化环境中建立民主制度,必然遇到极大的困难。在中国,宪政在1905年似乎就有了端倪,但是,必须在文化上先有突破,否则,真正的民主制度难以建立。

民主作为运动

近代民主制度的建立和完善,不论在单个国家,还是在全世界,都经历了一个长期的、动荡的而又反复的过程。从进步的眼光来看,的确可以视近代世界政治史为一部民主运动史。运动这个词有若干含义。首先,它有比较明确的目标或纲领。这些目标或纲领虽然在一开始或较短的时间内可能不明显,但在较长的历史中加以考察,它们会变得越来越明确、具体和强烈。因此它表现为一种发展过程。在西方,一开始它表现为思想家的某些或多或少系统化、理想化或打上本人烙印的构想,然后,政治家借助群众的力量把它们有修正地细化为若干改造现行政治生活的要求。这种要求在一开始可能是很温和的、建设性的、改良性的,以后却可能变得激进。再者,胜者或暂时胜者一方将其形式化、法律化,固定为一种永久性的、历史性的进步。其次,运动是在较长的历史时间内反复出现与逐步强化的。民主在历史中就成了日益强化与明显的主题,而且不同的时代,有不同的主题或要求。这可称为民主运动的阶段性。在第一阶段,可能是挤入上层的资产阶级获得获取政治资源的权利,在中间阶段,可能是普选权的实行,等等。最后,运动是一种大规模的、动员不同阶层的人进入运动中的群众性事件。动员是运动的本质。在一开始,卷入运动的可能是精英阶层。然后,不同的阶层的不同的需要都逐渐被唤起。不同的阶层往往在达到其基本目的时,希望将运动停止在某一阶段;但其他阶层却不答应,希望将运动继续向前推进。因此,民主运动不断地向纵深发展,显示出越来越深刻的特点。世界性的民主运动现在并未结束,可能尚在进程之中。但它将向何方发展,在有些阶层、地区可能明确,在其他阶层与地区,可能并不明确。

民主作为革命过程

人类历史的确进入了一个全新的时期。19世纪和20世纪,从西方到东方,一个普遍的、世界范围内的现象是,在以往几乎为所有思想家所排斥、为所有统治者与大众视为大逆不道的、以彻底变革社会各方面为目标的暴力行为,即革命,被极度理想化甚至意识形态化了。这两个世纪的世界史,的确可以称为大革命的世界史。由于革命的观念深入人心,社会各个方面,也的确发生了前所未有的变化。现代世界发展步伐加快,也许与革命观念与意识深入人心有关。在以往,最激进的改革家也要从现状出发,谋求一种和平的、建设性的也是理性的改造方案。

英国革命亦称"革命",尤其是克伦威尔把查理一世送上断头台。但英国革命还保有一种妥协的特征。法国革命以及在此之前的伟大的启蒙运动,使革命观念深入人心。从此以后,巷战、断头台就成了革命者的家常便饭。也因革命之深入人心,近现代世界史才史无前例地充满着暴力。

从西向东,革命的热情逐渐高涨。在西方,武装对抗是革命进程之中涌现出来的事,而在其他地方,武装斗争则是革命的最重要的内容,也是革命一开始就出现的事实。革命的目标的探求越来越让位于革命的手段的寻求,因此暴力的、暴动的、造反的倾向越来越重。在西方,革命是对立双方矛盾的短时间内的激化，而经过一次两次军事行动、巷战，胜负就分出了，而且，这也许是西方历史的幸运，在革命的呼声和理论向前发展的同时，在社会中又不断响起理性和秩序的呼声——例如，在法国，复辟时期就是如此。第二国际的修正主义化深深地扎根在西欧社会政治史进程之中。而且，不久，在国内事务中，和平和协商的势头又加重了。和平主义至少在19世纪末的西欧与美国，在国内政治事务中又居主流。但革命的火种向东、向南蔓延。在广大的非西方国家，革命除了要达到民主，即改革国内社会制度的任务以外，还要担负赶走殖民主义、帝国主义的任务。结果，任务越繁重，革命就越持久，社会就越长时期地陷入对抗与动荡。革命持续得越久，人们为之付出的代价就愈大。联想到伟大的中国革命，每个人都能领会这一点。

与运动相比，革命有三个特征。第一，革命意味着猛烈的、大规模的暴力行为。当然，暴力在运动中是难免的，但革命总是将暴力推向顶峰。如处死国王，镇压、搜捕。第二，也是最重要的，革命把目标直接对准政治权力，或者说是大规模的、以夺取最高统治权（占领行政首脑的官府并将其逮捕；占领电台、电视台，总之，尽可能夺取全国发令和发送信息的机关）。显然，政变具有同样的特征。但是革命一般是在运动过程中并把运动推向顶峰的。运动的特征也是革命的特征。第三，革命往往把运动的纲领、目标完全细化到战略战术，革命的理论除了具有一般的民主运动的理论的特点而外，特别发展出了战争的理论、战役的理论。这往往是东方国家对革命和运动的贡献。因为在西方，革命发展为战争谋略、战略战术的现象并未发展起来，军事家和革命家有距离。只是在长期的武装对抗中，也只是在东方和非洲，革命和运动才显得没有区别，战争也成为"革命战争"。

只是到了20世纪末期，和平、发展和理性才又成了世界性的历史潮流。从世界范围看，革命的热情除了在非洲一些国家以外，似乎已经减退。但是民主运动，包括西方社会在内，不会就此停顿下来。人们对民主的理解和期望发展到何种地步，民主运动就会发展到何种地步，未来世纪的民主运动，在规模和方式上肯定有别于18至20世纪。

西方民主运动

后面几章简单勾画西方民主运动及其特征。发轫于文艺复兴时期意大利市政国家，在 16—17 世纪的尼德兰先得到发展的近代西方民主运动，经过一定的沉寂之后，在英国革命中重新焕发出力量。英国、美国和法国是近代西方民主史的三大模式和典型，而整个 18、19 世纪西方政治史，几乎是围绕它们展开的。19 世纪 70 年代是近代民主运动的分水岭，在此之前，民主运动过多地表现为巷战、断头台和流血，而在此之后，议会的、和平的斗争形式占据了主流。在三大民主国家之外，意大利、奥地利和德意志，民主以其特有的方式悄悄地获得进展。在奥匈帝国松散统治下的东欧各民族，民族意识和民主意识同时得到发展，它们在国际事务中处于受支配地位，19 世纪后期民主进展甚微，20 世纪又在战争中受到摧残。它们完全体现西方民主的近代特征，又经过了一个世纪的岁月。俄国处在东西方交界处，整个 19 世纪，处在抵抗、压制民主的阶段。20 世纪，经摸索一段以后，又走向西方方式。

第十一章　英国方式

　　17 世纪的英国革命是近代民主运动第一次成功的革命，英国革命的方式、结果，制度特点，已成为近现代连绵不断的、以民主为旗号的、普及全世界的革命的典范之一。研究革命史、制度史的人，都将英国革命视为最典型的代表之一。

　　英国革命取得了世界性的、深刻而广泛的影响。但是，若进行细致的考察，英国革命和它以后同样变成典范的法国革命、美国革命与俄国革命（当代学者又加上中国革命）相比，差别大得令人吃惊。[①] 第一，在英国革命中，革命者没有革命的口号和意识，不像法国、美国以及俄国、中国革命那样，在革命前，革命者就举起革命宣言，制定革命纲领，或有一套完整的建国方略。相比之下，英国内战双方都有仓促上阵的特点。第二，令人们奇怪的是，从政治结构上讲，1640 年以前的政治结构几乎原封不动地保留在 1688 年以后，直至现在。革命前是国王、议会，革命后也是。革命前是两院制，革命后也是。英国革命就好像是把一度脱轨、反常的制度又拉回到正轨上去一样。[②]

　　和其他革命比起来，英国革命表现出的中庸、妥协的精神，在三百年制度变迁的风风雨雨中，引起广泛的、不同的反应。它令改良精神较浓、离革命理想较远的政治家感到向往，令革命激情比较激荡，发现社会弊端后要求一下子解决的革命者感到不满和惋惜。

---

　　① D. 赫斯特说英国革命找不到革命的主张、目标和明确的手段，甚至不能说是一场革命，但革命真的爆发了。(见《英国革命的起源》，载王觉非编：《英国的政治和社会现代化》，南京大学出版社 1991 年版，第 81 页。)

　　② J. S. 莫里尔说："英国内战不是要废除君主制，而是要控制它；不是要削弱现存社会显贵的权力，而是要使之制度化。"(见《英国革命的性质》，载王觉非编：《英国的政治和社会现代化》，南京大学出版社 1991 年版，第 100 页。)

一　英国的政治传统

英国政治的传统结构：议会与王权的演变

把英国民主运动局限在 17 世纪是不确切的。应该叙述英国民主制度"硬件"逐渐形成过程。早在 10 世纪，英国封建国家政治制度的形成，就潜存了近代政治制度的萌芽。"贤人会议"便是这种萌芽。贤人会议 8 世纪就存在，没有固定的成员，没有固定的时间与地点，它由国王临时决定，成员来自大主教、贵族、近臣内侍，主要讨论发放赐地文书等问题。9 世纪，贤人会议有权举荐国王的继承者。到 10 世纪，盎格鲁—撒克逊的埃塞斯坦把贤人会议开成最有代表性和最有权威性的贵族代表大会。在 931 年一次会议中，参加的有英格兰国王、威尔士亲王、37 名 "塞恩"、13 名郡级长官和统辖几个郡的大区长官（长老）、3 名修道院院长、15 名主教。"在萨克森时代后期，当国家发生危机时，贤人会议的权力不受限制。在国王缺席时，它有选举后继者的权利，不但继承的次序可以变更，即王室本身亦可任意挑选。"①

在这个世纪，王室也发展起来了。王室发展为三个部门，国王寝室，发展成会议室，王家政府中心；藏衣室，发展为国库；写字间，发展为办公室、秘书厅（chancezy）。

11 世纪诺曼征服时，王国的中央机关王堂建立起来了，并在以后两个世纪中起了作用。到 12 世纪中，全国通行一种法律，即由王堂议定，由王室法院颁布。陪审制度也发展起来了。

13 世纪议会的发展使英国政治进入新阶段。1258 年，亨利三世要宫廷会议支持其攻打西西里的计划。1258 年 7 个男爵武装去见国王，要求实行政治改革。由国王的 12 名宫廷会议成员和 12 名诸侯代表组成改革联席会议，批准了《牛津条款》，这次会议把一切权力交给由 15 名诸侯组成的宫廷会议，得不到它的同意，国王不得采取任何措施。会议还选出 12 人立法委员会，一年聚会三次，与 15 人会议共理国事。以后的宫廷会议有权任命首席政法官、王室总监和其他官员、各郡郡守。英国的议会开始在与王权的相互制约中萌芽、发展，逐趋制度化。1265

---

① 蒋孟引主编：《英国史》，第 59 页。

年伦敦会议进一步扩大议会的成员，参加者除了高级教士和男爵，每郡两名骑士以外，还增加了各自治市两名市民代表。这次会议总共只有5个伯爵和17个男爵参加，其余皆为市民和下层群众代表。这次会议是议会的起源。同年3月8日，议会规定国王必须宣誓拥护新政府，否则将剥夺其王位。

1265年以后，议会断断续续召开，但骑士和市民代表并不积极参加。到13世纪末，议会明显地分为两级：市民代表和骑士代表单独或秘密开会，贵族代表也如此。逐渐形成下院和上院，但此时还尚未分立。13世纪议会由国王自任主席。不经议会允许不得征税是这时期的议会所取得的重大成就。

在英法百年战争（1337—1453）中，议会有了进一步的发展。议会的三个等级（高级教士、世俗显贵即伯爵男爵、平民）各自分别对国王的要求作出答复。1343年伦敦议会时，高级教士和世俗显贵被指派在王宫的白色厅堂集会，骑士和市民则在彩色厅堂集会，分别讨论国王事务。这是两院制的正式起源。1348年议会规定，从此以后，没有议会的授予和同意，国王的宫廷会议不得征课任何税收，也不得用贷款来收税。而且本届议会还得指定两名高级教士、两名贵族和两名法官来听取和考察由下院在上届议会所提出的尚未得到答复的一切请求。为此，得有下院所挑选的4或6人出席，以便使上述请求在本届议会得到合理的答复。至于以前充分答复过的那些请求，必须兑现而不得改变。

到14世纪，王室发展成为宫廷会议，成为王国政府的核心机构。它的成员有首席政法官、王宫总监、财政大臣、王堂法官等组成。首席政法官（justicial）相当于后来的首相，主管行政与司法事务。国家的法令虽有议会通过，但由宫廷会议起草。

此外，议会还有对大臣的弹劾权，并享有言论自由的特权。

英国政治传统的特征

研究英国的民主运动史得追溯到10世纪起的英国政治结构。政治结构的重要方面是王权与议会两种政治机构的发展与制度化。一方面，王权是围绕王室发展起来的，随着社会的发展（城市的兴起，社会系统的持久分化，等等），到了15世纪，已发展到把国王和最重要的大臣在内的重要的枢密院（宫廷会议），形成包括行政、司法在内的全国的政治中枢。另一方面，议会是在与王权的制约中发展出来的。10世纪的贤人会议可以看出议会的某些功能。12世纪，议会正规化、制度化了，成为政治体系的最重要的组成部分之一。作为各种社会力量的代表的议会和王权的互动，形成英国政治史的一个重要方面。在王权受到国外力量的威胁或想对外征战时，它便要调集社会资源，这样，它就要取得议会的支持（在重大政策上得到其同意），而这至少在短时期内，形成王权对议会的依赖。而当社会的资源在王权调动下为王权征战时，王权就似乎占了上风。在和平发展时期，表现为利益要求的议会并不那么重要。

从参与上讲，参与是政治生活不可避免的一个特征。因此可以说没有一个绝对专制的社会。因为在任何一个最专制的制度中，除了王族外，都总有其他以财产、血缘关系或个人能力为基础的人进入政治结构内部，对重大的决策有某种发言权。

因此，在人类最低级、狭窄的政治参与中，政策的力量来自君王和他的一群顾问，参与也至少扩大到王族及顾问（世俗）显贵。此外，在人类历史上，宗教或僧侣的权力比世俗的权力在起源上甚至更久远。所以最低限度的政治参与包括最高的行政（或宗教包括在内）长官、僧侣贵族和世俗贵族。参与的进一步扩大把以财产和个人能力为依据进入政治系统的人包括在内。从参与上看，英国政治在10世纪，参与扩展到王权与世俗、宗教贵族中。到了12世纪以后，参与扩大到工商业主（新贵族）、骑士，以及从理论上，所有具有一定财产的自由民。很明显，通过下院的选举权，而不是别的，规定了参与的范围。这种参与仍然是传统的。把政治资源等同于政治体系（结构），认为只有在政治结构中，才实现参与。从理论上讲，下院的社会基础有多广，参与的范围就有多广，或者说可以当选为议员的资格是什么，参与的限界就是什么。

二　17世纪英国革命

英国社会的两个问题

英国革命前夕，英国社会为两大问题所困扰，终于由这两个相互缠绕的问题而引发起社会对抗，内战爆发了。这两个问题，一个是清教，一个是王权与议会的争论。宗教在生活中占有重要地位。基督教信仰渗透生活、思想与教育。亨利八世实行宗教改革以后，英国国教成了以国王为首的封建统治阶级维护其封建统治的工具。16世纪后期,"不奉国教"者要求在国教中清除天主教的残余因素。他们要求与英国国教不同的教仪、教规和组织原则。16世纪末,清教各集团中形成两个主要派别:长老派和独立派。长老派要求废除主教职位而以教徒自己选出的长老组成宗教会议进行统治。独立派要求每一个宗教团体都独立自给,既反对主教的权威,也反对长老会议的权威,主张每一宗教团体都要按照大多数人的意思进行管理。

英国社会的第二个问题是王权与议会的争论。王权的扩大是15、16世纪英国政治体系的一个重要特征,而议会所依靠的社会力量(主要是工商业主、新贵族)的成长,是社会的另一个特征。强大的王权对议会的制约感到碍手碍脚,议会则对王权的不顾深表不满。从斯图亚特王朝(1603—1688)开始,王权与议会的摩擦就时有不断。1628年,议会通过"权利请愿书",规定此后不经议会同意不能强迫任何人缴纳赋税;任何人未被指出具体罪行不得加以逮捕;任何人无法庭判决不能剥夺其财产;士兵不能强占民房等等。查理一世为了获得议会的资助而勉强同意"权利请愿书",但后来又曲解条文,强迫征税。议会号召人民不从,国王则下令解散议会,使得1629至1640年处于"无国会时期"。在无国会时期,反对派领导人被捕入狱,严格书报检查,严禁反政府言论。

革命的开始

苏格兰要求独立的起义刺激查理一世。查理一世于1640年5月召开议会,要求征集经费。议会不仅不通过经费案,还提出权利请愿书。查理一世愤而解散议会。苏格兰人打败英国,按约英格兰每天付苏格兰850镑。国王没钱,又于11月召开议会。这次议会断断续续存在到1653年,史称"长期国会"。

1641年10—11月,议会提出并通过大抗议书。它列举了查理一世在无议会统治时期滥用职权的行为,提出工商业自由,成立长老派教会组织,政府应对议会负责等要求。

1642年5月,查理一世决定用武力将议会中较激进的五个人逮捕。当国王亲率三四百武装卫士到议会抓人时,议会奋起拒绝。这时皮姆等人躲到伦敦城区的平民中。国王派人来抓,被平民挡回。一周后,皮姆等人凯旋再回下院。查理一世于1643年1月离开首都组织王党,宣布讨伐叛乱，内战开始。

内战初期，议会分为主和、主战和中间派三派。主和派要求不惜一切代价和国王讲和，主战派认为必须战胜国王，他才能遵守诺言。由于主战派没掌权，内战前期议会受挫。克伦威尔主战派掌权之后，改组了军队和议会，于1646年结束第一次内战。

社会的动荡使利益集团迅速产生。长老派代表上层贵族和大商人、金融资产阶级利益，他们在革命初期反对国王。1641年讨论"大抗议书"时发生分化。内战刚结束，他们就力图与国王谈判，要求恢复王位。独立派代表中等贵族和资产阶级利益。他们是内战中议会力量的中坚。内战结束后，被排除在最高权力之外。专卖权没有取消，长老会被定为国教。但他们握有军队。平等派是城市小资产阶级和农村中、下层农民利益的代表。他们是内战的冲锋陷阵者，但内战后状况却日益恶化。李尔本是平等派的代言人，他的《千万公民抗议书》从人民主权的观念出发，提出取消国王和上议院、信仰自由等要求。

三种利益派别结成政治集团相互摩擦，形成两次内战间隔期英国政治的内容。1647年3月，长老派议员以减轻人民负担为借口，提议解散军队，并且拒不补发士兵的欠饷。这引起独立派和平等派的不满。军队里的人听说长老派领导与国王勾结，1647年6月，军队就到赫姆比堡劫持国王，军队与议会冲突日益激烈。全军会议在5日召开，通过"军队的庄严协约"，称"提出的要求如得不到满足和保证，将不会甘愿解散或分离，也不允许别人把我们解散和分离"。6月14日发布《军队声明》，表示反对一切专横、暴行和压迫，并要求解散现存议会，重新选择，把亲王党的长老派驱除出去。这是独立派和平等派结盟对付长老派。士兵们不断提出进攻伦敦、对议会采取行动的要求，纷纷提出请愿书，支持军队与议会的斗争。8月，军队开进伦敦，议会中保守的长老派纷纷逃散。

1647年10月，查理一世与苏格兰使者秘密来往，11月11日，从关押他的汉普顿宫逃到怀特岛。

第二次内战和英吉利共和国

1648年2月南威尔士王党进行暴动，第二次内战爆发。王党在开始阶段取得了一些胜利。但议会内部独立派和平等派重新联合，军队恢复团结。社会中下层支持军队，战争很快对议会有利。8月份王党被击溃，第二次内战结束。

在内战时期，长老派议员与国王秘密谈判，企图使国王在接受他们的条件下复位。社会中下层人民和军队里的士兵向议会请愿，要求审判国王。1648年4月，军队军官召集会议，通过追究国王罪责和审判的决议。同年11月，胜利归来的军官通过一项"军队抗议书"，谴责长老派议员与国王的谈判行为，要求成立国王审判法庭、解散现存议会，废除君主制。1648年12月，由普莱德上校主持，对议会进行了一次清洗。他在议会的入口处拿着议员名单，宣布哪些人不得进入议会。结果共有110名长老派议员被清洗。

主要由独立派组成的"残余议会"于12月28日通过了把查理一世作为背叛国家、内战祸首和英国人民自由的罪犯而加以审判的决议。只剩下16名议员的上院否决了议案。1649年议会通过下院享有最高权力的决议，并成立特别法庭审判国王。1月30日，以"暴君、叛徒、杀人犯和人民公敌"的罪状判国王死刑。2月，通过废除上院和王权的决议。5月，宣布英国为共和制。

平等派的反抗导致克伦威尔的独裁。共和国成立以后，独立派掌握了国家政权。1649年，李尔本发表《揭露英国的新枷锁》，对议会领导人提出激烈批判，要求限制议会权力，保证最高主权的实现；要求取消什一税、消费税和专利垄断公司，实行出版自由，结果被捕。1649年5月，他在狱中写作《人民公约》，要求现任议会在1649年8月解散，以后议会每年改选一次，21岁以上公民享有普选权。

平等派的思想受到下层士兵们的拥护。士兵频繁暴动，掘土派运动开始兴起。

1653年4月，克伦威尔解散"残余议会"，成立"小议会"。小议会也于1653年年底自动解散。12月16日，克伦威尔为终身护国公。护国公的权力在形式上受到国务会议的限制，立法权由护国公和议会共同行使；行政权由护国公及其任命的国务会议共同掌握。

1660年复辟和"光荣革命"

1658年克伦威尔去世，其子继位护国公。该子懦弱无能，国事由一小撮军官把持。1659年理查·克伦威尔辞职。驻扎在苏格兰的蒙克将军借口保护议会而带领军队进发伦敦。到伦敦后，他召开了一个在革命前选举法基础上选出的议会，并决定派人到荷兰同查理一世之子谈判复辟问题。在蒙克的控制下，查理在荷兰不列达发表宣言，宣布在内战期间没收的王党和教会的土地不予变更；停止宗教迫害；除了直接处死查理一世的人之外，其他反对过君主政体的人不予追究。1660年5月，查理到伦敦继位，称查理二世。史称君主制复辟。

查理二世复辟后，背弃诺言，以恐怖手段对付革命参加者，克伦威尔等人受到鞭尸。1685年，查理二世去世，他的弟弟詹姆斯二世继位。詹姆斯二世统治时期，给天主教以信教自由和平等的公民权利。后来发布《宽容宣言》，给予包括天主教徒在内的所有非国教信徒以信仰自由。这引起全国的反对。1688年11月，信奉新教的威廉率军登陆，詹姆斯二世逃往法国。1689年2月召开议会全体会议，请威廉和玛丽（詹姆斯二世的女婿和女儿）共同统治，并提出《权利宣言》，谴责詹姆斯二世的破坏行为，要求国王今后未经议会同意不得征收赋税，今后任何天主教徒不得担任英国国王，任何英国国王不得与罗马天主教徒结婚。当年10月，议会通过了这个《权利宣言》，并制定为法律，称《权利法案》。从此以后，英国开始逐渐树立起立宪君主制和议会高于王权的政治原则。

英国革命史讨论

从1640至1689年，英国革命从议会的抗议到国王挑起内战再到妥协的失败，第二次内战、国王的处死，在动荡中革命被推上高峰。然后经过一段时间的强人政治，在基本保持革命成果的情况下，建立了现代英国政治的格局：君主立宪制。

第一，革命意味着社会面临着一些急于解决的问题。这是起点。在英国，就是所谓信仰和自由问题。对被仓促卷入革命过程的双方来说，这些问题好像是传统的，也谋求用传统的方式来解决。对国王来说，议会是无法绕过的，所以他就像使用工具一样，需要时用它一下，达到增税或增加军费的目的后就不问了。而且按照近一个世纪形成的习惯，到议会中抓议员是他的权力，没有人敢阻挡。对议会来说，它只觉得若干年的退却已经到达不可再退的地步，因此想争一争。争一争也是它的权利。这样，一个在以往可能是很平常的举动却可能出人意料地产生很大的对抗。

第二，在对抗真的发生时，原来的政治体系中占有优势、握有较多资源的一方，自然占有主动；相反的一方比较被动。因为按照政治体系的运行习惯，它处于被动状态。所以，谋求妥协的不是国王，而是革命者。

但是革命意味着强烈的社会动员，意味着在前革命时期积累的矛盾的爆发，因此也意味着不同阶层的利益的唤醒，还意味着不同阶层对社会现状或问题及其解决办法等意识形态的苏醒。革命也许是从精英内部的争端开始，而当精英内部的争端看起来就要解决的时候，站在后面的被动员的阶层迅速站到前面来。这是社会阶层（利益集团）的形成和积聚力量的时期。

结果，在革命的几乎每一阶段，都有要结束无序、实现妥协的要求，但同时也有把革命再推向高潮的要求。走到权力斗争前台、占据政治体系核心的阶层，往往是能短暂保持平衡和秩序的阶层。但平衡与秩序不久就被打破。在独立派形成力量的时候，长老派议会自然占据权力中心，议会是王权和军队的缓冲。但当平等派力量开始集结，把独立派向前推进时，相比之下，长老派与国王的差异在缩小，共同利益（秩序、新教作为国教、专卖和垄断等等）却在扩大。当平等派力量大增时，独立派自然走到革命前列。平等派要普选，要取消过重的税收，实现财富的调节。这些对于资产阶级工商主来说，无疑是洪水猛兽。然而，在平等派之中，还孕育着要求财产平等的"掘土派"。越来越深刻的社会动员、社会动荡无法停止；这是革命时代有别于日常危机的根本所在。

因此，革命意味着旧政治秩序的破坏，旧政治稳定的消失，旧政治规则的破坏。

第三，从政治参与上来看，革命时期既意味着压制反动，又意味着几乎没有限制的言论自由。但言论的制约是苍白的，参与有时意味着兵戎相见。革命的结束也不意味着各种利益的保护，社会共识的达成，而总意味着一方利益得不到保护，一方的要求不得不被压抑和放弃。革命的结果也不是保证全体国民的参与，而是把参与的阶层、程序又牢牢地规定下来。

第四，从结果上来看，革命往往不是民主的实现，而是为民主的发展提供空间。英国革命似乎只做到两件事，第一，政治结构又回到常态，议会大于王权。第二，宗教自由以对天主教的不宽容为结局。革命过程中，民主是不足道的。民主本身意味着和平、规则和被统治者的同意，它的精神甚至与革命（暴力、打破规则、压制）正相反。

三 18世纪：民主政治制度化和激进主义

民主政治制度化

君主立宪制　1688年"光荣革命"后，议会制用一系列法案限制王权，把实权转到议会。1689年"叛乱法案"，规定平时必须经过议会同意才能征集和维持军队，且军队只能保持一年，每年需重申一遍。1694年"三年法案"，规定议会至少每三年召开一次，同时各届议会的任期不得超过三年。1701年"嗣位法"，对王位继承作了规定，规定国王所作的任何决定，必须由同意该决定的枢密院成员，即政府大臣签署，法官的更动权不再属于国王而属于议会；议会定罪的人，国王不得赦免。这一系列法案便形成了国王"统而不治"、议会权力至上的立宪君主制政治体制。

枢密院的逐渐扩大是英国政治结构的一大特点。到了17世纪末，枢密院已变得庞大而复杂，以致影响工作效率。在枢密院中逐渐形成一些地位较高、影响力较大的成员，他们常常单独在秘密的小房间（cabinet）与国王讨论政治问题。这种密室会议一开始不定期，成员也不固定。到1714年，它有了专门的名称，即内阁（cabinet）。一开始，国王还参加内阁讨论，后来，国王逐渐不参加，内阁只需把会议情况通报国王就行。由于国王不参加，就需要另一个经常主持会议的人。这个人物在以前也没有称呼，到1714年，有了首相（prime minister或premier）的称号。这是内阁制和首相制的形成。

议会的权力在政治、财政和外交上都得到稳固的扩展。1696年和1707年议会规定，国王去世时议会也须继续开会。从1690年起，议会对政府费用都有严格的预算，并设立审查委员会审查政府的开支。在外交上，1701年嗣位法规定，王权不得建立独立于议会的外交政策。

议会的选举在18世纪仍然实行革命前的古老制度。选区的分配不按人口。大多数地区规定40先令以上收入者有选举权，少数几个选区接近实行男子普选权。选举公开进行，所以出卖选票、收买选民之事在18世纪便已司空见惯。议会的席位分配，英格兰和威尔士共513名。苏格兰45名。

政党制度的发展　辉格派和托利派是"光荣革命"中产生的。到17

世纪末，还不是现代意义上的政党。它们既没有政治纲领，也没有固定组织，只是两个不固定、具有不同政治倾向的小集团而已。在政治上，托利派不再坚持君主专制的要求，而辉格派也满足于把王权限制在统而不治的状态。宪法下的政治斗争是政党制度的特征。托利派和辉格派为了争取制定符合自己利益的政策，为了争夺议会席位和内阁官职而进行不停争斗。从1714年到1761年，辉格派长期执政。它的领导人罗伯特·沃波尔从1721—1742年一直在内阁中居领导地位。1715年他担任财政大臣，人们习称其为"首相"（当时的含义就是在重要性方面和权力方面在各大臣中都处于首要地位）。在他的内阁中，其他大臣名义上是国王任命，实际上权力来自下议院中辉格派对他的支持。① 他改革关税制度，奖励谷物和农产品出口，对许多出口商品免税，而对原料进口则降低关税，对那些可能与本国产品竞争的商品则禁止进口。整个18世纪，除了短期的乔治三世"国王之友"内阁外，辉格派一直处于掌权位置。

激进主义的兴起：普选权的要求

普选权是英国革命时期平等派的要求。在18世纪英国工业革命时期，英国工人阶级都处于马克思所称的"经济斗争"之中。机器的发明没有给劳动者带来实惠，反而使他们中的不少人失去工作。政治改革的要求好像不是大众的迫切要求，倒是政治体系内精英政治的一支潜流。

约翰·威尔克斯掀起第一次激进主义思潮。1763年，他在《北不列颠人》报上发表署名文章，批评乔治三世意图使王权高于议会。政府下令逮捕他，议会因其为议员而释放他，但他被取消议员资格。在他逃亡又返回以后，三次当选为议员，三次被宣布为非法。在大众心中，他是民主与自由的斗士。1769年，他和另外几个激进主义者组织"权利法案保卫者协会"，要求废除"衰败选区"，给新工业中心的居民以选举权，实行普选制。

第二个提出在当时被认为是激进主义选举计划的人是卡特莱特。他认为所有人不论其经济社会地位如何，都应享有选举权，议员是代表人而非代表财产的。他建议每一个年满18岁的人都应有选举权，"无选举权则不纳税"。他主张所有人在政治上应完全平等。

---

① 蒋孟引主编：《英国史》，第405页。

激进主义在 18 世纪是激进的。第一，他们的改革要求是权力精英无法接受的。在社会还在争论王权有可能高于议会时，争论普选权是无法接受的，所以第二，他们的主张是议会中的少数派，离形成法案尚远。

激进主义者对 1789 年法国革命抱欢迎的态度。卡特莱特称"法国人并不是仅仅为了他们自己的权利，他们是在推进整个人类的普遍自由！"另一位激进主义者普莱斯欢呼："这是一个多么伟大的时代！我庆幸我生活在这个时代，能够亲眼看到……人权比以前任何时候都更得到理解。"

法国革命与激进主义 美国和法国革命给英国政治带来了活力。法国革命中自由平等的口号，推翻专制君主的暴力，都使他们欢欣鼓舞。改革才是避免过度暴力的方法。1784 年，"宪法知识协会"成立，1788 年，"革命协会"成立。"革命协会"成员思考了美国革命和 1688 年"光荣革命"，认为只要给人民以适当的代表权，内战和无政府状态就不一定会发生，按照人民意志建立政府，便可以保卫人权。1789 年 11 月，革命协会一周年，普莱斯演说："光荣革命"的目的不在寻求妥协，而在宣布自由人的天赋权利，这就是良知即信仰自由的权利，反抗暴政的权利，挑选政治领袖和拒绝执行政治领袖错误政策的权利，重组政府的权利。如果"光荣革命"未能兑现这个权利，则现在是时候了。

1792 年，即法国革命进入第二阶段时，左翼辉格派格雷等人组成"人民之友社"，发表告英国人民书，宣称要避免发生像法国革命那样的悲剧，只有进行改革。改革并不是改变宪法，而是在宪法框架内进行：政治平等，实行普选。

"伦敦通讯会社"也是 1792 年成立的。这个组织关心社会问题，尤其关心穷人苦难。他们还要求实行普选，议员每届任期一年，重新分配选区和议员名额。这个组织在全国范围内宣传他们的主张，广泛吸收会员。共和国是他们的理想，他们把英国革命时期平等派的著作进行翻印。1792 年，该组织致函法国国民大会，表示英国人民也要走法国革命的道路，去争取自由。大部分会员支持雅各宾派。

潘恩的《人权论》 法国革命时期托马斯·潘恩的学说在英国激进主义者中有很大的影响，以至于他成为最著名的激进主义思想家。《人权论》分为两部分，分别于 1791 年和 1792 年出版。它直接为劳动群众呼吁，号召解除他们的痛苦。在《人权论》中，潘恩认为，"光荣革命"以后的英国君主政体实际上仍是一种暴政，而只有共和国才符合人民的利益。潘恩追随洛克和普莱斯，认为根据共同的人性，人生来就享有一些任何人和政府都不能剥夺的权利，包括生存权、自由权、财产权和追求幸福权，为了保证这些原则的实施，应建立起人民最高主权的原则，制订一个超越一般行政和立法权的最高法律来宣布人民主权。为了解除穷人的痛苦，潘恩主张向贫民儿童每年发放4镑辅助金，到14岁为止；对50岁以上老人发辅助金。这是近代公益要求的先声。

潘恩是那个时代少有的几个理想主义、乐观主义和行动主义者之一。他因过激的言论而受英国政府迫害，便跑到法国。他是《人权宣言》的起草者，他支持吉伦特派，在雅各宾派掌权时被捕，就跑到美国。在美国，他是独立战争的热情支持者，又参加了《独立宣言》的起草。

国民大会和英国政府对民主运动的镇压

1792年，苏格兰的改革派人士在爱丁堡召开第一次国民大会，来自八十多个协会的一百六十多名代表参加。1793年11月，国民大会再次召开。英格兰、苏格兰、爱尔兰的各激进组织都有代表参加。会议通过决议，主张实行普选权，缩短议会代表的任期。会议向掌权的法国雅各宾党表示祝贺。会议开头两星期，苏格兰政府勒令停开，会议一些著名领袖被捕。

为了镇压激进民主派运动，英国政府采取了一系列措施。1794年5月，乔治三世写信给议会，指责"伦敦通讯会社"蔑视议会，在英国宣传无政府主义，鼓动叛乱。皮特在议会中提出终止人身保护法8年的议案，理由是国内流行越来越多的阴谋，他们用所谓人民权利为名义来破坏宪法，使得政府、法律、宗教制度有毁灭危险。他说，无政府主义已经威胁英国，必须采取行动。经过议会辩论，议会以维护法律与秩序为名，通过了庇特的议案。从1794年5月至1795年7月，再从1798年4月至1801年3月，人身保护法两度停止生效。

政府的控制激起了反抗。1794年10月，"伦敦通讯会社"在各大城市组织大会。乔治三世马车遭拦，被投石块。1795年11月，政府颁布两项法令。其一，每一个企图刺杀、推翻国王的人，每一个在口头或报刊上要求国王改变政策或政府组成的人都可不经司法程序而处死；其二，凡举行50人以上集会者，须经三个以上治安法官的批准，否则可以下令解散，直至调用军队，拒绝解散者可被处死。

1799年，议会通过第一项旨在阻止工会运动的《反结社法》，凡违反者，治安法官皆可加以惩处。1800年修正案通过。这一法案，一直延续到1824年。

四 从激进主义到宪章运动

激进派活动和工人运动 1799年《反结社法》颁布，并未阻止新激进派组织的出现。中产阶级激进派谴责议会和政府腐败，要求改革议会，实现普选。他们征集签名请愿书呈交议会，举行示威和集会，主张以报纸为手段对"腐败的旧制度"予以揭露。

在中产阶级以外，是正在兴起的工人激进派。著名的工人激进派领袖斯彭斯主张没收包括地主土地在内的私有财产，土地公有。他认为一旦土地公有，君主和贵族就会消灭，民主共和国就会建立。斯彭斯还主张成年男女皆应有普选权。

从1816年到1818年，伦敦和北部工业城市都爆发大规模的工人罢工和游行示威、请愿活动。其中重要的有三次。第一次，1816年秋至1817年初，伦敦斯彭斯因失业和贫困向政府请愿，他们一度冲进制枪工场抢枪。第二次，1817年3月，曼彻斯特出现数千纺织工背着毡毯上伦敦请愿。第三次，1818年至1819年，工业城市的工人、市民和中产阶级共同举行要求议会改革的群众集会。1819年8月16日，6万人聚集曼彻斯特广场，和平听取斯彭斯派工人领袖亨特等人的讲演。政府出动民团和骑兵镇压，群众死11人，伤500人。

1832年议会改革 1824年"禁止结社法"终于被废除，于是工会纷纷出现，形成来自下部的压力。1829年，多尔蒂组织"大不列颠和爱尔兰纺工总同盟"，次年2月更名为"全国劳动保护协会"。这是产业工人的第一个跨行业的全国组织。它积极展开改革议会的宣传。工业资产阶级激进派组织"伯明翰政治同盟"，力争产业工人参加。4月，伦敦成立"工人阶级全国同盟"，至1831年发展到27个支部和5000名会员。

1832年议会实行改革。一是向"衰败选邑"开刀，重新划分各选区议员人数；二是确定选民的财产资格。在城市选区，凡"在其居住地拥有或租有任何住宅、仓库、账房、商店或其他房屋，年值在10镑以上者，有选民资格。在郡选区的选民资格为，凡执有任何公簿而获得的土地之产业之产权,……其净值年不少10镑"。通过改革,获得选举权的人数,从43.5万人增加到65.2万人。

宪章运动 1836年6月,伦敦部分工人和手工业者在洛维特的领导下成立"伦敦工人协会",宗旨是"以各种合法手段使社会上一切阶层获得平等的政治权利和社会权利"。次年2月,协会举行首次群众集会,决定向议会请愿。由洛维特和普赖斯起草,经12人委员会和协会修改,于7月提出了一份文件,其内容包括六点:年满21岁男子享有普选权,秘密投票,废除议员财产资格限制,议员支薪,选区平均分配和议会每年改选。1838年5月,文件以法案形式公布,称为《人民宪章》。

1839年2月,伦敦召开的"公会"标志宪章运动进入高潮。在53名代表中,宪章运动的主要领导人物全部到会。以《人民宪章》为内容的请愿书得到全国各地拥护,签名者达125万人以上。在实现普选的方式上,大会分成道义派和暴力派。暴力派召开号召武装斗争的集会,计划外的宪章主义者进军伦敦,迫使议会通过请愿书。5月,请愿书递交到议会,结果遭之否决。6月到8月,全国的宪章主义者与政府发生多起冲突,宪章主义运动的许多领袖被捕。

1840年4月,赫瑟林顿成立"首都宪章同盟",它和各地保存下来的组织于7月20日在曼彻斯特组成"全国宪章协会",由此开始第二次请愿活动。第二次宪章运动具有严格的组织性。入会须填志愿书,同意协会的目标、原则和会章;会员发给会员证,每季更换一次,收费两便士;协会领导机构则掌握有全国会员册,其上载明职业、住址;按规定,如有可能,会员须以10人为一组,选一组长,每周开会一次;在每个城市成立区分部。宪章同盟不仅具备现代政党的多种特点,更是19世纪以后尤其是20世纪许许多多工人阶级政党的雏形。

第二次宪章运动发展很快,到1841年,伦敦、兰开郡、约克郡的西雷丁、英格兰中部,等等,都成了运动的堡垒。1841年,宪章主义者挨门挨户征集签名,短期内签名者达330万人。4月12日协会在伦敦召开,决定5月2日递交请愿书。又被否决。8月,阿什顿工人罢工。直到9月,各地骚动被平息。第二次高潮完结。政府逮捕宪章主义者达一千五百多人。

1847年,第三次宪章运动开始。全国宪章协会"发起请愿,签名者197万人。1848年3月,从伦敦、格拉斯哥、爱尔兰三股力量集中伦敦,要求实行《人民宪章》。示威者与警察对抗,一百五十多人被捕。4月7日,政府宣布"宪章派公会"为非法组织。群众示威游行一直持续到8月。1848年以后,宪章运动逐渐走下坡。1860年,"全国宪章协会"解散。

宪章运动表明工人阶级已成为英国民主的动力。宪章运动虽败,它的一些基本要求,在以后英国政治史中逐渐法律化了。宪章运动失败以后,英国的工人运动也发生了分化。一部分人走马克思主义的道路,一部分人谋求与政府的合作。虽然马克思主义成为工人运动的一大动力,但宪章运动以后,大规模的、全国范围的示威与流血,在英国并未再见。民主史已进入一种更加和平、理性与秩序的阶段;我们如果进行客观的考察,这种手段所获的成就,不亚于暴力。

五 19世纪后半期的民主进展

19世纪后半期,英国政坛被两个政治巨人控制着:本杰明·迪斯累里和威·尤·格莱斯顿。这时人们对政治的兴趣十分强烈,议会享有崇高威望,下院吸引了许多德才兼备人士,议会辩论报道被广泛阅读。格莱斯顿自1868年以后任内阁首相,他的政府开始实行初等义务教育制度,保护工会基金,改组司法体系。格莱斯顿1868—1874年的改革,成为19世纪英国政治史极为重要的时期。

1867—1868年改革法案:将下院58议席由较小市区转入人口较多的市区;凡年收入有12镑,或拥有年租金为5镑土地的人,享有选举权;市区中凡有单独住宅者,或租用市区房屋租金10镑且租满一年者,皆有选举权。1867年之前,在英国3200万人口中,只有250万人有选举权,1867年改革,升增选民近100万,其中多为下层人民。

1867年改革后,农村选民增加不多,遂引起不满。1884年人民代表法案被通过,又使乡村选民达到200万,总选民增加百分之三四十。以后,凡年满21岁的男性公民,基本上享有选举权。

1885年通过议席分配案。1885年以前,不论人口多少,所有市郡在下院中都占两席。1885年,将全国按人口划分为若干选区,大约5万人选一名下院代表。

到19世纪末,宪章运动的六项要求已基本实现:成年男子普选权的原则在 1884 年已初步建立；平等选区原则在 1885 年确立；无记名投票制于 1872 年实施；议会代表由每 7 年改选一次降为每 5 年改选一次；1885 年废除下院议员的财产资格限制；从 1911 年起，议员支薪 400 英镑。

议会在 19 世纪末 20 世纪初亦大有改变，上院的权力被限制。1911 年《议会法案》规定，下院通过的财政法案在提交上院一月以后，自动成为法律；其他政府议案，在下院中连续三次通过，上院虽反对亦无效。这样，上院亦逐渐同国王一样，成为一种"摆设"。

19 世纪中期，保守党和自由党的界限已非常清楚，政党制度遂最终确立。自由党是民主改革的支持者。80 年代以后，自由党开始分裂，在张伯伦那里，与保守党的一部分在政治上实行合作。政党制度的重要进展是工党的产生。1899 年，伦敦第一次工会全体大会，决定召集代表会议，计划在议会中成立反映工人利益与要求的政党。1893、1906 和 1914 年，工党在议会中都得到不少议席。

六　英国方式

在世界民主进程中，英国方式以其中庸、妥协而给人以深刻的印象。王权被保存了，建立起一个君主立宪制的国家。直至现在，英国的法律还是从中世纪沿袭下来、在近现代的风风雨雨中不断为其增加内容的习惯法。英国革命在处死查理一世中达到顶峰，但英吉利共和国昙花一现。贵族制度也被保持下来，直到现在，英王还不时为其最杰出的子民颁发"爵士"称号。

但是，在这种由习惯法支配的君主立宪的"王国"里，民主在几百年内却得到长足的发展。直至今日，仍为为民主而奋战的国家的人民所称道和羡慕。不管这种民主的实质（内容、本性）是什么，要否定它的存在与进步，显然是不合适的。

权力转移的方向符合民主的精神。英国革命的直接目的与后果，就是权力在国王与议会之间重新分配。那个不幸的国王不愿同议会分享与制约他的权力，结果引发了一场革命。而且不管如何反复，权力必须稳固地扎根于议会之中，否则就不会有政治稳定。议会有两个，上院（贵族院）与下院（平民院）。下院社会基础的扩大（选举权扩大的结果）和它们代表的阶层的社会影响力的增强（没有贵族头衔但掌握国家经济的工商资本家，掌握文化和鼓动力的知识分子；在现代经济与文化教养中逐渐"解决温饱问题"并要求参与的大众）是近现代英国社会政治史的重要内容。若权力不能继续在议会中实现由上院到下院的倾斜，并使下院在政治生活中成为权威，民主，即通过议会代表制定政策、在议会中产生内阁的代议制民主，就没有真正落到实处。18世纪实现权力向议会转移，19世纪，则实现向下院转移。

民主的扩大经过两种方式，一种是直接提出改革政治结构的要求，如宪章运动；一种是在解决很具体的问题时自然实现权力的倾斜和政治的合理性。在革命时期，一个解决现实问题的实际做法，就是不经议会同意，提案就不能成为法律；反之，纵然国王否决，议会若通过，就自动成为法律。这种做法在当时不直接针对政治结构，结果却促使政治结构的重大改变。在19世纪末，同样的变化发生在上院与下院之间。这就使政治演进带上非常和平的色彩。

参与的扩大是民主化的标志。参与，一是批评或反对的权利。集中体现在言论、集会与结社自由上。二是选举权。选举权的扩大经过三个阶段：以地位与身份决定选举权，以财产状况决定选举权，以年龄与居住时间决定选举权。英国革命解决了以财产状况决定选举权的问题。到了19世纪末，财产的限制已成为一种象征性的限制，普选权实际上已经实现。

党派政治是现代政治的特色。在18世纪，保守党（保王党）占优势。19世纪是自由主义的世纪，自由主义者着眼于宪政、公民权的限定。19世纪是自由党派占优的世纪，只是到了19世纪后期，由于工人运动兴起，工党出现了，自由派亦发生了改组。

总之，保守、温和，从而改良与渐进式的民主增长，构成几个世纪来英国民主运动方式的特色。

第十二章 美国方式

一 英国的根源

英国式的代议制

美国与英、法皆不同。美国没有历史；它的现代政治发展不是建立在印第安人的历史基础上，而是建立在17世纪英国历史发展的基础上。英国人的观念、制度和技术随移民到了美洲，并在北美的生活中有所改变；一开始，美国人还满足于殖民的地位，只是英王一再不顾北美人民的基本权利，自治的呼声遂日益强烈。

美洲在西方殖民者到来之前，是印第安的居住地。他们创造了繁荣的印第安文化。新航路开辟后，西班牙人、葡萄牙人、荷兰人、法国人和英国人蜂拥而来。15世纪末至16世纪初，西班牙和和葡萄牙人进入美洲，对土著进行灭绝性的征服。他们在美洲开垦银矿，种植甘蔗。西班牙人16世纪早期起就控制佛罗里达、墨西哥湾沿岸地区、得克萨斯、亚利桑那等地。直到16世纪晚期，英国人才把眼光放到美洲。他们一开始对美洲感兴趣，也主要是因为芬兰湾可以捕到很多鱼。17世纪前，他们建立永久殖民地的努力也没有成功。

17世纪开始，人口增长、农业结构变化、斯图亚特王朝对新教徒的迫害，使得英国人向北美殖民的步伐加快了。1600—1640年间，有8万人涌出英格兰。在南方，1607年，弗吉尼亚公司建立。它是由詹姆斯一世特许建立的股份公司，以詹姆斯敦为居点，以发售股票筹集资金，在欧洲招募失业者、犯人等作为契约奴进入北美从事烟草种植。契约奴为公司服务7年即获得自由与土地。公司于1622年破产，詹姆斯国王废除特许状，建立弗吉尼亚政府，以弗吉尼亚公民代表院、皇家总督与总督参事会作为政府机构。1632年，乔治卡尔弗特（巴尔的摩勋爵）在弗吉尼亚附近获赐巨大领地，以查理一世之妻玛丽命名，称马里兰殖民地。这种殖民地称做业主殖民地，特许状持有者按照封建制度把土地分封给他的亲戚和其他贵族，他们在理论上享有类似于英王在英国的统治权。马里兰殖民地一开始是天主教徒的避难所，不久新教徒在数量上很快超过天主教徒。与马里兰一样，弗吉尼亚南部的卡罗来纳殖民地是查理二世赐给他的支持者的另一块殖民地。

同一时期，为躲避斯图亚特王朝的迫害，更为了追求纯洁、团结、服从上帝和理想，清教徒通过马萨诸塞海湾公司，在新英格兰建立第三种类型殖民地。公司的发起者主要是受过高等教育的牧师、下层贵族以及工匠、小农场主等中等阶级。他们将教会、自治政府与股份公司结合在一起，男性教会成员、选举人和股东某种程度上是重叠的。[1] 总督（首任总督是毕业于剑桥的温斯罗普）由选举产生，各个城镇代表组成的立法机构和大议会议员也由选举产生。由总督的助手组成另一个院，也称为议员。法案需得到两院一致同意才能通过。[2] 每个村镇都由大议事会授权建立，只有签署团结协议的清教团体才可建立村镇；获得定居点后，他们便一起根据家庭规模、财富、在社区中的作用分配土地。每个人都要有维持生计的土地，但发达的人应该对公益有所帮助，如修缮教堂、建造学校、帮助邻里等。选举人选出行政委员，他们分配土地、批准税收、解决争端。全体市民每年召开一次城镇大会，选举所有官员（大麻检查、谷物购买等等）每年都由选举产生。有十分之一的成年人可以获得选举与任命。这是一种将股份公司与代议制实践结合在一起，将民主与权威结合在一起的社会。[3]

殖民地是英帝国的组成部分，因此所有的殖民地都由特许状建立，英帝国向殖民地征收关税，也向它们提供军事保护，以此区别于北美大陆的西班牙、法国等国的殖民地。殖民地是英国的原料产地和商品销售市场。17世纪五六十年代的《航海条例》规定殖民地的船只只能配备英国或殖民地的水手，其物品尤其是烟草、蔗糖等只能运往英国或殖民地。70年

---

[1] 马克斯·贝洛夫：《美国革命：宪法问题面面观》，载《新编剑桥世界近代史》第 8 卷，578 页。该文对殖民地政治制度与母国的相似性、这种制度与责任公司的关系、母国与殖民地关系紧张的宪法根源作了很好的论述。

[2] 加里纳·什等编著：《美国人民》上卷，刘德斌主译，北京大学出版社 2008 年版，第 83 页。

[3] 同上书，第 86、140—141 页。

代枢密院的贸易与殖民地委员会建立，负责对殖民地的管理。英国国内政治气候也影响着殖民地。光荣革命以后，新英格兰人赶走天主教总督，在马萨诸塞和纽约成立临时政府。天主教地区马里兰和弗吉尼亚也发生了新教徒掌握政权、禁止天主教徒担任公职的一系列事件。

殖民地的政治思想与制度几乎都是英国的："英国的特许状批准了殖民，英国总督掌握统治权，英国习惯法控制着法庭。"① 在殖民地，就像英国国内一样，有议会组织、普通法庭与陪审制度。多数殖民地都设有皇家总督（或业主总督），作为英王（业主）在殖民地的行政代表；他是军队总司令，文职政府的首脑，有权召集、解散议会，否决其法案，或者把问题上交帝国政府。总督与参事会还承担上诉法院的职能。总督与殖民地立法议会的关系，和英王与英国议会关系一样，不经议会同意，其主张、税收，不得实施。议会有上下两院，上院（参事会）由总督任命的富人组成（有的殖民地也由选举产生），是英国上院的对等物，下院（立法会）由选民选举产生。立法会常以税款强迫皇家总督接受其主张，或任命他们所信任的官员。可见，殖民地的代议制不过是英国的翻版。拥有土地、每年创造40先令租金收入的人有投票和担任公职的权利。这是英国标准的运用，18世纪前殖民地选民比例较高，18世纪以后人口数量增加，无地人数增多，选民比例反而下降了。

殖民地与母国的紧张

殖民地建立以后，人口持续增长。1680年，约15万英国人移居北美，到1750年，英国殖民地人口超过了125万。英属殖民地各具特色。北部的农业社会，南部的种植园社会和沿海的商业城镇，社会的多样性状况逐渐形成。在18世纪以前，北美的英、法、西殖民居点基本处于彼此隔绝状态。东部沿海是从北向南分布着英国殖民地。中部从圣劳伦斯河直到密西西比河口的广大地区，是法国商人活跃的地方，他们与印第安人从事皮毛生意。那儿人口很少，基本没有定居农业。西部则是西班牙人的殖民地。在这些大的居住区，也就是大国的势力范围之内，还穿插着德国和荷兰等国的移民。这是北美大陆的另一种建立在殖民基础上的多样性。总的说来，直到安尼女王之战之前，各国殖民地处于隔绝状态。

---

① 加里纳·什等编著：《美国人民》上卷，第140页。

从 17 世纪晚期开始的英法在世界范围内的争夺，改变了北美的殖民地状况。他们相互企图将对方赶出美洲。从 1689 至 1713 年，经过多次战斗，英国终于击败法国，控制原属法国的纽芬兰和哈得逊湾。经过 30 年的休战后，英法两国重新开战，并且在七年战争（1756—1763）中达到高潮。战争使英国殖民地人民背上沉重负担，大批人员伤亡，物价飞涨。英国政府加强了对殖民地的管理，海关职能加强了；议会建立海外军事法庭，强化《航海条例》的实施。议会增加了先运往英国再出口的商品的类别，削减羊毛布、铁制品等一些重要产品的产量，特别是《蜜糖条例》试图禁止新英格兰与法属西印度群岛的贸易。随着战争规模的加大，议会要求殖民地分担战争费用。七年战争使法国在北美势力受到毁灭性打击，也使印第安人和英属殖民地经济受到重创。法国将密西西比河以东的领土给英国，以西的领土给西班牙。战争使殖民地背上重税，造成大量人口伤亡。

战争既加强了殖民地之间的联系，加强了殖民地与对英帝国的忠诚，也孕育着分离因素。这种分离因素因为战后一连串的税收政策而趋向激化。《驻军法》要求美洲殖民地负担一万名驻军的费用，这引起一些人的不满，他们认为常备军与自由的观念不符合。《糖税法》（1764）增加只可运往英国和殖民地的商品的种类，要求殖民地发货人先交缴纳保证金，同时增加了惩罚走私的力度。引起更加强烈抗议的是《印花税法》（1765），要求殖民地和母国一样在包括报纸、书籍、文凭等所有印刷品上贴税票。弗吉尼亚议会是第一个反对印花税的立法机关，他们作出决议称只有经过州议会允许才可征收新税，这是殖民地人民的"天赋权利"，凡是反对这条原则的人都是殖民地的敌人。8 月，波士顿主要由下层民众组成的大众党烧毁印花税票代销人的住宅和办公地点，毁坏副总督的住宅。纽约的"自由之子"组织活动频繁，呼吁相关行业不要贴税票。在这种情况下，10 月，九个殖民地代表召开印花税法会议，结果温和派占了上风：会议承认英国议会对殖民地的立法权，但否认其向殖民地直接征税的权力。1766 年 3 月，英国议会废除印花税法，但重申议会对殖民地的立法权。

印花税法危机造成殖民地与母国的无法愈合的疏离感。在殖民地政治机构建立的时候，讨论的热点是混合制政府问题，而此时，没有代表就不纳税，只有自己选举产生的立法机构才有权征税，这些见解成为争论的热点。殖民地在议会中没有代表,因此英国议会无权在殖民地征税,不管这种税在用途上有可能多么合理。纯粹的法理问题,而且是产生于英国传统的法理问题的讨论,产生了对英国统治的合法性的疑问。年轻的、敏锐的思想家和政治领袖如帕特里克·亨利、约翰·亚当斯、塞缪尔·亚当斯等走到了政治的前台。

18世纪的宗教、思想与政治事件,促进着美洲特性。首先是1701年从弗吉尼亚开始然后扩展到整个英属殖民地的宗教奋兴运动。在此以前,殖民教会由英国国教垄断,牧师由英国主教任命,由于教堂与牧师很少,许多人很少去教堂。宗教领袖们感觉到殖民地人缺乏宗教动力。宗教奋兴运动是自发的、有感染力的信徒对信仰的确认与呼吁。它是在国教教堂以外发展的,以巡回演讲为布道形式,认为宗教是个人的体验,不需要教堂人也能得救,这使得新教的理想在美洲发展得更为彻底。它也冲击了本已脆弱的教阶体制,使得作为官方职务的牧师在宗教事务中作用越来越小。其次是美洲知识分子参加了欧洲的启蒙运动。洛克和法国启蒙运动思想家的著作受到热烈讨论。光荣革命和殖民地的经历对政治思想产生着影响。建立在混合制基础上的共治,被认为是良好的政治秩序的前提。

1767年英国议会通过《汤森法案》,对纸张、绳索、颜料、茶叶等征税。这又一次加剧了殖民地与母国的紧张关系。马萨诸塞议会呼吁殖民地联合抵制。塞缪尔·亚当斯称用海关税收支付美洲王室官员的薪金属违法。总督下令解散议会,加剧了对抗。殖民地人呼吁抵制英国商品,不进口也不消费英国商品。1768年海关官员遭袭击,内阁不得不派军队进入波士顿恢复秩序。1770年3月,议会取消了除茶叶以外的所有汤森税种。保留茶税只是一种议会统治权的象征。这种让步并未平息事态。同一天波士顿人与驻军发生冲突,5人在冲突中丧命。总督不得不下令军队撤出城镇。此后两年,殖民地相对平静。

1772年,英国议会一项旨在减轻马萨诸塞负担的法案引起了新的骚乱。该法案规定由英国而不是殖民地支付王室总督与最高法院法官的薪水。这被殖民地的激进主义者视为英国议会确认其统治权的阴谋。此后两年,绝大多数殖民地都建立了通讯委员会,目的是阐明殖民地的权力。塞缪尔·亚当斯等是其领袖。

1773年的茶税法再一次引起宪法危机。议会允许东印度公司的茶叶不经英国而销往殖民地,一来可以挽回行将破产的东印度公司,二来可以让殖民地人喝上便宜的茶叶进而打击日益猖獗的走私,同时也可以增加税收。激进主义者认为只要喝东印度公司的茶叶,就是对英国议会征税权的承认,而这是不符合没有代表就不纳税的英国自由传统的。亚当斯的大众党要求总督将茶叶运回遭拒绝。12月16日,波士顿人扮成印第安人登上茶船,将一万磅茶叶倾进大海。这就是所谓的"倾茶事件"。

这时候激进者和当局都意识到激进派究竟要求什么了。英国议会意识到,激进派否认的是议会对殖民地的统治权。乔治三世明确表态:要么制服他们,要么任由他们离开。于是英国议会通过《强制法案》(1774年5月),要求关闭波士顿港口,在没有做出赔偿之前实行禁运;改组马萨诸塞议会,高级立法院由下院选举改为总督任命;禁止所有公开集会。国王撤换了总督,增派军队前往殖民地,冲突升级,进而演变为革命。

让我们来简要总结一下所谓的宪法危机到底是什么。英国人以一种有限责任公司与代议制政府大体同构的方式建立殖民地;各个殖民地隶属于英王的帝国,也参加英国与法国的战争;直到18世纪以前,殖民地几乎是"免税"的;印花税以及以后的一系列税案一方面加重了殖民地的负担,另一方面突现了这样一个事实:按照英国的"自由传统",没有代表则不纳税,征税权在议会,由此所谓人民通过议会对行政部门实行约束或限制,那么征税权应该在殖民地议会,而不是英国议会。这个问题还可以换一种表述:除非殖民地在帝国议会有自己的代表,否则帝国议会无权对殖民地征税,但帝国议会没有殖民地代表这是无疑的。于是一次次税收危机把这个原则一次次确证、论证。因此税额问题的争论变成了征税以及与此相关的统治的合法性问题。对于殖民地激进的法理学家而言,就英国和北美都有自己的议会或代议制政府而言,它们是两个对等的实体,它们的联合只不过都效忠英王而已。可见争论的不是经济问题、物质利益,而是政治原则或者说是英国的自由问题。

二 独立革命

大陆会议、《常识》与《独立宣言》

1774年9月5日,第一次大陆会议在费城举行。除佐治亚以外,每个殖民地至少有一名代表出席,共55人。面对决裂与战争,殖民地人如何协调一致,是会议的主题。其目的不在争取独立,而在于抵制英国议会的暴虐，维护十三州殖民地的利益，把殖民地与帝国的关系恢复到理想的状态。会议充分代表了美国的舆论界。既有好多激进分子（代表人物有来自马萨诸塞的塞缪尔·亚当斯和约翰·亚当斯，来自弗吉尼亚的理查德·亨利·李和帕特里克·亨利），又有许多温和派（代表人物是来自宾夕法尼亚的约瑟夫·加洛韦和来自纽约的詹姆斯·杜安），还有一些保守分子。在会议上，殖民地的各方利益都得到充分的反映。

像所有激烈的革命都以较保守的要求作为开端一样，会议一开始讨论了约瑟夫·盖洛韦提出的联合计划，其要点是设立一个北美议会，与英国议会共同分理北美事务；非经北美议会同意，英国议会的任何法令皆不得施行于殖民地；北美议会有权处理印第安人事务、西部土地的授予以及战争时期征兵筹款。这个计划尚未在讨论过程中时，保尔·里维尔从波士顿赶到费城，带来一个更为激进的《萨福克决议案》。该议案宣布，英国议会对北美殖民地作出的《强制法令》违反宪法且全部无效；作为一个自由州，马萨诸塞州应该武装起来并采取行动，直至"邪恶的当局想要奴役北美的那些企图"被消灭干净为止。这样，大陆会议把盖洛韦计划搁置起来，就"向大不列颠宣战"的《萨福克决议案》展开辩论。最后会议在通过了对英国实行"经济制裁"的决议后，又通过了致大不列颠及各殖民地人民的《权利宣言和怨由陈情书》，还有一份致乔治三世的请愿书。《权利宣言》重新总结了殖民地历来提出的传统论点，并在许多具体问题上开了《独立宣言》之先河；被用来为殖民地的抗议行为辩护的，是"不可更改的自然法则、英国的宪法原则以及各殖民地的宪章与契约"。① 不过《宣言》仍同意英国议会有权管理商业。

大陆会议期间，重要的政治活动家和政论家有詹姆士·威尔逊、托马斯·杰斐逊、约翰·亚当斯。在这一时期内，他们发表了《英国议会权限探讨》（威尔逊）、《英属美洲权利综论》（杰斐逊）和《新英格兰人》（亚当斯）。他们共同得出了类似于北美独立的结论：英国议会的权力在历史上并无根据，虽然各殖民地可以勉强认可这种权力，但从逻辑上说并无必要；殖民地居民应当尊敬和服从国王，在战时听从国王领导，但在其他方面应该自治。这是联邦制的起源。这也是一个思想活跃的时期。激进派认为北美殖民地已经形成了一个国家，1763年以后英国议会针对殖民

---

① 参见加里纳·什等编著《美国人民》上卷，第168页。

地的立法显示英国的腐朽和暴政的倾向；他们呼吁用道德理想主义反抗英国，建立拥有公民美德的国家。这在历史上称为革命的共和主义。① 与此同时，各地的组织、集会、骚乱不断发生，对原有的政府组织形成严重破坏。

1775 年 4 月 19 日，来克星敦的枪声标志美国独立战争的开始。1775 年 5 月，第二届大陆会议在费城召开。托马斯·杰斐逊和本杰明·富兰克林是新代表。虽然会议大厅的入口处仍然悬挂着英王的徽章，但会议决定组建一支 2 万人的大陆军，由华盛顿任司令，并通过《诉诸武力原因的宣言》。虽然它的权限与合法性都不很明确，但会议还是决定发行纸币、建立邮政系统与计划设立军事首都。此外，会议还通过了呈送英王的《橄榄枝请愿书》，请求国王取消不利于与殖民地和解的那些做法。年底，乔治三世拒绝了请愿书，称殖民地正在进行"公开的、自认不讳的叛乱"。

1776 年 1 月，大陆会议召开期间，托马斯·潘恩的《常识》一书出版了。潘恩以通俗的方式，表述了将要体现在《独立宣言》中的天赋人权的哲学思想。"社会在任何状态下都是一种福祉，而政府则即使当它处于最好状态时，也不过是一件不得已的祸害。"《常识》竭力攻击君主制和不列颠宪法，认为君主制本身是荒谬的政体，一个诚实的人比"从古至今所有戴上王冠的坏蛋"更有价值，而"大不列颠皇家畜生"乔治三世则是君主之中最大的坏蛋。潘恩向美国人指出两条路：或是仍然向一个暴虐的国王、腐败的政府继续屈从，或是作为一个自给自足的共和国，享有和平与幸福。

这本小册子成了一时最畅销的读物。它激励了那些犹豫不决的人，成为激进派联合的号角。亚当斯写道："独立像一股洪流，每天从四面八方涌来。"于是，在每一个殖民地，保守派与激进派之间进行了尖锐的斗争。激进派的任务是使所有人站到独立的立场上来。保守派则日益孤立，默认战争与分离的政策，以保持其财产、地位与影响。事态向独立迅速推进。

1776 年 7 月 4 日，由托马斯·杰斐逊执笔，约翰·亚当斯、本杰明·富兰克林、罗杰·谢尔曼、罗伯特·利文斯顿等人组成起草委员会共

---

① 伍德：《美国革命的共和主义》。

同起草的《独立宣言》在大陆会议上获得通过。

《独立宣言》的重要性远不在于宣布北美殖民地的独立,更重要的在于表述了迄今一直在全世界成为一种动力的那种民主与自由权的理论。"我们认为这些真理是自明的:人生而平等,他们都从造物主那里被赋予了某些不可转让的权利,其中包括生命权、自由权和追求幸福的权利。为了保障这些权利,才建立政府。""如果遇到有任何一种形式的政府损害了这些目的,人民就有权来改变它或废除它,建立新的政府。这新的政府,必须是建立在这样的原则基础上,并且是按照这样的方式来组织它的权力机关,庶几人民看来那是最能够促进他们的安全与幸福的。""当一个政府恶贯满盈、倒行逆施……企图把人民抑压在绝对专制主义的淫威之下时,人民就有这种权利,就有这种义务,来推翻那样的政府,为他们自己带来新的安全保障。"

从原则再到现实,《独立宣言》的起草人指控英国政府尤其是乔治三世具备坏政府尤其是坏皇帝的一切特点:"现今大不列颠国王的历史,就是一部怙恶不悛、倒行逆施的历史,他那一切的措施都只有一个直接目的,即在我们各州建立一种绝对专制的统治。"

在列举了几十条英王的罪证(这种"檄文"在世界历史上是少见的)以后,《独立宣言》以此结束:"这些联合殖民地从此成为、而且名正言顺地成为自由独立的合众国;它们解除了对于英王的一切隶属关系,而与大不列颠王国之间的一切政治联系亦应从此完全废止。"1783年,英美两国在巴黎签订最后和约。根据和约,英国正式承认美国独立。

《邦联条例》

独立战争把组织长期有效的全国政府问题提到了议事日程。1776年6月20日,大陆会议任命一个专门委员会设计全国政府。委员会成员与公共舆论就建立一个强大而稳固的政府还是建立若干主权国家的松散联盟,展开激烈的争论。从1776年7月委员会拿出第一个方案,到1777年11月大陆会议通过《邦联和永久联合条例》,再到1781年马里兰州最后通过《条例》,历时5年。条例基本上是妥协的结果。一院制邦联国会由每州的代表组成,虽然各州代表名额不等,但每州仅有一票表决权;重要决议需有9个以上州同意才能生效,重大决议则需要全体同意;国会处理对外事务,宣布战争,协调各州边界纠纷,管理邮政。行政部门(外交部、财政部、陆军部、海军部、邮政局）由国会任命；设立"诸州委员会"，由每个州推举一人做代表，在国会休会期间行使国会日常权力。《邦联条例》规定各州保有自己的主权、自由和独立。国会虽被赋予极高的权力，但没有被授予管理税收和贸易之权。《条例》未设立邦联行政首脑或司法长官，也缺乏对于违抗邦联权力实行制裁之任何规定。邦联制是松散的，它的根本弱点在于完全依赖成员州的善意。邦联政府靠各州议会送来的一点少得可怜的摊派款过日子。根据《条例》，邦联国会代替大陆会议行使权力，邦联政府同时成立。

州宪法

美国人一面争取独立，一面创立新的政治制度，将殖民地变为共和州。第二届大陆会议在1776年5月通过一项决议，建议各殖民地着手组织新政府。到了1777年，除马萨诸塞、康涅狄格和罗德艾兰之外，各州都起草了新宪法。但新宪法的制定与颁布各州情况略有不同。康涅狄格保留了原来的殖民地宪章，只是删去涉及英国主权的部分。大多数州则废除了原有宪法，制定了新宪法。

宾夕法尼亚州民主派力量最强。1776年10月它的宪法起草工作完成了，一院制立法机构代替了英国的两院制，议员一年一选；取消总督，立法机关行使行政机关之职。新宪法的实施加深了富人与穷人的对立，政治秩序难以建立。1790年，一部保守的宪法代替了旧宪法。马萨诸塞州宪法的产生则经过了5年时间的准备。直到1779年，由成年男子选举产生的代表组成的州制宪会议成立。会议推举了一个起草宪法委员会，约翰·亚当斯是主要起草人。他认为社会的贵族与民主的力量将持续存在，因此应该把他们置于独立的立法机关中。1780年3月，他所拟就的草案经制宪会议通过，交人民讨论。新宪法1780年6月15日通过。一年一选的下院与根据财产情况分配的上院组成州立法机关；州长行使行政权力，有权立法、任命官吏、指挥民兵；议员与州长有严格的财产限制。

各州的新宪法大都表现出受到共和主义意识形态的影响。从革命中呈现出来的这种意识形态的要点是以权利约束公共权力、使权力相互约束，同时强调公共利益和公民美德。这些宪法是以美国人的实践，参照英国经验、按孟德斯鸠三权分立与制衡的思想设计出来的。宪法制定者的首要目的是保障人的"不可剥夺的权利"，因此每一州的宪法开头都有一篇《权利宣言》或《权利法案》。其中弗吉尼亚宪法的《权利宣言》具有代表性。它列举了英国人自《大宪章》以来一直争取实现的各项基本自由，如合理的保释金和合乎人道的刑罚；以民兵代替常备军；统一的法律和审判程序；信仰自由。还添上一些新的自由，如出版自由、选举自由、多数派改组或更换政府的自由。有些州宪法则规定了言论、集会、请愿和携带武器的自由，私人住宅不可侵犯，法律面前人人平等，等等。这是对权力的硬约束。

新宪法体现三权分立的原则。鉴于英国人的经验，美国人觉得应把制定法律（立法）、执行法律（国王、总督或行政委员会）和解释法律（司法）的机关分别开来，并让它们相互制衡。因此，所有各州的宪法都遵从分权理论。过分的自由可能导致混乱，这是常见的历史现象。但是制宪者认为历史上的混乱一般是由权力扩张引起的。在理想的也是共和主义的秩序中，秩序不是从上层强加于社会的，而是公民们通过自我约束、发挥公民美德，把公共利益置于个人利益之上而实现的。

虽然人民主权体现在宪法中，但是除了佛蒙特以外，各州的宪法都把控制政府的权力置于有产者手中。就连本杰明·富兰克林也称："至于那些没有地产的人，……允许他们选举立法者是不适当的。"选举有财产资格限定，担任公职的财产要求更高。南卡罗来纳的宪法，有选举权的仅限于拥有50英亩土地的男子，而担任公职的财产资格几乎高不可攀。州的参议员须有2000英镑以上财产，而州长、副州长要有10000英镑的财产。

三　从邦联到联邦：19世纪中期以前的民主进程

制宪会议与联邦宪法（1786—1788）

邦联制实施不到10年，便露出许多问题。独立战争的目的是捍卫自由，但正是领导独立战争的不少领袖人物觉得过度的自由危及社会秩序，州权过大的松散联盟无法取得国际地位。不少具有理论家素养的领袖们如华盛顿、汉密尔顿、麦迪逊和杰伊等，都认为要改组或重建全国政府，否则各州的联合难以持久。现在他们由捍卫自由转而强调强化秩序，呼吁强有力的中央政府。面临历史产生的问题，民主也在改变着方向。

《邦联条例》的修订或《宪法》的产生，也是一系列偶然事件的产物，并且充满着辩论甚至争吵。1786年9月，五个州的代表在马里兰的安纳波利斯开会商讨商贸事宜。会议的两个最年轻的成员,亚历山大·汉密尔顿和詹姆斯·麦迪逊,力图向代表们表明,邦联制已出现危急局面,应该由十三个州选派代表举行会议,进一步拟定使全国政府体制足以应付联盟紧急事务的必要条款。嗣后,新的会议于1787年5月在费城召开。修改邦联条例成为惟一明确的目的。会议主题是,要建立这样一种政府,它既不会太强有力以致毁掉各州的自治,又要充分有力,在联邦防务、州际贸易和对外贸易方面,实行统一的法律。史称"费城制宪会议"。赞同建立强在力的全国政府的名人们,起草《独立宣言》的重要人物除了帕特里克·亨利和托马斯·杰斐逊外都出席了会议。前者坚持州权至上原则,因政见不同而缺席;后者任驻法公使身在法国,但向麦迪逊寄来了大量的文献。

会议首先讨论了弗吉尼亚提出的方案,它建议设置一个"全国行政首脑",一个"全国司法长官"和一个被授权"对单独的各州所无力处理的一切问题制定法律"的两院制"全国立法机构",参、众两院议员均按人口比例分配名额。

会议用两周讨论弗吉尼亚方案。随后,威廉·佩特森提出一个新泽西方案。它以《邦联条例》为基础,建立一个一院制的立法机构,各州在其中有同等的代表名额;国会有征税、外交和协调各州商务的权力。"凡经国会依照由此而授予的权力和……而制定之一切合众国法令,以及合众国之权力所缔结和批准之一切条约,均为各州之最高法律。……即使与各州法律有抵触之处,各州司法官也应在其判决中遵守之"①。这就较为清楚地提出一种理论:宪法是最高法律,与之相抵触的法令均属无效,法院是执行宪法的正式代表机构。

汉密尔顿也提出了一个被后人称为极端保守与国家主义的方案,其要点是建立一个单一国会、一个民选且终身任职的总统的强大的全国政府。这是一个集权制的方案,州只是中央的代理机关。在激烈的争吵中,弗吉尼亚方案不久成为讨论的基础,汉密尔顿方案受到最大批评,以致汉密尔顿本人亦退出制宪会议。

由于围绕全国议会的代表权问题的激烈争吵,会议一度暂时休会。在

---

① S. E. 莫里森等著:《美利坚共和国的成长》上卷,南开大学历史系美国史研究室译,纪琨校,天津人民出版社1980年版,第315页。

7月16日，由各州一名委员组成的大委员会，通过了《康涅狄格妥协案》。它规定各州不分大小，在参议院均有平等的表决权，但在众议院中的代表权则应按照"联邦各州人口比例"来分配。妥协案还规定，一切征税法案应由经普选产生的众议院提出。

1787年9月17日，宪法定本经正式誊清后由与会各州代表予以签署。这时，起初参加会议的55名代表仅剩42人，其中仍有3名代表拒绝在新宪法上签名。最终签名的只有39人。制宪会议请求国会将新宪法送至各州审议批准。宪法的中心条款有：

"本宪法授予的全部立法权，属于由参议院和众议院组成的合众国国会。"（第一条第一款）

"本宪法和依照本宪法所制定的合众国法律，以及根据合众国之权力所缔结或将缔结的一切条约，均是全国的最高法律；各州的法官均应遵守之，即使州的宪法或法律与之有抵触的内容。"（第六条）

各州议会议员、行政官员和司法官员"应宣誓或宣言拥护本宪法"，每个州的公安部队也必须执行联邦的法律。各州当局在全国性事务中受联邦法院的监督。

联邦宪法不是中央集权制的宪法。它规定"本宪法所未授予合众国或未禁止各州行使的权力，皆由各州或人民保留之"。各州在它们的范围以内是至高无上的，在任何法律意义上，它们都不是处于从属地位的自治体。对市政和地方政府的管理，关于工厂和劳工的立法，公司执照的颁发，法令的阐释及民法与刑法方面的司法管理，对宗教团体的监督、教育、人民卫生、安全和福利等"一般治安问题"，都属于各州自己的事务。

美国的最基本的政治结构在宪法中得到简明的规定。立法权属于参众两院。众议院议员由各州按人口选出，每两年选举一次，年满25岁、在合众国住满7年以上都享有选举权。参议院由每州选出代表2人组成，每两年选举更换三分之一，年满30岁、在合众国住满9年者享有选举权。一切征税法案应由众议院提出，由参议院提议赞同，交总统批准执行，如总统不批准，参众两院则须再以三分之二多数通过之。税收、外贸、移民、铸币、邮政、著作权、宣战、招募军队、召集民团等等权项，均属于国会。

总统在美国政治体制中享有非常重要的地位。总统掌管全国行政权，他不仅是各行政部门的负责首脑,也是最高军事统帅,对国会的法案有搁置的否决权。总统独立于立法权力之外。

司法权属于最高法院和地方法院。法官终身任职。

围绕宪法的批准(十三个州须有九个州通过才能生效),在联邦党人与反联邦党人之间展开了辩论。宪法的反对者与支持者在几乎所有的州都势均力敌,大声发表言论。反对宪法的人竭力宣扬托马斯·潘恩所倡导的民意:"管得最少的政府是最好的政府",他们担心美国会重蹈罗马帝国的覆辙,总统将会"一步登上美国王位"。他们认为强大的中央政府将威胁各州利益,而背叛了民主共和理想的联邦党人将使政府陷入严重腐败,并葬送美国革命最重要的成果:个人自由。通过三权分立、权力制衡解决权力腐败的想法也遭到民主主义者的讽刺。

联邦党人却相信,一味沉湎于天赋权利哲学会使全国不稳,美国需要的是一体化,眼前的危机是混乱、解体而非专制。权力并非总是自由的敌人,有时却是自由的保证,因为自由是一种法制秩序,只有高效有力的政府才能维持这种秩序。他们对党争与自由、个人利益与公共利益的关系,开始持现实主义的看法,认为利益的冲突与意见的分歧内在于人类经验,和平的妥协是政治秩序的机制。宪法鼓吹者的重要文章后来收集在《联邦党人文集》中。①

虽然充满着辩论与反对,在不到一年的时间内,联邦党人还是得到九个州的支持。特拉华(30 对 0)、宾夕法尼亚(46 对 23 票)、新泽西(38 对 0)、佐治亚(26 对 0)和康涅狄格(128 对 40 票)最先通过宪法;马萨诸塞(187 对 168 票)、马里兰(63 对 11 票)、南卡罗来纳(149 对 73 票)、新罕布什尔(57 对 47 票)、弗吉尼亚(89 对 79 票)、纽约(30 对 27 票)继之。赞成与反对的票数在有的州非常接近,可以看出争论的激烈。马萨诸塞、纽约和北卡罗来纳(1789 年 11 月以 194 对 77 票通过)都是有条件批准,即要求宪法必须与权利法案(权利修正案)同时生效。1788 年 7 月,经各州代表会议的审议,有十一个州逐一通过了宪法。

---

① Saul Cornell, The Other Founders: Anti-Federalism and the Dissenting Tradition in the American, 1788-1828 (1999); Lance Banning, The Sacred Fire of Liberty: James Madison and the Founding of the Federal Republic, 1995.

1789年4月，第一届国会成立。它的重要任务之一是讨论宪法修正案。同年9月，国会通过麦迪逊提出的12条法案交由各州批准。至1791年年底，共有10条获得批准。10条法案构成美国的《权利法案》。前8条规定了信仰、言论、新闻、集会及示威等基本自由，规定了陪审团的审判权和诉讼程序，禁止对公民进行"无理审查与扣押"，不得强迫公民自证其罪。后2条涉及对宪法结构的解释：人民享有的权利不以宪法列举的权利为限；没有授予联邦政府与州政府的权力，由人民保留。美国宪法从肯定的角度规定美国政府的职能，享有什么权力；权利法案实质上是从否定的角度规定政府不可以做什么。《权利法案》第一条不是正面规定美国人民有哪些自由，而是用否定的方式规定美国政府（国会）不得就哪些方面形成决议，这种表述方式意在显示这些权利是先于或超越宪法与政府的。

1789—1794年的辩论，在国内，围绕汉密尔顿的经济振兴计划，包括发行国内债券、联邦政府承担各州债务、建立中央银行、征收威士忌酒税、增加关税、农产品补贴等等。这些计划虽然获得国会支持，但伴随着批评、辩论与妥协。有的批评出于经济利益的变化，有的则质疑其合法性。杰斐逊就认为组建银行在宪法中没有规定，所以认为汉密尔顿计划违法。

革命前就存在的对政治秩序的不同理解，只是在重大的危机面前一度平息，现在又再度出现了。杰斐逊、亚当斯、帕特里克，20年前因为对共和理想的捍卫而推动美国革命的这些元老，在制宪时期作了让步。现在他们开始为政府的扩张担忧。1791年10月，杰斐逊党人发行《国民公报》，对政府的政策猛烈抨击；汉密尔顿则斥责杰斐逊反对宪法，煽动人民反对政府。1792年，宾夕法尼亚的匹兹堡举行抗议威士忌酒税的大规模集会。到了1794年，抗议发展成一场暴动，以至于政府动用1.3万士兵前往平息。结果军队未开到，暴动者就已解散。

1789—1794年是法国革命时期。联邦党人反对法国革命，认为革命使法国进入无政府状态，威胁欧洲秩序，损害美国商业利益。杰斐逊虽然对法国革命的极端方式表示遗憾，但认为动乱仍会催生政治自由。

国内政策辩论与对法国革命的反应推动了公民社会的成长。20世纪90年代美国社会经历了政治社团的建立与壮大的过程，其数量与活动只有争取独立的年代可以相比。如为了反对汉密尔顿财政政策，就有几十个社团组建起来。不同的是，以前批评的矛头是英国政府，现在则是联邦政府。社团的旗帜依然是自由。他们呼吁警惕美国政府的君主化倾向。如 1792 年的"宪政社团"把增进人民权利的行使与警告政府作为宗旨。法国革命时期，还出现了一些推动美国与法国结盟的社团。中下层是社团的基本成员，其领导人大都是中产阶级。他们开展集会，发表演说，发布陈情书，尖锐批评政府与国会政策，有的呼吁为新闻自由而战。

从华盛顿到亚当斯

1789 年 4 月 30 日，华盛顿宣誓就任美国第一届总统。华盛顿政府面临许多问题，首先是要创建自己的政府机构。美国邦联所遗留下来的只有十几个办事员、空空的国库和高筑的债务。新国会很快制定了一套税务法规。下半年，建立起一个行政机关。新政府总的说来是在上下一片赞同的气氛下组织起来的。联邦党人（起草宪法的人）尽力想使宪法实际可行。虽然邦联主义者和报纸对政府频频指责，但不曾出现致力于推翻宪法的组织，也没有在任何地方建立起"流亡邦联"。

按照宪法，政府各部首脑须由总统在参议院同意下予以任命。但从华盛顿以来，国会从未对总统任命的人选投否决票。结果，全部行政人员和外交官都对总统负责。其时，托马斯·杰斐逊为国务卿，亚历山大·汉密尔顿为财政部长，亨利·诺克斯为陆军部长，埃德蒙·伦道夫为总检察长。

1797 年，华盛顿拒选第三任总统，副总统约翰·亚当斯当选为总统。约翰·亚当斯在 3 月 4 日安安静静地宣誓就职，华盛顿以平民身份参加了典礼，几天后便返回他的家乡。和平移交政权，从此成为美国政府的特点。

1801 年，联邦党人在选举中失败，杰斐逊当选为总统，任期两届。杰斐逊和前两届总统不同。他自认为自己当选为总统，是一场真正的、恢复共和制的质朴的革命。在联邦党人时期，政治多被绅士阶层把持。到杰斐逊时代，选民人数有惊人的扩大。杰斐逊曾在他的最后一封信中说："所有的眼睛都已经或者正在向着人权睁开。"他的政府的目的，是要证明美国人已经成熟，能够建立"一个不是基于人的恐惧与愚昧，而是基于人的理性，基于人的社会情感优于其非社会情感的政府"。他要塑造一个"可以容纳它的各种成员享有任何程度自由与自治的"社会。

在上任时，他的党（共和党）在国会两院中都占多数。首都迁到了华盛顿。托马斯·麦迪逊为国务卿，艾·加勒廷为财政部长。

政党制度的形成与发展

还在18世纪末，政治党派的名声是很坏的。虽然在宪法中，对党派没有任何规定，但在制宪时，围绕美国的制度，就形成了联邦党人与反联邦党人的对立。政府的前两届属于联邦党人掌权时期，当时国家的巩固和政治的统一成为重要的历史任务。联邦党人的著名政治家是华盛顿、汉密尔顿和约翰·亚当斯。汉密尔顿是该党的首领，他在华盛顿总统任期时为财政部长，年仅34岁。到了托马斯·杰斐逊时代，民主的呼声又越来越强烈。共和党人执政四届政府。其代表人物是杰斐逊。

汉密尔顿和杰斐逊的分歧可以部分显示美国建国初期两党的分歧。汉密尔顿希望集中权力，杰斐逊希望分散权力；汉密尔顿因担心出现无政府状态而珍惜秩序，杰斐逊则因担心暴政而珍爱自由；汉密尔顿认为共和制只有在一个统治阶级领导下才能成功，杰斐逊则相信共和制若无民主便不值得实行。汉密尔顿对人性抱悲观的观点，杰斐逊则相信人天生善良，教育会使之完美；汉密尔顿希望借助法规来促进航海和工业，从而使美国经济多样化，而杰斐逊则仍希望将美国保持为农业国。

在华盛顿时代，政党体制就已经明显了。华盛顿以其宽厚，将汉密尔顿和杰斐逊都留在内阁中，但两人在内阁中相互反对。杰斐逊认为汉密尔顿的政策是危险的，他用尽了除公开反对而外的一切手段来阻挠它的实施；汉密尔顿则不遗余力地阻止他认为不当的杰斐逊对外交事务的处理。

最早的那些全国性政党是从国会内关于汉密尔顿的财政方案斗争中发展出来的。汉密尔顿派支持者，后来被称为联邦党人（不同于先期的联邦党人），这个党派盛行于海岸地带各州。对汉密尔顿提议建立中央银行的方案，南方各州反对，北方各州赞成。杰斐逊认为南部的不满已聚集。1791年至1792年，杰斐逊等人在费城开办反对派报纸《国民公报》，负责"揭露"汉密尔顿的君主制阴谋。1792年，共和派领袖首次组成政治联盟，把南方各州和纽约、宾夕法尼亚的激进派搜罗在一起。

华盛顿总统由于他的政府受到日益强烈的反对而心情沮丧，想在1793年就退位。汉密尔顿和杰斐逊都劝其留任。汉密尔顿想继续扩大力量，杰斐逊则认为应依靠华盛顿来压制君主制倾向，认为他的党派还未壮大，还形不成有力的反对党。

　　1794年这一年，明显地出现了两个全国性的政党。每一个党都认为对方是煽动性的，甚至是叛国的，因为在一个秩序井然和谐的社会里，是不可能有政党制的地位的。有人说，党派精神"败坏了社会生活的愉快享受，危及国家利益"。在国会内，党派的分化最明显。联邦党人费希尔·艾姆斯在1793年写道："弗吉尼亚在行动中队伍整齐，党纪之严一如普鲁士人。反党分子都得不到宽恕。"① 这时，麦迪逊承担起领导反对派共和党的全部责任。"国会内存在着两个政党是很明显的。这个事实几乎在每一项重大问题上都表现出来。不管讨论的是外交还是内政，是战争还是和平，是航运还是商业，对立观点的磁力作用总是使他们像南、北极一样彼此分歧。"②

　　1798年《惩治叛乱法》的颁布，是政党制度在早期美国社会不习惯政党作为不同的利益表达媒介的具体表现，也是两党斗争的一个阶段。依据该法令，阴谋反对"政府的政策"，或资助"起义、暴乱、非法集会或结社"的人，都将被处以罚金和监禁；任何"意图中伤"总统或国会，或对他们"加以轻蔑或诽谤"的言论或文字，均构成一种应受罚款或监禁之惩处的罪行。③ 实际上该法令被实施的，也就是这一条。联邦党人从来认识不到反对党的价值，他们几乎视共和党为叛乱分子。在执行《惩治叛乱法》的起诉案件中，几乎每一个被告都是共和党人，而每一个审判官、陪审员几乎都是联邦党人。本年，约有25人被拘捕，其中10人被定罪，他们大部分是共和党的报纸编辑和印刷工人。本年还发生了因诽谤总统和侮辱公职人员而遭鞭打和监禁之事。杰斐逊称此为"联邦党人的恐怖统治"。但《惩治叛乱法》并不等于党禁和报禁。反对派记者继续谩骂政府，在全国选举中，也没有人阻止投反对党的票。

　　1800—1801年的选举，成为真正的党派选举。选民们完全按照政党所提出的候选人名单进行投票。两党分别激烈丑化甚至诋毁对方候选人，如杰斐逊被称为无神论者和雅各宾派，亚当斯被谴责为暴君和英国的走狗。党派意识形态发展得很典型。在联邦党人眼中，共和党的目的是消灭

---

① 《美利坚共和国的成长》上卷，第389页。
② 同上。
③ 《美国人民》上卷，第260—261页。

财产与宗教，使美国成为法国的附庸；而在共和党人看来，联邦党人在树立豪门政治，并使美国大船驶向专制大海。

1800年总统选举，联邦党人败北，杰斐逊当选。共和党人在众参两院都赢得了强大的多数。美国开国时期联邦党人在政治中的中坚作用业已瓦解。从1789年到1800年，美国政治基本上受联邦党人控制，他们强调中央政府的权威，发展商业和工业，希望把美国变成可与欧洲列强抗衡的国家。在这段时间内，杰斐逊的民主共和党所代表的独立战争时期的理念，基本上处于反对党的地位。他们代表着美国社会的多样性的要求，特别是自治的要求。杰斐逊党执政到1812年与英国的战争。旧的联邦党已经解体，许多联邦党人退到文化领域，如创办《北美评论》，继续推崇联邦党人思想"摒弃个人主义，强调团体责任与普遍正义，明确社会等级，将政治领导建立在智慧与正义基础上。"①

国家的整合与杰克逊的大众政治

1790—1830年代，美国社会经过若干发展过程，影响后来的美国民主。第一是通信的发展促进了政治交流与政治辩论。1795年左右，美国只有92家报纸，且多为周报，订户不到6000。到了1830年，报纸增加到1000份以上，1/3以上是日报。与此同时，美国的识字率也在提高，读报成为美国人的生活习惯。1812年与英国的战争虽然开始时美国败退，但后来英国让步了。这种胜利增加了美国人的自信心。随着工业化的推进，各种工人协会与沙龙应运而生。这个时代还发生了第二次遍布全美的宗教奋兴运动。以纽约为中心的芬尼派把关注灵魂的赎救与禁止酗酒结合起来，呼吁"施善于世"，相信个人与上帝的直接交流，轻视布道与教会组织。宗教奋兴还强化了上帝选择美国的信念。此外，这个时期法院确立了司法复审制度，加强了违宪检查，在一系列判例中（如1803年马伯里诉麦迪逊案、1806年马卡洛诉马里兰州案）增强了宪法的权威。②

19世纪20年代，特别是在1824年总统竞选时，美国的政党发生变化改组。联邦党作为政治力量已经退出总统角逐。总统竞选在杰斐逊派之间进行。亚当斯和克莱强调工商业、联邦政府在发展经济中的作用，杰克

---

① 《美国人民》上卷，第305页。
② 同上书，第300—303页。

逊则强调农业与州权。卡尔霍恩处于两派之间。在两个新党派里，都可以发现既有旧日的共和党人，也有旧日的联邦党人。一派称为"政府之友"，后来演变为国民共和党人，另一派称为"杰克逊党徒"，后来自称民主党人。在新英格兰，联邦党人参加了亚当斯的党；在南部，他们则参加了杰克逊的党；而在中部各州，他们分别加入两党。新的政党制度是政治家们猎取总统职位中连横同盟的结果。

投票程序的改变和选举权的扩大，有助于新的、竞争性的政党制度的形成。"在募集款项、推选和宣传本党候选人以及吸引选票等方面，各政党逐渐成熟起来。政治生活出现了一种新的'民主'模式，比如各政党组织会议、集会（气氛与福音新教奋兴一样热烈）或者举行游行鼓励人们参与政治、辨明自己的政治倾向等。"① 1800年，只有两个州的总统候选人由普选产生，到了1832年，除南卡罗来纳州以外，所有州的总统候选人皆由选民秘密投票（无记名）产生。在1800年，选民很少，也无政治热情。到1824年，除了少数几个州而外，几乎每个成年男性白人都能在大选中参加投票。这便迫使政客们设想出许多技巧，来为他们的候选人赢得大批拥护者。同时，交通运输的革命，使得竞选者可以巡回演说，举行"巨人式"的群众大会；报纸增多，倾向性的编辑煽动党派情绪，把对手称作美国人民的敌人成为习惯性的攻击语言。

1828年选举，杰克逊派在国会内结成同盟，收买一系列报纸，展开竞选攻势，结果获得56%的普选票。杰克逊的民主党席卷了南部和西部的每一个州，而亚当斯的国家共和党则在北部获胜。杰克逊党称亚当斯是反民主、对抗自由的贵族、空谈家、懦夫；亚当斯派称杰克逊为通奸者、赌徒、酒鬼，甚至其妻亦被称为道德沦丧的泼妇。

1828年选举：杰克逊胜。卡尔霍恩任副总统。后者是民主派，主张抑制联邦权力保护少数派，坚持美国不是一个国家，而只是一个由主权州结成的联盟。认为州有权拒绝执行损害自己利益的全国法律。他反对关税法案。在1832年因与杰克逊观点冲突而辞职。同年，南卡罗来纳州议会宣布联邦关税法案在本州无效，该州还建立志愿兵，威胁退出联邦。

1832年选举：民主共和党改称辉格党。提名克莱为总统个人候选人。杰克逊再胜。

---

① 《美国人民》上卷，第386页。

1836年选举：杰克逊党胜。但经济政策失败，经济萧条，1837年三分之一工人失业，罢工和暴力事件不断。

1840年选举：辉格党胜。他们采取各种手段拉选票，包括唱歌、宣传画、野餐会、火把游行。以234∶60获胜。80%以上选民参加投票。

在杰克逊时代（1829—1836），民主党（大部分继承杰斐逊的衣钵）已改变了政策取向。杰克逊政府反对国家积极干预，赞成实行放任主义，要求建立公路、运河和铁路等都由各州颁发许可证和予以赞助，而不需联邦政府干预。他主张更多的人参与政治，反对人为的等级差别。杰克逊把自己称为人民的候选人。

托克维尔在1835年写道："遍及于美国的那种政治热情，必须亲眼见得才能了解。一踏上美国的土地，你就立即被一种喧嚣弄得目瞪口呆。……美国人所懂得的几乎惟一的快乐，就是参加政府，以及讨论政府的各项措施。"①

四　内战时期的民主进展

废奴运动与南北分离危机

美国独立以后，经过半个多世纪的发展，南北差异开始明显。大量非洲黑人被卖到南方，奴隶数量由1820年150万增加到1860年400万，奴隶制在南方发展起来，北方则全是白人的天下。围绕奴隶制问题，南北分歧越来越大。奴隶制对于21世纪的人来说，是罪恶，但对于19世纪，却并不尽然。当时有两种解释奴隶制的对立学说。第一种学说认为它相对仁慈、合理，体现强者对弱者的关照。古代西方的重要思想家像亚里士多德和西塞罗基本上都持这种见解。第二种则认为奴隶制是人类的耻辱，是最残暴的剥削制度。持第一种想法的人很多，否则我们就无法理解竟然会有那么多人为这种制度的存在而战斗。美国宪法没有禁止奴隶制，议会席位的分配中奴隶以五分之三人数计入总人口数。田纳西州的参议员怀特就认为奴隶制是神圣的，是文明的基础。② 19世纪中期劳工运动的兴起，使得奴隶劳动更有市场。种植园主认为奴隶廉价、易于控制，不大可能形成自

---

① 《美利坚共和国的成长》上卷，第670页。
② 《美国人民》上卷，第353页。

己的组织。除了棉花和烟草种植园里盛行奴隶劳动外，奴隶劳动也充斥技工、车夫、宾馆服务员、小贩、洗衣妇各行各业。

废奴主义运动是美国社会运动的一部分，它在1830年代就发展起来了，但其影响并没有禁酒运动那样大。废奴主义者创办杂志，成立全美反奴隶制协会（1833年），举办各种集会，向国会请愿，出版大量作品揭露奴隶制的残暴，展示奴隶的悲惨生活。在这些人当中，大多数人主张由奴隶主主动和激进地解放奴隶，只有少数人要求立即取消奴隶制。废奴主义者在30年代并不构成主流，也受到强烈抵制，好多人受到攻击，被剥夺工作，被迫离开家乡。1835年杰克逊总统就称废奴主义者为"违宪而邪恶的纵火犯"，他还呼吁国会立法禁止邮局邮寄反奴隶制的作品。1836年《钳口法令》禁止国会就奴隶制问题进行辩论。

1830—1865年的西进运动与奴隶制问题相互缠绕。在1820年"密苏里妥协案"划分了自由州与蓄奴州的界线。但西进过程中建立的州是自由州还是蓄奴州？持自由土地立场的人主张在西进中建立的州（"准州"）不得实行奴隶制，来自费城的议员威尔莫特是其代表人物；来自南卡罗来纳州的卡尔霍恩坚持国会无权限制准州实行奴隶制，相反国会倒是应该保护奴隶制。不久，这种主张的对立成为南北的对立。1848年大选中，卡尔霍恩试图建立统一的南方党，号召南方人民团结一致对抗北方对南方奴隶制的干涉，并威胁退出联邦。纽约民主党的一支则组织自由土地党，发誓为"土地自由、言论自由、劳动自由与人民自由"而战。《1850年妥协案》规定加州作为自由州加入联邦，新墨西哥和犹他州州议会决定是否实行奴隶制，其缉奴条款则鼓励北方引渡逃亡的奴隶。但是在以后各州的建立过程中，奴隶制问题依然十分严重，1856年支持与反对奴隶制的力量在堪萨斯州发生激烈冲突，导致小规模的内战。

1860年，温和的废奴主义者林肯当选为总统。他维护联邦的统一，希望美国强大，相信奴隶制是反道德、反社会的与政治的罪恶，因此不会长久存在；但他同时承认白人优越于黑人，基于身体与精神的差异认为给予黑人公民权还不是时候。12月，南卡罗来纳议会举行州大会，宣布"南卡罗来纳与其他各州之间现存的以'美利坚合众国'为名的联邦从此解散"。以后，密西西比、亚拉巴马、佛罗里达、佐治亚相继分离。到1861年2月1日，路易斯安娜、得克萨斯分离。2月4日，七个分离州代表在亚拉巴马州开会，宣布成立"美利坚联众国"（Confederate state of America），选举杰斐逊·戴维斯为临时总统。分离州认为，"北方各州的人民采取了一种革命的立场来对待南部各州"，"他们唆使我们的奴隶逃走"，"勾结起来进行选举，把一个……敌视奴隶制度的人推上了合众国总统的高位"。

1861年3月，林肯就职。他重申他的共和党尊重各州的奴隶制，但作为联邦总统，他坚决反对分离。"从一般法律和宪法上来看，我们这些州所组成的联邦是永恒的。……没有哪一个州能单凭自己的行动合法地退出联邦。"他不是反对分离，而是坚持宪法。4月，戴维斯总统要求联邦军队撤出萨姆特要塞遭拒，南方军队攻击该要塞，内战爆发。

两年的相峙以后，厌战情绪在双方都增长。拯救联邦或维护宪法，一直是林肯政策的基点。从1862年起，林肯开始把解放奴隶与拯救联邦联系起来考虑。虽然经历激烈的政治争辩，1863年，林肯发布了《解放宣言》，使得挽救联邦的战争同时成为解放奴隶的战争。黑人加入联邦军队增强了北方的战斗力，大量奴隶逃亡削弱了南方。

林肯对美国民主的表述

美国人对历届总统进行评分，结果林肯评分比华盛顿还高。但历史学家发现，林肯是美国历史上最独裁的总统。就是这个独裁总统，在1863年葛底斯堡阵亡将士墓前的演说，对美国的民主制度和理想却作了非常好的概括。这一文献和伯利克里在雅典阵亡将士墓前的演说一起，构成西方民主史上两个前后呼应的重要文件。

第一，这篇演说重申了美国的自由原则和传统。"87年前，我们的先辈们在这个大陆上缔造了一个新的国家，它孕育于自由之中，奉行人人生而平等的原则"。

第二，把内战看成是对民主和自由制度的考验。"我们现在正从事于一场伟大的内战，来考验这个国家，或任何一个如此孕育并奉行这一原则的国家，能否长久存在下去。"

第三，对美国制度的民主理想作了简要的概括。"全世界将很少注意到，也不会长久记住我们在这里说的话，但却永远不会忘记阵亡将士在这里所做过的事。倒是我们这些活着的人，应该在这里，把自己奉献给勇士们已经如此崇高地将它向前推进但尚未完成的事业。……我们要使这个国家在上帝福佑下得到自由的新生，要使这个民有、民治、民享的政府永世长存"。

从林肯以后,"民有、民治、民享"的政府就成了现代民主最简要的纲领和追求,全世界不知有多少人为此奋斗终生,也不知有多少统治者用比这三个词更漂亮的词来哄骗人民。

1864年总统选举到来。林肯说:"不举行选举,我们就不可能有自由的政府,如果叛乱竟能使我们取消或推迟一次全国的选举,那它就大可宣称已征服并摧毁了我们。"1864年6月,共和党人和主战的民主党人在"全国联合"会议上一致鼓掌提名林肯为总统候选人,并一致提名民主党人安德鲁·约翰逊为副总统候选人。

7—8月间,共和党内出现了反对林肯的派别。格里利要求共和党重新选候选人。同时,林肯和激进派在战后重建联邦的方式与方法上产生了裂痕。7月8日林肯动用"搁置否决权",使激进派的重选方案无法生效。参议员韦德和众议员亨利·戴维斯立即发表声明,指责林肯出于极其卑劣的个人野心,"蓄意侵犯人民的立法权限"。两星期后,共和党政客又掀起重提候选人热潮。

在这种形势下,林肯本身亦认为失败已成定局。林肯在一份文件中写道:"本届政府看来极不可能当选。那时我的责任就将是尽力与当选总统合作,以求在他当选和任职的时期拯救联邦。"但南方仍然坚持要在独立基础上进行任何和谈。

1864年10月,林肯却再次当选。他的当选表明反对南方独立的倾向占了上风。

1865年4月,南方统帅罗伯特·李投降。北方的统帅格兰特说:"战争结束了,叛乱者重新成了我们的同胞。"4月11日,林肯发表了他最后一次公开演说。他阐述了他的重建联邦的政策:叛乱应该忘掉,南部每一个州只要有10%的白人举行忠诚宣誓并组织州政府,就立即被重新接纳加入联邦而充分享有其特权。

南方军队投降时,北方也表示了西方式的宽大。两方统帅互相致敬问好。南方军官和士兵经宣誓后予以释放,交出武器和作战物资,军官随身武器不在此列。"让所有声称拥有骡子的人把牲口带回家去耕种他们的小块田地。""这将大大有助于安抚我们的人民。"会谈以后,南方统帅便骑着自己的战马走掉了。——这就是投降和结束。而林肯的态度在他第二次就职演说中显示出来:"对任何人不怀恶意;对一切人宽大仁爱;坚持正义……包扎国家的伤口；关怀那些担负起战争重担的人……"继任的约翰逊总统一开始打算以叛国罪论处南方将领，但不久就回到林肯的和解政策，给予他们"大赦与宽恕，并恢复他们的财产所有权"。①

内战的后果

美国内战有三个目标，一是保住联邦；二是废除奴隶制，"奉行人人生而平等的原则"；三是保持一个"民有、民治、民享"的政府。联邦得到了保全。长久以来关于联邦性质的争议，也是从独立以来联邦党人和民主党人争论的问题，即联邦是各州完全自愿，可以自由进出而组成，还是应当在各州之上有一个强制性的国家？内战使国家主义占了上风。但是地方差异仍很巨大。美国形成地理、人文和政治彼此差异很大的三大区域：北部、南部和密西西比河以西的西部。

奴隶制不存在了。这是美国内战的光辉成就之一。内战期间，制定三条宪法修正案解放400万奴隶。1865年《第十三条宪法修正案》，废除《解放宣言》中未涉及的各地奴隶制。《第十四条修正案》将联邦的保护扩及新的自由民，保障他们的个人权利和财产权利。《第十五条修正案》则力图保证他们的公民权。但废除的奴隶制仅是白人的一种根深蒂固的看法：维护白人自由必须奴役奴隶。奴隶制表面上废除，但劳役偿债制——黑人是白人买来的，奴隶必须在白人主人家服役以偿债——留下来了，白人还是主人。只有经过一百年以后，大多数黑人才部分地享有这次战争和新的宪法修正案企图保证他们享有的那些权利。

民主政府又如何？内战以后有一个短暂时期，美国人不得不接受和平时期的军营。沃尔特·惠特曼在《民主的景象》中这样告诉人们："民主制繁盛地生长出最茂密、更有毒、最致命的植物和果实，带来越来越坏的侵犯者，需要更新、更强、更大、更热切的补偿物和强制者。"② 最高法院法官哈伦说："在人民中间到处都普遍地有一种很深的不安之感。……人们普遍地相信，这个国家所面临的真正危险来自于另一种奴役，亦即由资本积累在少数人手中而造成的那种奴役。"③

---

① 《美国人民》上卷，第524页。
② 《美利坚共和国的成长》上卷，第937页。
③ 同上书，第937—938页。

内战的胜利巩固了共和党在政治上的地位。民主党不时被戴上脱离联邦的罪名。1876 年一名共和党人在竞选中说："每一个脱离合众国的州，都是民主党人的州。所草拟的每一项宣布分离的公告令，都是由一个民主党人草拟的。……这个伟大共和国 20 年来的每一个敌人，都是个民主党人。……每一个喜爱奴隶制甚于喜爱自由的人，都是民主党人。"[①]

五 重建时期 (1865—1877)

1865—1877 年的美国政治史基本上是围绕内战后如何重建联邦、重建南方各州政府而进行的。重建时期，国会与总统、宪法等关系都受到调整。

重建联邦的争论从林肯时候开始。在战时，林肯提出百分之十的方案。但国会有自己的方案，形成国会与总统的紧张。国会要求由国会而非总统对重建进程有统辖权，并坚持要有半数以上的选民宣誓，才可建立合法州政府。这就是激进派的起源。他们力图用全国政府来保证自由民享有公民权，并坚持国会在政府中的至上地位。

1864 年林肯遇刺，副总统安德鲁·约翰逊继任。约翰逊在国会休会期间，很快在南方各州组成政府。1865 年 12 月 4 日，国会干预南方重建过程，他们宣布："不久前举行叛乱的各州乃是一些组织业已瓦解的共同体。它们既没有文职政府，也没有宪法或其他可借以使政治关系能在它们和联邦政府之间合法存在的形式。"它们的政治权利只有通过国会才能恢复。这就否定了安德鲁·约翰逊的工作。激进派坚持三点：其一，在南方各州建立起在性质上能被视为"共和制"的政府之前，不能再合法加入联邦；其二，必须废除《黑人法典》，取消叛乱重要人物的任职资格，保证黑人的公民权并给予他们选举与任职的资格；其三，保证国会在重建过程中的作用。

国会内激进派共和党人提出"自由民法案"，被总统否决。他们又提出《民权法案》，力图在法庭中保护自由民的权利。总统再次否决，并称此法案是："使半个合众国非洲化。"这导致共和党与总统决裂。……国会再度通过该法案。

[①] 《美利坚共和国的成长》上卷，第 943 页。

当法案被否决后，共和党决心把公民权利的新保证写进宪法，并主张，南部各州必须接受这些规定，才可返回联邦。这就产生1866年《第十四条宪法修正案》。1867年，国会通过《第一重建法案》，要求各州由成年男子普选产生制宪会议，建立以黑人和白人的投票为依据的州政府，并由新的州议会批准《第十四条宪法修正案》。约翰逊行使否决权，并称此法案违宪。但国会再行通过。1867年3月，由国会指导的南方重建工作开始进行。南方在军事控制下进行政府改组。军政府保证黑人享有权利；成千的地方官员被免去职务，让位于黑人。军政府的主要任务是进行新的选民登记和建立新政府。南卡罗来纳宪法建立了一种远比以往更民主、更有效的政府制度。新宪法规定成年男子有普选权，取消了担任公职的财产限制，取消一切"因肤色而有的差别"。到1868年夏天，南部已有8个州重建了州政府。重建的各州皆合法地批准了第十四、十五条宪法修正案。其中第十五条修正案规定："合众国或其任何一州对于合众国公民之投票权，不得因种族、肤色或曾为奴隶而拒绝或剥夺之。"

六　美国方式

美国民主进程就像一部民主的实验史。实验指它具有一定的理论、规则、潜在的目标，尤其是它的和平性质。的确，美国最适宜于做民主的实验：洛克、孟德斯鸠和其他启蒙学者已研究透了西方民主的实践与教训，规定了符合"人性"的也是符合自然法的政治体系的特征；美国的移民可以说建立在英国所取得的成就基础上；平民化的社会和大众的参与热情；广大的地域和基本上同质的文化使他们探索一种联邦制度，以解决启蒙主义一致认为的大国无法推行民主的问题。美国没有历史、传统，因而更适宜于进行对当时世界史来说完全新鲜的实验。

当然，美国独立战争、南北战争都是严重、猛烈而长久的暴力事件。当美国人推进他们实验的进程受到阻碍时，暴力显示了一种决心。结果，两次战争，民主进程被推进了两大步。

宪政主义，即制定一部规定政治权力运作的最后的亦是最高的法则，这是美国民主的一大特色，也是美国革命给19世纪至20世纪整个世界民主进程所提供的最宝贵也最引以为自豪的经验。宪政观念由美国革命而深入人心。也许，对照全世界的民主史，美国的宪法才真的堪称根本大法：从

1787年制定以来，只作过几次条文的修改；而每一次修改，在美国人看来，都更体现他们宪法的民治特征，因此每一次修正都体现民主的进步。

　　由于这种宪政观念的根深蒂固，美国的政治结构有着非同一般的稳定性。总统总揽行政权力，国会独揽立法权力，法院在它们之外独立行使司法权力。有效的、相互制约的权力才不致酿成政治腐败；这不是说腐败不存在，而是说有一种制度化的东西来防范与惩治腐败。这种"三权分立"的原则与实践在两百余年历史中没有发生过动摇，制度的稳定和持久（无反复），在世界上并不多见。

　　政治结构从本质上讲是中立的、任何人或集团（党派）都可以在宪法的约束下正当地获取政治资源。政治从某种意义上说，就是获取政治资源的游戏。结果，在美国民主过程中发展出来的、制度化或习惯化的东西，首先是政党制度的发展，其次是竞选、政务答辩等等，这些已传遍了全世界。政党是具有一定利益背景和相同动机的人的组织，组织政党是为了获取政治权力。政党制度在独立战争时期就开始酝酿，战争以后形成第一种形态的两党政治格局：联邦主义者和民主主义者（或邦联主义：认为高度的自治，即邦联可以保留更大的、更多的公民自由）。南北战争以后，共和党与民主党，即当代的政党格局形成了，并具有非常大的稳定性。在世界上有不少也称之为两党制的民主国家，但好像只有在美国，两党制才有其深厚的社会基础，也具有较广泛的代表性。

　　由于《美国宪法》确立了"权利法案"（即宪法修正案第一至第十条），所以政治参与或选举权在美国似乎一开始就不是大问题。独立战争据称把平等的政治权利给予了每一个白种人；而南北战争在给予黑人人身自由之后，也努力给予他们政治权利。像所有西方国家一样，20世纪在政治参与方面的进展，实际上表现为妇女获得选举权。

　　美国文化的平民主义或大众化特征，不管其在社会风气或道德上可能有何不足，但有助于民主精神的培育。没有贵族传统，也没有人以高人一等自居，在公共生活中缺少敬畏或恐惧感，这样，便有可能产生无所顾忌地坚持自己的主张以及无所顾忌的反驳或抗议。政治派别之间和平的、无顾忌地反驳（或反对），以至于发展为人身攻击与攻讦，大众传播对政坛人物的紧密追踪和暴露以及调查（"挖掘"），这种政治文化显然是经美国传播到全世界的。在民主进程中，对言论自由的限制（表现为书刊检查制度），从世界范围来看，美国可能是最少的。

第十三章 法国方式

法国和英国被认为是西方方式两个截然有别的典型。英国人在几百年的封建主义中，逐渐发展了议会与王权的分立，资产阶级革命并没有打破这种政治结构，只是让议会高于王权而已。19世纪英国的政治民主化一浪高过一浪，但并没有根本改变这种政治体制。法国则不同。专制主义法国得到了高度典型的发展，而革命，就在于打碎这种旧的专制制度。法国近代史一浪高过一浪的民主运动是全世界民主化的楷模。在二百年的政治风雨中，共和制始终深入人心。反反复复地追求共和是法国民主史的特征。

一　法国的政治传统

民主的萌芽发生在两个方面。一个是城市的革命。由城市市民自己在有特定的资格限制的候选人中选举官员，这证明是西方现代选举制的开始。12世纪，法国的一些重要城市，如阿维尼翁、纳尔榜等地，都有由选举产生的执政官管理。执政官最初由领主指定，后由选举产生，任期一年。除了执政官外，在一些地区，如图卢兹，还有被称作司法官的人物，他们审理案件，也起草法律。另一个是宫廷的复杂化，管理机构的复杂而导致一定程度的权力制约。13世纪的加佩王朝，由宰相代理国王行使行政权力。这是稍高级的文明都有的现象。在宰相之外，还有总管，掌管军队与领地。审判机构是与王室同时产生且并行的机构。这也几乎是每一种文明都有的。在法国，由法官组成法院（parlement）审理案件，是很久以前就建立起来的传统。国王在自己的法院里审理案件，贵族则是法院的当然成员。重要的案件或者涉及重要人物的案件由较高的法院来审理，这也是通常的做法。国王主持审判，通过精通法律的法官审理案件。地方行政事务由大法官管理，他是国王在行省的主要代表，拥有司法与财政大权。

菲利浦三世（1270—1285年在位）时期，法国的政治制度有了进一步的发展。他制定通行全国的法律，改善了行政机构。更重要的是，御前会议得到了发展：它的分支机构都发展成为独立的部门。它的司法部分分成大理院，下设大法院、调查院、审理诉状院、成文法听取院。在14世纪，御前会议还分出审计院。

14世纪，不定期的、不属于权力机关的咨询机构便经常召开会议了。这就是臣民代表大会，三级会议的前身。从1302年起，国王在新税收颁布前都与臣民商量，这也成了习惯。这是西方近代政治文明在起源方面的相似性，也是它的独特性。从最有代表的教士、贵族与平民中选择代表人物就重要问题进行协商，这是自然而然的。只要有政治咨询或协商的地方，各阶层的代表性人物就进入咨询机构，这是常识性做法。等级制度是自然成长起来的现实，人们把它当作存在，而没有对它的合理性进行质疑。而三级会议的重要职能，无疑就是就税收问题进行商量，教士、贵族与平民都派自己的代表来参加。会议对王权不构成任何限制。

经过百年战争的动荡，法国就站到近代的大门口了。宗教改革与宗教战争，加深了协商的重要性。到了17世纪，三级会议变得越来越不重要了。国王依靠城市资产阶级的支持，不再需要向这个机构要求咨询，贵族却以更权威的巴黎高等法院为核心，发展起对王权的对抗。这种对抗，在17—18世纪约近150年王室占优势地位以后，终于直接导致了法国革命。

二 贵族的反抗

贵族作为强大的力量与王权借助资产阶级变为更为强大的力量，是法国社会史的重要内容，无疑也是法国政治史的重要内容。贵族的反抗在18世纪到了最严重的地步。而且直到1830年以前，贵族仍然是法国政治中的主导力量；1870年以前，贵族依然是法国重要的政治力量。大资产阶级几乎与法国贵族同时成长。被称作知识分子的中等以下资产阶级，则是18世纪开始成长起来，到了19世纪逐渐左右法国政治的。直到19世纪后期，法国的宗教与教育政策，都维持着教士的社会力量。法国的政治史，是几方强大的社会力量冲突的历史。

亨利四世是王权复兴的重要人物。他加强了对高等法院的控制。他任命亲信为高等法院的院长，羞辱高等法院的法官，对外省的法官同样不客气。他要求布列塔尼、诺曼底等地的省级三级会议对他绝对服从。他也加强了对城市的控制。贵族只受权分摊捐税，而无权讨论。亨利四世以后，王权一度衰弱，特权阶级相互较量。黎世留当权的路易十三时期，王后、近臣贵族、红衣主教是王室的重要人物，左右着王国的政策。黎世留以后的马扎然，把人头税的征收包给包税人，使实缴大大高于应缴，农民因此而开始暴动。法官们因为反对王室的这种税收制度而在老百姓中享有威望。法官、大领主、农民、下层人物都对税收制度不满。

这就是投石党运动的背景。1648年，王室再次向法官们征收官职税，要求官员们预付四年保证金。法官们立即造反，作出联合决议，联合起来反对红衣主教。他们要求审查预算和财政收支，取缔包税制。人民也武装起来了。如果我们把1791—1794、1848—1850年的政治史作为例外的话，那么，1789—1870年的历史，与17世纪以来的政治史似乎没有什么不同。人民总是习惯于拿起武器，在街头筑起堡垒，投石党运动无疑是一次例证。王室作了让步，高等法院取得了胜利，包税制被取消。1649年1月5日，王室、马扎然等人迅速出逃。高等法院支持叛乱，大领主前来支持叛乱。高等法院通过决议，宣布马扎然因对国王与国家犯了破坏公众安全罪而不受保护。投石党运动经过10年，叛乱者曾数度占领巴黎，王室数度出逃。这种叛乱无疑是法国政治文化的一个重要方面。缺少妥协，暴力流行，是17世纪（甚至上溯至宗教改革时代）就传下来的传统。

财政问题从投石党运动时就折磨着法国王室。到了太阳王路易十四时，财政问题不但没有好转，反而更加恶化了。1661年，原来马扎然的管家柯尔伯掌管国家财政。他下令审查王国的财政状况以及大臣贵族的税收情况，并成立专门法庭治理税收官的腐败问题。法国财政问题的症结是，直接税只有穷人交，但穷人已经无法增加负担；僧侣、贵族是免税的，而城市工商业者采取的是一次性付税的办法。解决问题的最好途径是间接税，即按消费量来征税。

1750年，路易十五登基。路易十五时代的政治史是王室与贵族（即高等法院）斗争的继续。法官们身为贵族，是特权的享受者，特别是从柯尔伯开始的财政改革，大都触及他们的利益。但是，他们却是百科全书派的信奉者。他们认为，那些特权是自古以来的自由（不理解这种遍布西方文明的"特权"即"权利"的意识,不理解他们那种为"自然成长起来"的特权即权利的斗争——"不纳税是我的自由或权利"——我们就无法理解1789年8月4日之夜他们的那种自觉崇高的博爱情怀)。特别是在教育问题上,他们希望自己的孩子抛弃宗教教育(而教育作为教会的职能一直是法国的传统;直至19世纪中期,教会在法国教育中一直居主导地位),抛弃古代的语言与神学,接受现代教育,特别是现代科学。这是一种奇怪的结盟。"知识界的反对派——哲学家们——与法院的反对派携手合作,而法官们成为某种立宪王国和地区自由理论的捍卫者。"①

1764年王室与法院斗争重新开始。布列塔尼三级会议抗议捐税过重,但该省省长支持政府。雷恩法院的检察官拉夏洛泰为本省的利益辩护,王室大臣舒瓦瑟尔命令将其逮捕,法国与纳瓦尔的法官们全部辞职。国王不得不作出让步。法院要求起诉王室大臣,国王不许,法院硬是起诉。1770年,王室与法院发生第二次冲突。王室针对法院的《规章与敕令》出台,宣布高等法院(这时的三级会议早已不召开)无权过问政治,不得开联席会议,无权与外省高等法院联系。法官们拒不服从,集体罢工。掌玺大臣下令镇压,解散高等法院,另成立高等法庭。新法官为终身任职,由国家发薪,因此不得再收取诉主的酬金。这次王室胜利了。

1776年,为了解决财政问题,杜尔哥再次提出改革方案:取消流向巴黎的粮食的内部关税、取消一些不起作用的税务机构、取缔巴黎的大部分行会、废止王室劳役。高等法院没有通过这个改革方案。路易十五亲自主持法院讨论,还是无法通过。杜尔哥因此下台。从此以后,绕过高等法院来实施改革,成为王室改革的重要努力。1777年,内克尔上台,继续杜尔哥的试验,建议建立地方行政会议,主要讨论税收的分配问题。1781、1783年,弗勒里与德奥梅松试图增加间接税,试图使包税人多承担一些税收。他们相继被免职。1787年,卡洛纳建议扩大印花税,按土地年生产征收土地税。他建议召开显贵会议,其成员由国王指定,讨论该方案。拟定会议于1787年2月召开。贵族、新贵族(即大商人)都表示反对。卡洛纳下台,布里安上台。他发现要解决王室财政问题,还得走内克尔时就提出的建议。显贵们一度答应,但突然要求这些建议在实施前应该先交高等法院或最好交三级会议讨论。高等法院同意放松粮食流通方面

---

① 皮埃尔·米盖尔:《法国史》,张鸿滨等译,商务印书馆1985年版,第248页。

的限制，但反对印花税与土地税，他们建议召开三级会议来处理讨论税收问题。政府先是强制，后作让步。1787年11月，王室与法院谈判再次破裂。1788年5月，高等法院发表声明，谴责由政府独断专行的整个制度，包括密札制度和随便拘捕。政府派兵包围了会议，高等法院的活动也被终止。

三　法国革命

　　王室与特权等级的斗争相持不下。王室要解决财政问题，要废除明显不合理的特权，特别是要使税收合理化。以高等法院为核心的贵族有着悠久的造反传统，它在组织上形成政府的制约力量。高等法院由显贵构成，国王指定，而且绝大多数人是通过买官上台的。它虽然不过是咨询性的、建议性的机构，但由于它的存在，国家的重要措施出台时，就不得不征求其意见。这是出于合法性的考虑，也是出于制度的考虑，特别是当这些措施直接关系到贵族们的利益时。旧制度下的政治的最显著的标志，不过是这些政治力量之间的协商与较量，而下层人，包括整个第三阶级，则通过两种力量作为背景而影响政治。第一种力量是舆论的力量，这主要是指启蒙运动。第二种力量则是饥民、下层人的造反。第一种力量形成道义上的力量，要求开明，另一种要求解决生存问题。

　　于是，从1614年就停止召开的三级会议，成了众望所归的事情。贵族的造反揭开了革命的序幕，三级会议的召开却使第三等级走上政治舞台。国王决定要亲自召开三级会议，站在改革与减轻下层人的痛苦一边。

　　1789年初，政府发布命令，举行全国三级会议选举。为了表示诚意，政府请人民提出陈情书，以便引导审议。在选举上，没有产生问题。选举中既有直接选举又有间接选举。特权阶层的成年男子有直接选举权；25岁以上的贵族、主教间接选举自己的代表；第三等级中，年龄超过25岁、年缴纳6里弗尔人头税的人有权在自己的选区投票。可见，真正的第三等级要经过三四个选举过程，才能选举出自己的会议代表。没有人对这种资格提出异议。这种选举办法，使得贵族，而不是第三等级自己，成为第三等级的代言人。西哀士是教士，拉法夷特、拉罗什富科、孔多塞、米拉波、塔列朗等都是贵族。

　　路易十六以陈情书征集的方式进行舆论宣传，的确为封建特权的废除做了准备。从 15 世纪开始，在法国或在西欧，国王并不是封建势力的代表，而是所谓新兴力量的代表，或者说，他站在他们这一边。被后来的革命处死的路易十六，在废除封建特权方面，是站在第三等级一边的。而作为王室即政府的审判机构的高等法院，其多数成员，却站在维护特权的方面。他们显然各自有自己的政策合理性。在陈情书中，教士与贵族强调传统特权与免税权，但是他们对王室的浪费、高压政策以及它的恣意，表示反对。第三等级反对王室专制，反对内部关税，要求实行言论自由，并要求立宪政府。而第三等级的下层谴责特权，更关心自己的切身处境。

宪政的发展

1789 年 5 月 5 日，三级会议如期召开。引起法国革命的事件，并不是三级会议上各方代表政见的对立，而是看起来不太重要的程序问题。第三等级的代表已经增加了一倍，他们要求改变以往分别投票的做法，改为联合投票。因为他们知道，如果单独投票，他们与贵族和教士的比例，永远是 1∶2。5 月 7 日，开会的第二天，第三等级代表拒绝审查自己的代表资格，也拒绝单独投票。经过一个多月，6 月 10 日，他们迈出了革命性的一步：第三等级邀请另外两个等级参加自己的会议。6 月 17 日，三个等级的联席会议以 491∶89 票宣布成立国民议会。他们还发布了另外一条法令：如果国民议会解散，则现行的税赋就无效。这是第三等级的造反行为，而在此前一百多年前，则是贵族的造反行为。

6 月 20 日，由于偶然的原因，第三等级会议大厅门打不开。第三等级的所有代表随巴伊前往网球场继续开会。他们继三天前宣布自己为国民公会之后，又宣布，自己的使命是为国家制定一部宪法，而且宪法一日不制订成功，国民议会一日不解散。

在三级会议召开，各个等级在投票程序上产生分裂时，内克尔便呼吁各方克制。现在，第三等级的明显的挑衅性行为，使得王室不得不积极商量对策。内克尔建议召开御前会议。6 月 23 日，国王召开御前会议，并让军队包围会议大厅。会议的前两个等级都已经入座，惟有第三等级先是被挡在雨地，后被允许站着听国王发布命令。国王宣布国民议会各种决议无效，也不承认有这么一个机构，他要求按照原来的规定，各个等级分别召开会议，分别审议讨论各个等级提出的问题。他宣布各种封建义务原封不动。显然，路易十六认为第三等级的挑衅是法国政治中常见的抗议行为，而且他也以常见的方式做了回应。但是，正像许多历史学家所说的，与以往政治斗争不同，国王在这次政治斗争中不是站在第三等级的立场上压制贵族，而是站在贵族的立场上压制第三等级。这是悲剧性的。

第三等级拒不解散。他们的会议大厅被群众包围。国王作出让步，同意三个等级合庭开会。但是这种让步没有到位，来得太迟。7月14日，被动员起来的群众攻占了巴士底狱，首都陷入无政府状态。巴黎选举人成立市政委员会，巴伊任市长。群众组成国民自卫军，拉法夷特任司令。这是法国革命继以第三等级为主体的议会成为制宪会议之后的第二项革命性的措施。法国的人民——贵族、教士、商人特别是律师等公共人物所组成的开明人士，即受启蒙运动与美国革命影响的人物，与下层自发武装起来的人民——实际上接管了巴黎。7月17日，国王前往巴黎，在市政厅接受胜利者的拥戴，他头戴三色旗，俨然第三等级的国王。8月4日，国民议会中的贵族与教士宣布永久性地放弃特权与免税权。他们为自己放弃这些"自由"而产生的牺牲精神感动得热泪盈眶，相互拥抱。这是法国革命的永久性的成果，也是18世纪困扰着法国的最大难题的解决。它的意义是巨大的。

在这种"博爱"的形势下，也是在全国一片恐慌，在无数城堡被夷为平地、无数庄园被烧毁的形势下，1789年8月27日，《人权与公民权宣言》于国民议会通过，在《废除封建制法令》中被宣布为"法国自由的恢复者"的路易十六被迫同意。宣言规定人生而平等；政治结合的目的是为了保证人权，特别是自由、财产、安全与反抗压迫；自由的限制是为害于他人；法律是公共意志的体现，全国公民都有权亲身经历或经由其代表参与法律制定；公民有言论、著述、出版的自由，但在法律规定的范围内应对滥用这项自由承担责任；赋税应该在全体国民之间按能力平等分摊；凡权利无保障和分权未确立的社会，就没有宪法。

11月3日，高等法院宣布解散。1789年10—12月，国民议会对议员的资格、选举人的资格作了限制。1790年决议，全体教区的积极公民投票选举主教与神父，由国家为他们发工资。革命第一阶段的成果体现在《1791年宪法》中。法国成为君主立宪国家。立法权归人民自由选举出来的一院制的国民议会；行政权委托给国王，在他的统辖下由部长和其他官员负责；司法权由人民定期选举出的法官行使。权力的分立与制衡是宪法的原则。立法议会有权充分控制国家财政，每年对军事开支进行审查，它的法令应呈送国王，国王只能表示同意或拒绝同意，而当连续两届议会继续提出该法案时，国王不能否决；国王是武装力量最高首长，负责战争与媾和；任免部长是国王的专有权力；议员与法官不得兼任行政职位。宪法将公民分为积极公民与消极公民，只有积极公民（年满25岁，有固定的住所，缴纳三个工作日价值以上的直接税）才有参加初选会与作为选举人的资格。

法国革命讨论

当我们深入到历史的细节时，我们会发现，革命是由一个个极其偶然的因素促成、一个个偶然的事件构成的。无论是国王、贵族还是第三等级，他们都完全有可能采取措施来避免社会的巨大的变动与整个旧制度的毁灭。只有我们处在相对久远的距离之外，发现某一事件或某一连串的事件对以后的发展有很大影响甚至规定着一个历史单元的基本走势时，我们才会感觉这个事件具有一定程度的必然性——几乎无法避免。

政治文化的作用显然是太明显了。越是把法国革命放在16世纪以后法国历史中，我们越发现它与前一时代的连续性。无论是亨利四世时代还是路易十三、路易十四时代，贵族经常不服从国王的命令，发布一些国王看来是无效的命令，而国王派兵进入议会轰走会议代表，逮捕他们的领袖，将他们流放或杀头，也是家常便饭。王室若赢，造反的贵族就遭流放；贵族若赢，他们要么掌握王室大权，要么立自己中意的人为王。国王的让步或贵族的失败、妥协，都是很常见的事情。挟带着一定程度的强制甚至兵戎相见的政治游戏，革命是这种由文化规定的游戏的继续，至少19世纪70年代以前，这种游戏没有发生实质性的变化。如果说1871年以后法国政治中暴力的因素少了，那是因为现代人的生活观念以及对生命与政治的看法改变了。18世纪末与18世纪以前的惟一的差异，只是在政治权力的游戏中，先是增加了第三等级上层人物，后是增加了第三等级下层人物，而且他们是以自己各自不同的方式加入政治游戏的。自由主义者呼吁宪政，即制定一部大家都遵守的政治游戏法则；而下层人因为生活所迫，会抢夺有钱人的生活必需品。这种情况显然不是法国特有的。

1791年的宪法是在革命热情、博爱的热情中制定的。下层有过激行为，但是上层没有致命的分裂，路易十六也向第三等级让了步。但是，如果说那些习惯了大声说话、在2年前还是社会支配力量的利益集团，心甘情愿地，并且一致同意放下自己的特权，那是不现实的。法国革命一方面是某些原则与理想的体现，在这方面，启蒙的观念占支配地位，赞成立宪改革，用一部体现平等精神和自由原则的宪法，来约束包括王权、贵族、第三等级在内的全体"国民"，这不仅仅是商人、知识界人物、律师、科学家、学者的理想，而且是"全体人民"的理想。成为宪法改革热心人物的，三个等级都有，特权等级中的热心者与第三等级的热心者不相上下。但是，从另一方面讲，法国革命无论如何不是充分妥协的结果，而是强制的结果。那些赞成立宪制度的人、那些赞成废除封建义务的人，或者至少那些赞成三个等级应该合并开会、统一投票的人，战胜了他们的反对者，并且把自己的意愿写进了1789年以后的许多法令中，最后体现在宪法中。但是总的说来，1791年宪法仍然是一部中庸的、克制的、多少是在比较和平的气氛中制定的宪法。

革命第二阶段的宪法是"最民主的"。法国已经成了共和国。国王被处死、国民公会中的温和派人士已遭清洗，土地公有法令已经颁布。全部与无偿废除封建义务的法令已经通过（这些法令所造成的后果，使得赔偿问题成为复辟时期法国的重要问题。）。与此同时，新宪法通过，接着通过了严禁囤积垄断法令、全面限价法令、实行恐怖政策、镇压反革命的法令。在最混乱的时期，临时政府被宣布为革命政府，"临时执行会议、各部部长、各将领、各法定机关概受公安委员会的监督"。治安与粮食成为政府的命脉。中间的力量与王室贵族的力量一样，被剥夺了发言权。雅各宾派是更极端的、社会地位也相对较低下的那些人的利益的体现，他们的法令是第三等级中那些对理想持比较狂热的态度的人的法律。当国内暴力升级、国王已被处死的时候，当革命者面临全欧洲的干涉而燃起革命理想的时候，为了压制来自两方面的反对力量的反扑，就必须有办法满足社会上除了生命以外就是缺少财产、特权与智慧的那一部分人的愿望，他们的利益应该得到体现。因此，1937年的宪法是一部革命的宪法。

相比之下，1795年的宪法是一部反革命的宪法。就像所有暴力严重的社会中的"最合理"的宪法一样，这是一种不用兑现的承诺。因为革命者与一般人都清楚，在那样的时刻，政治的和平的游戏规则——宪法，如果用一句最确切的话来解释宪法的话，那就是"和平地进行政治游戏必须遵守的规则"——是提不到议事日程的。革命时期的那些紧急状态法令，老早使1793年"最民主的宪法"保持沉默。1793年宪法规定凡年满 21 岁的法国所有成年男子都有选举权，人民直接选举代表，再由代表选举行政官员、法官；行政权力属于议会的执行机构（这成为 78 年以后巴黎公社的原则之一）；宪法保障"无限的出版自由"。

革命的第二阶段

　　1792 年夏天，法国革命进入第二阶段。这个阶段不同于第一阶段。第一，法国现在是一个共和国。立法会议于 8 月 10 日投票废除国王，下午举行普选，选举国民大会，起草一部新宪法。不久以后，路易十六由于被指控勾结国外的革命敌人而被审判，并于 1793 年 1 月 21 日被送上断头台。第二，下层阶级占支配地位。革命的进程不再被资产阶级中比较保守的成员操纵。巴黎的无产阶级在很大程度上左右着运动的性质。伏尔泰和孟德斯鸠的自由主义哲学被卢梭激进的平等主义理论所代替。第三，激烈的流血战争。这个时期不仅处决了国王，而且还有九月大屠杀以及 1793 至 1794 年的恐怖统治。

　　有两个原因使第一阶段的相对和平演变到第二阶段的激进。第一个原因是无产阶级在革命中感到失望。革命一开始的时期，曾有宏伟的诺言，答应给予每一个公民平等和公正。但经过三年多的社会和政治动荡，城市的工人要获得面包仍和以前一样困难，甚至更糟。1791 年，对待日益不满的工人，政府通过法律，禁止人们组织工会，进行集体交易，设置纠察队员和罢工。1791 年的宪法甚至没有规定他们的投票权。在他们眼中，革命不过是一批主子换上另一批而已。不满的情绪培育了不满的职业革命家，他们不满革命已取得的成就，痛骂革命初期的领袖就像痛骂旧制度的拥护者一样，这是卢梭主义培育出来的政治狂热分子。第二个原因是外国干涉的威胁。法国革命使几个欧洲国家感到不安。1791 年 8 月，奥地利和普鲁士的统治者联合发表声明，称恢复法国的秩序和该国国王的权力是"所有欧洲君主普遍关注的事"。1792 年 4 月国民议会对战争进行表决。法国军队打出国门，但遭惨败。8 月，奥普联军越过边界直逼巴黎。整个首都笼罩在狂怒和绝望之中。人们相信军事上的失利是由于国王和他那些保守的追随者通敌谋反的结果。结果产生了一种强烈的要求，必须采取果断的行动去对付所有那些被怀疑不忠于革命的人。

　　国民大会在第二阶段是实际的法国政府。国民大会的最初任务是起草宪法，然后把权力交给新政府。由于国家处于非常时期，国民大会年复一年地拖延它的生命。1793年春天以后，国民大会把其行政职能交给了一个由九个成员组成的机构，称为公安委员会。这个机构处理外交关系，监督指挥军队和实施恐怖统治。国民大会由一些代表着不同程度激进见解的派别组成。其中最重要的是吉伦特派和雅各宾派。吉伦特派基本上依靠巴黎外围区域的支持，他们不怎么放任无产阶级。他们是共和主义者，其最主要的领袖是托马斯、潘恩和孔多塞。雅各宾派则是大革命中最彻底的激进分子，他们是卢梭的信徒，其最主要的领袖是马拉、丹东和罗伯斯庇尔。

1793年，国民大会通过了一部宪法，这是史无前例的、最民主的、体现卢梭《社会契约论》的宪法。它给予男子普选权，宣布社会对穷人的生存负有责任，或为他们找工作，或者救济他们，对公民提供教育被视为国家的一项义务。但1793年宪法未被实施，因为国家处于动荡之中。

1793年还公布了其他社会改革法令。其中最主要的有《分配公有土地法令》和《全部和无偿地废除封建义务的法令》、《严禁囤积垄断的法令》和《全面限价的法令》。《土地法令》规定，乡镇的财产应根据该乡镇有住所的居民不同年龄、性别或是否在场，按人口进行分配。每一居民对其所分财产有充分所有权。《废除封建义务法》规定全部和无条件地废除一切封建权利、义务和税租，把封建契据付之一炬。后来国民大会作出补充规定，敌人的财产被没收，用来资助政府开支和分给下层阶级。巨大的产业被化整为零，拿出来廉价卖给贫困的市民，为了控制生活费用的上涨，粮食和其他必需品的最高价格，必须用法律固定下来。

第二阶段的恐怖主义已经被近现代史家渲染得非常厉害。雅各宾派认为残酷的斗争是革命进程中一种必要的和值得称道的手段。但革命的第二阶段暴力的真正规模有多大，可能永远是个谜。当时和后来许多关于屠杀的可怕传闻都是被大大地夸张了的。但屠杀是确有的。1793年9月至1794年7月，可靠的估计在整个法国大约处决了2万人。1793年9月17日一条法律规定，不论通过任何方式，任何人凡是被确认为和波旁王朝或者是和吉伦特派有瓜葛的人都作为嫌疑对象。而且谁一旦被确定或者被怀疑为一个嫌疑对象时，都免不了要受迫害。在雅各宾派统治的最后六个星期，巴黎至少有1285个人被送上断头台。

从1793年10月至1794年7月，"恐怖统治"盛极一时。它主要是政治性和镇压性的，其目的决非如有时人们所说的在于消灭一个阶级。它基本上是一种用以保护国家和革命的防御措施。

恐怖统治因1794年热月政变而结束。1794年7月28日，罗伯斯庇尔被处决。革命吞食了自己的儿子。激进派的巨人们一个接着一个地倒下来：先是马拉，其后是埃贝尔和丹东，最后是罗伯斯庇尔和圣鞠斯特。国民大会的领袖们中只剩下温和派了。随着时间的推移，他们越来越倾向于保守主义，并且只要有助于保持他们的权力，就不惜在政治上耍弄阴谋诡计。革命逐渐地再度反映资产阶级利益，革命理想丧失了。限价法令和惩治嫌疑犯条例一起被废止了。政治犯都被释放。新的局面使得那些神父、保皇主义者和其他逃离国外的移民有可能回来利用他们的影响以助长保守倾向。①

革命的第三阶段

1794年7月到1799年，为法国革命的第三阶段。这是一个停滞的、大规模的腐败和玩世不恭的时期，也是大革命热情冷却时期，历时最久。其他两个时期所表现出来的如火如荼的改革热情已烟消云散。新政府的成员们热衷于追求个人发财的机会，再也不去理会那些立志改造世界的哲学理想。贪污和受贿成为征税和支付公共基金时屡见不鲜的现象，甚至督政府的一些成员在给别人恩惠时，也以收取贿赂为条件。当巴黎的贫民处在饥饿之中，投机商人却积聚着巨款，毫无顾忌地炫耀和挥霍他们从老百姓头上搜刮来的财富。②

这一阶段的政治大事也许是公布了从1793年宪法中大步后退的1795年宪法。它取消了普选权，代之以给能说会写的男子以选举权。即使如此，也只允许他们去投选举人的票，再由选举人选举立法机构成员。被选举人的资格必须拥有一座农庄或者年收入至少相当于一百个工作日的其他产业。这样，政府完全由有产者控制。即使如此，1795年选举中，600万选民中绝大多数放弃了权利。由于不可能恢复君主政体，惟恐过去的贵族再度掌权，行政权被授予一个由立法机构中选举出来的五人委员会，即督政府。新宪法不仅包括权利法案，同时还包括对公民义务的文告，文告中

---

① 参见爱德华·麦克诺尔·伯恩斯、菲利普·李·拉尔夫：《世界文明》第3卷，罗经国等译，商务印书馆1987年版，第38—39页。

② 同上书，第39页。

特别突出的是人们必须牢记的义务,"整个社会秩序的基础……在于维护财产"。人权宣言(1791)被权利和义务宣言所代替,"人生而自由,生而平等"的句子被删去了。人生而平等变成"在法律面前人人平等"。朗热内说:"你如果说人生而平等,就等于煽动所有被剥夺公民权的人或者为了全体公民的安全而暂无公民权的人起来反对宪法。"1793年宪法所包括的教育、劳动、社会救济或起义权利在新宪法中亦被一笔勾销。

  1792年实行的普选权,在1795年宪法中已经消失。只有交纳直接税的法国人才能称作"公民",才有投票权。两级选举制继续保留,要成为第二级选举中有选举权的人,年龄须在25岁以上,财产收入应相当于200日的工资。

  自1798年以来,只有惟一一个议会拥有立法权。如今法国有两个议会:五百人院和元老院。代表们并无财产资格限制,每年得改选三分之一。行政权被授予五人督政府。督政官由立法两院选举产生,任期五年(每年更换一位)。督政官拥有的权力比1791年的国王还大。他们控制行政机构、军队、警察和外交,有权废除行政法令,把任何官员暂时停职或解职。

  新宪法试图减少公民俱乐部和团体的活动。违反公共秩序的团体不准设立,任何公民集会不得自称人民团体。政教已经分离,但依然想建立一个官方宗教,先是自然神博爱教,随后是理性主义"十日"教。

  在督政府时期,巴贝夫的具有共产主义性质的平等派成了政治的动力。巴贝夫说:"一般来说,政治革命是什么呢?特别说来,法国革命是什么呢?就是贵族和平民之间,富人和穷人之间的一场公开战争。"他和意大利人布奥纳罗蒂以及国民公会的其他成员一起,密谋以一种共产主义政权来取代督政府。巴贝夫于1796年5月10日被捕并被处决。但平等派运动促使督政府向温和派靠拢,阻碍了保皇党人的复辟。1797年春,立法两院改选三分之一成员时,温和派取得明显胜利。

  督政府时期的法国政治生活,除了波拿巴在境外接连获胜以外,表面上,法国国内已恢复秩序,政治斗争在宪政的外衣下局限在政府和立法院内部,当保皇党占多数时,共和党受到排挤,而雅各宾派(被称作"无政府主义者"、无套裤汉)被流放;当雅各宾派占多数时,保皇党人又遭流放。在宪法的外衣下,被称作"政变"的事情不断发生:1797年9月3日(共和果月17日),拿破仑的将军赶走三个保皇倾向的督政官,废除保皇党人春季以来的一切"反动"法令，宪法和政府机构未变，但督政府里加上了两个共和派。这叫"果月政变"。虽然制定了几项重要法律，果月的政权并未使政权稳定。1798年4月选举，政府虽细心准备，防范雅各宾派和其他"爱国者"，雅各宾派还是占了多数。但立法两院于5月11日（花月22日）宣布选举无效。104名人选的雅各宾党被否决，而53位得少数的人当选。这称作"花月22日政变"。1799年6月（牧月）雅各宾派和军人联合，使2名督政官辞职。这称"牧月政变"。雅各宾派像在1792—1793年那样用救国口号激励全国。富人按等级分担一亿贷款；对新闻和俱乐部的管制撤销了。

拿破仑时期的法国和西方

1799年11月（雾月）18日拿破仑回到法国，他的兄弟监禁了督政官和立法议会，法国革命结束。从1799年至1814年，法国进入拿破仑时代。拿破仑并不是法国革命的真正继承人和伟大人物。他虽宣称他同情某些自由理想，但他所建立的政府形式与任何自由理想皆不相符。特别是把自由理解为个人权利神圣不可侵犯（1791年宣言）时，拿破仑对这种自由毫无兴趣。他称法国人民要的不是自由而是平等，但平等只是所有阶层在机会上的平等。他是伏尔泰的忠实信徒：不相信君权，也不相信人民的意志，更不相信议会的辩论，他蔑视并害怕群众，但相信能够随心所欲地制造与指导舆论。

波拿巴强加给法国的是一个军人专政。它的真面目最初用"共和八年宪法"伪装起来。自1789年以来，这部宪法第一次不包含对人权的宣言或者保证，也不提自由、平等、博爱，虽然宪法的起草人西哀士是大革命以来在起草法律方面享有盛名的专家。但是这部宪法明确表示制裁流亡分子，出售国有土地。

作为第一执政，波拿巴被赋予巨大的立法权和行政权。他可以单独创制法律，任命部长、将军、官吏、地方行政长官和参议院成员。普选权恢复了，但采用了一些办法使之归于无效，即按全体选民十分之一的比例选出"名流"，元老院必须从这些名流中选出立法院议员和保民官。元老院由选举产生，终生任职，保民院审议政府法案，但它的不顺从的成员在1802年被清洗。立法院的职权是不需辩论地通过或否决法案，但事实上，它几乎没有否决过任何法案。

1799年宪法也交付给公民投票表决，投票时间长达一个月，政府使用了一切可以使用的方法施加压力，宪法在投票结果未揭晓之前就颁布了。投赞成票的超过300万人，而弃权者竟达400万人。

执政府的参政院是原来国王会议的翻版，由波拿巴指定他特别器重的"有识之士"组成，该院的任务是起草法律和处理行政争端。司法制度发生了相当大的变化。除地方治安之外，法官不再由选举产生，而由政府任命，不能撤换。法院等级制度恢复了。每个选区设一初审法庭，在其上是上诉院，类似于以往的高等法院。最高的是最高法院。

波拿巴任命政界各界人士担任新设立的行政职务。议会中容纳有所有革命派的某些前议员，流亡者除了直言不讳的保王派和民主派外，大多数可以平安回国。

拿破仑法典是拿破仑时代重要成就之一。从路易十四起，君主政权一直梦想使全体法国人遵循一部统一的法典。1789年以来，每一个议会都曾为此努力。但决定性的推动力是1804年3月颁布的《拿破仑法典》。它包含了革命取得的一些伟大成就：个人自由、工作自由、信仰自由，以及国家的世俗性质。在平等方面，《民法典》宣布在法律面前人人平等，同时保障已经取得的财富，有许多保护私有财产特别是地产的条文。

拿破仑时代的另一面是对外战争。在意大利（1800年6月）和德意志（1800年12月）取得胜利之后，波拿巴于1801年2月、3月分别与奥地利和英国签订和约。欧洲的和平是暂时的。1803年5月对英战争重新爆发。到了1808年，拿破仑的法国达到顶峰。他几乎控制了俄国以西的全部欧洲大陆。他消灭了神圣罗马帝国的残余，把奥地利以外的大多数日耳曼国家联合成为"莱茵联邦"。他还把他的亲戚和朋友放在欧洲的一些王位上。在1806年和以后的年代里，他建立了著名的大陆体系。根据这个体系，他的许多傀儡国家必须和法国合作，在整个欧洲排挤英国商品。但1808年以后，拿破仑开始走向下坡。他的富有侵略的黩武主义不可避免地引起了受害者的反抗，被征服者恢复自由的决心越来越大。黩武主义在法国也产生了不良后果。

1808年夏，西班牙起义，并得到英国支持。对俄国的入侵加速了拿破仑的毁灭。在俄国的失败使普鲁士和奥地利人联合起来进行反抗。1813年10月，莱比锡大战使拿破仑招致战争的失败。他的巨大帝国顷刻土崩瓦解。他的藩属国家都背弃了他。法国本身也受到入侵，1814年3月，反法联军入侵巴黎，13 天以后，拿破仑在和约上签字，放弃他的法国王位。胜利者把路易十六的兄弟路易十八推上王位。但路易十八必须承诺，不能妨碍政治和经济的改革。新的统治者颁布了法律，确认了公民的自由权利，建立了立宪君主制。

1814 年路易十八的复辟是短命的。法国人不满路易十八的平庸统治。1815 年拿破仑逃出厄尔巴岛，于 3 月 1 日在法国南岸登陆，受到欢迎。派去逮捕他的将军率整团站到波拿巴一边，一路凯旋到巴黎，路易十八逃至比利时。反法盟军立即准备用武力推翻。1815 年 6 月，拿破仑在比利时的滑铁卢被击败。拿破仑第二次退位，被流放到圣海伦岛，直至去世。

四　1814—1847 年的法国政治

波旁王朝

打败并废黜了拿破仑，波旁王朝上台。但要使法国拉回到 1789 年之前是不可能的。拿破仑逊位当天，元老院就通过了一部以人民主权原则为基础的宪法。宪法中说：已故国王之弟已被拥登王位，只要他宣誓遵守本宪法，他便可执政。路易十八登位之前，发表"圣多昂宣言"，并建立一个委员会专门制定另一部宪法。这个宪法规定了 1848 年以前法兰西国家的框架。

在宪法的历史导言中，确认了王权来自王朝或者来自神授的理论。但在另一方面，许多条款都确认了大革命在政治和社会方面的胜利果实：如在法律面前人人平等，人人都要纳税服兵役，思想和言论自由、宗教自由等。第一帝国的民法典原封不动；当初"属于国家"而出售的教会和流亡贵族的财产，仍归原买主所有。以前的政权所授予的称号、勋章、年金、品位继续有效，国家承认其全部债务。

在政治机构中，国王享有相当大的权力："国王之人身神圣不可侵犯……行政权仅属于国王。"（第十三条）"国王为国家最高元首，统率陆海军、宣布战争、缔结和约、与他国结盟、签订贸易协定、任命政府各部官员、制定执行法律……"（第十四条）大臣们对国王而非两院负责。国王还拥有部分立法权。

两院代表国民意志：一是由国王指定的贵族院，一是众议院。选举权被限制。选举人必须年满36岁，并缴纳300法郎直接税。国王有权召集两院开会，并决定会期长短，国王可以解散众议院。

报刊受到限制，包括订户数目上的限制。1826年，巴黎14家政治性报纸总共只有订户六万五千家。在"享有政治权利的人们"（即少数足够富裕而得到选举权的公民）当中，可分为三大集团：第一是大地主、新富（由于购买国家财产而获得利益），第二是工业巨头、商人和银行家，他们担心旧制度的恢复，第三是重要的文职官员。

从1816年至1820年，国家政治力量分为三派。第一是极端保王派，拥护君主制度，反对革命原则或对革命分子作出让步。他们要求把革命期间没收的财产返还给逃亡贵族，要求废止宗教和约，恢复教会的影响。在某些方面他们比国王还反动。他们的重要人物是德·博纳尔和著名文学夏多布里昂，以《辩论报》、《保守党人》为舆论阵地。第二是立宪派（内阁派），是新的中间派。它控制着行政机构，可以通过国家官方报纸《政府通报》说话。他们真心实意忠于君主制度和波旁王朝，努力"使国王接近全民，全民接近国王"。基佐、梯也尔这些相信自由主义理论又坚决维护秩序的人支配着中间派，也在很大程度上支配着这一时期（包括以后）的法国政治生活。第三是独立派，所有反对现政权的人都包括在内，如自由派、共和派、奥尔良派、波拿巴派，也包括社会主义分子。自由派的领袖是一些有影响的知识分子，如贡斯当、乔治·桑、欧仁·苏、拉马丁、路易·勃朗、米什莱。在他们下面作为支持力量的是大学生、小职员。《立宪党人》是他们的喉舌。

保守、复辟是这段时期法国政治史的特点，但民主的基本原则、法国革命的基本成就并未消失。"实行自由与权威相结合的现代体制基本原则的功劳，应属于王朝复辟。"[①] "政治性辩论以及在报刊、小册子和书籍中公开交换思想，都比战争期间的任何时候更加自由得多。"[②]

七月王朝

1824年路易十八去世，极端保王党拥立查理十世上台，法国政治进

[①] 巴泰·勒米：《路易十八和查理十世时代法国议会制政府引论》，引自《新编剑桥世界近代史》第9卷，中国社会科学出版社1999年版，第19页。

[②] 同上。

入反动时代。政府对财产被没收的贵族实行财务补偿；把大学置于教会监督之下；强化天主教的影响。

国王与下院的冲突日益加剧。1830年，查理十世宣布解散刚选出的下院，恢复书报检查，改变选举制度。议员和记者受到打击，但他们的抗议缺乏行动的力量。青年、学生和工人临时发动了抵抗运动，他们在巴黎街区构筑了工事，升起法国革命的三色旗。在革命的短暂期内，法国政治完全由巴黎民众来决定。

1830年宪章没有改变复辟时期的政治制度，仅对它作了一点修饰而已。恢复了三色旗，上院终身任职，选举人资格降为200法郎，候选人资格税额降至500法郎。人民主权原则被肯定；永远废除新闻检查（几年后就被恢复）和特别法庭；授予两院制以创立法律的权力。革命的主要成就是亲资产阶级的路易·菲利普取代查理十世。1830年开始的王朝称"七月王朝"。

七月王朝时期，法国动荡不已。两个党派都反对政府。正统派在西部鼓动叛乱，对"巷战中产生的国王"表示蔑视。革命的年轻人则感到失望。他们不久便称自己为自由主义者，要求建立民主共和国，并在巴黎及全国组成许多秘密团体，准备起义。报纸评论越来越激烈，吵闹的示威连续不断，并产生了一连串的刺杀国王的行动。1835年9月法律对自由派作出打击，报纸受严格检查，结社和集会受到限制，连"共和主义"的名称也受到禁止。

复辟时期虽然正统派与极端分子不停地策划政变、爆炸与刺杀，但政治力量逐渐通过议会与报刊两个阵地相互较量。这是现代的政治文化建立时期。40年代以后，扩大选举人范围的要求越来越强烈。按1831年的标准，1846年法国3500万人口中只有24万人有选举权。1846—1847年歉收就像以往的暴动一样，成了共和派的东风。

五 1848年革命及其后果

对路易·菲利普的不满遍及全国，并最终引发为一场革命。这场由法国燃起以后又迅速波及整个欧洲的革命，在西方近代民主史上是个里程碑式的事件。但这场革命在法国燃起时却显得异常仓促。"1848年的革命和1789年的革命不同，不是反对派所拟定的政纲的实施；它不是全国人民所期望的，也不是他们所预料的。它是临时发生的，起因是政府禁止一次示威活动，人民暴动起来，自卫军不肯镇压他们。一个偶然的事件使暴动变成了起义，后来又扩大为革命。革命的民众起初拥入国王的王宫，国王就退位了。群众后来又拥入下院，一个由共和派议员组成的'临时政府'在巴黎市政厅成立，有几个新闻记者参加了这个临时政府。控制着巴黎的工人强迫它立即宣布共和。"① 工人变成了市政厅的主人，他们强迫临时政府接受几个社会主义口号，如"劳动权"、"国家工场"、"缩短工作日"等等。

1848年革命改变了法国政治制度。报纸成了大众的读物，革命俱乐部允许贫苦人去聆听政治家演说，而最主要的是普选权的建立。凡年满21岁，在一个地方居住半年以上，就有选举权。这种选举权适用于一切政治机构：国会、省参议会、市镇参议会。直到第二帝国后期将普选权固定下来之前，普选权与面包一直处于不可兼得的状态。饥馑使下层暴动，在革命时他们享有选举权，但饥饿问题并未解决。等到社会秩序重建，可以有面包时，选举资格又受到了限制。

党派制度发生了变化。保王党、奥尔良派摇身一变，都成了共和派。共和派中的惟一区别是"昔日共和党"和"明日共和党"。政治的动力在新的多数党与新的少数党间进行。新多数党许诺政治平等、维持"民主共和国"，新的少数党则要求继续采取有利于工人阶级的各项措施，以改造社会为社会主义。

无产阶级已登上历史舞台，正如马克思说的。他们的领导人布朗基强迫政府接受红旗（社会主义党的旗帜），并要求实行"无产阶级专政"。

制宪会议与1848年的宪法

1848年制宪选举改变了以往的政治面貌。虽然普选权实行了，但当选的仍然是资产阶级，大部分是共和派知名人士。议会三分之二的议员属于"温和派"共和主义者，布朗基主义者只得到少数议席，在它们之外，还有新奥尔良派和正统派组成的为数更少的"秩序党"。

议会选举出五人政府执行委员会，准备修宪。这时却发生了"六月的日子"。政府取消了国家工场，失业的工人断了经济来源。他们自发地

---

① 瑟诺博斯：《法国史》，第291页。

组成"自卫军",又举行了起义,并在法国街区筑起了堡垒。议会当即派正规军把他们镇压下去。6月24—26日,有一万人丧生或受伤,一万多人被俘。起义者被发配到殖民地。短期的紧张气氛由此产生:具有社会主义倾向的报纸停刊,俱乐部被警察监视,政治集会受到严格控制,违者严处。镇压起义、恢复秩序后,制宪会议便着手拟定宪法。

1848年宪法表达了议会温和派的意志:实行普选,维护共和;立法权交一院制议会,行政权交总统,议会与总统皆由普选产生。总统全权选择阁员,组织中央集权式政府。

在紧接着的总统选举中,共有四位候选人。诗人拉马丁和1848年革命的刽子手卡芬雅克将军主张建立共和国;赖德律·洛兰,也是共和派;路易·拿破仑,几乎没有什么明确主张。大家都主张共和。法国大部分人是不识字的农民,在所有政治伟人中他们只记得拿破仑,于是农民就选他的侄子路易·拿破仑为总统。他获540万张选票,而其他三人加起来也不足200万张。路易·拿破仑在奥尔良派和天主教的少数派中组阁,于是政治倾向保守。布朗基派把他们称为"反动派"(反对革命的人),这个名称就溢出法国流行于现代世界范围的政治运动;在有些地方成为非常可怕的名词。

路易·拿破仑的"反动政府"对社会民主政治的学说表示厌恶,他们认为这是一种威胁社会的学说。他们对平民参政也表示强烈反感。他们把社会主义者称为"赤党"(喜欢见血的党),并给他们加上屠杀富人、抢劫财产和均分田地的恶名。这样,他们就镇压社会共和派,用审讯、逮捕、革职等办法打击他们。所有的示威、政治标识、自由树、政治歌曲,甚至红色的腰带、领带也在禁止之列。马克思当时十分生气,他是比布朗基派还要激烈的社会主义者。他写下了《路易·波拿巴雾月十八日》的经典名篇。这篇长100页的长文是现代政治科学的必读书目,是阶级斗争和唯物史观运用于分析具体历史的光辉典范。

1851年12月政变起初只是一种军事暴烈行为。总统调动在阿尔及利亚的军队挺进首都,目的是解散议会,结束1849—1851年总统和议会的对抗,使总统成为惟一的独裁者。军队受到山岳党拥护者的顽强抵抗。镇压手段非常残酷:两万六千人被捕,几千人被放逐到阿尔及利亚。12月14日,法国人举行公民投票,赞同政变者占多数。但他们要求政变者建立一部宪法。这就是1852年宪法。共和国的名称保留了,但总统有主宰一切之权；他建立特别法庭，对危及公共秩序的人进行审判，因为"拿破仑三世结束了各政治派别之间的无谓纷争，并且开始解放生产力，而解放生产力则是当今时代的伟大任务"[1]。

帝国复辟

为了"解放生产力"，拿破仑三世觉得帝制比共和制更有效。1852年法国实行类似于全民公决的投票，同意帝国复辟。复辟的制度与拿破仑一世的制度基本相同：总统集实际权力于一身。阁员只对他一个人负责。在皇帝之外，是一个由他任命的元老院和由普选产生的立法团。这个立法机构虽由普选产生，但既无权提出立法议案，也无权制定预算。

普选被保存下来了，但政府为选民指定"官方候选人"，并命令各地长官要采取必要手段使之当选。禁止选举集会，一切政治问题的讨论必须有一名官员在场监督。书报检查制没被恢复，但创办日报须事先经政府批准且预付5万法郎保证金；部长和省长有权采取必要措施暂停或禁止报纸的发行而不必请示法院。反对派的报纸只有得到政府的允许才能继续印行。

到了50年代中后期，拿破仑三世的专制的帝国又有了一些向自由让步的迹象。1859年，皇帝宣布实行大赦，允许1851年被放逐的人回到法国，而这些人回国以后，迅速增加了反对他的共和派的力量。在反对派的压力下，立法团会议恢复了公开性，并详细讨论和通过预算。反对派集结成"自由反对派"，要求人的"必需的自由"（出版、集会、结社和选举的自由），他们在1863年选举中取得了巨大的胜利。

这是个民主逐渐成为人的习惯要求的时代，可见虽有反复，时代仍顺着民主的潮流迈进。皇帝又作出让步。他让下院恢复了呈递"请愿书"和"质询"部长的权力；允许出版和公共集会；工人可以联合，罢工也不再是非法。学生便抓住各种机会举行反政府示威。从1868年始，只要发表一个公告，报纸就可以创办。而这时的报纸却未因皇帝的让步和妥协而变得温和，反而对现存制度进行猛烈攻击。

每次选举都成为反对派新集结的机会。反对党的人数和票数都在增加，而官方候选人的选票和议席日益减少。1869年，主张维持专制政体

---

[1]《新编剑桥近代史》第10卷，第615页。

的人成了议会反对派，大多数官方议员也要求改革。1870年1月，议会制度恢复。

立法团恢复了下院的传统，分为几个集团：赞成专制和战争的人是右派，拥护自由帝国的人是中间派，共和党属于左派，其中又有好多小派："公开的左派"，容纳和共和政府接近的帝制党人；"不公开的左派"，只容纳共和党人；"不妥协派"，亦称激进派。在下院以外，还有更激烈的"不宣誓派"，他们后来成为巴黎公社的重要领导。

1870年普法战争爆发，帝国的一支精锐部队和皇帝一道在色当被俘。这时的巴黎群众不是冲向边疆，而是冲向下院；共和党议员取得了政权，到市政厅宣布共和，并组织"国防政府"。1870年9月4日，又发生巴黎公社。帝国崩溃了。在拉雪兹公墓中战败的公社社员结束了共产主义的第一次冒险实验。法国社会和政治又回到资产阶级怀抱。梯也尔的议会政府和巴黎公社的作战成了对巴黎的围攻。公社把许多有地位的人拘为人质，并在巴黎失陷时枪毙了他们。结果公社还是失败了。镇压是未经审判的枪决、逮捕与流放。

在帝国的废墟和公社的灰烬上，法兰西第三共和国宣布成立。在1875年宪法宣布之前，梯也尔的政府依照议会制习惯，依靠中央右派和共和左派勉强得到多数支持。

六　第三共和国

1875年以后法国政治史的特征，一是共和主义终于赢得胜利，共和制度在法国终于确立；二是社会党成为宪法政治的重要力量。70年代是自由主义的保守派掌权，80年代是自由主义的共和派掌权，90年代以后与世纪之交，走议会道路、自由化的工人阶级政党走到政治舞台的中央。

1875年宪法所诞生的共和国，与法国历史上另两届共和国都不同。它建立两院制加总统制的基本政治结构。它并未正式承认主权在民。最高权力是上下院联席会议。这是一个"纯粹"的代议制政府。上院议员一部分是终身任职，另一部分则由省市参议会代表组成的选举团选举。下院由普选产生。

总统在理论上享有一个国王所享有的全部权力。他有法律创议权，他选任各部部长，并有权解散下院。他不向议会负责，通过内阁行使权力。

总统任期七年。"这个七拼八凑的宪法不符合任何政党的理想，但是它是惟一经久的宪法。"①

共和派的胜利

新的共和国是在俾斯麦的逼迫下诞生的，所以又称"不光彩的共和国"。俾斯麦要求与一个有民意基础的、负责任的政府谈判。因此选举在1871年2月8日进行。继续基佐—梯也尔路线的自由保守派占议席400席，以甘必大为领袖的、要求与俾斯麦战斗到底的共和党人占150席，左派自由党获80席，波拿巴党人获20席。

1871—1879年，相信代议制与秩序的梯也尔（1871—1873）、麦克马洪（1873—1879）任总统。前几年是法国社会秩序的重建时期，保守派当选总统与保守派在议会中获得多数。1877年选举，共和派及其联盟获得胜利。总统只能选举一个被下院接受的内阁，内阁在下院失去多数时就辞职。共和制的基础巩固了。

1879年，共和党人获参院多数。共和党人米尔格雷任总统。这被认为是共和制度获胜的标志。共和派又分为机会主义与激进派两派。老一代属于机会主义者，与梯也尔式的保守主义较为相似，认为政治就是治理，即处理国家中出现的问题；而激进派属于新一代，他们带有理想主义，认为政治即是对照某种理想的改革过程。甘必大、朱尔·雷里（教育世俗化改革的重要人物）、克里孟梭是这一派的重要人物。激进派要求废除1875年宪法，所有公职由选举产生。但1884年的宪法只作了很小的改变。1885年议会选举，机会主义、激进派与保守主义势均力敌。80年代，出版、结社自由、组织工会自由、义务初级教育，这些自由民主改革在共和派推动下得以实施。修改宪法、政教分离与实行累进制所得税的要求也越来越响亮。

1888—1889年的布朗热运动对共和制是一个小小的考验，结果是机会主义巩固了势力。这个运动是极"左"的、带有社会主义性质的运动，以陆军中尉布朗热为核心。布朗热的支持者们要求修改宪法，取消参议院，改善军人的条件和打击军队中的保守力量。1889年参加示威的人群一度有机会占领政府，立布朗热为统治者。但是布朗热与拿破仑三世不同，他希望以合法而和平的方式获得政权。他并没有成功，而是选择了逃

---

① 瑟诺博斯：《法国史》，第311页。

亡。时代发生了变化，宪政的意识毕竟深入人心了。

社会党成为重要的宪政力量

19世纪后半期，右派的人数越来越少，左派的政党则层出不穷。自80年代以来，共和党在议会中稳占多数，保王党只保持一种社会力量。同时，以工人阶级为基础、追求社会主义改革方案的社会党出现并成为宪政民主的力量。1879年，盖德与拉法格成立法国工人党。1880年，社会革命党成立中央委员会。1882年法国劳工联盟成立。社会主义工人党在政治主张上是雅各宾派甚至是平等派的继续，但在手段上告别了巷战的形式。90年代，米勒兰、饶勒斯重新组合社会主义运动，并在1896年的众院选举中获胜。1896年工人党第一次组阁。

随着工人党登上政治舞台，政治在很大程度上成为共和党与社会党之间的角逐。1901年，共和派左翼与社会党联合，成立激进派——激进社会党。它成为1940年以前法国占主导地位的政党。这个党代表中下层资产阶级、敌视民主的富人，同情下层人民，表现出保守主义与沙文主义。1902年，在工人党之外，法国总工会成立。这个组织更激进。它赞成马克思的暴力革命，反对资本主义，主张实行全国总罢工。由于左派势力的大增，法国的政治地图发生了变化。共和左派与工人党联盟或单独入阁，成为"二战"前法国政党制度的重要方面。

七　法国方式

对于19世纪以来世界民主进程中的成功或不成功的后来者来说，英国方式使人羡慕，美国方式使人向往，而法国方式令人效法。往往是英国方式并不成功（一开始是君主并不"开明"，而当他想开明时，民众又并不宽容——抛弃了他），便想起了法国方式（以及它的现代后继者俄国与中国）。

法国的民主进展，用一句过去很时髦的话来说，是在革命与反动的交替中取得的。1791年，宪法规定法国为立宪的君主制度，1792年夏，法兰西第一共和国成立，法国大革命在1793至1794年由雅各宾派推向顶峰。1804年，拿破仑称帝，史称法兰西第一帝国。接着是波旁王朝的复辟，1830年革命没有建立共和国，而是建立路易·菲力普当政的"七月王朝"。1848年的烈火，二月革命，法国宣布为共和国，这是第二共和国。1852年，元首路易·拿破仑经全体公民"投票"建立帝国，这是第二帝国。1875年，建立第三共和国。反动是表面的，因为拿破仑帝国没有完全置法国革命成果于不顾，第二帝国也保留普选权。

从攻陷巴士底狱始，1830年巷战，1848年巷战，1871年巴黎公社，法国民主进程中示威、冲突与内战接连不断。这无疑是革命是历史的火车头格言的有力佐证。因此，法国民主运动方式至少在1789年至1871年的80多年时间内，典型地体现为革命的、暴力的方式，而这一段时间正是民主在法国建立的时间。

法国显然是另一个推崇宪法政治的国家。不断地重新制定新宪法，而不是在原有的宪法的基础上进行必要的修正，这是法国方式的一大特征。这同美国形成了鲜明的对比。从1791年至1795年，每年都有一部宪法问世，频繁地变更宪法，是政治生活缺少和解或理解的标志，也显示出制宪机构的脆弱与缺乏社会基础。这样，宪法便是一些人或一个利益集团的宪法，但宪法从根本上，应该是所有集团、所有人的宪法。只有在反反复复的政治"较量"中，形成一种真正的共识或政治理念，宪法和它反映的政治结构与政治生活才会稳定。随着共和观念深入人心，右派、保王派的消失，1875年宪法遂成了法国以后的宪法的蓝本。

由于社会力量之间缺乏和解，在法国，革命与民主及其反对者的理念高度意识形态化了。这种不妥协、不断的较量和越来越强烈的意识形态的冲突，19世纪以后在法国国内开始淡化时，在世界其他地方却熊熊大火般地燃烧起来，并在几乎整个20世纪的民主史与世界政治史上抹上浓浓的一笔。

所以，高度意识形态化的（总意味着自己惟一正确、应该存在）政治力量和政治家，立场相距越远，就越不能如英美那样中庸或"君子动口不动手"。当雅各宾派掌权时，要"革"掉作为共和派的吉伦特党人的"命"；在督政府上台时，必须把丹东、罗伯斯庇尔送上断头台；第二帝国为了维持秩序须逮捕布朗基；梯也尔把公社社员赶到拉雪兹公墓，公社社员因被围困便杀死"资产阶级"人质。一方称一方叛乱，一方就称另一方政变。这与美国方式不同。在美国南北战争结束时，北方统帅格兰特和南方降帅罗伯特·李相互拥抱，李骑着自己的马，配着自己的武器，宣布南方军队解散，士兵们即就地解散回家。这样的事在法国，特别是19

世纪中叶之前绝不会发生。

　　法国的民主进程体现一种本来意义上的不妥协的革命精神。以革命来争取民主，是法国方式。或者说，是当代以前的法国方式。

第十四章　近代西方民主运动的几个阶段

　　本篇前几章扼要介绍了西方民主运动的三大典型，这一章把近代西方民主运动作为一个整体过程略加考察。近代西方民主运动可以追溯到16世纪在英、法、葡、西等强大的君主专制国家之外，在意大利、德意志和尼德兰等城市发展起来的市政国家。市政国家加上17世纪英国革命，是西方民主运动的开始阶段。法国大革命与拿破仑帝国是第二阶段。法国革命的影响越出法国，波及德意志、意大利、伊比利亚和斯堪的纳维亚。但欧洲民主在法国革命时期未获制度化的进展，因为随法国革命而来的梅特涅时代，欧洲政治由大陆诸帝国把持，就连法国亦进入反动时期。

　　1848年由法国开始的席卷全欧的欧洲革命，是欧洲民主的第三阶段。广大的欧洲国家，包括中欧、东欧，都爆发了民主革命。不同的国家面临的任务不同，民主的基础不同，所以革命的后果亦不同。1848年以后至1914年，欧洲民主进入第四阶段。在这个阶段，革命的热情减退了，而改良、合作的特征增加了。奇怪的是，欧洲主要国家，在这个阶段建立了民主制度的基本框架。

　　前进与倒退总是奇妙地结合在革命过程之中。法国大革命的后果是拿破仑帝国的建立和波旁王朝复辟。1848年发生在主要城市里的革命遭到镇压，法国进入第二帝国，德国进入俾斯麦时代。只有从长远的观点来看，第一阶段获得的成果，在第一阶段结束时可能失去了，在第二阶段才得以巩固。革命和民主的进程呈螺旋式上升。

一　法国革命与拿破仑时期

　　法国革命对欧洲的影响有两点，第一点，拿破仑入侵之前，法国的共和理想几乎影响欧洲所有国家的进步知识分子；第二点，拿破仑入侵，既改组了一些国家的政治经济结构（《法国民法典》的推行），也在一些国家带来了民族主义的苏醒。

拿破仑征服和梅特涅秩序

1796年第一次反法同盟瓦解，但英国、奥地利和撒丁尼亚仍然与法国对峙。1796年，拿破仑率大军越过阿尔卑斯山，征服了撒丁尼亚，打败了奥地利在意大利的军队，占领北部意大利。1797年，进军奥地利，获得比利时和爱奥尼亚、威尼斯。同年，莱茵河以西德意志各邦划归法国。

1799年第二次反法同盟形成，主要反法力量是英国、奥地利和俄罗斯。1801至1802年的《卢内维里条约》与《亚眠条约》，使第二次反法同盟解体。

1814年拿破仑失败。在过去的25年中，法国革命所传播的福音，即自由、平等、博爱的口号，在法国境外感化了不少人民。整个欧洲的西部——西班牙、比利时、荷兰、瑞士、意大利，以及德意志的西部和南部、波兰，拿破仑法典和各种社会改革，如权利平等、信仰自由、农奴解放、封建特权的取消等等，都引入各地。诸如公民自由、社会平等、立宪国家、统一民族，等等，都开始在欧洲西部和中部的人民心中留下深刻印象，即使在俄罗斯，法兰西的《人权宣言》亦激起反响。

维也纳和会的压倒性主题是通过合法性与赔偿再建欧洲的旧秩序。合法性，就是应当把拿破仑征服的土地归还它原来的合法君主，如果这点无法达成协议，就用相等的东西赔偿每个统治者失去的一切，这就是所谓赔偿。结果，合法性只是君主贪婪的借口。在合法的名义下，西班牙波旁王朝复辟，撒丁尼亚恢复萨伏依王室统治，那不勒斯和西西里归波旁王朝，荷兰归奥伦治亲王。俄罗斯仍旧把持芬兰和波兰的一部分；奥地利得到了德意志的几个邦、意大利的伦巴底、威尼斯、托斯坎尼、珀尔玛；普鲁士获得莱茵河流域的大部分、萨克森的大部分。荷兰用锡兰和好望角换得比利时和卢森堡，瑞典失去芬兰和波美拉尼亚，但从丹麦获得挪威，而丹麦获得一部分德意志领土。

维也纳会议只是把一州一邦从某个专制君主中转到另一专制君主手中，而毫不顾及民族意识。从此以后，民族纠纷在欧洲各地燃起。

德意志

19世纪以前，德国是个由若干封建小邦组成的地理—文化联合体。"这是个没有定型的国家，起初只有许多小的文化中心，连一个首都也没有。"直至19世纪早期，才开始逐渐形成一个民族国家。"尽管德意志民族无疑地有着朝气蓬勃的文化生活，但是在政治和社会生活方面却死气沉沉。"①

还在法国革命前，德国就产生了"狂飙突进运动"，卢梭、孟德斯鸠、伏尔泰、狄德罗等人的著作被热情地讨论着。法国民众攻占巴士底狱和国民议会辩论的消息，都受到德意志知识分子的欢迎。有的人欣喜若狂，如年轻的荷尔德林，他在1792年法国革命激励下写成《人类颂》和《自由颂》，要"为人权的斗士法国人祈祷"。从哲学家康德、费希特、谢林、黑格尔，到文学家赫尔德、席勒、蒂克、让·保罗，全都异口同声地对1789年事件表示欣喜。黑格尔、谢林于1791年在杜宾根参加了自由树的种植。

从地域上来说，法国革命特别在不伦瑞克邦、汉堡自由市和莱茵兰得到同情。卡姆佩在不伦瑞克出版了自由主义的《不伦瑞克杂志》，指出德意志有上千万农奴，"渴望发生一次革命"。在汉堡，资产阶级高度发展，具有政治觉悟，汉撒的商人西韦金筹办了攻克巴士底狱一周年的群众集会，亨林斯将《马赛曲》译成德文发表。

德意志知识分子在一开始虽对法国革命多持肯定，但总觉得德国情况与法国不同，不应将法国革命搬到德国来。他们热衷于古希腊的城邦与瑞士的州，不希望德意志仿效法国模式。随着在法国更多地使用暴力，德意志知识分子开始反对法国革命，特别是对路易十六的处决，使原先的同情者变成了反对者。克洛普施托克发出悲叹："我们金色的美梦破灭了。"雅各宾派的胜利更加深了知识分子对法国的仇恨。这时候，伯克对法国革命的批评的著作，又成了德意志知识分子的案头书。

拿破仑的德意志政策是扶普抑奥，牺牲大邦加强小邦。但德意志第一个近似国家统一的局面是拿破仑开创的。他于1806年7月建立"莱茵联邦"，巴伐利亚、符腾堡、巴登、黑森—达姆斯塔特和12个较小的邦联

---

① 《新编剑桥世界近代史》第9卷，第480页。

合起来，成立莱茵联邦，以对抗奥地利与普鲁士。普鲁士反法，1806年败北，1807年签订《提尔西特和约》，普鲁士被占领。

拿破仑在德意志的统治直接带来了一些改革：德意志旧的专制制度结束；在他管辖的地区，封建主义被废除；清除了对犹太人的歧视，新教徒和犹太人都获得宗教自由；采用了法国度量衡制，实行了自由贸易。拿破仑这样评论《拿破仑法典》在威斯特伐利亚王国的实施："公开的诉讼程序，建立陪审团，这些就是你君主国的特征……你的人民应享受德意志人民从未享受过的自由、平等和一定程度的幸福。……"①

拿破仑征服的另一个后果，是激发了普鲁士的改革。哈登堡公爵希望将法国革命的思想运用到普鲁士，同时保留传统的君主制度，呼吁"自上而下地做法国人自下而上做的事"，他希望给有才能的人打开发展道路，平等地分配义务，保证财产和人身安全，将"真正的自由同宗教和国内秩序"结合起来，"在君主国行政管理下实行处理国事的民主原则……"②施泰因和哈登堡在普鲁士实行立法改革。1807年10月，施泰因宣布废除农民对地主的人身依附法令，这法令类似于1789年8月4日法国法令。农奴的身份被取消了，但地主的庄园管辖权仍然保留着。贵族失去了对农民拥有的权力，农民可以自由迁移，自由选择职业。1810年，取消了旧的经济团体和中世纪的经济规章，规定了绝对的职业自由与契约自由。

施泰因与哈登堡的行政改革以法国1791年宪法为蓝本。1808年11月颁布城市条例，建立起所有市民参加城市自治的制度，从而在普鲁士建立了一些"自由市民之岛"。他们二人还设想过建立某种立法机构，但都不欲以法国模式来建立普选产生的立法机构，而想建立一个等级代表议会。哈登堡甚至想建立由政府任命的代表组成的立法会议。

在1823年起成立的普鲁士的各省议会中，莱茵兰省议会最为活跃，但不存在中央代议制度。而德意志中部和南部许多邦像法国那样有了范围狭小的选择权为基础的宪法，如拿骚（1814）、魏玛、巴伐利亚、巴登、符腾堡和黑森（1816—1820）。联邦法案虽规定各邦实行立宪制度，但不久以后，各邦政府和联邦议会就遇到了革命运动。

---

① 转引自K. S. 平森《德国近现代史：它的历史和文化》上册，第53页。
② 同上书，第54页。

意大利：1793—1830 年

直至 1793 年，意大利还不是一个整体，因气候与地形相隔所形成的各个部分以不同方式应付法国革命的影响。意大利那时包括实行君主政体的两个王国和三个公国、四个共和国。在法国入侵（1796）之前，法国革命已影响意大利。有些人，主要是知识分子兴高采烈，有些人则表示犹豫。

1796 年，拿破仑进入意大利，击溃反法同盟，在意大利建立若干法国卫星共和国：波南共和国（1796.10）、利古里亚共和国（原热那亚；1797.6）、阿尔卑斯山南共和国（波南共和国与伦巴第合并而成；1797.7）。阿尔卑斯山南共和国成为意大利近代统一的第一次尝试。随着1798 年，罗马共和国，1799 年 1 月在那不勒斯建立帕特诺珀共和国，意大利绝大部分从属于共和制度。各共和国宪法虽然在细节、名称不同，但大抵为法兰西第三共和国宪法的翻版。几乎所有宪法的开头都有一段权利宣言，包括对财产的特殊保护；对公民资格的规定各有不同，但都体现主权在民的原则；设立两院制议会，由议会选举产生执行机构——政务院；地方行政设省，省下为区县乡；废除教会对教育的垄断，采用共和历。

但是共和主义的基础太狭窄。这些共和国是仰仗法国军队的保护才得以生存；共和主义者对农民并未带来实惠；"真正的共和主义者在意大利永远是个没有代表权的少数"①；法国征服者常把维护独立与完整的意图当作反法情绪。几乎从一开始，这些共和国便注定失败。

到第二次反法同盟战争（1799）时，法国人在意大利的地位很快就动摇了。1799 年，法国从北意撤退，1800 年，法国放弃意大利。所有的卫星共和国全都崩溃。1800 年下半年，法国又恢复占领。到 1803 年，战争又开始。1804 年，意大利共和国成为意大利王国，1805 年，拿破仑在米兰加冕。

1815 年以后，拿破仑帝国被摧毁，意大利进入复辟时期，奥地利代替法国成为意大利的支配力量。在 1830 年以前，意大利穿插着反抗与革命的图谋。1820 年那不勒斯爆发烧炭党与军人暴动，同时，西西里也发生革命。那不勒斯议会成立，组建烧炭党人内阁。奥地利人很快将其镇

---

① 《新编剑桥世界近代史》第 9 卷，第 547 页。

压，并处决 2 名自由主义者。1821 年，皮埃蒙特发生军事政变，倾向于自由宪政主义。同年 3 月，都灵学生骚动。

二 1848 年革命时期

1848 年至 1850 年，欧洲几乎所有国家都爆发了民主革命。东到俄罗斯、奥地利，西到伦敦，南到西西里，北到丹麦的基尔。这是民主在西欧基本确立，并向西欧以外地区扩展的时代。1848 年革命在所有国家都被镇压下去了，历史也出现短暂的倒退。但 50 年代以后，在欧洲主要国家，民主逐渐确立。1848 年革命从西方民主史的角度看，是近代最后一次以巷战方式争取民主的革命。

德国：三月革命到宪法运动

1830 年法国七月革命传到德国，北德、南德都有暴动响应。在汉诺森、萨克森，宪法得以实行。普鲁士也形成自由派三个活动中心，"青年德意志"的作家们抨击梅特涅统治，宣传自由、平等、博爱，海涅是其重要人物。

1848 年法国二月革命消息传至德国，巴登曼海姆市人民行动起来。反对派领袖起草包括出版自由、实行陪审制和建立全德议会的请愿书。到 3 月，由产生黑克尔的人民提出政治权利要求：普选、责任内阁制、政治上自由权。3 月中旬，巴登大公国政权转移到自由派手中。但激进派希望建立共和国。与巴登起义同时，巴伐利亚也发生请愿行为。巴伐利亚是王国，请愿书要求取消书刊检查、实行陪审制和责任内阁制。3 月 6 日，国王基本上答应了人民的要求，对政府实行改组。

柏林是德国中心。3 月 6 日，激进青年以全柏林人民的名义提出请愿书，要求政治自由、实行大赦、实行人民代议制度。工人也行动起来，举行集会。3 月 13 日，示威者与军队冲突，军队驱散集会者，禁止一切集会。16 日，冲突又起。但集会无法禁止。17 日，示威者通过请愿书，要求国王在第二天接见示威者代表。

3 月 18 日，威廉四世接见了代表，并向代表宣布两道命令已经签署：取消书刊检查，尽快召开联合会议。但柏林的工人学生要求军队撤出柏林，并组成几千人的武装工人，在大街上筑起工事。冲突发生，起义者于

18日占领柏林五分之三地区。3月19日，国王发布宣言，宣布军队已撤离。起义胜利。示威者迫使国王与他们一起向死难者致哀。3月底。康普浩森—汉塞曼内阁成立，制定普鲁士议会选举法。

德国统一进程从1848年开始。4月2日，全德预备国会召开。5月18日，全德国会议会（法兰克福议会）召开。与会者为资产阶级和知识分子。普鲁士、奥地利各占三分之一代表，其他小邦合占三分之一。

法兰克福议会形成四个政治派别。右派是旧制度的拥护者，由贵族、将军组成；共和派为左翼，大多数是知识分子，希望建立联邦制共和国，有的主张保留君主制；第三派为极端民主派，主要人物也是知识分子；自由派，在左、右翼之间，人数为总代表573人的一半左右。自由派占优势。法兰克福会议保留邦联议会，规定全德议会为立宪议会，选举产生帝国执政（奥地利约翰大公）和帝国政府。7月，帝国政府宣告成立。

1849年3月，法兰克福议会通过帝国宪法。宪法规定建立统一的德意志帝国，但各邦仍保持广泛的自主权。宪法加强了中央政府的权力，统一法律、关税贸易、币制，取消贵族等级制，保证人身、信仰、言论和集会结社自由，强调私有财产不可侵犯。宪法规定的帝国议会由两院组成：联邦院和人民院。帝国元首由一位德意志诸侯担任，称"德意志人的皇帝"。

普鲁士国王威廉四世当选帝国皇帝。但威廉四世不接受这种帝位，也不接受由革命强加于他的宪法。几乎没有国家承认宪法。这样，德意志各邦开展了维护宪法的运动。至4月末，有29个邦承认帝国宪法，但奥地利、普鲁士、汉诺威、萨克森、巴伐利亚不承认。自由派决定采取行动。5月4日，法兰克福议会通过决议，号召各邦政府、立法机关和人民承认宪法。

当德意志若干邦的人民强迫自己的政府接受帝国宪法时，普鲁士就派军队分别镇压他们。最后被镇压的是巴登军队。1848年革命失败。

意大利

19世纪30年代，意大利烧炭党举行一系列起义，都被奥军镇压。反奥民族思潮开始蔓延。马志尼组织了"青年意大利"，并在国内建立许多分支部。"青年意大利"将独立、统一和自由作为纲领。1834年，加里波迪加入"青年意大利"。

同时代的自由派寄希望于开明君主自上而下的改革，实行君主立宪。贝约蒂神父主张在教皇统辖下成立意大利联邦，由当权君主组成超内阁。

1848年1月，那不勒斯王国西西里岛首府巴勒莫城人民起义，开始1848年意大利革命。起义者在2月间改组临时政府，自由派掌握了政权。4月，西西里岛临时政府成立。巴勒莫城人民起义影响到那不勒斯全境。斐迪南二世被迫让步，批准成立有自由派参加的新内阁，宣布在2月10日公布宪法。

到3月，除那不勒斯以外，都灵、佛罗伦萨和罗马都出现了有温和自由派参加的立宪政府。3月18日，米兰帝国发生巷战，起义者赶走奥地利军队。几乎同时，威尼斯起义，宣布成立马可共和国。

1848年7月，革命形势急转直下。奥地利大军压境，要对各个共和国各个击破。只有统一的、实行政治改革的意大利才能胜利。8月，托斯坎尼的蒙塔涅利提出召开全意大利制宪会议的口号。意大利各地都举行支持该口号的游行。

1849年9月，意大利共和国各邦被奥地利镇压。

奥地利

梅特涅的奥地利自拿破仑帝国瓦解后，一直是欧洲反民主势力的大本营。1848年，奥地利也发生革命。3月，"奥地利进步党"成立，发表宣言与纲领，称古老的奥地利正走向死亡，要求修改宪法、改革政府、改组内阁和召开联合议会、工业活动自由。维也纳的大学生也行动起来，他们成立"争取自由斗争同盟"，提出要求出版和言论自由、宗教信仰自由的请愿书。

3月13日，奥地利议会召开。议会大厦门口挤满了工人、手工业者和学生。他们呼喊"自由、宪法、打倒政府"的口号。他们激动不已，冲进会场，欲强迫议会代表停止讨论，与他们一道去见皇上，但被拒绝。他们就继续呼喊更激烈的口号。政府决定派兵镇压。但群众占了上风。斐迪南一世决定妥协，取消书报检查、罢免首相梅特涅。但起义者不满足。他们要求制定明确规定公民权利的宪法，以君主立宪代替君主专制。在起义者压力下，政府宣布皇帝同意颁布宪法，并决定于7月召开各省议会讨论宪法。同时，维也纳的市政机关得到改组，新政府由贵族、大工业家、商人和知识分子组成。维也纳3月革命很快扩展到什吉利亚、匈牙利、捷克、加利西亚等地。

3月革命满足了一部分革命者的要求。有产者、一部分知识分子要求的宪法已经有了。但取消书报检查、实行出版自由、言论和集会结社的自由未实现。政府的安全委员会"坚定不移地实行维护社会安全与秩序的现行法令"。4月25日新宪法确定了皇帝的无限权力，规定议会选举的财产资格和定居年限，确立了议会的两院制，保留了旧的封建关系，规定取消农民义务时必须交纳赎金。5月1日的选举法规定，工人、短工、职员，享受社会救济的人员、残疾者没有选举权。

下层人民和激进的学生、民主派人士要求实行一院制和普选法。在3月革命中产生的国民自卫军中央政治委员会为继续推动民主而斗争。维也纳有两支军队，两个影响力中心。5月14日，政府强令解散国民自卫军中央政治委员会，引发了"5月事件"。5月15日，政府军与示威者又一次冲突，因群众处于动员的顶点，政府让步。政府作出实行一院制、取消选举资格限制、实行民主选举的承诺。

5月事件以后，奥皇出走维也纳，在因斯布鲁克建立反动基地。政府与皇帝妥协，在维也纳建立秩序。5月26日，示威者与政府军冲突，政府再作让步。

在这种背景下，奥地利议会于6月19—21日进行选举，7月22日召开。议会选出代表383名，其中贵族42人，农民97人，其余均为知识分子，如律师、医生、记者。关于农民问题，议会仍通过了农民需经赎买才能获得自由的法案。

8月，奥地利革命进入反动阶段。奥地利军队在镇压布拉格和意大利各邦的革命之后，反过头对付奥地利本土的革命者。8月19日，劳动部宣布降低女工、童工的工资，8月23日，工人组织游行示威，与政府军冲突。第二天的政府命令规定国民自卫军如有反抗，皆按刑事论罪；凡发生暴动的工厂须停业，工人退出工厂；报刊须受检查。

10月，愤怒的示威者绞死了国防部长，控制了维也纳，令皇帝斐迪南一世逃离。议会掌管了维也纳。皇帝组织军队准备打回维也纳。从10月21日至11月1日，维也纳的起义者与政府军对峙、激战。11月1日，维也纳失陷，奥地利革命失败。

进城的政府军队进行了五个月的大搜捕，起义的领导者被枪决。1849年3月，奥地利新宪法颁布，议会宣布解散。新宪法规定帝国的全部权力集中在皇帝和大臣手中，立法权属上议院和下议院，上议院由各省代表组成，下议院由每年缴纳的直接税不少于10弗洛林的居民选举产生。

奥地利革命的失败很大程度上标志着1848年革命的结束：伦巴底、威尼斯、匈牙利、捷克又作为奥地利之一部分；从匈牙利分离出来的克罗地亚、特兰西瓦尼亚、塞尔维亚也成了它的一部分。

东欧：捷克、波兰

1848年革命波及奥地利、沙俄统治下的东欧大部分地区。

捷克处在奥匈帝国统治之下，主要有波希米亚、摩拉维亚两地区。19世纪30年代，民族主义开始抬头，民主派开始在知识分子之间活动。1845年的"里皮尔协会"主张推翻哈布斯堡王朝，建立民主共和国，取消封建义务。1848年3月，在法国二月革命爆发时，捷克的许多地区也出现了政治传单。"里皮尔协会"提出20条请愿书草案，包括宪法，出版与言论自由，废除封建义务、实行公开与陪审制度，人身安全，集会自由，信仰自由，改革政府。3月31日，三千余名示威者集会，向斐迪南一世请愿，均遭拒绝。3月28日，又一次请愿。6月12日至17日，示威者在布拉格举行起义，被镇压。1849年5月，又一次起义，结果失败。

波兰处于俄、奥、普三帝国占领之下，民族主义和民主主义都有所抬头。30年代，知识分子成立"波兰民主协会"，其左翼成立"波兰人民协会"和"波兰人民大联盟"。1844年，"波兰人民同盟"准备在波兰各地举行起义，但未及举事，即流产。1846年，出现克拉科夫和加里西亚农民起义。1848年，波兹南举行起义。

三 1870—1914年，欧洲民主的总体进展

1848年以后的欧洲政治地图

1848至1849年欧洲革命在奥地利、普鲁士、沙皇俄国的镇压下先后失败。1848年以后，法国由第二帝国到法兰西第三共和国，共和的观念深入人心。英国宪章运动失败，政党政治得到发展。直到19世纪末，欧洲仍然只有这两个典型的民主国家。在中欧，德意志与奥地利彻底分离，德意志的威廉四世在1850年公布普鲁士宪法，产生由两院组成的国会，

而内阁对皇帝负责；自由派纷纷逃亡，贵族亦不满威廉四世的软弱，他们希望以非民主的方式统一德国。在俾斯麦的统治之下，经过丹麦战争（1864）、普奥战争（1864）、普法战争（1870），德意志帝国终于建立。奥地利在约瑟夫·法兰茨统治之下，向西，与德意志分离，向东和向北，镇压罗马尼亚、匈牙利、捷克、波兰的革命，维持着哈布斯堡王朝的统治。意大利在加富尔统治下，以撒丁尼亚为中心，1860年伦巴底和中部公国并入，1860年西西里征服，1861年意大利王国建立，1866和1870年，威尼斯与罗马归并，意大利终获统一。在北方，则是庞大的俄罗斯帝国。欧洲的情况即是如此，分为几个大国，或处在几大国的势力范围之内。在大国的隙缝中，中立的、民主制度也得到发展的是比利时、荷兰与瑞士联邦。西班牙和葡萄牙是衰落的王国，斯堪的纳维亚也是几个王国，那里相对比较和平。

宪政的发展①

到19世纪末，虽然只有英、法算得上民主国家，但是整个说来，这个时代在宪政模式和社会体制方面是日趋一致的。民主的原则和实践，透过不同国家之间巨大的历史与民族根源、国际地位上的差异，仍然向前发展。虽然有强大的势力在反对欧洲的民主化（有时与反对民族自决联系在一起），如沙皇俄国与奥地利哈布斯堡王朝；但是，从历史发展来看，反动的力量已退居守势。

议会制的普遍化与选举权的逐步扩大，是1848年以后欧洲民主史的最重要的特征或进展。到19世纪末，除了俄国以外（1905年，国家杜马），所有国家均已有了议会。但议会的作用与权限各有不同。在各大国中，只有英、法才有真正的议会政体。在英国，1867和1868年的选举法改革，是迈向普选权的两个重要步骤。工人大部分获得了选举权。1884年选举法改革，又将农村与城镇等同，1885年改革使选区更为合理，数目增加近一倍。全民投票的原则逐渐确立起来了。政党制度获得稳固发展，每个政党都在全国范围建立组织。

法兰西第三共和国的宪政制度与英国迥然不同。它是在1877年最后定型的。人民主权的思想体现为议会享有最高权力，任何力量皆不能与之

---

① 参阅《新编剑桥世界近代史》第11卷，第355—364页。

相抗衡，而英国，议会只是国王、议会和选民制衡关系中的一员。在法国，多党制没有得到充分发展。政党一般缺少一定组织，只在议会内形成小集团。议会多数派变化无常，这决定政府的组成形式只能是不同集团的联合。在法国，政府不断更迭，但议会至上的制度却相当稳定。法国人生活中有强烈的个人主义与散漫的特点。这与严格的政党组织格格不入。

意大利宪政制度摇摆不定。它的基础是1848年革命时皮埃蒙特—撒丁王国的宪法。在意大利统一过程中，该法规也就适用于新建立的意大利民族国家的其他地方。在意大利，君主制不足以同议会抗衡，议会中也体现不了大众的意志，因为直到1882年的选举制度，规定有相当高的纳税额者才可成为选民（总数在60万人左右）。1882年选举大大降低了纳税额，也把受教育的条件规定为受过初等义务教育。选民人数增至200万，接近于普选。由于君主制和大众参与的力量较弱，意大利政治权力向众议院倾斜。在众议院中，1876年以前，右翼党是执政党，左翼党是反对党。但1876年右翼政府垮台，左翼政党执政，也没有明显的反对党存在。意大利成了典型的无政党国家。议会中以个人或地区关系组成的集团或派系，代替了严格的政党的位置。政府由某些政治家的个人追随者组成，不代表任何明确的政治倾向。政治不稳定成了意大利的特征。

在德意志帝国，议会形同虚设，它只有立法职能，面对政府没有影响力。根据1866年至1877年俾斯麦制定的复杂宪法，帝国国会以全国普选为基础，它与联邦议院相互并存，联邦议院只是"政府联盟"式的联合政府。政府不对议会负责，帝国首相制定执行政策，至于帝国国会是否同意则无关紧要。

德国的宪政是一种联邦制的君主立宪制。直到19世纪末，全国在政治上尚有不一致，帝国实行普遍选举权，但普鲁士却始终保持其不平等的三级选举制。普选权导致政党制度的兴起，但只有极少数政党领袖获得政府职务。在德国，有组织的政党体系与国家之间存在着难以逾越的障碍，概因议会对政府无影响力。在德国，出现的是一种罕见的"分权"现象：议会、政府与皇帝并立，而皇帝亦不像在联邦国家中那样作为领导权的代表，而是作为掌握特别军事指挥权的人物。

1874年修订的瑞士联邦宪法，规定一种与德意志联邦完全不同的联邦政体。德意志联邦由一个个君主政体组成，瑞士联邦是由建立在古老的自由宪法基础上的各个州组成的。瑞士联邦的权力由联邦议会行使，联邦议会由普选产生的国民院和代表各州的联邦院组成。议会机构的强大使联邦政府，即由七名委员组成的联邦委员会仅为执行机构。这与德国也形成对比。1874年的宪法还规定公民对法律进行投票。瑞士是多民族、多语言的联邦制国家，但是民主的扩大并没有带来民族问题。

奥地利帝国在19世纪60年代以后成为奥地利—匈牙利二元帝国。这个从梅特涅时代就充当民主与民族解放革命镇压者的帝国，19世纪后半叶恰恰受到民主主义与民族主义的双重压力。1867年的奥匈协定是奥匈帝国宪法的基础。按照这个协定，在奥地利帝国的东部组建匈牙利王国。陆军、外交和财政三个统一的部，两个分立的议会，一位皇帝兼国王，这便是这个帝国的基本政治结构。不论在帝国的东部（马扎尔人得到好处）还是在西部（日耳曼人占优势），在选举权和议会民主方面每做出一点进展，就会导致民族纷乱。在多民族的帝国东部，曾在波希米亚和摩拉维亚做出缓解民族紧张的办法，但收效甚微。在帝国西部，1896年实行了普选制，24岁以上的公民有选举权，但只能选举四百余名议员中的70名。普选权直到1907年才扩展到匈牙利。由于这种地区差异（西部远比东部发达），在东西两部分，两个议会都迟迟不实行民主代议制。

除了英国以外，两党制在欧洲其他地区也有所发展，但情形与英国不同。在19世纪后半期，希腊、罗马尼亚、西班牙、葡萄牙，都有两党制，而且都是进步自由党派与保守党派的对峙。但是，这些党派只是一些集团和一些志同道合的人形成的小圈子，在国内没有牢固的根基。这种议会政权往往在猝然之间发生更迭，因此，政治上缺少连续性。例如，在西班牙，自由党与保守党内阁的更替，根本不能说明社会力量的消长，而不过是上层的操纵。每届政府在取得权力之后就操纵选举以取得议会多数。

尽管如此，这一阶段仍是现代政党制度发展和逐渐走向成熟的时代。大多数国家的政党都已从社会显要人物结成的松懈的、只在选举之时才像个组织的俱乐部式政党，发展成为有固定核心和扎根全国各地的群众性政党。除了19世纪早期的自由派政党与保守派政党以外，社会主义政党的出现，是这个时期政党制度的一大特色。最初建立的是德国的社会民主党，在反社会主义非常法结束后，于90年代成为合法政党。接着是法国、英国、俄国。社会主义政党以19世纪中后期工人运动为基础，并通过其组织系统，渗透到文化、社会和经济生活各个部门。

宪政制度的重大进展是普选权（直到20世纪，普选权才扩展到女性）的建立。大多数国家皆已实行或接近男性公民的普选权，法国从1870年至1875年，德国在1871年，西班牙在1890年，瑞士在1874年，希腊在1864年，保加利亚在1879年，挪威在1898年。名义上的财产限制仍在英国（到1884）、荷兰（1896）存在。作为联系政府和人民的最重要的纽带之一的选举权，开始发挥其力量，并改变着政治的形式与结构。

要求有一部至高无上的宪法规定公民的权利和政治结构（政府，议会；选举权，政党制），这种宪政思想到19世纪晚期，在欧洲因大多已建立或基本建立现代宪政制度而日渐衰微。只有在俄国，才是一种革命的力量。宪政本质上是权力分配与制衡制度，而在俄国，没有任何立宪政体。19世纪后期西欧立宪政治的动力，已不再是发动法国革命的中产阶级，而是1848年逐渐走到政治前列的工人。立宪民主制度开始沿着工人的社会革命运动向前迈进，这是这时期欧洲民主的特点。这方面的例证便是选举权的扩大和普选权的建立。

四　20世纪末西方民主的进展

20世纪西方民主的重要进展，是苏联与东欧各国告别马克思列宁主义的权力模式，回归到西方的民主模式。虽然有1848年的席卷全欧洲的革命，虽然有整个19世纪的民主运动，但是西方议会制民主，19世纪后半期只扩展到德国与意大利，也就是易北河—亚德里亚海以西的工业化发展较快的地区。在德国以东，是处于俄国向西走廊的波兰，稍南一点则是奥匈帝国，这个帝国包含奥地利人、捷克人、斯洛伐克人、匈牙利人的天主教民族。再东一点则是巴尔干半岛的与俄国共奉东正教的王国。再东一点便与极度衰落的奥斯曼帝国接壤。这是广义的基督教文化与伊斯兰文化的分界线。

在第二次世界大战之前，东欧六国中的三个巴尔干国家是王国，波兰与捷克是共和国，保加利亚是王位空缺的王国。波兰、捷克与匈牙利信奉天主教，罗马尼亚与保加利亚信奉东正教。这些国家与德国东部，在第二次世界大战结束时，是苏联红军的占领区。在苏联的支配下，这些国家都成立了"人民民主共和国"。这个词的意思是比西方更高级的、真正意义上民主，也就是最广泛的民主。1946—1948年，苏联成功地结束了这些地区残留时代的民主势力，旧式的民主派力量几乎全部流亡。波兰的米什莱奇克、匈牙利的纳吉逃亡国外，罗马尼亚的马尼乌终身监禁，保加利亚的农民联盟领导人佩特科夫被处以绞刑。

20世纪50年代以后，东欧国家与苏联的关系围绕两个相互缠绕的轴心。第一个是这些地区19世纪的旧的民主要求不停地抬头，第二个是这些地区的要求自己做主的民族主义要求不停地抬头。第一种要求有三个事件，并且与80年代末90年代初的运动形成一个整体。这就是1956年波兰事件、匈牙利事件以及1968年的捷克事件。波兰共产党顶住苏联的压力，选举刚从狱中释放的哥穆尔卡任共产党总书记。但哥穆尔卡在自由化实验上并未走出多远，苏联人并未多加干涉。10月23日，受波兰事件影响的匈牙利人举行示威游行。示威者把伊姆雷·纳吉（与流亡的纳吉不是同一个人）推上总理位置，推动他作出自由选举与退出华沙条约的保证。苏联领导人经过激烈辩论后决定干涉。11月4日，苏联坦克开进布达佩斯，匈牙利事件结束。1968年，捷克共产党自行废除自己的书记而另选一个书记，苏联与华约成员认为这是对苏联权威的冒犯，决定出兵捷克。所谓"布拉格之春"就此结束。

可见，直至80年代中期戈尔巴乔夫的新思维以前，苏联与东欧对民主的理解以及民主化进程，受到苏联的强烈影响。当然，如果把勃列日涅夫的停滞除外，而把斯大林死后的"解冻"、赫鲁晓夫向西方以及国内民主要求的有限让步、安德罗波夫开始的苏共对新出路的寻求直到戈尔巴乔夫的新思维视为一个过程，那么，也可以看到民主化的再定向在苏联社会中的产生与发展。另外，当一次次基本上以19世纪西方民主为目标的民主运动被平息后，虽然总是伴随意识形态的新攻势，但是，遍布全社会的不仅仅是知识分子中的那种失望与绝望情绪，毕竟显示着某种不同的东西。1956年到1989年，短短33年，是一二代人的时间，但是在至少从美国革命时代就开始的"西方的"民主史的进程中，算得了什么呢？1815年到1848年也是33年。苏联与东欧的民主化新定向，必须以苏联为新的动力，而且取决于与西欧以及国内的要求的互动。这种情况在戈尔巴乔夫时代来临了。在中国共产党人摸索市场化取向的经济改革的同时，我们知道，戈尔巴乔夫进行着另一种新思维：续写1905年以前的俄国民主史。与此同时，在苏联的推动下，东欧的实验也开始了。戈尔巴乔夫赞同东德废除昂纳克、保加利亚废除日夫科夫、捷克废除雅克什等老人政治的举动，向爆发在东欧各大城市的学生与市民的抗议者承诺苏联的军队不会对他们进行镇压；他向捷克的示威者承认 1968 年的镇压是错误的。1988 年，匈牙利向多党制过渡。1990 年，波罗的海三个共和国脱离苏联并成立多党制政府。1989 年，波兰团结工会在议会选举中获胜，1990 年，瓦文萨在选举中击败雅鲁泽尔斯基。在 1989 年下半年，东德、捷克斯洛伐克、罗马尼亚，共产党相继失去了政权，由共产党分裂出去的社会主义民主党获得胜利。竞争性的政治制度在 1990 年都得到了确立。保加利亚、蒙古在 1990 年也进行了大选。在世界政治地图上，西方民主扩展到了非西方的广大地区。

五　西方方式

借用西方政治学的术语，一组公民权的约定；一种全体人民都平等享有的参与权，以及一个由这种参与权规定的，多多少少是选举出来的议会；一个全国性的、通过直接或间接选举而产生的行政首脑；一个声称代表一定的选民或全体人民利益的、竞争性或排他性地掌握政权的政党，所有这些东西，是现代政治的独特现象。这些东西，在 18—20 世纪，就像林立的厂房一样，在全世界得到了极大的扩展。历史倒退 300 年，说全体国民都有平等的选举官吏的权利，或者说全体国民有某几种可以称作政治权利（权利，不管从什么角度，从语义学的角度，是法律规定且保障的、合法的权利）的东西，不论在西方，还是在非西方，都是大逆不道的。就像几千年的文明史或者政治史向我们展示的，人们几乎一直在为国家的治理提供某种建议，甚至对政策作某种批评。但是，如果有谁说这种批评是一种现代意义上的权利，也就是说，我这样做不仅是合法的，而且是必须受到国家保护的，这种理解，近代以前是根本不存在的。的确，希腊人与罗马人接近了这种理想。但是，他们没有这样一种明确的假定。这个假定是什么呢？它并不是韦伯说的理性主义的无所不在性，而是自由主义的基础性。

民主在 20 世纪末已经得到了巨大的发展，也可以说获得了具有世界历史意义的胜利。在当今的世界，没有一个国家不声称自己是民主的国家。当美国领导人要推翻伊拉克的现政权而代之以"民选的"政府时，伊拉克领导人就举行全民投票，检查自己的"民意基础"。结果，我们发现这个国家的人民对其领袖的支持率是 100%。这既是对民主的讽刺，也是对西方民主的讽刺。

20世纪末，至少从民主的表现形式上，西方的民主已经获得胜利。在所有地方，我们都可以识别出议会、行政与司法的分立。当然"分立"本身是多种多样的。但是，在20世纪，以民主自居，相互指责对方不民主、假民主与真专制的现象，与19世纪相比，激烈到了史无前例的地步。当代的所有国际、国内意识形态纷争，几乎全是关于什么是民主、怎么做才称作民主的纷争。美国与伊拉克在政府构成方面的相似性，可能要大于18与20世纪伊拉克政府构成之间的相似性。那么，怎么一个会说一个是不民主，是独裁的政府，而另一个才是民主的，特别是自由的政府呢？西方的民主与非西方的区别在哪里呢？这似乎仍然要从它们对民主的理解上方见分晓。

如果寻找西方的民主与非西方的民主的根本区别的话，我们发现，个人自由是至关重要的。西方的民主被称作自由的民主（liberal democracy），也就是说，这是一种把个人的自由或权利作为最高原则的民主。个人权利的至上性，是西方民主的第一条根本假定。民主是一种制度安排，从积极的方面看，它是能对人的权利进行保护的制度，从消极的方面看，它是对人的权利侵犯较少的制度。在西方的民主理论家看来，民主就像任何一种制度一样，是权力结构，而任何一种权力都倾向于侵犯人的权利。因此，他们认为民主是不得不存在的恶，在所有坏的政府中堪称是最好的政府。也就是说，民主虽然比别的政府要"好"一些，但它的本性、它的无法逃脱的实质，仍然是"坏"的。在政治上，好坏的标准并不在于它做了什么道德或福利上的好事，而在于它有没有侵害个人的权利。民主是一种必要的恶，这是西方民主的第二条根本假定。这条假定只是第一条假定，即自由主义原则的推论。只有这种根本上是恶的政府形象或想象，只有这样一种对政府的根本的不信任、戒备与防范的文化态度，才会有西方的公共文化。

西方方式中始终视为民主的根本原则的个人自由，是此时此地的张三李四的自由，而不是"最广大的劳动人民"或其他不管什么以集体、群体的身份出现的人的自由。也许人们会说，个人的自由或张三李四的自由与广大人民的自由会有什么区别吗？回答是肯定的。将侧重点放在个人一边与将侧重点放在群体的一边，是根本不同的。个人当然不应该剥夺大家的权利（如君主专制），但是，大家也不应该剥夺具体个体的权利：他的财产权，特别是他的良心自由，即不受迫害地表达他对良好的政府构成的看法（政治观念）与他对人生的与宇宙的终极意义的看法（宗教观念）。个人自由的至上性假定，使得西方的民主理论家特别注意少数派的权利。他们认为，试验一个政府是不是民主，并不是看绝大多数持主流意见的人是否安全，而是要看与这些主流意见公然对立的人是否安全。如果少数派（经过19世纪自由主义理论家的解释，少数派远不是指具体的投票过程中的少数票，而更指在根本的政治与宗教态度上的对立意见）不安全，那么这样一种政治制度就是不民主，因为它是不保护个体的自由的。他们进一步认为，以一个人某种至上的原理为名义对众人的压迫，与众人以集体的幸福、社会的稳定或某种至上的原理为名义对少数人（少到只剩一人）的压迫；一个人剥夺多数人的权利与多数人剥夺一个人的权利一样，都是一种暴政。少数派、反对派、持根本不同的政治与宗教见解的人是否安全，他们的与多数派同样合法与合理的表达权利是否得到安全的行使，依西方方式来看，是判断是否民主的根本依据。

从第二条假定出发，西方民主发展出两种理解。第一种理解，权力必须分散。既然所有的权力都倾向于剥夺人的权利或自由，那么，把不同的权力分散在不同的机构中，可能减少这种危险性。更重要的是，既然所有最重要的权力机关都声称保护人的权利且互不处于隶属状态，那么，不同的权力机关就可以而且必须对别的机关是否侵犯或损害人的自由进行检查。这是相互的检查，也叫权力的制约与平衡。第二种理解，权力必须处于根本的约束状态。也就是说，光有政府之间的约束还是弱的约束，必须有社会的、来自权利本身的约束。

合法化的反对或者视反对为一种权利，显然是西方方式的最重要也最独有的特征，并在西方方式中得到了非常精致的发展与发挥。这种权利是直接与自由主义的根本假定相关，特别是与少数派的权利直接相关的。我们知道，这种和平的反对，也是19世纪后半期才在西方主要的工业化国家确立的，而在此以前，特别是在法国，我们可以看到，巷战、流血、武装起义也与几千年的历史一样，是家常便饭。

说到反对，人们便会想到攻占首脑机关、逮捕甚至处决领导人这样一些极端暴力的事件，想到至今仍然活跃在世界各地的反政府武装。在把秩序与自由作为政治的两种根本价值的西方自由主义理论家看来，在这种暴力中，双方都误解了政府的本性。"反政府"其实可以理解为两件事情。

第一件事情，反对把持政府的那些人，因为很明显，除了这些非常具体、与反对者一样有自己的政见的人外，所谓政府不过是建筑物而已；第二件事情，反对政府不过是要撤销、合并政府的某些部门或按自己的想法重新建立某些部门而已。这两件事情不用暴力都完全可以达到。而且，第一种问题解决了，第二种问题也就好解决了。不管是反对者还是把持者，在有一点上他们是一致的或可能形成一致的，即不管怎么，作为官员组成政府应该得到人民的同意，而这种至关重要的同意，是必须可以衡量的。因此，反政府的最经济的办法无疑是投票。由达到法定票数的人组成政府并实施自己的改革，而没有得到法定票数的人即选举中的失败者继续公开论证自己的政治主张，直到另一次选举来临。在以投票决定谁应入主政府的游戏中，最关键的是获得多数的同意。一方面，如果我没有获得多数，则表明大多数人并不同意我的政治纲领或政治改革方案，在这种情况下强力获取政权，并不会增加同意。另一方面，在第一轮投票中失败并不是永远地失败。政府有明确的任期，这一届没有获得多数，在下一届再努力，而这种努力，便是在开放与自由的公共空间内，继续论证我的政治方案，以期获得更多的支持。因此，只有和平的反对才是合法的，才能是一项权利，才是文明的政治秩序。

这样一种把反对纳入政治框架并且权利化的政治游戏，就叫做宪政。政治是一种非常世俗的、和平的、依某种根本的规则获取政治权力的游戏。这样，在权力是根本的恶的理解之外，又发展出另外一种理解：权力是一种极端宝贵与极端危险的资源。极端宝贵，是因为每个人都想获得它；极端危险，因为按照自由主义的根本假定，它是个人自由的天敌。要安全地行使这种权力、利用这种资源，必须有一种根本的约定：权力是一种完全中立的东西，任何人、任何集团、任何党派，不管他宣称什么，都不能排他性地垄断权力；除了依根本的规则和平地、有严格的期限地获得权力外，不可能有另外一种获得权力的方法。因此，在为着权力而兵戎相见的社会，斗争双方也许都误解了政治或权力的本性。

第四篇

西方民主制度

第十五章 英国政体

英国自1688年"光荣革命"后，逐步建立资产阶级和封建势力妥协的君主立宪政体。随着资本主义的发展，在资产阶级统治地位日渐加强并得到最后确立的过程中，资产阶级对君主立宪制进行不断改进，其政体形式虽没有明显变化，但实际内容却发生了许多变化。

英国政体以议会内阁制为核心，以两党制为国家权力运转机制，这一政体的主要特点，对其他资本主义国家政治制度的建立产生了很大影响。

一 象征国家的"虚位元首"——英王

根据英国宪法规定，英王是世袭的国家元首，立法机关的组成部分，法院的首领，联合王国全部武装部队的总司令，英国国教的世俗领袖和英联邦元首。

1066年威廉征服英国后，完成了封建化过程，国王权力逐步加强。13—15世纪末，在等级君主制下，英王的权力受到贵族的牵制。15世纪末至17世纪中叶，英国实行君主专制，英王掌握全国的一切统治大权。1688年"光荣革命"后，英国逐步确立起以议会为核心的君主立宪政体，英王实权逐步转至议会。18世纪初，英王实权又逐步转至英国内阁。英王丧失了实际统治权，成为统而不治的虚位元首。在法律上，英王享有任免首相、各部大臣、高级法官和各地总督，召集、停止和解散议会，批准法律，册封贵族和授予荣誉称号，进行审判，统率军队，宣战与媾和等广泛权力。在理论上，英王是"一切权力的源泉"，是大权独揽的统治者。英国政府被称为"英王陛下政府"，英国的武装部队是"皇家部队"，英国所属的领地被说成是"英王陛下的领地"，甚至议会中的反对党也称为"英王陛下忠诚的反对党"。但实际上这些权力大都由内阁和议会行使，英王的一切政务活动完全服从内阁的控制和安排，其活动多属礼仪性质的。

英王作为国家元首只具有象征性的地位，但英国的议会制乃至整个政治制度是同英王紧密联系在一起的，是英国政治体制中不可缺少的组成部分，起着其他政府机构所不能起的作用。当今女王是英国和英联邦统一和团结的象征，英国政治连续性和政府决策的顾问，她对政府决策享有被咨询权、鼓励权和警告权，对内阁制定政策和内阁活动产生相当重要的影响。英王个人还享有崇高荣誉和尊严，有不纳税，不被起诉等特权。

二 议会

议会为英国最高权力机关和最高立法机关。它是世界上最早建立的代议制机构，堪称世界上议会制的发源地，对其他国家的代议制有重大影响，资产阶级学者因而把英国议会制誉为"议会之母"。

议会的演变

议会在英国早在13世纪就已产生，但只是封建统治的工具，近代议会制则是资产阶级革命的产物。两者在形式上虽有许多相似之处，但政治功能和所体现的阶级利益则各不相同。

英国中世纪封建等级会议具有议会的胚芽。13世纪，贵族和国王的矛盾激化，以孟福尔为首的贵族反对派在内战中获胜。孟福尔为了争取骑士和市民的支持，于1265年以摄政名义召开了由贵族、僧侣、骑士和市民参加的会议，史称孟福尔议会。此谓英国议会的开端。1295年国王爱德华一世（1272—1307年在位）为了征税，召开有各等级代表约400人参加的议会，史称"模范议会"。此后，议会仿此例经常召开。1343年议会分裂为上、下两院。上院由僧侣、贵族组成，称贵族院，下院由骑士和市民代表组成，称平民院或众议院。15世纪末君主专制确立后，议会很少召开。封建时代的议会实际上是英王主要为征税而设立的机构。

17世纪中期，英国爆发了资产阶级革命。资产阶级在革命初期就把下院作为斗争的主要阵地。此后的国内战争，形式上也是以下院为一方、国王为另一方进行的。资产阶级在反对王权的斗争中，通过议会限制王权，进而通过内战确立了自己的统治，议会的权力也随之扩张。1688年

"光荣革命"后，特别是1689年、1701年相继通过《权利法案》和《王位继承法》，确立了"议会至上"和"议会主权"的原则，国王权力转到了议会，议会遂成为国家最高权力机关。

议会的组成

英国议会由英王、上院、下院组成，国家最高权力就是由这三位一体的"君临议会"来实现的。在形式上，英王是议会不可缺少的一部分。如议会通过的任何议案都必须呈送英王批准后方能成为法律。尽管自女王安娜（1714年去世）以来，英王从未拒绝批准议会通过的法案，但在理论上英王还是有否决权的。

下院议员由选民按小选区多数代表制直接选举产生，现有议员650人。根据1911年的《议会法》，下院每届议员任期最长为5年。任期届满，全部改选。下院议长按惯例由多数党议员出任。上院议员不是由选举产生，而是由宗教贵族（大主教、主教）、世袭贵族、终身贵族、王室贵族和上诉贵族（高级法官、总检察长和副检察长等）组成，现有议员1000人左右。由于许多议员只参加他们感兴趣的会议，因而开会期间平均每次参加会议的议员只有200多人。

议会的职权

议会权力的重心由上院转向下院 17世纪中叶，内战加强了下院的地位，但两院在立法上仍享有同等权力。18世纪，由于两院，包括首相在内的高级职位都是由上院贵族担任，下院许多成员都由上院提名后选举产生，因此，上院仍控制着下院。到了19世纪，工业资产阶级和工人阶级都不满于被排除在政治权力之外，经过1832年改革，上院对下院的提名制被选举制所取代；选举制的扩大又增加了下院的重要性；政党组织从议会扩大到全国，内阁也必须从下院中多数党中挑选，上院就因而日趋衰落。1911年和1949年的两个《议会法》，又确立了下院财政立法权，上院不得否认和修改，从而使下院控制了国家财政命脉，确立了高于上院的权力。与此同时，政府主要官员也由上院转向下院。20世纪初，内阁成员一半是上院贵族，到1979年只剩3名，贵族在政府中的优势已不复存在。

下院的权力 根据英国宪法，英国议会拥有立法、决定征税、批准预

算、监督政府和决定王位继承等项权力。这些权力主要由下院行使,具体有:

立法权 议会有最高立法权,重要的议案都由内阁向下院提出,下院通过后再送交上院。对议会的立法,其他任何机关都无权审查和宣布无效。

行政监督权 按宪法惯例,内阁需对议会负集体责任。当内阁的重要政策得不到下院支持或下院通过不信任案时,内阁必须总辞职或由首相提请英王解散下院,重新举行大选。下院还可采取质询、对政府的政策进行辩论、批准条约等方式,对内阁实行监督。但事实上,内阁由下院多数党组织,它可以通过程序安排和多数党议会党团的作用,来控制和支配下院的活动。

财政监督权 根据1911年的《议会法》规定,财政议案只能在下院提出和通过,上院无否决权。国库必须按下院批准的预算法案和拨款法案支付款项。

上院的权力 **搁置否决权** 上院审查下院呈递的议案时,如果不同意下院通过的议案,则不能否决,只能将议案(财政议案除外)拖延1年生效,对于下院通过的财政法案只能拖延1个月。

司法权 司法权是上院的重要职权。上院是英国最高的上诉法院,有权受理除苏格兰刑事案件以外的所有民事和刑事上诉案件,也审理贵族的案件和下院提出的弹劾案(下院自18世纪以来未动用过弹劾权)。但司法权的行使仅限于少数几个上诉贵族和大法官。

议会的立法程序

包括三个阶段:(1)提出议案。议案分公议案、私议案和混合议案三种。凡涉及全国各地并与政府政策有关的议案,称公议案。凡涉及地方当局、某些团体、集团或某些个人的权力或利益的议案,称私议案。兼有公私两种议案特点的议案,就是混合议案。(2)通过议案。任何议案都必须经下院和上院各自的"三读"程序通过,然后交国王批准才生效。所谓"三读",即提议者宣读议案名称或要点后交有关委员会审查,为"初读"。"二读"是对委员会审查后的议案的一般内容和原则展开辩论,然后重交议会有关委员会研究和修正,下院再次辩论并提出修改意见。最后举行"三读"。此时除非有6名以上议员要求辩论,下院一般不再经辩论即表决通过。下院"三读"通过后，一般将议案交上院，上院也经类似的"三读"程序通过或拖延议案。按规定，上院两次拖延（期限为1年）的议案，经下院连续两次通过，即可直接交英王批准生效。(3) 公布议案。议案经议会两院通过后，即呈送英王批准，由英王发给特许证书，交两院议长宣布，有时由王室委员会宣布。英王对议案有否决权，但200多年来从未使用过。

议会权力向政府的转移

随着资本主义经济、政治力量的发展以及阶级力量的变化，英国议会的地位、作用和实际拥有的权力也相应地发生了变化。自由资本主义时期，议会在国家机关中占有十分重要的地位，这是资产阶级宣扬的"议会至上"的时代。进入帝国主义时期后，垄断代替了自由竞争，也要求国家权力的高度集中，垄断资本集团为控制国家权力，力图用削弱议会传统权力的办法来加强政府的地位和作用，致使议会所享有的权力遭到了重大的削弱。政府不仅不再听命于议会，却实际上操纵着议会的活动。"议会至上"的时代结束，出现了"行政专横"的局面。议会权力的下降主要表现在：

议会的立法受内阁的控制　立法权属于议会，但整个立法程序实际上都掌握在议会中多数党即执政党所控制的内阁的手中。首先，议案的绝大多数是由内阁提出的。其次，议会总是优先讨论政府提出的议案。最后，下院对议案的讨论不过是走过场，一则因议员无专长，二则也没有时间对内阁提出的大量议案进行认真审理。另外，"委托立法"（即有时议会通过的法案只规定一般原则，而授权给内阁大臣或地方当局去规定实施细则）的日益增多也使内阁成为实际的立法者。战后以来，每年委托立法文件的数量通常要比议会同期通过的法案数量高出数十倍。

政府对议会监督的摆脱　从形式上看，议会对政府的监督措施是很多的，但政府有更多的方法摆脱这种监督。例如，大臣可以用"国家机密"、"保证安全"等理由拒绝回答议员对政府的质询。特别是被认为是最重要的监督措施——对政府投不信任票，由于内阁是由下院中多数党的议员组成，除非多数党内部发生分裂，内阁就是个"不倒翁"。即使议会对政府投了不信任票，政府还可以要求英王解散议会，提前举行大选。

议会对政府的财政监督也是形式上的　政府的各项收支虽然都需经下

院讨论批准，但由于时间受到限制。加上在议会讨论预算案时，绝大部分时间用于政府检讨过去一年的工作，因而根本不可能对预算的各个项目进行仔细的讨论。另外，如果下院拒绝通过政府的财政议案，即意味着对政府的不信任，这就可能导致内阁辞职或解散议会。因此，在多数情况下，下院基本上都是按照政府提出的款数予以通过，最多是由议员提出一些批评和质问而已。

英国议会地位和作用的下降，并不意味着议会已是可有可无，它仍然是英国政治体制中不可或缺的重要组成部分，它以修改议会制度加强某些具体环节，因此，至今仍是维持"全民民主"的表象，是调整各阶级、阶层、集团利益的重要场所。

三 责任内阁

英国行政机构包括政府、内阁及其直属机构、政府各部、枢密院和地方行政机构。其中内阁为英国政府的核心机构。

内阁的形成与组成

英国内阁由英国枢密院（原是代表王权的最高行政机关）外交委员会发展而来。17世纪初，由于枢密院人数众多，英王常在王宫的内室召集外交委员会的部分亲信讨论决定重大事务。17世纪后期，外交委员会便有"内阁"之别称，并逐渐代替枢密院，成为实际最高行政机关，它由英王主持，并对英王负责。1688年"光荣革命"后，威廉三世时期，内阁改由下院多数党组成，并开始转向对议会负责。1714年德意志汉诺威选侯乔治一世继承英国王位。他不懂英语，自1718年后就不再参加内阁会议，而指定下院多数党领袖沃波尔主持。从此，国王不参加内阁会议，而由下院多数党领袖主持内阁便成为惯例。1742年辉格党发生内讧，沃波尔内阁因失去议会支持而集体辞职，由此开创了组阁政党必须在议会中占多数并集体负责的先例。1783年，托利党人皮特（小）出任首相，次年因得不到下院支持而提请国王解散下院，并提前大选，选举中托利党获胜继续组阁，这一做法也成惯例。到19世纪中期，英国的责任内阁制在宪政实践中，通过宪法惯例的积累逐步完备并最终形成。

按照惯例，每届（次）议会大选后，即由英王召见多数党领袖，任命其为首相并授权组阁。该党领袖与本党其他领导人会商后,从本党议员中提出阁员名单,请英王任命。在英国历史上,除有过几次由几个党共同组成联合内阁外,绝大部分都是由下院中的多数党组成的一党内阁。

根据1937年《国王大臣法》规定:大臣分阁员大臣和非阁员大臣。参加内阁的阁员大臣只是政府中的部分大臣,阁员人数由首相确定,组成人数经常变动。1939年前基本上全体大臣都参加内阁。第二次世界大战后,内阁人数一般在20人左右。参加内阁的除首相外,通常有外交、国防、财政、内政等重要部门的大臣,大法官,枢密院院长、掌玺大臣、主管地区事务的大臣。

在内阁中,首相经常与其中若干人在一起磋商重要政策方针,形成了"核心内阁"或"小内阁"。这样,英国政府大臣实际上分成了三级:核心内阁大臣、其他内阁大臣、不入阁大臣。

内阁的职权

内阁的职权主要有:(1)对提交议会的政策作出最后决定;(2)按照议会规定的政策行使最高行政权力;(3)协调和确定政府各部的职权。此外,议会还拥有"非常权力"。根据1920年的《紧急状态法》,在国家处于紧急状态时,有权采取紧急行动。宣布"紧急状态"虽须经英王批准、议会确认,但这些只不过是例行公事。内阁职权主要根据惯例行使,范围十分广泛,一切重要的内外政策均由它制定和执行,军队、警察、监狱等国家机器受它直接指挥和控制,议会和英王实际上也受它的操纵和支配。

内阁下设两种委员会,一为常设委员会,一为临时委员会。除个别委员会外,其组成和职权范围均系机密,该届任期内不得泄露。内阁会议由首相随时召集,议会会期内一般每周开会1—2次。会议内容保密,会上讨论不作记录,也从不进行表决,最后由首相按自己的观点把意见加以归纳即成决定。内阁成员对政府政策和行动不论是否存在意见分歧,对外必须保持一致。但自20世纪70年代以来,"严守机密"和"保持一致"这两个惯例,曾在欧洲共同体等问题上被打破,其约束力已明显减弱。

内阁首相

首相是内阁的首脑,居于实际行政首长的地位。按惯例由英王任命议会多数党领袖担任。

首相的地位和名称是1783年皮特（小）内阁正式确定下来的。1878年，首相迪斯累里签订《柏林条约》时，首相名称第一次见于公文。早期，首相多由贵族议员出任，后来下院议员任首相者居多。1902年起形成首相只能由下院多数党领袖担任并由英王任命的宪法惯例。至1937年《国王大臣法》颁布，首相一词始为法律确认。

首相的职权虽然绝大部分没有法律正式规定，但根据惯例首相拥有非常广泛的权力。主要有：任免内阁成员和其他非阁员大臣，并向英王提交任免名单；领导内阁，决定内阁议事日程，主持内阁会议；用自己的观点归纳内阁会议的讨论，形成决议；代表政府向英王汇报工作；在议会中代表政府为政府决策辩护；提请英王任命高级法官、主教和其他高级官员；决定政府各部职权的划分，决定部的成立、合并和撤销，对各部业务进行总的指导，解决各部间的争议，等等。

以首相为首的内阁必须接受议会的监督，因此，首相有责任回答议会的质询，向议会报告政府的工作。但是，首相作为议会多数党领袖能操纵议会，并且有权建议英王解散议会，宣布重新大选。

总之，英国首相拥有很大的权力，他既控制内阁，又操纵议会，实际上集行政和立法大权于一身，是英国政府机构中的核心人物。人们认为，照此发展，英国会出现"首相政府"或美国式的总统政府，甚至已出现"由选举产生的独裁"。

四　两党制

英国是世界上最早出现资产阶级政党，并最先确立和实行两党制的国家。英国国家权力是通过两党在大选中角逐运转的，两党制乃谓国家权力的运转机制。

英政党的产生和发展

英国斯图亚特王朝复辟时期，在议会内部形成了代表不同阶级利益的政治派别。1679年，议会就詹姆斯公爵王位继承权问题展开激烈争论，反对詹姆斯公爵有王位继承权的议员们被政敌斥为辉格（苏格兰强盗），赞成詹姆斯公爵有王位继承权的议员们则被对方骂作托利（爱尔兰信仰天主教的歹徒）。

以后两派逐渐以此自称，形成两个政治派别。辉格党代表新兴资产阶级和新贵族的利益，主张限制王权，提高议会权力；托利党代表地主贵族利益，维护君主特权。

1688 年，两党由于一致反对詹姆斯二世而走向合作，共同以政变方式发动"光荣革命"。辉格党在政变中起了主要作用，政变后成为执政党。随着英国资本主义的发展，托利党人成分逐步发生变化，辉格党内部的部分土地贵族、银行家、军火商和官僚政客加入托利党，使该党实力增强，而辉格党因其分裂逐步丧失了在国家政治生活中的统治地位。1783—1830 年托利党执政。

辉格党和托利党轮流组阁时期，党派活动只限于议会内部。19 世纪 30 年代，英国工业革命基本完成，英国社会阶级结构发生重大变化，形成了两大对立的阶级——工业资产阶级和工业无产阶级，同时，英国统治阶级内部也发生变化，形成了代表土地贵族、金融贵族和大商人利益的保守势力与代表工业资产阶级利益的改革势力。前者以土地贵族为核心，在原托利党的基础上组成保守党；后者以热心于自由贸易的工厂主为核心，在原辉格党的基础上组成自由党。1832 年选举改革以后，扩大了普选权。为争夺选民，获取议会多数，两党竞相发展自己的议会外组织，建立选区协会，作为竞选机构。随着议会和两党制的确立及发展，两党在 19 世纪中叶都成为有严密的中央和地方组织的全国性政党。

19 世纪末 20 世纪初，自由资本主义被垄断资本主义代替后，保守党逐步由土地贵族的党变为垄断资产阶级的党。与此同时，自由党逐步衰落，该党主张的自由贸易政策使英国丧失了"世界工厂"的垄断地位，大批工业资本家转向保守党。20 世纪初，随着工业革命的发展和工人队伍的不断壮大，工党崛起。从 1924 年开始，工党取代自由党，与保守党轮流执政。到 80 年代末，英国除保守党和工党两大政党外，还有社会自由民主党、社会民主党、英国共产党等。

两党轮流执政

两党形成以来，轮流执政大体上经历了三个阶段：第一阶段是辉格党与托利党先后执政时期。1914 年乔治一世即位后，英国逐渐形成国王不出席内阁会议，由内阁多数党领袖主持内阁的宪法惯例，从而使内阁被议会多数党控制。辉格党和托利党依据议会席位多少的变化而轮流组阁，为两党制的轮流执政奠定了基础。第二阶段是保守党与自由党轮流执政时期。在这个阶段中,两党从议会内的政党发展为全国性的、群众性的政党,这是两党制形成的基本条件和重要标志。经过多次议会改革,彻底改变了下院与上院、王室之间的力量对比,国王成为虚君,削弱了上院的权力,提高了下院的地位。在此基础上确立了两党制。第三阶段从19世纪末20世纪初开始,两党制逐步完备。保守党于1907年首创影子内阁,以后凡在大选中获得下院次多数议席的政党则成为法定的反对党。反对党在议会中有可能通过不信任投票取代执政党的地位。

两党制特点

英国国家权力由国王转到议会,由议会上院转到议会下院,由下院转到政府内阁,内阁又由执政党组成,而执政党又由两党在竞选中逐出,政党是国家权力的统治力量。

英国两党制与内阁制相结合,具有以下特点:(1)内阁由下院大选中获得多数席位的政党单独组成,即下院大选中获多数席位的政党即为执政党,拥有组阁权。入阁大臣及非入阁的政府大臣均应为下院议员,议行合一。(2)由下院多数党领袖担任首相。首相控制内阁,操纵议会,领导执政党,行政、立法与政党的权力集中于一身。(3)一党内阁和阁员只对下院负责,如失去下院信任,内阁全体辞职;或者首相提请国王解散议会,重新大选,组成新的一党内阁。内阁与下院、行政与立法的相互制约实际上是执政党与反对党的相互制约。(4)下院最大的反对党可建立影子内阁,现存政府之外有一个预备政府。

两党制长期稳定的原因

英国的两党制已经历了几个世纪,至今不衰,其长期稳定的原因大体如下:

保守主义的重要影响 尊重习惯,怀疑陌生事物的"守旧"倾向深深渗入英国人的意识。即使需要变革,也尽可能使变革不打乱原来的正常秩序,同过去保持一定的连续性。要改变两党制,实行多党联合,势必要对选举制度等重大问题进行改革,这大大超出了英国的历史传统。英国的政治家们宁愿固守传统的、老的、尽管不那么尽如人意的东西,而不愿意冒险去试行一种全新的、不熟悉的东西。因此,英国政治制度的发展是渐进式、积累式的。英国人自己的比喻是,这种发展只能以英寸计而不能用英里计。强烈的保守主义倾向,才使英国具有"很难指出另一种人类制度已经保存了那么多的外在连续性,又有那么多重要的变化"的特点。[①]

两党势均力敌,排除了两党或多党合作的联合政府 历史上英国曾出现过几次联合政府,主要是在国家处于严重危机或战争时期,但一是时间短,二是以一党为主,一旦危机过去,这种联合就很快解体。由于两大政党大体上势均力敌,都有能力在下院取得多数席位,组织政府,不必依靠第三党的支持,也不愿在联合中屈居第二位。再者,两大政党的领导人也竭力维护两党制,不容第三党轻易染指。因此,长期以来英国一直维持两大政党轮流执政的局面。

现行的选举制度也有利于两党制的稳定 英国现行的选举制是简单多数制。在每一个选区里,得票最多的候选人便告当选。首先,由于保守党和工党的支持者比较集中,又有比其他小党更雄厚的财源,他们的候选人要容易当选得多,从而在历次大选中,造成两大党与其他党选票与席位比例严重失调。以1979年大选为例,保守党所得席位与选票的比例分别为53.4%和43.9%,工党的相应数字为42.4%和36.9%,而自由党所得选票占总数13.8%,席位却只占总数的1.7%。其次,保守党和工党候选人当选所需赢得的选票大大小于第三党,保守党获一席平均只需4万张选票,工党为4.2万张,而自—社联盟却要40万张,其难度相当于两大政党的10倍。这种不合理情况不但没有减弱,反更趋恶化。这给小党登上政坛更增加了困难。

反对党的作用

反对党的存在是英国政治制度的一个重要特点,被人们称誉是"19世纪对政府艺术的最大贡献"。反对党是英王陛下可供选择的政府。英王召集会议,反对党领袖与首相排坐在一起。

反对党在英国政治生活中有以下重要作用:

对政府行使权力进行有效监督和制衡 1832年改革法之前,批评政府的责任一直在下院;之后,下院逐步被政府所控制,批评政府的责任主要由反对党承担。反对党主要工作是认真审查、批评政府的政策,尤其是

[①] 休·塞西尔:《保守主义》,第138页。

反对那些极端的,甚至可能会导致独裁政府的政策;同时揭露政府侵犯选民个人权利的行为。方式是,一方面,通过议会的辩论和质询,要求政府作出合理的解释;另一方面,在议会外,通过反对党组织、公开会议和各种媒体进行宣传和监督。下院中定有"反对党日"就是专门由反对党用来选择一些问题进行辩论,在它认为必要的时候提出对政府不信任动议在下院进行投票表决。下院在1979年进行战后最有意义的一次改革,建立了14个与政府中重要部门对应的议会部门委员会。反对党议员在所有这些委员会中与执政党议员一同工作,特别是政府账目委员会主席由反对党议员担任已成为一个常规。上述反对党对政府监督和制衡制度上的保障,有力防止了执政党的专横和权力的滥用。

维护国家的公共利益 19世纪20年代,辉格党领袖蒂尔尼消极地认为,"反对党的责任不是要提出什么建议,而是反对一切,然后把政府赶下台"。今天英国人对反对党的理解,已不再持这种看法了。反对党对政府的批评,必须是建设性的,有针对性和责任心,要取信于民,不能只从本党利益出发。重要的是,两党都维护现行政治制度,因此,重大问题上是一致的,如外交、防务,特别是一项要将来的政府承担责任的决定,首相要与反对党领袖进行磋商。当国家民族利益处于严重危急时刻,反对党与政府站在一边,共同应付重大事件。即使对政府政策、法律、议案进行认真批驳,其目的是为了防止政府在匆忙中制定法案的不同。所以,执政党的政策与立法并非完全与反对党不相干,在相当程度上是"你中有我,我中有你"。

言论自由的保障 在英国,反对党的存在一向被看作是民主、自由的象征。如艾弗·詹宁斯勋爵所说:"对自由国家的考验就是审查相当于反对党组织的地位。"[①] 独裁政府(如战前西欧大陆的某些国家)必然要清除所有的批评,进行新闻检查,取消反对党。在英国,一向具有言论自由的传统,被认为是社会中内在的"早期警报系统"。人民对限制言论自由的反应很敏感,认为是侵犯英国的传统,反对党的存在,确保了这一传统的自由。

总之,反对党不是敌对性的、破坏性的政党,它与执政党又斗争又合作,通过竞选,轮流执政,实行权力和平交替,建立稳定的政府。这种政

---

① 转引自胡康大《英国的政治制度》,第151页。

党体制，有利于调节各政党、各阶级、各集团间的利益矛盾，维护社会的平衡与安定。

对英国的两党也有一些人持批评态度，以致70年代出现了一场争论，说明英国的政党制存在着弊端，有待在实践中加以改善。

第十六章　美国政体

美利坚合众国是经过1775—1781年的独立战争后、根据1787年制定的《美利坚合众国宪法》建立起来的世界上第一个资产阶级共和国。美国采用总统制，总统为国家元首和政府首脑。实行分权与制衡的原则，立法、行政、司法三种权力分别由国会、总统、法院掌管；三个部门行使权力时，彼此互相牵制，以达到权力的平衡。美国实行两党制的政党制度，两党通过竞选实行权力交替。在国家结构上实行联邦制。美国政体代表着资产阶级民主制的另一种典型，对世界其他国家产生较大的影响。

一　总统

在当代，总统是美国政治舞台上的中心人物。总统集国家元首、政府首脑和武装力量总司令三大职务于一身，享有广泛的立法倡议和重要的立法否决权，又是执政党的当然领袖。总统确定国家的航向，提出和执行国家的内外政策。在多元社会和权力分散的美国，总统是惟一的聚合力量，美国公众把总统作为国家的象征和政治领袖，寄希望于总统解决个人和国家面临的各种问题。有的学者认为，"民选总统是美国全国政府的极为突出的特点"[①]。

总统的产生

总统由间接选举产生，每4年举行1次。《美利坚合众国宪法》规定，当选总统必须是出生在美国，年满35岁，并居住在美国14年以上的公民。

[①] 转引自李道揆《美国政府和美国政治》，第388页。

总统的选举分四个阶段。（1）提名。自华盛顿后，一直由国会两院议员组成联席提名会议推出总统候选人。自政党产生之后，为两党自己提名总统候选人创造了条件。到 1840 年，两大党与其他小党都采用召开党的代表大会，提出本党正、副总统候选人和竞选纲领。（2）各政党主要是民主党与共和党两大党的总统候选人进行竞选。各种竞选班子利用各种新闻媒体和通信工具，竭尽全力为本党候选人拉选票。总统候选人的电视辩论是选民们了解候选人的重要渠道，对竞选成败举足轻重。（3）各州选民选出本州总统选举人。其数目与该州在国会中的议员数相等。全国 50 个州加哥伦比亚特区共选出 538 名总统选举人。（4）各州选举人组成选举人团，分别在各州府选举正、副总统，获得过半数选举人票（即 270 张以上）的候选人当选。若无一名候选人获得过半数票，由众议院从被选为总统的名单中提出得票最多的 3 人，用投票方式决定谁将当选总统。

总统的任期

美国宪法修正案第 20 条规定，在上届总统届满之年的 1 月 20 日午时，新当选总统在国会大厦台阶上举行宣誓就职典礼，宣读宪法第 2 条规定的誓言："我庄严宣誓（或宣言）我一定忠实执行合众国总统职务，竭尽全力维护、保护和捍卫合众国宪法"。由联邦法院首席法官监誓。总统任期 4 年，连任次数最初并无规定，但因第 1 任总统华盛顿连任 1 届后不愿继续蝉联，便开创总统任期以两届为限的惯例。在美国历史上，只有罗斯福在"二战"特殊环境下因政绩卓越连任 4 届总统，并病逝于任期中。美国人于是感到了威胁，为防止总统对权力的垄断，1951 年生效的第 22 条宪法修正案规定，"任何人不得连任总统之职两届以上"。

总统的职权

国家元首 在美国，总统集国家元首与行政首脑于一身，因此，总统在行使国家元首职权时，不限于礼仪性的意义。总统对外代表国家，缔结条约，接见外国来宾、外国大使和公使；对内，签署一切重要文件，任命各种官员，参加一切重大纪念活动，发布缓刑令和赦免令等。

美国总统不同于英王和日本天皇那种国家元首，当他签署文件、发布命令、任命官员时，并非是借他的手"签字画押"，而是由他所作出的实实在在的最后决定。他也不同于法国总统。在法国，总统虽有权任命总理及文武官员。但由于总理必须是来自议会中的多数党议员，而总理又向议会负责，因此，一旦总统—总理—议会多数派不一致时，总统的权力和地位就会受到挑战。而美国总统，不管国会中哪个党居多数，他作为国家元首的地位和权力是不会受到威胁的。

行政首脑 宪法将行政权赋予总统。总统拥有指挥和监督政府各部和机构的权力。联邦政府的所有行政机构都对总统负责。任何行政官员都不得违反总统的意志，发表与总统意见相左的言论。总统"负责使法律切实执行"。这是一条极富弹性的条款，总统的许多权力是从这一条款中引申出来的。据此条款，总统有权发布具有法律效力的行政命令，有权在国内使用武装力量。总统还有权任命、罢免联邦政府的一切行政官员。这是总统所享有的一项实质性权力。美联邦行政系统大约有 280 万官员，其中 85% 属于文官，应按文官法录用。其余是政治任命官员，由总统任命。这是一些很重要的官职，如各部部长，驻外大使、公使，陆、海、空的高级将领，联邦最高法院及联邦地方法院的法官，分布在各州的一些联邦机构的重要官员，以及联邦独立行政机构的首长和各地区的联邦检察官。总统还有权宣布全国或某一地区进入紧急状态。1933 年罗斯福改组了联邦银行系统，宣布全国处于紧急状态，从而扩大了总统的权力。以后的总统，曾多次宣布紧急状态，行使平时不能行使的权力。1976 年，国会通过法律，规定总统决定宣布紧急状态应先通知国会，并指明他意图使用哪些法律；紧急状态应在 6 个月后自动终止，但总统仍可重新宣布紧急状态。

参与立法权 美国宪法规定，立法权属于国会，但同时又规定："总统应随时向国会报告合众国的国情，并以本人认为必要而妥当的议案条陈于国会。"基于这一规定，总统的影响慢慢渗透到了立法领域。如果说在 19 世纪，总统只是在观望由国会创制和通过法律，那么，到 20 世纪，总统则试图参与从创制、审议到通过的整个立法过程。

美国总统在立法领域的权力主要表现在以下几个方面：（1）主要的立法创制人。按照宪法，总统每年都要向国会提出国情咨文、预算咨文和经济咨文。在这些咨文基础上，国会议员再起草有关立法议案，在这里，总统的咨文实际上成了最初的立法议案。（2）总统对国会通过的立法议案拥有否决权。根据宪法，国会通过的任何法律都必须送交总统签署后才能生效。如果总统不同意，有权加以否决。总统需将该法案连同他的反对意见退回国会复议；如国会两院各以 2/3 的多数票重新通过该项法案，总统的否决即被推翻,该法案即成为法案。总统还有一种"搁置否决权",即在法案送交总统10天之内,总统既不签署也不否决,如果正值国会开会,此法案即自行生效,如国会已休会,此法案就失效,等于被否决。这种否决,既不需要陈述理由,也不会被推翻。(3)总统还拥有"委任立法"权。国会有时将特定事项的立法权授予或委托总统或某一行政机构行使。

统率三军 美国的军队,兵种齐全,不仅有国内驻军,还在全世界的119个国家驻军,并在世界各地建立了370多个军事基地和2000多个小型军事设施。在和平时期,所有军队都由总统统领,所有部队的高级将领都由总统授衔任命,所有部队的调动、整编等工作都由总统发布命令或过问,所有新式武器及核武器生产与使用都由总统监管。在战争期间,总统可以征募新兵,可以部署作战计划,可以指挥前线部队,可以调动所有将领,不服从者,可解除其职务(如1951年4月朝鲜战争期间,杜鲁门总统解除联合国军总司令、远东美军总司令、驻日盟军最高统帅以及远东美军陆军司令、陆军五星上将道格拉斯·麦克阿瑟的一切职务)。总统还掌握着关键时刻核武器"按电钮"的大权。

外交决策权 美国宪法并没有明确规定由总统决断外交事务。但宪法中的某些条款、后来的一些法律文件和判例以及历史发展的实际需要,使总统扮演了外交决策人的角色。当杜鲁门总统直言不讳地告诉人们"我来制定外交政策"时,他实际上只不过是肯定了一种历史事实,即从开国元勋华盛顿到乔治·布什,无不是紧紧地握住外交大权。

美国总统有权接受外国大使或公使递交的国书。有权决定是否承认某一个政府(无须征得国会的同意)。有权处理外交事务中的应急事件。在参议院同意的情况下,他还可以同其他国家缔结条约。但在谈判前要征得参议院同意,谈判后要由参议院三分之二的议员投票通过,条约才能由总统签署生效。1942年,最高法院裁决,总统可直接同外国订立行政协定。行政协定具有与条约相等的法律效力,但无须参议院批准,这又增加了总统的外交权。此后,总统大量同外国订立行政协定,少缔结条约,以摆脱参议院的制约。1940年,美同外国政府缔结条约12个,行政协定20个;1950年缔结条约11个,行政协定157个;1960年缔结条约5个,行政协定266个;1978年缔结条约15个,行政协定417个。

在外交方面,总统与国会一直存有争执的是对外宣战权。宪法规定,只有国会才有权对外宣战。然而,从1789年到1972年,美国进行的165次战争中,共有5次是由国会宣战,其余均为不宣而战的"总统战争"。尤其是"二战"以来,总统屡次不经国会宣战就对别国诉诸武力。为制止总统战争权的扩张,美国国会于1973年通过了"战争权力法案"。法案规定:只有在正式宣战、依法授权或美国本土、领地、武装力量受到攻击时,总统才有权把武装力量投入战争。总统调动军队前48小时内要向国会作出说明,事后要向国会作出报告。除非国会同意继续使用武力,否则军队必须在60天内撤出,但准许总统在军事特别需要的情况下延长使用军队30天。国会两院作出的撤军决定,总统无权否决。事实上,"战争权力法案"仍给总统留下很大的权力。打一场现代战争,90天的时间已绰绰有余,何况使用军队前不向国会请示也不见得就惹来麻烦。

二 国会

国会是合众国最高立法机关,是美国代议制民主的主要体现,是中央政府三部门中最重要的部门。20世纪30年代以来,由于总统权力的扩大,国会失去了其首要地位,然而仍是美国决策的重要中心。就立法同行政部门的关系而言,美国国会可能是各资本主义国家中最强有力的立法机关。

国会的沿革

1787年制定的宪法所建构的国会制度,是各派力量互相妥协的产物。众议员按人口比例分配,反映了大州的要求;参议员名额分配各州一律平等,迎合了小州的呼声;奴隶的人口按五分之三计算,代表了南方各州的利益;而参议员由州立法机关推举,则满足了州权派的愿望,同时亦因为与会的农场和资产者想建立一个英国贵族式的参议院,并指望它来控制众议院。

美国国会自产生以来已发生了很大变化。第一,根据1913年生效的"宪法第十七条修正案",参议院由州立法机关推举改为由选民直接选举产生。第二,议员的人数和选区的划分也几经变迁。第一届国会议员不足100名,现已固定为535名。第三,委员会制度的发展膨胀了国会的内部机构。第四,国会已成为两党激烈争夺的场所。第五,国会的议事程序更加烦琐了。

国会议员

美国国会实行两院制，由参议院和众议院组成。参议员由各州选民直接选出，每州 2 名，实行各州代表权平等的原则。现有议员 100 名。当选参议员必须年满 30 岁，作为美国公民已满 9 年，当选时为选出州的居民。任期 6 年，每两年改选三分之一，连选得连任。

众议员数按各州人口比例分配，每州至少 1 名。按 1929 年《议席分配法》，将众议员数固定为 435 名，并根据联邦商务部统计局每 10 年提供的各州人口变动情况，重新调整各州的议席分配。众议员由直接选举产生，必须年满 25 岁，作为美国公民已满 7 年，当选时为选出州居民。任期两年，连选得连任。两院议员长期连任现象极为普遍。

国会的议员皆为专职，不得兼任任何文官职务。任何文官也不得担任国会议员。国会活动每两年为一届，每一年为一期会议，除节假日休会外，其他时间均为会期。

国会的组织

国会各委员会 每届国会一般要处理两万件以上的提案，采用国会议员集体议事的方式显然无济于事，同时，立法需要专门知识，于是国会便分成各种委员会，分别处理不同提案。因此，"委员会开会才是国会在进行工作"[1]。委员会在国会初期很少，随着时间推移，大大小小的委员会相继成立。到第 99 届国会（1985—1987 年）共有 294 个委员会和小组委员会，其中，仅常设委员会，参议院有 16 个，众议院有 22 个。每一个议员进入国会后，就被指派到某一个委员会去工作。一般来说，一个议员要同时在两三个委员会工作。分派议员的工作由各党在议会中的组织负责。

常设委员会——专门处理大量、普遍的问题而设立，权力也相当大。两院常设委员会中，都有关于筹款、拨款、预算、财政、外交、军事、司法、贸易等委员会。在众议院中有一个权力最大的机构："程序委员会"，众议员要审议的所有提案，都要经过这个委员会的选择，方可列入议程。

---

[1] 转引自李道揆《美国政府和美国政治》，第 346 页。

特别委员会——为了调查某个特定问题而设立，它无权提出议案，其存在期限以问题的解决为限。

联合委员会——为解决两院所共同关心的问题而设立。在联合委员会中，参议员和众议员各占一半，两院议员轮流担任主席。

协商委员会——当某提案在两院通过时的文本不尽一致时，就由该委员会来统一文本。每院派出一代表团，一代表只有一票表决权，代表团内部采取少数服从多数的原则。

小组委员会——在常设委员会和联合委员会下面都设有许多小组委员会，这些小组委员会是负责具体工作的，可是权力不小于它的上级委员会。

议会党团组织 是两大党控制国会的工具。按在国会议员中多数或少数称为多数党和少数党，在两院中都有多数党和少数党领袖。除了众议长外，国会中的政党领袖，特别是多数党领袖，是两院中最有权势的人物。他们负责领导和监督本党议员并推行本党在各种重大问题上的决策。两院中各党领袖又有一名自己的助手，称督导员，对本党活动有很大影响。议会党团经常召开秘密会议，以讨论本党在某些重大问题上的立场，协调本党议员的行动，安置本党议员的工作等。两党在参众两院都设有自己的委员会。如参议院中有民主党的竞选委员会、立法委员会、筹划指导委员会等；共和党则有竞选委员会、委员会事务委员会等。在众议院中，有民主党的全国委员会、人事委员会和政策委员会等；共和党则有国会委员会、委员会事务委员会和政策委员会等。

国会的职权

立法权 美国国会首先是一个立法机构。宪法规定："本宪法所授之立法权，均属于由参议院与众议院组成之合众国国会。"到20世纪90年代初，美国国会已通过大大小小近9万件法案。国会掌握立法权，使它在许多方面能够对这个国家的社会生活表示态度。它可以通过法律的形式授权给某个部门或某个个人，也可以通过法律的形式限制他们的权力。虽然近几十年来总统的权力不断扩张，他作为立法创议人越来越多地插足于国会的立法活动，但真正的立法权仍然掌握在国会手中。美国国会还拥有宪法修正权。到目前为止，国会已通过了27条宪法修正案。

钱袋权（财权） 国会此项权力的重要性不亚于立法权。宪法把税收、预算、拨款、贸易、借贷、铸币等权力划归了国会，也是国会制约和监督政府的重要手段。总统对各项政策虽有决断权，但由于国会掌握了钱包，便常对总统的政策大加删减，也就等于实现了对政策的选择，使总统的每项计划不一定能如愿以偿。正因为此，每一任新总统上台后，总是千方百计地与国会保持"蜜月"关系，但结果往往是彼此分离。国会两院在财政权方面是有所分工的。通常，征税法案应由众议院提出，参议院只有复议之权；而拨款法也首先由众议院提出，两院一同审议。

弹劾权 美国宪法规定："总统、副总统和合众国的一切文职官员，凡受叛国罪、贿赂罪或其他重罪轻罪的弹劾并被判有罪时，应被免职。"

弹劾的程序是：由众议院的简单多数票提出弹劾；由参议院进行审理。如果被弹劾者是总统时，由最高法院首席法官担任主席。参议院就审理结果进行表决，必须由出席议员三分之二的多数票通过方能定为有罪。表决结果如果无罪，被弹劾人继续任职；如果定为有罪，被弹劾者就被免职。如果他犯有刑事罪行，在其恢复普通公民身份后由法院加以审理。

在美国历史上，受到弹劾的总统实际上很少很少。只有第 17 任总统安德鲁·约翰逊，由于罢免了一个陆军部长的职务而引起了国会共和党议员的震怒，于是对他进行了弹劾。但在表决中因一票之差，约翰逊被宣布无罪。尼克松总统竞选连任时的"水门事件"以及政府内的腐败现象，使得国会于 1974 年着手对他进行弹劾。但因尼克松于 8 月 9 日宣布辞职，弹劾中止进行。继任总统福特于 9 月 8 日宣布对尼克松实行特赦，从而免除了普通法院对尼克松在恢复普通公民身份后的司法追诉。

美国总统虽享有极大的权力，但宪法中关于对总统实施弹劾的规定，使他们不敢妄自弄权。这是美国历届总统忠于职守、循规蹈矩，极少受到弹劾的重要原因。

其他权力 国会有复选总统、副总统的权力。当全国各州选举人团选举后，得票最多者不超过半数（270 票）时，众议院可从得票最多的 3 位总统候选人中，用投票方式决出出任总统人选。

国会有批准总统任命的联邦法院法官（包括最高法院大法官）、驻外大使、政府高级官员的权力。政府同外国签订的条约，也须经参议员三分之二票的通过方能生效。

国会有对外宣战权。不过，此权已形同虚设。美国历史上曾打过 165 次战争，其中经国会宣战的只有 5 次。1973 年，国会通过了旨在限制总统战争权的战争权力法案，却仍然没有使总统束手就范。

国会还拥有就制定和执行立法以及其他事项进行调查的广泛权力。这也是国会监督总统及其领导的行政机构最易见的形式。国会的调查是由现有或专门设立的委员会进行的。国会委员会可以发出传票；任何无视传票的人，国会可以藐视国会罪将他送进监狱，或提交法院论处。1972 年以来几百起的调查中，其中以"水门事件"和"伊朗门事件"最为引人注目。

国会的立法程序

每届国会有 2 万多件法案提出来，最后被参、众两院通过的往往只有六七百件。国会立法的审议程序有以下几个阶段。

提出议案阶段　每位议员都有权提出议案。如由政府部门或私人集团倡议的，均须由至少一名议员在参院或众院提出，方可成为国会的提案。除征税法案和拨款法案应首先在众院提出外，其他议案均可在任何一院提出。不过，在众议院中，众议案要由多达 25 名议员联名提出；在参议院则无此限制。

委员会审议阶段　列入议程的提案，即在各有关委员会或小组委员会上进行审议。如有必要，审议前还要举行"听证会"。提案经委员会审议并表决后，如通过，就向全院大会提出报告或修正条款。一般说来，绝大部分法案在此阶段被否决或"搁置"起来。

全院大会审议阶段　此阶段，众议院审议规则和程序都十分严格。比如，征税和拨款议案的审议，在众院全体审议前还须经过百人全院全体委员会先行审议。在全院或全体委员会中进行辩论的时间也有严格的限制。在参议院，审议程序和规则并不那么严谨，辩论时间也无限制（近年来规定，只要有三分之二的议员同意就可终止辩论）。

交叉审议阶段　任何一院通过某一议案后，就将其送交另一院。在另一院再经过上述几个立法步骤。如果两院对某一议案不能取得一致意见，就成立两院共同组成的协商委员会，以谋求妥协。

总统签署阶段　议案经两院通过后就交总统签署。如总统不加否决，或虽否决经两院同时以三分之二的票再度通过，就成为正式法律。修改选举法的提案，必须获得参、众两院三分之二的多数通过，然后交各州批准而无须总统签署。

国会与利益集团

利益集团虽不是美国政府的组成部分，但在多元的美国社会中，它们是重要的政治力量。它们虽不是政党，但对社会生活的影响就其广泛性来说，是政党所不及的。它们虽不是国会和政府，但在法律和政策的制定中，无论是国会和政府都必须听取他们的意见。利益集团亦称"院外集团"，即在国会参、众两院游说，积极影响、参与国会立法的集团。它们无所不在，对美国现实政治和政府的内外政策都有重要影响。近20万个大大小小各种类型的利益集团，通过各种渠道将自己的利益和声音传递给国会和政府。有人认为，对各种问题的决策，是由国会、政府和利益集团共同作出的。也有人认为，利益集团是参、众两院之外的"第三院"。

三 联邦法院

美国宪法规定："合众国的司法权属于最高法院以及国会随时规定和设立的低级法院。"而联邦一级的检察、警察和监狱等机构，则归行政系统的司法部主管。因此，所谓联邦政府的司法权力，主要是指联邦法院的司法审查和司法审判权。美国司法制度的主要特点是：贯彻三权分立的原则，实行司法独立；法院组织分为联邦法院和州法院两大系统；联邦最高法院享有特殊的司法审查权。

联邦法院的组织

法院的组织比较复杂，分为联邦法院和州法院两大系统，适用各自的宪法和法律，管辖不同的案件和地域。除了对涉及联邦的问题联邦最高法院有权对州法院的判决进行复审外，联邦法院与州法院没有隶属关系。

联邦法院系统由地方法院、上诉法院和最高法院组成。联邦地方法院是审理联邦管辖的普通民事、刑事案件的初审法院，每州根据人口多少，设立1—4个地方法院，法官1—27人不等。联邦上诉法院分设在全国11个司法巡回区，受理本巡回区内对联邦地方法院判决不服的上诉案件，以及对联邦系统的专门法院的判决和某些具有部分司法权的独立机构和裁决不服的上诉案件，法官3—15人不等。联邦最高法院是联邦法院系统中的最高审级，由1位首席法官和8位法官组成，其判决为终审判决，并享有特殊的司法审查权。

州法院系统极不统一，一般由州初审法院、州上诉法院和州最高法院组成。州初审法院是属州管辖的一般民事、刑事案件的一审法院。州上诉法院审理不服州初审法院判决的上诉案件。州最高法院是州的最高审级。此外，还有国会根据需要通过有关法令建立的特别法院，如联邦权利申诉法院等。

美国检察机关与司法行政机构不分，联邦总检察长即司法部长，为总统和政府的法律顾问，监督司法行政管理，在联邦最高法院审理重大案件时，代表政府出庭，参加诉讼。检察官受司法部领导，配属于各级法院。

联邦最高法院的构成及其权力

最高法院的构成　最高法院的法官最初只有6人，后曾一度增加到10人，1869年才固定为现在的9人。这9位法官中，有一位是首席法官，相当于最高法院院长。在审理案件时，9位法官每人一票，大家的权力一律平等。

最高法院的法官以及其他宪法性法院的法官都是由总统任命的，除非有失职行为遭到国会的弹劾，否则一般都终身任职。当然，他们也可以到一定年龄自动退职。总统在任命法官时，往往要任命本党党员，以加强本党在法院中的力量。到1986年为止，由总统任命的104名最高法院法官中，只有13人不是总统的本党成员。即使不是同党，也必然是与总统见解一致的人。

最高法院的法官由总统任命，避免了国会对法院的控制；而法官终身任职，使总统也无法左右法院。因为每一位新总统上台后，他所面对的9位法官，不可能都是他亲自任命的。这保障了美国的司法独立和最高法院的至尊地位。所以，即使是总统亲自任命的法官，也不一定就听命于他。当年富兰克林·罗斯福希望他任命的法官支持他的提案，而当法官们使他大失所望时，他只能气得骂上几句。艾森豪威尔总统对于他所任命的法官改变了立场，他只能是马后炮般地抱怨，说自己犯了一个大错误。最富戏剧性的是尼克松总统，他比其他总统幸运，有机会一连任命了包括首席法官在内的4位大法官，故有"尼克松法庭"之说。然而，当尼克松"水门事件"暴露后，当地方法院传令总统交出与"水门事件"有关的64盘录音带时，尼克松则以"行政特权"为理由上诉到最高法院，结果，最高法院8位出庭的法官一致投票裁定：在任何情况下，总统都不享有绝对的、不受限制的行政特权。尼克松在骂了他的法官几个小时后，不得不交出录音带。至此，"水门事件"才水落石出。

最高法院的司法审查权 美国立国之初，按宪法所设立的联邦法院，无多大权力，只是依法审理案件，因此没有引起人们足够的重视，自1803年的"马伯里诉麦迪逊案"发生以来，最高法院权力扩大，地位骤升。

1800年，民主共和党领袖托马斯·杰斐逊当选为总统，联邦党人总统约翰·亚当斯即将下台。由于总统任命法官，而法官又是终身职，亚当斯便在下台前赶忙任命了大批联邦党人充斥到各级联邦法院中，其中包括联邦最高法院首席法官约翰·马歇尔在内。由于过于匆忙，亚当斯还没有来得及给所有法官发放完委任状，他卸职的时刻就已经到了。新上任的杰斐逊总统下令国务卿麦迪逊，拒绝向这批未收到委任状的法官发放委任状。马伯里是没有拿到委任状的法官之一。他根据1789年颁布的《司法条例》中所规定的最高法院可以颁布强制执行这一条，要求最高法院向麦迪逊颁布执行法令。这一案件使最高法院感到十分棘手。从党派关系上讲，马歇尔及最高法院是支持马伯里的，然而，如果在这一案件上走得太远，首席法官就有可能遭到被民主共和党所控制的国会的弹劾。在一番踌躇之后，最高法院于1803年作出裁决：麦迪逊必须向马伯里等人发放委任状。但为了缓和同民主共和党人的矛盾，马歇尔同时宣布：1789年国会颁布的《司法条例》第13条是违宪的；并宣称"解释法律显然是司法部门的权限范围和责任"，"违反宪法的法律是无效的"，"宪法取缔一切与之相抵触的法律"。这就是有名的"马伯里诉麦迪逊案"，是最高法院历史上第一个且影响深远的重要判例。马歇尔这一手，乍看起来是一种让步，但实际上为最高法院赢得了更大的权力，即司法审查权。

现美国司法审查权由普通法院，主要由联邦最高法院行使。这一权力使法院享有宪法解释权，可审查和宣布国会通过的法律是否违宪，还包括总统行政部门所出台的行政法规是否违宪，若违宪则无效。最高法院这一权力，事实上是对立法的一种选择权，从而使法院涉入立法，享有一定的立法权。从1790年到1972年，最高法院曾宣布102个联邦法律和几百个州法律违宪。如同最高法院前首席法官查尔斯·休伦所说："我们都受治于宪法，但什么是宪法，法官说了算。"① 法院的这一权力是对国会和总统的有力制约，形成比较完整的三权鼎立的权力结构。

最高法院的判例原则也是它的立法权和司法审查权的重要表现。根据这一原则，最高法院对某一案件所作出的判决，不仅是最终判决，而且对于类似案件都具有法律效力，各级法院都必须执行。除非最高法院在另一判例中推翻了这一判例，或者国会通过宪法修正案推翻了这一判例。

200年来，最高法院作出过一系列重大判决，这些判决，在历史的各个时期都曾对美国社会的进程产生过重大影响。在南北战争前夕，它通过的"德雷德·斯科特诉桑福德案"，在某种程度上导致了南北战争的爆发。在19世纪与20世纪之交，它对国会所通过的一系列反托拉斯法加以解释，为垄断资本主义的形成和发展推波助澜。20世纪30—40年代，它先是反对罗斯福总统的"新政"，后又支持"新政"。50年代前后，它在"麦克柯拉姆诉伊利诺斯州教育局案"、"尼摩特科诉马里兰州案"、"塞尔利诉克拉默案"中，确立了公民的言论自由、宗教自由以及黑人的权利。60—70年代，最高法院又通过一系列判决，禁止学校中的种族隔离现象，允许孕妇堕胎，反对政府对出版的控制，否认了总统的"绝对的行政特权"等。对某些重大案件，最高法院还作出过不利于政府的裁决。如1952年，美国钢铁业劳资双方发生了纠纷，杜鲁门总统担心工人罢工会影响到钢铁生产，进而影响正在进行着的朝鲜战争，遂下令把各大钢铁公司收归国有。各大公司纷纷上诉，最高法院于1952年6月2日以6∶3票裁决，政府败诉。1971年6月，发生了《纽约时报》和《华盛顿邮报》连载美国政府关于越南战争的秘密文件，美国政府的司法部以危及国家安全为理由起诉，联邦最高法院于6月30日作出判决：公民有出版和言论自由。

上述一系列重大案件的判决，表明美国司法权的独立，表明美国最高法院享有司法、监督和立法三方面的重要权力，表明最高法院在美国国家政治生活中享有重要的地位，它以法庭的形式，法律的语言和最终裁决的权威对这个国家的政治、经济、文化和社会生活进行直接干涉，形成与国会和总统两大权力系统的抗衡力量，使美国三权分立及相互制约抗衡的权力结构得以不可动摇。

---

① 转引自杨祖功、顾俊礼等《西方政治制度比较》，第267页。

四　两党制

政党制度是美国政治制度重要组成部分,尽管美国宪法未提到美国政党。美国也是实行两党制的典型国家之一。民主党与共和党在国家政治生活中占据重要位置,自内战结束以来,两大党控制着政治舞台,从未遇到强大的对手。美国的选举制度、议会制度、行政管理制度以及司法制度,都与两党制有着密切的联系。

两党制的形成

萌　芽　美国在批准 1787 年宪法运动中,形成了联邦党人和反联邦党人两大政派。以汉密尔顿为首的联邦党人,主张建立一个中央集权政府;以杰斐逊为首的反联邦党人要求扩大州权,保障自由。两派在国会内外进行活动,逐步由国会内的政治派别发展为全国性政党。1791 年杰斐逊开始组织共和党,联邦党人于 1795 年正式成立联邦党,并于 1797—1801 年执政。1801 年后联邦党由于内部倾轧,并因在 1812—1814 年的美英战争中采取亲英立场而激起民愤,声名狼藉,至 1817 年已名存实亡。与此同时,共和党势力迅速扩大,在 1800 年竞选中获胜,杰斐逊当选为总统,直到 19 世纪 20 年代末,共和党成了没有反对党的惟一政党。这阶段已有两党制萌芽,主要是两大政党都在国会内组织了党团预选会,实行由两党国会预选提名总统、副总统候选人的制度。国会预选会于 1924 年停止实行,改由各州议会负责提名总统、副总统候选人。

形　成　1828 年大选中共和党发生分裂,追随亚当斯的一派为国民共和党,支持杰克逊一派则称民主共和党。国民共和党在 1828 年和 1832 年两次总统竞选中失败,以后逐渐湮没无闻。民主共和党在 1828 年大选中获胜,于 1840 年正式定名为民主党。1834 年,辉格党成立,1840 年成为全国性主要政党,40 年代末开始瓦解,到 1854 年大多数北方辉格党人加入新成立的共和党,在以后的 4 年中,共和党在北方各州取代辉格党,成了民主党的主要对手。至此,美国两大政党形成,两党制开始确立。这一阶段,两党都在巴尔的摩召开全国代表大会,提名总统候选人。从此,美国开始实行由两党全国代表大会提名总统候选人的制度。同时,两党还都建立了各级党组织,产生了政党机器。民主党在 1848 年巴尔的摩全国代表大会上决定成立全国委员会，还在每个州任命一个州委员会，还要求每个县、市都成立所属的委员会。共和党也于1856年建立了各级党组织。两党从上到下逐步建立了一套完整的组织。由此，从总统、副总统到国会参、众议员、州长、副州长、州议员等各种公职候选人的选举都由两党各级组织所操纵。

确　立　19世纪50年代末，民主党发生分裂，部分北方民主党人参加了共和党；南方民主党人维护种植园奴隶主的利益，主张巩固和扩大奴隶制，并制造叛乱，导致南北方战争的爆发。战争结束后，美国从自由资本主义向垄断资本主义过渡，共和党与民主党两党之间的区别愈来愈小，根本利益日趋一致，都代表了垄断资本的利益。为了赢得选票，也都要迎合选民的要求。这一阶段，两党基本稳定下来，不再发生大的变化，从而确立了一个稳定的两党制格局：两党长期共存与竞争，有组织有秩序地轮流执政。

两党虽无重大原则区别，但仍存在某些差异之处。大致说来，民主党较多注意联络工会、知识分子、少数民族等，改良主义色彩较浓。它较倾向于扩大联邦政府的管理范围，增加开支，多搞些社会福利事业，在种族问题上提倡采取调和办法，对外关系上多标榜"合作"，等等。共和党则更明显地带有"保守"色彩，它的政策的一般特点是：限制联邦政府的权力，紧缩社会福利开支，注重平衡预算，在外交上主张多用"强硬"手腕，等等。当然，上述情况也不是绝对的，尤其是20世纪70年代以后有较大的变化，以致两党政策上的区别已愈益趋向模糊。如民主党的卡特总统，上台时在财政政策上相对"保守"，和前民主党总统约翰逊的宣扬建设"伟大的社会"，放手推行福利政策颇不相同。又如共和党的尼克松总统也曾提出过被称为"一系列人道主义"的内政纲领，与共和党的传统色彩也有些不同。

第三党

在美国，人们通称两大党以外的其他政党为第三党。美国最早出现的第三党是随着工人运动和社会主义运动的兴起而产生的工人政党，其主要的政党有美国社会党和美国共产党。第三党还包括历史上为选举总统而短期存在的政党，如平民党、民族进步党和进步党。在现代美国，第三党还有绿党、公民党、民主社会主义者组织等，其中，1862年成立的民主社会主义者组织在美国政治生活中有一定的影响。

由此可知，称美国政党为两党制，是指两大政党操纵竞选、轮流执政，它并不表示不允许成立别的政党，不允许别的政党参与竞选和执政。由于种种原因，其他政党的力量不可能与两大党分庭抗礼，上台执政。

两党制的特点

美国两党制的一个基本特点是为总统和各级民选官职提供候选人，因而，两大党实际上是竞选组织而已。此外，两大党还具有以下一些特点：（1）两大党均无固定的纲领，也无最终的或长远的宗旨，只有适应大选需要的竞选纲领。竞选纲领在4年一届的党的全国代表大会上通过。（2）两大党均无约束其成员的党籍。两党的一般党员也是不固定的，与两党组织机构没有组织上的联系，也不交纳党费。按照惯例，凡在进行选民登记时声明和登记为民主党人或共和党人，都被认为是民主党或共和党的党员。（3）两党均设立全国委员会、州委员会、县委员会和基层选区委员会4级组织机构。它们之间无垂直领导关系，平时只有一些工作上的联系。两党在国会参议院和众议院设有党的领袖及其助手（督导），还设有党团会议和政策委员会、竞选委员会和委员会事务委员会等组织机构，它们与国会两院外的政党组织机构也无领导关系。（4）美国民选政府官员包括总统、州长、县长、市长等及国会议员，基本上都来自两党的候选人。他们以政党成员的身份竞选，当选后又以政党成员的身份出任公职。（5）在总统选举上，由两党全国代表大会提名总统候选人；由两党总统候选人竞选的胜败来区分执政党与在野党；总统是当然的执政党领袖，在野党的领袖是落选的总统候选人。（6）以两党在国会选举中获得席位的多少来区分多数党与少数党。总统是由民选产生的，不是由国会产生，因而执政党不一定是多数党。总统只对宪法负责，不对国会负责。这是同英国政体的重要区别。

第十七章　法国政体

法国经 1789 年大革命建立君主立宪政体直到 1875 年议会共和制的最后确立，86 年间历经三次君主立宪、两次帝制和三次共和的交替演变。从第四共和到第五共和，又由议会制转为半总统制半议会制，法国的政体以多变和不稳定著称。第五共和所开创的政体，不仅是法国政体发展上的一个重要的里程碑，也是西方民主政体的一个典例。法国政体的演变不是通过和平的方式，而是以革命、战争、政变方式进行的。法国党派林立，没有像英国、美国那样，形成稳定的两党格局，实行轮流执政。这些，均为法国政体的重要特征。

一　法国政体的演变

1789 年爆发的法国大革命推翻了封建专制制度，建立起近代资本主义政治制度。此后，法国政治风云多变，阶级力量对比不断变化，历经君主立宪制、帝制和共和制的多次反复更替的过程，直到 1875 年法兰西第三共和国的诞生，才最终确立了法国资产阶级共和国政治制度。第二次世界大战后，法国相继建立了第四共和国和第五共和国，使法国资本主义政治制度得到进一步发展，使法国共和政体臻于完善。

法兰西第一共和国政治制度（1792—1804）

1789 年法国资产阶级大革命后，于 1791 年召开制宪议会，制定宪法，确立了君主立宪政体，并赋予国王很大权力。1792 年在人民的压力下，国民公会废除君主立宪制，建立了共和制，建立了法兰西第一共和国。1793 年雅各宾派政府颁布宪法。宪法规定，法国是统一的不可分割的共和国；实行三权分立；确立议会共和制，最高立法机构为一院制的立法会议，议员由年满 21 岁的男子普选产生；最高权力机构是由 24 名成员组成的执行会议，成员由各省的选民会议选出。公民除享有《人权与公民权宣言》规定的权利外，还享有劳动权、受教育权、获得社会救济权，以及对侵犯人权的政府的起义权。虽然由于法国政局多变，这部宪法未能实施，但法兰西第一共和国的建立，彻底摧毁了封建主义的政治制度，初步确立了法国资本主义政治制度。

1794 年 7 月发生了反革命的热月政变，雅各宾派政府被推翻。1795 年大资产阶级通过宪法，废除了普选权、直接选举制和一院制，立法权属于两院制的立法会议，行政权属于督政府。1799 年拿破仑·波拿巴政变上台，集大权于一身。1804 年拿破仑建立帝制，以第一帝国取代了第一共和国。

法兰西第二共和国政治制度（1848—1852）

1830 年巴黎发生"七月革命"，推翻了波旁王朝，建立了七月王朝。七月王朝实际上是君主立宪制，代表一小撮金融贵族的利益，它不仅受到法国新兴工业资产阶级的抵制，也引起广大工农的不满。1848 年法国爆发了二月革命，推翻了七月王朝，成立了法兰西第二共和国。

第二共和国实行总统制。总统是国家元首和政府首脑，由普选产生，任期 4 年，掌握军政大权，有权任免总理和政府成员。但总统权力也受到一定限制，如签订条约须经议会批准。议会仍为一院制，拥有较大权力；它不受监督和不可解散，拥有立法、宣战、媾和、批准条约权。公民享有较为广泛的民主自由权。1848 年，路易·波拿巴当选为总统。他加强总统的权力和地位，独揽大权，并于 1852 年称帝，建立了法兰西第二帝国，结束了第二共和国政治制度。

法兰西第三共和国政治制度（1870—1940）

1870 年法国在普法战争中失败，法国人民推翻了第二帝国，恢复了共和政体，成立了法兰西第三共和国，但政权被资产阶级组织的政府所篡夺。法国与德国签订割地赔款的条约；这一丧权辱国的行为激起巴黎人民的极大愤慨。1871 年 3 月 18 日，巴黎人民武装起义，夺取政权，建立了巴黎公社。但不久被资产阶级反动派所镇压。公社失败后，法国人民与共和派一起同保皇派进行了长期的较量，终于在 1875 年国民议会上通过了宪法，确立了共和政体。

第三共和国实行多党议会制。议会由众议院和参议院组成。众议院由普选产生，拥有立法权和监督权。参议院由间接选举产生，有权否决众议院的决议，对众议院具有极大的牵制作用。总统是国家元首，由间接选举产生，任期7年，连选连任。总统拥有相当大的权力，有权任命军政要员，提出法案和解散众议院。内阁由总统任命，但内阁要对议会负责。随着各阶级和政治力量的发展变化，内阁改由议会中拥有多数席位的政党或政党联盟组成。第三共和国政治制度是共和主义和君主主义妥协的产物，总统、议会和内阁之间处处表现了平衡。1940年5月德国法西斯入侵法国，第三共和国结束。

法兰西第四共和国政治制度（1946—1958）

第二次世界大战后，在法国左翼力量占绝对优势和在国际强大民主潮流影响下，制宪国民议会制定了新宪法，并于1946年经过公民投票通过，成立了法兰西第四共和国。

第四共和国也实行多党议会制，国民议会成为国家权力中心。它拥有制定法律、监督财政、批准条约、授权总理组阁和倒阁权，以及同参议院联合选举总统的权力。政府组成和政府施政纲领必须得到国民议会的批准。总统是国家元首，权力十分有限。参议院权力受到很大的削弱，对国民议会的牵制甚小。公民权利进一步扩大，除享有《人权与公民权宣言》中的民主自由外，还享有一些经济权和社会权，如社会保障、贫困救济、罢工、妇女参加选举和参与政治生活的权利。第四共和国还建立了比较完备的公务员制度。由于国民议会权力过大，立法权和行政权彼此牵制的机制遭到破坏，致使政府软弱无能，内阁更迭频繁，而党派林立和变化无常又造成政局危机和政局动荡。第四共和国存在的12年中，法国政府更换了24届，平均寿命不足6个月。

法兰西第五共和国政治制度（1958—   ）

随着时间的推移，第四共和国的政治制度的弊端日益暴露。戴高乐认为，这一体制存在三大缺陷：（1）权力机构不平衡，议会权力过大，无法驾驭。（2）行政权力软弱无力，导致政局不稳，政府更迭频繁。（3）国家元首地位低下，权力太小，在国家发生危急时无能为力。在建立第四共和国之初，戴高乐就企图进行削弱议会权力和加强以总统为首的行政权力的改革，结果失败。由于这一政体同法国50年代的经济、政治和社会发展已不相适应，而1958年5月驻阿尔及利亚法军叛乱事件为戴高乐的改革提供了契机。

戴高乐通过制定宪法，对传统的议会制共和政体进行了彻底的改革，从此，国家最高权力由议会转到了总统之手。"议会至上"的时代一去不复返了，总统成了国家权力的中心。1958年9月，新宪法经公民投票通过，法国进入第五共和国时期。

第五共和国实行半总统制。它是介于总统制和议会制之间的一种国家政体。主要特点是：总统的权力大大加强，其地位大大提高，总统已成为名副其实的国家元首和向导，成为国家权力的中心。政府的权力和地位有所提高，议会倒阁权受到严格的限制，维持了法国政局和社会的稳定。议会的地位和作用明显下降，不再是至高无上的组织，不再是国家权力的源泉中心。总之，第五共和国政体完成了议会中心到总统中心的转变。

以下各节，对第五共和国政体的权力结构作具体介绍。

二 总统与内阁

第五共和国宪法赋予总统极重要的地位：总统通过自己的仲裁，保证公共权力机构的正常活动和国家的稳定；总统是国家独立、领土完整和遵守共同体协定与条约的保证人。

总统的产生与任期

总统候选人资格规定为，年满23岁法国男女公民，候选人至少有100名公民（议会议员、省议会议员、经济与社会委员会成员或市长）提名，至少有10个省同时提出。

1958年宪法规定，总统由议会议员、省议会议员、海外领地议会议员及市镇议会选出的代表组成的选举团选出。采用两轮多数投票制。1962年，修改后的宪法规定，总统由直接普选产生。任期7年，连选连任。

总统的权力

广泛的行政权 总统享有任命政府总理的权力；根据总理的提议任命

政府其他成员；任命高级文武官员，委派大使和特使等。总统直接任命总理，无须国民议会同意，表明政府不是由议会产生，而是出自总统的选择。

总统任部长会议主席，对部长会议产生决定性影响。

总统是武装部队统帅，主持最高国防会议和国防委员会。

总统拥有外交权，他委派驻外大使和特使，接受外国使节，批准国际条约。

部分立法权 颁布法律权。议会通过的法律，由总统在一定期限内颁布；若总统对此法律表示异议，可要求议会重新审议，议会不得拒绝。

签署法令和命令权。但须由有关部长副署。

行使公民投票权。总统绕过议会，通过公民投票来表决法律。1958年扩大了公民投票的范围，总统可将一切有关修改宪法、组织公共权力机构、批准共同体协定，以及影响现行体制运行的条约的任何法律草案，提交公民投票。

解散国民议会权。但须同总理和议会两院议长磋商后，才能宣布解散国民议会。

还享有咨文权。用咨文方式同议会发生联系，对议会立法活动产生影响。

司法事务方面的权力 首先，享有赦免权，包括特赦和大赦。其次，总统担任最高司法会议主席，任命部分最高司法会议成员，并依据最高司法会议建议任命法官。再次，总统保证司法独立。

总统的非常权力 这是1958年宪法授予总统的一项特殊的权力。宪法规定，当共和国体制、领土完整或国际义务的履行受到严重和直接威胁时，以及依据宪法产生的公共权力机构正常行使职权受到中断时，共和国总统在同总理、议会两院议长和宪法委员会主席正式磋商后，可根据形势需要采取必要措施。1961年4月23日至9月30日，戴高乐为镇压法国在阿尔及利亚的殖民军将领的叛乱，行使过非常权力，其间，他作出了18项决定，内容涉及镇压叛乱，清洗军队，整顿国家机关，设立特别法庭等。这在法国是无先例的。行使非常权力是戴高乐加强总统权力的集中表现。

当然，总统的权力不是无限的。若犯有叛国罪，将受到弹劾。他对议会负有间接责任。因政府要对议会负责；而政府总理是由总统任命的，部长会议是由总统主持的，因此，总统对议会必须予以重视。若得不到议会信任，政府就会无能为力。总统还要对人民负直接责任，因为他由人民普选产生，又常绕过议会，将重大决策交人民公决，若得不到人民信任，便要下台。此外，总统的命令一般要由总理或有关部长副署，也说明他的每个行动都需要有总理或部长们的支持。

内阁的组成及其职权

内阁一般由总理和各部部长组成。总理是政府首脑，领导内阁。法国没有阁员部长与非阁员部长之分，原则上各部长地位平等。政府的重要活动与决策由部长会议或内阁会议决定。前者由总统主持，后者由总理主持。第五共和国时期，总统权力大大加强，因此，总统主持的部长会议成为政府的决策机构，并扩大为内阁会议，由总理主持的内阁会议已趋消失。

法国内阁与英国内阁有重大区别。英国内阁首相由大选后议会中多数党领袖出任，法国内阁总理则由总统任命，总理是总统的总理，大权在总统。英国是一党内阁，首相可以用政党领袖名义支配全体阁员，阁员应服从首相，以维护执政党地位，不会掀起政潮。而法国为多党联合内阁，总理只能支配其同党的阁员，当内阁会议发生意见分歧时，总理无法应付，常引起内阁危机。这种情况在第三、第四共和国时期尤为突出。

自第三共和国以来，内阁的权力与地位日益明确。由于总理是政府首脑，领导政府活动，因此，内阁的权力在很大程度上就是总理的权力。概括起来，有以下几方面：

第一，在行政事务方面，内阁管理全国性的公共行政事务：执行法律，制定和执行政策；掌管军队、警察，主管司法行政事务；处理外交事务；掌管行政机构，总理遴选内阁部长，任命文武官员；宣布戒严令；编制预算，调节和干预经济事务等。

第二，相对国家元首的权力。磋商权，总统在解散国民议会和行使非常权力前，应同总理正式磋商。副署权，总统的命令和文件应由总理或有关部长副署。倡议权，总理可向总统建议修改宪法。总理还可受总统委托主持部长会议、最高国防会议。

第三，相对议会的权力。总理可请求国民议会召开特别会议，讨论特定议程；总理有立法创议权，规定议会讨论法律的次序；议会两院在讨论某法案发生意见分歧时，总理有权召集两院的混合委员会；总理还有权将未颁布的法律提交宪法委员会等。总之，内阁在立法上有巨大影响。

三　议　会

法国议会制度经过 86 年的反复演变和发展，到 1875 年确立了两院制。根据 1875 年宪法规定，议会由参议院和众议院两院组成。

两院议员

第五共和国时期，参议员为 283 名，任期 9 年，第 3 年改选 1/3。议员候选人年龄必须在 35 岁以上，由各省的选举团间接选举产生。当选者往往是地方知名人士。

众议员至少 600 名。第五共和国时期，宪法规定议员由直接普选产生，采取单记名多数两轮投票制。任期 5 年，到期全部更换。议员当选年龄须年满 25 岁。

法国两院议员的地位基本上是平等的。参议员作为地区代表，而众议员或国民议会议员则是作为全国人民的代表。

两院机构

议　长　议长是议会主持人和议会对外的代表。议长由议员选举产生。总统解散国民议会或行使非常权力时，须同两院议长磋商，他们有权各任命 3 名宪法委员会成员，总统因故缺位时，由参议院议长代行总统职务。

办公厅　两院均设有由议长、副议长、秘书、总务主任组成的办公厅，领导日常工作。

各委员会　其中常设委员会是议会最重要的机构，主要任务是审议议案，并作出决定，然后交大会讨论。现国民议会设有外交委员会，国防和武装力量委员会，财经和计划委员会，宪法、立法和行政委员会，文化、家庭和社会事务委员会，生产和贸易委员会。参议院也设有相应的常设委员会。此外，还设有特别委员会、混合委员会、调整委员会。

议会党团　是由那些政见相同和发表共同政策声明的议员，为了协调在议会中的行动或便于对某些政策施加影响而组成的。有同一政党的议员、也有不同政党的议员组成的议会党团。议会党团主席参加议长会议，确定议程；各党团选派代表参加各种委员会工作。国民议会议会党团人数至少30名议员，参议院至少14名，少于此数议席的政党便不能单独组成议会党团。

两院职权

法国两院的权力与地位，在理论上是平等的。两院共有创议和制定法律之权，并可否决另一院的议案；两院均有监督政府之权；两院均有权依绝对多数票分别作出修宪的决议。但在事实上，自第三共和国以来，两院的权力与地位并不平等。由于人民是一切权力的源泉的观念深入人心，因此，经由普选产生的众议院（国民议会）比由间接选举产生的参议院更有代表性。在法国，建立和解散政府的权力属于众议院已成为政治习惯和议员心目中根深蒂固的观念。

第五共和国时期，议会两院的权力均大为削弱，被称作是"没有议会权力的议会制度"。

立法权 众议院又称立法议会，表明立法权是议会的主要职能。但这一职能，无论在立法范围或立法程序方面都日益受到限制。

普通法和修宪法案、组织法性质的法案和财政法案有不同的立法程序。

普通法创议权属总理和议员，但政府处于优势地位。议会应先讨论政府提出的和经政府同意的法案，议会两院的提案很少被采纳和通过。草案经议会有关委员会审查，向议会报告，经议会审议，然后进行表决。在表决时政府享有某些特权，它甚至可以要求不经辩论、取消公开讨论，或仅就政府认可的条文进行表决。两院通过的法律由总统颁布。若总统要两院通过的法案重新审议，两院不得拒绝。宪法委员会若宣布议会通过法律为违反宪法，则此法律不得颁布和执行。

宪法修正案创议权属于总统和议员，经两院表决通过，并经公民投票通过后，才最后确定。当总统决定将修宪案交付两院联席会议讨论时，修宪案不交付公民投票，但需有两院会议五分之三多数赞成票通过。修宪案不能改变共和国政体和有损于领土完整，否则，修宪不得进行。

监督权 质询权 是议员以个人身份向政府提出问题，由政府有关负责人作出答复。议会质询在规定时间内进行。有书面和口头两种质询方式，其中口头质询又分不可以辩论（对政府答复进行反驳）和可以辩论两种情况。第五共和国时期，对质询作了种种限制。第一，无论任何质询不作为议会议题，不进行表决，议员只有提问的权利。第二，减少议员对重大政治问题辩论时间和表决权。

倒阁权（即不信任投票）　是议会监督政府最有力的方式。第三共和国时期，两院均拥有倒阁权。第四共和国时期，倒阁权专属国民议会。议会不信任案以记名投票表决、以绝对多数通过，内阁应总辞职。第五共和国时期对议会通过不信任案作了种种限制，因而议会对政府的不信任案既难提出，更难通过。1959—1972年议会对政府提出的不信任案19次，仅一次获得通过。第三、第四共和国时期那种走马灯式的"半年内阁"已不复存在了。

弹劾权　是议会对国家元首、政府首脑或部长进行控告、惩戒的权力。1958年宪法规定，两院只能以公开投票及议会组成人员的绝对多数作出相同的表决时，才能对总统的叛国罪及政府成员的渎职罪和危害国家安全罪提出控告，然后移送特别高等法院审判。不过，自第三共和国以来，法国总统、总理还没有一位受到过弹劾，政府成员受弹劾的也不多。

法国议会制与英、美议会制相比，有自己的特点：第一，是大革命的产物，不像英国那样是由封建等级议会演变来的。第二，不稳定性。直到1875年才最终确定为两院制，不像英、美那样相对稳定。第三，两院地位虽实际上不平等，但在理论上是基本平等的。不像英国权力集中于下议院，也不像美国参议院权力大于众议院。第四，"议会至上"，左右政府，直到1958年后才逐步削弱。在此之前，议会监督政府，尤其倒阁权是英、美所不及的。在美国，议会无权推翻政府；在英国下院推翻政府的现象很少发生。第五，几乎没有出现过英、美那种由某个政党占据多数席位而控制议会的局面。往往是好几个政党联合成为多数派后才能控制议会。

四　司法体系与宪法委员会

法国大革命后，确立了三权分立、司法独立的原则。19世纪初，拿破仑一世主持制定了民法、刑法、商法、民事诉讼、刑事诉讼等一系列重要法典，设置了普通法院系统和行政法院系统，确立了司法人员的独立地位，使法国司法制度自成体系和完备起来，形成全国统一的司法体系。

司法体系

法国司法体系由普通法院系统和行政法院系统两大法院组织系统组成，彼此互不隶属。

普通法院系统由初审法院、大审法院、违警法院、轻罪法院等基层法院和重罪法院（又称巡回法院）、上诉法院、国家安全法院等中级法院及最高法院组成，负责审理民事和刑事案件。

行政法院系统由最高行政法院和各省所设的27个行政法庭组成，主要任务是解释现行法律和行政法令，并提供建议和拟订草案；审理行政机关之间的纠纷和公民对行政机关的控告。行政法院的成员不是职业法官，而是行政官员，任命和调动按公务员制度规定办理。

在两大法院组织系统之外，还设有争议法庭和特别高等法院。争议法庭由最高法院和最高行政法院选出的法官以及司法部长等组成，负责处理普通法院与行政法院两系统间关于管辖权的争议。特别高等法院由国民议会和参议院选出的议员组成，专门审理总统所犯的叛国罪和政府部长所犯的刑事罪和危害国家安全罪（见议会弹劾权）。

最高司法委员会

最高司法委员会是协助总统实行司法监督的机构，由总统任主席，司法部长任副主席。其职责是：就最高法院法官和上诉法院首席法官的任命向总统提出建议，对司法部长有关任命其他法官的建议提出意见，就赦免问题接受咨询。最高司法委员会同时又是法官纪律委员会，具有对法官的惩戒权。司法部则从事司法行政管理，掌管法院系统的行政组织、人事调动和活动经费等。

宪法委员会

法国的司法审查制度是由宪法委员会执行的。该机构创立于1946年。由9名委员组成，其中3名由总统任命，3名由国民议会议长任命，3名由参议院议长任命。任期9年，每3年更换三分之一，不得连任，不得兼任部长或议员。宪法委员会主席由总统任命。它的职权，一是确保共和国总统选举和其他选举的合法性，监督议员、公民投票并公布投票结果。在发生争议情况下就选举的合法性作出裁判。二是作为"公共权力机构正常活动的调节者"。对各项法律、组织法、法令和条约颁布实施前就是否违宪进行审查,凡宣布为违宪的条款不得颁布和执行;还受理政府、议员关于法律、法令违宪的控告案件。宪法委员会的裁决是最终裁决,对公共权力机构、一切行政机关和司法机关具有强制力。自第五共和国以来,司法审查制度在法国政治生活中日益起着重大的作用。

五　多党制

法国是世界上出现政党最早的国家之一,也是现代资本主义国家实行多党制的典型。

多党林立与变化

早期(1789—1870)　包括资产阶级革命、第一共和国、第一帝国、波旁复辟王朝、七月王朝、第二共和国和第二帝国 7 个阶段。围绕各个阶段的重大政治问题,形成了许多有组织的政治派别,诸如雅各宾派、吉伦特派、沼泽派、山岳派、平等派、忿激派、正统派、四季社、秩序党、共和派、激进派等,虽然它们还不是现代意义上的政党,但为尔后政党的建立奠定了基础。

第三共和国时期　该时期党派林立,最明显的特点是保王党的衰落,共和党成为执政党,工人政党的诞生。

保王党在 1871—1879 年间先后在国民议会和参议院中占据多数席位,并把持总统职位,随着复辟阴谋破产,其政治生命日趋消失。

共和党是第三共和国时期的主要政党,他们是左翼政治力量的总称,后来又分为温和共和派与激进共和派。温和共和派是第三共和国前期共和党主体,由于政治腐败,终于被激进共和派所取代。该派在 1901 年组成激进党,在 1902—1940 年多次组织政府并占据内阁重要职位。"二战"前夕,奉行绥靖主义,纵容法西斯侵略。大战期间发生分裂,组织上陷于瘫痪。

1880 年 11 月法国工人党成立。1882 年发生分裂。分裂后以盖得为首的左派仍称法国工人党。1899 年法国独立社会主义者米勒兰参加资产阶级政府,在法国各社会主义党派中掀起轩然大波。由此,法国各社会主义派别发生分裂和重新组合。以盖得为首的反入阁派成立法兰西社会党,以饶勒斯为首的入阁派联合组成法国社会党。1905 年两党联合组成法国统一社会党。1905—1914 年间饶勒斯掌握领导权，领导不力，在 1919 年大选中失败。1920 年多数派另行成立法国共产党。1935 年，社会党同法共、激进党、总工会等左翼组织成立人民阵线，反对法西斯战争。1936 年组成以勃鲁姆为首的人民阵线政府。1937 年，由于勃鲁姆政府垮台使社会党分裂，第二次世界大战期间，社会党四分五裂。1940 年 6 月，德国法西斯入侵法国，维希政府屈膝事敌。其间，除极右的法国社会党（不是第二次世界大战以前和以后的社会党）和法国人民党外，其他政党被迫转入地下。法共组织游击队开展武装抵抗运动，其力量和影响空前加强。

第四共和国时期 "二战"后，恢复和建立了大量政党。除第三共和国时期一些影响较大的政党如社会党、共产党、激进党外，一些新党如人民共和党、民主及社会抵抗联盟相继成立。各政党的组织程度和群众基础均较之战前提高和广泛。

法共在"二战"中实力壮大，第四共和国时期在历届议会选举中一直保持 20% 以上的选票，但领导人迷恋议会道路，一直被排斥在体制之外。

社会党在"二战"后重建，是第四共和国时期主要政党之一，参加 21 届政府，在五届政府中出任总理，在议会中的议席居第三位。戴高乐辞职后，社会党与法共、人民共和党合作，组成三党联合政府。

人民共和党起源于第二次世界大战期间的抵抗运动，在组织上仅次于法共和社会党，是第四共和国时期三大政党之一，在历届政府中发挥了重要作用，在 1944—1958 年的 27 届政府中，它参加了 22 届内阁，提供了三名总理。

法兰西人民联盟是戴高乐于 1947 年创立的，旨在改革国家体制，企图消除多党政治，实现一党政治。宣称自己不是一个政党，而是一个联盟，把法共以外的人都集中起来。1951 年在国民议会获 106 席，居各党之首，由于不与其他政党联合，使之处于孤立状态，并导致分裂。1956 年，该党已四分五裂。

民主及社会抵抗联盟是从抵抗运动中产生的一个新政党，密特朗是该联盟的左派领袖，称他的社会主义是世俗的，摆脱了基督教和马克思主义的教条。在议会和政府中处小党地位。

政党的多元和不稳定性，议会多数派的摇摆，各中间党派在政府中发挥重要作用，是这一时期法国政党和政治制度的重要特点。

第五共和国时期 该时期依然多党林立。由于戴高乐提高总统权限，降低议会权限，改革选举制度，使政党状况随之变化。

戴高乐主义多数派政党的形成及其演变，是第五共和国时期政党的重要内容之一。1958—1986年和1988年6月以后，国民议会存在着由若干政党组成的总统多数派，即总统、总理和国民议会议长3个重要职位属于一个政党或同一政党联盟。总统多数派政党主要有保卫共和联盟和独立共和党。1986年以前的总统多数派在国民议会内占绝对优势，而1988年6月以后，其势力十分微弱。

中间派政党（如激进党、人民共和党）的衰落，右翼戴高乐多数派的强大，左翼各政党的发展以及左翼联盟（社会党和共产党）的建立，使该时期政党数量锐减，出现两极化趋势。经过30年的发展变化，到80年代初形成了两大派（左翼和右翼）四大政党（法共、社会党、保卫共和联盟和法国民主联盟）的格局。保卫共和联盟和法国民主联盟为右翼极，是执政多数派；社会党和法共结成左翼极，为反对派。两大派左右观点鲜明，地位突出，对抗性强。但在内外的某些政策上有认同的迹象。1986年3月至1988年5月，左翼的总统与右翼的总理共处，并未发生不可调和的对立。1988年6月立法选举后，迫使他们继续互相妥协、靠拢，并尽可能争取其他政党的合作。

多党制的原因

法国政党制形成于第三共和国初期，其标志是1877年5月16日危机。5月16日，总统麦克马洪迫使得到众议院多数的共和派议员支持的朱尔·西蒙辞职，25日又强行解散众议院。结果在新选出的众议院中，共和派仍获得半数以上的席位，并组成新的共和派内阁。这一事件使法国的政治制度向着议会制方向发展，总统只能选择一个得到众议院多数拥护的内阁，政府一旦失去众议院多数的支持就必须辞职。由此，法国的政府和英国政府一样变成了由政党统治的政府。政党政治得以确立。所不同的是，法国实行的是多党制，即在多党存在的条件下，议会的议席由许多政党分别占有，常常是几个政党在议会选举前或选举后结成联盟，以构成议会多数，从而组成多党联合政府。

法国多党制存在的原因：在经济上，小农经济和中小型企业长期占优势，即使进入垄断资本阶段后，其垄断和集中程度也远不如美、德，经济上的分散性，导致党派林立。在思想上，各种政治思潮此起彼伏，从而形成不同的政治派别。在阶级关系上，阶级斗争尖锐复杂，形势变化多端，阶级力量对比不断发生变化，从而导致各派政治力量经常分化组合。政治体制变化不定，政府更迭频繁，在选举制度上，议员选举常采用比例代表制，使法国议会议席相对分散，有利于小党的存在和参政，不易出现一两个大党垄断的局面。

法国政党制度的特点

第一，党派林立。自 1875 年确立共和制以来，先后出现过 400 多个各种名目的政党。20 世纪 80 年代活跃于法国政坛的仍有 40 多个政党。其中既有全国性政党，也有地方性政党；既有一些以社会主义、共产主义为名的政党，也有一些以保皇主义、无政府主义、托洛茨基主义和民族排外主义为宗旨的政党。法国至今仍是一个多党制国家。

第二，党派变换频繁。除共产党、社会党外，法国很少有英国工党、保守党或美国的共和党、民主党那样长期存在的政党。政党的分裂、合并、改组和新建时有发生。多数党具有议会党和选举党的性质，围绕选举和组阁等问题，各党经常结成或解散联盟。

第三，多党联合执政。自第三共和国以来，法国没有出现过英、美那种两党轮流执政的情况。由于法国政党众多，致使议会选举选票分散，一个政党很难获得过半数的席位，常常是几个政党联合才能构成议会多数，因而政府也是由这些政党联盟所组成的联合政府。政党联盟内的矛盾容易使政府造成危机，这是法国政局不稳的一个原因。

六　法国政体的特殊性

法国的政体经过长时期的演变，到第五共和国，形成了具有特殊形态的政治体制，这一政体，包含总统制因素，也包含议会制因素。前者如：总统由普选产生；总统掌管最高行政权力；总统任免总理和组织政府；总统不负政治责任等。后者如：政府对议会负责，并接受议会监督；议会可以通过对政府的不信任案或否决政府的信任案推翻政府；政府成员必须从议会多数派中挑选等。它兼有这两个政治体制的特点，是两种体制折中和妥协的产物。

显然，总统和议会是这一混合型政体的两大基本要素，但是，不可忽视的是，议会中的多数是这一政体的基石。虽然，第五共和国总统是国家权力的中心，但其权力、地位和作用不是固定不变的，而是与议会多数派的变化密切相关的。这同实行纯粹的议会制或纯粹的总统制的国家是有区别的，在那里，国家元首的权力、地位和作用比较稳定，基本上不受议会党派力量消长的影响。

如果总统与在议会中占多数席位的单独政党同属一个政治派别，并在政治上保持一致，那么总统与议会多数派在行动中就能够充分地协调和合作，由此总统的权力和作用将得到充分的发挥，其地位也将得到加强。1950 年到 1974 年戴高乐和蓬皮杜任总统期间属于这种情况。

如果议会多数派由几个政党组成，其中一个政党是多数派中的多数，并与总统同属一个政治派别，权力的倾斜同前一种情况一样。如果总统同属一个政治派别的政党是议会多数派中的少数，那么总统在行使权力时，就要考虑议会多数派中的多数的立场，尊重属于这个多数派的总理和政府，发挥议会的作用。

如果总统与议会多数派不是一个政治派别，在政治上不能保持一致，那么总统的权力、地位和作用将受到议会的挑战。在这种情况下，总统或者解散议会，重新选出与他同属一个政治派别的议会多数派；或者尊重"人民的选择"，任命议会多数派成员为总理并组成政府，放手让总理和政府"治理国家"，发挥议会的作用。这时，权力将向议会倾斜。1986 年至 1988 年弗朗索瓦·密特朗任总统和希拉克任总理期间所形成的"共治"就属于这种情况。

从以上三种情况我们不难看出，第五共和国所实行的是半总统半议会制的政治体制，这种混合型体制受到议会多数派相当大的制约，它随议会中政党力量的消长而变动。因此，有的学者把第五共和国政体比喻为"可变性的政治体制"或"滑动中的政治体制"。

第十八章　西方民主的基本制度

英、美、法及其他资本主义国家的政治体制，互有差别，但作为民主政体，都实行其一定的基本制度，那就是议会制度、选举制度和政党制度。这三项制度，作为民主政体，不可或缺其一。

一　议会制度

议会的法律地位

议会制度是资产阶级民主的象征，如同密尔所分析的那样，是现代民主的必要形式。即便列宁也承认，"如果没有代议机构，那我们就很难想象什么民主，即使是无产阶级民主"。

议会源于中世纪的等级会议（如英国），但近代以来的议会制则是资产阶级革命的产物。根据启蒙思想家"人民主权"的学说所创立的议会，视议会为国家权力的源泉，如英、法（第三、四共和国）等国。主要以"三权分立"原则构建国家权力结构的国家，则将议会、行政、司法三种权力互相保持平衡的态势。

因此，不同的国家，议会的法律地位不尽相同。有的国家的议会为最高权力机关，议会的法律地位居于行政和司法之上，政府对议会负责。英、德即属于这一类。有的国家的议会是最高的立法机关，但不是最高权力机关，议会与总统、法院平等，三者依法分权与制衡。美国的国会就属于这一类。还有的国家的议会仅是立法机关，没有表明"最高"、"惟一"的特性，这样的议会拥有的立法权力较为有限。法国第五共和国政体总统掌握着直接领导政府的重要权力，但政府又向议会负责，议会有权提出不信任案，这就使得法国议会既有某些类似美国国会的地位，又有某些类似英国议会的地位。总之，在不同政体的国家中，议会的职权大小不一。一般地说，议会制共和国的议会职权大于总统制共和国的议会职权；而总统制共和国的议会职权又比二元君主制国家的议会职权大。

议会的构成

议会一般有全国和地方两个系统，这里介绍的仅全国系统。

议会的结构一般有两院制和一院制。目前在设有议会的 136 个资本主义国家中，91 个国家实行一院制，45 个国家实行两院制。资本主义发展较早的国家采用两院制的较多。在实行两院制的国家中，议会分为上议院（贵族院、参议院、联盟院）和下议院（众议院、国民议会、联邦议院）。

上院和下院在组织方式和职权上有以下差别：

第一，下院议员通常按人口比例，由各选区按普选原则产生。上院议员则并非全由普选产生。英国的上院议员由贵族担任，根本不通过选举。意大利总统有权指定 5 人为终身议员，绝大多数议员由选民直接选举产生。法国的参议院议员由各省的国民议会议员、省议会议员和市议会议员组成的选举团选举产生。德国联邦参议院议员由各州政府的成员组成，每州至少 3 席。美国的参议院议员按州为选区，平均每州两名，由选民直接选举产生。

第二，上院议员当选资格偏高。英国上院议员必须享有贵族封号，进入上院后，必须与党派脱离关系。美国参议院议员年龄资格为 30 周岁（众院议员为 25 周岁）。法国参议院议员年龄资格为 35 岁（国民议会议员为 23 周岁）。意大利上院议员年龄为 40 周岁（下院议员为 25 周岁）。德国联邦参议院议员是州政府成员，而联邦议院议员则无职务要求。

上院议员任期通常比下院议员任期长。有的国家还实行部分改选制。美国参议院任期 6 年，每两年改选三分之一；众议院议员任期两年，到期全部改选。法国参议院议员任期 9 年，每三年改选三分之一；国民议会议员任期五年，到期全部改选。德国联邦院议员任期 4 年，而联邦参议院议员却没有统一规定的任期。

第三，两院职权不尽相同，但下院权力一般大于上院。英国议会享有的立法、监督、决定预算等权力，主要集中在下院。1911 年和 1949 年两个《议会法》规定，财政议案只能在下院提出；对于下院通过的一般议案，上院不能否决，只有权将议案拖延一年生效；对于下院通过的财政议案，上院只能拖延一个月生效。法国第四共和国时期，国民议会权力很大，几乎独揽了立法大权。第五共和国宪法对两院权力作了调整，赋予参院不少立法和政治权力，但总的看，国民议会比参议院享有更多的权力。在德国，《基本法》赋予联邦参议院的权限要比联邦议院少得多，参院"主要是起批准作用"。美国参众两院的地位比较特殊，它们各自都有一些特别的权限。总的来看，优势在参院。参院的辩论也更能引起全国的重视。

对议会设置一院还是两院，长期以来西方政治学家、法学家争论不休。主张两院制的主要理由：（1）可以起到制衡作用。（2）可以防止草率立法。（3）可以容纳特殊利益和罗致专家。如果一院代表民意，他院则应有实际经验的专家，以适应繁重的立法任务。不少国家上院议员不用直接选举，而用间接选举，甚至采用世袭方法，以便于学者名流进入上院参与议会的决策活动。在联邦制国家，一院代表全国，按人口比例选出；另一院则代表各邦，无论邦之大小，代表权均应平等，小邦利益才能得到照顾。主张一院制的学者则认为：（1）两院制，无异承认一个国家可以有两个主权。（2）两院制使得立法程序烦琐，拖延时日；上院往往代表保守势力，不利于社会改革及作出决策。（3）两院容易发生矛盾和冲突，容易受行政机关的操纵。总的来看，两院、一院各有利弊，但实行两院，有利于互相制衡，保障立法、决策更为缜密。当然，议会采取什么组织形式，应由各国的国情来决定。

议会的组织

议　长　议长和副议长是议会的领导者。议长对外代表议会，对内主持议会活动；决定议事日程；决定法案送交有关委员会审议；主持议会辩论、宣布停止质询和议会休会；依法召开议会特别会议；主持议会制定议事规则，并保证其执行。有些国家还规定，如果国家元首缺位，议长可代行国家元首的职权。

议长是执政党控制议会、保证本党纲领转化为国家意志的重要工具。

议长通常由议会从议员中选举产生，实际上由议会多数党确定，选举只是形式而已。有些国家，议长由国家元首任命。有的由特定的高级官员兼任，如美国参院议长由副总统兼任；英国上院议长由司法大臣兼任。

委员会制度　为适应繁重的立法、决策等任务，议会的实际工作就不得不愈来愈多地委任于有专门知识和才能的专家，议会委员会制度就是适应这种需要与专业化分工的产物。于是，议会的主要工作便逐渐转移到各种委员会，委员会便成了议会的核心；各种委员会便成了各派政治势力进行政治交易的场所。

委员会通常有常设委员会和临时委员会，其数量和重要程度各国不一。

议会党团 议会中属于同一政党的议员组成的、以统一本党成员在议会中的行动为目的的政党集团。也有同一政党的议员分别组成几个不同的议会党团，或几个政治纲领相近的政党的议员联合组成一个政党联盟的议会党团。议会党团与政党都是为了贯彻本党的政治纲领，其主席一般由该党党魁担任。议会党团对于选举议长、确定议会日程、选举议会常设委员会等，都具有重要作用。议会党团的主要任务是：观察议会内的政治发展形势；向本议会党团提供议案和各种动议、建议；统一本党议员的思想和行动，组织、指挥本议会党团在议会的活动；参与领导议会事务。议会表决时，党员议员必须服从本党议会党团的决定，如有不同政见，可以缺席，但不得采取相反立场。

议会的职权

西方各国议会一般都拥有立法权、财政权、监督权和其他一些重要权利。

立法权 立法权包括立法创议权、通过法案权、修正权，实际上就是制定、修改、废除法律的权力。绝大多数国家对议会的立法范围不加限制，有些国家对立法范围则有一定限制。法国第五共和国宪法对议会的立法范围和程序方面，作了严格限制。

议会的立法活动必须遵循一定的规则，即必须按照法定程序进行。立法程序主要包括法案的提出、法案的讨论、法案的通过和法律的公布四个阶段。

法案通常由议员和政府提出，但各国的具体规定不完全相同。从发展趋势看，越来越多的议案来自政府，即便是以议员名义提出的法案，也是来源于政府、财团的"委托"。法案的讨论，是立法程序中最重要的环节，一般要经过"三读"程序。法案的通过，就是采用表决形式，使法案成为法律，是立法活动中关键一环。公布法律，是指议会通过的法律，按法定的程序和方式正式公布，使该法律正式生效。这是立法程序的最后一环。

财政权 政府提出的财政预决算、赋税、公债等，只有经议会审议通过，才能付诸实施。所以，财政权又叫财政监督权，或叫预决算议决权。它是议会最古老的权力。

在两院制国家，审议财政法案的权力主要由议会下院行使，上院一般无权否决财政法案。

监督权 议会监督政府的权力，在不同政体的国家不尽相同。议会制共和国，议会对政府的监督权较大。总统制国家，议会监督政府的权力则较小。不论什么政体，议会对政府都有一定的监督权。

监督权有以下几种形式：

倒阁权 在内阁制国家，政府向议会负责，政府推行的政策必须同议会保持一致，否则，议会有权对政府提出不信任案，即所谓"倒阁权"。通过"不信任案"或"谴责决议案"，政府必须总辞职；或请国家元首下令解散议会，重新大选，由新的议会决定政府的去留。这是内阁制国家议会监督政府的最重要手段。

质询权 议员以口头或书面形式向政府首脑或政府部长提出问题，要求答复，即谓质询。

调查权 是议会立法权和监督权的引申。因为不论制定法律和监督政府，必须掌握充分的材料。

弹劾权 是议会对政府高级官吏犯罪或严重失职进行控告和制裁的一种制度。一般地讲，实行内阁制的国家，议会运用弹劾权的范围仅总统和最高法院法官；实行总统制的国家，如美国，弹劾权可以运用于"一切高级联邦官员"，包括总统、政府部长、最高法院法官、州长等，范围比较广泛。弹劾案的提出与审判，各国各有规定。

议会除了拥有上述职权外，还拥有任免政府高级官员、决定对外宣战、批准政府与外国缔结的国际条约等重要职权。

议会的议事规则

为保证议会正常运作，提高议事效率，各国都订有议事规则，确定一些共同遵守的原则。综观各国议会有关规定，共同原则主要有3项：

法定人数原则 议会议事，特别是通过法案和决议，议员的出席必须达到一定的数量才能生效，出席者的最低限额，即为法定人数。

各国议会规定的法定人数不同，一般法定人数为全体议员的半数以上。

会议公开原则 各国宪法一般都规定，议会两院会议都须公开举行。议会会议公开，是资产阶级民主政治是否发达的重要标志之一。所谓"公开"意味着：公民可以自由旁听；新闻媒体可以自由报道会议召开情况；议事记录全文公开发表。但是，旁听者和报道者若不如实反映情况，则要负民事和刑事责任。在某些特殊问题上，只要有三分之二的议员赞同，议会也可以举行秘密会议。举行秘密会议，除了议员，其他人员一律不得出席、不准报道、不准发表议事记录。另外，议会常设委员会的会议一般都秘密举行，以便各议会党团、各政治派别通过委员会的活动来交换意见，调整分歧、达成妥协方案。

一事不再议原则 一项议案，如在一次议会会议上作出了决定，则在同一会期中不再重复进行审议；如确有异议，只能在另一会期中的会议上提出。

议会的会议与议会的解散

议会只是在一定期限内才举行会议，而只有在一定会期内，议会才具有议事和决策的能力。议会的会议，一般分为例行会议和非常会议两种。各国对议会例行会议会期的规定详简不一。有的一年开一次；有的一年开几次；有的将开会日期规定得很具体，有的则不作明确规定。

各国对于举行议会非常会议的条件并无一致的具体规定。一般是遇有紧急情况才召开。有权要求召开非常会议的通常是：国家元首、议长、政府首脑和一定数量的议员。

议会任期届满，举行大选，产生新一届议会，谓议会换届。在内阁制国家中，议会提前解散，则是基于特别原因的政治决策。其原因主要有：（1）政党分化组合发生重大变化，不利于内阁在议会下院中多数派的形成；（2）议会下院对内阁表明不信任；（3）议会上院对下院和内阁重要决策表示反对，而下院为排除这种反对，争取获得三分之二多数的可能性不大；（4）内阁的政策发生重大的原则性变动，需获得选民的重新认可。因此，解散议会实际是内阁面对议会下院发生不利于自己的政治变化而采取的控制议会或对抗议会不信任案的一种办法。解散议会的权力，在形式上由国家元首行使。美国总统则不拥有解散国会的权力。

二 选举制度

选举制度的演进

西方国家的选举制度是资产阶级革命胜利之后、资产阶级同封建势力反复斗争的过程中建立起来的。选举制度的完善、普选制度的确立，经历了两个多世纪的岁月。

英国选举制的演变最为典型。

1688 年"光荣革命"后，1689 年通过了《权利法案》，规定议会议员实行所谓"自由选举"。但是选区的划分和议席的分配依然照旧，使曼彻斯特、伯明翰、利物浦这样一些新兴工业大城市和人口集中地区在议会中无直接代表，而那些仅有少数居民的衰败城镇，在下院仍拥有两个议席。1711 年的法案对选民资格作了财产等多方面的严格限制，使有选举权的人口约占成年人数的 5%；并对当选下院议员的财产资格作了非常高的规定，还允许高价出售议席（4000—5000 英镑）。这样，实际上使中小资产阶级也不可能当选下院议员。1830 年广大人民展开了争取普选权的斗争，于 1832 实施的《英格兰与威尔士人民代表法》，是英国选举制度的一次重大改革。根据此法，重新分配了议席，增加了城市代表名额，降低了选民财产资格的限制，使中产阶级有了选举权。但无产阶级和妇女仍无选举权。1837 年 6 月，"伦敦工人协会"拟定了一个关于争取普选权的纲领性文件，提出了 6 点要求：第一，凡年满 21 岁的男子皆有选举权；第二，实行秘密投票制；第三，废除议员候选人的财产资格限制；第四，当选的议员支给薪俸；第五，议会每年改选一次；第六，平均划分选区，按选民人数产生代表。这次以争取普选权为中心的、历时 10 年多的"宪章运动"，对于普选权的扩大起了非常巨大的推动作用；致使 1867 年又进行了选举制度的重大改革，使城市工人有了选举权。后来又进行了多次选举改革，主要有：1872 年废止公开投票制，实行秘密投票制。1883 年颁布《取缔选举舞弊法》，规定了选举费用的限额和选举舞弊的刑罚。1884 年的选举改革，统一了全国城市与农村的选民资格标准，使农村工人有了选举权。1918 年通过的《人民代表选举法》，将选民资格的居住年限由一年改为 6 个月；财产资格进一步下降；21 岁男子享有选举权；妇女第一次有条件地（限大学毕业或能够毕业的年满30岁的妇女，本人或丈夫拥有每年价值5镑以上的产业）取得了选举权。1928年又制定了男女平等选举法，对选民资格进一步降低了居住年限、教育程度和财产资格的限制，并允许邮寄投票。1948年修订的《人民代表选举法》废除了营业处所、伦敦市和大学选区的复票资格，实行了"一人一票，一票一值"和"男女平等"的原则，使年满21岁的男女公民都享有选举权。至此，英国的普选制度才进入了臻于完善的阶段。

法国普选制的确立过程，则是另外一种典型。根据1789年法国大革命所通过的《人权宣言》，法国最早宣布实行不受财产、种族、性别和教育程度限制的普选权。但《人权宣言》通过不过两年，在1791年的宪法里就规定，只有"积极公民"才有选举权和被选举权。所谓"积极公民"的条件包括"已缴纳相当于3个工作日价值的直接税"、"不处于被雇佣的奴役地位"、"已在其住所的市乡政府的国民军花名册上登记"等。当时法国2500万居民中，只有430万人有"积极公民"的资格。随着资产阶级同封建势力长期反复的斗争，公民的选举权也随之发生反复无常的变化，直到19世纪70年代才基本稳定下来。1875年制定的选举法规定，选民资格为年满21岁的男子，须在选区居住6个月以上，没有财产和教育程度的限制。直到1944年才确定，年满21岁的男女公民具有平等选举权，实行了"普遍、直接"的选举制。1974年6月，对选举法又作了修改，将选民的年龄资格由原来的21岁降为18岁，顺应了资本主义各国普选制度发展的总趋势。

美国是确立普选权较早的国家。1787年制定的美国联邦宪法对选举资格未作规定，将制定选举法的权力留给了各州。当时各州的选举法普遍规定，只有白色人种中拥有一定数量财产的男性公民才有选举权。有的州在全部成年男子中享有选举权的只占10%左右。到19世纪30年代，随着人民运动的高涨，选民财产资格的限制大部分已取消，多数白人男性公民有了选举权，但直到内战前，也只有40%以下的成年人才有选举权。南北战争后，黑奴得到了解放。1870年联邦宪法修正案第15条规定：任何人不得因种族、肤色或曾为奴隶而拒绝或剥夺公民的选举权。1920年通过的联邦宪法修正案第19条确立了全国范围内的妇女选举权。至此，普选权在美国基本确立。1964年通过的联邦宪法修正案第24条进一步放宽了选民资格的限制，取消了以交纳人头税作为选民资格的规定。1971年3月制定的联邦选举法将选民年龄的下限从 21 岁降到 18 岁,并取消了进行"文化测验"等限制,使普选制得到了进一步完善。

从上述主要资本主义国家普选制的形成和演变的过程可以看出,普选制的确立,大体上经历了严格限制选举权、逐步放宽选举权、形式上确立普选权等三个发展阶段。发展总趋向是:由限制选举制到普选制;从不平等选举制到形式上的平等选举制;从间接选举制到直接选举制;从自由投票制到强制投票制;从公开投票制到秘密投票制。在选举制演进过程中,不但资产阶级内部选举权利得到了扩大,而且无产阶级和劳动群众的选举权利也逐渐得到了扩大。前者是资产阶级政治统治确立和巩固的必然结果;后者既是无产阶级和劳动群众长期斗争的结果,也是世界民主化潮流的必然趋势。

选民与候选人的资格

选举是一种政治活动,参与这一政治活动的人可分为三个范畴:选民、候选人和当选人。

选　民　选民就是合乎法律规定享有选举权的公民。对选民资格的限制,当今各国已逐步减少和放宽,但这样或那样的变相限制,在不同的国家往往还不同程度地存在着。

(1) 财产资格　近代史上曾存在过的各种对选民资格的限制中,财产权是最早的限制之一。公民必须拥有一定数量土地、或拥有一定数量的资产、或交纳一定数量的赋税,才可享有选举权。选民的财产资格限制,是 19 世纪围绕选举权争论最激烈的问题之一,并在各国历次选举改革中逐渐放宽或减少,到了 20 世纪 60 年代一般都已取消。但至今仍有一些国家实行程度不等的变相的财产资格限制,如法国、比利时规定,无偿还能力的破产者没有选举权。美国有一些州规定,"乞丐流浪汉"及"受济贫院抚养的人"无选举权。

(2) 居住资格　西方国家大多规定,公民只有在某一地区或选区居住一定期限后才能取得选民资格。居住期限各国规定不一,一般为 3 个月至 1 年,最长的如挪威要求居住 5 年以上,最短的如德国只要求居住 1 个月。美国有 38 个州规定,必须在当地居住 1 年以上才有选举权。

(3) 年龄资格　各国普遍规定,一个人应达到一定的成熟年龄才让参与公共政治事务。对不同政治倾向的人有不同的考虑。基本趋势是,保守派倾向于将选民年龄限制提高；开明派则倾向于将选民年龄限制降低。20世纪50年代以前，大多数国家把选民年龄规定为21—25周岁。现在各国的总趋势是选民年龄倾向年轻化，一般规定为18周岁。

（4）教育资格 在近代史上，曾经存在过要求公民完成一定程度的教育，或者达到一定程度的教育水平，才享有选举权。目前的总趋势是，教育资格愈来愈开放，不再要求选民具有一定的教育水平。

（5）性别资格 在19世纪中叶以前，还没有一部西方国家的宪法或选举法允许妇女享有选举权。1893年新西兰首先废除了这一限制。其后数十年，特别是第二次世界大战后，许多资本主义国家相继废除了限制妇女的选举权。美国是1920年赋予妇女以选举权，英国是1928年，法国是1944年，意大利是1945年，希腊是1956年。但迄至目前还有少数国家的妇女无选举权，甚至称为西方民主橱窗的瑞士，妇女选举权问题几经全国公民投票直到1971年才获得通过，但迄今在个别州和某些乡镇，由于公民投票的否决，妇女仍无选举权。

此外，有的国家对选民还有种族资格（如少数民族）、品行资格（如道德状况）、职业资格（如军人）、宗教信仰等限制。

候选人 候选人就是选举前预先提出供选民选择的人员。候选人比选民有更高的资格要求。

候选人必须具备的资格一般有：（1）国籍资格。候选人必须是本国公民，外国人不具有被选举的资格。有些国家，如美国还规定，移民取得美国国籍7年之后才有资格当众议员候选人；9年之后才有资格当参议员候选人。总统候选人必须生来就是美国人。（2）年龄资格。议会下院议员候选人年龄，一般规定为25岁以上。上院议员候选人年龄，一般在30岁以上。总统候选人的年龄资格更高，美国为35周岁；德国和法国均为40周岁；意大利为50周岁。（3）居住资格。多数国家规定，候选人应为本选区居民。

此外，有些国家对候选人的职业资格另加限制。如德国和英国都规定，常任文官不得参加竞选议员，否则必须先辞去文官职务。有的国家规定，行政官员不得竞选议员；同时，议员也不得兼任行政官员。

一些国家还有选举保证金制度，即候选人需交纳一定数量的"竞选保证金"，如果选举时所获选票得不到既定比例（如5%）时，该保证金由国家没收；若超过此比例，则可发还。保证金数量，各国规定不一。法国国民议会议员候选人保证金为 1000 法郎，参议员候选人保证金为 200 法郎。英国下院议员候选人保证金为 150 英镑。美国对候选人保证金没有统一规定，由各州自行确定，一般为 100 美元至 1000 美元。保证金制度实际上是对候选人资格另加的财产资格的限制。由于当代的选举主要以政党竞选为主，而政党往往通过募集经费、财团捐赠以及党费等渠道而搞到大量竞选经费，因而保证金制度对候选人的限制作用愈来愈小。

候选人的提名 候选人的提名是选举过程中一个重要环节；具备了候选人资格的人可以说不计其数，只有通过法定的提名程序才能成为候选人。西方国家的选举法一般都规定，候选人的提名权属于选民个人或政党，实际上，提名权往往被大党所垄断。如美国，总统候选人的提名一般由民主党和共和党提出，成为竞选对象，第三党所提出的候选人不可能参列其中。也有一些国家的选举法规定，提名候选人时，必须获得一定数量的选民的支持。如奥地利和比利时，国民议会议员候选人的提名需获 100 名选民的支持。在意大利，提名众议员候选人需 500—1000 选民联署，提名参议员候选人需有 300—500 选民支持。也有的国家规定，选民个人或政党提名候选人时，只需少数人签名支持即可，如英国下院议员候选人只需 10 名选民支持，而德国联邦议院议员候选人只需 3 名选民的支持。

选区划分与选票计算

选　区 选区是法律规定选举国家代表机关、公职人员时划分的区域单位。在通常情况下，把全国划分为若干选区，以选区为单位投票，选出一定数目的议员。每个选区选出的议员数目不同。根据选区选出议员的数目，一般将选区分为小选区和大选区两类。

小选区 又称单名制选区，即每个选区只选出一名议员。采用小选区制的地方，选票的计算方法不能采取比例代表制。目前英、美、法、加拿大等国采取小选区制。

大选区 又称中选区，或多名制选区，即从每个选区选出两名以上议员。目前德国和意大利等国采取大选区制。在采用大选区制的地方，选票计算方法，既可采用比例代表制，也可采用多数代表制，还可采用比例代表制与多数代表制相结合的混合代表制。

许多国家并不实行单一的选区制；而且，同一国家在不同历史时期在选区的选择上也经常变化。

大选区制和小选区制各有利弊。英美等实行两党制的国家都实行小选区制，因为在竞选中，使选民只能在两党所提的两名候选人中选择其一，使总统这一宝座始终被两大党轮流控制，小党候选人很难取胜。德国、意大利等实行多党制的国家，一般都采用大选区制，以便各大政党都可能有一定名额的候选人当选，进入议会，分享国家权力；同时可缓和各大党之间的矛盾，一致对付小党。

实行地域代表制和划分选区一般都遵循以下三条原则：第一，"一人一票"原则，即各个选区，同等数量的议员，必须由同等数量的选民选出；第二，按自然界限划分选区的原则，即通常按国家的地理或行政区来划分选区；第三，按照人口的变动，适时改划选区的原则，即经过人口普查之后，定期改划选区，以保证选出的议员所代表的人口的准确性。

划分选区的方法与各党派有直接的利害关系，因此，各政党特别是占主导地位的政党都力争采取对本党有利的选区划分办法。例如，通过划分选区，故意把不支持本党的选民分散到几个选区去，使他们在各个选区都不能形成多数；或者将他们集中到个别选区，从而使本党方面的候选人，在其他选区顺利当选。这种名义上和形式上似乎都符合平等原则的选区划分办法，被称为当今资本主义国家的"选举地理学"。

选票计算 选票计算，就是把几万甚至几十万张选票归结为数目有限的席位的计算方法。直到19世纪末，各国都采用比较简单的多数代表制。19世纪中期开始，一些数学家和政治家开始孕育和发展出一种比例代表制的构想，并于20世纪初开始在欧美国家采用。第二次世界大战后，一些国家由比例代表制重新改用多数代表制，以致使比例代表制取代多数代表制的趋势受到抑制。在上述两大代表制互相交锋时期，一些国家又创造了多数代表制与比例代表制相结合的混合代表制。

多数代表制 多数代表制，就是在选区内获得多数选票的候选人或政党即可当选或独占该选区的议员名额的制度。在美国，又常称为"领先者当选制"或"得胜者囊括制"。这种代表制又分为绝对多数代表制和相对多数代表制。

相对多数代表制 又称"一轮选举制"，或"简单多数制"，即在一个选区内，某政党或某候选人只需得到较多选票，即行当选和取得该选区全部议席。英国、加拿大等国家的议会下院的选举，以及美国等国的国会参众两院的选举都采用这种代表制计票。只要实行相对多数代表制，不论采用大选区制或小选区制，候选人在一个选区内仅仅以较多选票就可以当选；即使候选人所得选票只有全部选票的 1/3 或 1/4，也可自行当选。采用这种代表制，往往出现许多并未得到多数选民支持的候选人也能当选的现象；而且，在全国范围来说，得到少数选票的政党，反而可能得到多数议席。换言之，被多数人反对的政党往往取得极不相称的议席数。如英国 1966 年大选时，在 630 名当选的下院议员中，其中 18 人所得选票未超过半数。1945 年当选议员中，竟有 3 人仅以 1/3 的选票当选。1974 年大选时，工党得票率为 37.1%，得 301 议席；而保守党得票率为 37.9%，所得议席反而为 297 席。由此可以看出，相对多数代表制不能如实反映各政党和各候选人之间的力量对比关系，甚至会歪曲选民的意志。

绝对多数代表制　也称"二轮选举制"或"过半数选举制"。这种选票计算方法，要求一个或几个候选人必须取得比其他候选人较多的并且超过总票数的半数以上的选票。① 如果所有候选人所得选票都未超过总票数的半数，则举行第二轮投票。第二轮投票时，有的将全部候选人交选民再次投票表决；有的则将第一轮投票时得票最多的两个候选人交付投票表决；也有的国家规定，第一轮投票时，候选人所得选票如不到一定比例（如 5%），则不得参加第二轮投票。在第二轮投票时，以得票相对多者当选，而不考虑所得选票是否超过总票数的半数。可见，第二轮表决时，已由绝对多数代表制改成了相对多数代表制。

比例代表制　比例代表制就是参加竞选的各政党根据所得选票的多少按比例分配议席，所得议席的数额同各自所得选票总数成正比。分配议席时，首先计算出一个必要的最低限度的得票数，即"当选基数"，然后将各党全部候选人所得选票总数除以"当选基数"。含有多少个"当选基数"，就取得多少个议席。这就是英国著名学者汤姆士·海尔发明的"海尔计算法"。除此之外，还有"划一数目"者，便获得一个议席。但采用比例代表制的国家都普遍采用"海尔计算法"。若设 X 为某选区各政党候选人所得有效选票总数，Y 为该选区应选出的议员总数，Q 为当选基数，则海尔计算公式为：$Q = \dfrac{X}{Y}$。

---

① 关于"总票数"，各国规定不一：有的国家按登记选民数计算；有的国家按实际参加投票的选民的人数计算；还有的国家按有效投票数计算。

混合代表制　混合代表制是糅合多数代表制与比例代表制设计而成。有的以多数代表制为主，辅以比例代表制；有的以比例代表制为主，辅以多数代表制；还有的混合制中，多数代表制与比例代表制的分量差不多。总之，设计者的要求不同，糅合时采用多数代表制与比例代表制的分量的差异，使得混合代表制呈现出下列多样性。

以多数代表制为主的混合制：在每个选区内，如果某政党获得有效选票的绝对多数，便囊括全部议席；如果没有任何政党获得绝对多数，则各政党依最大均数法分配议席。法国 1919—1924 年的国民议会议员就按此法选举。

以比例代表制为主的混合制：参加竞选的政党在投票前（最迟 8 天前）宣布与其他某一政党或某几个政党联合，选民投票时仍按不同的政党投票。但计算选票时，如果联合一起的各政党所得选票总数占绝对多数，则参与联合的各政党便囊括全部议席；然后，在联盟内部根据各政党所得的选票数，运用最大均数法分配议席。如果没有任何政党或政党联盟取得绝对多数，便运用最大均数法分配议席，而政党联盟则作为一个单位参加议席分配。法国 1951—1956 年的国民议会议员，就按此法选举。

多数代表制与比例代表制并重的混合制：德国联邦议院议员的选举办法是按此法选举的典型，其具体办法是：全部议席的半数在各选区中以一轮多数代表制选举产生，议席的另一半则根据比例代表制的"抗特法"分配；同时规定，参加竞选的政党，其所得的第二选票按全联邦统计不到 5%，或在选区中以第一选票当选的议员不到 3 人的，则不参加联邦议院议席的分配。1982 年 11 月开始实行的法国市镇议会选举法，也采用这种混合代表制。

照顾少数派的混合代表制：主要形式有"有限选票法"和"积累选票法"。所谓"有限选票法"，即每个选民所能投的选票数目要少于该选区内应选出的议员数目；每个政党提的候选人数目也必须少于该区应选出的议员数目。这种方法易促成当选人的多元化，破除一党独揽议席的局面。"积累选票法"，即在竞选的基础上，每个选民拥有的选票数目与该选区应选出的议员的数目相等。投票时，选民可将自己手中的全部选票投给一个候选人，也可分散投给不同的候选人。若全部投给一位候选人，自然会增加该候选人的当选机会，从而保证少数派也能取得一定数量的议席。

选举的监督、争讼与仲裁

在选举过程中可能出现不公正、不客观的事件，这就需要对选举进行监督，并在发生争讼时进行仲裁。争讼可分为选举争讼和当选争讼两大类。

选举争讼 认为选举程序违犯法律规定，就选举之一部分的效力提起的诉讼，即为选举争讼。导致选举争讼的原因主要有：第一，非法剥夺或赋予选举权而造成的选举人名册方面的违法行为。第二，选举管理方面的违法行为，如关于选举公告、选举日期与场所、选区划分、应选议员名额、开票人与监票人、投票记录与开票记录、竞选组织事务等方面的违法行为。

当选诉讼 以选举有效为前提、以选举委员会决定某人当选为违法，就选举效力引起的争议为当选诉讼。导致当选争讼的主要原因有：第一，决定当选人的方法违犯法律规定。第二，选票计算违法，致使造成当选人的决定违法。第三，关于当选人资格认定上违法。

各国对选举的监督、仲裁机构不同，诉讼程序也各异。有关选举人名册的争讼，当事人在名册公布后若干天内向所在选举管理委员会提出；如不服，可向地方裁判所起诉，直至上告到最高裁判所。有关选举的争讼，当事人可在选举结果公布30天内向高等裁判所起诉。有关当选问题的争讼，落选者可向有关选举委员会提出控告，也可在选举结果公布后30天内向高等裁判所起诉。

选举的监督与仲裁机构 各国的政治传统不同，对选举的监督与仲裁机构也不一样，一般有议会、独立法院、特别法院和宪法委员会。

议 会 议会有权就选举争讼进行仲裁。法国经1831年、1849年和1852年三次选举法的确认，最后才确立了议会负责监督选举的原则。第三、第四共和国时期，国民议会可审查新选出议员的当选资格，若有怀疑，可将之提交原选区重新投票决定。第五共和国选举法废除了这一传统做法，改用新法。另外，19世纪欧美各国宪法规定议会负责监督选举的例子也不少，如瑞士、德国、丹麦、比利时都规定议会监督选举。美国宪法第一条第五款规定，众议院也"是本院议员的选举、选举结果报告和资格的裁判者"。

独立法院 英国是实行独立法院仲裁制的典型。立宪初期，有关选举争讼的裁判权也属议会，经多次改革，直到 1866 年的《选举审查法》才确立了独立法院仲裁制。有关争讼，依普通司法程序审理；不服可上诉高等法院，甚至最高法院。

特别法院 是一种专门受理选举争讼的司法机构。1920 年设立的奥地利宪法法院和 1919 年德国魏玛共和国时期设立的"选举审查法院"以及当今德国的"联邦宪法法院"就属于这一类型。

宪法委员会 法国自第五共和国设立宪法委员会，专门监督宪法的执行和选举工作。国民议会的选举结果，必须经该委员会审查确认，如有违法现象，有权依法查处。对于国家总统的选举，宪法委员会从候选人的确定，到最后选举结果的公布，都拥有最后决定权。法国宪法委员会对选举的监督，显示出具有积极、主动、深入，对争讼处理快，权威性大等三大特点。

普选制的意义

选举制是民主制的基石，是检测民主制成熟的首要标志。专制制度与共和制度的区别在于，专制制度下君主的权力实行世袭，"共和制是一切政权机关都由选举产生"（列宁）。近代以来，西方民主国家的议会议员、国家元首、政府首脑或国家其他部门的高级公职人员（如法官）以及地方行政首长都由选举产生。日益完善的选举制使人民主权、社会契约、公民的平等、自由权利等民主理论成为现实，又保障了大众参与、政治竞争、权力制约、依法治国的民主机制的实现。

选举制为公共权力机构的产生，和平、合理、有序地转让提供了制度上的保障。人类社会在产生了政治共同体——国家之后，为解决公共权力应该属于谁，以及如何转让的问题，一直处于无序剧烈的冲突之中，为争夺权力而引起的战争、政变、暴力、阴谋，使人民付出了巨大的牺牲，并经常打断社会的正常秩序，给经济发展造成严重的破坏。只是在普选制发明并日益完善之后，政治生活才走上了文明的大道。无疑，这种政治文明是人类的福音，它对社会的长期稳定和推动经济的发展具有重大的积极作用。与此同时，这样的政治观念也就确立了，即只有经过民选产生的政府才是合法的政府；一旦政府失信于民，人民便可重新选择政府。所以，政治竞争虽然自古至今一直存在，但只是在选举权确立之后，政治竞争才走上了和平、有序的轨道。这是两种不同性质和形式的竞争，选举制下的竞争是建立在理性、民主和法制基础上的竞争，专制制下的竞争则与此相反。

因此，选举制既确立了"民意政治"，也产生了"责任政治"。国家权力不再是君权神授，也不是当政者用武力打下来的，而是人民的委托，因此，执政者必须对人民负责；政府若违背民意，自行其是，政府的存在、延续及权力的行使便失去了合法性依据，就应当辞职，经民主程序，或改组政府，或更改法律，或采取特别手段，另行建立合于民意的政府。《独立宣言》宣告："政府的正当的权力，则系得自被统治者的同意。如果遇有任何一种形式的政府变成损害这些目的的，那么，人民就有权利来改变它或废除它，以建立新的政府。"政府的权力一经在人民的监督与约束之下，就不敢妄为。所以，在普选制下，不再是政府主宰人民，而是人民选择政府的去留，因而控制着自己的命运。

再次，选举制有利于培养公民的参与意识和政治责任感。政府与公民，各处一方，各司其职，一方专事管理社会，为一方专事自己的职业，如果没有定期的选举活动和其他的大众参与方式，彼此就缺乏交流、沟通的机会，人民就会处于被动、消极状态，政府也会脱离人民，政策和行为违背民意难免发生，权力滥用、政府腐败现象也就容易滋长。所以，自由、普通的选举对公民来说，既是一种权利，也是一种义务。投票时，选民必须对竞选的政党的纲领、政策进行比较，对各候选人之间的竞争予以关心并作出判断。他在履行公民权利时必须对国家和社会负责；政府既然是由他参与选举产生的，他就必须服从政府的合法管理。可见，在普选制下，政治才成了多数人的政治。

诚然，西方国家的普选制是资产阶级统治的工具，然而，还应该认识到，普选制是工人阶级长期斗争的成果，是争取自身利益的重要手段。积极参与普选在组织上和意识形态上有利于工人阶级的巩固和成熟。虽然不能迷信资产阶级的普选制（当然，普选制也不是资产阶级的专利品），但是，在今天的历史条件下，工人阶级和广大劳动者要争得政治和经济等利益，普选制不能不被认为是一个重要的斗争形式和有效的途径。

三　政党制度

西方政党制度的基本特征

政党制度是指国家法律规定或实际生活形成的政党的社会地位，特别是关于政党执政、参政或影响国家政权的体制和运行机制。西方国家政党制度的基本点是：(1) 公民享有组织政党的权利，左右国家政治生活的大党是该国历史、经济长期发展形成的。(2) 执政党及议会中席位的分配由选民选择和决定，在野党仍可通过议会等形式影响政府。(3) 执政党根据国家宪法、法律治理国家，实施竞选纲领。(4) 执政党在任到期后其去留由大选裁定。

如果说，选举是西方民主制的基石，议会制是民主制的象征，那么，政党制度是西方民主制的中枢。因为选举是由各政党组织的，是各政党之间的角逐与竞争。议会是各政党斗争的场所，是选民、党派意志转化为国家意志的组织机构，其议员是选民尤其是各政党的代表，而政府是由执政党所控制的。因此，政党制度是现代西方民主政治的轴心。

西方政党的产生

现代西方政党的雏形出现于18世纪末19世纪初的资产阶级革命时期，这些政党从产生时起就是作为政治斗争的工具，是同资产阶级夺取政权和维持其阶级统治联系在一起的。19世纪30年代以后，欧洲工人阶级政党也先后登上历史舞台。

政党的产生和发展，其基本因素是本国的经济结构、社会结构与历史条件，也受到本国政治制度和宪法原则的制约，同代议制、普选制的发展也有一定的联系。应当从多方面去分析政党现象。

19世纪西欧国家中出现的保守党与自由党的对立，显然是反映了贵族阶级与资产阶级的斗争。19世纪后半叶工业的发展造成了自觉的工人阶级，出现了代表工人利益的第三种政治力量——社会党。当贵族阶级统治牢固时，自由党联合社会党反对贵族阶级及其君主专制。待资产阶级统治地位确立以后，自由党与保守党在维护私有制和现有社会秩序基础上便联合起来对付工人阶级政党。自由党在保守党与社会党之间左右摇摆，但多数情况是支持保守党。19世纪末北欧一部分农民建立了独立农民党，他们反对保守党和传统的资产阶级自由主义。

宗教因素对有些国家的政党发展影响很大。德国的基民盟—基社盟与社民党是德国各政党两大营垒各方的代表，基民盟主席阿登纳在第一届联邦大选后出任第一任联邦政府总理。此后，基民盟—基社盟多次执政或与其他政党联合执政，成为右翼阵线的盟主。基民盟与基社盟政治上具有这一优势,一个重要原因是在思想上汇集了天主教、新自由主义和保守的耶稣教三大思潮,这样,两党在长期为教派对抗所困扰的德国就具有广泛的社会基础。意大利的天主教民主党"二战"以来,一直是最大的政治党派,在议会中所占席位最多,一个重要原因是意大利是天主教国家,至少在名义上90%的居民是天主教徒,而天民党是以"信奉基督神灵启示"为宗旨的政党。宗教分裂与政治分歧结合在一起,使法国、荷兰的保守党一分为三:荷兰出现了天主教人民党、基督教历史联盟和反对革命党;法国19世纪后半叶出现合法派、奥尔良派和波拿巴派。后来法国始终未能成立一个统一的右派大党,部分原因即源于此。种族矛盾、地区矛盾对于政党的形成和发展也有类似作用。

俄国十月革命后,在德国(1919—1933)、法国、意大利和芬兰等国成立了强大的共产党;社会党则在北欧国家、比利时、荷兰、英国等国保持了原有的地位。

"二战"前夕,德、意法西斯运动的猖獗导致在西欧国家中建立一系列法西斯小党和极右政党,如法国的布热德运动和新波拿巴主义党等。

除上述经济、社会、政治、历史因素外,代议制、普选制是推动西方政党产生与发展的重要原因。

西方政党实际上起源于议会内的派别,然后形成议会党团,随着普选权的扩大,又由议会党团发展为社会性政党。

17、18世纪在英国议会、法国大革命时期的国民公会和美国费城制宪会议中出现的议员联盟,是西方首批政党的萌芽。19世纪,随着选举制度的发展,一些国家在全国各地建立了选举委员会。当这些选举委员会联合起来建立全国性组织的时候,就出现了西方第一批政党,如保守党、自由党、激进党等。这些政党的目标不是吸收众多的党员,而是为了替本党候选人募集竞选经费,因此着重争取有一定政治影响和能够提供财政支持的社会名流。党的组织按选区划分,党的领导人和议员都是社会名流。这种党的组织结构适应早期选举制度的需要。社会名流个人在选民中的影响超过政党的影响。美国的共和党和民主党也属于这类政党。但20世纪初实行"预选制"后,共和党和民主党的选民在"封闭式预选"中要预先登记领取选票,近似履行入党手续,打破了社会名流团体的小圈子。与此同时,"预选制"也迫使竞选委员会向广大选民开放,以便动员选民参加投票。但选举一结束,全国和州的党组织便无声无息,几乎感到不再存在，党员也不再有什么活动。在民主党或共和党的选举委员会中，仍是社会名流起主导作用，而且，只有州和地方一级才有这种选举委员会。此外，美国政党对本党议员在国会中的投票也没有明文规定的纪律约束。所以，美国两大党是一个极其松散的政治联盟，是典型的为大选而设立的政党。

如果说这种"议员党"是贵族阶级和资产阶级争夺统治权斗争的产物，是同早期议会制和选举制相适应的，那么，随着普选制的推广，议会同选民联系的扩大，特别由于工人运动的发展，在西欧各国普遍出现了工人阶级政党，如社会党、社民党和共产党等，这是"群众性政党"。这些政党在竞选中为了替代表募集经费，必须大量发展党员。工人代表的产生也与传统政党不同，不是由选举委员会指定，是经地方和全国代表大会选举产生的。党的组织结构分支部、省委和全国三级，各级领导人通过不记名秘密投票选举产生。全国代表大会代表按比例分配，指导委员会由党内各派按比例组成。由于在党内建立了等级制管理机构，从而削弱了党内议员的地位。由党员选举党的领导人；由选民选举议员。当党内议员与党的领导人发生冲突时，议员必须服从党的领导人。

1900年成立的英国工党在性质上规划于社会党一类的政党，在组织形式上则介于"议员党"与"群众性政党"之间。它不直接吸收党员，党的基层委员会由工会、合作社和社会团体（如费边社）的代表组成。党的基层委员会负责指定工党参加竞选的候选人，并管理党内财务。北欧社会党和1940年之前的比利时社会党类似英国工党。这类政党人数众多，但多数是作为工会组织成员集体地间接入党的。从这一意义上讲，法国的民主联盟和法兰西联盟也有这一特点，其成员多是由共和党、激进党、社会民主中心和保卫共和联盟的党员集体转入的。

此外，还有一些政党的党员人数不多，却可以利用现行选举制度（一轮多数投票制、两轮多数投票制），获得远远超过本党实力的大量选票。如美国的民主党、共和党，法国的法兰西民主联盟和联邦德国的社会民主党等。这类政党可称为"选民党"。

西方国家的几类政党

西方各国的政党，其产生和发展不尽一致，在不同时期出现了不同性质和形式的政党，大致可分以下几类：

自由党 包括英国自由党，法国独立共和党和社会民主人士中心，联邦德国自由民主党，意大利自由党，比利时自由与进步党，荷兰进步与民主人民党，卢森堡民主党等。

欧洲自由党的共同特点是坚决维护私有制，反对国家干预经济生活，主张向外部世界特别是欧洲伙伴开放。自由党同昔日鼎盛时期相比已江河日下，但在某些国家中仍保留了重要地位，并经常参政。

保守党 包括英国保守党，丹麦民主中心和进步党，法国保卫共和联盟，爱尔兰进步党等。

保守党以维护有产阶级利益和资本主义私有制为己任。英国保守党自1979年执政后，进一步强调"反对国有制和社会主义集权，捍卫个人自由"这一传统信条，改变了战后30多年历届政府实行的凯恩斯主义，推行货币主义为主的经济政策，重视保守传统。"二战"后，多数保守党成了执政党，它们的政策带有浓厚的实用主义色彩。戴高乐和德斯坦任总统时期推行国有化政策。里根总统和撒切尔夫人则擎起保守主义大旗，但也不敢轻易放弃国家对经济的干预和调节。

基督教民主党和天主教民主党 包括联邦德国的基民盟和基社盟，意大利的天民党和南迪洛人民党，比利时基督教社会党和基督教人民党，荷兰的基督教民主同盟（包括天主教人民党、基督教历史联盟和反对革命党），法国的社会民主中心和中间派，爱尔兰统一党和卢森堡基督教社会党等。

基督教民主党和天主教民主党是为了维护教义，在同自由党、激进党的对抗中产生和发展起来的。在理论上，如维护私人所有制、崇尚个人权威等方面，与保守党相差无几。基督教民主党既反对保守党对经济社会问题的僵硬立场，也反对教会本身对建立天主教政党所持的敌视态度。随着时间的流逝，基督教民主党原有的特征已逐渐淡化了。

在教育、道德、家庭等方面这类政党坚持教义原则。但近年来由于选民结构和价值观念不断变化，它们对待避孕、人工流产、教育世俗化等问题上已采取较前灵活的政策。在经济政策方面，已日益接近保守党，特别是在意大利和德国。

德国基民盟—基社盟在1949—1956年和1961—1966年同自由民主党联合执政。1956—1961年基民盟单独执政，1966年底同德国社会民主党组成大联合政府。1983年和1987年大选后，基民盟—基社盟和自民党连续组成联合政府。

意大利天主教民主党"二战"后一直是主要执政党。1944年起连续占据政府总理职位37年。1947年单独执政。自1983年6月起虽失去政府总理职位，但仍为议会第一大党，为五党联合政府中的主要执政党。

社会党 包括联邦德国社会民主党，英国工党，法国社会党和左翼激进党人运动，荷兰劳动党，意大利社会党、社会民主党和共和党，比利时社会党，卢森堡社会主义工人党，丹麦社会民主党，爱尔兰工党以及希腊社会主义运动。

19世纪后半叶，随着工人运动的发展，西方出现了一批群众性政党——社会党、社会民主党。第一次世界大战后，欧洲许多社会党发生分裂，不少国家建立了共产党并加入了共产国际。随后，社会党与共产党时而联合，时而对抗。"二战"后，社会党在西欧各国重新崛起。在24个西欧国家中，有20个国家已建立28个社会党（或称社会民主党、工党、社会民主工人党），共有党员约1100多万，拥有选民约7000万，占选民总数的三分之一（1983年6月）。至1985年，有12个党在11个国家中联合或单独执政，它们是英国工党、奥地利社会党、比利时社会党、瑞典社会民主党、挪威工党、法国社会党、丹麦社会民主党、西班牙工人社会党和全希腊社会主义运动等。1989年6月选举中，社会党议会党团在欧洲议会中占有34.5%的议席，是欧洲议会中最大的议会党团。

共产党 包括法国共产党，意大利共产党，德国共产党，芬兰共产党，英国共产党，比利时共产党，荷兰共产党，西班牙共产党，葡萄牙共产党，挪威共产党等。

十月革命之后，欧洲各国普遍出现了共产党。第二次世界大战期间转入地下，组织反法西斯斗争。大战后力量壮大，参与全国竞选，有的党进入政府，参与执政。如法共1944年起连续参加5届联合政府，8位领导人出任部长、副总理。其中1946年大选获票500多万张，为法国第一大党，拥有100万党员。芬兰共产党1944年取得合法地位后与社会民主党左翼建立"人民民主联盟"，1945年大选中获39.8万张选票，争得49个议席，8名（4名为共产党）成员进入政府，后又多次参加联合政府。意大利共产党1944年参加联合政府，陶里亚蒂任副总理。比利时共产党、丹麦共产党1944年也参加联合政府；但都没有像社会民主党那样单独组织过政府。共产党在战后半个世纪，总的说来尚不稳定。表现为有时参加政府，有时被排挤出政府；有的能与社会民主党结成联盟，有的则不能；有时在大选中得票较多，有时则在大选中受挫；在组织内部，由于思想分歧，有的导致组织分裂。在纲领上，均都放弃"暴力革命"、"武装斗争"和"无产阶级专政"的概念，有的也取消了"马克思列宁主义"的提法（如法共），明确提出党的目标是通过议会道路向社会主义和平过渡。

欧洲各国，还有一些其他政党，包括形形色色的极右派政党、极左派政党、地方主义政党、环境保护主义政党等等。

美国的两大政党：民主党和共和党很难用欧洲政党的标准加以区分。美国历史上未曾有过封建制度和君主制度，从未经历过宗教改革，客观条件不可能形成欧洲那样错综复杂的各种政党。但在美国的两大政党内部都存在着不同的派别，如保守派与自由派、保护主义派与自由贸易派、国家干预派与放任自由派等。然而，两大党之间的差别，却愈来愈模糊了，其共同点，无论是内外政策和意识形态，都越来越明显了。

多元化的政党体制

对于政党体制种类的界定，一党制、两党制与多党制已为人们所普遍采用。"二战"后，一些学者还提出了新的界定方法，如意大利的萨尔多里把政党体制分为"无竞争性"和"竞争性"两类。英国的史密斯按各政党力量对比，把政党分为平衡、分散和不平衡三种。平衡形态即两大政党或政党集团力量彼此均衡，谁都不可能长期执政，总是轮流执政。分散即政党数目多，选票分散，因而联合执政。不平衡即某一大党长期独占多数，其他政党无法与之抗衡，如日本自民党。此外，有的学者在传统的三分法基础上，提出了五分法，即一党制、主从党制、一个半党制、两党制和多党制。

不过，我们在这里讨论的不是一般的政党体制，而是民主制下的政党体制。纵观西方民主制和政党发展史，可以认为，民主制下的政党体制是多元化的。称有的国家为两党制，其实际政党数远不止两党。日本自民党自1956年以来长期执政也没有改变多元的政党体制。根据实际情况，对西方多元政党体制作以下分类。

一党居优政党体制 在数党中其中有一党在一段相当长时期内的竞选中具有明显的优势。目前属一党居优政党体制的有意大利、丹麦、挪威、瑞典、冰岛等国。1945—1966年间，这些国家中占主导地位的大党一般能获得 40% 左右的选票,远远超过第二大党。1962—1974 年间,法国戴高乐派政党一直占主导地位,也属此例。

二元政党体制 两个大党在竞选中可控制 80% 以上的选票,无须第三党的支持,通过一轮多数投票即可获得议会多数或总统职位,轮流垄断政府,即属此政党体制。这也是通常所说的两党制,也可以说是两党居优的政党体制。属此政党体制最典型的是美国和英国,奥地利、新西兰、澳大利亚也属此例。

三元政党体制 多元政党中领先的两党需有第三党支持才能组成政府,因此又被称为"二元半政党体制",因为三个党的力量完全均等的情况较为罕见。联邦德国、比利时、爱尔兰、加拿大、卢森堡等国属于这种政党体制。1945—1966 年间,这些国家中的前两党共获票 80%、78%、75%、79% 和 80%,两党获票差距为 10.5%,必须有第三党的支持才能组织政府。

多元政党体制 在数党中,任何一个政党都不可能在选举中单独获得绝对多数议席,多党竞选后一般由两党以上的政党联盟执政,反对派也组成联合阵线。实行这种名副其实的多元政党体制的只有瑞士、芬兰,1958 年以前的法国和某种意义上的荷兰,也属此例。

西方国家政党体制的分类只有相对意义,实际情况错综复杂,常处变动之中。名副其实的二元政党体制和多元政党体制,以及严格意义的三元政党体制,在现实政治生活中是很少见的。政党体制保持相对稳定的,仅美国和英国。"二战"后许多西方国家由于阶级力量对比发生变化等原因,有的政党数减少了,有的增加了;有的政党数没有变化,但力量对比却不同了,出现了联合、分化、改组、集中等不同趋势。

除美国、英国外,西方国家已很少由一党单独执政,都是由一党为主、联合其他政党共同组阁。建立选举联盟已成为一种普遍趋势。联盟的目的不仅是为了取得多数席位,而且是为了争取更多的支持以维持社会平衡。法国第五共和国初期,戴高乐派联合独立共和党在议会中取得绝对多数,但继续向中间派开放。1968—1973 年间戴高乐派执政时和 1981—1984 年社会党执政时,尽管一党就掌握了议会的多数席位,但仍吸收选举联盟中的伙伴加盟政府。1966—1969 年联邦德国的基民盟—基社盟—社民党大联合政府,20 世纪 60 年代和 1983—1987 年的意大利中左联合政府也属于这种情况。

西方政党的法律地位

西方国家关于政党的法律建设滞后于政党在政治生活中十分重要的实际地位。"二战"后，联邦德国、意大利、法国、西班牙等国宪法才先后对政党的法律地位做出明确的规定，将政党正式纳入国家的政治体制。美国、英国的宪法中一直没有明确说明政党的地位，只是通过普通法律或最高法院的裁决，规定了政党在该国政治体制中的地位与作用。

各国宪法规定，自由地组织政党是公民的权利；也规定了政党的组织原则和活动方式。

意大利是在宪法中规定政党地位的第一个西方国家。战后意大利新宪法（1948）第49条规定："为了在确定国家政策方针方面以民主方式进行合作，全体公民有自由地组织政党之权利。"

联邦德国的《基本法》（1949）第21条规定："各政党应互相协作以实现国民的政治愿望。它们的建立是自由的。它们的内部组织必须与民主原则相符合。它们的经费来源必须公诸于众。"

法国第五共和国宪法（1958）第4条规定："各政党和政治团体协助选举表达意见。它们可以自由地组织起来并开展活动。它们应该遵守国家主权原则和民主原则。"

西班牙宪法（1978）第5条规定："各政党体现了政治多元主义，可以提出和表达人民的意志，是政治参与的基本工具。在遵守宪法和法律的条件下，它们可以自由建党和开展活动。"

1967年联邦德国通过了迄今为止世界上惟一的《政党法》。该法阐述了政党的概念、地位和任务。第2条指出，政党必须具备下列要素：由一定数量的公民组成；有书面的纲领和章程；目的是实现人民的政治愿望，代表人民参加联邦和州议会的选举。该法还重申政党的法律地位："政党是自由民主的基本制度的一个宪法上的必要组成部分"；它的活动必须在宪法和法律范围内进行；取得法律地位的政党，应一律平等。《政党法》对政党的民主组织原则和党员权利等事项作了具体规定。

西方国家政党无论是否得到宪法的承认，对于成立政党和政党活动，在法律上或者在事实上都存在着种种限制。联邦德国《基本法》（1949）第21条规定："根据政党的宗旨或者党员的行为表明，某些政党企图侵犯自由民主的宪法秩序，或者推翻、危害德意志联邦共和国的生存，均属违反宪法。由联邦宪法法院来裁决它们的违宪问题。"所谓"自由民主的宪法秩序",联邦宪法法院的解释是:"不得使用暴力和任何形式的专横统治,而是以人民自决为基础,根据大多数人的意志以及自由平等的要求"而建立的"秩序。"① 据此,联邦宪法法院于 1952 年 10 月以"政治生活中的反民主行为"为由,取缔了新法西斯政党——社会帝国党 (S.R.P.);1956 年 8 月,又以"政治纲领不符合民主原则"为借口,取缔了德国共产党 (K.P.D.)。1969 年 10 月,联邦德国内务部鉴于德国共产党未构成实际威胁,允许其重新建党。但为了维护宪法法院的判决,令其改名为德国的共产党 (D.K.P.)。法国宪法规定,一切政党和政治团体"必须遵守国家主权原则和民主原则",并明文禁止一切可能"损害国家领土完整和共和国政府形式"的政党存在。"二战"以来,法国政府至少取缔过几十个政党团体的活动。

对政党的限制还表现在其他方面。联邦德国《政党法》第 2 条规定,任何政党若在 6 年内提不出自己的候选人参加联邦议院或州议院的选举,"就失去作为政党的法律地位"。在《选举法》第 6 条还规定,任何政党如未获得至少 5% 的选票,就不能在联邦议院分得席位。由于此条款的限制,使议会自 1961 年后长期被大党所垄断,形成了两个半党制,阻碍了小党的发展和新党的产生;同时也促使各党的联合。

目前,有些西方国家把符合宪法规定的政党纳入本国的政治体制,称"宪法化"或"体制化"的政党,认为应成为国家机构的组成部分。联邦德国宪法法院曾裁定,政党是向政府输送候选官员的政治组织,通过政党组织和选举程序,才能形成人民意志并将其转变为国家意志。英、美的宪法对政党的地位没有明确的规定,从形式上看纳入国家政治体制的程度也不如德国、意大利。但事实上,西方国家政党都是向政府输送官员的主要渠道,国家机构和政府的大政方针基本上为政党所操纵,英、美更是如此。所谓政党的"宪法化"、"体制化"只是从法律上承认既成的事实而已。

---

① 乔治·埃斯蒂厄弗纳尔:《德意志联邦共和国政党》,第 6 页。

第十九章　西方民主机制

本篇在概要地介绍了三个典型西方国家英、美、法的政体基础上，又介绍了作为西方国家所共同具有的三项民主制度：议会制、选举制、政党制。由此我们已可知道，西方民主制在各国的生长是千差万别的。我们的任务是透过这些差异，寻求西方民主制中共有的东西。这些共同性的因而带有普遍性意义的东西就是西方民主机制，我们将之分解为参与机制、竞争机制、制衡机制与法治机制。民主机制是以系统论方法考察西方民主制度，它不仅包含了民主制的运作法则，更重要的它构成了民主制有机的完整体系，体现着西方民主制中的普遍性原则。

一　参与机制

"在有关政治的理论研究和经验研究中，参与都是一个核心概念。它在对于民主的分析中具有特别重要的作用。"[1] 政治参与是一种影响或参与制定、通过与贯彻公共政策的行动。通常的理解，政治参与的主体系指不在政府机构中任职的所有公民。其基本特征是自愿性与选择性。下面将从公民的选举、投票与利益集团三方面分别加以概述。

公民选举

选举是决定政府、议会任职人员的参与活动，是公民最基本的参政活动。英国将选举法直称为"国民参政法"（1918年），1928年修订了此法，仍称"国民参政（男女选举平等）法"。公民参与选举的范围广狭决

---

[1] 戴维·米勒、韦农·波格丹诺编：《布莱克维尔政治学百科全书》，中国政法大学出版社1992年版，第563页。

定于公民是否享有普选权。20 世纪，西方各国逐步取消了公民选举权资格的限制（财产、性别、教育程度、种族），直至"二战"后普选权普遍确立，遂使这一参与形式在政体民主性中发挥了重要作用。北欧各国普选制的确立要早于其他西方国家。丹麦 1849 年 73% 的男性公民获得投票权。1906 年芬兰从等级代表制直接跳到普选制。到第一次世界大战结束，北欧 5 国"都建立了群众民主制度"①。

立法（议员）选举 下议院（众议院）通常都由选民直接选举产生，其选举方法、期限都由法律规定。英国根据 1911 年《议会法》，下院每届议员任期最长为 5 年，由选民按小选区多数代表制直接选举产生。现有议员 650 人。上院议员不是由选举产生，而是由宗教贵族、世袭贵族、终身贵族、王室贵族和上诉贵族组成，现有议员 1000 人左右。美国众议院议员任期两年，到期全部改选。众议员总数固定为 435 席，按各州人口比例分配，由各州国会选区选民选出。参议院议员任期 6 年，每两年改选 1/3。参议员每州平均两名，由各州选民直接选举产生。法国 1958 年宪法规定，国民议会（众议院）议员由直接选举产生，任期 5 年，到期全部改选。参议员任期 9 年，每 3 年改选 1/3；参议员 283 名由各省的国民议会议员、省议会议员和市议会议员组成的选举团选举产生。德国联邦议院议员由选民直接选举产生，每届任期 4 年。议员一半按多数代表制选出，另一半按比例代表制选出。全国分 248 个选区，每个选区选出 1 名议员。联邦参议院由各州政府按人口比例指派 3—5 名政府成员组成，任期由各州决定。联邦参议院在联邦德国充分发挥了维护州权的功能。

行政首脑的选举 西方国家的行政首脑（总统、首相、总理）由大选产生的仅只美国。美国实行一元行政体制，即总统既是国家元首，又是行政首脑，任期 4 年，每隔 4 年进行改选，连任不得超过一次。英国的行政首脑——内阁首相，实际上也是由普选产生的，因为首相是下议院大选后的多数党领袖出任的。与美国总统不同的是，不是从政党提名的候选人中选出的。法国总统自第五共和国 1962 年后亦由普选产生，总统为国家元首，虽不是政府首脑，但享有很大的行政权力，具有美国总统的色彩。

在美国，从中央政府到地方政府有 50 多万个选举产生的职位，参与各级公职的候选人的竞选者每年约 100 万人。美国民选职位之多，选举之

---

① 福尔默·威斯蒂主编：《北欧式民主》，第 125 页。

频繁，堪称世界各国之首。

美国总统选举一般经过党内预选、全国竞选和投票三个阶段。总统不是由选民直接选举所产生的。各州选民先行选出本州选举人团，再由选举人团选出总统。在选举人团中，一州是一个单位。每个州的选举人人数同该州在国会的参、众议员总数相等。50 个州的参议员共 100 人，众议员共 435 人，加华盛顿特区 3 名选举人，总统选举人共 538 人，选举人票也就是 538 张。由于众议员按人口比例分配（1980 年的 52 万人可分到一个议席），因而只要在几个大州获胜，就能在全国获胜。另外，各州选民对本州政党提出的总统选举人名单进行投票，得相对多数选民票的某个党的选举人即全部当选，称为"胜者得全票"制。然后，各州选举人在州首府对总统和副总统候选人各投一票，过半数选举人票（270 张）的候选人当选为总统和副总统。实际上，各州选民投票后就可以知道哪个党的总统候选人当选。以后的选举人投票、计票不过是一种形式而已。美国总统选举采取选举人团制，会产生得选民票多的候选人不能当选为总统的情况，或者说，得选举人票过半数但得选民票未过半数而当选了总统，称"少数票总统"。自 1824 年以来，美国已有 13 位总统属于此类情况。针对选举制的缺陷，不断受到各方面的批评，并提出改革建议。由于这种选举制有利于两大党对国家政权的垄断地位，因而改革方案均遭到拒绝。

19 世纪美国总统选举选民投票率高达 80%，1896 年以后逐渐下降。20 世纪以来，投票率最高不过 65%，绝大多数总统选举的投票率均低于此数。1980 年为 52.6%；1984 年为 52.9%。可见，自 1824 年以来，美国总统是由 1/4 到 2/5 的选民选出的。从这个意义上说，长期以来美国并非由多数人统治。

法国总统的选举由于政体的不断变动而有所变化。1848 年宪法规定总统由人民直接选举产生。第三、第四共和国总统都由参众两院联合选举产生。第五共和国时期，1958 年宪法规定，总统由议会议员、省议会议员、海外领地议会议员及市镇议会选出的代表组成的选举团选出。1962 年 10 月戴高乐通过公民投票修改宪法。总统改由直接普选产生，以有效票的绝对多数当选。如果第一轮投票无人获得绝对多数，在第一轮投票后的第二个星期日举行第二轮投票。第二轮投票仅在第一轮得票最多的两个候选人中进行。法国第五共和国第二任总统（1965）是自 1875 年以来第一次用普选方法产生的。也是第一次进行了竞选运动。这次选举戴高乐占有效票的55.1%，战胜密特朗，再次当选总统。法国总统自第三共和国起任期为7年，可连选连任，连任次数第三、第五共和国宪法都未作规定。

公民投票

公民投票是公民直接参与立法、决策活动的一种方式，它对立法机关通过的法律是否最终生效具有决定性意义。

现代公民投票始于16世纪的瑞士。那时，瑞士议会的代表们在一些重大问题上通常要求和他们的选民进行商议。最早以公民投票方式批准的宪法是美国马萨诸塞州1780年宪法和新罕布什尔州1783年宪法。1831年，在瑞士圣加仑州，公民投票被运用于批准普通立法。伴随法国大革命而产生的人民主权观念深入人心，因而公民投票在法国得到较广泛的应用。雅各宾专政失败后，热月党和督政府将公民投票仅限于表决宪法。拿破仑时期，公民投票得到广泛使用，不仅在批准宪法方面，而且扩大到国家元首的任期和政体形式的改变等方面。但拿破仑的公民投票不是应公民的要求，而是由元老院秉承拿破仑的旨意号召公民投票，实际上是对拿破仑个人表示信任，为拿破仑的独裁披上一层合法的外衣。以后，1851年12月2日以政变上台的路易·波拿巴所举行的三次公民投票，其内容和目的也完全相同。此后，公民投票一度被废，直到"二战"后再度恢复。第五共和国时期，戴高乐常运用公民投票来批准宪法或宪法修正案以及其他重大决策。他主持制定的1958年宪法对公民投票作了以往任何一部宪法所没有过的具体规定。第一，公民投票由总统根据政府和议会的建议提出。实际上，在戴高乐执政时期，公民投票的建议是由总统提出的。第二，公民投票的内容相当广泛。第三，公民投票可以是强制性的，也可以是非强制性或有条件的。前者系指宪法及修正案必须提交公民投票批准；后者系指某些特定法案是否还需要交公民投票复决由总统、政府或议会决定。第四，由宪法委员会监督公民投票。

戴高乐执政时期曾多次举行公民投票。凡发生重大事件时，他的武器就是公民投票。而在其下台后，公民投票很少举行。1969—1989年的20年中，仅在1972年4月23日就通过有关英国加入欧洲经济共同体的协定举行过一次公民投票。

戴高乐与拿破仑的公民投票都带有公众对他个人表示信任的色彩，不同之处是戴高乐的公民投票一定程度上体现了国民参政的性质。每个公民以投票的方式决定国家的重大问题，并承担自己的责任；同时作为提议举行公民投票的总统也应遵循公民投票所表达的民意，凡被公民投票否决的法律草案不得付诸实施（如1969年4月公民投票对戴高乐提交法案的否决，戴高乐也因此辞去了总统职务）。

尽管北欧国家公民投票次数不少于整个西方国家，公民投票却不是经常使用的一种方法。

丹麦是一个宪法上规定公民投票的北欧国家。1953年宪法本身是以公民投票方式批准的。这部宪法把可以使用或应当使用公民投票的范围大大地扩大了。宪法第29条规定，改变选举年龄必须通过公民投票。第88条规定，改变宪法需公民投票批准。第20条对主权能让给超级国家组织问题制定了一条公民投票的特别条款。第42条规定，为了确定投票者是否愿意接受议会通过的提案，1/3的议员同意就可以对此案进行公民投票。

1969年，丹麦议会把选举年龄降低到18岁，但几乎80%的公民反对这项措施。原因是60年代后期是青年骚乱和造反时期。降低选举年龄一直得到隶属于各政党的地方选民协会的支持，以扩大直接民主的广泛性，但却被直接民主（公民投票）所击败。1978年再次就18岁选举年龄交选民去决定，但事先做了大量劝说工作，结果以54%的多数通过此项提案。由此使人感到，"直接民主绝不意味着民主不受领导的影响或与领导相对立"[①]。

至20世纪80年代，只有少数几个西方民主国家未实行过全国范围的公民投票，如荷兰、日本和美国（但美国州一级公民投票却相当普遍）。举行全国性公民投票次数超过10次的只有澳大利亚、丹麦、法国、新西兰和瑞士5个国家。其中瑞士是特殊的一例。按照利普哈特1984年的统计，1945—1980年间，在21个民主国家总共举行过244次公民投票，其中有169次发生在瑞士。

公民投票分割了立法权，使选民得以同立法机关分享这一权力；它不是取代代议制度，而是代议机构不能有效地运转时对它的一种补充。它的意义还在于保证政府的政策在人民中享有更大程度的合法性和得到公众更

---

① 福尔默·威斯蒂主编：《北欧式民主》，第137页。

广泛的支持。公民投票还削弱了政党的作用,因为它使参加投票的人们不是从党派的立场而是根据自己的观点对某问题进行表态。

利益集团

选举与投票虽然是群众性的,但不能反映复杂社会不同阶层和社团特殊的利益要求,于是,西方社会还有许多抱有某种目标的利益集团(亦称院外集团、压力集团),它们在政府、议会的决策中扮演着重要的角色。

利益集团在西方社会政治生活中的重要作用,已被认为是"政党的补充"[1],但又与政党存在着明显的区别。政党的目标是提出本党公职候选人,争取上台执政;利益集团则不在于寻求执政,而是通过其活动影响政府的政策来维护本集团的利益,或促进本集团所追求的理想和事业。

美国的利益集团 美国的利益集团大致有四种类型:(1)维护成员的经济利益;(2)维护种族的、民族的、妇女的、宗教的利益;(3)促进社会的公共利益;(4)实现社区、州、全国甚至国际的目标。

美国的利益集团起源于19世纪中叶,大量发展是20世纪头20年。这20年间,许多最著名的全国性政治社团相继成立:美国商会、全国制造商协会、美国医学会、全国有色人种协会、全国农场主联盟、全国天主教徒福利会议等。60年代是建立利益集团的又一次浪潮。至今,美国利益集团数目种类之多,堪称世界各国之冠。据统计,1983年美国有17644个正式的非营利性全国社团,比1970年几乎增长了70%。一项全国调查表明,60%以上的成年人至少参加一个社团。[2]

利益集团影响政府决策的手段主要有以下几种:

1. **直接游说** 即利益集团直接向国会议员、政府官员陈述其立场和观点,以影响决策。对国会游说的方式主要有两种:(1)同国会议员和其助手进行直接接触;(2)出席委员会和小组委员会的听证会作证。游说者不只是向议员提出意见和要求,也为议员提供大量的免费服务,如就有关议案提供资料、数据,代表起草议案等。英国学者维尔评论说:"今

---

[1] 李道揆:《美国政府和美国政治》,第273页。
[2] 同上书,第274页。

天美国法律全书中的许多重要法律来源于利益集团办事处。"① 政府官员也是利益集团游说的重要对象,因为政府机构制定的规章、条例直接关系着某些人的命运。如颁发电视台许可证,允许经营一条航线,授予发行大量证券的权力,颁发出口许可证等。利益集团与政府机构的关系因而十分密切,甚至在人员上利益集团与政府机构之间呈现着双向流动。政府的许多高级官员来自利益集团或利益集团的推荐;一些国会议员和政府高级官员离职后,常被利益集团和大企业以高薪聘为顾问或说客。利益集团不仅影响决策,某些集团在某种程度上还取得了直接参与决策的地位。如任命美国最高法院大法官和其他联邦法院法官,须正式得到美国律师协会的认可。尤其是,由于美国的经济绝大部分是掌握于私人之手并受公司控制的,因此政府在作出决定时有时必须请企业参与。例如制定国家能源政策时,必须请石油公司参加。某些政策实际上是由有关利益集团、政府机构和国会小组委员会三方面共同作出的。这种三角关系有时是如此牢固,因而被称为"铁三角"②。

2. 法院诉讼 美国法院拥有司法审查权,也是决策机构。利益集团可以影响法院的裁决。以阻止不符合自身利益的立法的通过,或认为政府的规章损害了自己的利益,以违法违宪为理由向法院提出诉讼。20 世纪30 年代起,全国有色人种协会不断控告南方各州的种族隔离法违宪,终于在 1954 年赢得胜利:最高法院在布朗案中裁决种族隔离违犯宪法。这一胜利推动了其他集团通过诉讼达到自己的目的。

3. 间接游说 即"基层游说",它是通过影响选民来影响政府政策的,是一种迂回然而有效的手段。具体做法是刊登广告,发表谈话,发布消息、评论,宣传该集团对某个问题的主张,争取公众的了解和支持,形成舆论压力,从而影响政府的决策。这种基层游说的方式,"是惟一算数的游说"③。

4. 影响选举 方法之一是为公职候选人捐助竞选费,以影响选举结果,为今后直接游说打开通道。方法之二是评议国会议员。目前大约有60 个集团每年公布它们的评议。议员们对来自利益集团的评议一般都很

---

① 维尔:《美国政治》,第 110 页。
② 李道揆:《美国政府和美国政治》,第 301 页。
③ 同上书,第 303 页。

重视，因为与日后的选举密切相关。其中美国人拥护民主行动组织和美国人拥护宪法行动组织的评议，已成为衡量美政界人士意识形态的尺度。这种评议，为利益集团今后在国会选举中支持或反对这些议员提供依据，其影响超越本集团的成员。如环保行动组织从 1970 年起，根据议员们投票记录把一些众议员列为"反对环保"分子，给他们戴上"肮脏的一打人"的帽子，结果从 1970 年起被戴上这一帽子的 31 名众议员到 80 年代初只剩下 7 人了。现在，不少议员在议会中投票的依据，就是根据某些利益集团的态度。于是，出现了利益集团指引国会议员投票的现象。

英国的利益集团 在英国，利益集团的产生和发展已经历了几个世纪。至今，其总数不下几千个，种类繁多，分布极广，几乎占人口的一半（47%）参加了各类利益集团。

英国的利益集团最早出现于 18 世纪 70—80 年代。19 世纪后半期利益集团又有了新发展。其特点是：（1）建立了全国性的行业集团。（2）力量和影响明显增强，如"统一铁路公司委员会"1840 年有 19 名议员，1866 年猛增至 146 名议员，有能力向议会进行挑战。[①]（3）许多产业集团纷纷成立的同时，各种专业性的集团也蓬勃兴起，如"英国医学协会"、"全国教师联盟"等，还出现了慈善机构和"正义事业"集团，其中"反对谷物法联盟"和"宪章运动"最为有名。

进入 20 世纪，利益集团无论在深层和广度上都有深刻变化，政治性、社会性都有加强，而且向着国际化方向发展。

首先，政府与利益集团磋商的法律化、制度化。在法国，政府与利益集团定期磋商在宪法中有明文规定，在英国则是靠很强的传统，乃是一种不成文法。由于国家权力重心已从昔日的议会转向政府，利益集团工作对象也就主要是政府各部门。政府官员对利益集团的态度也不是被动的，他们在制定一项新政策或新立法时，大臣文官必须与有关利益集团交换意见。正如爱德华·布里奇所说："英国政府的基本特点是：在没有与那些有实际经验，而且要让他们执行的人进行充分协商之前，政府不可能试图制定新政策。"[②] 1966 年 10 月，威尔逊首相也承认："我们的责任就是要考察 CBI（英雇主最高组织）、TUC（英职工大会），以及其他压力集团的

[①] 转引自胡康大《英国的政治制度》，第 284 页。
[②] 同上书，第 288 页。

意见。"① 这足见利益集团地位之重要。除 CBI、TUC 外，许多利益集团都享有这种定期磋商的权利，并在有关立法中（如 1924 年的国民保健、保险法，1947 年的农业法）都作了明确的规定。

其次，政府与利益集团的联系逐渐机构化，表现为利益集团成员参加政府各种委员会，包括顾问委员会、行政委员会、调查委员会和皇家委员会。更多的会议则在政府和 CBI 和 TUC 之间进行，如 1961 年建立的全国经济发展理事会由三方代表组成。在政府有些机构中，法定要有利益集团的代表。

利益集团还向政党渗透，尤其是"二战"后，已进入了主要政党内部，甚至深入到议会党团，直接在政党的领导层中结派，这是前所未有的新趋势。保守党内有："1922 年委员会"、"弓集团"、"星期一俱乐部"、"塞尔斯顿集团"、"政策研究中心"、"保守党改革集团"，以及 1985 年 5 月在议会团中组织的"中锋派"等。工党内有："费边社"、"论坛派"、"劳工民主运动"，以及 80 年代初建立的一批好斗分子集团，有名的便是"战斗倾向"等。②

最后，除了涌现非经济的集团，着眼于全国乃至国际问题的利益集团的大量出现，是英国也是其他西方国家 20 世纪利益集团的一个重要特征。在英国，这类组织主要有"核裁军运动"，建于 1957 年，1984 年有成员 10 万，提出英应单方面取消核武器。该运动领导人甚至比大多数政治家都有名。"国际大赦"，建于 1960 年，有成员 50 万（部分系外籍人员），主张对政治犯进行公正、及时的审讯，反对虐待罪犯，反对死刑。"援助活动"，向不发达国家筹措和分配援助资金和物资。"环境运动"，60 年代兴起，80 年代支持者已达 300 万之众，现有 100 个全国性集团和几千个地方集团，就人类所共同关心的问题，如污染、对自然的破坏、保护鸟类、绿化环境等问题进行活动。还有"福利集团"、"公民自由运动"、"动物权利集团"等组织。

利益集团的广泛发展反映了公民日益增强的参与意识，他们不再满足于几年一次的选举，对政党的兴趣也逐渐淡薄。"二战"后，选民们不参加投票的比例从 1950 年的 20.2% 上升到 1964 年的 25.6%，在 1979 年 5

---

① 胡康大：《英国的政治制度》，第 288 页。
② 同上书，第 285 页。

月的大选中，投票率仍只有76%。① 人们宁愿组织起各种利益集团来表明他们的观点，向政府施加影响，达到自己的目的。由此导致了政党的衰落。保守党党员从1953年的280万下降到1976年的150万，1984年又有200个地方选举的大量党员减少。工党的非集体党员从40年代末的100万降到1982年的不足30万。②

北欧的利益集团 北欧政治参与的发达在组织方面表现得很突出。自由的组织成为人民权利的中心。自发、志愿的组织在社会的所有方面和所有层次上都发挥着作用。北欧国家是欧洲国家中专制主义结束之后再也没有对人民建立组织的权利作过限制的少数几个国家，因此，"北欧国家处于世界上组织得最彻底的国家之列"③。

早在19世纪60—70年代，挪威、丹麦、芬兰，在农业中就建立了第一批利益集团。80年代，北欧出现了全国性工会组织。挪威、瑞典、丹麦的工会建于1895年，1907年和1916年芬兰和冰岛也先后建立了工会。"二战"以来，除冰岛工人运动处于分裂状态外，其余四国都有全国性组织，包括大部分体力劳动者和白领工人。在挪威和丹麦，政府中大量的低级官员参与了全国工会联合会。

雇主方面，19世纪80年代，北欧四国分别组织了全国雇主联合会。今天，每个国家都有一个占统治地位的全国性联合会。此外，还有行业性雇主组织，如农业、银行、商业等。

消费合作社具有非常有力的地位。大多数地方合作社都是全国性组织（中央协会）的成员，拥有400万名成员，处理这些国家1/4的零售贸易。

在文化领域，组织的模式更为复杂，这是因为北欧国家的文化模式多样化，还因为从事业余爱好和业余活动的成员的大量涌现。

技术的发展和社会的富裕使今天北欧国家中由汽车主组成的组织成了最大的组织之一。学者、专家、科学家组成的协会也是重要的组织集团。此外，慈善和保健组织、妇女组织、红十字协会、体育运动组织也颇为发达。

---

① 胡康大：《英国的政治制度》，第287页。
② 同上书，第288页。
③ 福尔默·威斯蒂主编：《北欧式民主》，第565页。

总之，北欧诸国，包括以经济利益为目标的各种组织数量相当大。70年代出现了建立新组织的高潮，在丹麦有 1950 个，挪威 1211 个，而且几乎不包括地方组织。至少在瑞典、芬兰也有同样的组织系统。

斯坦·罗坎把挪威政治制度的特点概括为"用数字表示的民主与社团多元论"的结合，即"选票算数，但是实力起决定作用"[1]。这说明北欧各国的各种社团在政治生活中的作用。今天，在决定和执行政府政策方面，社团的渠道与议会的渠道有着同样的重要性。利益集团"不仅试图要影响决策的内容，而且还要积极地参与执行最后的决策"[2]。

丹麦在 70 年代初期提交议会的 80% 的议案，无论在行政准备过程或议会的辩论中，都要听取外部组织的意见。虽然政府与人民接触有多种渠道，但当对某项政策不同的利益都要反映时，组织就起更重要的作用。政府与议会所有重要立法提案和重要决策作出决定之前，首先要交给有关组织机构。北欧四国情况大致如此。

然而，利益集团的官僚主义化和中央集权化，是值得重视的倾向。尤其是组织的最高层次取得了更大的权力，中央集权化越来越加强了。这对组织内部的民主、对中央的组织结构提出了问题。这种组织在多大程度上以牺牲成员的利益为代价来加强领导？争论的结果是，在组织取得最后决定之前，在组织内部应让成员通过讨论或辩论等方式，提出一种新的参与方式。

公民政治参与还有多种方式。新闻媒介是中立、开放的，公民可利用这类工具表达自己的意见，披露政府官员或机构的情况。公民也可个别与议员、官员进行个别接触，反映情况，传达要求。比较激烈的方式是请愿、示威、游行，对政府施加影响，迫使政府就某一问题表示态度或采取措施，这在西方国家也是常见的。新闻媒介的参与形式将在制衡机制中详加讨论。

二 竞争机制

政治竞争在任何形态的社会都是存在的。只是在民主制确立的社会中

---

[1] 福尔默·威斯蒂主编：《北欧式民主》，第 566 页。

[2] 同上。

政治竞争才以和平有序的方式在民主法制的轨道上进行。政治竞争的目标是掠得国家权力。民主制下政治竞争的目标是促使国家权力合法有序地交替。竞争的胜利者获得国家（行政或立法）权力，担负起管理国家的责任。经过一定限期后，再次进行竞争，角逐国家权力的执掌者，如此往复循环。以和平竞争方式解决国家权力的交替是人类管理自身的伟大进步，它避免了社会以暴力或阴谋方式在争夺权力中所付出的重大代价。

竞　选

竞选目标　西方国家的政治竞争主要表现为大选之前的竞选。竞选分为总统的竞选和议会议员的竞选（美国总称为联邦选举），还有州（郡、省）、地区的竞选。竞选时期是候选人、政党、竞选组织、利益集团、新闻媒介特别活跃的时期。所谓竞选运动，"指候选人和政党在选举前的几周内为赢得选票而做的各种努力"①。竞选的主体是候选人、政党，其客体（目标）是选民的选票，透过选票是国家各层次的权力。竞选与选举结束，便实现了主客体的统一或分离（后者系竞选运动的失败者）。

竞选者与竞选纲领　政党是竞选运动的主要组织者。要投入竞选首先要推出本党的候选人，提出竞选纲领。美国两党总统候选人的提名首先在各州预选中选择出候选人，称为总统预选，然后两党在全国代表大会上提名该党总统候选人和副总统候选人，并通过竞选纲领。英国议会大选没有美国式的预选制度，候选人的推选工作多由选区的党组织承担。保守党、工党、自由党在该选区中经过一定手续推出两名候选人（其中1名实为"陪榜"性的）参加竞选角逐。候选人产生及竞选纲领公布后，竞选的帷幕就拉开了。

竞选纲领在英国称为政党"宣言"，欧洲大陆常采取"行动纲领"形式，北美称之为政纲。竞选的主题和争论都是围绕政纲展开的。在英国，政党宣言实际上是由政党领导者在其议会选区的竞选演说中提出来的，它是由党内一个委员会负责起草、经由党的领导人批准的。在西方民主国家中，具有保守倾向的政党一般都采取这种方式。在美国，参加政纲起草的人要广泛得多。在欧洲大陆的社会党、共产党以及西北欧国家的所有政

---

① 戴维·米勒、韦农·波格丹诺编：《布莱克维尔政治学百科全书》，中国政法大学出版社1992年版，第214页。

党，参加的人一般还要广泛得多。英国工党的宣言是由全国委员会及其议会领导人共同起草的。70年代始，由于党内分歧增多，全国委员会试图加强对宣言内容的控制，以体现党员的意愿，而政党领袖通过拖至最后一刻才确定宣言的内容并加进他们自己的观点，以逃避委员会的控制。

竞选纲领给选民提供的是一旦某党入选，它将推行的基本政策，使选举人可以在不同的纲领之间进行有根据的选择，并授权候选人在入选政府后贯彻它的宣言或纲领。实际上，选举是否根据各政党的纲领来对各党进行选择，各政党在今后执政过程中多大程度上实践其纲领，尚不清楚。从战后英国和加拿大情况来看，政党竞选纲领中的72%的许诺得到了实行。[①]

竞选的策略与方法 候选人进行竞选首先要组织竞选班子。在美国，由于政党的衰落，候选人主要依靠个人组织起庞大的竞选班子来进行竞选。竞选班子，其核心由候选人的密友、长期忠实的追随者组成，它指挥一大批雇用专家安排候选人活动日程、筹募经费、发布新闻。竞选胜利后，竞选班子的核心人物大半到白宫和政府中担任要职。

以美国为例，竞选策略最主要的是，"如何把他们自己个人风格的形象在美国公众的感情中确立起来，而同时又把这个形象与他们试图打进美国公众心目中的那些问题联结起来"[②]。在制定竞选策略时还要考虑的问题有：进行"积极选举"（即树立自己）还是"消极竞选"（即攻击对手）；选择哪些州和地区作为竞选重点；应重点争取哪些选民；如何使用竞选经费；竞选如何安排。

竞选方法由于新技术的发展，近20多年发生了重要的变化。候选人旅游演说已不是主要的了。由于电视的普及，利用电视推广候选人的形象愈来愈成为主要的方法。如在电视上做广告，向选民"出售总统"；争取在晚间电视新闻中露面；还有现场直播电视辩论。不过这种方式候选人慎于使用，因辩论风险大，辩论中万一失言会产生灾难性后果。利用电子计算机在竞选中有其特殊作用。它可以把某部分选民及国内外有关问题的资料储存起来，利用直接邮件向某部分选民针对性地进行工作或募捐，而电

---

① 戴维·米勒、韦农·波格丹诺编：《布莱克维尔政治学百科全书》，中国政法大学出版社1992年版，第215页。

② 西奥多·怀特：《美国的自我探索》，第429页。

视只能就一般性问题发表意见。

金钱和选举 竞选要耗费巨大的费用。金钱对于竞选愈来愈重要了。美国的总统选举年,各级公职(总统、国会、州长、州议会等)选举的竞选开支 1952 年为 1.40 亿美元,1976 年达到 5.40 亿美元,从 1952 年到 1976 年几乎增加了 4 倍。1984 年为 18 亿美元。1960 年到 1972 年两党总统候选人在正式选举中的竞选支出,从 1990 万美元增加到 9140 万美元。1976 年开始实行联邦政府资助总统竞选费,对竞选费开支总额作了限制,开支下降到 4358 万美元。国会参众议员的竞选费用也不断增加。1982 年 33 个参议院席位改选,胜利者平均每人花费 150 万美元。众议院选举候选人竞选费开支也超过百万美元。州长选举有的则要花费千万美元。[①]

庞大的竞选开支从以下几方面筹措:(1)候选人本人及其家族;(2)公民个人捐款;(3)公司和特殊利益集团捐款;(4)本党资助;(5)政府补助。其中公司和富有的个人捐款(称为"肥猫")是竞选费的主要来源。他们通过向候选人捐款影响选举结果和政府政策。金钱玷污了"圣洁"的选举。1971 年国会制定了"里程碑性"的联邦选举竞选法,规定关于公布竞选费用和限制竞选费用等条款,禁止公司或工会直接向联邦候选人捐款,但允许它们以自己的资金建立和管理"政治行动委员会"来筹措经费,直接公开地影响选举。1974 年国会又通过了新的联邦选举竞选法,1975 年成立了联邦选举委员会,负责竞选法的实施。但 1976 年美国最高法院裁决:对于个人和团体为候选人竞选而进行的"独立"开支的数额,不得加以限制。因此,竞选法虽减少了用金钱不正当地影响选举的结果的情况,为不富裕的候选人提供了平等的机会,但消极后果仍然存在,而且更为突出。表现在:(1)个人或团体"独立"广告开支即间接为候选人竞选开支不加限制,为富有者影响选举另辟了一条重要渠道。(2)国会参众议员候选人的竞选费用不受限制,使"用金钱买议员"的现象无法遏制。(3)竞选法允许公司、工会、特殊利益集团等其他团体建立"政治行动委员会"(PACs)向国会议员候选人和政党直接捐款,为总统和议员的竞选的"独立"活动开支不受限制,为这些组织直接、间接影响各级选举开了绿灯。正如西奥多·怀特在《美国的自我探索》一书中所说:"抱有很好意图的人们试图把用金钱做买卖的家伙驱逐出圣

---

① 李道揆:《美国政府和美国政治》,第 244—246 页。

洁的殿堂,进行了一次又一次改革",但是各个PACs把数目空前的巨额资金投入政治活动,不管是出于恶意还是善意,"这些PACs使用金钱来购买政治影响力和试图影响国会及总统的做法,变得比以往任何时候都更加突出。现在买通各种路子已是公开的事情了"[1]。所以,"美国政界日益成为非常富有的候选人或有大财团支持的候选人争夺的战场"。可以说,"限制美国竞选开支的企图彻底失败了"[2]。

尽管如此,竞选毕竟是政治文明的标志。"对下一次选举的担忧不断影响着政府的决策,有时使政府不敢采取合乎需要但却不得人心的行动,但至少可以经常地使政府不敢舞弊或武断专横。""选举的结果可能因旧式的蛊惑民心的宣传,或运用商业广告和公共关系技巧的新式的昂贵的广告宣传而不够正常。但是,问题最终必须在社会知名人士间的敌对冲突中解决,这些人士的竞选态度受到政党传统、要求其长期不懈地保持其形象的压力以及其清楚地知道竞选伎俩可能引起的反作用的制约。"总之,"选举迫使竞争者为了取得权力而做出保持过去的荣誉和实现将来的诺言的姿态,并把自己打扮成公共利益的保护者"。

考 试

以考试方式录用政府公职人员,可以认为是竞争机制另一重要内容。

英国议会于1853年组织专门委员会对政府官制进行调查,提出《麦克莱报告》,主张职员任用必须经过公开考试竞争。考试及格后接受训练两年,按成绩分派工作。1855年5月政府成立了由3人组成的、不受党派干涉、独立主持考选事务的文官事务委员。1870年6月政府确立了公开竞争的考试制度。规定凡未经考试、未持有合格证书者一律不得担任任何行政职务。此后,常务次官以下官员都由考试录用。1945年对考试制度又进行了改革:(1)考选机关,在文官委员会下设两个常设机构:考选委员会,主持资格考试及个人品能测验;终选委员会,主持口试及面谈。(2)考试种类有公开考试(凡年龄和资格符合规定的人都可以报名参加,择优录取),有限考试,鉴定考试和特种考试。(3)考试方法,以

---

[1] 西奥多·怀特:《美国的自我探索》,第7页。
[2] 戴维·米勒、韦农·波格丹诺编:《布莱克维尔政治学百科全书》,中国政法大学出版社1992年版,第217页。

笔试为主,"二战"后加大口试比重,还增加了心理测验和实际操作等内容。

美国的政府文官也称"政府雇员",广义指与军人(武官)相区别的所有联邦政府雇员,包括总统、州长、市长等民选官员,特殊委员会成员,部长、副部长等经任命的官员,以及国家行政机关的所有文职人员。狭义指特定范围内的职业文官,包括经过公开竞争考试、录用,担负政府公务受功绩制管辖的工作人员,公共事业机关的工作人员,政府企业的管理人员。

美国1883年通过了彭德尔顿法,确立了以功绩制为核心的文官管理原则,主要有:(1)通过公开考试选拔文官,任何一级职位都对任何人开放;(2)凡通过考试录用的文官,除违法者外,不得因政治原因(如政府更迭)被免职;(3)文官在政治上保持中立,不参加政党的竞选活动。1978年,根据卡特总统建议,国会又通过了《1978年文官制度改革法》,确立了功绩制9原则,其中主要的是(1)保证人人机会均等,经过公开考试,只根据能力、知识、技能来决定文官录用和提升;(2)所有求职者和文官,不论党派、种族、宗教、性别、国籍、肤色,在人事管理各方面,都应受到公平合理的对待;(3)同工同酬,对工作优秀者给予适当鼓励;(4)所有在职者应保持正直、高尚,关怀公众利益。此外,还有保护文官免受专横之害,以及为政党的政治目的而活动,禁止文官使用其权力和影响去干预选举结果,保证文官不因合理揭发而遭受打击报复。

在法国,公务员是指国家行政机关中非选举产生的正式任职的人员和公立公益机构正式任职的人员。

1789年法国大革命摧毁了旧的官吏制度,确立了近代国家公务员制度的基本精神。《人权与公民权宣言》指出:"所有公民在法律上之地位一律平等,故政府官吏之任用亦应平等。除以才能品德为根据外,不应受其他条件之限制。"但法国公务员制度真正建立则是"二战"之后。1945年10月,法政府设置公职管理总局和国立行政学院,第二年又通过国家《公务员总章程》,遂形成了统一、完备的公务员制度。在招收公务员方面,同样遵循机会平等、公开竞争考试,择优录用的原则。考试分为内部竞争考试和外部竞争考试,由相对独立的考试委员会主持。高级公务员(甲类)一般通过国立行政学院的入学竞争考试录用。其他公务员录用考试由用人机关自行办理。考试方式和内容由考试委员会决定。考试成绩按顺序推荐录用，被推荐者再经过行政部门录用、试用和正式任职。

三 制衡机制

西方国家的权力制衡机制，可以作广义和狭义两种理解。狭义的制衡机制主要指国家的三种权力——行政、立法、司法之间的制衡。广义的制衡机制，除国家的三种权力之间的互相制衡外，还包括各种非国家权力对国家权力的制衡。西方国家的权力制衡经历了由狭义制衡到广义制衡的发展。特别是"二战"之后，制衡的重点已由狭义制衡扩展到广义制衡，也就是说，现今西方国家的权力制衡机制已超越了三权制衡的古典形态。

实际上，所谓狭义的制衡机制，就是国家权力的自我约束机制，它除三权制衡外，还有中央与地方之间、上院与下院之间、行政系统与司法系统内部的相互制约。所谓广义的制衡机制，就是非国家权力对国家权力的制约，它们包括公民大众、利益集团、新闻媒介及政党（在野党）诸社会力量。完整的权力制衡机制，应包括国家权力的自我约束机制和国家权力的外部约束机制。

国家权力之间的制衡

美国：三权制衡的典型 美国的宪法明确规定了国会参众两院、总统、联邦法院的职权，在实际运作中也严守三权分立。而且，宪法还规定了三权间的制衡关系，形成了严密的国家权力的制衡机制。

就立法和行政的关系来说，国会虽然制定法律，以法律的形式对总统进行约束，但国会的法律只有当总统签署后才能生效。如果总统不同意，可行否决权。不过，总统行使法律否决权后，国会还有推翻总统否决的权力，那就是当国会两院都以三分之二票重新通过法案时，法律即便成立。总统虽有权任命驻外大使、各部部长、各行政机关的首长和联邦法院的法官，但这些任命均须经国会参议院同意才能生效。总统与外国缔结的条约，也只有当参议院三分之二的票通过后才能生效。国会还有复选总统和副总统、弹劾总统及一切行政官员的权力。对总统而言，也积极影响与制约国会。他有权介入立法领域，他可以向国会提出咨文，成为国会立法的依据。他可以向国会提出法案，在特别情况下以行政特权为理由建议两院召开立法会议，他可以通过本党议员和本党议会党团的领袖影响某一法案的命运，等等。

就总统同联邦法院的关系而言，总统可以任命法官，包括联邦最高法院的法官。总统有权赦免一切罪犯，使法院无法对其进行法律追究。总统控制着司法系统的警察、监狱等机构。总统还有行政裁判权等。但法院也有制约总统的力量，联邦法院的法官虽由总统任命，但一经任命便可终身任职，因此法官可以不依附于总统，甚至作出不利于总统的裁定。法院还享有司法审查权，它可以宣布总统的行政立法违宪，它可以对违反法律的一切行政官员进行法律追究。

就国会与法院的关系来看，国会有权同意或不同意总统所任命的法官，有权对法官进行弹劾，国会所通过的法律，一旦生效，法院就必须执行。然而，法院可以审查国会的立法是否违宪，若宣布为违宪，就中止执行。联邦最高法院的判决还具有判例的作用，判例实则是法院的一种立法手段。但是，国会也有推翻判例的办法，那就是它制定宪法修正案，只要经四分之三州的批准，宪法修正案就正式生效，而无须总统签署，也不会被法院宣布为违宪。

美国政制中分权制衡关系除体现在上述三个系统之间，还在广泛的领域中存在。比如，联邦政府与州和地方政府的分权制衡关系；参议院与众议院的分权制衡关系；州政府内部的分权制衡关系；联邦法院系统与州法院系统的分权制衡关系等。

当然，政府各部门之间的分权制衡，并没有否定共同合作。一般说来，和平时期制衡多于合作；在动乱或紧急状态时，合作多于制衡。1933年，罗斯福上台执政，为了消除资本主义经济危机，在短短3个月中就提出了70多个议案，对此，国会表现了极大的合作态度，使"新政"得以顺利实行。在外交问题上，国会也常站在总统一边，尤其在一些重要时期，如"二战"后总统出兵朝鲜、越南等，都未经国会批准，亦未受到国会的追究。在战争和外交等问题上，法院也常常与总统合作。在这类问题上，法院一般都遵循"司法依从"和"政治问题回避"的原则，依据这些原则，联邦最高法院曾多次拒绝受理指控越南战争违宪的案件，放任总统在越南战场上的行为。美国政府有时制衡，有时合作，到底什么时候怎样表现，取决于美国统治集团和民族国家的利益。

英、法：不规则的分权制衡关系 由于历史传统等因素的影响，英、法等国并不实行严格的三权分立与制衡的原则，但在政治运作中，又不脱离分权制衡的基本原则。

在英国，行政与立法两种权力几乎完全融合。第一，人员上的重叠。根据宪法常规，大臣（包括首相）必须是议会成员（也可以是上议员）。第二，议会授权政府立法。第三，在法律上，下院虽最终控制着行政机构，但执政党可以通过其议会党团来控制本党议员投票，从而控制议会。行政（内阁）虽控制着重要权力，但仍受到议会一定形式的制约。表现：（1）质询：对政府大臣或首相提出质询，后者必须负责解释，倘有争议，可在下院进行盘问，反对党可趁机向政府发起攻击；（2）辩论：议员如不满于对政府所提质询的答复，可以提出动议，将质询案改为辩论案，向政府施加压力；（3）批准立法：尤其是对政府的预算案和其他议案，没有下院的通过便不能成为法律；（4）倒阁：反对党若对政府不信任，可在下院提出不信任动议，如获通过，内阁就得辞职，或解散下院，重新大选，如1979年卡拉汉政府的垮台那样。这是下院控制内阁最厉害的手段。当然，由于内阁拥有行政和立法大权，议会对内阁的制约力量愈来愈显得微弱了。

在司法与立法之间，英国的律师可竞选议员，但法官不得再任议员。司法界首领大法官可以参加议会的立法事务，但不得以政党身份参加，在议会辩论中，他的发言限于法律事务。此外，法院无权审查立法的有效性，但法官裁决的影响却可以由立法机关来改变。因此，在宪法上，法院受议会立法的约束，却不受议会决定的约束。在立法与司法机构的相互关系上，议会的每一院都有权执行各自的特权，以及惩罚违反这些特权的人。

议会的特殊地位以及"首相政府"现象是了解英国政制关系的两个重要问题。

马里奥特指出："从任何一个观点来看，英国的议会是最独特的、最有权力的机构"，"它的权力是无限的"[①]。英国的议会至尊表现在：议会可以制定任何法律，也可以修改甚至废除具有宪法性的法律（英国宪法性的法律与普通法律没有严格的区别），而无特别的程序予以限制，也没有最高的司法审查机构来审定议会的立法是否符合宪法或超越权界。法院法官只解释并无条件执行法律。议会至尊还反映在行政和财政方面。在行

---

① 杨祖功、顾俊礼等：《西方政治制度比较》，第215页。

政上，下院是行政权力的来源，组织政府或继续执政都取决于政党在下院中能否取得多数席位。因此，下院是通向执政和政治权力的必经之路。在财政上，下院控制着国家的财政，根据1911年的议会法，所有财政法案都必须由下院提出。

在理论上，英国议会至尊地位既缺乏有成文宪法国家那种宪法保障，也无正式的法律监督。说明议会是超越任何法律的。议会不可能制定一项它不能予以废除的成文宪法，或者是可以废除但必须服从于一定的程序。法院和法官的权力来自议会，法官们并没有被任命为维护宪法的卫士，不享有如美国同行那种宪法地位。在实践上，议会仍受到一定的约束。首先，必须服从选民的选举；其次，议会的至尊仅是一种习惯，而无宪法性文件的规定，因此，议会行使其最高权力时必须遵循习惯和道德的约束。

英国首相的权力并无明确的宪法规定，可以不断发展。"二战"以来，首相权力的增加尤为明显。60年代，学术界、政界出现了英国的内阁政府正在被"首相政府"所取代的议论。撒切尔夫人执政以来，更强化中央集权，破坏多元民主，认为是"由选举产生的独裁"。今天，政府中重大的人事权，对百多名内阁、非内阁大臣和高级文官的任命权，控制国家预算，决定内阁的议事日程、解散议会、宣布紧急状态，以及任命内阁委员会和建立政策小组等大权均操之于首相之手。但这不意味着首相的权力不再受到任何限制。他在任命大臣时，为了保持党内和各派力量之间的平衡，要作广泛的协商。在解除大臣时同样不能轻率。首相的成功离不开后座议员和本党议会党团的支持。内阁同僚的合作和信任尤其重要。否则，他（她）就不能保持党魁的桂冠和首相的乌纱。首相还要回答下院的质询。威尔逊首相曾说："如果有哪一位首相不怕质询，那么，英国的议会民主也就危险了。"[①]

在法国，由于政体变动不居，内阁、议会与总统之间的权力制约关系亦相应地发生此消彼长的情形。

就内阁与议会之间，原则上，议会对政府施行监督，政府应对议会负责，议会可以通过对政府的不信任案推翻政府，行使所谓"倒阁权"。另一方面，内阁如得不到议会多数的信任，经内阁讨论后，总理可提请总统解散下议院，即所谓"解散权"。但在不同时期，两进制约关系有很大差

[①] 杨祖功、顾俊礼等：《西方政治制度比较》，第227页。

别。在议会权力强大的第三、第四共和国时期，议会对政府的监督权加强，倒阁事件经常发生。第三共和国存在的 70 年中，先后更换过 105 届内阁，第四共和国存在的 12 年中，内阁更迭 21 次。因而有"半年政府"或"短命内阁"之称。出现这种情况的主要原因是议会倒阁权太大。第三共和国宪法规定内阁对议会两院负责，参、众两院均有倒阁权，当政府得不到参、众两院信任时只有辞职一条出路。第四共和国时期参院的倒阁权虽被取消，但国民议会的权力比第三共和国时期进一步加强，内阁总理要解散议会受到诸条件的限制，如需征询国民议长的意见；即使解散议会，内阁总理及内政部长须辞职，由总统指派国民议会议长为临时内阁总理，再由总理与国民议会办公厅协商指派新内政部长。因此，在第四共和国时期，政府解散议会仅在 1955 年 12 月 2 日由埃德加·富尔总理行使过一次。第五共和国对国民议会的监督权作了限制。如取消对政府的质询权，减少议会的辩论与表决权，对议会通过不信任案和弹劾政府的权力有许多限制（在戴高乐执政时期，议会仅有一次弹劾政府获得通过），这样，推翻内阁的事已不多见，内阁稳定，如蓬皮杜从 1962—1968 年四次连任政府总理。

内阁与国家元首（总统）的关系是行政权力的分属问题，在不同时期存在着较大的差别。当国家元首大权在握又统又治，内阁往往从属于国家元首，成为"听差内阁"或元首的"个人内阁"。第五共和国戴高乐统治时期，总统府爱丽舍成为权力的化身，总理成为总统府的"总管"和总统的主要合作者。当内阁总理同总统发生冲突时，总理要么服从总统，要么辞职。当国家元首处于统而不治的"虚位元首"时，行政权实际掌握在内阁手中，第三、第四共和国时期，在决定国家政策时，总统的作用不如内阁总理，内阁总理是真正的决策人。

非国家权力对国家权力的制约

非国家权力对国家权力的制约，是国家权力的外部制约机制。"二战"后的西方国家，它在整个权力制约机制中占有更重要的地位。仅此一点，说明了当代西方民主与近代民主的不同特色。

现今西方国家，非国家权力在政治舞台上颇为活跃，它包括四种力量：公民大众（在大选、投票时显示力量），利益集团，新闻媒介与在野党（反对党）。公民大众与利益集团，作为政治参与的基本力量已在"参与机制"中详作介绍，此处不再重述。这说明，公民大众与利益集团既是政治参与的基本力量，也是政治制约的基本力量。参与也就是一种制约，反之亦然。

下面，除对在野党作为一种特殊的非国家权力作一些说明，将重点介绍新闻媒介对国家权力制约的重要作用。

在野党 在西方，执政党与在野党只具有相对的意义。所谓在野党，是指暂时不拥有行政权力的政党，但在议会中仍拥有比执政党（或执政党联盟）次多席位的政党（仅指议会制国家，如英国）。因此，在野党不能认为是一种纯粹的非国家权力组织。在野党，也可以认为是执政党的预备队。在未来一轮的大选中，经过角逐，它很可能上台执政，取代昔日的执政党。因此，在野党的存在，迫使执政党谨慎施政，不敢懈怠、妄用权力。仅此一点，足以说明在野党对国家权力制约的重要性。在野党的存在，还使西方政治存在这样一种现象，即任何一个政党总是在国家权力与非国家权力之间，或者说，在社会与国家之间来回摆动。当它上台执政时，它是受着社会与反对党监督与制约的国家力量，当它在野时，则是监督与制约国家权力的社会力量。

在西方国家，在野党也称反对党。反对党这一称谓最早起源于英国，后逐渐为各国所采用。反对党在法律允许的范围内活动，它反对的只是执政党的具体政策和措施，并不反对也不允许反对国家的根本制度，或者说，在涉及国家和民族的重大问题上，执政党与反对党往往是携手合作的。反对党是执政党很重要的制衡与监督力量。一方面，它以议会为场所，通过质询、辩论等形式对政府活动进行追究。另一方面，在议会之外利用电视、报纸和公众会议等手段进行宣传，批评政府的过失。反对党在立法和财政方面同样负有一定的责任，它要对政府制定的议案进行认真的批驳，使之尽可能地完善，照顾多方面的利益。因此，反对党的存在和活动有利于协调资产阶级和社会不同阶层、集团、党派之间的矛盾和冲突。在英国，人们称誉反对党制度"是 19 世纪对政府艺术的最大贡献"[1]。反对党在英国具有特殊意义。因为议会中控制多数席位的政党为执政党，控制内阁与政府的权力，因此，制约、监督执政党、政府和议会立法的重任都落到了反对党的身上。

---

[1] 杨祖功、顾俊礼等：《西方政治制度比较》，第 234 页。

新闻与言论自由 西方国家的新闻与言论自由一般都有明文的法律依据。1789年法国人权宣言规定:"自由传达思想和意见是人类最宝贵的权利之一;因此,各个公民都有言论、著述和出版的自由。"1791年美国宪法修正案第一条规定:"国会不得制定关于下列事项的法律:确立国教或禁止信教自由;剥夺言论自由或出版自由;或剥夺人民和平集会和向政府请愿申冤的权利。"资产阶级思想家、政治家都充分认识到新闻与言论自由是对政府重要的制约与监督力量。法国大革命时期著名的政治活动家罗伯斯庇尔说过:"出版自由是鞭挞专制主义的最可怕的鞭子。"[1] 英国哲学家杰里米·边沁认为,公众舆论是对统治者权威的有效牵制。美国第三届总统托马斯·杰斐逊主张,"报纸要对政府提供一种其他机构无法提供的监督作用"[2]。美国布鲁斯金学会会长布鲁斯·K.麦克劳里充分肯定新闻媒介在美国政治中的突出作用。他指出:"新闻界是公共政策机构,其作用不亚于总统、法院和议会,在阐明政府程序时理应有一席之地。"[3]

美国的新闻与言论自由 美国新闻学界认为宪法所保障的出版自由,包含三种权利:(1)出版自由;(2)批评权利;(3)报道权利。报道权利就是"消息自由"。他们认为,报纸如果无权采访消息、报道消息,那么人民了解的权利和批评的权利就将成为空话。美国新闻学家威金斯认为:"公民了解的权利——有权了解政府的活动,使用政府部门的文件、记录,是民主制度理论的固有权利。"[4] 为此,美国国会参众两院分别在1789年和1795年允许记者列席会议(秘密会议除外),并有采访、报道政府官员的习惯。国会专门制定法律以保障报纸"报道权利"。

美国新闻媒介具有四个特征,即私有、独立、集中和追求利润。这四个特征中,私有是最根本的。美国联邦和州及地方政府都没有自己的报纸。两大政党也没有自己的机关报。这一点不同于有些西方国家。这当然并不意味着美国报纸没有倾向性。美国也没有官方通讯社。在广播业方面,虽有受到各级政府资助的公共电台和电视台,但是它们的数目和影响是不能同商业性私营电台和电视台相比拟的。这一点,也与一些西方发达国家不

---

[1] 杨柏华、明轩:《资本主义国家政治制度》,第383页。
[2] 同上书,第384页。
[3] 李道揆:《美国政府和美国政治》,第104页。
[4] 威金斯:《自由或秘密》,1956年美国版,第66—67页。

同。例如，英国广播公司是国有的；法国的电台既有国营又有私营，但电视台全为国营；比利时的电台和电视台全是国营的；德国的电台也是国营的（但有自主权）；荷兰广播公司是半官方的；意大利的电台和电视台绝大部分为私营，但广播电视公司也是半官方的。总之，美国的新闻媒介是私营的。正因为是私营的，所以孕育了独立的特征。由于传媒独立于政府和政党，不受政府和政党的控制，因而能成为监督政府的重要力量。

美国宪法虽作出了言论和出版自由的保障，各级政府对言论和出版物不得进行"事先限制"（新闻检查），但政府仍可以某种借口对言论和出版物进行"事后新闻检查"。直至1919年美国最高法院第一次审理有关言论自由的案件，陆续作出了不少重要裁决，逐步对有关言论出版自由的宪法第一条修正案作出从宽解释。

如1923年，《芝加哥论坛报》报道芝加哥市政府破产的消息完全失实。伊利诺伊州法院在判决该报无罪时说："宁可让一个人或报纸在报道偶尔失实时不受惩罚，也不能使全体公民由于担心受惩罚而不敢批评一个无能和腐败的政府。"[①]

1931年美国最高法院审理尼尔诉明尼苏达州案是一件涉及报刊批评政府官员自由的重要案件。尼尔在《星期六报》中因激烈批评政府官员腐败和其他错误而使该报被禁止出版。尼尔不服，向美国最高法院上诉。最高法院在判决书中写道：一个半世纪以来，"政府工作变得更加复杂，渎职和腐化的机会成倍地增加，犯罪发展到极其严重的程度，不法官员对犯罪的包庇的危险，以及犯罪分子狼狈为奸和官员玩忽职守的危险，凡此种种无不表明特别需要一个有警惕性的和勇敢的报界。出版自由虽然可能被恶意诽谤的无赖所滥用，但这丝毫不减少报界在报道官员渎职行为时所应享有的不受事先限制的自由。对于这项自由的滥用，作为妥当的补救，可以事后进行惩处，这是符合宪法的"。此判例被称为最高法院的里程碑，它防止了各州再制定限制言论出版自由的法律，强调了报刊对政府和官员进行批评的必要性。

20世纪40年代以来，美国新闻界开展的自由采集消息的运动（公民有权利了解情况）取得了一定的进展。到1970年，45个州制定了法律，要求公开政府记录，公开举行处理公务的会议。1966年美国国会制定

[①] 李道揆：《美国政府和美国政治》，第132页。

"消息自由法"（1967年生效），建立起这么一条总的原则：除涉及国家防务、外交政策的文件，根据法律执行的调查档案、私人信息、贸易秘密以及由其他法规保护的秘密外，凡联邦政府掌握的档案可以供任何人检查和抄录（复印），如果拒绝公开某一份文件，可以向联邦法院起诉。1977年，国会又制定了"置政府于阳光之下法"，要求联邦政府属下的50多个委员会和机构的会议公开举行，因某种理由需举行秘密会议，这些理由须得到该单位的首席法律官员或法律总顾问的认可。

新闻传媒对美国政治的影响　新闻传媒已成为美国各界人士形成对外部世界看法的主要途径。今天美国报纸日发行量已达到6200多万份，73%的成年美国人声称他们是报纸的经常读者。收音机和电视机已普及到每个家庭，电视观众每天超过1亿多人。这可看出新闻传媒在政治生活中具有重要作用。如越战期间，当电视新闻报道了美国海军陆战队夷平越南村庄及美国军队屠杀越南平民之后，人们对越战的支持即趋下降。

新闻媒介与政府的关系总的说来是既合作又对立的关系。按照美国民主理论，传媒是为公众而不是为政府服务的。新闻界应起着监督行政、立法、司法三个部门的"政府第四部门"的作用。新闻界把自己看成"人民的斗士"、"政府的批评者"。但从实践看，新闻传媒是维护美国制度的，其次才是政府的批评者。一旦新闻传媒对政府的政策、腐化、丑闻、政府官员（包括总统）的渎职行为提出批评和揭露，立即会形成强大的舆论压力，使某些官员轻则陷入困境，重则身败名裂，不得不退出政治舞台。"水门事件"即为其中的典型。

新闻传媒在竞选中的作用尤为突出。它塑造政治形象。在电视政治时代，新闻人士已成为"一批新的国王制造者"。"总统候选人正是在报刊上和电视屏幕上被制造出来和被毁灭掉的。"[①] 选择总统候选人是如此，选择其他重要公职（州长、国会参议员）候选人也是如此。1976年大选中，卡特原来不过是一名默默无闻的州长，但是电视很快把他变成了名闻全国的人物，使卡特很快在民意测验中居于领先地位，并终于当选总统。而在1980年大选中，传媒为里根捧场，贬低卡特，使里根做了白宫主人。1968年约翰逊总统决定不再竞选总统，部分原因是新闻界敌视他。尼克松得以当选众议员、参议员，最后成为白宫主人，"事实上是新闻界的创

[①] 李道揆：《美国政府和美国政治》，第147页。

造物"；而最后使他垮台的也是新闻界。

英国的新闻自由与限制 英国的报纸掌握于私人之手，因而是独立自由的，基本上摆脱了党派的控制，这并不排斥各家报纸都具有不同程度的政治倾向。政府对报纸一直没有正式的控制，间接的控制也只延续到1855年。政府不拥有任何报纸。各政党也都未控制一份报纸（共产党除外）。在英国，存在着一条不成文的规则："试图公开控制舆论的政府一定要行使对宣传工具的控制，而搞极权主义的统治者必定要拥有或者控制报纸、电台或电视，这样，实行新闻检查就是政府的一种权利而不会被看做侵犯人民的自由。"[1]

关于英国的新闻自由，一位维多利亚时期《约克郡邮报》的编辑说得好："英国的新闻界，作为一种商业性事业，它受资本家的控制，而作为一种道义上的力量，它受记者本人的控制。"[2] 1974年建立的"皇家新闻委员会"承认："在民主的进程中，新闻界传播消息的作用是重要的"，"新闻界需要一定的自由以摆脱限制，发表事实和舆论，促进公众的利益，没有这一点，一个民主的选民就不能作出负责的判断"[3]。1976年3月，政府颁布了一个有关新闻自由的立法，它规定，必须避免不适当的压力来歪曲、压制新闻、评论或批评，以及记者加入工会的申请，尤其是编辑有权解除他们的责任和有权发表任何文章等。在英国，新闻事业有一定的自由，同时也有一定的检查和事先的限制。

与报纸不同，英国的电台和电视是受政府控制的。如BBC，其日常事务是独立的，但政府保持着对它的最后控制权。BBC和IBA（独立广播局）两家公司的管理委员会是由政府或议会任命的，政府可以通过它对广播进行控制。然而，电视广播要作客观中立的报道，政府亦无可奈何。尤其是1956年11月，BBC对英、法和以色列入侵苏伊士运河的报道，提供了战后以来BBC反抗来自政府过多压力最突出的例子。在危机期间，BBC国内电台、电视及对外广播不顾艾登首相的谴责，坚持它的一贯做法，"感到有责任反映全国舆论中的尖锐分歧"[4]。这使BBC一度面临着

---

[1] 胡康大：《英国的政治制度》，第325页。
[2] 同上书，第326页。
[3] 同上书，第327页。
[4] 同上书，第329页

生存的威胁。在 1982 年的马岛危机中，BBC 在两套节目中同样都反映了不同观点的反对意见，以致舰队街都谴责它不爱国。但是，政府（两次都是在保守党执政的情况下发生）还是让 BBC 享有独立处理日常事务的自由。

另一方面，与其他国家相比，英国是一个封闭性很深的国家。政府的公开是否会管理得更好呢？这是 20 世纪英国普遍存在的一种疑虑。人们以种种理由为政府的秘密传统进行辩护。工党和保守党对政府的开放均不感兴趣。虽然在竞选时许诺开放政府，但这仅是吸引选票的手段。撒切尔夫人跟威尔逊、希思、卡拉汉政府一样，都对公开政府持彻底的怀疑态度。但是，在英国毕竟不乏赞成公开政府的理论。人们认为，对必要的秘密，政府应予以保密，除此之外，应向公众公开，否则秘密为政府武断地行使权力和营私舞弊提供了方便。英国弗兰克斯勋爵指出："对任何独裁行动的最大的、最有效的检查就是公开。"[1] 人们还认为，了解官方信息不仅仅是公民的一种权利，而且是为了"提高政府的质量"[2]。

但是，英国的官方秘密法、防务警告制度和档案法却长期牢牢地封闭，并扩大了政府的秘密范围，使政府严格地控制、操纵着新闻报道和舆论工具。1911 年颁布的"官方秘密法"，其第一部分涉及间谍案以及与敌人通信息的行为，第二部分是不与国家安全有关的官方文件和信息，对这部分内容反映强烈，并常常引起一些荒唐的起诉。70—80 年代，保守党、工党、自由党都主张取消第二部分，制定信息自由法，但都遭政府拒绝或搁置。难怪有人认为，"水门事件"如果发生在英国永远也得不到暴露。因为"官方秘密法"就阻止了新闻记者的调查。政府操纵和控制官方信息，就是要摆脱议会和公众的监督。

"防务警告制度"颁发于 1912 年，1971 年重新制定。除英国外，世界上只有澳大利亚才有这种制度。它要求不得发表有关正在考虑之中、跟国家安全有联系的任何消息。涉及禁止报道的范围有 10 余项。对这一制度新闻界有拥护的、也有反对的。反对者认为，这是对英国民主机构的勇气和责任的破坏，它限制了记者对政府消息的报道，更加重了政府的封闭性。

1958 年颁布的档案法规定，官方的记录（档案）要 50 年之后方可向

---

[1] 胡康大：《英国的政治制度》，第 318 页。
[2] 同上书，第 319 页。

外界公开（1967年减至30年）。涉及保密范围的不仅有防务、外交、安全等方面的档案，即使关于民用、商业方面的档案也不准公开，而这类档案在美国和西欧国家中就可以查到。

这一切，正如科林·西摩尤尔所指出的："在英国的政治文化中，'有权利知道'（政府的信息）这一价值观并没有深深地树立起来，这种秘密文化是由于没有成文宪法所造成的。除了法律上的限制外，它还受到宪法常规的进一步的支持。"[①]

四　法治机制

实行法治，建立法治机制，首先对法治概念要有正确的认识。那种认为有了严密的法律体系，完备的司法机构，严格依法执法就是法治，是对法治的误解。专制制度和民主制度下都有法，都在依法统治与管理，但前者显然不能认为是法治。

西方自古就有法治传统。如亚里士多德对法治就提出了精辟的见解，认为"法治应包含两重意义：已成立的法律获得普遍的服从，而大家所服从的法律又应该本身是制订得良好的法律"[②]。但是何谓良法，何谓恶法，亚氏没有留下答案。

近代民主理论回答了这个问题。近代法治缘起于自然法。人天然享有自然权利，法不过是自然权利的体现，并为了保障自然权利。人们制定的各种具体法即实在法的背后，还有更高的"超法律原理"（哈耶克），即代表正义的自然法，只有符合自然法的实在法才是良法，否则便是恶法。自然法学者强调，人的基本权利不可侵犯；这些权利最早被洛克规定为人的自由、生命和财产三大权利。人的自然权利的思想后来成为《独立宣言》、《人权宣言》和各国宪法的基调。因此，不是法律赋予每个人以个人的权利，而是相反，是人的天然的自然权利产生了近代的宪法和法律。与此相联系的，人们建立政府的目的是为了消除社会的无政府状态，以保障人的自然权利，除此之外，政府不应当再有自身的特权。为了防止政府滥用权力，也需要用法律规范政府的权力（如三权分立与制衡、总统的

---

① 胡康大：《英国的政治制度》，第319页。
② 亚里士多德：《政治学》，第199页。

任期与职责，等等），以防范政府对公民权利的侵犯。宪法与法律是约束政府官员行为的工具，而不是惩罚公民的利剑（公民当然也应守法，但无权的一介公民不可能给全社会造成灾难）。这是近代法治概念与中世纪封建专制的法治概念（如果也有法治）的又一个分界。

根据上述法治精神，近代以来，在司法实践中衍生了若干法治原则，如确立宪法为治国的根本大法，公民必须参与（讨论、投票）宪法和重要法律的制定或修改，法律面前人人平等，司法独立等，加之严密的法律体系，完备的司法机构，遂构成民主政体下的法治机制。

依法立国

所谓依法立国就是依据宪法立国。宪法为百法之本。要建立何种国家制度，首先要制定一部宪法作为立国的依据。

最为典型的可算是美国。美国政治制度是以1787年《美利坚合众国宪法》的制定（1788年生效）而确立的。

美国独立战争胜利后，为建立新型国家，各州代表于1787年5月在费城举行制宪会议。55名代表经过三个半月的激烈辩论、斗争和妥协，通过了《美利坚合众国宪法》草案，然后交各州批准。从此，美国政治制度中的一系列重要原则就以根本法的形式确定下来了。这些原则主要是：天赋人权（生命、自由、财产以及在法律面前人人平等等权利）；人民主权和限权政府（政府的正当权力来自被统治者的同意；政府一旦破坏建立政府的目的，人民有权利改变或废除它，另行建立新的政府）；法治而非人治；代议政府；权力的分立和制约平衡；联邦制；文官控制军队（总统是合众国陆军、海军和征调为合众国服役的各州民兵的总司令。国会掌握宣战、招募军队、制定有关军事立法、决定军事拨款等权力）。

该宪法是世界上第一部资产阶级的成文宪法，它规定了美国的政权组织形式和国家结构形式，经历200年之久依然是当今美国政治生活的准则，并为许多资产阶级国家所仿效。当代美国著名政治学家罗伯特·A. 达尔说，美国宪法"对于形成美国政治制度的特点，形式的特殊性、实质和程序，从而使其区别于其他政治制度所起的作用，比任何其他单个因素都大得多"[①]。一部好宪法对美国经济和民主的发展，对美国的稳定产

[①] 李道揆：《美国政府和美国政治》，第2页。

生了积极作用。以后不断补充的修正案则不断地适应了实践的新需要。

依法立国在法国则是另一种典型。法国自1789年大革命以来的近两个世纪中由于政体多变，宪法亦相应地不断变更。与美国的宪法与政体的稳定形成了显明的对照，不过它遵循的仍是依法立国。

1791年宪法是法国资产阶级革命后的第一部宪法。1789年7月14日法国大革命爆发，即成立了新的宪法起草委员会。8月26日，《人权和公民权宣言》发表，奠定了宪法的实践与理论基础。经过两年的激烈斗争，1791年法国第一部资产阶级宪法（君主立宪制宪法）确立，它为法国近代政治制度奠定了基础，缔造了近代法国的光荣，虽实施不到一年，但对以后的法国宪法产生了影响。它宣布废除封建特权，它确认一切权力只能来自国民，它确立了三权分立的原则，宣布立法权委托给由人民自由选出的国民议会；行政权委托给国王及其统辖下的大臣和官员；司法权委托给由人民选出的审判官。但宪法具有与旧势力相妥协的局限性，如保留国王，实行有财产资格限制的两级选举制，排斥直接民主制，剥夺广大人民群众的政治权利，确认法国殖民地制度等，这是注定它短命的一个根本原因。

1793年宪法（共和元年宪法）是巴黎人民推翻国王、结束了君主立宪统治、山岳派建立雅各宾专政之后颁发的第一部共和宪法，它突出人民基本权利、人民主权与普选权，确立议会拥有最高权力，摈弃三权分立理论。鉴于当时国内外危急局势，这部宪法未能实现，但开了法国共和传统的先河。

可见，法国在创建共和国过程中，总以制宪为先导，而要削弱民主精神，亦以修宪为手段。

热月政变后，适应大资产阶级需要，颁布了1795年宪法（共和三年宪法）。这部宪法将"人民主权论"改为"公民主权"，缩小了公民的权利；实行两院制，互相制约，以防止议会专政；政府由5名督政员组成，轮流主持工作，以防止个人独裁。该宪法的实质是既反对君主政体，又防止恐怖主义，既想避免个人独裁，又想避免议会专政。

1799年雾月政变后，波拿巴对西哀耶斯说："我们没有政府，因为我们没有宪法——至少是没有我们所需要的宪法。"[①] 不久，体现波拿巴个

[①] 洪波：《法国政治制度变迁》，第70页。

人专权的1799年宪法产生了，它给法国带来了一个稳定而强有力的政府。为了确立波拿巴帝国，他又制定了1802年、1804年和1815年宪法，总称"拿破仑宪法"。

以后法国政局动荡不定，帝制复辟，共和夭折，直至1870年9月第二帝国灭亡，第三共和国诞生，遂使法国重整共和国旗鼓。从第三至第五共和国的演变中，产生了三部共和宪法。1875年第三共和宪法是君主主义者与共和派斗争妥协的产物。它一方面肯定了共和制，另一方面又赋予总统以过大的权力，因而它既适合于共和制，也适合于君主制。然而这部失去民主光彩的宪法居然延续了65年之久。反法西斯战争胜利后，又制定了1946年宪法即第四共和宪法。它赋予国民议会以更多的权力，公民各项权利居于突出地位，是部充满民主精神的宪法。由于宪法不能建立一个强有力的政府，12年之后又被1958年第五共和宪法所取代。该宪法在戴高乐主持下制定，经公民投票批准。这部宪法的基本特征是突出了总统的权力，成了国家权力的中心，议会制约行政的权力大为削弱。强有力行政首脑的确立给法国带来了较为稳定的政治体制。在法国宪法史上，除1875年宪法存在65年外，它比任何一部宪法存在的时间都长。"经验表明，像1787年以来的美国那样，法国终于找到了一部同它的气质、它的政治道德以及同现代世界发展相适应的宪法。"[①]

英国同美、法相比，算是个例外。它的特殊性在于至今没有一部成文宪法。近几个世纪世界上成文宪法的出现，大都发生在重大政治事件之后，或是殖民地的独立，如美国；或是国内革命的胜利，如法国（1789）；或因在世界大战中失败而重建国家，如德国（1918和1946）等。而英国自1688年的"光荣革命"以来，从未发生过上述诸种情形，因而也就没有出现形成成文宪法的主、客观历史条件。英国的宪法并不是在某一特定时期内形成，而是几个世纪来不断演变的产物。

英国的宪法是成文和不成文的混合物。它的构成包括：（1）常规。包括规则、先例、习惯和传统等。常规并不是法律，但由于得到社会的肯定和承认，并深深地扎根于政府和人民各种行动之中，虽没有在法令全书中出现，严格地讲不是法律，但却誉为"不成文法的准则"。如议会中取得多数席位的政党领袖组织政府，应首相要求解散议会，大臣必须是议会

[①] 洪波：《法国政治制度变迁》，第104页。

的议员，内阁向议会负责；如议会由上、下两院组成，财政议案由下院提出，每一议案必须经三读方可进行投票表决，议长必须脱离原属政党而成为无党派人士；如议会不得对法官的职业行动提出疑问，文官在政治上保持中立。(2) 大宪章。包括重要的历史文件，它包含了宪法的根本原则，规定了君主的权力和公民的权利等。如国王不经议会同意不得征税，人民有向国王请愿的权利等。(3) 成文法。议会在各个历史时期通过的立法，以及在母法下的附属法。在宪法构成中，成文法最重要，成文法中又以宪法性法律最重要。(4) 判例法。英国法院尤其是高等法院的一些判决和解释，具有很大的宪法意义。(5) 习惯法。是所有规则和重要原则的集合，同样是历史发展与积累的产物，为法院所承认。可见，英国宪法的构成与其他西方国家成文法有很大的不同，它是成文法与不成文法的结合，还具有容量复杂、范围广、时间跨度大的特点。

英国的宪法经历了几个世纪的演变，虽没有一部成文宪法，但它却在长时期内持续有效地维护了资产阶级统治与资产阶级的议会民主，尽管在发展速度上赶不上其他资本主义国家，却避免了西欧大陆诸国那种苦难，较好地维护了盎格鲁—撒克逊民族的传统和习惯，并深深地扎根于人民生活及国家的政治生活之中。因此，英国的宪法确实是社会稳定的一个重要因素。

法律面前人人平等

法律面前人人平等习惯是指把法律作为同一尺度适用于全体公民，使全体公民平等地享有权利和履行义务，不因民族、种族、性别、职业、社会出身、教育程度、宗教信仰和财产状况等差别而有所不同。

17、18世纪欧洲启蒙思想家洛克、卢梭，针对封建贵族、僧侣的特权和神权，系统地创立天赋人权说，为法律面前人人平等的原则奠定了基础。1789年法国《人权和公民权宣言》确认："全国公民都有权亲身或经由其代表去参与法律的制定。法律对所有的人，无论是施行保护或处罚都是一样的。在法律面前，所有的公民都是平等的。故他们都能平等地按其能力担任一切官职、公共职位和职务，除德行和才能上的差别外不得有其他差别。"这应当认为是"法律面前人人平等"的完整表述。1791年和1958年《法国宪法》以及英、美等国法律对此都有类似规定。

资本主义民主共和制或君主立宪制取代封建君主制使"法律面前人

人平等"的原则开始得以贯彻,然而在相当一个时期内在许多方面的贯彻是不彻底的。到了 20 世纪特别是"二战"后,这一原则才在比较广泛的领域得到进一步的实现。主要表现在:

第一,公民不分性别、职业、民族、种族、信仰、教育程度和财产状况,均享有选举和被选举权,均享有公民投票权。

第二,随着奴隶制度和种族歧视政策的废除,黑人和少数民族均享有同白种人同样的权利,享有同等的政治权利,同等的劳动权、教育权、休息权、社会保障权等权利。特别是,他们也可以平等地参与竞争政府的公职,担任公共机构的职位和职务,也可以成为政府官员,亦可参与竞选总统、州长、议员,担任政府总理、部长等重要职务。

第三,包括总统在内的任何一个政府官员,凡触犯法律皆绳之以法,受到法律的追究(司法部门或议会)。最典型的是美国的"水门事件",尼克松因慑于议会弹劾而辞去总统职务,这是"法律面前人人平等"在美国社会得到贯彻的表现。

第四,"法律面前人人平等"最重要的是司法平等,即普通公民与政府官员的利益受到同等的法律保护,并同等地依法治罪。因为为官者不但有违法乱纪和侵犯公民权利的便利,还可以有种种条件来逃避司法机关的惩处。因此,西方各国专门设有行政司法监督和公民对行政机构进行司法监督的制度,使政府官员受到更严格的法律约束,从而保障"法律面前人人平等"。

不过,公民对行政机构进行司法监督的制度建立较晚。德国、法国和意大利是在 19 世纪末,英国、美国是 20 世纪初。"二战"以后,行政法和行政司法机构才有较大发展。

行政司法机构监督的典型是法国的行政法院,意大利和联邦德国也有类似机构。法国、意大利和联邦德国,除行政司法机构外,审计院对行政机构也有咨询和监督作用。如意大利中央政府有关支出的一切行政决定都要送交审计院。联邦德国联邦一级的开支要交联邦审计院审查,州政府开支亦由专门机构监督。

"二战"后,英、美开始用公法和专门司法机构来解决行政机构与公民之间的冲突。因为随着国家对经济、社会、文化干预的加强和行政权力的扩大,依靠普通法院来行使行政司法权已不适应了。50 年代以来,英国建立了 2000 多个行政裁判所,其办案原则、审判程序与传统法院有所不同，所以取名"行政裁判所"。1958年英议会通过了《裁判所和调查庭法》，并建立"裁判所委员会"，加强了对行政机构的司法监督。美国于1946年通过了《联邦民事侵权法》，保护公民利益免遭行政机构的侵犯。此外，英国、美国和意大利等还可以通过普通法程序监督行政机构。

由于通过法律程序真正解决问题实际上很困难，有些公民便采取向议员投诉的方式，作为法律手段的补充。这种方式来自斯堪的纳维亚国家。70年代以来，法国、英国议会中都设立了类似机构，发挥一种调停监督的作用。

司法独立

司法独立是指司法权由司法机关依法独立行使，不受其他任何机关、团体或个人的干涉。

司法独立的原则包括：（1）法官独立审判案件，不受任何干涉。法官因此应享有很高的社会威望，尤其是最高法院的大法官，美国人把他们"看做是宪法所赋予的广泛个人自由的监护者和解决全国性重大争论的仲裁人"[1]。他们在审理、判决刑事、民事、行政案件时，只根据法律，不受其他因素的影响，即人们所常说的秉公执法，依法办案。（2）司法机关组织系统独立，与其他组织系统分离。西方各国，司法机构或法院被赋予或成功地保持着一种与众不同的独立作用。"在理想的观念模型中，司法机构常常被界定为旨在以一种确保对争讼各方都公平和正当的方式使冲突解决制度化的专门组织"[2]。（3）为保障法官审判独立，设立相应法律条款，保护法官地位和权力不受侵犯。如高等法院的法官享有高度的职务安全，他的职务是终身的，只要他们有良好的职业行为，就可以一直工作到退休。美国宪法规定："最高法院和下级法院的法官如行为端正，得继续任职，并应在规定的时间里得到服务报酬，此项报酬在他们继续任职期间不得减少。"历史上解除法官职务的事极少发生，除非因法官的过错或犯罪，但下级法官若不称职或有不适当的行为就可以予以免职。在美国历史上，只有10名联邦法官受到国会弹劾，其中5人被判无罪，4人被判

---

[1] 巴雷特·麦古恩：《最高法院怎样发挥作用》，载《交流》1985年第2期。
[2] 戴维·米勒、韦农·波格丹诺编：《布莱克维尔政治学百科全书》，中国政法大学出版社1992年版，第379页。

罪，1人辞职。遭到弹劾的法官极少，除弹劾程序困难复杂外，也证明法官一般均能忠于职守，他们本身不仅是资产阶级国家法律的捍卫者，也是最好的执行者。可见，大法官的职位是神圣的。法官还享有司法上的豁免权。即在行使他的司法权过程中，他的言行是不负法律责任的，当然，恶毒、腐败的言行不在此例。同时，还享有民事和刑事的豁免权。

由于司法独立，法官们在审理案件时往往能更多地表达自己的哲学思想、政治观点、法学观点、价值观和职业道德，因此法官，尤其是最高法院的大法官，对社会往往能产生重大的影响。

司法审查

司法审查作为一种制度，首创于美国19世纪初期，到20世纪后期，为其他许多法律体系所接受。今天，司法审查或许可以被视做西方立法政体的主导制度。

司法审查制度亦可称"违宪审查制度"。它是通过司法程序审查和裁决立法与行政是否违宪的一种制度，因而也可以理解为司法制约立法与行政的一种手段。这一制度其目的在于维护宪法的权威性，防止出现与宪法精神相抵触相违背的法律，使宪法具有最高的法律效力。根据三权分立与制衡原则，司法机关包括普通法院（主要是最高法院或宪法法院）被认为是保障宪法的机关，一旦议会立法或行政行为违宪，就可以宣告该项立法或行政行为违宪或无效。

各国司法审查制度可分为两种：一种是普通法院审查制度，为美国、日本等国采用，它是由普通法院（主要是最高法院）通过审理具体诉讼案件来审查它们所适用的法律、法令等是否违宪。另一种是宪法法院审查制度，为意大利、法国、奥地利等国所采用。

美国宪法中没有提到司法审查。美国法院的司法审查权是1803年联邦最高法院大法官马歇尔在审理"马伯里诉麦迪逊案"的裁决中确立的。该案判决书宣布："所有制定成文宪法的人认为，宪法构成国家的根本法和最高的法律。……解释法律显然是司法部门的权限范围和责任。把规则应用于具体案件的人必然应当阐述和解释该项规则。……违反宪法的法律是无效的；法院和其他部门都应受到该文件（宪法）的约束"[①]。据此，

---

① 李道揆：《美国政府和美国政治》，第483页。

最高法院在裁决中宣布：1789年司法法第十三节改变了宪法明文规定的最高法院的第一审管辖权，是违反宪法的，因而是无效的。

这个案例确立了法院解释宪法的权力；由于只有联邦最高法院的裁决才是终审裁决，所以实际上只有联邦最高法院才拥有解释宪法的最终权力；通过解释宪法，有权宣布国会制定的法律、总统发布的行政命令、行政机关颁布的规章条例以及州宪法和州法律违反联邦宪法，因而无效，不得实施。在这一过程中，最高法院裁决往往发展甚至改变宪法条款的原有含义。所以美国最高法院的解释宪法权或司法审查权，就成为改变宪法的重要手段。最高法院的裁决一经做出，即成为宪法惯例，政府其他部门及各州必须遵守。这样，司法审查权扩大了联邦法院的权力，提高了它的地位，使司法部门得以真正同立法和行政两部门鼎足而立，对美国政治、经济、社会生活产生重大影响。

在法国，这一权力的行使者是"宪法委员会"，它创立于1946年，1958年对职能又作了新的规定。宪法委员会由9名委员组成，3名由共和国总统任命，3名由国民议会议长任命，3名由参议院议长任命。任期9年，每3年更换1/3，不得连任，不得兼任部长或议员。历届前任总统为宪法委员会终身成员。宪法委员会主席由总统任命。它的职能包括两个方面：一是对某些选举程序负责。它确保共和国总统选举的合法性，审查申诉意见并公布投票结果。二是作为"公共权力机构正常活动的调节者"。各项组织法在颁布前，议会两院的规章在执行前，均应提交宪法委员会审查，由宪法委员会宣布其是否符合宪法。凡被宣布为违反宪法的条款不得颁布与执行。宪法委员会的裁决是最终的，它对公共权力机构、一切行政机关和司法机关具有强制力。

第五篇

当代西方民主

第二十章　当代西方民主理论（上）

由洛克、孟德斯鸠、密尔等人经典表述的，以公民权利、分权制衡与代议制为核心的主流民主理论，是西方民主史上不朽的丰碑，它为近现代西方民主制度的形成和发展奠定了坚实的基础，在整个自由资本主义阶段，这种以议会为中心的民主政体被看作是理想的治理形式。

然而，19世纪末20世纪初、特别是在"第二次世界大战"后，由于资本主经济和民主制度某些方面的新变化、新发展，原来的一套民主理论在某些方面难以适应西方社会不断变化的现实。

首先，议会权力衰落，行政权力扩张，权力结构出现了制衡中的失衡。在自由资本主义时期，政府的权力是相当有限的，私人资本反对政府的干预，地方政府也具有较大的独立性，强大的议会制约和支配着政府机构，使政府对经济基础的服务职能和管理职能呈现明显的间接性和有限性。"第二次世界大战"后，科学技术成为生产力发展的重要动力。这时，私人垄断资本无力单独承担某些新兴科技开发的投资，因为这与资产阶级追求眼前利益的目标相矛盾。这样就需要一个"总资本家"进行计划干预和调节。对于国家干预经济的新职能，议会已难以胜任，因为议会成分复杂，意见纷纭，规则和程序烦琐，缺乏专家，效率低下，跟不上现代信息社会的发展。相反，政府部门握有收集信息和背景材料的机构和先进手段，便于提议案、作决策。于是，国家机构中的权力重心从议会转移到了行政机关（详见第二十二章）。但是，行政权力的不断扩张也带来了另一个方面的负面作用，即政府机构急剧膨胀，官僚主义盛行，行政决策系统超负荷运转，政府的决策满足不了公众的愿望。在这种情况下，人们要求进行改革，限制行政权力，革新政府机构。

其次，议会制民主的局限性日益暴露。"第二次世界大战"以后，西方国家经济和科学技术迅速发展，国家广泛介入社会经济生活，这在客观上刺激了利益集团的兴起。因为人们日益认识到政府权力与切身利益的相关性，各社会集团都希望用一切可能的手段保护自己的利益。西方国家法律中关于公民权利特别是结社权、知情权的规定，为各集团运用政治手段维护自身权益提供了可能。因而，战后各利益集团如雨后春笋般迅速发展。利益集团的发展对传统的代议制民主提出了挑战。传统的议会制是在党派政治的基础上，通过代议制原则，在议会规则内寻求不同利益之间的妥协，多数民众往往被排斥在议会活动之外。在新的形势下，各种利益集团和广大民众已不满足于在一定范围内行使法定的选举、公决、游行、集会、出版和言论等传统的政治权利，他们还要求通过利益集团来集中、选择、综合各种具体利益和愿望，形成提案输入国家决策体系，进入政治过程，直接参与政治决策。显然，利益集团的兴起表明，议会已不能包办全体公民的要求和权利，代议制民主的局限性与公民要求普遍参与政治生活的矛盾日渐暴露。为了从议会制民主危机中寻找出路，对经典民主理论进行反思、修正，以适应社会客观条件的变化和发展，成为势所必然。正是在这样的历史背景下，各种有别于经典民主理论的新的民主思想或流派横空出世，它们的见解主张各异，视角方法有别，影响大小不等。

一　新自由主义政治思潮

自由主义的基本问题

自由主义，作为西方社会主流的意识形态，一直引领着近代以来西方文明的发展。可以说，不了解自由主义就不可能理解近代以来的西方文明。在多元化的西方社会，学术流派纷呈；在这些不同的流派中如果都为着探求社会的进步，那么或多或少有着自由主义的思想因子，有的甚至同自由主义有着难以分辨的区别。包括马克思主义，你能说是与自由主义相对立的一个派别吗？《共产党宣言》中那段"自由人联合体"的名言，崇尚"自由"与"个人自由"的思想溢于言表，可见马克思主义与自由主义在对人的自由目标的追求是一致的。

自由主义本身内容纷纭，支派众多，在洛克以降的三百余年中其理论内涵、学术观点无不随着社会发展而有所变更；如果我们的认识仅限于这些翻新着的自由主义的某些观点，而不看清各时期自由主义前后相承的主脉，那我们便无法认知自由主义的基本理念。所以，在了解新自由主义与当代自由主义思潮之前，有必要提出与讨论自由主义的基本问题。

自由主义的基本问题如果用一句话加以表述，那就是：公民的个人权利与国家权力的关系问题。公民权利与国家权力两者，何者至上，何者本位？答曰：是公民权利。公民权利是天赋的，是与生俱来的自然权利；国家权力是公民权利的派生物，是与公民们订立契约所产生的公共权力。因此，权利高于权力，人权高于主权。公民们所以需要国家权力是为了免于无政府状态下公民的权利受到伤害。国家为公民而存在，不是公民为国家而存在。国家权力是一种受委托的权力，它的基本职责是保障公民的各种基本权利。能保障公民权利的政府是尽责的好政府，不能保障公民权利的政府是失职的劣政府，那些侵犯、践踏公民权利的政府便是犯罪的恶政府了。自由主义的国家（政府）观念否定了神权说、君权说，是近代国家学说的一次深刻的革命。自由主义的国家（政府）观念，也不认同"无政府主义"与"国家消亡"的学说。无政府主义与国家消亡说都认为，在有国家的情况下不可能有公民的自由。两者的区别是，无政府主义反对一切形式的国家，最好能在一天之内消灭之；国家消亡说则认为，国家的存在是同社会分裂为阶级相联系的，具有历史的必然性与暂时性；国家是控制阶级斗争的工具，它随着阶级的消失而消亡下去。这是一个狭隘的国家概念——将国家界定在阶级斗争工具这个框架的视角之内。它没有回答，在"国家消亡"之后，社会是否还存在公共权力机构？如果存在公共权力机构，那么就依然存在公共权力机构与它治理下的公民之间的关系，因此，自由主义所提出的基本问题——公民的个人权利与国家权力的关系问题——就依然成立。

虽然社会与国家是由许多公民组成的，且国家应当听从公民的意愿；但是在某种情况下，公民们是无能为力的，如战争的威胁，自然灾害的袭击，经济和社会危机，宏观与长远的建设工程等。所以，国家除了保障公民的权利之外，还要承担社会的公共职能。尽管公民权利对于国家权力具有基础性的意义，但国家权力并非永远只被动消极地应付公民们的权利诉求。所以，自由主义也认为，国家权力在某种情况下应超越被动状态，主动承担起积极干预社会生活的职能，使社会能应对危机，渡过难关。在这种情况下，公民权利与国家权力之间的关系必须作出相应的调整；公民权利至上在此似乎具有相对的意义了。但是，自由主义坚信，公民始终是国家的基石，尊重与保障公民权利是政府不可动摇的原则。如果政府借口应对某种特殊情况而罔顾民意，独断专行，那么，这个政府便超越了合法性轨道，它给民众将带来灾难。所以，公民权利与国家权力，好像钟摆左右摆动，或像天平两端上下浮动，但这种摆动与浮动总是被限定于一定的界限之内。对于自由主义深入人心的西方社会来说，他们不会崇拜国家，惧怕国家，不会容许全能国家的出现；他们更不会相信，他们的国家有一天会把他们踩在脚下，恣意蹂躏。

自由主义经三百多年之历程，随着时代的变迁，呈现出发展的不同阶段，思想观念异彩纷呈。然而，如果提纲挈领地加以梳理，各时期、各学派的自由主义，其理论的基本倾向始终无有离开自由主义基本问题这一主脉。

自由主义的发展与变迁大致可以划分为三个时期。第一时期为古典自由主义，是自由主义的确立时期，包括理论体系的完成与融入宪政制度的开创性实践。其时间为17世纪末至19世纪中叶。第二时期是新自由主义，其时间为19世纪中叶至20世纪的第二次世界大战。第三时期是当代自由主义，或古典自由主义的复兴，其时间为20世纪40年代至今。

对自由主义三个时期粗线条的划分，是为了便于说明，自由主义在其发展中虽对应时代大潮的回应出现各种学术流派，思想观念亦出现某种变更，但这些学派与思想变迁始终没有离开自由主义基本问题的中轴。

自由主义第一时期的代表以洛克为当然。马克思称他为自由主义鼻祖，是自由主义的奠基人。他的《政府论》（下）是自由主义的第一部经典文本（尽管那时尚无"自由主义"这一概念）。洛克的权利本位思想铺垫了近代民主的康庄大道，他为自由主义奠定了两大基石：一是个人自然权利说，二是政府必须基于被统治者的同意。政府由契约产生，目的是为了保障公民的权利；以此，洛克进一步提出"有限政府"与"分权"理念。

洛克之后的一些思想家对洛克所奠定的自由主义学理有所深化和发展。如孟德斯鸠对限制政府的权力与防止权力的滥用完成了洛克的分权说，并成为美国立宪的依据之一，他还对专制主义作了淋漓尽致的批判。贡斯当在分析批判卢梭的政府绝对权力中捍卫了个人权利。托克维尔对大众民主可能导致"多数人暴政"提出了警示，告诫民主是可以损伤自由的。亚当·斯密则在经济生活中强调了个人自由的意义，他的"小政府"创意一直为后人所重申。密尔的《自由论》成为这一时期全面阐述自由主义的思想家，代表古典自由主义的终结，并开始向新自由主义转变。

第二时期为新自由主义。进入19世纪后资本主义矛盾突现，社会弊端暴露，批评资本主义的各种社会主义思潮纷纷涌现。第一次世界大战对自由主义信念是一次沉重打击。20至30年代资本主义的经济危机以及苏联在此时期的社会主义成就更拷问着自由主义。在此背景下自由主义作出了相应的回应，以格林为代表的新自由主义应运而生。他们强调个人权利同时，肯定了社会的共同利益，指出个人与社会之间的关系，"自我乃是社会的自我"。他们尊重个人应享的消极自由，提倡主动追求自由的积极自由。他们主张在保障个人权利的同时，应发挥国家在社会生活中的积极作用。此后的凯恩斯更主张国家应大规模干预经济与社会生活，他对国家无所作为的古典自由主义提出了批评。但他不是国家主义者，他反对"不顾及自由与日常生活之安全"的全能国家，坚定地拒绝接受苏联的经济与政治模式。凯恩斯理论的出发点是为了拯救资本主义。

颇具意味的是，面对资本主义的矛盾、冲突与危机，马克思主义主张以革命方式推翻这一制度，建立由国家垄断一切的社会主义。而新自由主义与民主社会主义主张在资本主义的框架内实行社会改良，以缓和矛盾，改进资本主义。前者如"国家干预"，以克服市场弊端；后者如"福利国家"，以实现社会公正。革命与改良两种选择，其后果孰优孰劣，答案已昭然若揭。

第二次世界大战及其之后，自由主义进入当代阶段。它颇似古典自由主义的复活，但不是古典自由主义的重复，因为它饱含着历史的创伤。"二战"中，德、意、日法西斯对人类的蹂躏，苏联斯大林主义给人民带来的灾难，使自由主义肯定个人价值、强调市场经济、反对国家过多干预与包办社会生活的理论主张赢得了社会的广泛认同。哈耶克《通向奴役之路》（1944）揭开了自由主义复兴的序幕。此后自由主义思想家相继辈出。波普、伯林、布坎南、罗尔斯、德沃金、诺奇克、诺斯等，阵容之强大远超新自由主义时期。伯林的《两种自由概念》是20世纪"自由主义宣言"。罗尔斯的《正义论》阐述了"平等的自由"的自由主义哲学主旨。他们对极权主义的批判，对乌托邦的批判，赋予个人自由新的价值。公共选择学派针对以格林为代表的新自由主义对国家干预寄予厚望，指出国家干预可能像人一样会犯错，同时，其执行者可能以公共利益的代表来谋私。新制度主义经济学派认为，只有与生产活动者的利益相联系的产权制度，只有自由主义国家，才能促进经济增长。这种国家的职能应该是有限的：保护产权以及保护不同产权所有者之间的自由交易。这一理论批评"福利国家"导致国家权能大为膨胀，乃理所当然。

"文革"之后，自由主义叩响了中国的大门，逐渐为中国知识界所熟悉，对中国市场经济的发展与民主宪政的建设提供了重要的启示。今天，自由主义已在世界不少国家安营扎寨，作为主导社会进步的思潮，已超越了西方国家的疆界。

倡导国家干预

国家干预理论是新自由主义政治思想的中心。

在19世纪中期以前占据西方国家理论主导地位的是古典自由主义国家学说，它信奉"契约论"基础上的有限政府论，认为国家或政府的主要职能是充当个人生命、自由、财产安全的"守夜人"。除此以外，国家不要管得太多，国家不能干预社会生活，尤其不能干预经济生活，即所谓"管得越少的政府，才是越好的政府"。

与其先辈的这一观点相左，新自由主义认为，古典自由主义主张国家奉行放任主义，以不干预的态度对待经济和社会生活，是20世纪的"过时"理论，它无视社会中不平等的发展，无视自由的逐渐毁灭，其结果只能导致国家在政治上软弱无能和民主政治的破产。克服这一状况的最佳途径就是扩大国家干预经济和社会生活的作用，建设"积极的"福利性国家，对此英美新自由主义者作了连篇累牍的阐述和论证。

作为国家干预理论的开创者，格林主张，为了促进道德发展，消除愚昧、酗酒、贫穷等现象，国家必须进行干预，而国家的目的就是为了促进人们的共同幸福而提供公共福利，为此，国家应该干预土地买卖，强迫实行教育，干涉婚姻、劳动、保健，等等。格林相信，国家干预具有积极的意义。

格林的观点为英国其他新自由主义者所继承和发挥。霍布豪斯认为国家应当积极地发挥作用，为每个公民的自由发展提供更多的社会条件和更有利的社会环境，国家要更广泛地干预政治、经济、教育等活动，为公民提供广泛的公共福利。里奇认为，个人自由与国家干预二者的关系并不像古典自由主义者所说的那样是此消彼长、处于对立状态的两极关系。如果以为国家干预的增强，必须是个人自由的减少，这就是把复杂的政治现象简单化为会计账本上的收支关系，他宣称在新的历史时期国家干预是社会进步和个人自由的必不可少的因素，国家干预的范围也将越来越广。约翰·霍布森认为："国家应当承担那些它最有能力进行管理的工作；应当承担那些需要向人民提供生活必需品的工作；应当承当那些会被私人企业借以谋取私利、危害民众的工作"①。

由英国新自由主义者提出的国家干预理论，被美国的新自由主义思想家推向了顶峰。克罗利强调扩大中央政府的权力，赋予它足够的干预权力，保证国家以积极的、创造性的方式进行干涉。因为"更重要的是，一个民主社会如何才能把每个人都置于利益和责任之中？如何才能更好地维持团结？这就需要社会保持联合的凝聚力"②。这种凝聚力的主要提供者便是有所作为的国家。布兰代斯也充分肯定了国家的作用，他认为，国家是维护自由的工具，是实现公民自由权的手段。国家要充分体现出它在维护公民自由权方面的重要作用，就必须对经济活动进行干预，尤其要大大限制垄断资本。富兰克林·罗斯福认为个人自由不仅应当受到保护，还要有所发展，国家干预正是为了保护和发展个人自由创造条件。"自由得以继续存在的惟一确实的屏障，就是一个坚强得足以保卫人民利益的政府，以及坚强而又充分了解情况足以对政府保持至高无上统治的人民。"③为了增强自由与民主，政府要推行各种有助于普及经济福利的措施，要比以前任何时候都更积极干预和改变社会状况。作为历史上唯一连任四届的美国总统，罗斯福对新自由主义的主要贡献与其说是在理论上，还不如说是他把这一理论全面付诸实践，使国家干预理论在美国变成现实——"罗斯福新政"，从而最终确立了新自由主义理论在现代的地位。

国家干预与公民权利之间的平衡

新自由主义者认为，国家干预的加强和范围的扩大不应意味政治上和经济上的专制。为了能使国家与个人相和谐，避免可能发生的任何专制，还必须强调维护和扩大公民权利，使公民的民主、自由、平等得到更切实的保障。在这方面霍布豪斯的主张颇具典型性。他担心国家对社会生活的

---

① 霍布森：《社会问题》，伦敦艾伦和昂温公司1901年版，第175页。
② 克罗利：《美国生活的前途》，纽约达顿公司1967年版，第195页。
③ 《罗斯福选集》，商务印书馆1982年版，第181页。

全面干预，如果不予以一定程度的制约，会对个人自由造成新的威胁。为此，他主张从国家制度上限制国家干预的范围和程度，保护个人自由不受侵犯。他把这种能使国家干预与个人自由相"和谐"的理想的国家制度，称为"自由社会主义"。

霍布豪斯认为，自由社会主义既是民主的，又是自由的，"它必须建立在个人自由的基础上，它不应该是压迫而应该是促进个性的发展"；"它必须是民主的，是产生于下层而不是产生于上层的"[①]。为了保证自由和民主的实现，应尽可能地提供给公民更多的行使政治权利的机会，因为，民主成功的重要尺度是公民的参政热情和参政程度的高低，而在现代国家中，单个公民总意识不到自己对国家实际政治过程所起的作用。同时也由于普通公民对复杂曲折的政治程序不甚了解，所以对国家重大政治问题漠不关心。但是对于他周围的、与他切身利益相关的组织，如工会、合作社等，他是了解的，对发生在他身边的事情，如市场的价格波动等，他是感兴趣的，因此，为了提高公民的参政热情，应建立一些行业"中介组织"，成为公民参与政治活动的基本单位，引导公民由小及大、由近及远地讨论各种政治问题，比如由薪水、物价而及工厂法、贸易法的制定；由社区经费而及教育立法；由邻里关系而及国家外交事务，等等。

从理论上看，霍布豪斯的上述观点是建立在他的所谓"民主主义"或"人道主义"的国家观的基础上的。他说："国家在双重意义上是人类的仆人：一是国家的一切所作所为，都要用它的成员的生活来评价，二是说国家自身的好坏，也要用它对人类社会所作的贡献来判定。"[②]

美国的新自由主义者对国家干预与公民的民主、自由、权利之间的关系，抱更为乐观的态度。罗斯福认为，民主不仅仅是实现普选权和自由表达意志，它在人民的日常生活中还必须是一种积极和富有建设性的力量。也就是说，民主政府应在不违反宪法所保证的自由的前提下，保证社会成员在经济条件和社会地位的平等，否则人民就会在自由、民主和面包之间选择面包，自由也就成了一句空话。"对于我们许多人来说，由于经济上的不平等，一度赢得的政治上的平等已经失去意义。"[③] 罗斯福相信，借

---

① 霍布豪斯：《论自由主义》，伦敦威廉斯和诺伽特公司1923年版，第23页。
② 霍布豪斯：《国家的形而上学理论》，伦敦艾伦和昂温公司1926年版，第137页。
③ 《罗斯福选集》，第173页。

助于国家的有效干预，才能为公民的自由、平等、民主权利创造条件，扫除障碍，提供保证。

"二战"以来的当代自由主义，是古典自由主义的复兴，也可以说是对新自由主义的一次颠覆。主要表现在，他们在公民权利与国家权力的关系上极力主张将公民权利置于首位。约翰·罗尔斯在他的《正义论》（1971）一书中，将平等的自由置于高于一切的地位。他认为理想的"正义"社会应拥有最大的平等自由，每个社会成员都应该享受平等的自由，包括言论、集会、结社的自由等。一个民主立宪政体的首要原则就是保证平等的政治自由。当平等的自由原则在由宪法规定的政治程序中得到运用时，就成为平等的"参与原则"。而参与原则要求所有公民拥有平等权利参与立宪过程、决定立宪结果，要求所有的成年人都有权参与政治事务，每个有选举权的人都有一张选票，而且"每张选票在决定选举结果中具有大致相同的分量"，要求"所有公民至少在形式上应有进入公职的平等途径"①，要求"所有的公民都应有了解政治事务的渠道"。因此，宪法必须采取有力措施，不仅要保证社会所有成员享有参与政治的平等权利，保证"在机会公平平等的条件下职位和地位向所有人开放"②，"确保一种参与、影响政治过程的公平机会"，而且要让最少受惠的社会成员获得最大的利益，改变社会和经济的不平等状况，避免由于"资产和财富分布上的不均等"而造成"社会中的较不利者"，"不能有效地行使他们那一份与别人相同的影响力"③。可见，罗尔斯所一再强调的公平、平等，实际上不仅指法律的平等、机会的平等，而且指的是事实上的平等、结果的平等，为此就需要给最少受惠者以必要的补偿，以减少社会中的不平等。罗尔斯把他所理解的自由、平等视作代议制民主政治得以实现和长久维持的必要条件，从而把平等、自由与民主紧密地交织在一起，也因此把新自由主义推进到一个新的阶段。

伯林是在福利国家兴盛时期曾经引起轰动的自由主义思想家，他的基本思想被人们再次阐释，成为自由主义复兴的又一标志。伯林的自由理论

---

① 罗尔斯：《正义论》，何怀宏等译，中国社会科学出版社1988年版，第79、213、216页。
② 同上。
③ 同上。

中享有盛名的是他关于"消极自由"与"积极自由"两种自由的思想。根据伯林的说法,"自由向来有两种不同的界定"。第一种界定关心的是:"在什么样的限度内,一个主体可以做他想做的事,而不受到别人的干涉?"第二种意义的自由则主要考虑:"什么人有权决定某人应该去做这件事或成为这种人,而不应该做另一件事或成为另一种人?"前者导出"自由乃外在干预之解除",伯林称之为消极自由;后者导出"自由乃自己成为自己的主人",伯林称之为积极自由。消极自由是英美自由主义传统争取的目标,也是一种比较稳健可行的自由。积极自由在本质上与消极自由原无冲突,但是由于"自我控制、自为主宰"在逻辑上预设了"有一个高贵的、理想的自我向低劣的、经验的自我下律令",因此自我一分为二。接着,又由于真实的自我不一定存在于个人心中,而可能体现在比个人更广泛的集合体(如部落、国家、种族或阶级)中,因此这种外于个人的存在才得以名正言顺地要求经验上的自我向之臣服。这些外力比个体还了解个体真正需要的是什么,也更清楚个体要如何改造才能获得自由。伯林认为积极自由所蕴涵的危险十分严重,轻者如斯多噶学派之自我否定,重者如极权主义之遵奉教条。因此,追求真正自由的人不应该受其蛊惑。[1]

至此,我们可以得出结论,保障和扩大公民的民主、自由、平等权利,是新自由主义思想家的共同立场,它体现出新自由主义在对待民主、自由、平等等重大问题上,与一切保守主义流派包括21世纪的新保守主义的原则区别。20世纪70年代以后,一些新自由主义者转变为新保守主义者的一个重要表现,就是他们对这一原则的放弃。

哈耶克论自由与民主

弗里德里希·奥古斯特·冯·哈耶克(Friedrich August Von Hayek)不仅是一位诺贝尔经济学奖获得者,他在社会学、政治学、法理学、哲学等广阔领域均有较深造诣,对现代世界经济和政治产生了重大影响。

有限理性 哈耶克认为人的知识是有限的,人不能克服无知。尽管人类知识在不断地增长,但"在知识增长的同时……人的无知范围,亦会不断地增加和扩大",而同时"每一个个人的心智从中所能汲取的知识份

---

[1] 伯林:《自由四论》,陈晓林译,台北联经出版公司1986年版,第225—295页。

额亦就愈小"①。与此同时，哈耶克认为，理性也是有限的。在西方思想史中，对理性的认识，存在着理性无限与理性有限的两个派别。在哈耶克看来，前者为"建构理性"，它包括早期的柏拉图、奥古斯丁以及近代的笛卡尔、卢梭、孔多塞、重农学派等；后者为"进化理性"，它包括早期的亚里士多德、西塞罗、阿奎那以及近代的亚当·斯密、爱德蒙·伯克、托克维尔、大卫·休谟等。理性无限论者认为，凭借理性，个人可以克服无知，少数天才甚至可以达到全知，掌握终极真理。哈耶克认为，这样过分夸大理性，最终可能摧毁理性本身，把人置于被奴役的境地。他指出，个人理性只是一种"工具"，一种"抽象思维的能力"。"进化理性"与"建构理性"的区别在于："一派主张有机的、缓进的和并不完全意识的发展，而另一派则主张教条式的周全规划；前者主张试错程序，后者则主张一种只有经强制方能有效的模式"②。

从这一认识论出发，哈耶克把个人主义分为"真个人主义"和"伪个人主义"。真个人主义的真正基础是："第一，任何人都不可能知道谁知道得最清楚；第二，我们能据以发现这一点的唯一途径是一种社会过程，而在这个过程中，每个人都可以自由地去尝试和发现他自己所能够做的事情。"③ 真个人主义的本质特征是："首先是一种社会理论，亦即一种旨在理解各种决定着人类社会生活的力量的努力；其次，它才是一套从这种社会观念中衍生出来的政治准则。"④

以"建构理性"为指导的个人主义是"伪个人主义"，它一直是哈耶克所批判的对象。伪个人主义在追求个人自由的制度中，往往通过消灭现行制度、提倡采用全部的计划去实现，因此，主张政府组织最高程度的干预。这种个人主义隐含着"一种演变成个人主义敌对面的趋向"，即"社会主义或集体主义"的趋向。

真个人主义坚信，如果让人们享有自由，那么他们取得的成就往往会多于个人理性所能设计或预见到的成就。在真个人主义中，个人被当作人来尊重，在他自己的范围内承认其看法和趣味是至高无上的。这里需要强

---

① 哈耶克：《自由秩序原理》，邓正来译，三联书店1997年版，第25页。
② 同上书，第64页。
③ 哈耶克：《个人主义：真与伪》，载《个人主义与经济秩序》，邓正来译，三联书店2003年版，第21页。
④ 同上书，第11页。

调指出的是，哈耶克是否定个人本体论的，"在哈耶克真个人主义中的'个人'所具有的首位性乃是道德论的而非本体论的"，"个人在实在序列上并不优先于社会，而只是在意义序列上优先于社会"。①

自由观 第一，个人自由。在哈耶克看来，个人自由就是指"一个人不受制于另一个人或另一些人因专断意志而产生的强制的状态"。哈耶克还讨论了政治自由与内在的自由。所谓"政治自由"，乃是指人们对选择自己的政府、对立法过程以及对行政控制的参与。它是一种集体自由。哈耶克并不反对政治自由本身，而是反对把个人自由和政治自由同等看待。哈耶克指出，当人们将自由适用于集体而非个人时，"一个人可以通过投票或缔结契约的方式而使自己处于奴役状态，从而同意放弃原始意义的自由"②，此时"选择政府未必就是保障自由"③。对哈耶克来说，个人自由相对于政治自由而言永远享有绝对优先地位。

所谓"内在的自由"，乃是指"一个人的行动，受其自己深思熟虑的意志、受其理性或持恒的信念所导引，而非为一时的冲动或情势所驱使"。④ 一个人的内在自由受其情绪或道德缺失及知识不足的影响，而个人自由的影响对象却是别人的强制。

第二，自由与强制。"强制"是哈耶克自由概念的中心要素。它是指人与人的关系。"当一个人被迫采取行动以服务于另一个人的意志，亦即实现他人的目的而不是自己的目的时，便构成了强制"。⑤ 所以，强制并不等于无选择，"强制意味着仍进行选择，只是我的心智已被迫沦为了他人的工具"。强制是一种恶，因为它把人彻底沦为实现他人目标的工具；然而它又是一种必要的恶，因为它不能完全避免和绝对消除，而只能把它限制在使个人或群体不能任意强制他人的最低限度范围之内。我们只有对强制进行强制才能避免个人自由遭受剥夺。哈耶克将拥有强制的权力赋予了国家，同时强调把政府的强制限制在最低限度内，从而保障有效的个人自由。这个最低限度实际上就是众所周知的一般性规则。哈耶克指出，只有强制以众所周知的规则为依据，才能成为一种有助于个人追求其目标的

---

① 哈耶克：《个人主义与经济秩序》，邓正来译，三联书店 2003 年版，代译序第 31 页。
② 同上书，第 7 页。
③ 同上书，第 8 页。
④ 同上。
⑤ 同上书，第 164 页。

工具，而不是一种用以实现他人目的的手段。显然，哈耶克的自由概念是一个消极的概念，具有否定性、防御性、消极性的特点。

第三，自由与平等。讨论自由必然涉及平等问题。哈耶克在坚决主张个人自由的同时，同样坚决地反对社会平等，反对分配正义和福利国家。在他看来，不平等是社会进步的必要前提和根本动力，平均主义的发展方式必然失败，对于平等的诉求必然损害自由，从而妨碍社会进步。哈耶克指出，"一般性法律规则和一般性行为规则的平等，乃是有助于自由的唯一一种平等，也是我们能够在不摧毁自由的同时所确保的唯一一种平等。"① 哈耶克从人性的无限多样性出发极力批判物质平等的要求。哈耶克认为，"自由所要求的法律面前的人人平等会导向物质的不平等。……但是，自由社会却绝不允许因此而把那种力图使人们的状况更加平等化的欲望视作国家可以行使更大的且歧视性的强制的合理依据。"② 任何企图改变这一不平等结果的主观设定的分配模式，在哈耶克看来都不但无用且有损于自由和社会进步。

第四，自由与法治。从法律面前的平等对个人自由的重要意义出发，自由与法治的关系自然易于理解。在哈耶克看来，个人自由是法治之下的自由，法治既是自由的保障，也是自由在法律上的体现。正如哈耶克所指出的，"就人们的行动与他人的关系而言，自由的意义仅意指他们的行动只受一般性规则的限制"。"自由意味着，也只能意味着，我们的所作所为并不依赖于任何人或任何权威机构的批准，只能为同样平等适用于人人的抽象规则所限制。"③ 而这种一般意义上的抽象规则，就是实质意义上的法律，它区别于作为具体命令的"法律"。哈耶克所谓法治是一种政治理想，一种"元法律原则"，即一种关注法律应当是什么的规则，它永远为检验国家法律和政府政策提供依据。

民主观

1. 对无限民主的批判　理解哈耶克的民主思想，首先要了解哈耶克是在什么意义上使用民主概念的。哈耶克认为，"自由主义所关注的是对一切政府（不论是民主政府还是非民主政府）所拥有的强制性权力进行

---

① 哈耶克：《自由秩序原理》，邓正来译，三联书店1997年版，第102页。
② 同上书，第104—105页。
③ 同上书，第193页。

限制，而教条式的民主主义者则只知道以一种方式限制政府，即当下盛行的多数意见"。可见，"民主本身并不是终极的价值或绝对的价值……民主很可能是实现某些目的的最佳方法，但其本身却不是目的"。①

首先，民主是人类迄今为止所发现的唯一能以和平方式更换政府的方法。其次，民主是个人自由的重要保障。"因为一些个人有权武断地强制他人，不可能有利于多数。"② 最后，民主对于人们普遍了解公共事务具有极大的影响力。因为，"民主是教育多数的唯一有效的方法……是一种形成意见的过程"。

哈耶克肯定了民主的内在价值，还审慎地分析了民主的内在限度。

首先，民主仅是一种手段和方法，不具有最高的价值意义。哈耶克指出了民主存在两个方面扩展的可能性，即有权投票的人的范围和由民主程序决定的问题的范围，认为，"我们并不能简单地认为对民主所做的任何扩展都会对人类有益，也不能认定民主原则本身就要求其范围应得到无限的扩展"。③ 其次，民主并不是智慧产生的源泉，也不是智慧产生的场所，多数决策不一定就是最优智慧。"因为多数决议往往是考虑欠充分的产物，而且一般都是不能令任何人感到完全满意的妥协之物。"④ 再次，民主只有遵循抽象的一般性规则，才可能存续。"如果绝大多数人对所期望的社会类型都没有一个共同的一般性观念，那么民主是否还能够长期有效的运行，就显然是一个疑问了。""因此，对一些原则的共同接受，乃是一自由社会的不可或缺的条件，这意味着多数的权力要受到那些为人们共同接受的原则的限制，而且任何合法的权力都不能凌驾于那些原则之上。"⑤ 最后，哈耶克认为，"主张民主的论点，其实现预设了任何少数意见都可能变成一种多数意见"。⑥ 哈耶克认为，人类知识和社会的进步正是得益于多数意见不断地遭到一些人的反对，当一种意见成为多数意见时，它可能已不再是最优的，因为另一些观点可能已经超过当前多数所能达到的水准。基于此，哈耶克批驳了那种对多数意见尊崇的看法，"一些

---

① 哈耶克：《自由秩序原理》，邓正来译，三联书店1997年版，第129页。
② 同上书，第131页。
③ 同上书，第127页。
④ 同上书，第135页。
⑤ 同上书，第130页。
⑥ 同上书，第133页。

人认为，所有人的努力都应当受多数意见的指导，或者说如果一个社会能较严格地遵循多数确立的标准，那么这个社会就会更加和谐美满。然而，这种观点实际上却是与文明据以发展的原则相悖的。"① 在哈耶克看来，虽然多数的意见应当处于支配地位已达成共识，但这并不意味着人们不应当去改变这种多数意见。人们可以对共识或约定表示尊重，但对多数的智慧大可不必如此。

哈耶克深刻揭露了无限民主的恶果，并对其展开了无情的批判。

根源于主权观念的这一认识，民主制下"最高权力本质上必须是不受限制的，因为如不是这样，就等于假定在它之上还有一个权力，这样一来它就不是最高权力了"。

然而，民主机构只要拥有了无限权力，就会不正当地行使这种权力。哈耶克指出，"一个拥有无限权力的议会所处的位置，会使它利用这种权力照顾特殊群体或个人，不可避免的结果是，它会变成一个通过对特殊利益进行分配，成为它的支持者提供特殊好处的机构。现代'全能政府'的兴起与发展，以及有组织的利益集团迫使立法机构进行对自己有利的干预，都是因为不受限制的权力所导致的结果"。②

此外，掌控这种无限权力的政府，如果要维持自己的执政地位，惟一能够使用的方式就是满足足够多的压力群体所提出的要求，以确保自己得到多数的支持，它就必然是一个受制于特殊利益支配的弱政府。"现行的无限民主政府这种机器，炮制出了一整套新的'民主的'伪道德规范"，"人们把民主政府惯常做的事情或者特定群体能够经由操纵这种机器而从民主政府中勒索到的东西竟视作是一种社会正义之物。"③

2. 有限民主的确立　哈耶克对代议制民主的重新审视，建构了有限民主理论的宪政框架。哈耶克认为，宪政本质上就是"限政"，即"用恒定的政制原则限制一切权力"，特别是对政府权力实施一种有效的宪法法律限制，目的在于为个人自由提供制度性保障。经由宪政，人们会逐渐确立起一系列重要的原则，其中包括权力分立原则、法治或法律至上原则、

---

① 哈耶克：《自由秩序原理》，第134页。
② 哈耶克：《经济、科学与政治——哈耶克思想精粹》，冯克利译，江苏人民出版社2000年版，第414页。
③ 同上书，第283页。

法律下的政府原则、界分公法与私法的原则以及司法程序规则等。

哈耶克认为，宪法的职责是如何把不同的权力分配给政府各部门，确保正当行为规则的实施，区分公域与私域的界限，限制公权力的扩张，防止政府侵犯个人的自由领域。

同时，确立一个专门的立法机构，使宪法的分权原则真正落到实处，防止权力集中与专断。基于此，哈耶克提出了其独树一帜的"三权五层"的宪法新模式。三权即指立法权、司法权和行政权。哈耶克仍主张三种权力相互分立，将其作为宪政的一个基本前提，他认为这已是作为西方宪政思想的一个不可动摇的共识而存在。

关于"五层"宪法新模式，居于第一层的是宪法层次。哈耶克认为，宪法就其职能来说，是分配权力并制约权力的上层构架。居于第二层的是纯粹的立法议会。哈耶克认为，宪法赋予立法议会制定一般的普遍的行为规则，所有可以强制实施的规则，都必须得到这个立法议会的批准。但立法议会所掌握的这些权力也并非无限，它必须在合理的期限内回应政府所提出的特定问题，否则其权力将会暂时转交给政府治理议会执掌。第三个层级是政府治理议会。哈耶克指出，政府治理议会所作出的任何决策，都必须受到立法议会所制定的正当行为规则的约束，而且特别重要的是，这种政府治理议会还不得向公民发布任何命令。但是，只要在这些正当行为规则的范围内，政府可以全权决定如何组织政府机构并全权决定如何使用由它掌管的那些人力资源和物质资源，包括资金的使用额度以及资金的一般用途等问题。哈耶克强调，政府虽赋有如此巨大的权力，但它不得强制公民，也不得歧视公民。

在上述三个层级之下，是哈耶克新宪政模式的最后两层：政府机构和行政官僚机构。哈耶克认为，"政府，亦即政府治理议会的执行机构，当然还要受到政府治理议会所作的决策的约束，因此也完全可以被视作是整个权力结构中的第四层；而行政官僚机构则属于整个权力结构中的第五层。"①

在哈耶克的宪政新模式中，宪法、立法议会与政府治理议会所形成的组织架构以及由此产生的法律制度架构是其核心，政府及其下属行政执行

---

① 哈耶克：《法律、立法与自由》Ⅱ、Ⅲ卷，邓正来等译，中国大百科全书出版社2000年版，第449页。

机构，在他看来这些已经属于政府职能和行政法的范围，不属于宪法范畴，则处于次要的地位。

综观哈耶克的有限民主理论我们不难发现，哈耶克正是将民主政治和国家政治化约为法律之治，来医治现代民主政治的弊病。哈耶克强调法律之治的重要性，对于社会稳定和人类自由都有着重要的意义。哈耶克不仅在保障个人自由的基础上建构起有限民主的自由主义政治理论，而且他所主张的必须把立法代议机构的权力只限于制定真正意义上的法律的观点，使人们有可能切实实现那种从未真正存在过的权力分立制度，并进一步使"法律下的真正政府"和"有效的法治"成为可能。[1]

二 新保守主义民主观

新保守主义是20世纪70年代末在西方特别是美国迅猛崛起的一种思潮或运动，也是传统保守主义适应新的历史条件而出现了一个变种。这股思潮在西方社会的政治、经济、文化、宗教、社会、军事、教育等各方面都有较为系统的理论主张。其中有关民主问题的见解和看法，是新保守主义理论的重要组成部分，对战后特别是80年代以来西方政治思想和政治实践的走势产生了不可低估的影响。

新保守主义的复兴与新自由主义的衰微是同一历史过程。70年代以后，新自由主义所奉行的平等主义和福利国家政策已陷入难以自拔的困境，各种社会问题纷至沓来，社会经济、政治文化危机愈来愈严重，新自由主义和政治多元主义被认为对此负有不可推卸的责任，受到西方各界的广泛批评。正是在这样的历史背景下，主张限制国家干预、反对扩大民主和平等权利的新保守主义得以迅速兴起，并很快取代新自由主义成为西方政治思想的主流。

虽然，新保守主义的盛行是从70年代末才开始的，但它的形成却可以追溯至20世纪30年代。在迄今为止的近半个多世纪中，新保守主义阵营中涌现出许多著名的人物，如美国的拉赛尔·柯克、詹姆斯·伯纳姆、约翰·肯思·加尔布雷斯、彼得·维雷克威廉·巴克利、丹尼尔·贝尔、

---

[1] 邓正来：《关于哈耶克理论脉络的若干评注——〈哈耶克论文集〉编译序》，载《开放时代》2001年第7期。

塞缪尔·亨廷顿,以及丹尼尔·莫尼汉、欧文·克里斯托尔、沃特·李普曼等,他们的观点并不完全一致,在民主观上,也各有其侧重点,但作为新保守主义的代言人,他们在民主及其相关问题上,又有一些大致相同的观点,这些观点就构成了新保守主义民主观的基本内容。

论自由与平等

自由、平等与民主的密切关系是不言而喻的。新保守主义对自由、平等有比较系统的理论主张,它不仅构成了新保守主义的重要理论基础,而且也直接影响了他们在民主问题上的立场和观点。

新保守主义猛烈抨击了新自由主义的平等观,认为这种平等观是社会的一种腐蚀剂,是把"平等凌驾于自由之上",因此需要重新确定自由和平等的关系。新守保主义承认,自由和平等是民主理想的两个方面,但它们不是一个东西,它们也不总是并行不悖的。如果像新自由主义者那样把平等当作结果的平等、物质或财产方面的平等,那么这种所谓的平等实际上是一种平均主义,它势必与自由相冲突。人们在才能、爱好、智慧、品德和性格方面的差异是自然的,如果承认自由是最高理想,让每个人去自由地发展,充分展现自己的才能,其社会和经济地位就必然是不平等的。正是在这个意义上,弗朗克·迈耶说:"自由和平等是对立的,人越自由,就越自由地显示他们之间的不平等。"① 如果以平均财产为目的而实行国家干涉,强制地使每个人拥有相同的社会和经济地位,即强制性地实现结果的平等,就不可避免地造成对自由的限制和摧毁,甚至会毁灭自由社会。

那么,新保守主义心目中的平等指的是什么呢?它与自由又有何种关系?在新保守主义看来,平等应该也只能是机会的平等;是充分发挥自己才能的平等;是法律面前人人平等;是政治权利人人平等。这种平等能使人们最大限度地发挥自己的潜力,从而在自由升降的社会中改善自己的处境,政府也应该按照各个社会成员所履行的职能,给予不同的报偿,并让他们享有不同的权利。这样的平等才是真正的平等,是社会正义的体现,是有助于自由的平等。巴克利宣称:"一个更平等的社会依赖于扩大自

---

① 参见《战后美国保守主义思潮分析》,载《政治学研究》1987年第4期,第47页。

由，而不是以自由为代价来制定扩大平等的公共政策。"①

从这种平等观出发，新保守主义认为，到20世纪60年代，美国公民在担任公职、享受公共福利和公共教育等方面已不存在种族歧视等社会不平等现象，如果再进一步要求平等，就是要超出法律和政治上的平等，超出机会的平等，而要求社会和经济地位的平等，即要求结果的平等。这种"自由主义平等论"是极其危险、有害的。第一，平等压倒自由。"自由主义平等论"实际上是一种一切拉平的平等主义，它非但无助于自由，相反只能造成以牺牲自由为代价的严重后果。哈耶克也认为，任何以平等为目标的国家干涉都必然践踏自由，导致极权主义，即对个人的奴役，资本主义的市场制度也将毁灭无遗；第二，平等压倒精英统治，因为主张社会和经济地位平等，必然排斥一切自然差异，不承认权威，而对权威的尊重是社会稳定不可缺少的条件；第三，平等压倒合法性。"自由主义平等论"鼓励人们向政府提出过多的"不可能实现的"、"不可解决的"或"不合理性"的要求，造成政府因"超载"而丧失合法性或权威，从而危及社会秩序和社会稳定。

正是以这种平等观为基础，新保守主义合乎逻辑地得出了精英统治和限制民主的结论。

论精英统治

新保守主义恪守传统保守主义的基本信条，即人不可能是平等的，这种不平等是建立在等级制度和权威之上的社会秩序的必要属性。而统治是人类精神和性格的伟大事业，像其他棘手的任务一样，它只能由"高等人物"来行使。柯克把这种高等人物称为"绅士"，他们不仅在政治上是天然的不可缺少的统治者，拥有远比一般公民大得多的影响力量，只有依靠他们，才能保存社会组织中最美好和最稳定的东西。而缺乏"贵族精神"的大众或无产者则不适于进行统治，甚至不适于较多地参与决策过程，因为他们缺乏知识和老练的判断，没有能力决定"是否要锯断一条腿"，不懂得该"选择战争还是和平，武装还是不武装，干涉还是撤退，继续战斗还是谈判"之类的重大问题。②

---

① 参见《战后美国保守主义思潮分析》，载《政治学研究》1987年第4期，第47页。
② 李普曼：《公共哲学》，波士顿利特耳—布朗公司1955年版，第24—25页。

许多新保守主义者还分析了当代科学技术的巨大进步及其在社会经济生活中的广泛作用,给精英统治带来的深刻的影响。莫尼汉在新保守主义的重要阵地之一——《公众利益》杂志创刊号上发表了一篇题为《改革的职业化》的文章,提出了改革的"新技术"。首先,改革应来自负责这些事务的官员,这些人应当是学者,受过专门的训练;其次,改革的"新技术"应以机密的信息为基础,如收入的数据、雇佣的数据、人口趋势,以及一切公共的东西。但解释这些数据的技术应当是保密的。因此要进行改革就需要有专家,莫尼汉称之为"改革精华",而改革精华应来自中等阶层的专业人才,受过高等教育。社会改革只能依靠这些"改革精华",而不能依靠下层群众,应当承认一些人的"天才"和天然的领导素质。被认为是"新保守主义"的旗手的克里斯多尔也提出了与莫尼汉相似的观点,不过"改革精华"在克里斯多尔那里被称作"新人"。"新人"来自学术界,很有教养,他们不靠政府养活,他们在学术界有领头作用和极高的地位。[①] 显然,无论是"新人"还是"改革精华",他们都是拥有较高文化素质和专业知识的专家。

关于专家在现代社会中的统治地位及其形成原因,伯纳姆·加尔布雷斯和贝尔进行了更全面系统的分析。伯纳姆早在40年代初就察觉到,科学技术的发展引起西方发达国家社会结构的深刻变化,专家阶层赫然崛起,并对传统政治格局和观念形态形成强烈冲击。他在1941年出版的《管理革命》一书中对专家政治所做的研究和分析,使他成了"专家治国论"的创始人。他认为,由于现代经济的复杂性,导致大公司的管理权和所有权的分离,具有高水平专业知识的管理专家从资本家手中接管了企业的控制权,成为新的统治阶级,他们主要由技术专家、工程师、科学家、人事管理专家等构成。伯纳姆把他们称为"管理(或经理)阶级"。但伯纳姆并没有把"经理阶级"限于经济领域,他认为在政治领域即政府部门里也形成了一个相应的集团——职业文官,他们正在逐渐取代传统的政治家或"人民代表"(即议员)。因为国家职能的日趋复杂化,使得政府同样需要专家来管理农业、工业、军事、福利等各方面的专项事务。即使像国务卿这样的名牌政治家可能继续掌握理论上的最后权力,但也必然愈来愈多地依赖其下属即职业文官的专业知识。至于普通公民对政治的

---

① 参见《战后美国保守主义思潮分析》,载《政治学研究》1987年第4期,第47页。

参与，更因缺乏必要的专门知识和能力而仅限于工会、职业团体以及合作社的范围内。而新统治阶级也绝不允许自己独占的权力被别人分享。也就是说，这些代表科学精神的"管理阶级"与民主政治的"多数决定原则"是不相容的。

伯纳姆的"专家治国论"在25年后为加尔布雷斯所证实和发挥。后者在1967年所著的《新工业国》一书中，同伯纳姆一样认为由于现代企业对复杂技术和智能集团的严重依赖，其权力重心已从资本所有者转移到"智能集团"，企业以致整个社会的控制权已转归"现代技术和计划所倚重的具有各种专业知识、经验和技能的人才集团"[1]，他们构成了社会的新统治阶级。与伯纳姆稍有不同的是，加尔布雷斯的新统治阶级的范围较小，它以技术专家为主体。这些技术专家不仅拥有对企业的实质性的决策权，而且他们参与政治过程，在政治决策中的作用正日益加强。他们讲究实际，注重效益，勇于进取。他们在政治舞台上的重大作用，必然要使政治制度发生相应的变化。

与伯纳姆和加尔布雷斯的"技术专家治国论"不尽相同的是贝尔的"能者统治"思想。贝尔是当代西方极负盛名的未来学家，他在1973年发表的代表作《后工业社会的来临》一书中预测到21世纪初，西方工业社会将进入后工业社会（他又认为美国是唯一已进入后工业社会的国家）。在后工业社会里，社会阶级结构发生了重要的变化，由于理论知识成了社会最重要的战略资源，因此掌握这一资源的专业技术阶级便上升为社会上占统治地位的阶级。他们通过拥有的决策技术参与或影响政治决策。但是，专业技术阶级的统治地位仅仅是就其社会地位（社会尊重、承认或收入）而言，伯纳姆、加尔布雷斯的"技术专家治国论"在后工业社会并不会实现，因为他们并没有形成一个新的经济利益的阶级和一个新的争夺权力的政治阶级。政治决策虽然越来越具有技术性质，但政治是各利益集团讨价还价或行使暴力的领域，而不是一个始终遵循理性的领域。因此在后工业社会中，最终掌握真实权力的仍然是政治家，专业技术人才将处于从属地位。

尽管如此，在后工业社会中，政治决策所具有的日益增强的技术性质，使得它需要一种"能者统治"的原则，贝尔把能者统治界定为"依

---

[1] 加尔布雷斯：《新工业国》，波士顿霍顿·米夫林公司1971年版，第56页。

靠才能来获得合理权威的地位",这里的关键是权威而不是权力。在贝尔看来,权力是一种指挥的能力,或者说这种指挥的能力直接或间接地以权力为后盾;而权威则是一种以技术、学识、天资、技巧或某种类似的属性为基础的能力。权威的这种特点,决定了人们在它面前必然会形成高低优劣之分,能者统治就是由获得权威的人进行统治。贝尔对这种能者统治赞誉有加,他说:"训练有素的能者统治可以使社会成为一个公正的社会,即使不是平等的社会。"因为"任何社会的生活质量在很大程度上是由领导质量所决定的。一个社会如果不能使它的最优秀人士担任其领导机构的头头,那它在社会学上和道德上是荒唐的"[①]。

至此,不难得出结论:尽管新保守主义者赋予精英不同的名称,如"绅士"、"改革精华"、"新人"、"技术专家"、"管理阶级"、"能者"等等,甚至其内涵和外延也并非完全相同,但有一点是完全相同的,那就是他们都是高于大众的少数贤人或精英。换言之,新保守主义者在推崇贤人治国、精英统治方面并没有任何原则性的不同,实际上这也是新老保守主义的一贯立场。也正是从这个意义上,有人把莫斯卡等人的政治精英理论以及熊彼特为代表的精英民主理论都纳入保守主义的范畴。

论限制民主

新保守主义对民主一般并不持简单的否定态度,但他们对民主始终心存疑虑。在他们看来,在日益复杂的现代社会,为了有效地发挥民主制度的职能,需要人们在一定程度上对政治持消极和冷淡的态度,需要大多数公民、下层群众不过问政治,也就是民主要有限制或有节制。有限制的民主是民主制度正常运转的前提和基础,没有限制的民主不仅会造成对财产所有权和权利的威胁,还会打开暴民政治和混乱的闸门。因此,李普曼认为,人民的职能应该只限于选举和撤换政府,同意或不同意政府所做的事,他们既不能管理政府,也不能在正常环境下创制或提议立法。柯克甚至认为,无限制的纯粹的民主制度会导致波拿巴式的煽动家或独裁者的出现,最终必然毁掉自由或文明,也可能两者并毁。他还指责美国错误地采纳了普选制、直接选举制、参议员直接民选制"以及其他旨在用直接民

---

① 贝克:《后工业社会的来临》,商务印书馆1984年版,第502页。

主代替代议政府的措施"①，造成民主的泛滥。

在对民主抱不信任态度的新保守主义者中，恐怕没有什么人比贝尔和亨廷顿的影响更大的了。我们前面已谈到过贝尔的"能者统治"，贝尔一再强调后工业社会需要贯彻能者统治的原则，但与此同时，普通公民却要求更多的权利，要求更多地参与社会生活，他们的口号是"人民应能够影响控制他们生活的决定"，这样，参与制民主的发展与专业知识统治的需要之间，民主主义和精英主义之间，能者统治的原则与平等原则之间就会发生尖锐冲突。对此，贝尔深表忧虑。他预测参与制民主将会继续发展，但是结果并不乐观。因为政治舞台的扩大以及更多的人的参与，意味着达成协议和办成一件事要花费更多时间和更大代价。同时，利益交织、互相制约的集团倍增，更使"政府成了一个角斗场"。由此他得出结论："参与越多反而导致更多的挫折。"贝尔之所以对民主持如此消极的态度，显然是直接受到20世纪60年代美国社会危机的影响。当时声势浩大的民主运动与反战运动、民权运动、反种族歧视和女权运动的浪潮席卷了整个美国，社会矛盾异常尖锐。贝尔对此忧心忡忡，更令他困惑的是，这场社会危机的暴发与蔓延是与民主参与的扩大相伴而生的，他甚至发现民主越多，社会矛盾也就越多，群众对政府政策和社会制度的不满也就越多。正是这种感觉和看法在很大程度上决定了他对民主的消极态度。

亨廷顿也受到了美国六七十年代那场大规模社会危机的影响，并得出了与贝尔大致相同的结论。不同的是，亨廷顿的分析更为详尽和深刻，在西方政治学界的影响也更大些。他在1975年出版的《民主的危机》一书中，非常清楚地表达了自己的观点："今天在美国有关统治的一些问题正是因为民主过剩而引起的。……民主在很大程度上需要节制。"② 作为一个头脑冷静的政治学家，亨廷顿对自己的这一看法进行了严密的论证：第一，民主只不过是形成权威的一种方法，而并非是普遍适用的唯一方法，专业知识、资历、阅历和特殊才能在某些领域有时应优先于民主的原则而成为权威的来源。第二，"一项通常被视为善良的价值，被运用到最大限度时，并不一定是最好的情况"，同样，民主也要适度，"民主政治的有效运转"也通常需要某些个人和集团在政治参与方面的"某种程度上的

---

① 柯克：《一个保守派的纲领》，芝加哥雷格内里公司1954年版，第247页。
② 亨廷顿：《民主的危机》，求实出版社1984年版，第100页。

冷漠和回避"。"这也是民主有效地发生功用的原因之一。"① 对政治体系的要求过多，就会产生民主的混乱，导致政府权威的下降，最终危害政治安定。因此，"政治民主的无限扩大也潜在地存在一些限制，如果民主在一个更为平衡的状态下存在，其寿命会更长久一些。"② 亨廷顿之所以得出这样的结论，不仅是对当时美国社会危机有感而发，而且与他一贯恪守的政治保守主义价值观有着非常密切的关系。这种保守主义价值观的最大特点在于把政治秩序或政治稳定当作根本的政治价值。正是从这样一种政治价值观出发，亨廷顿把政治秩序而不是政治民主当作衡量国家政治发展与否的标尺，把维护政治安定而不是扩大民主权利当作国家的首要任务，当政治秩序与民主发生冲突时，为了维持一定的政治秩序，宁可对民主作出限制。

实际上，为了维护社会政治秩序而限制民主，这一观点为所有新保守主义者所认同，甚至有人比贝尔、亨廷顿走得更远。维雷克认为民主制国家鼓励大众对合法统治的反叛，最终将在暴乱和无政府状态中灭亡。为了避免出现这种恶果，维雷克试图用君主制来限制和补充民主制。在他看来，民主制与君主制并不是不协调的，除了民主传统特别深厚的美国，其他国家都应实行一种由君主制和民主制混合而成的君主立宪制，来代替单纯的民主制。

新自由主义与新保守主义的兴衰更替及两者的深层分野

从资产阶级革命至今的数百年间，西方政治理论、政治思潮总是伴随着资本主义政治、经济、文化的变迁而发生深刻的变化。曾经风靡欧美达半个世纪之久的新自由主义政治思潮，到60年代末，却在席卷西方的经济危机和风起云涌的民权运动、反战运动、"新左派"运动面前束手无策，国家干预和福利国家政策的负面作用暴露无遗。许多自由主义者转向保守主义立场，对全面扩大国家作用开始抱怀疑甚至反对态度，对新自由主义提出激烈批评，对积极自由的原则持否定立场，他们要求恢复传统自由主义原则，尊崇个人自由和自由放任，认为当代最好的政府仍是管得最少的政府。于是自由主义阵营出现了急剧分化，一些原来的自由主义者，

---

① 亨廷顿等:《民主的危机》，第101页。
② 同上书，第162页。

如塞缪尔·亨廷顿、欧文·克里斯托尔、丹尼尔·贝尔、塞穆尔·李普塞特等，纷纷转向保守主义立场，他们有的尽管仍自称为自由主义者，但实际上已成为70年代以后在英美领其风骚的新保守主义思潮的主要代表。

从西方政治思想史的角度来看，与新自由主义相左，新保守主义所主张的是一个保障少数精英统治、限制民主和平等的等级社会，因此它无疑是一种"保守"甚至"倒退"的意识形态。但若因此而把新保守主义视为专制、独裁的辩护士和民主政治的对立面，则失之简单和偏颇。西方社会在经历了两次法西斯主义的深重浩劫之后，专制与独裁已成众矢之的，自由与民主更深入人心，任何鼓吹专制与独裁、反对民主与自由的思潮或理论都将无立足之地，更遑论像新保守主义那样成为一种声势浩大、影响深广的社会政治思潮。

那么，该如何解释新保守主义在民主问题上的"保守"色彩及其与新自由主义的根本分歧呢？这就需要我们冷静地分析一下在西方的价值体系中自由和平等、民主之间的固有的深刻矛盾。

一方面，要彻底保障作为西方社会最高理想的自由，包括保障个人自由，保障每个人的言论、思想和参政自由，拥有财产和积聚财富的自由，就有可能甚至必然由于人们天赋和出身方面的差别而导致有时是很悬殊的不平等，这种不平等既包括人们经济地位的不平等，也包括政治地位即影响和决定政治和政策方面的不平等，也就是要保障自由就无法保障大众平等和民主。

另一方面，如果大力推行平等主义和民主主义，通过国家积极干预"照顾最少受惠者"，缩小财富和权力等方面的差距，实现所有社会成员在经济和政治地位上的平等，就必将侵犯人们的自由，特别是侵犯那些在政治和经济领域的自由竞争中脱颖而出的有产者和政治杰出人物的自由，扼杀他们的创造力。

正是由于这种自由与平等的深层矛盾，造成了新自由主义和新保守主义这两种政治思潮的根本分野。新自由主义认为平等不仅指自由的平等、法律的平等、机会的平等，而且还意味着结果的平等、社会地位的平等、经济条件的平等，因此政府应扩展其经济管理职能和社会服务职能，兴办公共福利事业，为每个公民提供与自由、民主相关的必要收入和财产保障。新保守主义则主张个人的自由权利神圣不可侵犯，因个人的自由权利而造成的人们在政治和经济地位上的差异或不平等也是神圣不可侵犯的。

政府为消除或减少这种不平等而对社会和经济的过多干预，必然造成对人们自由权利的侵害，因而是不公正的。

简单地对各执一端的新自由主义和新保守主义作出孰是孰非的判断是不恰当的、肤浅的。实际上，两者的分歧反映了西方民主制的内在矛盾。两个世纪以来，保守主义与自由主义及其在不同时期的变种（包括新保守主义与新自由主义）相互竞争、相互牵制，形成从不同侧面支撑西方民主社会和政治体系的两大支柱，使西方社会能够在自由放任与国家干预、在自由与民主平等之间的矛盾对立中维持大体上的动态平衡。

诚然，在特定的历史条件下，西方社会往往会青睐一方而冷落另一方（20世纪30年代以来，新自由主义和新保守主义曾先后各领风骚数十年，即其明证）。但两者所构成的矛盾统一体并未因此消彼长而被打破，两者在西方均有其深刻的历史渊源和人文基础，对西方社会发挥着有时是雷霆万钧有时则是潜移默化的影响。

同样，新自由主义在当今的西方虽然已不复往日的显赫和辉煌，但新自由主义对21世纪西方政治思想和政治实践所产生的深刻影响并没有消失。新自由主义的许多重要思想，如积极的自由观，国家积极干预思想，自由、民主、平等相结合，仍然是西方社会最重要最有价值的政治观念之一。我们从包括社会民主主义、费边社会主义、西方马克思主义、实用主义，甚至新保守主义在内的形形色色的政治思想中，都可以看到新自由主义这样或那样的影响。

第二十一章 当代西方民主理论（中）

一 民主社会主义的民主观

民主社会主义内部流派众多，但都把民主奉为其理论体系的核心和孜孜追求的崇高目标。由此而对民主作了大量的理论阐述和实践探索，其内容大致可以将其归纳为政治民主、经济民主、社会民主和国际民主四个方面。

民主社会主义主张民主，实践民主，但它不是民主制度的原创者，只能说，它利用与完善了这一民主制。早在民主社会主义之前，民主制已存在于西欧各国，它没有遵循马克思关于以暴力革命打碎这一制度、建立无产阶级专政所指示的道路。

政治民主

政治民主是民主社会主义民主观的核心。1951年7月社会党国际第一次代表大会通过的具有划时代意义的《法兰克福宣言》宣称，"社会主义只有通过民主才能完成，而民主也只有通过社会主义才能充分实现"。宣言认为社会主义社会的第一个重要的前提，同时也是必要的基础是确立政治民主。瑞典社会民主党在其1960年第二十一次代表大会上通过的纲领中指出："在法律面前一律平等和政治民主是社会民主党所要建立的社会的基本特点。"

民主社会主义强调的民主，首先是指议会道路。最早提出这条道路的是拉萨尔，其后的伯恩施坦和考茨基对此都有论述，从此被社会党国际以及各国社会民主党奉为圭臬。德国社会民主党一再表示，要通过议会方式，获得选民的拥护，进而实现民主社会主义。法国社会党主张通过议会道路取得政权，打开通向社会主义的大门。可以说，在欧洲，社会民主党从来都是参加议会的党。对于它们来说，民主从来就是普遍、自由和平等选举原则下的人民代表制。在这方面，德国社会民主党的论述可能最有代表性了，它在其《1975—1985年经济政治大纲》中宣称："社会民主党在和平、合法和民主的道路上，通过公开的讨论和自由的选举，为获得联邦、州和基层行政区中的政治权力而斗争。它捍卫法治国家和议会民主制度的各种机构，并努力扩大这些机构，以便使每个公民都能获得更多的自决权。"

民主社会主义的政治民主还包括多党制。不管具体社会条件如何改变，也不管各国民族条件的差别，对多党制的肯定都是民主社会主义的共识。法兰克福宣言声称：民主需要有一个以上的政党存在和各反对派的权利。法国社会党也在其党章中申明，真正的民主制度必须承认政党的作用和多党制，必须保障各政党的权利。德国社会民主党更公开宣称：社会民主党的目的是在平等的条件下和其他民主党派进行竞争，以赢得大多数人民的支持，进而建立一个符合民主社会主义基本要求的社会和国家。

从以上各国社会党对多党政治的阐述中可以看出，民主社会主义关于多党制的基本理论轮廓。第一，主张多党制，通过多党竞争，取得议会的多数席位；第二，由多数派组织政府，同时尊重少数派，允许少数派自由地进行活动并拥有反对派的权力。

此外，民主社会主义还强调，公民应享有思想、言论、教育、结社和宗教信仰等自由，不论其出身、性别、语言、信仰和肤色如何，在法律面前一律平等。社会党国际十七大通过的著名的《利马委托书》认为，民主制要求保护个人权利。社会党国际十八大发表的《社会党国际原则声明》又强调，个人权利是社会主义价值的基础，民主和人权是人民权力的精髓。

当然，民主社会主义的所有这些政治民主观念，也是欧洲自由党、基督教民主党和保守党的观念；但作为民主的卫士，作为渊源于工人运动的"左"派，它还把民主的基点放在劳工力量上。在法兰克福宣言中，它声称，"以保卫资本家利益为基础的政策，不可能使为保卫民主不受极权主义攻击所必需的力量与团结得到发展。民主只有获得工人的积极援助，才能得以维护，而工人的命运也依赖于民主的保存。"也正是在这一点上，民主社会主义的民主观与新自由主义、新保守主义等存在着一定的差别。

经济民主

把民主推广到经济领域，是民主社会主义民主思想的一个重要方面。民主社会主义认为，单纯的政治民主有它的弱点和短处，必须用经济民主加以补充。法国社会党认为，经济民主和政治民主是不可分割的，它们并驾齐驱的发展意味着每一个工人和公民都有可能和能力参加制定决议、选择方案与监督执行情况。

对于民主社会主义来说，经济民主首先是指生产者和消费者及其组织对生产、销售、分配等过程和决策产生影响，与资方共享决定权。《法兰克福宣言》就明确宣称："工会与生产者和消费者的组织是民主社会的要素，决不可让它们堕落成为中央官僚机构的工具，或成为一个僵硬的组合体系。这些经济组织，在没有侵犯国会的宪法上的权限内，应使其参与拟订一般经济政策。"1989年社会党国际第十八次代表大会通过的《社会党国际原则声明》对此又作了较充分的阐述，它主张要由工人自己以及工人团体有效地参与经济决策。在公司一级和劳动场所一级推行工人参与和联合决策制，同时让工会参与决定全国性经济政策，并在必要的情况下对公有企业实行民主管理与决策制度。德国社会民主党《1975—1985年经济政治大纲》指出，社会民主党的目标是通过各种法律改革企业法，使劳方与资方一道平等地参与企业管理，并组织由劳资双方对等组成的监事会，负责监督和罢免企业的领导机构。

瑞典社会民主党反对使所有权拥有不受控制的权力，要求全民在决定生产方针和产品分配的决议中有发言权，要求加强职工在企业中的影响，保证社会中的所有成员在支配和管理生产资源的过程中成为平等的伙伴。

在法国，早在60年代，工人自治和工人参与管理就已成为包括法国社会党在内的左翼政党纲领中的中心议题。法国社会党强调工人要越来越广泛地、积极地参加企业的管理，特别是要加强工人和他们的组织在企业中的干预，对企业有关招工、解雇、分派工作、调动、定级等一切有关整个劳动条件变化的监督和参与。法国社会党还特别强调在国有企业实行工人自治和民主管理。1981年社会党上台执政后，于1983年通过了一项法律，其中就规定，国有企业董事会由18人组成，其中政府代表、知名人士和专家代表、企业职工代表各占1/3。前两部分人选由部长会议确定，后一部分由企业职工代表大会选举产生。

其次,经济民主还意味着制订计划的民主。1951年的《法兰克福宣言》明确规定:为了达到社会主义的直接经济目的,生产必须是为全体人民的利益,而计划生产同经济集权是不相容的。1983年4月,社会党国际第十六次代表大会决议指出:"问题不在于是否需要计划,而在于谁来计划和怎样计划。……社会党人主张采取最公开最民主的形式制订计划。例如,法国和瑞典的社会党保证实行分散形式的社会所有制,这可能是当前时期的关键性改革之一。"英国工党在其1982年的纲领中指出,"计划必须和工业民主的发展以及政府更加开放和有反应的程序相联系。它必须能反映地方公众、公司、工人和消费者的需求。……工党将利用计划来克服英国资本主义的失败。"瑞典社会民主党似乎更重视民主化计划,它在其党纲中表示,"经济民主的一个先决条件就是公民能有效地对各经济领域施加影响。整个经济领域内的活动必须通过群众监督下的经济计划协调一致。"

在理解民主社会主义关于经济民主的主张时,必须特别注意的是,民主社会主义并不认为经济民主存在着单一不变的固定模式,相反它认为不同的国家可以采取不尽相同的措施和手段来实现经济民主。正如佩林卡说的那样,"经济民主的口号具有能比较自由地解释的优点,因而也就有利于各党实践的多样化,使它们在此过程中不会同自己的理论主张发生冲突"。但不管经济民主怎样地可以被任意解释,它都意味着把民主模式纳入经济这一广阔的领域之内,从而大大拓宽了民主的内容。

社会民主与社会公正

社会党国际和奥地利、英国、瑞典、德国等国的社会党(工党)都提出"社会民主",要求把民主原则扩大到一切社会领域,他们认为政治民主只有扩展到社会民主才是真正的政治民主。奥地利社会党的著名理论家克赖斯基在阐明社会主义的目标时,引用了奥地利社会党的维也纳纲领的一段话:"社会主义是一种在政治、经济和社会方面无限的民主,社会主义就是实现了的民主。"已故的瑞典首相,另一位社会民主党著名理论家帕尔梅认为:"社会民主主义的要旨现在是而将来也还是在社会的一切领域实现民主。"原联邦德国总理、德国社会民主党主席、社会党国际主席维利·勃兰特一再强调:"政治上得到保障的,从社会方面加以完美化的民主,现在是,将来也仍是社会民主主义未来设想的核心。"可见,民主社会主义的民主思想还表现在社会民主上。

《法兰克福宣言》在其序言部分就指出,社会主义的目的,是要把人们从对占有或控制生产资料的少数人的依附中解放出来。它的目的是要把经济的权力交给全体人民,进而创造一个社会,使自由人能以平等地位在社会中共同工作。

英国工党在其1982年的纲领中指出:"工党的目标是创建一个以互助、合作和服务为基础的社会主义社会,在这个社会里,人人都能得到平等的份额和地位。"法国社会党在其原则声明中宣称,"社会党的宗旨是把人从压迫他的各种束缚中解放出来,从而确保男人、妇女、儿童在以平等、博爱为基础的社会里,自由行使自己的权利,充分发挥自己的天赋,同时恪守自己对集体应尽的义务。"瑞典社会民主党则在其党纲中声称:"公民自由与公民平等的社会,也就是社会民主党斗争的目标。"总的说来,民主社会主义的社会民主包括下列几层意思:

第一,给公民以生存、工作、休息的基本权利。《法兰克福宣言》明确表示,资本主义的指导原则是私人利润,而社会主义的指导原则则是满足人类的需要。在分配生产成果时,首先必须供给人类的基本需要。宣言规定了经济和社会权利,包括工作的权利、医疗保险的权利、休息的权利、儿童福利与青年依照其才能而受教育的权利、适当住屋的权利。在1945年英国工党通过的纲领中,把通过国家调节达到充分就业作为它的基本点之一。1982年英国工党又强调:"我们认为劳动权对民主来说是基本的。我们主张充分利用我国人民从事工商业的技能和科学技术的效益,以便提供最佳的环境、生活水平以及社会公益服务。"[①] 瑞典社会民主党政府把经济上的福利设施同政治上通过工人参加企业管理的劳资合作结合起来,在其漫长的执政实践中,创造了一个既没有巨富、也没有赤贫的公平社会,因而在世界上被公认为福利国家的典范。

第二,强调社会道德、个性、自由、平等、公正等原则。《法兰克福宣言》强调:"社会主义的意义,不仅在于建立一个新的经济与社会制度。经济与社会的进步是为了解放与发展人类个性的道德上的价值。"1989年的《社会党国际原则声明》指出,民主这个概念是以自由与平等

---

① 《社会党重要文件选编》,第427页。

的原则为基础的。因此，民主社会主义者力求为各色人物、种族集团、民族和教派赢得平等的权利。

德国社会民主党在《哥德斯堡纲领》中认为："社会主义的根本意义在于自由、公正和团结。"在其《1975—1985年经济政治大纲》中，德国社会民主党又提出社会主义的基本价值"即是自由、公正和相助"[①]。

"自由意味着摆脱任何有损于人的尊严的依赖关系，并有可能在公正和相助的要求所规定的限度内，自由地发展自己的个性。然而，只有在人人获得自由发展个性的真正的（经济、政治、社会、文化的）可能性的时候，自由才能成为社会现实，而不再仅仅是幻想或少数人的特权。

"公正是通过在社会中给每个人提供同样的权利和均等的机会，而实现着每个人的自由。

"必要的社会分工和合作以及有益的联合行动构成了相助的经济和社会基础。相助尤其表现在其成员共同反对各种依赖关系和歧视的各阶层之间的同舟共济。然而，相助的含义远远超出个别利益的相加……相助具有一种普遍性的和人类友爱的意义。因此，它是不允许有国界的。"

第三，主张福利国家制度。福利国家主要是指西欧、北欧国家建立了一整套比较完整的劳动、健康、教育、安全、福利体系。

虽然福利国家制度是在两次世界大战期间及其之后的几十年内才得到长足发展，但自从社会民主党的思想体系中出现改良主义倾向之后，改良主义者就推崇现存国家应该在改善劳动阶级的生活状况和社会福利上有所作为。在早期社会主义运动的推动下，到19世纪末20世纪初，西欧资产阶级政府已先后建立起构成社会福利制度最初内容的四大社会保险，即工伤事故保险、疾病保险、养老保险和失业保险。1929年爆发的世界性经济危机以及凯恩斯理论，为社会民主党主张福利国家制度奠定了现实和理论基础。英国工党和瑞典社民党首先提出了完整的福利国家理论和政策，其他国家的社会民主党随后都认同了这套理论和政策。威格福斯认为"社民党人的社会主义就是福利政策。"[②] 著名政治理论家H. 廷格斯坦认

---

① 《社会党重要文件选编》，第168页。
② 参见H. 廷格斯坦《瑞典社民党意识形态的发展》，托多瓦1973年（英文版），第267页。

为:"由于社会主义的目标是普遍福利,为取得福利所作的一切就是社会主义。社会主义概念就有着更加具体的福利概念的倾向。"①

1942年,英国政府委托伦敦经济学院院长贝弗里奇起草了一份准备在战后实施的社会保障计划——《社会保险及其有关服务》,又称"贝弗里奇报告",该报告指出:社会福利是社会集体应尽的责任,是每个公民应享受的权利。报告指出要以社会保险为主要措施,全面消除贫困、疾病、肮脏、无知、懒惰等社会弊病。该报告还提出了关于"从摇篮到坟墓"的福利国家制度的许多具体设想。②

1945年,工党在其《展望未来》竞选纲领中表示:"使公民普遍地享受福利,使国家担负起保障公民福利的职责。"也正是得益于主张福利政策,工党出人意料地上台执政。

1951年社会民主党国际成立。在大会上,克罗斯兰提出的关于"民主社会主义"的五项原则,即"政治自由、混合经济、福利国家、凯恩斯主义和平等信念",被大多数西欧社会民主党人所接受。大会上通过的《民主社会主义的目标和任务》即《法兰克福宣言》,更是渗透着福利国家的基本思想。《法兰克福宣言》概括出了福利国家的基本内容:充分就业、社会保障、收入均等化和混合经济。《法兰克福宣言》通过后,一直是社会民主党国际的纲领性文件,福利国家制度为各国实践所遵循。到了50年代后期,福利国家的各项法律规范和其他法律基础都已稳定地建立起来了。

作为社会民主党摆脱政治实践和纲领目标中与"社会理想"无法吻合的理论困境的产物,《哥德斯堡纲领》提出,由于"工资和薪金政策是更公正地分配收入和财产的一个适当的和必要的手段",因而"应当采取适当的措施从大企业日益增长的资本中取出适当的部分作为财产进行广泛的分配或者服务于公共的用途"。③同时,《哥德斯堡纲领》又规定:"社会保险制度必须与具有自我负责能力的人的尊严相符合","各种社会福利""必须随着工资的增长而不断地调整",而"为了克服生活上的特殊

---

① H. 廷格斯坦:《瑞典社民党意识形态的发展》,第267页。
② 参见顾俊礼主编《福利国家论析》,经济管理出版社2002年版,第127页。
③ 中国人民大学马列主义发展史研究所编:《马列主义发展史参考资料》(民主社会主义专集),1982年,第271页。

困难和灾厄，必须通过个别照顾和社会救济措施来充实普遍的社会福利事业"。[①] 在《哥德斯堡纲领》中福利国家被赋予了超越以往任何理论的价值：福利国家能够消除资本主义社会的痛苦，可以不通过暴力革命的方式就能够达到消除贫困和实现平等的社会目标；能够培养利他主义、互助精神和社会一体化思想，符合人类建立更平等、更公平的社会理想；同时，福利国家也是一项带动经济繁荣的投资，可以充当刺激消费和生产的手段，促进经济的发展。随着福利国家制度的实施，福利国家思想得到了西欧社会的广泛认同。这使得福利国家思想不再被认为是意识形态浓厚的、带有社会主义色彩的思想，而是被看作一种普遍接受的、克服资本主义弊病的治国方略。由于20世纪50—70年代西欧各国政党大多把增加福利作为吸引选民的法宝，并把福利国家政策当作竞选纲领的重头戏，因而这种现象又被称为"共识政治"。

尽管福利国家广受推崇，但在发展过程中也不断暴露其负面作用，如国家开支大、负担重；企业成本上升；个人对国家和社会的依赖增加，社会缺乏活力。鉴于福利国家"制造出来的问题比它解决的问题还要多"，对福利国家模式进行重新改造在所难免。"积极的"或"主动的"福利政策由此提出。"无责任即无权利"被作为新福利政策的基本原则，它反对把福利视为不附带任何条件的种种权利要求的观念，主张福利既是每个人的权利，也是每个人的义务和责任；在福利不断增加的同时，个人的责任和义务也应当不断延伸。这种新的福利政策十分注重教育和培训，认为教育和培训是培养负责任的个人这一目标的最积极、最经济的手段，是促使一部分人，特别是年轻人从"依赖福利"走向"工作福利"的桥梁。因此应将投资重点由公益事业转为"人力资本投资"，即增加教育与职业培训投入，将高质量的学校教育和终生教育作为应对全球化挑战和解决各种社会问题的根本手段。

国际民主

诚然，民主社会主义的发祥地是欧洲，但其影响早已突破欧洲的地域限制，遍及世界五大洲。可以毫不夸张地说，民主社会主义已成为一种世

[①] 中国人民大学马列主义发展史研究所编：《马列主义发展史参考资料》（民主社会主义专集），1982年，第264页。

界性的思潮和运动。实际上，民主社会主义从未否定、也没有放弃追求这种运动的国际性，因为它的目的在于使所有人从各种形式的经济、精神与政治的束缚中解放出来，并且认为没有一个国家能孤立地解决它的所有经济的与社会的问题。基于这种分析以及由此引出的民主社会主义运动的国际性，所以它又强调国际民主。也就是说，用民主的、平等的原则处理国家之间、民族之间的关系，目的是保持一个持久的、和平的国际环境，以最大限度地保证各国国内政治民主、经济民主和社会民主的发展，促进政治民主、经济民主、社会民主在国际范围内的不断扩展。

1986年6月，社会党国际在第十七次代表大会上通过的《利马宣言》中又强调要实现国际正义和社会民主这两个相互联系的目标。宣言指出："我们强烈反对那种认为民主是具有先进经济的国家才能享有一种特权的观点。……我们认为，第三世界的人权和民主，绝不是要等到有一批名流（哪怕是本国的名流）来给人民上了经济发展的课以后，人民才能享有的一种奢侈品。"社会党国际认为："第三世界的人民也有能力行使民主权，成功地管理他们自己，那些关于落后国家的人民没有能力实现民主的说法，乃是一种应予戳穿的谎言。"

在1989年的《社会党国际原则声明》中，社会党人再次强调，在国际化迅速发展的时期，民主社会主义的目标即政治民主、经济民主和社会民主不可能只在少数几个国家内实现。生活在世界上许多不同地方的人民的命运，比以往任何时候都更加紧密地联系在一起。

概括地讲，民主社会主义的国际民主的内容主要有：

第一，民主不是先进国家的奢侈品，而是全世界所有国家人民的共同需要。

第二，建立国际经济新秩序，主张南北对话。认为贫困是民主政治发展的障碍，民主、繁荣和和平建设要求世界财富重新分配和提高落后地区的生产率，因而它建议在反对贫困的斗争中，富有的国家应当援助贫穷的国家，每个发达国家应响应联合国提出的号召，把国民生产总值的0.7%作为发展援助基金，要合理地解决债务危机。

第三，维护世界和平，削减核武器，以民主协商的方式解决国际间的争端。

第四，主张遵循国家独立平等、民族自主的原则处理好国家之间、民族之间的关系，反对各种形式的帝国主义，反对对任何民族进行压迫。

民主社会主义认为，在政治、经济、社会和国际四个方面的民主中，政治民主是其他三个方面民主的前提条件，其他三个方面的民主是对政治民主的必要补充和扩展。民主社会主义相信，通过推进政治民主、经济民主、社会民主和国际民主，就能使民主渗透到一个国家的政治、经济、社会的各个领域，并通过民主在世界范围内建立起一个自由、平等、公正、和平的国际新秩序。

二 多元民主论

在某种意义上，当代西方民主理论演变的重要趋势之一，就是从一元民主论演变为多元民主论。西方传统的民主理论实际上是一种一元民主论，所谓民主是国家权力或政治权力的民主，就是由人民通过控制国家权力来当家做主，这种一元民主论在卢梭的人民主权理论中得到最彻底的表现。而多元民主论则主张民主不只是通过国家这个唯一的权力中心而存在，而是由社会中的许多团体来分享，是众多团体共同参与政治决策过程。由于多元民主理论同美国等一些西方资本主义国家的社会发展和政治变迁更相契合，因而对包括民主社会主义在内的当代西方政治思想和实践产生了持久的影响。罗伯特·达尔作为这一理论最积极的倡导者和最充分、最系统的阐释者，则被誉为当今西方"最主要的民主理论家"[1]。除达尔以外，比较著名的多元民主论者还有查尔斯·林德布洛姆、克劳斯·奥夫等。

多元民主理论的早期形态

多元民主理论虽然是达尔等人对当代西方民主现实进行考察和反思的产物，但作为一种观察和分析民主政治的理论模式或方法，可以上溯至19世纪后期英国法学家W.梅特兰、神学家内维尔·费吉斯以及德国历史法学家冯·吉尔克等人的团体真实人格理论。这种理论认为在中世纪近代民族国家诞生之前，各种联络感情的、宗教的和职业的团体如行会、教会、城市等都是有权利和义务的"人"，作为"一个人"，它们都是平等的权力主体，形成一种权力多中心现象。随后发展壮大的民族国家仅仅是

---

[1] 加布利尔·阿尔蒙德：《资本主义与民主》，载美国《政治与政治科学》1991年第3期。

整个社会的众多团体之一，它同样也是人，并不具有权力的独占性，其他团体也不是由国家授权而产生的，它们独立于国家而存在。

这种团体真实人格理论到20世纪初为哈罗瓦·约瑟夫·拉斯基大加发挥而形成政治多元主义理论，拉斯基因此而被公认为是政治多元主义的鼻祖之一。拉斯基从团体人格理论出发，认为国家和其他任何团体一样，都是人，"正像人类是人一样，它们（国家——引者注）生来是以民族的资格而生活，而人生来是以个人的资格而生活的"①，因此，团体与国家并无本质区别。拉斯基坚决反对"国家主权"概念，认为它有两个根本性的错误。首先，事实上每一个国家中都不可能存在一种至高无上和独一无二的所谓主权者，"国家主权"是一种"想象的极限"，不可能付诸现实，例如议会主权就是一句空话；其次，这一概念要求个人自我良知对国家命令无条件屈服，这势必阻碍公民个性的发展。因而国家主权的概念既缺乏事实基础，也缺乏道德基础。

既然国家不是唯一的、权力无限的主权者，那么国家与其他社会团体相比，也就没有什么特殊的优势，"它并不必然就比一个教会、工会或互助会更适合于社会的目的"。② 国家的意志能否超越于其他团体而获得优先地位，全视它有无充分的理智表达国民的意志。"简言之，国家的意志与其他各社会团体的意志按照达尔文进化论的程序竞争，结果国家的意志冒险走入危险的区域，即如果国家的意志是超越正当的轨道之外，……它最初以民意为根据的主权，就将因人民的异议而弱化"③。据此，拉斯基得出结论，国家的主权仅仅是其命令被其成员接受的可能性，它无异于教会或工会的权力。换言之，国家是由"一系列其目的可能极其不同的合作团体组成"④，在国家中，权力不能集中在社会结构的某一点上，而应分配给各种职能团体及社会中的自治区域。这样的国家就是多元国家。

可见，以主张国家权力的多元化为基本特征的政治多元主义理论在20世纪初期即已产生，并很快形成一个强有力的政治思想流派。拉斯基就是这一时期多元主义的主要代表。

---

① 拉斯基：《国家的极点》，载英国《新共和国》1916年第101期，第302页。
② 拉斯基：《主权的基础及其他》，伦敦哈考·布莱斯出版公司1921年版，第169页。
③ 拉斯基：《主权问题研究》，耶鲁大学出版社1977年版，第208页。
④ 拉斯基：《主权的基础及其他》，伦敦哈考·布莱斯出版公司1921年版，第241页。

"二战"以后，为适应西方民主政治发展的需要，同时也受行为主义政治学的影响，多元论者在研究方法和研究领域上都有了重大的突破，从而使多元主义发展到了一个新阶段。达尔正是当代多元主义的主要代表人物，特别是他对民主的多元主义分析，建构起完整、系统的多元民主理论，集中反映了政治多元主义思潮的最新发展。

达尔的多元民主论

多元社会　多元社会构成了达尔的多元民主理论的基础。在达尔看来，一个多元的社会就意味着：(1) 意见的多元性。由于各人的天资才能、教育程度、认识水平、文化修养等因素的差别，人们的思想意识总是千差万别，其中有先进的，有落后的；有激进的，有保守的，等等。因此，无论是为了激发人们的创造性，或是为了保证社会的稳定，都必须允许充分的言论自由。达尔视之为民主的先决条件之一。(2) 利益的多元性。20世纪以来，随着社会政治经济的发展，利益分化日趋显著，在社会、政治、经济、文化、宗教等领域出现了众多的利益集团，它们互相独立，具有相对的自主性，成为一种追求自身利益和求得自我满足的实体。(3) 冲突的多元性。达尔对两极分化的理论分析并不以为然，而认为除极少数同质性较强的社会以外，在绝大多数社会里，冲突是普遍存在而且是纷繁交错的。一方面是民族、种族、语言、宗教、部落、地区之间的冲突；另一方面是职业、行业、地位、权力之间的冲突。(4) 权力的多元性。达尔接受和发展了吉尔克、拉斯基等人关于权力的多元性的思想，并将权力多元性原则视为多元民主社会的重要特征。这种权力多中心原则要求社会政治权力互相分割、互相独立、互相制衡，从体制上防止政治权力集中到任何一个机关或某一官员之手；从分裂和冲突的模式上阻止一个持久、一致、连续、强大的政治联盟和权力中心的出现。代替这种联盟的是整个社会范围内基于不同价值观念、经济利益而形成的各种各样的集团。这些相互冲突的集团通过各种途径参与政治生活、影响政治决策，以谋求自身利益的最大满足。利益集团的经济化和制度化，客观上造成一种新的权力分配和制约关系，即国家不是唯一的主权体现者和权力中心，各种利益集团同样是权力的中心、主权体现者，其中，国家是普遍主权者，而利益集团是特殊主权者，各自发挥着不同的政治功能。政府政策就是在这些集团之间通过协调、交易、妥协而形成，政治冲突也在这种交易中得到和平解决，民主也就有了切实的保障。这里，达尔与拉斯基等早期的多元主义者一样反对主权的概念，认为在国家中不可能存在一种独一无二和至高无上的主权。

多头政制 基于上述理论，达尔重新界定了人们熟悉的"民主"概念，并提出了一个新概念——"多头政制"。他分析说，人们常常在以下两个场合、两种意义上使用"民主"一词：（1）"民主"作为一种理想的政治制度，指的是主权在民或多数人的统治，它应当包括以下内容：选举平等；有效参与；充分议政；对议事日程的充分控制；民主适用于所有成年人。达尔认为这五方面的内容构成了理想的民主制度的标准，但理想的标准非常苛刻，因此任何实存的制度从未完全符合这些标准，可能今后也不会出现任何符合这种标准的制度。这就是说，作为主权在民或多数人的统治的民主，只是一种理想的政治制度，在现实中从未有过，今后也难以达到。（2）"民主"用来指我们的经验世界的一些实际存在的政治制度，它包括两种类型，即古代城邦的民主和现代民族国家的民主。前者是小规模的民主，后者是大规模的民主。这两种实际的民主政体与理想的民主政体有实质性的区别，无论是城邦民主还是现代国家的民主都与理想的民主相距甚远。相比较而言，大规模民主比小规模民主更不容易符合或接近理想的民主。达尔认为，由于人们对这两种含义的民主概念的混用，使得"民主"一词常常意义含混不清和屡遭争议。于是达尔就在其理论中作了一种概念的区分："民主"这一术语专门用来指事物的理想状态；现实世界中接近这一理想状态的或者至少是沿着这一方面发展的政治制度则称为"多头政制"。

达尔认为，与这种多头政制对应的是"寡头政制"或"霸权政制"。在他看来，衡量一种政治制度是多头政制还是霸权政制固然有很多变量，如社会经济发展、公民自由、政治平等、教育水平、参政意识等等，但最能说明"多头政制"的两个变量则是公民参政（主要指公民参加的周期性选举）和公开竞争（指各利益集体、政党、个人的政治竞争）。

同熊彼特一样，达尔也认为民主是一种过程，但它并非熊彼特所说的是政治精英竞取权力、人民选择领导的过程，而是众多代表不同利益的集团——例如商业组织、工会、政党、妇女机构、宗教组织等——之间的政治上的讨价还价过程。民主过程的价值就是多重的集团共同参与政府决策。因此民主就其实际意义而言，就是一种权力为众多团体分享的多头政制，而不是古典民主理论所标榜的"主权在民"或"多数人的统治"。正是在这一点上，达尔的多元民主论既与古希腊以来的传统民主理论相区别，又与熊彼特的精英民主论相区别。

多元民主的困境

达尔的多元民主理论曾在政治学家、经济学家、社会学家中产生了广泛的影响，并得到大量的支持，以至于长久以来一直在美国以至整个西方民主理论中居于支配地位。虽然这种政治多元主义在当今政治、经济、社会、文化利益不断分化的时代有其普遍意义，但20世纪60—70年代，美国发生了一系列的政治、经济危机，如反越战运动、学潮迭起、妇女运动、水门事件、经济滞胀、失业加剧、社会福利计划陷入窘境等等。面临这些危机，达尔对他的多元民主理论进行了一些必要的修正和发展。1982年达尔的《多元主义民主的困境》问世，1986年他又推出新著《民主、自由、平等》，这些著作对多元民主的诸问题进行了系统探讨，使多元民主理论更加完善和深刻，也更具代表性。在《多元主义民主的困境》卷首，达尔就说："组织应该像个人一样拥有一些自治，同时也受到控制。坦率地说来，这就是多元主义的根本问题。"[1] 接着，达尔论述了相对独立的自治组织存在的必要性。

第一，有助于防止政府通过等级制度对公民实行单向控制。任何自治组织都有一种内在地倾向于自身独立的趋势，这种趋势是对现代国家中另一种对立趋势——寡头统治趋势的有效抗衡，在这种趋势的作用下，米歇尔斯的寡头统治铁律将"比铁更容易弯曲"[2]。因此，像国家这样的大规模政治系统中相对独立的组织的存在，可以有效地抑制政府权力的垄断和专制独裁。

第二，相对自治的组织是大规模民主体制中的一个不可缺少的因素，"它们不仅是大规模民主的必要条件，而且既作为其活动的先决条件，又作为其制度不可避免的结果"。[3] 达尔举例说，竞选是民主的要求之一，但在国家这样大规模的系统中，没有相对自治的组织，就不可能进行自由而公正的竞争。

---

[1] 达尔：《多元主义民主的困境》，求实出版社1989年版，第1页。
[2] 同上书，第34页。
[3] 同上书，第38页。

达尔在强调社会组织和团体的自治性时，也充分认识到这种组织多元论的一些潜在缺点。具体说来有以下几个方面：第一，使政治不平等稳定化。由于那些存在多头政制的国家里，政治、经济、社会地位和资源也是始终不平等的，所以，多元化往往是一种保守力量。在一个国家中，每个组织力量都会设法阻止其他集团做出任何有损自己利益的改革。结果，旨在对财富、收入、地位、权力和其他资源进行再分配的任何改革，都会遇到多元化利益集团的障碍。第二，扭曲公民意识。在多元民主体制下，各种组织和集团林立，它们都以维护和促进其成员的利益为宗旨。由于它们只表达自己的特殊利益，因此，它们必然会阻止公共利益的表达。多元组织在加强内部成员之间的团结的同时，导致了与其他集团成员之间的分裂和冲突。所以，团体或集团的利益与社会公共利益既有一致的一面，又有对立的一面；既有相互促进的一面，又有相互冲突的一面。第三，使公共议事日程不正常。多元体制下的组织异常活跃，公共政策常常为之所左右。各种组织由于它们在政治、经济资源上的不平等、在领导技术上的差异，使得它们对公共政策的影响也参差不齐。同时，由于团体意识强烈、特殊利益互盛，整体意识和长远利益得不到考虑。这些都使得正常的政治活动受到影响，使公共政策出现偏差。第四，使人民失去对议事日程的最终控制。民主理论认为，人民对各种政治事务享有最后的控制权。但在多元组织盛行的体制下，这种最终控制权常常出现异化现象。重要的决定常常超出了立法机关的有效控制，更何况人民大众了。这是因为各种组织在很多事情上享有自主权，而代表机关则无法将其纳入有效的控制之中。

应该说，达尔对多元民主存在的问题或缺陷进行了比较深入的反思和剖析，但是他并不因此而否定多元民主的价值，他仍然把它当作最好的国家制度。他认为克服多元民主的这些缺陷，不是取消多元民主，恰恰在于完善多元民主，包括完善多元社会的制衡机制，加强社会组织的相对自主性，实现权力在各种利益集团之间的广泛分配，等等。

相比之下，以克劳斯·奥夫和查尔斯·林汉布洛姆等为代表的所谓新多元主义，[①] 对当代西方的多元民主提出了比达尔更为激进的看法。他们

---

① 当代多元主义又可分为古典多元主义（20世纪70年代以前）和新多元主义（70年代以后），前者以达尔为代表，后者以奥夫和林汉布洛姆为代表。由于达尔对多元主义作了比较全面的论证，故又被视为古典多元主义和新多元主义的过渡性人物。

看到六七十年代随着第三次科技革命的迅猛发展，西方一些大公司在社会和政治生活中起了决定性的作用，政府甚至成为公司利益的依附者。正如英国当代政治学者戴维·赫尔德所说的：新多元主义认为，"现代所有制和公司的控制创造了各种形式的不平等"，使公民在财产、收入、地位及教育上存在着巨大的差异。不平等的结果是"产生了公民参与政治和国家生活的能力与机会的不平等"，"威胁了政治自由和民主的发展"。新多元主义看到经济上的不平等是对政治平等、政治民主的一种威胁，现有的私有财产制度对民主有着消极的影响。

新多元主义者这些主张在一定程度上也为达尔所吸收，他在1989年出版的《民主及其评论家》一书中，指出民主的"第三次变革"（第一次变革是传统的直接的希腊城邦民主，第二次变革是近代间接的代议制民主）即多元民主的正常发展，需要经济秩序的民主化。也就是说大公司也需要改革,[①] 要建立一种新的广泛合作型的所有制，把民主扩展到车间和一般的经济生活中去。

尽管20世纪60年代末以后，多元民主论受到了美国以及西方政治经济危机的挑战而出现了一些问题，达尔等多元论者也不得不对此作出某些反应或调整，但这一理论至今在西方仍有广泛的影响，用美国著名政治学家卡略尔的话来说就是"作为组织和解释公共政治生活的唯一正确方法，政治多元主义仍然是西方世界自由意识形态的核心"[②]。其根本原因就在于它大体适应了当代政治、经济和社会的发展，不仅为理解纷繁杂乱的社会政治生活提供了一种理论指导，而且为政治民主化提供了资本主义条件下较为现实的道路。第二次世界大战以后，西方各国在科技革命的推动下，经济得到迅速发展，社会分化日益显著，各种集团、组织如雨后春笋般地涌现出来，形成了政治舞台上一股新兴而强劲的势力。这些集团和组织介入政治过程，参与政治舞台上的各种冲突、竞争和合作，以谋求自身利益的最大限度的实现，使传统的政治结构和权力关系发生了很大的变化。随着教育的普及和大众传播的扩展，大众的自主精神和自我意识被激发出来，他们在参政和议政方面发挥着积极的作用。这些都直接地促使了

---

① 加布利尔·阿尔蒙德：《资本主义与民主》，载美国《政治与政治科学》1991年第3期。
② H. S. 卡略尔：《多元主义》，载《国际社会科学百科全书》第12卷，纽约1968年版，第16页。

政治体系的开放化和多元化。达尔的多元民主理论就是适应这一社会政治发展而对近代西方民主理论的补充和发展。

三 精英民主论

20世纪特别是第二次世界大战以后西方民主理论的演变中,以韦伯、熊彼特、拉斯韦尔和波普等人为代表的精英民主理论是一个重要转折,成为当代西方民主理论中一大流派。"精英"一词源于法文"Elite",原意指特别优良的商品或选出来的少数东西。后来这个词的运用有了扩展,指杰出的人物和高贵者,成为与群众相对立的一个概念。精英民主就是指社会由少数最有能力的精英来进行统治,民主在这里仅表现在竞选上,人民通过投票除去最无能者,选出大众最信赖、最有能力的政治精英来实行统治。

精英民主论产生的历史背景和理论渊源

民主概念源自古希腊,其基本含义是"人民的统治"。20世纪以来随着心理学、行为主义政治学大量研究成果的问世,许多深受实证主义哲学熏陶的西方学者却发现,即使在公认的西方民主社会,也不存在符合经典民主理论的民主模式。显然,这对西方学者来说是一个两难的抉择:如果接受经典民主理论,把它当作衡量民主与否的标准,那么就得承认,西方社会现在没有甚至将来也可能永远不会有民主制度存在;如果断定西方现存制度是民主制度,那么就得宣布,经典民主理论不能提供区分是否民主制度的标准。

面对经典民主理论与西方民主现实的这种矛盾,韦伯、熊彼特等人作出了经验和实证取向的选择。他们认为,既然大多数人能较一致地区分民主国家与极权国家,那么在这两种国家之间肯定存在着某些重大的实质性差别。也就是说,肯定存在着某种与专制制度相区别的民主制度。因此,需要有一种从经验出发,能在实践中区分民主制度与专制制度的民主理论。而要这样做,又不可避免地必须把西方民主制度当作理论建构的现实根据。正是基于这种考虑,他们才对经典民主理论提出了全面责难,并开始寻求一种符合西方民主现实的新的民主理论,于是,精英民主论便应运而生。

作为上述背景的产物的精英民主论就其理论形态而言,却是与自柏拉图以来源远流长的贤人治国理论①一脉相承的，更是对 19 世纪末 20 世纪初名噪一时的政治精英理论的继承发展，后者构成了精英民主论的直接理论渊源，其代表人物有意大利的益塔诺·莫斯卡和维尔支雷多·帕雷托、瑞士的罗伯特·米歇尔斯、西班牙的奥尔特加·伊·加赛特等。

政治精英理论的逻辑起点是对统治阶级和被统治阶级的划分。这一理论的第一位倡导者莫斯卡在 1896 年发表的《统治阶级》一书中认为，在各种社会中"都有一个统治阶级和另一个被统治阶级。第一个阶级人数较少，但是履行所有政治职能，垄断各种权力并享受由此而来的利益。第二个阶级接受第一个阶级的指挥和控制，其方式或多或少是合法的，同时又或多或少是专制而暴烈的"②。这个统治阶级是社会的精英，即社会各个领域中最杰出的优秀分子。

把政治精英作用推向极端的是米歇尔斯。他提出了著名的"寡头统治铁律"。在他看来，绝大多数群众只是一群无能为力的、无组织的乌合之众，人类的一切党派组织、进而一切政治系统和社会系统，都必须也只能由少数寡头统治，这是万古不变的"历史铁律"。

尽管精英主宰社会和历史是一种不可改变的规律，但在任何社会里精英不是固定不变的，而是处于流动之中。这种流动包括两种类型，一种是精英集团内部的流动，另一种是精英和群众之间的流动。社会的发展过程就是政治精英的无限循环过程。帕雷托强调指出："通过一个持续不断的过程，新的精英产生于社会的较低阶层，升为更高阶层，在这里登峰造极，然后，趋向堕落，被消灭或消失"③，与这一精英循环过程相适应的就是"社会状况的缓慢转变和改良"④。

通过以上的简短考察，可以看到政治精英论在 20 世纪初经莫斯卡、帕雷托等人的努力，已形成一种比较系统的政治理论，这种虽显保守但却"现实"的政治分析方法，为韦伯、熊彼特等人所吸收，并加以改造，借以修正已显得"过时"的经典民主理论，终于促成了精英民主理论的

---

① 柏拉图在《理想国》一书中就提出了由"全能全知"的"哲学王"做国家最高统治者的思想。文艺复兴时期的马基雅维利在《君主论》中也提出了精英统治的思想。
② 莫斯卡：《统治阶级》，纽约麦格劳—希尔公司 1939 年版，第 50 页。
③ S. E. 芬纳编：《帕雷托社会学著作选》，纽约弗里德利·普雷格公司 1966 年版，第 134 页。
④ 同上书，第 137 页。

产生。

韦伯、熊彼特的精英民主论

马克斯·韦伯作为当代社会学大师,并没有系统地阐述民主理论,但在他的著作中,不乏关于现代民主的洞见。韦伯民主观的前提是其官僚制理论。他认为,现代社会理性化不可避免地带来官僚制的扩展。"官僚制"这个概念被他用来刻画所有形式的大规模组织的特征,包括政府、工业企业、政党、大学和医院等等。在韦伯看来,官僚制是现代国家的管理体制,它是现代国家理性化的内在要求和必然产物,无论是社会主义还是资本主义,都改变不了这个命题。狭义的官僚制,则是指雇佣具有专业知识的行政管理人员(官僚)来进行统治和治理国家的制度和机构。

正是基于对官僚制在现代社会中地位的这种确认,韦伯得出了经典的直接民主不具有实践性的结论。他相信,直接民主只有在满足下列条件的组织中才会运行:"这个组织必须是区域性的,或者其成员的数量是有限的;这些成员之间的社会地位必须没有很大的差异;行政功能应该比较简单和稳定;……必须有目的地进行最低限度的人员培训。"[①] 而现代社会的规模、复杂性和极大差异性,使得直接民主绝对不宜作为政治管理和控制的一般模式。于是,韦伯认为,在所有大于农村小区的社区里,政治组织都必然是由对政治管理感兴趣的人管理的。而管理国家只能是具备一定才能的精英,至于一般选民只能对领袖作一些选择。因此,他把民主描述为可能的领袖人物的检验场所。民主有如"市场",它淘汰竞争选票和权力的斗争中的最弱者,确认最强者。因此,韦伯认为,现代代议制民主是"公民投票的领袖民主"。韦伯甚至把当代民主描述为"恺撒主义"。民主并不是那种作为全体公民进一步发展基础的民主,它至多只能被看作确保政治和国家领袖富有效率的关键机制。就承担选择功能和(通过选举)使被选择者合法化来说,民主是绝对必要的。也就是说,韦伯主要考虑的是,借助于民主机制,确立能够并愿意保持权力和声望的政治领袖。

韦伯关于精英民主的思想深刻但不够系统,约瑟夫·熊彼特

---

① 马克斯·韦伯:《经济与社会》第2卷,加利福尼亚大学出版社1978年版,第949页。

(1883—1950）则是韦伯思想的继承者，也是精英民主理论的集大成者，他对经典民主理论的"修正"，是从批判经典民主理论的价值基础开始的。熊彼特认为，经典民主学说赖以存在的基础是下述两项基本假设：存在着某种能被认识和论证的"公益"，能找到某种可以发现这种"公益"的人民意志。因此，他首先批驳了关于公益的假设。熊彼特认为，这一假设是误导性的，也是危险的。之所以说它是误导性的，因为人民不仅有不同的要求，而且有不同的价值观。在经济分殊化和文化多样化的现代社会中，对于共同的幸福必然有各种各样不同的理解。而且，这种分歧也不可能通过理性的观点来沟通。人们对于生活应该怎样和社会应该怎样有着各种竞争性的看法，在这些看法之间，存在着不可消除的差异。

对于人民意志的假设，熊彼特认为，人民意志的概念必须以存在着某种明确的公益为前提条件。只有存在着这种公意，才能吸引所有的个人意志而形成这种特殊的人民意志，而"当关于公益的观念对我们说来已无法理解时"[1]，人民意志的概念也就不攻自破了。熊彼特还通过大量的实证分析来揭示这种"人民意志"的真实情形，他受G. 勒·蓬等群体心理学家的影响，认为选民通常软弱无能，易受强烈的情感冲动支配，不能理智地独立作出决定，易受外部势力的左右。在这种情形下，公民缺乏责任感和确定的意志，因此在公共政策上的无知和判断力低劣势所必然。即使没有任何政治集团、舆论工具的影响，公民在政治事务上仍会屈服于超理性或非理性的成见和冲动。在存在着众多的政客、党派、集团利用各种媒介手段企图操纵控制的情形下，公民更会轻易地听从这些政客和团体的摆布。于是他得出结论："在政治过程的分析中我们面临的多半不是真诚的意志而是创造出来的意志。……人民意志是政治过程的产物而不是它的推动力。"[2]

这样，通过论证"公益"和"人民意志"这类抽象概念的不存在和不可能存在，熊彼特摧毁了支撑经典学说的两大假说，并在此基础上建构起自己的民主理论体系。

1. 民主是一种手段和方法，本身不足以构成目的。这是所有民主理论的出发点。熊彼特认为，经典学说的根本缺陷，就是把民主从一种政治

---

[1] 熊彼特：《资本主义、社会主义和民主主义》，商务印书馆1979年版，第315页。
[2] 同上书，第329页。

方法抬高为一种价值目标——"人民的统治"或"大多数人的统治",而选择代表只居于次要地位。熊彼特认为这是引起经典学说的困境的主要原因。要摆脱这一困境,就必须把选举作出决定的人当成民主的首要目的。人民的作用不再是实行统治,作出政治决定,而是产生政府,接受或拒绝要来统治他们的人。人民能否决定和影响公共决策,决策的结果是否有利于公意,都是无关紧要和意义不大的问题。只要存在着选举产生政治领导人的程序,只要每隔一段时期公民可以选择或罢免统治者,民主就是充分的和完善的。由此,熊彼特推出了他的那个极负盛名的关于民主的新定义:"民主方法是为达到政治决定的一种制度上的安排。在这种安排中,某些人通过竞取人民选票而得到作出决定的权力。"① 这就是说,民主只是一套制度性的程序,一种选择政治领导人的政治方法。这一方法为判断是否民主制度提供了一个简便有效的依据。

2. 民主是政治家竞取领导权的过程。作为崇尚自由竞争的经济学家,熊彼特把这一过程和市场经济的运行过程相提并论。选民就像消费者,他的"货币"就是选票。选民们用选票"购买"合意的商品——政治家或政治主张。政治家就像企业主,他们的政纲或许诺就像企业的产品,他们带着这些政纲和许诺来到政治市场,通过政党、竞选班子、大众传媒等工具,利用广告宣传、口号煽动等手段来争取人们的选票,竞取权力。在熊彼特看来,政治家争取选票与企业家争取消费者的钞票,并无殊异。就像经济过程各种竞争手段的运用必不可少一样,那些公开或暗地的政治角斗和交易不仅理所当然,而且成为政治和民主的精义所在。就像企业主进行生产不是为了满足雇员或消费者的利益,而是为了赚取利润一样,但政治市场的自由竞争会同样巧妙地把对私利的追求转化为实现社会目的和公众要求的手段。

与洛克、卢梭这些近代民主理论家相比,韦伯、熊彼特视少数政治精英而不是人民大众为政治过程的核心和支配力量。但这并不意味着他们是反民主的,而只表明他们是从实证主义的分析方法出发,以西方国家的政治现实为依据,从一个侧面赋予民主新的意义。按照精英民主论的逻辑,政治精英与民主政治并不是相互排斥,而是并行不悖的,因为获得决定权力的政治精英仍受制于选民,必须在政治决策时,反映选民的需求与利益,

---

① 熊彼特:《资本主义、社会主义和民主主义》,商务印书馆1979年版,第337页。

一句话，必须取得人民的赞同，否则，在未来的选举中，将丧失选票。

对精英民主论的倡扬

精英民主论产生后，在西方政治学界引起极大的反响，政治学者纷纷从不同的角度对此作出了评价，褒贬不一。

对精英民主理论持肯定态度的学者以拉斯韦尔、萨托利和波普为代表。

哈罗德·拉斯韦尔是美国当代著名的政治学家，政治行为主义的开创者之一。他对精英民主理论的深刻论证，使他成为继熊彼特之后最重要的精英民主论者。与其他精英论者一样，拉斯韦尔也承认精英与大众之别是普遍的事实，纵使在共和政体，也是少数人执行相对大的权力。但他批评莫斯卡和帕雷托视民主政治为不可能的观点，强调精英与民主政治可以同时存在，他说："在一个由少数人担任领导者的社会，仍可能是民主的。"① 问题的关键在于对精英的有效控制。拉斯韦尔认为，为了达到对精英的有效控制，就必须建立精英对大众的"责任制度"，而民主政治就是被统治者享有控制统治者的权力。拉斯韦尔虽承认权力的分配在任何社会中都是不平等的，但只要这个社会其统治者向被统治者负责，而被统治者具有影响统治者的权力，同时社会提供全体公民平等地获取权力的机会，这个社会就是民主社会。拉斯韦尔的另一个重要观点是反对把精英的来源局限于社会的少数阶级，主张精英应从社会的各个阶层中进行广泛的挑选，他说："民主政治的领袖是从社会广泛基础中选拔出来的，并且有赖于整个社会的积极支持。"②

意大利裔美籍政治学家乔·萨托利也是精英民主理论的积极鼓吹者，并对其进行了一定程度的改造和补充，提出一种竞争——反馈式的民主理论。他特别强调民主政治与精英是相得益彰的，甚至民主的主要功能就是产生政治精英或领导（统治者），萨托利称之为"领导原则"。他宣称一般民主理论的主要缺陷就在于对这一"领导原则"的忽略。在他看来，任何政治制度都需要领导或领袖，民主政治也不例外，甚至更为需要，因为在高度分工化、专门化的现代民主国家里，人民是无法自己治理的，必

---

① 拉斯韦尔：《精英的比较研究》，桑福德公司 1952 年版，第 7 页。
② 拉斯韦尔等：《权力与社会》，纽约 1950 年版，第 226—227 页。

须委托少数专职治理者即精英去承担政治责任。民主政治与极权政治的区别不在于有无领导者，而在于领导者是否须向被领导者负责，人民是否有防止领导者滥用权力的方法。换言之，民主的真谛不在于是否由人民自己治理，而在于是否有适当方式产生人民信任的领导者，并能有效地控制其行为。这种适当的方式最主要的就是选举，萨托利视之为民主政治的关键。他说："民主政治寓于一种过程：一是继续创造公开的、有竞争性的少数，二是其行为受'预期的反应律'所引导。换言之，受制于预期选民在下届选举中如何反应。"① "民主的特点在于这样一条原则：谁也不能自称他比任何人都更优秀，这事必须由别人来决定。"② 也就是通过竞争式的选举来选择统治的精英。萨托利认为，熊彼特的精英民主论事实上就是一种竞争式民主论，精英通过争取人民的选票在竞选中取得权力。但是，熊彼特的观点只注意到民主过程的输入方面，即通过竞争选票获得政治权力，这是不够的。为此，萨托利提出了竞争—反馈式的民主理论来改造并补充熊彼特的精英民主论。选举从输入意义上看，是精英通过竞争获得政治权力，体现了民主。这是熊彼特所看到的一个方面；从输出方面看，当选的统治者在其决策时，受着选民对统治者的决策的反应的制约，因此要考虑民心的向背、民众的意愿。选民的选举权就以反馈的方式制约着统治者的决策。这样选举就不但从输入意义上，而且从输出意义上，保证了政治过程的民主性质。

自由主义思想家卡尔·波普的有些思想与精英民主论颇为贴近。这里我们看到，自由主义与其他民主论很难作出绝对的区分。波普认为，大多数人的权力并不能自然地产生真理和善。因为某种意见是多数人赞成的，就成为权威，这是一种不合理的权威主义。因为多数人也会有错误，所以我们不能寄希望于多数人的统治，不能把民主看作是多数人的统治。

波普否认多数人的统治，并非主张少数人甚至个人的专制统治，他否定的只是传统的民主理论，对民主作出新的解释。在波普看来，必须彻底摆脱"由谁来统治，即由人民还是由君主、多数人还是由少数人来统治"这样的问题，而应着眼于建立一套科学合理的制度。他把民主理解为一套制度，是一套被统治者能够有效地控制统治者的制度或程序。可见，在否

---

① 乔·萨托利：《民主论》，纽约1965年版，第119页。
② 乔·萨托利：《民主新论》，东方出版社1993年版，第145页。

定传统的民主定义、视民主为一种制度或程序方面，波普与熊彼特、拉斯韦尔等人并无二致。不同的是，波普对少数统治者即精英持较不信任的态度，他不相信优秀的统治者会避免决断的错误，即使在民主制度下也是如此。他说："我们需要与其说是好的人，还不如说是好的制度。……我们渴望得到好的统治者，但历史的经验向我们表明，我们不可能找到这样的人。正因为这样，设计出一种即使是坏的统治者也不会造成太大的损害的制度是十分重要的。"① 这里不难看出，波普的精英民主理论比熊彼特等人带有更深刻的民主主义色彩。

波普还对民主制度和专制制度作了区分。他认为，民主与专制的区别不在于由谁来统治，不在于是由多数人统治还是由个人统治，而是在于制度上的不同。他指出民主政体与专制政体的区别是：在民主政体下可以不流血地推翻政府，而在专制政体下只能通过流血来推翻政府。波普是以政府的权力是否有效地受到控制来区别两种政体的。他所说的不流血的方式，实际上指的是民主政体的普选、监督、制衡等一整套制度、法规、程序、技术，通过这些手段可以有效地控制统治者。一旦有了这些完善的控制方式，就可以不流血地更迭政府。而专制政体却缺乏这些有效控制统治者的方式，因此只有用流血的方式，通过暴力革命来更迭政府。民主就是要建立起一套有效地、非暴力地控制国家权力的制度。

在波普看来，国家权力是一种危险的东西，甚至是一种罪恶。因为，国家要履行它的职能，它必然拥有比任何个别国民或公众团体更大的力量，就有可能滥用权力。波普指出，苏格拉底的告诫是十分重要的，我们无论怎样善良和睿智，毕竟是脆弱的人。无论谁来掌权，都可能有弱点，都可能犯错误，甚至会滥用权力，侵犯人民的自由权利，走上专制主义的道路，从而导致国家暴力和官僚政治的加强。所以，最重要的是要有一种良好的制度，用制度的手段对统治者进行控制，让被统治者、被管理者监督统治者、管理者。民主就是能有效地牵制权力。

波普并不认为民主政体的一切政策都是最好的，而在于它是较少祸害的。因为即使在民主政体中出现了坏的政策，也可以通过讨论和批评，通过制度上的方式，使其发生改变。就是说，民主政体本身具有一种"纠

---

① 波普：《猜想与反驳——科学知识的增长》，傅季重译，上海译文出版社 1986 年版，第 491 页。

错机制"。

对精英民主论的批评

熊彼特的精英民主论也受到许多政治学者的严厉批评，其中较有影响的有彼得·巴赫拉克、兰尼·戴维斯、T. B. 巴尔的摩、杰克·瓦克、克瑞斯顿·贝尔、亨利·卡略尔等。他们对精英民主理论的批评主要集中在以下两方面：

其一，批判精英主义把少数人的统治看作永恒不变的合理现象，对人民大众则抱有深刻的不信任感，如瓦克所说"精英民主理论的核心是假设：普通的公民在政治上是无能的，因此民主制度必须依赖政治领袖的智慧、忠心和技巧，而不是一般民众"。巴赫拉克也指出，精英民主论建立两个基本假设之上：（1）大众是天生的无能，且难以改变；（2）大众在最好的情形下，是柔弱、迟钝的材料；最坏的情形下，是贪得无厌的动物，只会逐渐损坏自由与文化，而精英则是具统御和创造力的领导者。巴赫拉克认为这两个假设很值得怀疑。他相信人类具有自我发展、自我提高的能力，民主政治应鼓励政治体系的成员积极参与有关其自身利益的所有决定，而这种"参与"的行动过程，本身既是民主的目的之一，又是公民提高自身能力的必要条件和重要因素。

巴尔的摩则指责精英民主论者将民主政治局限于少数政治精英之间的竞争，而排除了社会上的大多数"参与制定对他们生活有影响的社会决策"的机会，他认为，人民直接参与政治过程不仅是可能的，也是必要的，"民主政府的维持、发展与改进主要并不是依赖极少数精英集团之间的竞争，而是有赖于我们创造无数的机会给大多数，即使非全部的公民，让他们得以参与制定对他们的生活有决定性影响的社会政策——包括他们的工作、地方性以及全国性的事务"[①]。

其二，批判精英民主理论把政治囿于一种政治程序，否认了民主政治丰富而重要的价值。批判者对经典民主理论所揭示的民主理念推崇有加，认为它是人类政治发展所追求的理想蓝图。如巴尔的摩认为民主乃是一个以人类以自治为理想的运动，虽然它目前未能实现，但它应该成为人类不断全力以赴的目标。瓦克也认为"人民对公共决策过程的参与是经典民

---

① 巴尔的摩：《精英与社会》，企鹅图书公司1979年版，第112页。

主理论的精义，也是人类最重要的政治鹄的"[1]。他还尖锐批评了精英民主理论已失去古典民主理论所具有的生命力和激进的冲击力，为了适应政治体系运作的实际情况而改变了民主政治的基本价值趋向——人民普遍参与社会公共事务，从而使精英民主理论成为一种为现状辩护的保守的教条。瓦克通过分析民主国家普遍存在的公民政治消极和冷漠现象，说明精英民主理论的保守主义倾向，他不同意精英民主论者视公民普遍的政治冷漠为民主稳定的要素，而是进一步揭示出造成公民政治冷漠的原因。他着重以美国为例，指出美国公众对政治抱消极冷漠态度是因为政府对公民政治参与的压抑和控制，使得大众的需求得不到满足，普遍存在着被剥夺的挫折感。他说："对于大多数公民而言，政治世界是那么的遥远、困惑、毫无意义。""许多人期望政府的关注，然而他们却无法将问题提及公共领域以获得解决。"[2] 瓦克呼吁，政治学者不应像精英民主论者那样借科学客观性之名，毫无批判地接受现存体系的价值，而应以高瞻的想象力和批判力，发掘需要科学探讨的新问题，促进当代社会与政治发展。

20 世纪 70 年代以来，虽然对精英理论持批判态度的学者日渐增多，对精英民主理论产生了一定程度的冲击，但始终未能动摇其根基。究其原因，在于这些学者在批判精英民主中，只强调虚幻不真的价值图式和理想目标，缺乏经验事实的有力验证，他们的批判往往是情感多于理性，规范多于描述，价值多于事实，而精英民主论在一定层次上揭示了现阶段西方民主政治的发展状况，从而在七八十年代以后对若干经济和政治学说产生了一定的影响。

---

[1] 瓦克：《民主精英理论的批判》，《美国政治学评论》1966 年第 2 期，第 295 页。
[2] 同上书，第 293 页。

第二十二章 当代西方民主理论（下）

一 参与民主论

作为直接民主和代议民主的中间形态之一，参与民主是发达国家左派应对传统民主理论无法积极回应政治社会发展现实而提出的新的民主模式。他们继承了卢梭、无政府主义和"早期"自由马克思主义的观点，提出了左翼的自由与民主的观念。其代表人物有科尔、阿伦特、佩特曼、麦克弗森、巴伯、托夫勒、奈斯比特等。

参与民主诞生的社会背景及其理论基础

代议制民主行进至20世纪60年代已经形成了高度集权化的体制，行政权力空前扩大，议会政治弊端暴露无遗。"第二次浪潮政治制度的迅速过时"[①]，使得60年代注定成为一个"实践与原则、理想与现实、行动与信念比照的年代"[②]。"世界各地的民主体制都处于深刻的危机之中：人民和宣称代表他们的政治机构之间的距离日益扩大……迄今假定能充分实现民主的条件——普遍的公民权，多党制度，言论及出版自由，甚至是比例选举制度——对人们自己实现权力来说都不够强大。"[③] 黑人运动、妇女运动、学生运动、工人运动等激进社会民主运动因而首次出现在美国等发达国家，以回应日益羸弱、低效的民主选举制度。虽然风起云涌的民主运动在许多方面遭到失败，但由于"议会中各传统左翼政党没有为这些新

[①] 阿尔温·托夫勒：《第三次浪潮》，三联书店1983年版，第481页。
[②] 塞缪尔·亨廷顿：《失衡的承诺》，东方出版社2005年版，第3页。
[③] Hilary Wainwright. Why Participatory Democracy Matters – And Movements Matter to Participatory Democracy. International Seminar: Participatory Democracy. *Political Actors and Social Movements*. 2005.

的挑战提供明显的路线图";"民选机构力量单薄,软弱得难以控制日益增强的国家机器,软弱得无法经受住通常与国家形成强大联盟的新兴大公司的权力";"现有政治体制的正式权力也不能承载工作场所、公共服务、社区和家庭民主的愿望"①,能否有某种新的社会管理方式来协调解决甚至仅仅是缓和这种日益激烈的冲突,已成为一个非常急迫的社会问题。参与民主正是在这种特定的社会历史时期适应于民主运动的需要而诞生的新的社会管理方式。1960年阿诺德·考夫曼首次提出"参与民主"概念。1970年,卡罗尔·佩特曼的《参与和民主理论》一书的出版,才标志着参与民主政治理论的正式登场。

某种程度上,参与民主理论的兴起,在于试图超越传统自由民主制度及马克思主义政治理论,在对代议民主制度缺陷的克服中追寻直接民主的梦想。国家和社会的区分及适度分离为自由民主理论奠定了理论基石。然而,现实却是公民和国家的疏离感愈来愈强烈,国家政治事务日益集中于政治、经济精英手中,缺乏必要资源和权力的普通社会大众根本没有机会和途径触及、参与决定政治决策。一方面,"公司管理机构绑架了民选政府,破坏了他们履行其民主任务的能力,从而削弱了大众控制机制(the mechanisms of popular control)"。另一方面,政治官僚阶层垄断了国家权力,阻碍了普通公民实现权利的愿望,"所有的制度都不再允许公民实际参与"②。马尔库塞认为,正是新形式的强权国家造成了"单向度的社会"和"单向度的个人",人没有批判和反抗精神,麻木地依附于国家,成为资本主义生产方式的合理工具。作为新左派之一的佩特曼也正是在指出自由民主制度理论及实践缺憾的基础上提出了参与民主理论。他认为,当代精英主义民主对个人自由的压制,严重扼杀了公民个人的积极性和创造性;社会政治生活中普遍存在着包括资源占有及其性别、种族、信息获得等方面的不平等;对微观层次上民主的忽视,也使得民主实践忽视了公民个人民主参与能力以及相应条件的培养,如此种种,无不预示着自由主义民主制度的衰败。另一位新左派代表麦克弗森在对当代的民主政治现实进

---

① Hilary Wainwright. Why Participatory Democracy Matters – And Movements Matter to Participatory Democracy. International Seminar: Participatory Democracy. *Political Actors and Social Movements*. 2005.

② 汉娜·阿伦特:《公民不服从》,载何怀宏:《西方公民不服从的传统》,吉林人民出版社2003年版,第146页。

行深刻反思的基础上，指出了市场社会的一个巨大悖论，即占有性个人主义的现实与资本主义民主无法实现每个人能力最大化之间的背离。这一背离进而破坏了资本主义社会大厦之根基，极有可能导致市场社会陷入严重的危机，而缓解这一危机的主要手段就是竞争性政党制度与参与民主相结合。[①] 他认为，参与性民主是走向一个更加民主的未来的关键。巴伯更是将自由主义民主称为"弱势民主"，并对之进行了猛烈抨击，指出了自由主义民主颠倒个人自由与政治行为之间的关系后带来的恶果，并据此开出了"强势民主"的药方。

参与民主的潜在条件

"参与"是参与民主的核心概念。尽管民主理论已包含着参与的基本内涵，但在20世纪70年代早期提出的参与民主理论中，参与仍是一个非常宽泛的概念，参与渠道及形式很不具体。随着参与民主理论本身的发展，其参与概念的内涵逐渐明朗化。"参与"意指公众自发自愿地亲自直接参与与其利益相关的决策的制定。正因为以"参与"为核心的参与民主理论架构决定着该理论对抗自由主义民主的现实有效性，参与民主也因而必须有别于一般民主理论的潜在要求和条件。

首先，政治平等。与一般性的民主理论一样，参与民主最重要的规范性原则当然是政治上的平等。但在这里，平等的参与是被视为核心价值，而不应该局限在平等地投票选出代表这一方面。平等的参与需要扩大到更广泛的政治表达形式以及更多地区的社会生活中。

其次，社会先决条件。为了实现参与民主，社会需要具备起码的社会平等；在各种社会领域内（包括家庭、教育机构、社区邻里等）的广泛参与；平等的教育条件——使参与者具有使用和理解信息的能力、沟通能力、持续学习能力和行动的机会；真正的知识共享。

再次，该理论还依赖于这一假设——每个人/公民都有做出富有价值的参与的潜力，特别是，人们有而且能形成和表达偏好，同时公民也具有政治学习的潜力。

最后，公民偏好/价值形成的过程被赋予特别重要的意义。这是因为，偏好并非简单地作为个人利益来阐述；在很大程度上，它是在公众参与的

---

① 陈尧：《民主时代的参与》，载《读书》2006年第8期。

过程中形成的。人们假定在参与的过程中可以发现比通过纯粹代表机制更多的共同利益。

"在任何情境下,参与既涉及平等又涉及协商。"[①] 正因为此,特奥·席勒归纳出参与的四个维度:首先,必须保证个人和群体有形成和表达偏好的机会。其次,所有公民必须有机会为公共议程阐明偏好和议题,并且能得到"有效的听证"。再次,人人都应有平等的机会参与关于道德和认知方面的政策议题以及可供替代的解决办法的公开审议。最后,对议题采取的决定必须有平等的投票权。

虽然参与者的参与意愿和能力决定了参与民主的可能性和品质,但并没有被参与民主理论家们普遍看好。佩特曼承认韦伯和熊彼特的观点——普通公民对于国家层次的所有决定,是否永远会像人对于自己家附近的有关事宜的决定那样感兴趣,是值得怀疑的——并据而认为,人们最感兴趣并可能会较好把握的,是与他们的生活密切相关的那些问题和事务。在国家政治中公民的角色将总是非常受限制的。正因为此,佩特曼认为,公民参与政治最恰当的领域就是与人们生活息息相关、也是最熟悉和最感兴趣的领域,如社区或工作场所等。

参与民主论的理论演进

参与民主理论,虽然历经激进民主运动才被首次以理论形式提出并进而受到广泛关注,但参与在民主中的核心地位却远在此之前就被确立。虽然古代雅典只有约百分之十五的公民能直接参加城邦政治生活,但这也说明了参与在政治社会生活中的神圣地位。随着民族国家的诞生,城邦政治形式远不能适应国家政治生活的需要,民主借此实现了"第二次转型"[②]。近代西方民主理论家提出了一种适合近代国家现实的代议制民主理论。洛克提出了代议制民主论的议会至上原则。密尔作为19世纪的代议制民主理论的集大成者,同样认为,理想上最好的政府形式就是主权属于人民的政府,"但是既然在面积和人口超过一个小市镇的社会里,除去公共事务的某些极次要的部分外,所有的人亲自参加公共事务是不可能的",进而

---

① Theo Schiller. Direct Democracy and Theories of Participatory Democracy—some observations. *Direct Democracy in Europe*. VS Verlag für Sozialwissenschaften. 2007. p. 56.

② 罗伯特·A. 达尔:《民主及其批评者》,吉林人民出版社2006年版,第1页。

得出"一个完善的政府的理想类型一定是代议制政府了"这一结论。他提出,代议制民主的实质是全体人民通过由他们定期选出的代表们行使最高的控制权。

虽然近代西方资本主义国家实行的是代议制民主的政治制度,理论上占主导地位的也是代议制的民主理论,但并不是任何理论家都是极力支持代议民主制度,卢梭就是其中突出的一位。卢梭是怀疑代议制的。卢梭的民主理论的核心是人民主权学说,强调"公意"。在他看来,国家主权永远属于人民,它是不可代表的。正因为如此,他批评了英国的代议制,认为英国人民只有在选择议员时才是自由的,议员一旦选出,人民就成了奴隶,就什么也不是了。因而,体现卢梭的人民主权学说理想的政权组织形式就必须是全体公民直接参与的公民大会,也就只能是直接民主制。

20世纪上半期,英国费边社会主义的后期代表道格拉斯·柯尔,继承了卢梭的某些思想,否定代议制民主论,提出了职能民主论,成为参与式民主理论的一个重要代表人物。柯尔批判了代议制民主理论的前提条件,指出每一个人都是独立自主的、无法替代的,一个人既不能代表别人,也不能被别人所代表,代议制使得一个公民在被代表后成了一个零,其个人的自由和权利就丧失了。代议制最多是公民在投票时参政,一旦投完票就让代表来统治,而自己则丧失了参政的机会。因此,建立在代表的基础上的代议制根本就不是民主制。柯尔提出了体现参与式民主的职能民主制,以代替传统的代议制民主。柯尔认为,"真正的民主政治不应当在单独的、无所不能的议会中去寻求,而应当在各种有调节的职能的代表团体这种制度中去寻求"。他的职能民主制,实际上是一种参与式的民主制,以人人能参加的职能团体为基础。团体的每一个成员都对团体有充分了解并能参与决定自己所在团体的事情,而不是让别人来代表自己。柯尔主张一个人可以同时是不同团体的成员,比如一个人既可以是一个工厂的成员,也可以是某一俱乐部的成员,还可以是某一政党的成员,这样就可以参与各种团体的活动,尽可能多地参与各种社会事务。柯尔认为只有这样的职能民主制,才可以充分地体现民主精神。

"二战"后的新自由主义者阿伦特同样重视人民的政治参与,强调公民性格中的参与本性。阿伦特不仅反对那些压制大众政治参与的各种威权的、专制独裁的和极权的政体,而且对限制大众参与的现代西方代议民主制度也持批评态度，主张实行一种参与式的民主。[①] 在对代议制民主进行揭露和批判的基础上，阿伦特提出了以新的议会体系为框架的参与式民主。这种议会体系是自发的。公民参与多种形式的议会，如社区议会、专业议会、工厂议会等，通过开放、自由、充分的讨论，来达成公民权利的自我实现。阿伦特认为，通过参与，不仅可以培养个人的政治判断，而且可以肯定公民的自我存在。

麦克弗森基于对当代民主政治现实的反思，认为只有公民不断地直接参与社会和国家的管理，将民主领域从对选举的定期参与扩大到对社会生活各个领域的决策的参与，个人的自由和发展才有可能充分实现，也才有可能缓解资本主义社会危机。

参与民主理论的当代奠基者佩特曼认为，以熊彼特、萨托利等为代表提出的当代精英主义民主理论，实际上并不是充分的民主理论，而仅仅是描述了现实政治制度的运作逻辑。他认为，民主理论并不完全是经验的，它也应该是规范的，有着特定的规范要求和取向，真正的民主应当是所有公民的直接的、充分参与公共事务的决策的民主，从政策议程的设定到政策的执行，都应该有公民的参与。佩特曼认为，"寻求更多的参与，以及参与民主理论本身，并非如人们所通常认为的，是建立在一种危险的幻觉之上，也不是建立在过时的、非现实的理论基础之上。我们仍然拥有一种现代的、富有生命力的、以参与理念为核心的民主理论"。[②] 在佩特曼看来，公民参与政治的最恰当的领域是与人们生活息息相关的领域，如社区或工作场所，并重点研究了工业领域，特别是工厂。佩特曼十分赞赏当时南斯拉夫的工人自治管理制度，强调了其在集体事务的管理方面提供的教育功能，认为像工业这样的领域本身就应该被看作是政治体系，因为它还有助于实现真正意义上的经济平等。佩特曼认为，通过把民主控制的范围扩大到大多数人生活于其中的那些关键的制度中去，参与民主能促进人类发展，强化政治效能感，弱化人们对于权力中心的疏离感，培养对集

---

① 马德普：《走出孤独个人迈向公共领域——阿伦特新自由主义政治哲学述评》，载《中西政治文化论丛》2002年第2期。

② 卡罗尔·佩特曼：《参与和民主理论》，上海人民出版社2006年版，第103—104页。

体问题的关注,并有助于形成一种积极的、具有知识并能够对政府事务有更敏锐的兴趣的公民。

佩特曼参与民主理论的提出得到了众多学者的回应。美国政治学家本杰明·巴伯就是其中较为突出的一位。巴伯也同样强调了参与民主对占据主流地位的自由主义民主的疗救功能。他在《强势民主》一书中强烈地批评了自由主义民主,称其为"弱势民主",认为自由主义民主更多地关注促进个人自由,而不是保障公共正义,只是增进利益而不是发现善,它颠倒了个人自由与政治行为之间的关系,指出自由主义民主将引发许多严重的后果,最典型的是它在摧毁了传统的个人与社会之间的维系纽带的同时,并没有创造一种新的纽带。在批评自由主义民主的基础上,巴伯"强调'公民参与'乃是民主政治的核心;如欲解决政府无能和自由民主主义所产生的危机,宜将'强势民主'建立在公民参与和公民义务上,而非只是植根于个人良好品德和利他主义之上"。① 由此,通过积极而合作的参与者的相互尊重和理解,共同对话、决策,形成有效的共识。为了更有效地衡量参与的质量,巴伯提出了三个明确的质量标准:一个经过协商对话验证有效的普选;在一个多种选择的模式中,投票应允许有差别的偏好表达;以及决定性的投票应免受民意波动的风险。② 此外,在巴伯所提供的复杂理论方法中,直接民主只是作为在这个结构中的一个体制性元素,在参与民主内部有一个明确的形式和功能。

美国未来学家阿尔温·托夫勒在对21世纪的民主作预测时认为,首要的原则是"少数派权力",这是因为"真正的穷人不一定在人数上占优势。在很多国家中,他们已经成为了少数派……所以多数统治,非但作为一条合法的原则不再适合,在向第三次浪潮推进的社会中,它也未必再是人道的和民主的了"③。其次是半直接民主,即"从依靠代表转为依靠人们自己","把直接的公民参政,与'代表制'结合起来,形成一种半直接民主的新制度"。④ 再则,进行决策分工,即"在一个政治制度中,合

---

① 江明修:《公共行政学:理论与社会实践》,云南图书出版有限公司1997年版,第57页。
② Theo Schiller. Direct Democracy and Theories of Participatory Democracy—some observations. *Direct Democracy in Europe.* VS Verlag für Sozialwissenschaften. 2007. p.58.
③ 阿尔温·托夫勒:《第三次浪潮》,第488页。
④ 同上书,第495、498页。

理地重新分配决策权","扩大分担作出决定的范围,并根据问题本身的需要而转移决策的单位"。① 托夫勒认为,唯有如此才能使政治结构适应第三次浪潮的发展。

另一位未来学家奈斯比特在《大趋势——改变我们生活的十个新趋向》中阐述了参与制民主的发展。奈斯比特认为,虽然"代议制民主在历史上起过作用,但现在已经不行了"。随着代议制民主和两党制的消亡,"公民、工人和消费者要求在政府、企业以及市场内有更多发言权","人民必须参与影响他们生活的决策过程"。② 奈斯比特的参与制民主理论包括以下几个方面:一是政治参与。他认为,"创制权和复决权是实行新民主制度的手段","因为创制权和复决权的表决方式符合参与制民主的精髓'直接民主'的需要"③。二是企业参与。奈斯比特认为,应该让工人、股东等有更多的发言权,来决定如何管理企业问题。三是市场参与。即消费者通过参与市场运行而参与企业生产。总而言之,奈斯比特认为,"如果人们会受到一项决策的影响,他们就应该参与作出决策的过程",而"参与作决定过程并不就是控制最后结果"。④

参与民主理论经过众多学者的深入研究和丰富发展,日趋成熟,得到了当代社群主义的积极回应,并在90年代发展出协商民主的新理念,即在公共协商过程中,强调自由平等的公民通过对话、讨论、审视各种相关理由而赋予立法和决策合法性的一种治理形式。

参与民主和代议民主

基于代议民主制度日益衰落的判断,参与民主作为一种新的民主形式被提出。然而,参与民主理论却并未将之看做是代议民主的替代物,而仅仅是作为一种补充。

对于佩特曼和麦克弗森来说,他们都否认这样的观点,"即在把代议民主制度搁置一边时,直接民主制可以广泛延用于所有政治、社会和经济

---

① 阿尔温·托夫勒:《第三次浪潮》,第500—501页。
② 约翰·奈斯比特:《大趋势——改变我们生活的十个新趋向》,新华出版社1984年版,第209、211页。
③ 同上书,第216、210页。
④ 同上书,第220、237页。

领域，完全的平等和自由可以通过各领域的管理（自我管理）来实现"。[1] 正因为此，在某种程度上，佩特曼对竞争性精英主义的批判并非是彻底性的，反而作出了让步。赫尔德也认为，"自由民主制的许多核心制度——竞争性政党、政治代表、定期选举——都将是一个参与性社会的不可或缺的组成因素。"[2]

同样，托夫勒提出的半直接民主仍旧是代议民主和参与民主的一种混合体。参与理论发展至今，这一思想仍未有丝毫改变。温莱特即认为[3]，如果参与民主得到推广，代表制政府机构可能会失去一些权力，以移交给新的参与领域，但这并不足以使参与民主代替议会民主成为整个政治制度的基础，否则这将不仅削弱真正的参与过程，还会削弱现有代议制的重要性，因为代议民主的合法性源于在投票期间最低限度的然而却是平等的参与，它通过一人一票制度确定了民选政府的原则和总体方向。可见，参与民主只能是为民选权力提供了一个补充。参与民主与民主选举唯有相辅相成，才可能推动社会向大众控制和政治平等的民主理想更进一步。

伴随着激进的社会民主运动，参与民主理论满足了社会公众参与的愿望和要求，为参与决策与参与利益相关的事务提供了理论依据。尽管初期的理论家们仅仅将参与民主的试验限定在个人最为熟悉也最感兴趣的狭窄领域，然而，公民参与热情的普遍高涨，现代信息技术的发达及其信息流通的便利，为参与民主在更为广阔范围内的运用提供了新的支持条件。网上协商、讨论支持系统、电子诉愿系统、电子表决系统、地理信息系统、参与性空间决定系统及决定分析支持系统等参与民主支持系统，正得益于现代通信及网络技术的快速发展趋于成熟，并在世界众多地区得到初步运用。因而，普通公民可以逐渐摆脱时间、空间、信息及知识等方面的限制日益自如地阐明个人偏好，相互协商，共同决策，行使自身的民主权利。

参与民主虽然仅是作为主流的自由主义民主的补充，但参与民主理论针对市场社会所带来的种种弊端和危机提出的疗救方案，还是得到了不少政治家、学者以及民众的支持，对于维系一个公共性的社会起到了不可忽

---

[1] 赫尔德：《民主的模式》，中央编译出版社1998年版，第338页。
[2] 同上书，第339页。
[3] cf. Hilary Wainwright. Why Participatory Democracy Matters – And Movements Matter to Participatory Democracy. International Seminar: Participatory Democracy. *Political Actors and Social Movements.* 2005.

视的重要作用。正如温莱特所言,"参与民主的扩展,无论如何,虽然不会……提供全部答案,但它将为解决方案和战略创造提供肥沃的土壤"[1]。

二 协商民主论

协商民主自 1980 年首次被约瑟夫·毕塞特在学术意义上使用以来,在政治哲学领域得到了蓬勃发展,出现了诸如罗尔斯、哈贝马斯、科恩、乔·埃尔斯特、詹姆斯·博曼等许多著名的协商民主理论研究者,并得到各国政府、社会及学者的广泛认同。

协商民主概念

协商民主理论已经成为当代西方学术界一种新的民主理论范式。美国学者迪亚戈·甘贝塔(Diego Gam-betta)认为,协商是"个人借此在集体决策之前表达并倾听各种观点的对话和交流"[2]。可见,协商实际上包含着慎思和讨论两个方面的含义,是一个经过适当讨论之后,个人依据其学识和良知在对相关证据和辩论进行充分思考的情况下决定支持某一集体行动的过程。正因为此,国内学界往往又被将其翻译为慎议民主、审议民主等等。

约瑟夫·毕塞特所阐述的协商民主是主张公民参与而反对精英主义的宪政解释。80 年代末以来,协商民主理论引起了更多学者的关注,为协商民主理论的多元化发展注入了强劲动力。围绕着协商民主的内涵,不同的学者从不同的视角作出了不同的解释。当前西方理论界对协商民主概念的探讨无外乎以下几个方面:

1. 民主决策体制说。把协商民主看作是一种决策模式得到了大部分学者的认同。米勒认为,"当决策是通过公开讨论过程而达成,其中所有参与者都能自由发表意见并且愿意平等地听取和考虑不同的意见,

---

[1] Hilary Wainwright. Why Participatory Democracy Matters – And Movements Matter to Participatory Democracy. International Seminar: Participatory Democracy. *Political Actors and Social Movements.* 2005.

[2] Jon Elster, Deliberative Democracy, Cambridge Unibersity Press 1998, 19. 转引自贺龙栋《协商民主的理论诘难与现实挑战》,载《社会主义研究》2008 年第 1 期。

这个民主体制就是协商性质的。"① 这种决策不仅反映了参与者先前的利益和观点，而且还反映了他们在思考各方观点之后作出的判断，以及应该用来解决分歧的原则和程序。亨德里克斯认为，"协商民主更像是公共论坛而不是竞争的市场，其中，政治讨论以公共利益为导向。在协商民主模式中，民主决策是平等公民之间理性公共讨论的结果"。② 哥伦比亚大学社会科学教授乔·埃尔斯特在其主编的《协商民主》一书中也认为，作为一种政治决策机制的协商民主，其包含的讨论与协商是对投票的替代。

2. 民主治理形式说。面对多元文化，民主面临的最大危机就是公民的分裂与对立，而"作为一种具有巨大潜能的民主治理形式，协商民主能够有效回应文化间对话和多元文化社会认知的某些核心问题。它尤其强调对于公共利益的责任、促进政治话语的相互理解、辨别所有政治意愿，以及支持那些重视所有人需求与利益的具有集体约束力的政策"③。协商民主本质上就是以公共利益为取向，主张通过对话实现共识、明确责任，进而作出得到普遍认同的决策。

3. 民主决策程序说。作为民主决策程序的协商民主，强调了决策过程中的公民权利以及公民自我意识的独立和意愿的充分表达。古特曼和汤普逊认为，所谓协商式民主指的是这样一种民主政治形态，即公民通过广泛的公共讨论的过程，各方的意见在公共论坛中互相交流，使各方了解彼此的立场和观点，并在追求公共利益的前提下，寻求并达成各方可以接受的可行方案④。

---

① David Miller, Is Deliberative Democracy Unfair to Disadvantaged Groups? *Democracy as Public Deliberation: New Perspectives*, Edited by Maurizio Passerin D'entrèves, Manchester University Press, 2002. p. 201. 转引自陈家刚：《协商民主引论》，载《马克思主义与现实》2004年第3期。

② Carolyn Hendriks, The Ambiguous Role of Civil Society in Deliberative Democracy, Refereed Paper Presented to the Jubilee Conference of the Australasian Political Studies Association, Australian National University, Canberra, October 2002. 转引自陈家刚《协商民主引论》，载《马克思主义与现实》2004年第3期。

③ Jorge M. Valadez, *Deliberative Democracy, Political Legitimacy, and Self-Democracy in Multicultural Societies*, USA Westview Press, 2001. p. 30. 转引自陈家刚：《协商民主引论》，载《马克思主义与现实》2004年第3期。

④ 陈剩勇：《协商民主理论与中国》，载《浙江社会科学》2005年第1期。

4. 宪政民主说。罗尔斯等认为，协商民主是"秩序良好的宪政民主的代名词"[1]，受公共理性指导的协商仅仅与宪政事务相关，也就是与基本正义有关。协商即是在宪政民主制度的架构下，基于公共理性的指导，在每个人都把它看作正义的政治概念并能合理预期其他人会认可的价值框架中进行。

从以上不同学者对协商民主内涵的界定不难发现，协商民主强调了宪政民主体制下自由平等的公民及其团体对公共事务的积极参与，并在信息充分、机会平等与程序公平的条件下，对公共政策进行理性思考和公开讨论，依靠说服而非强制、控制或欺骗，达到个体价值和偏好的转换，形成公意和共识，从而赋予立法和决策以合法性。毕塞特认为，协商民主兼具理想和制度两层含义。公共协商的主要目标不是狭隘地追求个人利益，而是利用公共理性寻求能够最大限度地满足所有公民愿望的政策。在科恩看来，民主政治就应该包含"集中关注共同的善的公共协商，……并以促进形成关于共同的善的公共概念的形式塑造公民认同和利益"。

理解协商民主概念，不可避免地涉及代议制民主理论，协商民主理论的概念与逻辑演绎也只有在后者的语境下才能得到更为深刻的揭示。为与协商民主相区分，科恩将西方流行的民主称为"聚合式民主"，因为居于其核心的投票程序可被视为各种偏好聚合的机制。帕布洛·德·格雷夫则对"聚合式民主"和"协商性民"主进行了对比分析。聚合式民主是解决冲突的手段，协商式民主则是以合作达成共识的过程；聚合式民主将政治看作是讨价还价的过程，协商民主则根据讨论来看待政治；聚合式民主关注政治的目的是实现竞争力量之间的平衡，协商式民主则力求达成政治共识；聚合式民主将选举机制视为关键，主张加强对权力的追溯性监督，协商民主关注政治观点与意志形成的长期过程，强调正式议会场所与非正式公共领域的交流。可见，聚合式民主在本质上视民主为市场，其间民主参与者的偏好固定，他们通过诸如投票之类的聚合机制竞争社会稀缺资源。而协商民主更像是公共论坛而不是竞争的市场，其中，政治讨论以公共利益为导向。

---

[1] John Rawls. The Idea of Public Reason Revisited, *The University of Chicago Law Review*, Vol. 64, No. 3, 1997. p.772. 转引自杨炳超《协商民主之内涵》，载《中共天津市委党校学报》2007年第4期。

对于协商民主是自由民主的替代还是补充这一问题,大多数学者和政治家认为,协商民主不应该舍弃选举民主,而只是试图用协商民主去提升选举民主的质量,或激活选举制度,使之真正对人民有益。它有助于有思想和有能力的公民,通过公共协商追求最佳理性和公意,改变偏好,达成共识,提高政治决策的合法性。协商民主理论对民主的理解相较选举民主而言显然更为宽泛。民主不仅被理解为自由选举,它还包括建议、参与、协商、公民权、咨询的范围及真实性等。协商民主为我们提供了一个不同的民主化视角,即通过辩论与讨论以实现公众参与决策过程。

协商民主来源

尽管协商理念在现代民主政治框架内得到了重视和强调,但它并不是一个全新的理念,诚如埃尔斯特所言:"协商民主或者说通过自由而平等的公民之间的协商来进行集体决策的观念绝非是一种创新,而是一种复兴,这种理念与实践几乎和民主的概念本身一样久远,都来自公元前五世纪的雅典。"[1] 这就道出了协商民主理论的历史渊源。综观当前西方学者对协商民主理论来源的认识,一般包括以下三个方面:

首先,历史来源。协商民主的方式可以追溯到古希腊时代。古希腊人制定了许多古代制度,如五百人议事会、陪审制度等,通过抽签选择公民,经过一定时期的协商,赋予他们重要的公共决策权力。作为直接民主方式的复兴,协商民主并没有完全承袭直接民主对民意的简单张扬,而是摒弃了古老的直接民主缺乏自我纠错的程序机制、缺乏价值宽容及拒绝法律限制的内在结构缺陷,增加了理性思考、多元交流和公共责任等新的要素。当前已经发展出的一系列协商论坛,如费什金的协商民意测验、加拿大哥伦比亚特区公民会议和二十一世纪城镇大会等,即是协商民主理论转化为实践的一些制度设计。

其次,理论来源。协商民主主义者大多认同协商民主理论是在批判自由民主理论和实践的明显缺陷中逐渐形成的。德赖辛克即认为,协商民主理论一方面基于自由主义理论,另一方面则基于批评理论。[2] 虽然现代自

---

[1] Jon Elster. ed. "Introduction". In *Deliberative Democracy*. Cambridge: Cambridge University Press, 1998.

[2] John S. Dryzek, *Deliberative Democracy and Beyond*, Oxford University Press, 2000. p. 3.

由主义强调个人受自我利益的驱动，自由民主政治只是各种利益基于宪法原则的聚合，但其并没有完全排斥某些条件下的协商，它也允许个人服从协商说服。对于自由主义而言，协商民主能够缓解各种原则之间的张力。就自由民主可能形成的多数暴政而言，协商原则能够证明自由权利的正当性；而因为宪法在创造协商公共领域中的作用，自由宪法能够有效促进协商。

协商民主的另一个理论基础是批判理论。从广义上看，批判理论主要关注个人和社会摆脱压制性力量的进步性解放。批判理论认为，民主参与能够改变个人，使他们变成理想的、更具公共精神、更宽容、更有知识、更关心他人利益以及个人利益的公民。而参与则正是协商民主的基本精神。[1]

此外，哈贝马斯在分析自由主义和共和主义两种民主模式的分歧时指出，协商民主使民主程序与规范内涵的结合超越了自由主义与共和主义，并与自由主义将国家当作经济社会守卫者以及共和主义将国家看成道德集体的表象相区别。[2] 博曼也认为，虽然协商民主观念并不必然导致共和论，而且也不排斥敏锐的社会冲突意识，但它是在自由理论和共和理论的争论所建构的领域中产生的。[3]

最后，现实来源。"协商民主理论的兴起，是为了回应西方社会面临的诸多问题，特别是多元文化社会潜藏的深刻而持久的道德冲突，以及种族文化团体之间认知资源的不平等而造成的多数人难以有效地参与公共决策。"[4] 瓦拉德兹指出，多元文化民主面临的最大危险就是公民的分裂与对立。现代市场经济及其新科技革命的迅猛发展，加强了利益分化和社会分裂，聚合式民主的治理方式仅以简单多数或代议民主形式裁剪民意，无法有效吸引公民的广泛参与。美国学者乔·埃尔斯特认为，在最低程度上，民主应该是公民对领袖或政策的一种有效的正式的控制。"有效的"

---

[1] 陈家刚：《协商民主引论》，载《马克思主义与现实》2004年第3期。
[2] 中国社会科学院哲学研究所编：《哈贝马斯在华讲演集》，人民出版社2002年版，第80—86页。
[3] Edited by James Bohman and William Rehg, *Deliberative Democracy: Essays on Reason and Politics*, The MIT press, 1997. p. 2.
[4] 陈剩勇：《协商民主理论与中国》，载《浙江社会科学》2005年第1期。

意味着拒绝有名无实的参与。① 面对公民政治参与热情的衰退,以及西方社会现实发展中的诸多病症,协商民主建构了一种作为决策体制和过程的民主形式,加强公民、团体和政府在社会政治层面上的对话与合作,建立社会对公共利益的道德和责任,消除社会分歧,推进政治共识,从而有效弥补聚合式民主政治决策合法性薄弱的弊病。

协商民主要素

不管是作为一种理想还是现实存在,协商民主都需要一定的内在构成要素,以完成其建构并实现其价值。为此,西方学者围绕着协商民主的要素进行了广泛而深入的研究。概括而言,协商民主要素无外乎以下几个方面[②]:

1. 协商主体。协商主体即协商民主的参与者,是协商民主的基本要素和前提。一般来说,协商主体可区分为个体参与者和团体参与者。前者即公民个体,后者包括各种复合型政治主体,如利益集团、政党、政府乃至国际组织等。

无论是作为个体的参与者还是作为团体的参与者,协商主体都必须具备基本的条件。这些条件包括:(1)理性。由于协商必然涉及参与者观点的交锋与论争,因而参与者的非情绪化要求是必需的。协商民主的政治合法性不仅仅出于参与者多数的意愿,而且还基于集体的理性反思结果。在科恩看来,"协商是理性的,因为决定各种建议命运的是理性根据而不是权力"。[③] 协商民主的倡导者哈贝马斯指出了交往理性对于协商民主过程的重要意义。所谓"交往理性",就是参与者可以各抒己见,充分尊重而不是压抑和排斥特殊性权利,这就赋予了参与协商民主必需的包容性。(2)平等。这里的平等是指每个公民的地位平等、拥有平等的政治影响机会及其核心的能力平等。能力平等被其认为体现着协商民主理论的根本特征。这种能力即所有公民都必须培养那些赋予其实际参与公共领域的能力,包括有效社会行为的能力、参与共同活动并在其中实现自己目标的能

---

① 陈家刚:《协商民主》,上海三联书店2004年版,第218页。
② 童庆平:《也谈协商民主的基本要素》,载《江苏省社会主义学院学报》2007年第6期。
③ Joshua Cohen, *Deliberation and Democratic Legitimacy*, *Deliberative Democracy*: *Essays on Reason and Politics*, Edited by James Bohman and William Rehg, The MIT press, 1997. pp. 73 – 75. 转引自陈家刚:《协商民主引论》,载《马克思主义与现实》2004年第3期。

力。(3) 责任性。参与协商过程的公民必须承担一系列特定责任。这种责任包括：持续共存的共同责任；提供理由说服协商过程中所有其他参与者的责任；对其他理由和观点做出回应的责任。

2. 协商客体。协商客体即协商内容，协商民主主义者一般用"偏好"这一术语来表达。在社会政治生活中，"偏好指的是行为者基于自身利益而表现出来的对于特定目标对象的倾向性与选择性"。[①] 一般来说，不同行为者的偏好往往存在巨大差异。针对特定议题，每个利益相关者往往都会基于理性思考形成自己的特定价值观念和态度，从而可以在协商过程中充分表达自己立场，理性审视其他参与者观点，从而适时修正自身意见。协商就是各种观点不受限制地交流，这些观点涉及实践推理并总是潜在地促进偏好变化。[②] 协商过程中，正是借助于讨论、对话和审议等多种形式，公民才可以根据他人的信仰及偏好来调整自身偏好。

3. 协商场域。协商场域就是协商发生的场所。许多学者认为，现代协商民主不能仅限于宪政框架内，更多的应反映在公民社会和公共领域之内。澳大利亚国立大学教授 John S. Dryzek 即持此观点，他把协商民主按"发生的不同地点"归纳为三个层面：一是国家制度，二是普通公民或政治鼓吹者发起的特设论坛，三是公共领域。他认为，每个场所的实践都可以构建一个协商民主。对每个场所而言到底何种制度与实践是最佳选择，并不存在一个准确或普适性的处方。对协商民主所追求的协商场所本身就应该是一个协商的过程。

与协商民主实践场域伴随的还必须有具体的协商制度。制度的功能在于组织和规范协商过程，确保公共协商作出权威性决策。建立协商制度的关键是，将决策建立在能被所有人都接受的公共利益基础之上，而不是某些满足利益集团的要求。

4. 协商原则。协商原则即协商过程必须遵守的基本规范，这种规范不一定以制度化的形式呈现，却是协商民主得以有效进行的基础。科恩认

---

① 陈家刚：《协商民主：概念、要素与价值》，载《中共天津市委党校学报》2005 年第 3 期。

② Maeve Cooke. Five Arguments for Deliberative Democracy. *Political Studies*. 2000. Vol. 148, pp. 947–969.

为，理想的公共协商应该遵循自由、平等、理性与合法性的原则。协商是自由的，因为参与者对各种建议的思考不会受到预先的限制和权威的抑制；协商是理性的，因为决定各种建议命运的是理性根据而不是权力。协商中参与各方在实质和形式上都是平等的。每个具有协商能力的人在协商过程的每个阶段都享有平等的权利。[1] 古特曼和汤普森则认为，协商参与者还必须信奉三个主要原则：互惠、公开和责任。[2]

综合协商民主主义者的论述，协商原则一般包括：（1）平等。显然，作为协商原则的平等比作为协商主体的平等更为重要。参与协商的公民不仅程序上是平等的，在实质性上也必须是平等的。为此，不少协商理论家提出了一些具体建议，包括：所有的参与者必须给予平等的机会以接触有关政治和政策的信息；所有的参与者应该给予设置讨论议题的同等机会；所有参与者应该给予同等的机会和时间去表达他们的观点和关注等。（2）公共性。一是讨论议题的公共性，即公民协商的范围集中在公共领域而不是私人领域。二是协商方式的公共性。协商是通过公共论坛或其他公开方式的开放式交流和探讨。三是协商结果的公共性，即协商结果必定符合共同体的公共利益。（3）公开性。在古特曼和汤普森等协商论者看来，公开是协商的核心，因为协商的过程只有是公开的，才能保证民主的责任。协商所必需的理性、平等和公共性也只有在公开的协商过程中才能得到检验。但是，也有学者认为过度的公开必然损害在协商过程中进行思想的真实交流。（4）包容。博曼认为，公共协商必须是包容的，因而应该是结构性的，这样，所有公民都能够合理地影响决策。[3]

5. 协商结果。所谓协商结果，即公共协商所要达到的目标状态。西方学者一般用"共识"来表达协商所要达到的目标。"共识原本指主体间理解的协调、通约和一致。'达成共识'即指达成理解的一致意见。在协商理论中，共识是协商的结果，是政治过程参与者在充分协商基础上形成

---

[1] 参见陶文昭《协商民主的中国视角》，转引自童庆平《也谈协商民主的基本要素》，载《江苏省社会主义学院学报》2007年第6期。

[2] 约翰·S. 德雷泽克：《协商民主及其超越：自由与批判的视角》，中央编译出版社2006年版，第37—38页。

[3] 詹姆斯·博曼、威廉·雷吉：《协商民主：论理性与政治》，中央编译出版社2006年版，中文版序第2页。

的，对所讨论问题表现出的一致性。共识是合法决策的基础。缺少共识，没有达成一致，就无法形成合法的决策。"① 达成共识是公共协商的自然结果，实际上也正是协商民主区别于聚合式民主的关键所在。

一般来说，共识分为单一性共识与多元性共识。而协商民主理论主张的则是持续性的多元共识。在哈贝马斯看来，共识"不是按照某种固定的世界观、价值观或共同的规范来达到的，而是一种在相互理解、相互承认的基础上的一致，不是'完全认同'基础上的共识，而是'相互承认'基础上的共识，是一种主体间的相互理解、相互承认，类似于孔子说的'和而不同'"。② 博曼则使用"多元一致"来描述共识。他认为，"多元一致只是要求公共协商过程中的持续性合作，即使是持续的不一致"。它"并不要求所有公民出于相同理性而同意，它只要求在相同的公共协商过程中公民能够持续合作与妥协"。③ 这里的意思相似于"求同存异"。

协商民主价值

协商民主对民主政治的价值远远超越了既有政治模式，它可以改善决策质量，提高决策的合法性，能够培养政治共同体必需的公民精神，促进社会团结和共识，能矫正自由民主的不足，制约公共权力的膨胀。

1. 改善决策质量，提高决策合法性。政治决策的合法性来源于政策对象的广泛认同。协商民主框架对所有利益相关者平等参与决策过程的吸纳，为政策对象表达意愿和诉求提供了制度基础。以公共利益或者说公共善为目标的充分讨论为决策质量的提升提供了可能。协商所追求的共识及理性一致为政治决策的合法性提供了正当性证明。科恩认为，"当协商结果是平等公民之间的自由、理性一致的结果时，这些结果才是民主合法的。""政策之所以应该被采纳，不是因为最有影响力的利益取得了胜利，而是因为公民或其代表在倾听和审视相关的理由之后被共同认可，该政策

---

① 陈家刚：《协商民主：概念、要素与价值》，载《中共天津市委党校学报》2005 年第 3 期。

② 陈炳辉：《哈贝马斯的民主理论》，载《厦门大学学报》（哲学社会科学版）2001 年第 2 期。

③ 詹姆斯·博曼：《公共协商：多元主义、复杂性与民主》，中央编译出版社 2006 年版，第 78 页。

才具有正当性。"①

2. 培养政治共同体必需的公民精神。协商民主超越于个人私利的要求，鼓励参与者用一种更开阔的眼光来观察涉及公共利益的问题，形成公民的"公共理性"，从而以公共的善为依归，培养公民的集体责任感和公民意识。政治共同体所需的集体意识，正通过这种公共协商所达成的共识得以实现。不仅如此，协商民主还有助于公民正视多元的社会现实，增强不同文化间的相互理解和尊重。

3. 矫正自由民主的不足。传统的自由民主政治以自利为理论基础，主张公民个人权益的至高无上，对自由的追求远高于对平等的关注，社会公共利益则居于次要的地位。伴随着聚合式民主的发展，西方国家的政治已越来越难以适应新时代公民社会的挑战。社会资源稀缺的公民在这种民主体制下越来越边缘化。而协商民主重视公民在公共协商过程中的平等参与及理性对话，以共识作为检验民主政治合法性的试金石。这就极大地改变了重视自由忽视平等的自由民主传统，矫正了个人私利在民主政治中的核心地位，奠定了平等与自治作为自由民主社会的核心要素。

4. 制约公共权力的膨胀。20世纪后半叶以来，与代议制民主衰落相伴的则是公共权力，特别是行政权力的扩张和膨胀。政府机构或者说官僚的自由裁量权日益膨胀，并已侵入原先由立法机构主导的政策制定领域，削弱了以立法平衡、制约行政的体制设置功能。当前人们对代议制民主失望的原因之一，即是行政国家的出现。政府公共权力膨胀的弊病在于其握有政策制定的权力，却无须承担相应的责任。而协商民主恰恰重视协商参与者对公共利益责任的承担。协商民主论者认为，"控制官僚自由裁量权的恰当途径是施行协商民主，实行协商的民主立法模式"②，因为只有协商模式才能规范、建构现代的公共行政。协商民主强调公共协商的公共理性、对话和讨论，这就赋予了政治决策必需的公共性和公开性，公民因而具有了监督官僚权力和行政制度的能力。

---

① iris M. young. *Communication and the Other：Beyond Deliberative Democracy* [M] // S. benhabib. *Democracy and Difference：Contesting the Boundaries of the Political*. Princeton，NJ：Princeton University Press：pp. 120 – 135. 转引自陈家刚：《协商民主的价值、挑战与前景》，载《中共天津市委党校学报》2008年第3期。

② 同上。

协商民主局限

不管是作为一种古老民主理论的复兴，还是作为一种新的政治实践，协商民主从未停止过面对来自各方面的批评和挑战，包括协商民主论者内部的论争。

1. 协商条件的不平等。协商民主的过程实际上就是各种具有不同利益诉求和偏好的政治主体进行政治对话的过程，这些参与的政治主体之间是完全平等的。但是现实社会中资源占有的不平等以及民主程序的不完善，并非所有公民都有能力参与协商。弱势群体在代议制民主体制下遭遇的困境在协商民主中仍然没有得到明显的改观，政治平等仍然只是作为理想游离于这一群体的现实之外。那些在社会经济和政治生活中处于弱势的群体，可能会因为缺乏表达、论证能力和技巧，而无法充分参与协商过程。显然，无论是作为背景的资源占有的不平等，还是作为参与条件的能力的不平等，都会现实地阻碍协商民主走下理论的殿堂。

2. 理性的局限。协商民主中，协商参与者具备公共理性是公共协商有效的必要前提。理性之于协商民主犹如血液之于人体，它给协商民主带来了生机和活力。但普通公民的理性不足却是不争的社会现实。这种不足一方面来源于公共教育，特别是人文教育的薄弱；另一方面来源于社会复杂度迅速提高后导致的理性发展相对滞后。因此，对理性过多期待的协商民主，内在地将协商民主推向了困境。

3. 共同价值和公共利益基础薄弱。对公共利益和公共善的认同，是协商民主达成共识的基本要求。然而，作为协商民主理论前提的多元社会文化却可能阻碍社会成员对共同价值和公共利益的形成。文化多元主义不仅可能损害共同体的普遍意志，而且还会导致深层而持久的道德冲突。在公开性的相互讨论和协商中，协商参与者如何能超越个人私利的局限，尊重他人意见及利益，追求公共利益，将始终是协商民主有效开展的约束性条件。

三　电子民主论

伴随着信息技术的革命性发展，以新的传播媒介为基础的新型民主形式应运而生。电子民主[①]作为现代信息社会世界各国民主化进程的重要推动力量，已受到越来越多国家和国际组织的广泛关注，并在许多地区、国家及国际组织以各种形式成功实施。台德·贝克尔、史蒂文·克利夫、格雷姆·布朗宁、马丁·哈根等众多学者成为电子民主研究的代表人物。

电子民主产生的原因

作为提高政治机构回应性和责任性以及加强公民参与政治过程的一种形式，电子民主自从20世纪60年代就进入了学者、政治家和活动家们的视野。电子民主真正能够成为现代世界各国民主政治建设的首要助推器，主要依赖于以下三个方面的原因：

首先，传统的代议制民主体制面临着严重的合法性危机。伴随着传统代议制运转逐渐带来的效率低下、反应迟钝、腐败、责任保障机制失灵、财政支出庞大等问题，民众的政治热情普遍降低，选民投票率持续走低，公民的政治疏离感越来越强。而代议制民主的成功正是在于公众的必要参与；缺乏参与这一基石，政党选举、政治决策等代议制民主政治的关键环节必然缺乏合法性，民主政治大厦必岌岌可危。众多西方学者均不同程度地指出了现代民主危机的共同问题：支持和鼓励公众辩论和政治行动的现存社会基础设施已遭到严重侵蚀和破坏。因而，挖掘新的参与形式，成为代议制民主是否能够稳固生存下去的关键。整个世界民主化进程的加快更是突出强化了这一点。阿尔温·托夫勒就认为，"资本主义制度和资本主义的民主结构都是工业社会的产物，它们都过时了，它们都将被信息社会及新的政治结构所代替"[②]。正是这种改善代议制民主政治框架和形式的要求，为电子民主的发展创造了必要的政治环境和条件。

其次，传统媒体无力挽救代议制民主体制。虽然报纸、广播、电视等传统媒体很大程度上促进了传统代议制民主体制的发展，并一度通过扩大大众化的信息传播，部分地实现了公民的知情权，提高了公民政治参与的

[①] 电子民主有多种提法：数字民主、网络民主、点击民主、远程民主等。英文表述一般有：electronic democracy、e-democracy、teledemocracy 或 electronic direct democracy。在大多数西方学者的著作及文章中，电子民主、网络民主、数字民主、电子直接民主等概念鲜有严格区分。

[②] 阿尔温·托夫勒：《第三次浪潮》，第530页。

广度和深度,但传统大众传播媒介在美国政治进程中的作用却被最近的一些美国学者大加批评。大众传播媒介的报道必须为政治参与危机负责。普特南即认为,电视应对侵蚀社会资本——如人民从事共同的、公开的活动的意愿——负责。不仅电视被指控是不适当的、消极的和玩世不恭的,而且也有一些证据表明,广播传媒(如谈话类电台等)造成了美国民众疏离政治进程。马丁·哈根认为对传统大众传播媒介在政治进程中角色的失望正传遍全美国。正因为传统大众传播媒介实际上并不能从根本上弥补代议制民主的缺陷,建立在新的通信技术基础上的新型传播媒介必然成为民主政治的新要求。

最后,现代信息通信技术的革新和发展是电子民主产生的关键。"无论民主政治采取何种形式,其关键却是民众的参与,而民众的参与又是有条件的,这个条件不仅仅是民主的制度本身,还指相应的技术手段。"① 适时诞生的有线电视、远程通信、计算机网络等现代信息通信技术从时间和空间两大维度几乎颠覆了传统社会的基本交往方式。虚拟空间则完全重新定义了"大众状态"②。几分钟甚至是几秒之内,数以百万计的世界大众将会被通过电子的手段而激活。借助于现代化的信息通信手段,同步与异步、一对多、多对多、多对一等多种交流方式均可轻易实现,公民与代表之间的对话和交流,不仅在形式上,而且在本质上也因此发生着实质性的变化。正如加拿大政治学会主席埃德温·布莱克(Edwin R. Black)所认为的,"计算机正在改变着我们的政府和选举政治,它不仅改变着政党引导选举的方式,改变着我们关注选举的轮换方式,而且还改变着我们选举出的代表为我们所作的选择,以及公务员们为实现这些选择与我们打交道的方式。"③ 莱恩格尔德认为,信息的快速整合、通信技术以及计算机网络的发展,已被认为有能力借助强大的通信媒介挑战现行政治的分层垄断,也许有能力振兴以公民为基础的民主。

---

① 刘文富:《网络政治——网络社会与国家治理》,商务印书馆2002年版,第301页。
② 詹姆斯·格鲁因和托德·赫特把大众的状态分为三个时期或层次:潜伏期、警觉期和活跃期,并认为每一个时期的激活对于一个组织都是极大的威胁。由于传统传播媒介的局限,将大众从潜伏期激活到警觉期的过程,甚至是从非大众状态转化为一个潜在大众状态的过程都是相当漫长的,需要好几周乃至好几个月的时间。
③ 转引自刘文富《网络政治——网络社会与国家治理》,第300页。

电子民主概念与本质

受益于信息技术的革命性突破，西方发达国家首先出现了电子民主概念及其实践。然而，正如电子民主实践因各国各地区的区域特点及政治文化差别，对电子民主概念的理解也有稍许差异。

1981年，美国学者台德·贝克尔在《电子民主：将权利归还于民》一文中，提出可以通过电子的手段来逐步实现公众对国家管理的直接参与。

史蒂文·克利夫是电子民主的著名倡导者，他于1994年帮助设计了美国明尼苏达州的电子民主系统，成为全球电子民主运动的领袖。他认为，电子民主是利用因特网加强民主的过程，它为个人或者社区提供与政府互动的机会。他强调电子民主的参与价值，尤其是参与公共辩论。他认为因特网帮助个人或群体获得公共参与所需要的信息或服务。

苏格兰的国际电子民主中心认为，电子民主是利用新的信息通信技术、特别是电子协商和电子请愿等方式，改善民主决策过程，促进公民参与，加强民主。这个中心是以苏格兰电子民主实验为背景的，苏格兰议会在全世界率先建立起了议会电子申诉系统。这种电子民主概念强调两种互动关系：一种是公民可以向政府反馈对公共问题的看法；另一种则是公民可以积极地参与政策制定过程。

美国学者格雷姆·布朗宁在《电子民主：运用因特网改革美国政治》一书中，非常详尽地介绍了电子民主在美国的历史和发展，促进了世界范围内政治学者对电子民主现象的研究。他把2000年的选举投票看作是电子民主在美国的突破。他认为，互联网对传统的民主政治理论提出了挑战，民主是建立在公民谋求共同利益而互动的基础之上，互联网如果被正确使用，则可以成为最强大的工具。

联合国的千年宣言指出：电子民主就是要"基于人民的意愿，运用信息通信技术，促进民主和参与的治理，产生更具回应性和有效性的政府"。

可见，国外学者大多认为，通过现代信息通信技术的运用，电子民主能够在民主程序、形式及其效果上改善公民参与，提高政治选举及决策的合法性和有效度，从而巩固现代民主体制。从这个角度来说，电子民主无论是在理论上还是在实践上，都还不是一种与代议制民主并行的民主形式,它仅仅作为代议制民主的补充。

一般来说,电子民主对于整个民主化进程具有三个方面的重要意义:

第一,对于公民而言,电子民主可以成为公民未来直接行使民主权利的训练场。廉价而便利的信息沟通平台,不仅保障了公民的知情权,而且也极大地激发了公民利益表达和政治参与的热情。借助于有线电视、电话、计算机、互联网、手机等多种现代电子通信手段,公民可以通过在线选举、民意调查、公共论坛等多元化参与途径,积极投身于政治选举与决策过程,维护自身利益,监控政治运作。

第二,对于政府而言,借助于互联网新技术,可以加强政府与公民间沟通,增强政治体系及其政策的合法性。因为借助于电子参与,公民可以了解政府决策过程,从而更好地接受行政决定。

第三,对于民主政治而言,电子民主将民主政治向直接民主又推进了一步。虽然电子民主仅仅是当前代议制民主的重要补充,但电子民主对公民参与社区及地方一级政治领域的实施创造了条件。如电子市镇会议不仅为公民参与政治决策过程提供了便利,而且还锻炼了公民就决策进行协商的能力。电子民主"允许跨越时间和空间,使以前因为规模问题认为不切合实际的直接民主形式成为可能"。托夫勒更是将这种借助于电子手段的民主形式称为半直接民主。

电子民主类型

学者对世界范围内的电子民主实践研究表明,作为一种本质上利用现代通信技术的民主化工具,不同地方电子民主项目的实施,即使立足于大致相同的技术基础设施,往往也因为不同的社会政治环境和政治文化,其间的电子民主含义以及公众参与的范围和力度都不大相同。对电子民主类型的梳理,马丁·哈根做了有益的尝试。

马丁·哈根把电子民主理解为政治参与的当代理论。他根据技术参考对象(通信技术,如有线电视、计算机网络)、民主形式(直接或代议)、政治参与规模(信息、讨论、投票、政治行动)等标准,将电子民主分为三个类型:远程民主(teledemocracy)、网络民主(cyberdemocracy)和电子民主化(electronic Democratization)。

远程民主 马丁·哈根认为,最早的电子民主形式是远程民主,形成于20世纪70年代,主要得益于有线电视的引入。未来学家阿尔温·托夫勒和约翰·奈斯比特也声称,远程民主将是解决许多美国最紧迫问题的关键。有线电视虽然并没有导致更多形式的直接民主,对普通大众也没有产生更多的政治参与,但电子城市会议的实践以及新的传播通信技术的变革仍使得远程民主广泛复兴。虽然远程民主有一个明确的直接民主形式的偏好,但几乎没有任何远程民主主义者要建立一个纯粹的直接民主。他们中的大多数希望用直接民主成分——要么水平的,要么垂直的——补充现有的代表结构。远程民主主要关注投票和政治参与方面的政治活动。同时,提供给选民更好和更完整的政治信息也是关注的中心。

网络民主 相对于有线电视的远程民主,网络民主概念则是直接回应于计算机网络的演变。莱恩格尔德最早认识到,相比于有线电视,计算机网络更具互动性,并允许多对多通信,而不是只有一对多的沟通。

在网络民主中,虚拟空间的民主组织位于首要地位。网络民主保守主义者同意网络作为社区建设工具的重要性,但同时也强调网络技术对生产方式的深刻影响。他们认为,不是物质产品,而是信息将成为21世纪的中心资源。

网络民主的自由派与保守派支持者都反对集中。他们认为,计算机中介通信的政治意义在于它有能力挑战现行的政治等级制度以及强大的通信媒介的垄断,或许因此能振兴以公民为基础的民主。

与远程民主一样,网络民主也呼吁更多直接的统治形式,他们强调政治参与的不同方面。对他们就来说,讨论和建构作为政治参与的社区形式是最重要的。他们首要关注的是创建作为政府集中形式的对立面的(虚拟和非虚拟)社区。莱恩格尔德认为,通过计算机网络建立起来的社区,比远程民主能以相对较少的成本起到更为巨大的平衡作用。

电子民主化 与网络民主和远程民主概念相反,电子民主化的概念并不想建立直接的民主形式,而是要改善代议制民主。有学者认为电子民主化就是利用新的通信技术方式,增进人们的政治权力,加强民主。

马丁·哈根认为,电子民主化的主要拥护者是机构成员,例如美国国会议员(更准确地说是他们的工作人员)、白宫官员、政治学家和著名机构的记者等,他们所关注的是如何通过计算机网络扩大对普罗大众的信息优势。电子民主化的拥护者认为,政治冷漠和对政府的失望,并不是由代议制政治系统的结构所致,而是由其中的某些缺陷造成的。电子民主化的倡导者就是要建立新的交流渠道和方式,如通过电子市镇会议创造出选民和代表之间的直接联系。

此外，电子民主化也强调计算机网络是加强公民社会的一个有价值的工具，因为借此可以减少社团和利益集团的交易和组织成本。

与马丁·哈根的电子民主类型区分不同的是，国际电子民主中心主任安·玛克托斯（AnnMacintosh）将电子民主划分为两个主要类型：一个是满足包括电子选举在内的选举过程，另一个是满足公民在民主决策过程中的电子参与。

电子民主实践的基本条件

电子民主不仅作为一种理论的工具性力量存在，而且是当代民主政治的现实推动力。信息通信技术在民主政治中的应用，并非完全遵循政治学家及政治家们的民主理想，更为重要的是，它依赖于各个国家和地区的政治、经济和文化环境。综观西方学者的研究，以下基本条件对于电子民主实践是重要的：

首先，法律体系与公民身份。个人参与民主政治选举及决策的权利应首先在国家法律体系中得到明确。此外，电子民主成功还需要加以克服的一个重大问题是公民身份。为使选举公民与政府间互动的安全，公民必须有某种形式的身份证明。通过使用某些加密方法，允许匿名发帖。然而，公民身份的引入不一定能得到充分的同意和认同。在英国，对于引入国民身份证就有很多争论。

其次，公共机构的透明度。扩大公众对于政治信息的知情权，是民主的主要内容之一，也是控制政府和议会所必需的。知情权的获得需要公共机构提高其政治透明度。"政府的透明度表明了承担责任的意愿，并为政府面对公民甚至压力集团采取的所有行动提供合法性。"① 正因为此，支持电子民主的学者和机构都充分强调了信息共享对于实现电子民主的首要价值。

再次，技术支持。电子民主的发展需要必要的技术支撑，包括现代信息通信技术，如计算机网络等，以及必需的软件。电子民主实践中，不仅需要有线电视、电脑、网络等硬件基础设施，公众利益的表达和聚合，公

---

① Andrea Maggipinto, Ezio Visconti. A Normative Approach to Democracy in the Electronic Government Framework. E-Government Cross Session Program.

众辩论意见的归类与整合，公民隐私的必要保护，都还需要必要的辅助软件予以支持，从而避免使零散而多元的公众意见简单堆积和无效冲突。

最后，公民的热情和能力。公民参与政治的热情是电子民主必要的前提之一。正因为此，可怕的政治冷漠正是代议制民主衰败的主要表现。虽然电子民主主义者们经常辩称，经由信息和通信技术，可以恢复乃至扩大公民的政治参与，并且给予地方政治新的活力，但信息技术的政治应用并不能自动带来公民参与政治热情的提高，它的价值在于"为公众参与政治进程和减少政治排斥提供了允诺"[①]。而允诺的兑现，却依赖于公民信息技术的使用能力。

电子民主的困境

20世纪60—70年代远程民主实践以来，电子民主在西方发达国家均有不同程度的运用，如柏林城市信息系统、阿姆斯特丹数字城市、曼彻斯特信息城市建设等。然而，电子民主更多的还停留在信息获取和信息传播上，而不是用于沟通和讨论。马丁·哈根指出，有线电视并没有导致更多形式的直接民主，对普通大众也没有产生更多的政治参与。科尔曼认为，互联网极少被公民用来参与政策审议，在线的公众参与仍处于起步阶段。可见，信息技术的发展，虽然为解决民主的困扰提供了希望，也为巩固代议制民主开拓了新的前景，但电子民主的理论与实践存在着诸多困境。

首先，数字鸿沟的广泛存在。信息技术的普遍使用是发展电子民主的前提之一。为此，实现"电子包容"就显得颇为重要，目的是避免缺乏数字读写能力的人遭到排斥。然而，所谓"数字鸿沟"，即公民使用新技术的能力以及他们得以接触的条件方面的不平等较为普遍的存在，成为发展电子民主的重要障碍。有两种"数字鸿沟"：一是"基建数字鸿沟"，即那些生活在可以使用先进的基建设施的地方和缺乏这些基础设施的地区之间的差距。二是"文化数字鸿沟"，即信息和通信技术用户所必需的知识方面的差距。此外，"数字鸿沟"还存在于老年公民、肢体伤残人与失业人口之中。

其次，技术使用与依赖。电子民主的实践，引发了人们对技术专制主

[①] 约翰·帕夫利克：《新媒体技术——文化和商业前景》，清华大学出版社2005年版，第284页。

义的忧虑。在电子民主条件下，技术不可避免地会受到一小撮政界人士或掌权人物的主宰和控制，使他们能够左右和操纵群众的情绪。所以，电子民主诱使形成一种"以高科技为形式的独裁的民粹主义"①，甚至滋生出所谓的"电子法西斯主义"②。另一方面，电子投票、网上辩论等电子民主形式，都涉及技术方面的难题，从而促使电子民主对技术依赖的加深。信息通信技术的使用，同时还面临着成本问题。如奥尔森所言，民主不是免费的，同样，电子民主也不能免费获得。支撑电子民主的物质基础设施必然需要国家投入大量的资金和财力，而公民技术培训和教育等则是另一笔庞大的开支。这些费用的支出某种程度上限制了电子民主在发展中国家的广泛推广和运用，目前的电子民主实践主要集中于发达国家也恰好证明了这一点。

再次，言论适中和自由。电子民主的首要价值在于推动公民的政治参与，改善代议制民主体制的合法性。公众意见和利益的表达及其公民间对话，是政治参与效度得到实质性体现的关键。然而，当新技术开启了公民利益表达和沟通的大门时，言论自由和言论过度自由却往往相伴而生。"言论适中和自由"的困境是电子民主中一个尚未解决的核心问题。学者们认为，言论自由既是合理的又是危险的。所谓危险，是指应用电子民主，潜在地存在民粹主义和群众煽动，最为严重的是出现电子"暴徒"。正如埃瑟·戴森所指出的："数字化世界是一片崭新的疆土，可以释放出难以形容的生产能量，但它也可能成为恐怖主义和江湖巨骗的工具，或是弥天大谎和恶意中伤的大本营。"③

---

① Eulau, H. . *Teehnology and Civility: the Revolution in Politics*, Publication No. 167, Stanford, CA: Hover Institution, Standford University, 1977.

② Christine Bellamy and John A. Taylor. *Governing in the Information Age*, Open University Press, 1988, p. 95.

③ 埃瑟·戴森：《2.0版数字化时代的生活设计》，海南出版社1998年版，第17页。

第二十三章 20世纪欧美民主：特征与走势（上）

20世纪以来特别是第二次世界大战以后，美国与西欧发达的资本主义国家的社会生产力获得了前所未有的迅猛发展，生产关系和上层建筑也相应地发生了一系列意义深远的重大变化，其中作为上层建筑核心的政治制度更是发生了许多引人注目的嬗变，西方民主政治体制因此呈现出异常鲜明的现时代特征，从而有别于20世纪以前的传统的民主制度。

在"西方民主制度篇"中，我们概括地介绍了英、美、法三国的政体，介绍了西方国家基本的民主政治制度——议会制，选举制，政党制，以及这些国家的民主机制——参与机制，竞争机制，制衡机制和法治机制。西方民主制度，作为框架，基本定型，但某些内容在20世纪的新发展值得重视。这样，才能对西方民主制度有一个历史、全面的了解。本章旨在集中讨论20世纪欧美民主的新情况、新特征及其走势。

一 公民权利的普及

关于公民自由权利

自启蒙运动以来，个人自由包括言论、集会、结社自由，就成为西方世界神圣不可侵犯的权利，但长期以来，西方各国在公民言论、结社、集会自由上都设置了诸多限制和附加条件。一个突出表现就是对言论出版自由实现所谓"预防制"，即公民在报刊发表言论、出版书籍前，必须接受当局的检查、删改和准许。例如，战前美国最高法院宣称，如果人们的言论造成"危险倾向"，立法机构有权加以制止。二战后，西方国家普遍取消了这种事前限制的预防制，而代之以"追惩制"，即由过去的事前限制改为事后制裁，只有当公民的自由违法时，才会受到惩处。1969年，美国最高法院甚至认为，"宪法保证言论和出版自由，意味着一个州不得禁止鼓吹暴力和违法的行为,除非这种鼓吹会诱发危险的无视法律的行动"。

当代西方国家公民自由权利的扩大还突出表现在对"诽谤罪"的严格限定上。长期以来,由于缺乏具体的法律保障,西方国家的政府常常以"诽谤罪"或"颠覆政府罪"等名义,对公民的言论或出版自由特别是公民或新闻界批评或揭露政府的言论予以威胁或限制。为了取消这种限制,西方社会各界进行了长期艰苦的努力。1923年伊利诺斯州最高法院关于"芝加哥市对《芝加哥论坛报》"的判决,第一次以法律的形式确立了新闻界批评政府的"绝对权利"原则,该判决指出:报纸同公民一样,可以自由地批评政府,具有批评政府的绝对权利,而不受诽谤法的约束。1964年联邦最高法院关于"《纽约时报》对苏里文"一案的判决指出:对公共问题的讨论,应当是大胆的、不受约束的。凡有关批评政府官员的案件,除非明知材料是虚假的,或者有意忽视材料是否虚假,或者故意捏造事实,否则均不能依诽谤法起诉。① 为了保护言论自由的正当权利和避免官员利用保密来为自己的错误辩护,1966年美国国会通过的、1974年再次修改的"情报自由法案"规定:除有关国防和国家安全的情况外,公民有权了解政府的情况,有权申请使用政府的文件、记录、政策声明等档案材料,并限定了政府的答复时间。对拒绝提供情况的政府可进行司法审查,对任意拒绝提供消息的政府官员可实行罚款。1976年国会又通过了"置政府于光天化日之下的法律"。该法律规定:联邦政府的五十个机构和委员会的会议必须公开举行。如果由于某种特殊原因需举行秘密会议,必须得到该机构的首席法官或总法律顾问的认可。② 现在美国几乎所有的政府档案、文件向公众开放。为保证新闻自由,记者有权拒绝作证,以保护提供消息的人。此外,在人身自由权方面,美国1966年最高法院在"米兰达"一案审理中宣布:"任何被警方拘留审问的个人都有权聘请律师出场,并应被告知依法所应享有的一切权利。"

---

① 参见张隆栋《美国报纸批评政府的权利之法律规定及其实质》,载中国人民大学:《国际新闻界》。

② 埃德温·埃默里等:《美国新闻史——报业与政治、经济和社会潮流的关系》,新华出版社1980年版,第725—726页。

关于公民平等权利

二战前资本主义国家对公民权利的规定，侧重在政治原则方面。在二战后世界民主潮流的冲击和国内各种社会、经济矛盾日趋复杂化的情况下，资本主义国家的宪法和法律在强调和扩大保护公民各项基本政治平等权利的同时，还增加了公民在经济、生理、民族、种族、性别等社会生活各方面的平等权利，强调了社会公益的重要地位。

在选举权方面，过去西方各国对选民资格都有财产、性别、居住时间、种族、文化程度等限制。二战后特别是50年代以后，这些限制已逐步取消或大为降低。美国早在18世纪末就确认了普选制原则，直到20世纪50年代才真正实行。但对选民资格仍保留了种种法律上和技术上的限制，特别是针对黑人和移民。这种状况到20世纪60年代以后才发生实质性的变化。1964年的选举法废止了南方六个州和北卡罗来纳州几个县对选民的"文化考核"，取消了以前对黑人参加选举的限制。1970年通过的该法修正案，在各州都废除了对黑人"文化考试"和对新移民"优良品行"的测试制度，进一步扩大了对黑人和新移民的选举权。宪法第19条修正案赋予了妇女以选举权。1971年批准的第26条修正案将公民选举权扩大到年满18岁的青年。

传统上美国是一个歧视外侨、移民的国家，战后有了不少改变。1964年制定的民权法规定："凡是根据种族、肤色或民族背景"实行歧视政策的学区，"都不得享受联邦经费"。1972年通过的教育法加上了"性别"一项。后来通过的立法争取的"平等权利法修正案"宣布：凡歧视妇女的联邦及州的法律均属违宪。1973年最高法院根据1964年的民权法裁决，不得因种族、性别、宗教、年龄或原国籍而受到歧视。

英国的普选权也是逐渐普及全民的。1832年以前，由于有关财产资格的规定，有选举权的人只占成年人总数的约5%，其中绝大多数都是贵族。1832年的选举改革，使中产阶级获得了选举权；1867年的改革，使城市工人有了选举权；1884年的改革，使农村工人有了选举权；1918年英国初步确认了普选制原则，使21岁以上的男子和30岁以上且大学毕业的妇女，大致都有了选举权；1928年的改革，使21岁以上的男女公民"大体上"有了平等的选举权。直到1948年通过的《代表制和人民法案》废除大学选区和一切重复投票权后，英国才实现了公民"一人一票、一票一价"的平等选举权。1970 年，英国又将选举年龄降低到 18 岁。现在英国对选民资格的规定是：（1）年满 18 岁；（2）居住于本选区；（3）为英国国民或爱尔兰共和国公民；（4）精神正常（非精神病患者）；（5）非犯叛国罪或其他重罪且在服刑中；（6）非因选举舞弊被定罪而又未满 5 年；（7）非有权任上院议员之贵族。

法国是最早实行普选权的国家，1789 年的《人权宣言》就已宣布实行普选权，但仍受财产、性别、年龄、教育程度等条件的限制，直到 1875 年才取消财产和受教育程度的限制，1944 年妇女才有选举权，1974 年选民年龄又从 21 岁下降到 18 岁。意大利于 1919 年实行男子普选制，1945 年扩大到妇女，1975 年扩大到 18 岁以上男女选民，但仍保留了参议员委任制的尾巴，参议员选举的选民资格限制在 25 岁以上。南德意志某些州虽然在 1848 年就通过了普选制原则，德意志帝国却一直奉行男子普选制。1919 年魏玛共和国宪法规定了普遍、直接、秘密选举原则，宣布妇女有选举权和实行比例代表制。1975 年才扩大到 18 岁公民。

在经济和社会领域中的公民权利方面，西方多数国家的宪法对公民的财产权、继承权、劳动权、休息权作了明确的规定。战后，随着经济的发展，西方国家实行高工资、高福利、高消费政策。意大利宪法规定，每个没有劳动能力和失去必需生活资料的公民均有权获得社会之援助和救济。瑞典在 20 世纪 50 年代以后，相继实行了病退（休）制、普遍附加养老金制、普遍医疗保险制、三周休假制、九年义务教育制等多项福利制度。很多国家还制定法律，规定最低工资。美国举办的社会福利共有 10 多项，其中规定，年收入在贫困线（现为 8448 美元）以下者，可以领取津贴。此外，随着一系列前所未有的新的社会问题在西方各国的出现，如环境污染、生态失衡、高层建筑急剧增长等，公民也相应地享有一些新的权利，如"环境权、健康权"、"空气权"、"日照权"，这也反映了公民基本权利的扩大。

关于公民决策参与权利

传统的议会民主制视议会为全体公民的唯一合法代表，它奉行代议制原则而将多数民众排斥在议会活动之外，否则就会破坏议会制固有的决策程序和决策机制。当代各种利益集团的迅速发展和民主化浪潮的日愈高涨，公众已越来越不满足于仅仅通过议会这种形式的参与机制，希望能够由直接代表自己利益的团体甚至由自己直接参与政府决策。正是在这种形势下，许多西方国家出现了若干种直接民主、半直接民主的政治参与形式，主要有："公民投票"、"公民复决"等。

所谓公民投票，也称"公民表决"，是通过全国公民直接投票的办法来批准法律、决定对内对外政策、政治制度、国家领土的变更、国家独立以及决定名称等国家大事。

公民复决，亦称"公民倡议"，则是指立法机关已通过法律或决议，由于公众提出异议而提交公民表决。它对立法机关所通过的法案和决议是否最终生效具有决定意义。目前这几种方式已在西方各国不同程度地被采用。

根据意大利现行宪法的规定，如果宪法修正案在两院二读后仍未获三分之二票数通过，可以由公民投票来决定宪法修订法案。有50万选民签字即可以提出法律草案，如议会不予讨论和通过时，可诉诸公民投票。但这条所谓"公民的立法倡议权"在议会中很难行使，自1971年以来共提出过三十几项法律草案，议会几乎都未予置理。宪法第75条还规定只要有50万选民和5个区议会提出要求，就可以全部或部分废除某项法律。这一条多少具有一些实际政治意义。1970—1985年间，获得50万人签名的提案共25项，约有9项付诸公民投票，内容主要涉及离婚、堕胎、政党经费等问题。

战后的法国是公民投票实行较多的国家。法兰西第五共和国宪法第11条规定，法国总统"可将一切有关公共权力机构的组织、批准共同体协定或存在授权批准虽然不违反宪法，但影响现行体制运行的条约的任何法律草案，提交公民投票"，第89条又规定：修改宪法的草案或提案应由两院以相同的文本表决通过。经公民投票通过后，宪法修改才最后确定。在实际政治生活中，法国的确多次诉诸公民投票来决定修改宪法和重大立法问题。如1958年9月28日戴高乐为扩大总统权力而使用公民投票来通过第五共和国宪法。再如密特朗总统关于教育体制的提案也是通过公民投票、公民复决的方式最后决定的。

瑞典、丹麦等北欧国家也曾多次使用公民投票的方法。在瑞典，关于使用原子能的问题、禁酒问题和国家养老金计划问题，甚至交通工具由左行道行驶还是右行道行驶这样不太重要的问题，也都付诸公民投票。在挪威关于是否参加欧共体问题，降低选民年龄问题，禁酒问题也曾举行过公民投票。丹麦更是相当经常地举行公民投票。1953年宪法规定，改变选举年龄以及加入超国家组织都需经投票批准。此外，经三分之一议员的同意就可对除财政和税收法案以外的所有法案进行公民表决。例如对参加欧盟、降低选举年龄、限制财产权等法案，都使用了公民投票来决定。

英国则在通过政党体制解决不了问题时才求助于公民投票。尽管1910年保守党在爱尔兰问题上就主张公民投票，直到70年代，由于各个政党内部在英国加入欧盟问题上存在严重分歧，公民投票方式才登上政治舞台，并最终决定了英国加入欧盟。这种直接征求公民意见的方式在英国立宪史上是前所未有的。但由于直接征询民意违背了英国的议会主权原则，被认为可能会干扰民主制度的正常运行，因而对公民投票的规则和方式进行了种种限制。

联邦德国宪法中规定了由人民通过选举和公民投票的方式来行使主权，实际上却很少使用公民投票。宪法第29条规定在调整州界时必须举行公民投票，但程序太复杂，从未举行。只是在1970年围绕是否维持巴登—符腾堡州问题举行过一次全国公民投票，其他公民投票都是在州一级举行的。

美国也是主要在州一级和较低的地方行政单位采取公民投票、公民倡议和公民罢免等措施。1977年，有39个州的立法规定可以在全州范围或地方单位举行公民投票；21个州接受公民倡议方式；13个州允许公民罢免形式存在；49个州的宪法修正案要提交公民表决。这类直接参与形式在美国发展很快。1945年只有阿拉斯加一个州承认公民倡议形式，现在已推广到许多州，主要是西部地区。每年全美要举行上千次公民投票。但这类措施实行半个世纪以来并未达到预期目标，它们既不能抗衡权力集中的趋势，也未能挽救"制衡"原则的衰退命运。美国人对参加投票本来就不感兴趣，加之各州公民投票表决的提案又很少来自"公民倡议"，往往投票当天才提出来，选民更加漠然处之。

只有瑞士联邦由于特殊的历史传统和地理环境，比较经常地采用"公民表决"和"公民倡议"等直接民主形式。甚至连是否实行夏令时间、行车时是否必须系安全带、要不要改进人行道等问题，也要通过公民表决，更不用说内政外交上的一些大事了。如1976年瑞士政府拟向联合国国际开发协会捐款2亿法郎，结果被公民投票否决。此外瑞士联邦宪法还规定，一公民如果征集到5万人的签名，或者有8个州（瑞士共23个州）的提议，对某些他们认为重大的问题，就可以付诸"公民表决"。瑞士从1891年7月5日开始实行这种"公民倡议"以来，迄今100余年中，联邦政府收到数以百计的倡议，但只有59起交付"公民表决"，其中只有几起获得通过。这主要是因为公民表决实行双重多数制，即议案的通过不但要赢得选民的多数而且还必须有多数州的赞同。

虽然这类"直接民主"或"半直接民主"只是代议制民主的一种补充，其应用范围以及作用都还十分有限，但它的出现毕竟反映了当代西方民主的发展趋势，表明公民参政程度的加深、参政方式和途径的发展。同时也有利于激发公众对国家事务的关心和讨论。可以预料，随着大众传播媒介的进一步发展（如网络）和公民民主意识的增强，这种直接民主或半直接民主的政治参与形式，将会得到越来越广泛和有效的运用。

二 分权与制衡机制的变化

众所周知，西方国家的分权制衡机制就是所谓三权分立与互相制衡，它是资产阶级革命之后所普遍建立起来的权力运行机制，在近200年中视为经典的分权原则。然而，自20世纪特别是二战以后，出现了两大变化：一是三权重心的位移，国家权力的重心由议会转到了行政，行政权力独占鳌头而议会至上已成为历史陈迹；二是国家权力除三权之间互相制约外，社会中的各方面力量（利益集团、新闻舆论、公民大众等）成了对国家行政、立法、司法、权力制约的重要方面。如果说，三权互相制约只是一种国家权力的自我约束形式，是古典形态的权力制衡机制，那么，现代形态的权力制衡机制，除国家三种权力的自我约束外，更新添了社会力量对国家权力的制约。如果说，前者只为了求得国家三种权力之间的平衡，那么后者还要求实现国家权力和社会力量之间的平衡。它从一个方面反映了西方民主的新发展。

三权重心的位移

自西方民主政治制度建立以后的三百年来，三权分立与相互制衡一直成为这种制度的基本构架和最重要的运行机制。但在不同历史条件下，三权的相互关系也是在变化着的。在整个自由资本主义时期，三权中立法权大多数处于优势地位。20世纪以来，特别是二战以后，国家的行政权力不断扩大,议会的作用有所下降,三权之间失去了固有的平衡,或者说由以立法权为重心的平衡,转化为以行政权为重心的平衡。1933年罗斯福总统权力的扩张和1958年"戴高乐宪法"的颁布,是国家权力结构变化的标志。西方有人称此谓"议会至上"时代向"行政专横"时代的转变。

行政权力在政权结构中地位的上升,主要是由于20世纪特别是二战以后,资本主义进入国家垄断阶段,随着国家对经济和社会生活的干预(包括货币、信贷、生产、社会再分配等)不断加强,整个社会经济结构都受到一定的影响。社会结构日益复杂化,自由资本主义时期的传统议会制形式已经适应不了新的社会需要,传统的三权分立已暴露出它的弱点。立法权控制不了政府,立法与行政互相扯皮,决策过程紊乱。议员个人能力有限,议会规则和程序陈旧,跟不上现代信息社会的发展,它的权威和作用相对衰落了。而政府部门握有收集信息的背景材料的机构和先进手段,便于提出议案或作出决策,行政机构的能力和权威自然随之增长。政府不仅夺了过去属于议会部分的立法权力,其职能也扩大了。人们普遍相信政府在经济和社会领域中可以发挥更大的作用,各国的行政体系都有所扩张。这最突出地表现在作为政府首脑的总统或首相权力的扩张上。

总统权力的扩张最早出现在美国。1933年,罗斯福任总统,为了挽救当时空前严重的经济危机,采取了一系列被称为"新政"的措施,它对于渡过危机促进美国经济发展和政治势力的进一步扩张,起了重要作用,赢得了巨大声望,从而打破了自华盛顿以来总统任职不超过两届的传统,连续获得了四次总统提名,逝世前任职达13年(1933—1945)之久。美国最高法院先后于1935年和1936年宣布许多重要的"新政"立法为违宪,但仍不能阻止"新政"措施的推行,此间立法和司法权对行政权的制约受到削弱。按宪法,立法权属于议会。但现在,总统可以通过咨文影响立法,即获得一种立法倡议权。同时,由于实行"委托立法"制,政府制定的具有法律效力的文件,也比议会通过的法案数量多得多。总统还可以发布具有法律效力的"行政命令"。根据1949年的改组法,美国总统还获得了在改组国家机关方面的立法创议权。总统凭借自己在政党中的领袖地位,影响本党议员在议会中的活动,使自己的立法计划得到通过。根据宪法,总统还拥有对国会立法的否决权。战后这种否决权的使用越来越多。在议会制国家,首相和内阁成员都是由议会中占多数席位的政党来组成,内阁对议会立法的影响就更大。美国总统对司法权的制约,除了拥有赦免权和监督法律实施的权力外，还可以通过任命最高法院法官（经参议院同意）影响国家的最高审判权和宪法解释权，通过内阁中的司法部长及其所属的联邦调查局等机构干预司法活动等等。

英国的权力重心经历了由上院向下院，再由下院向政府转移的历史过程。1832年改革法动摇了上院的权力基础，由于上院对下院的提名制基本上被选举制所取代，增加了下院的重要性，此时内阁必须从下院中多数党中挑选。1911年和1949年两个议会法否定了上院的财政立法权，使下院控制了国家的财政大权。此时，从法律上讲，英国已没有任何人、任何机构能凌驾于下院之上。1832—1867年之间，政府与议会互相依赖，被称为议会政府的"黄金时期"。1867年是议会权力向政府转移的分水岭。在这之后，由于选民和有组织的政党成员的大量增加，造成议会成员只有依赖于一个政党的支持，方能进入威斯敏斯特宫，并要服从党的领袖和首相的命令。这样，议会便成为一个由政党控制并依赖于政府信息的权力机构。对政府的选择转移给了选民，立法工作转移给了内阁。到20世纪，在制定政策方面，议会已似一个"边缘人物"，发展到60年代，政府几乎完全控制了议会，此时，人们比喻两者的关系已成为"一个主人（政府）与一个奴隶"。而内阁首相控制了对政府中上百名大臣的任命和解职、控制内阁的议事日程、主持内阁会议、控制国家预算、解散议会、任命内阁委员会等大权。为此，60年代出现了"首相政府"一说。撒切尔夫人执政以来，由于她一系列加强中央集权的武断措施，使这一议论进入高潮，人们甚至担心会出现"由选举产生的独裁"。[①]

总统权力扩大最典型的是1958年以后的法国。与其他西方国家一样，法国历史上议会至上的议院内阁制的产生和发展，是与自由资本主义时期经济发展的要求相适应的。资本主义发展到垄断阶段后，它客观上要求国家政权随着生产和资本的集中而集中。这个时期资产阶级国家政权集中的表现形式是纵向向中央集中、横向向行政系统集中。进入20世纪后，英国统治阶级通过柔性不成文宪法的运用和创立新的宪法惯例，逐渐而又无声息地加强了内阁权力；美国则主要通过对其刚性宪法的柔性解释逐步实现了以总统为核心的行政集权。英美两国就这样对各自政治上层建筑与经济基础的矛盾进行了适应性调整。而法国政治体制中却缺乏英美那样有弹

[①] 林顿·罗宾斯主编：《英国政治机构的发展与变化》（英文版），1987年版，第59页。

性的宪法机制可供利用，因此法国在进入垄断资本主义阶段后的一个相当长的时期中，还没能建立起与其经济基础相适应的行政集权体制。这一长期积累起来的经济政治矛盾在战后空前加剧，内阁像走马灯一样更换，政局动荡不宁，终于在经历了1946年至1958年共有21届政府更迭的动荡之后，于1958年9月通过戴高乐提出的宪法草案，成立了法兰西第五共和国。根据这个宪法，法国总统由原来的议会选举改为选举团选举，由于议员在选举团只占少数，于是就摆脱了议会在选举上对总统的控制（1962年又进一步通过宪法修正案，改由选民直接选举总统）；总统具有对宪法的"监督"、"仲裁"权，宪法第五条规定："共和国总统监督遵守宪法，他通过自己的仲裁，保证国家机构正常行使职权和国家的持续性。共和国总统是法国独立、领土完整、遵守共同体条约和协定的保证人"。"仲裁人"和"保证人"的法律地位使得总统超越于一切其他国家机关之上，成为整个国家至高无上的权威。总统还有权在未经议会同意下任命总理，组织政府，主持内阁会议，从而牢牢掌握了行政权，控制了政府；特别重要的是，按第四共和国宪法的规定，总统只是"虚位元首"，总统服从议会，解散议会的权力受了种种限制。一是时间上的限制，必须等到议会选出届满十八个月后；二是更换政府次数的限制；三是解散议会的决定由政府做出，总统颁布解散令。事实上，解散议会权并没有操在总统手中。而第五共和国宪法规定，总统可以在征询两院议长和总理意见后，宣布解散议会，从而掌握了对议会的生杀大权。与此同时，这部宪法还对议会的权力作了其他种种削弱和限制的规定：

第一，对会期作了严格限制。第四共和国保证了议会开会的最短时限，而第五共和国宪法却改成了最长时限，规定每年两次例会总共不得超过五个半月。特别会议限制在两周内，且须特别程序，由总统命令召开并宣布闭会。这样，由于议会会期过短，以致经常无法完成立法任务，每次都只能匆匆通过政府所要求的立法。①

第二，限制立法范围。宪法规定所有立法均须经议会通过，但却具体限定了其立法范围。对许多重要的社会经济事务只允许议会制定根本原则。确定根本原则后，具体细节和实施办法由政府以法令规定，议会管不

---

① 法国议会每年自行召开两次常会。第一次会议自10月2日开始，会期80天。第二次会议自4月2日开始，会期不得超过90天。

了。总统在"非常时期"还可根据需要颁布法令,无须议会同意。

第三,丧失了对时间表和议事程序的控制权。宪法第四十八条规定,在两院的议程中应按政府规定的次序,优先讨论政府提出的或政府同意的法律草案。对议员提出的不利于政府的动议或修正案,政府往往既可借口该案不属立法范围而拒不列入议会讨论,1958年后的实际情况表明,在所通过的法律中由议员提出的比例下降了。在第四共和国时期所通过的法律由议会提出的占三分之一,在第五共和国戴高乐、蓬皮杜和德斯坦三任总统时期分别占八分之一、五分之一、八分之一左右。① 议会很难得到就重要政治问题全面辩论所需的时间。根据宪法,政府还可宣布议案为紧急事项,援引加速议案通过的宪法程序摆脱议会的牵制。戴高乐总统任内政府70次采用此法,德斯坦总统任内则不下140次之多。②

第四,财政控制权大大削弱。依据宪法,没有政府的许可,议会不得受理议员提出的增加政府支出和减少税收的议案,这可说是"在财政上把议会的创议权送上断头台"。③ 议会用70天时间讨论和表决预算,若逾期未通过,政府可自行用法令使预算生效。

第五,对政府的监督权削弱了。依宪法,国民议会拥有倒阁权。但是,这种权力的行使受到了多方面的限制:其一,不信任案的提出至少要有十分之一的议员签署才能受理;其二,不信任案必须在提出48小时后才能进行表决。在此缓冲期内,政府有机会对议员施加压力。其三,只统计对不信任案的赞成票,而且它的通过必须获得国民议会议员总数的半数以上票,换句话说,弃权票或缺席都算是对政府的支持。由于这些规定,加之法国党派繁多,在国民议会中很难形成不信任政府的绝对数。因此,倒阁权很难实现。

从法国政治体制的实际运作情况看,还有许多削弱议会地位的因素是从宪法条文中看不出来的。1958年第五共和国建立后的相当长时期内,总统、总理和议会多数派三位一体,同属一个政党或政党联盟,这使得议会的实际地位比本已是很软弱的法定地位还要低。在这种情况下,议会往往无力对抗总统的专横。

---

① 文森特·赖特:《法国政府与政治》,伦敦1983年英文版,第135页。
② 同上书,第132页。
③ 阿兰·佩雷菲特:《官僚主义的弊病》,商务印书馆1981年版,第446页。

更为严重的是议会无力控制自己所通过的法律的执行。法国大多数法律是通过一系列政令实施的，对议会制定的法律的解释和执行权很大程度上操在政府手中，而议会又没有足够的手段制约政府。在此情况下，法律实施的后果往往与立法者的原意有很大偏差，甚至完全相反。议会通过的法律若不中政府的意，政府往往迟迟不发布执行所需的政令，或只是有选择地实施其中某一部分。据统计，议会通过的法律中，三分之一只得到部分执行，五分之一从来没有执行过。法律与其实施后果间距离最大的是财政领域，各部不断按变化的情况和新的压力变更议会所通过的财政法案。

与第四共和国相比，由于法国第五共和国的权力中心由议会转到总统手中，法国政权组织形式发生了重大变化，即由议会制共和国转变为"半总统制"共和国。

国家与社会之间的制衡

由于议会权力的下降和行政权力的扩大，必然导致政府机构膨胀和官僚主义的盛行，造成政府决策系统超负荷运转而满足不了公众的日益高涨的民主政治的要求，进而导致政府权威的降低甚至丧失；特别是西方各国由于政府权力的扩大，加强对社会经济生活的干预，实施"福利国家政策"，自70年代以后陷于全面危机，致使要求限制政府权力、制止"行政专横"的社会呼声愈来愈强烈。从近二三十年的情况来看，西方各国除了适当地加强议会的传统权力，以监督和限制政府的权力以外，更为重要也更引人注目的是，影响政府决策以及整个政治生活过程的更广泛的社会因素在民主政治中显得愈来愈重要，这主要表现在利益集团的广泛出现并大规模地参与政治生活；大众传播媒介愈来愈发挥强大的政治监督功能；以及公民参政的"直接民主"和"半直接民主"形式的出现等等方面，这三个方面就构成了当代西方民主政治的多元化格局。

这种多元化民主政治格局的出现，标志着西方民主政治中的权力制衡机制发展到一个新的更加成熟的阶段，即由过去单纯依靠国家立法、司法、行政三权之间的分立与制衡，发展为更多地依靠社会（包括公民个人、利益集团以及强大的新闻舆论）对国家机关进行更为严密广泛的监督和制约。这样，西方国家行政权力的扩大和多元化民主政治格局的出现表明西方社会民主和权威的关系在新的更高的层次上趋于协调。也就是说，政府权威的加强和民主的发展协调共生、并行不悖，权威非但不能侵犯民主，而是在民主制度中产生并受着民主制的制约与监督，同时也约束着民主以免出现亨廷顿所担忧的"民主泛滥"而有损于整个西方民主政治制度。

关于在多元民主政治体系中国家权力如何更多地受到来自社会方面的制约，将在下面作进一步的讨论。

三 政党制度的新格局

利益集团的崛起和政治多元化格局的出现，虽然对西方政党和政党制度的地位和功能产生了相当程度的冲击，但政党在当代西方国家政治生活中仍居主导地位，在组织竞选、掌握政权、制定政策、管理社会等方面，政党、特别是那些力量雄厚的大党，仍然是左右各国政坛的主体力量。当然，如同西方民主制度的其他部分一样，政党制度也处于不断变化、发展之中。特别是战后西方政党制度更是发生了一系列重大的变化，并逐步走向成熟，如果说初期的政党政治还广泛存在着贿选、禁止工人政党活动等非公平现象的话，随着普选制的确立、文官制度的发展、大众传播业的发达以及法制的逐步完备，这些现象已有相当程度的消解。总的来说，当代西方政党政治既不断发展又井然有序，从而强有力地保障了西方民主政治的正常运行。

政党林立与各政党的联合趋向

当代西方社会利益分殊和聚合的加剧，反映在政党政治上就是新党增多，党派林立。据英国政党专家罗伯特·哈默尔和约翰·D.罗伯森统计，在近20年内，西欧及北美等国产生了233个新的政党。美、法、意、西等国除在轮流执政的两党或多党外，也还有数以百计的政党，连瑞士这样的小国，大小政党也有30余个。

党派林立主要表现在实行多党制的国家和一些实行议会共和制的国家。在多党制国家，由于没有一个政党能形成绝对优势，为了夺取政权，往往利益相近的一些政党联合起来形成议会中的多数，组成多党政府。但由于政党联盟内矛盾的存在和发展，政党联盟内的意见分歧达到不可调和时，就导致联盟破裂，政府倒台。因此倒阁频繁、政府危机便是这些国家的显著特点。法国第四共和国时期（1946—1958）不到12年的时间，政府更迭达 20 次，每届任职平均只有半年左右。葡萄牙自 1974 年推翻封建专制统治以后，内阁更迭达 14 次。比利时从 1968—1981 年，内阁更换了 10 次。

多党联合这种情况最突出地表现在意大利。战后意大利的历届政府，或由天民党一党组成，或由天民党，或由力量党，或由左民党联合一个或几个中小政党组成政府。在这两种形式中，多党联合执政占主导地位，成为战后意大利政府的主要组成形式。据统计，在战后意大利的 55 届政府中，由多党联合组成的政府占 40 届，而由天民党一党组成的政府只有 15 届；从 1945 年到 1997 年的 52 年中，多党联合执政的时间大约 42 年，而天民党一党执政的时间只有 10 年左右。从发展趋势看，多党联合执政的特点越来越突出。自 70 年代末以来的近 20 年中，除了 1987 年 4 月到 7 月由天民党人范范尼组成了一届天民党一党政府外，其余的几届政府都是多党联合政府。

战后意大利的多党联合政府具有多种形式的党派构成和政治色彩。由于各届联合政府的政党构成不同，它们的政治色彩也略有不同。在战后初期（1945 年 6 月到 1947 年 5 月），共产党和社会党的代表参加了多党政府，在一定程度上反映了当时各种反法西斯民主力量的大联合；自 1957 年 5 月共产党和社会党被排挤出政府以后，随着不同时期各政治力量的变化，时而组成"中间政府"，时而组成"中左政府"。而自 80 年代以来，通常组成了包括天民党、社会党、共和党、社会民主党和自由党在内的政治色彩更加斑斓的"五党"政府。1994 年议会选举所产生的力量党等"三党"联合政府具有明显的右翼色彩，而 1996 年 13 届议会选举产生的最新一届政府则有典型的"中左"色彩。

多党联合执政所以成为战后意大利政府的一种主要的组成形式，是有多方面原因的。从历史上看，20 年代墨索里尼法西斯政权的建立及其长达 20 多年的独裁统治给意大利人民带来了深重的灾难。各种反法西斯的政治力量在长期的斗争中结成了联盟，为战后的多党合作奠定了基础。此外，战后建立起来的意大利的政党制度也是造成多党联合执政的一个重要原因。例如，战后制定的共和国宪法第 49 条规定："为了以民主方式参与决定国家政策，一切公民均有自由组织政党的权利。"宪法的这一规定，加上社会阶级、阶层的复杂化，使战后意大利不但政党众多，而且许多政党中派别林立，党中有党。加上选举制中的比例代表制，即绝对按选票比例分配议席，造成在历次大选中没有一个政党能达到绝对多数。而根据规定，政府的组成必须得到议会的批准。因此，即使是天民党这样一直处于执政地位的大党，在一般情况下，也必须联合其他中小政党才能取得议会多数，为政府的组成创造条件。1993年实行新的以多数制为主的混合选举制度以后，多党联合执政的特点更为明显，无论是力量党还是左民党，为了入主内阁，均必须与其他若干中小政党结盟，否则就不可能在议会选举中获胜。

意大利政党制度的上述特点对该国的政局有着重大而深刻的影响。

一是政府更迭频繁。自第二次世界大战结束以来，意大利已更换了55届政府。据统计，每届政府的平均寿命只有10个多月。其中寿命最长的第一届克拉克西政府，从1983年8月上台，到1986年6月下台，为期2年10个月；寿命最短的是1972年2月17日上台的安德烈奥蒂第一届政府，只存在9天。

二是组阁难，执政更难。在意大利，政府的倒台很容易，但组阁却相当困难。一旦出现政府危机，组阁活动便开始进行。这时，总统要同历任总统、总理、政界要人和社会名流等多方接触，就新政府的组成进行广泛协商。随着社会政治矛盾的不断加深和各政党争权斗争的激化，组阁越来越难，而且组阁的时间越来越长。例如1945—1960年，15年内组阁16次，平均每次需要15天；1960—1970年，10年内组阁12次，平均每次需要27天；1972—1982年，10年内组阁15次，平均需要48天。

由于各种各样的原因，在职政府的日子很不好过。政府内、议会内常常为某一问题争吵不休，僵持不下。为此，各届政府不得不依靠议会投信任票过日子。例如，科西加第二届政府（1980年4月—9月）执政不到6个月，就要求议会信任投票3次，平均不到2个月一次。由于政府更迭频繁，加上组阁困难，使政府经常处于危机状态之中，有人因此把意大利叫做"没有政府的共和国"。

三是在政府更迭频繁的情况下，仍能够维持较为稳定的政局。战后几十年来意大利的政局总的来看还是相当稳定的。即使在政府危机期间，国家机器照常运转，各种社会活动照常进行。这其中的奥秘之一，就在于意大利是一个政党（90年代初以前是天民党，其后则是力量党或左民党）占主要地位，政府并不起决定作用的国家；奥秘之二，就在于意大利的一切政党都必须在法律规定的范围内进行活动，必须服从议会多数通过的法规。因此，尽管政党之间争论不休，政府更迭频繁，但对意大利政治、经济和社会各方面的基本政策并未产生根本性的影响，从而使政局基本稳定。战后40多年来，意大利政府一直坚持北大西洋公约立场，主张欧洲一体化；对内巩固和发展资本主义的政治制度和经济制度，在坚持市场经济体制的同时，国家对经济实行大规模干预。当然，各届政府采取的具体措施（特别是经济措施）有所不同，但是这些不同的措施都是为了执行同一基本政策和实现同一目标服务的。

值得注意的是，最近20年中在那些党派林立的西方多党制国家，又存在着一种党派联合或两极分化的趋势，一些政党或组织或合并成两三个党或分别加入两个对立的选举联盟。占主导地位的大党得到加强，它们可以控制议会的多数席位，从而加强了多数派政府首脑——内阁的权威性和政治制度的稳定性，并形成这样一种政党格局：除非一个政党能够在议会中始终保持绝对多数席位，否则任何政党都需参加这个或那个选举联盟，才能保证自己有执政或参政的机会，因而造成一种近似的两党制结构。以法国为例，在1958年11月选举中获胜的保卫新共和联盟就是由原来拥护戴高乐的三个派别组合而成的，1967年它又同劳工民主联盟合并为第五共和国民主人士联盟，即后来的保卫共和联盟。1978年6月，共和党、社会民主人士中心、激进社会党和社会民主人士运动等在选举联盟的基础上成立联盟党，即法国民主联盟。不停的分化组合使今日法国的选举由四大党两大派所垄断，保卫共和联盟和法国民主联盟为右翼，社会党和共产党为左派，有的学者把法国政党格局的这种联合趋势称作"向两党制演变"。

德国则形成了独具特色的"两个半党制"。魏玛共和国时期，政党数目繁多，据统计1930年时拥有100万张选票以上的政党就有10个。1928年至1933年五年间，内阁四次改组，政局极不稳定，经济状况日益恶化；而在战后，联邦德国吸取了魏玛共和国的教训，在选举制度上采取了限制小党参政的措施，规定一个政党必须至少得到5%的选票，才能在联邦议院中拥有议席，这就是所谓的"5%条款"，从而形成了以基督教民主联盟和社会民主党为主，联合自由民主党执政的"两个半党制"。在联邦德国，除了绿党冲破了"5%条款"的限制，成为在联邦议院有议席的第四个政党，尚未有其他小党能进入联邦议院，这就为德国的政治稳定创造了条件。

此外，一党多元、派别制衡也是一些国家当今的一个突出特点。法国社会党曾形成"密特朗派"、"罗卡尔派"、"莫鲁瓦派"等，他们在党的全国代表大会和各类有关会议上，各抒己见，商讨对策。英国工党内部围绕对工党执委会、选区党组织和议会党团控制权的争夺，分为左翼、中翼、右翼。保守党内部也围绕对内政、经济、国防、外交的权力和议会席位的分配，分为左、右两翼。两党内部的各派间你争我夺，十分激烈。在某种意义上，党内派别的存在反映了一个党的成熟程度。

两党竞争与政策趋同

在两党控制政局（通常称两党制）的国家，如英、美，两大党在面临大选时竞争十分激烈，然而所提出的竞选纲领和执政时期所实施的政策，其分歧却越来越小，两党之间的传统界限（左倾和右倾、激进和保守）越来越模糊，以致出现了某种趋同现象，这是耐人寻味的。

英国工党的基础是工人阶级（工会），保守党则代表帝王、贵族、企业、商业界的利益，两党阶级基础不同，按理其政策应是对立的。然而战后，两党在外交、防务、经济、教育、福利、非殖民化等政策，趋同现象十分明显。"巴茨克尔主义"更突现出两党在经济政策上的一致性，如实行混合经济、政府干预、增加公共开支和充分就业等。这是由于战后第一次大选保守党出乎意料的惨败，使它对战后社会发展需要和选民的压力不得不在政策上作出重大的调整，非如此便不能争取更多选民，尤其是工人阶级的支持。这种趋同现象还表现两党议员对议会的议案上。两大党在议会党团中，持中间态度的议员占优势，因而彼此有较多的共同点。据对1970年和1974年两党竞选宣言所作的系统分析表明，"在所有竞选宣言的许诺中，大约有一半以上是超党派的"（57%）。[①] 更有意思的是，在所有政策、议案中，有重大分歧的或不一致的仅占20%。虽然撒切尔执政后两党的差别有所扩大，但并没有根本改变两党趋同的局面，其后的梅杰政府更奉行了一条折中的施政路线。

以上情况反映了英国的两党从根本上来说，不是敌对性的两党，确切地说，它们是竞争的伙伴。这种两党制，在一定程度上可以说是相互补充、相互纠偏的制度。出现这种情况的原因是：第一，两党是否执政要由

---

① 斯·英格尔：《英国的政党制度》（英文版），1987年版，第194页。

选民选举来决定，而英国的选民在重大问题上一般都倾向于一致。第二，政局的稳定需要政策上的连续性，因而政府更迭后，执政党并不轻易抛弃上届政府的议案，而是往往重提下台政府因大选而被暂时搁置的一部分议案，甚至是它在野时所批评、攻击乃至反对的某些议案。如1974年新上台的工党政府重提了由于大选而被上届保守党政府搁置的22项议案中的15项（占68%）。1979年撒切尔政府的第一个议案就是上届工党政府遗留下来的。第三，两党具有一定的政治基础。工党虽以工人运动为基础但并不以推翻现行政治制度为目标，它更关心的是能得到英国政治现实的承认。"新党（工党）从一开始就急于要在现行政治体制内工作，不想对它进行任何激烈的改革"。[①] 可以说，工党已成为英国政治制度的组成部分。一战时，政府需要得到工会的支持，不仅承认工会的一定权力，而且将它们的代表吸收到政府的各种顾问和协商委员会中去。二战时甚至将他们吸收到政府中去工作，因而得到工会更大的支持。而且，战后以来，两党成分已逐渐向中产阶级化嬗变。所有这些便成为两大政党在政策和立法上出现趋同现象的重要前提。

美国是最典型的两党制国家，长期以来民主党和共和党在政治纲领和政策主张上存在着明显的分歧，考察一下民主党和共和党1980年和1984年的竞选纲领，就会发现，两党对经济、税收、能源、环保、国防开支、社会福利、公民权利、妇女权利、教育、堕胎，以及对苏关系的观点和政策是有所不同的。但美国的两大党共和党和民主党都是资产阶级政党，它们所奉行的政治路线和内外政策，都是维护资本主义社会制度，维护美国的利益，因此，两党没有也不能有本质上的区别。美国前总统尼克松对此直言不讳："如果两党的原则分歧很大，以致一执政党转移到另一执政党就意味着根本转变，那就太危险了。"特别是由于美国的选举制度实行"胜者得全票"和相对多数票当选的选举制度，为了争取各不相同的阶级、阶层和利益集团的选票，避免因偏离多数选民的过左或过右的极端而在选举中被一个趋向中间的对手轻而易举地击败（1968年共和党总统候选人戈德华特和1972年民主党总统候选人麦戈文的惨败，即其明证，因为前者过右，后者过左），两党都趋向中间立场，使两党更为相似，以至于有的美国人把两党合称为"民主共和党"，无论选民投哪家的票，总是

[①] R. 密利本德：《英国资本主义民主制》，商务印书馆1988年版，第36页。

投民主共和党的票。

英美国家两大党的趋同，是这些政党面临着利益集团和多元政治格局的挑战所作出的一种积极的反应，它表明西方两党制的利益协调和整合功能的进一步完善，不仅保证了执政党和政府政策的连续性，而且有效地避免了同一政治体系中不同利益的选民间过分的政治分化和冲突，进而抑制了社会阶级、集团之间的严重分裂和对立，维持着社会政治的稳定和有序。

社会民主党纷纷上台执政

当代西方政党格局的一个最重大的变化就是奉行民主社会主义的政党（工党、社会党、社会民主党等，统称为社会党）异军突起，蓬勃发展，成为西欧政坛上一支引人注目甚至举足轻重的政治力量，给整个西欧社会烙上了深深的印记。在西欧24个国家中，有20个国家已建立起社会民主党，共有28个党。可以说，这些政党的组织已像蜘蛛网一样密布于西欧的主要国家和地区。它们通过竞选，相继进入议会，掌握政府权力，改变了昔日的政党体制，确立了西欧国家新的政党结构。二战前，虽也有社会党参与政府，但毕竟寥寥无几，形不成气候。战后，单独或联合执政党的社会党日渐增多。1945年至今，社会党曾经执政或仍在执政的西欧国家有：瑞典、奥地利、德国、瑞士、希腊、法国、西班牙、葡萄牙、意大利、比利时、英国、爱尔兰、冰岛、荷兰、圣马力诺、芬兰、挪威、卢森堡等18个国家。其中瑞典社会民主党累计执政达56年，居各国社会党之冠。奥地利社会党自第二次世界大战后单独执政或联合执政已有39年；丹麦社会民主党执政40年；德国社会民主党除1966—1969年参与执政一段时间外，自1969—1982年与自民党持续联合执政达13年。截至1998年10月，欧盟15国中，除西班牙和爱尔兰，其余13个国家都是社会党人执政或参与执政。欧洲的政治版图呈现出一片耀眼的粉红色。即使一些不在执政地位的社会党，也都是较有力量的在野党。

这些奉行民主社会主义的社会党虽然不打算推翻现存的资本主义制度，但无论是它们所推行的政策，还是其选民成分结构、在工会中的巨大威信以及党员成分结构，都不同于西方其他政党，社会党无疑在很大程度上加快了西方民主的进程，它们已成为西方社会一支重要的民主力量。

第一，社会党大力推行社会福利事业，使工人阶级的生活得到明显改善。

虽然社会福利政策是战后各西方发达国家执政党所普遍奉行的一项基本的施政纲领，但社会党却是其中最积极的倡导者和推动者。在社会党单独执政或参与执政的国家，工人阶级的生活水平有了很大提高。一是工人的实际工资水平有较大增长。因为，根据社会党的税收和收入再分配的政策，低收入者津贴较多、纳税较少，最终收入高于最初收入；而高收入者则相反。二是工人劳动条件得到改善。劳动完全受到法律保护，普遍实行每周5天工作制，每周劳动时间由20世纪初的70小时以上降到70年代40小时以下，此外还实行每年的"付薪假期"和"法定假日"制。三是社会福利收入量增加。战后兴起的"福利国家"，实行"从摇篮到坟墓"的社会福利政策，对工人的生、老、病、死、伤、残、孤寡、居住、交通、失业和培训等实行社会救济、社会关怀和社会保险。近些年，许多西方国家的福利开支约占国民生产总值的20%—30%，在政府财政中约占60%左右，超过军费支出。其来源主要是国家补贴和企业缴纳、个人缴纳等构成。如1981年欧盟的社会福利开支占整个共同体国民总产值的27.1%，英、法、德、意、荷、比六国社会福利开支在政府总支出中所占的平均比例，1957年为55%，1978年上升到64.7%，1993年则高达70%左右。与此同时，西方各国，特别是欧洲国家，社会福利开支的增长明显地高于经济的增长率，例如1975年到1981年欧洲一些国家社会福利费平均增长率与经济增长率的比例如下，前联邦德国为19%：3%，法国为7.6%：2.8%，比利时为4.6%：3%，瑞典为4%：1%，英国福利性支出1992年比1972增长41.6倍，而经济只增长了3.2倍。四是自六七十年代以来，工人股东普遍出现。前联邦德国的"职业股东"超过90万。英国的国营企业非国有化规定股票优先卖给本企业职工，有的企业的股票全部为职工所购。为防止少数人操纵非国有化企业，英国首先打破股票面值最低限额，并规定任何个人和集团购买股票不得超过800股。从工人阶级的地位和作用的变化来说，虽然这些微弱的股份并不能对企业起支配作用，也不能根本改变工人的被雇佣地位，但它确实反映了工人在现代化社会大生产中地位和作用的增强，与生产资料所有制问题并非毫不相干。工人经济状况的改善，可以明显看到社会党推行的社会福利政策所起到的积极作用。

第二，社会党扩大了工人阶级的民主权利，提高了他们的政治地位。

社会党人认为："在那些凡是存在着人统治人的地方，被统治者应当通过参与决定,以有效的方式参与监督这种统治"。① 因此,他们普遍推行"参与决定制",使工人能够参加经营管理,实现其在经济权力分配方面的"平等"。例如,联邦德国1976年社会民主党政府颁布"参与决定法",规定凡是2000人以上的大企业都必须成立最高权力机构监事会,成员由劳资双方对半组成,其权力相同,监事会决定企业的预算与决算、工资与分红、扩建与关闭、任免负责处理企业日常事务的董事会成员等重大问题。社会党还认为,工人阶级和劳动人民有集会、组织工会、劳资谈判、罢工、自由言论直至组成自己的政党的权利。因此,几十年来它一直在民主合法的道路上为争得这些权利而努力奋斗并取得了一定的成就。例如1945年英国工党政府的第一批法令之一,就是废除1927年颁行的反工会法,恢复了工人进行总罢工的权利。1976年6月2日,瑞典议会通过了《劳动生活共决法》。法令主要废除了雇主联合会章程中"第32款"的规定,由原雇主单独决定企业问题,改由劳资双方共同决定。此外,社会党人所推崇的普选制、议会民主制、多党竞争制也在一定程度上保证了工人阶级和劳动人民参与国家政治生活和社会事务的权利。

第三,社会党的支持者主要是工人阶级和一般劳动者。

社会党所奉行的民主社会主义和社会福利政策,使得它不可能从银行家、企业家或大土地所有者处获得多少支持,而只能更多地依赖于工人阶级和一般劳动者(即所谓的中间阶层)的拥护。这一点可从社会党选民结构中得到反映。如德国社民党在战后历届大选中,获得50%以上的工人的支持;1972年则高达70%,职员和官员之中支持社民党的人数,在60年代以后有所上升,达到40%以上。在瑞典,多年来约四分之三的产业体力劳动者是瑞典社民党的选民。在店员和服务人员中,也保持着60%以上。农业工人中50%以上支持社民党。而农场主、公司经理、企业董事长等资产阶级成员,支持社民党的只有10%左右。因此,英国学者汉·斯凯斯认为:瑞典社民党"是压倒一切地得到农业、工业、服务业工人们以及在较小程度上得到低级白领工人支持的政党,本质上它是一个工人阶级政党"。② 在法国,工人成分略少些,中间阶层人员则多些。

---

① 《社会党重要文件选编》,中共中央党校科研办公室1985年编印本,第187页。
② 参见《瑞典总工会》,斯德哥尔摩1984年英文版,第12页。

60—70年代，支持法国社会党的选民中，体力劳动工人占30%以上，白领工人占20%左右，其他各阶层占50%左右。70年代以后，随着法国社会党的重建和政治态度的左转，其选民的工人人数有所上升。在英国，体力劳动者是工党主要的选民基础，特别是熟练劳动者和国营企业中的工人，绝大部分是工党的忠实的支持者。从整个西欧的情况看，中北欧社会党的群众基础主要是工人，尤其是从事体力劳动的产业工人。南欧各国社会党的群众基础主要是中间阶层即职员、教师、服务人员等，也有很大一部分是产业工人，其原因是南欧共产党力量较大，很多产业工人是共产党的选民。但苏东剧变后，信奉"欧洲共产主义"的各党纷纷更旗易帜，向社会党靠拢，使社会党的群众基础进一步扩大。

第四，社会民主党对工会的支配性影响。

在西方各国，对工会影响最大的政党有两类：即社会党和主张"欧洲共产主义"的各党。其中，社会党由于推行民主政治，主张福利主义，做了大量有利于工人阶级的事情，缓和了劳资矛盾，在西方工人阶级中影响最大。苏东剧变后，欧洲共产主义与民主社会主义此消彼长，因此，社会党影响和控制下的工会更占有绝对优势。社会党影响和控制下的重要工会有：联邦德国工联，800万会员；英国职工大会，1050万会员；法国民主工人联合会，100万会员；法国工人力量总工会，100万会员；比利时总工会，110万会员；丹麦总工会，100万会员；瑞士工会联合会，46万；意大利劳工联盟，130万；奥地利工会联合会，160万；瑞典总工会，220万；葡萄牙劳动者总联盟，40万；爱尔兰职工大会，46万；荷兰工会联合会，100万；还有西班牙工人总联盟、挪威总工会、芬兰总工会等共十几个大的工会组织，会员人数在3000万以上。此外，社会党影响下的"国际自由工会联合会"拥有会员5300万，占西方国家会员总数的70%。由此可见，社会党影响和控制下的工会的总数和会员的总量比其他政治力量强得多。换言之，工会成了社会党最主要、最强大的支持者，例如拥有会员占瑞典总人口四分之一的瑞典总工会，始终一贯宣布支持瑞典社民党的政策，把社民党看作自己的政治代表，向它提供政治上（选票）、经济上（宣传、竞选经费）的有力支持，这应该是社民党能长期执政的一个决定性的因素。

第五，社会党党员中以工人阶级和一般劳动者为主。

从党员的成分结构看，工人阶级和一般劳动者在社会党党员中有较大的比例。最有代表性的是长期执政的瑞典社会民主党,据统计1960年到1976年,社会党政府成员中工人家庭出身的占39%,本人第一个职业是工人的占30%,至于普通党员,工人和一般劳动者更占了绝大多数。

除瑞典以外,欧洲其他一些主要社会党的阶级成分(1985年)也大致如此(详见下表)。

比例 成分 党名	法国社会党	意大利社会党	德国社会民主党	西班牙工人社会党	奥地利社会党
体力劳动者	17	32	23	37	38
职员	39	13	25	17	13
公职人员	2	—	14	—	14
农场主	9	7	—	3	1
自由职业者独立劳动者	10	10	5	11	3
退休者	17	8	19	21	16
无业者家庭妇女	6	11	8	5	13
其他	—	8	—	3	2

目前,从总的趋势看,社会党内产业工人的比例在下降,而一般职员的成分在增加。其主要原因是西欧发达资本主义国家阶级结构的总体变化,即传统的产业工人和资本家在减少,新的所谓的"中间阶层"在迅速扩大。因此,这并不意味着产业工人中参加社会党的比例在下降,况且,一般职员即中间阶层中的大多数仍属于劳动者这一阶层。

综上所述,西欧各国社会民主党在政治舞台上独领风骚,是二战以后西欧各国民主政治获得重要发展的新战果,也是当代西方政党格局的一个新特点和新趋势。"可以说,要了解西欧这块发达地区的各个资本主义国家,就必须了解这些国家中的社会民主党。"[1]

---

[1] 张契尼、潘琪昌编:《当代西欧社会民主党》,东方出版社1987年版,第1页。

政党和政党制度的法律化、规范化

无论什么制度，如果不付诸法律形式，都不可避免地带有随意性；只有将其法律化，才能保证这项制度本身的稳定性和连续性。第二次世界大战以前，西方国家在法律上一般都把政党当作一般性结社看待，在宪法和法律中，对政党基本没有作出特别规定。宪法和法律中涉及政党问题的只不过这样三类规定：其一，承认公民有结社包括结党的权利。组织政党一般被认为是行使结社自由的权利。其二，对某些政党的禁止性规定。例如美国1945年共产党管制法宣布："共产党不受法律保护。"法国等也有类似规定。意大利等国的宪法还规定，"禁止以任何形式恢复已被解散之法西斯政党"。其三是一些国家的政党制度的宪法惯例。如美国关于党的代表大会预选和总统候选人提名的宪法惯例；英国关于大选中获得多数议席的政党组织政府的宪法惯例。

二战以后，西方许多国家为了加强对政党的管理，开始改变在法律中对政党和社会团体不加区分的传统方式，而在立宪或修宪时都增加了关于政党问题的规定。如1947年诞生的《意大利共和国法》，1947年制定、1976年修改的《德意志联邦共和国基本法》，1958年起草通过、1976年修订的《法兰西共和国宪法》，1975年颁布的希腊宪法、1976年的葡萄牙宪法以及1978年的西班牙宪法等都对政党活动作出了原则规定。有些国家还颁行了专门的政党法，阐述政党的权利和义务、地位和功能、活动方式和内部组织甚至党员资格、政党经费等一系列法律规范，对所有政党有效。如原联邦德国1967年制定、1979年修改的《关于政党的法律》（即《政党法》），这是世界政党立法史上迄今最完备的政党法律，它对政党的概念、含义及与一般社团的区别、政党的法律地位和任务、组织原则、政党党员的权利，政党的限制和禁止等，都作了系统全面的规定。《政党法》规定："政党是自由民主的基本制度的一个宪法上的必要组成部分；其活动必须在宪法和法律范围内进行；政党的任务就是对人民的政治愿望施加影响，经常地和自由地表达自己的愿望；促使公民积极参加政治生活；培养有能力的公民担任公职；参加选举；对议会和政治施加影响。"有的因禁止某一个或某一类政党存在而特别立法，如20世纪60年代以前的西班牙、希腊等国就有关于党禁的法律，今日西欧国家已基本取消了这类特别立法。通过政党立法，使政党制度在国家政治生活和政治体系中具有更明确、稳定的法律地位和法律保障，政党活动更加规范化，即凡是不违反其宪法和法律的党，都能充分与有效地组织和活动，这不仅是西方当代民主和政党政治发展的表现，而且是西方国家政党制度走向成熟的一个重要标志。

需要说明的是，英美两国与其他西方国家不同，它们的宪法和法律没有对政党问题作出专门、明确的规定，但通过宪法惯例以及具有法律效力的最高法院的裁决，就使政党获得了明确的法律地位和法律保障，因此可以把它理解为政党制度法律化的一种特殊表现形式。

中国实行的是共产党领导的多党合作的政党制度。因此，不存在两党或多党竞争、轮流执政的问题。我们研究当代西方政党制度的特征和走势，分析其在维持社会政治稳定方面所具有的堪称成熟、完备的机制和功能，通过比较，当能从中获取某些有益的启示。

第二十四章　20世纪欧美民主:特征与走势(下)

一　民主体系中的新要素

政治多元化是民主制的重要标志。专制制度下的政治是一元的,所谓"朕即国家"、"君权至上",国家的各项大权皆由皇帝独断专行。民主制下,国家权力实行三权分立,形成三元化格局,互相制衡。以后又产生了政党。政党间的互相竞争,这种竞争特别是在国家权力交替与对在朝的执政党的监督中发挥了重要作用,是民主政治的生命线。政党就其组织体系而言是属非国家权力系统的,而就其政治目的和政治作用而言,则无不具有支撑国家权力的性质。国家权力的三元化和非国家权力——政党组织——的多元化是18、19世纪西方民主制多元政治体系的情形。当然,除此之外,还有公民的参与,也可认为是当时多元体系中不可忽视的一个方面。总起来看,这一阶段虽然已出现了多元化的格局,但它还限制在少数人——有产阶级的范围之内,工人、劳动者基本上尚未参与到多元化的政治体系之中。因此,18、19世纪西方国家的政治多元化是古典形态的多元化,是有产阶级少数人所控制并为之享受的政治多元化。

到了20世纪特别是二次大战之后,这种古典形态的政治多元化格局被突破了。由于广大劳动者的广泛组织化,使传统的多元化框架被新型的多元化体系所取代。它表现为各种类型的利益集团的大量涌现,成为同政党并驾齐驱的政治力量,弥补着议会政治的不足,有力地影响着国家的政治生活;它还表现为普选制的普遍确立和公民直接参与国家决策,使公民可以直接地表达自己的意愿而不受议会、政府、政党等中间渠道的阻碍;它还表现为政党制度的法律化、规范化,使各政党都可以进入政治竞争的舞台,亦都可以获得相应的政治权力的机会,使政治资源的分配更趋合理。当然，它还表现为自由的大众化的新闻媒体对于政府的巨大影响和有力的监督。所有这些，在我们面前展示了当代西方民主政治的多元化体系，它反映了西方民主在20世纪的重大进步。下面重点讨论多元民主体系中的两个重要角色：利益集团和新闻界。

多元民主的主体——利益集团

当代西方民主政治发展的一个最显著的特点就是成千上万、形形色色的利益集团的迅猛崛起，并在社会政治生活中的作用越来越大，成为政府和议会背后左右决策活动的最重要的社会力量之一。有人认为，西方国家已由三权分立制变为立法、行政、司法和利益集团四权分立。有人甚至认为，当今西方国家已由"多党政治"进入"利益集团政治"。美国前总统肯尼迪的总统助理罗杰·希尔斯曼认为，利益集团是"最直接的决策者和选民之间参与制定政策的第二圈人物"，即"第二圈的政策制定者"。戴维·杜鲁门把这些组织视为政府的一部分，是一种"中间结构"。还有人把大型利益集团称为"隐形政府"、"无形帝国"。更多的人则把利益集团看作是民主多元主义制度的本质内容。[①] 总之，利益集团已成为当代西方民主机制的重要组成部分。

利益集团是以某种特定利益、政治主张、价值目标所维系的人们所组成的集团。它集中代表、表达某种特殊群体人们的利益、要求，对议会和政府施加影响，使其制定出符合自己集团利益和要求的决策。它既不同于没有政治目的的一般社会组织，也不同于以夺取和掌握国家政权为根本目的的政党。利益集团又分为政治、经济、军事、劳工、艺术、文化、教育、学生、性别、种族、语言、职业、行业、宗教、兴趣、志愿、道德等各个领域的，也有跨越和联系上述一个或多个领域的组织。按大的类型来分，有围绕某行业特殊经济利益构成的经济利益集团，如：美国制造商协会，美国商会，企业界圆桌会议，全国广播协会。英国的农场主联盟，贸易联合大会。法国的全国雇主会议，中小企业会议，以及各种专业性协会等。有以维护和争取某种阶层的地位和权利而构成的利益集团，如各国工会，美国的全国妇女联盟，全国有色人种协会，印第安人全国大会，"美

[①] 戴维·米勒等：《布莱克维尔政治学百科全书》，中国政法大学出版社1992年版，第362页。

国军团"等退休人员协会,英国医学协会,法国全国大学生联合会等。有围绕社会政治、人类道德等专门问题和政策构成的公共利益集团,其追求的目标往往超出本集团的范围,如致力于为公共利益问题服务的"拉尔夫·纳德集团",[①] 为公民争取权利的美国公民权利同盟,美国反对死刑同盟,关心和保护生态环境的美国反对虐待动物协会,英国"儿童贫困行动集团","核裁军运动",等等。罗杰·希尔斯曼还从组织的角度,把利益集团分为四种,即非正规的、无组织的利益集团,以宗族、血缘、种族或经济的关系为纽带而自然形成的非社会性集团,主要是从事其他专门职能的机构性利益集团(如公司、政党、立法、部门、军队、政府、教会等),专门从事利益表达的社团性利益集团。据估计,美国人分别属于10万个协会、俱乐部和私人组织,所有这些形形色色的利益集团,构成了无数大大小小的相对独立的社会力量和压力集团,成为战后西方民主政治体系中的重要角色。

诚然,利益集团并不是从20世纪才开始在西方各国出现,但是20世纪以来,尤其在战后,利益集团才获得了如此迅猛的发展,其主要原因,一是劳动方式的革新和产业革命的兴起,使旧的阶层、集团分解、改组和转移,新的阶层、集团兴起,阶级内部结构分化加剧。二是信息化、自动化的新型劳动方式,很大程度上改变了传统工业的集中化劳动方式,成千上万的人从机器旁、大车间、大工厂,走向办公室、操纵室、资料信息库和复杂多样的服务行业,人们相互间的组织、交往、需求、利益获取方式、价值目标和实现途径也都向多元化趋势发展。三是垄断集团对财富和权力的集中,客观上刺激了社会各阶层人们的组织和联合,以维护自己的利益和地位。四是政府对经济和社会干预的增强,与各集团人们的利益息息相关,各利益集团为获得联邦预算份额开展竞争。只有联合起来,影响政府决策和议会立法,以保障自身利益。由此,各阶层、各集团在相互之间进行直接的利益竞争的同时,便更多地转向对政治权力的支配的斗争。可以说,现代发达社会是一个高度组织化的社会,只有联合起来才会在竞争中取胜。五是人们对政党政治的兴趣趋于冷淡,自20世纪70年代以来,党派意识、党派认同观念、对党派的忠诚程度在西方国家中普遍低

[①] 这是美国20世纪70和80年代最著名的公共利益集团,约由15个公共利益集团组成,从事于公共利益问题的研究和院外活动,试图普遍地影响公共政策的制定程序。

落。50年代，21—29岁年龄组的美国人有28%认定自己是无党派人士，1971年上升到43%。[①] 1964年选举中美国两党支持人中有17%的人投了另一党的票，1968年上升到27%，1958年参议院选举中的背叛率为8%，1974年为16%，同期众议院的背叛率从10%上升到18%。越来越多的人宁愿组织起来各种利益集团来表明他们的观点，向政府施加压力。此外，参加利益集团还可绕过许多党内斗争，直接与政府和议会打交道，在某种程度上比参加政党要容易达到目的。从根本上说，西方国家利益集团的勃兴，正是归因于利益集团在政治生活所具有的重要作用。

第一，集中和代表本集团内部的各种利益。利益集团是对一定范围的活动、问题持有共同态度的人构成的，因此它起着集中各种利益的作用。许多利益集团通过不同手段在其成员中起着统一观点、协调利益的作用，由此形成共同的目标。这些集团内的共识和协议，一旦由立法机构通过，就成为法律。一般国家的工商业企业利益集团集中代表了社会中主导国民经济的基本集团利益。美国劳工联合会和产业工业联合会号称协调着5000万人的利益。美国农业联合会、农场主联合会等组织代表了280万个商业和工业组织，其中贸易联合会拥有880多万成员。

第二，通过院外活动对议会和政府施加影响。这是利益集团意志表达的重要途径，例如，派出人员常驻立法机构所在地，设立办事机构，与议员密切交往；聘请专门说客充当"走廊议员"，在议员中穿梭往来，进行游说，或通过举办邀请议员们参加的各种社交聚会、鸡尾酒会等，以及提供免费旅行、赠送礼品等，对议员进行拉拢，以影响议员的观点，通过支持议员竞选、捐款、贿赂、提供有关情报、散发材料等方式来影响立法机构的成员，使其支持或反对某一法案的通过。

与此同时，院外活动也影响政府和司法机构。它们向行政机构派出代表掌握重要权力；接受行政机构的咨询，与政府进行对话；在政府中寻找自己的代理人，如美国农场联合将美国农业部的许多官员争取到自己一边来，结果它自己变成了一个半官方的机构；聘请政府官员或议员担任本集团的顾问或名誉职务；直接派出代表向官员施加压力；为行政官员竞选提供赞助，在政府中寻找自己的代理人。如70年代末，美国的新保守主义倾向增长，保守派政治压力集团的活动大大增加，他们为罗纳德·里根的

[①] N. D. 格伦：《政治独立的变化根源》，美国《社会科学季刊》1972年第2期。

竞选成功做出了很大的贡献。可以说，1980年里根的上台和新保守主义的第97届国会的组成，在很大程度上是1000多个保守的"政治行动委员会"活动的结果，他们为此花费了约6000万美元。利益集团经常注意法院的情况，利用舆论的力量或协商的办法来影响司法机构人选的任命，经常提出对法律的解释，提出对本集团有利的判例和论点，提出有说服力的研究成果来影响判决，寻找机会提出诉案。西方不少利益集团特别是一些经济实力比较弱小的集团，通过这种方式达到了自己的目的，如"美国有色人种促进会"自1930年成立后，领导美国黑人上诉46次，在联邦最高法院中进行斗争，结果胜诉42次，促使联邦政府有关部门在60和70年代期间，制定了一系列法律，从而使美国黑人的平等、自由和民主权利得到了确实的保障。

第三，利用抗议、示威游行、罢工甚至骚动和暴动等手段，特别是通过发动大规模的舆论宣传运动对政府施加压力。例如，利用所掌握的电视、报刊等新闻舆论工具，制造舆论声势和压力，控制舆论导向，将有关政策主张诉诸公民，利用公民联名写信、打电话、静坐、示威、游行等方式来强化选民的影响力。1961—1974年越南战争期间，更是出现了众多的反战集团，他们在全国性的报刊上刊登整版的反战广告，召开反战群众大会，组织募捐，策动学生罢课，组织反战示威游行，激发公众的反战情绪，使美国国内的整个越战期间一直存在着强烈的反战舆论，并愈演愈烈，成为促使尼克松总统决定结束战争的动机之一。1972年美国（环境）"保护协会"收集了许多乱倒有毒废料引起公害的实证，在报纸、电台、电视上广为宣传，引起公众极大关注，最终迫使议会很快通过"处理有毒废料法"。

总之，利益集团在集中、综合和表达利益，控制和实现利益的过程中，具有极其重要的功能，在涉及人们大量的社会具体利益这个层次上，起着政党起不到的作用。统治阶级的对内对外政策的制定，不过是一定时期各大利益集团之间的矛盾、斗争、妥协的产物。对国家权力执掌者是一种重要的制约力量。其历史的进步作用显而易见。

一是提高了社会的组织化、有序化程度。利益集团承担了大量的协调内部人际关系的职能。集团内利益的集中、综合过程，事实上就是无数分散、具体、复杂的矛盾竞争、协调、妥协的过程。利益集团的外部矛盾，通过有规则的议会竞争，求得协调和妥协，其结果就是法律、契约的大量出现和日趋完善。在当今欧美国家，契约、法律囊括了社会基本生活的各个方面、各个领域、各种关系。这就比议会外的无规则的对抗冲突或宫廷政变、军事政变的方式更有利于政治、社会稳定。国家通过中间组织来组织管理公民，就比国家直接管理每一个公民有效得多。二是加强了议会和政府同社会各阶层的沟通联系，民意表达机制更健全了。特别是一些公共利益集团和民族利益集团，为争取民主权利和有利于社会文明进步的要求被提上议事日程并转化为立法。60年代以来美国国会通过的一系列保障民权和增加社会福利开支的立法，如保护妇女、儿童的正当权益，给残疾人以特殊照顾，以及保护生态环境、反对侵略战争和扩军备战等问题的提出和解决，都是有利于社会发展进步的。

不过，利益集团也具有消极的一面。一是利益集团的院外活动方式诱发贪污受贿，官场腐朽，导致政权成为金钱的奴仆，对此西方一些国家曾试图通过立法等手段加以遏止，但收效不大。二是以利益集团势力大小、力量对比状况来决定国策，势必导致政府和议会的政策向势力强大的利益集团倾斜，导致决策的不公正和不科学。美国前总统卡特在告别演说中对此不无遗憾地指出："利益集团已成为美国政治活动中令人不安的因素。"三是与利益集团普遍兴起的趋势并行的是财富和权力向社会极少数垄断集团集中，政权主要被操纵在那些具有良好的财力资源和政治资源的利益集团，特别是极少数特大型利益集团即垄断财团手中，正如美国政治学家艾伦·考森指出："利益集团已不再是将广泛的不同意见吸引到民主进程之中的机制，那些享有特权的利益集团正在行使着相对远离民主监督的准公共权力。"与此同时，那些在经济和政治上势单力薄的利益集团则对政府和政策影响甚微，特别是对一部分无组织的群众和黑人、少数民族、季节工人、城市贫民、山区农民来说，就更少有机会来表达自身的利益，影响决策了。但无论如何，利益集团作为当代发达资本主义国家经济、政治、社会关系的产物，已成为西方民主政治体系的构成要素之一，是公民参政的重要形式。

第四种权力——新闻界

掌握大众传播媒介的新闻界在西方被誉为制约立法、行政、司法三种权力甚至凌驾于它们之上的"第四种权力"，这是当代西方民主政治的又一奇特景观。

新闻界所拥有的这一所谓的"第四种权力"是与当代欧美各国极其

发达的大众传播媒介紧密相关的。随着科学技术的进步，欧美各国大众传播的规模和范围已经达到惊人的程度。以美国为例，全国共有各类报纸 3580 种，杂志 7955 种，平均每千人拥有报纸约 787 份；美国电视的普及率达全国家庭总数的 98%，电视的覆盖范围达 99% 人口的居住区；收音机更多，平均每人两架以上。大众传播媒介的影响力已深入到西方国家社会生活的各个领域，通过大众传播媒介来制造和控制舆论的新闻界也就成为一支强大的政治力量。它在当代西方民主政治中的作用主要表现在以下几个方面：

为大众广泛参与国家和社会的政治生活提供了机会　电子通信、声像、统计手段，使政府与公民之间信息的沟通反馈更加容易。政府利用传播媒介，定期不定期地举行记者招待会、新闻发布会、约见新闻界人物座谈、及时报道国家社会经济和社会生活的动态；公民则可以通过公民表决、公民投票、民意测验、预选等来决定国家的重大事情。政府利用电视系统定期举行听政会，与公众对话，而居民可以通过各种传播媒介，就政府的政策和政府官员的政治行为发表意见，提出批评。可见，公众参政已经比较普及了。

加强了社会对政府的监督制约　在资本主义社会，电视报刊等大众传播媒介主要是利益集团、特别是垄断资本家的私营企业。政府是一个整体，而新闻单位却是成千上万家。政府并不能完全控制新闻界，新闻界则在很大程度上左右政治生活，监督政府行为。这种监督与议会对政府的监督有着不同的特点。

第一，公开性。大众传播媒介在传递信息上具有公开、迅速、覆盖面广等特点。新闻界通过各种传播媒介报道政府活动，就政府活动的内幕向社会公开，以期引起社会各方面的关注，促进社会舆论的形成，从而构成对政府的政治压力。1986 年 11 月美国的"伊朗门事件"就是由《纽约时报》和《华盛顿邮报》率先予以曝光，披露了白宫高级官员背着国会和美国公众，为获取美国人质获释而私下向伊朗出售武器的内幕，引起了美国公众的广泛关注，给政府造成巨大的压力。

第二，灵活性。立法机关对政府的监督，必须按照规定的程序、规则实施，违反了法定程序和规则，也就失去了法律效力。新闻界对政府的监督却没有严格的法定程序和规则。当新闻界通过各种途径捕捉到被监督者某一可监督信息后，可以采取多种多样的方式实施监督，如新闻报道、政治评论、或民意测验等。具体采用何种方式常常根据可监督信息的内容灵活决定。

第三，广泛性。立法机关的监督范围由宪法规定，一般限于政府的高级官中及重大的失职行为。而新闻界对政府的监督范围却广泛得多：就对人的范围而言，包括总统在内的所有政府官员；就对事的范围而言，包括政府机构制定的各种政策及上述人员的一切失职行为。可以说，当代西方国家的任何一位政治家，从他参加竞选或就任公职起，就时刻处于新闻界的监督之下。1972年，在角逐美国民主党总统候选人中名列前茅的埃德蒙·马斯基经受不住报界对他妻子的攻击，在电视摄像机前挥泪宣告退出竞选。纽约州州长马里奥·库莫也因类似原因宣告不参加1988年总统预选。布什与杜卡基斯为竞选总统，在开展电视辩论时，反对严刑的杜卡基斯曾被记者突然问道："如果凶手杀害的是你妻子，你怎么办？"杜卡基斯因不知所措而在选民中大为丢份儿。1974年尼克松总统宣布辞职，就是由《华盛顿邮报》对"水门事件"丑闻的揭露所致。美国第一大报《纽约时报》的执行编辑说过，美国总统"没有权利保守私人秘密。他们的生活，他们的个性，他们的财政情况，家眷亲朋和价值观念，无一不是新闻报道的对象"。

第四，社会性。新闻界对政府的监督在形式上是代表社会的。立法机关对政府的监督却是国家政权活动的一种方式，属于一种自上而下的监督。在美国，舆论工具由私人经营，在法律上人人都有办报的权利，允许任何人通过大众传播媒介发表自己对政府的看法，甚至批评政府。因此，新闻界和政府之间在形式上表现为社会机构和政府的关系，新闻界对政府的政治监督也取得了一种社会属性，属于自下而上的监督。

有利于维护法制　法制既是民主政治的重要组成部分，又是其必要保障。而新闻界在维护法制方面起到了不可忽视的作用。在西方社会，许多社会弊端和犯罪现象，都与政府官员的违法、失职行为相联系，甚至一些政府官吏就是社会犯罪集团的后台。新闻界通过揭露和抨击这些政府官员包括总统、议长等高层官员的违法失职行为，使之曝光而无法逍遥法外，防止任何个人和组织凌驾于法律之上，维护法律的尊严。

二　民主社会主义的勃兴

民主社会主义发展的几个阶段

一般说来，当代民主社会主义思潮是由国际工人运动史上的社会民主主义思潮演变而来。民主社会主义经历了五个发展阶段：

第一阶段是19世纪中叶至第二国际成立前。这是社会民主主义思潮在国际工人运动中产生并开始传播的时期。19世纪中叶，欧洲普遍爆发了经济危机和社会危机，激化了欧洲各国的阶级矛盾，导致爆发了遍及欧洲的1848年革命，并由此出现了社会民主主义。但此时的社会民主主义没有特定的含义，不同的阶级和流派对它有不同的理解和解释。社会民主党人既有激进民主主义者，也有小资产阶级社会主义者，就连马克思、恩格斯有时也以此自称，可见此时的民主社会主义有较大的包容性。在革命期间，赖得律·洛兰和路易·勃朗将他们所代表的小资产阶级民主共和党和社会主义党合并建立了社会民主党，这是世界上第一个以社会民主党命名的政党。该党主张建立共和国、实行民主和带有社会主义色彩的改革，具有社会改良主义的特征。就是说，西欧第一个社会民主党就是一个具有改良主义色彩的政党。

第二阶段是19世纪80年代到"一战"爆发前。19世纪80年代末和90年代，欧洲许多工人政党接受了马克思主义的科学社会主义，在恩格斯的倡导下于1889年成立的第二国际所属的各国社会民主党，他们以马克思主义作为自己的纲领和策略的基础，把通过阶级斗争打碎旧的国家机器、消灭资本主义私有制、建立生产资料公有制、以社会主义代替资本主义作为自己的奋斗目标。在这个时期，社会民主主义和科学社会主义这两个概念的内涵基本一致，或者可以说，这一时期社会民主主义已经成为科学社会主义的同义语。如受到恩格斯高度评价的德国社会民主党的爱尔福特纲领，就基本上是科学社会主义基本原理与德国具体实践相结合的产物，是国际工人运动史上一部有代表性的纲领，也是当时第二国际各党制定纲领时的重要参照。这一时期，改良主义思想亦悄然滋长。西方资本主义的和平发展和各国社会民主党的合法化，使得国际各成员党以及每个党内部对社会民主主义运动的目标和道路问题，提出了与马、恩不同的思路和斗争策略，认为可以在资本主义民主制的框架内以和平斗争的方式实现向社会主义的转变。应当承认，恩格斯的晚年，在1895年3月对马克思的《法兰西阶级斗争》一书所写的"导言"中，对资本主义的认识已作出了重要的修正，对变更工人阶级的斗争手段也作出了明确的指示。恩格斯的不久逝世，使他对于社会主义理论的新思考就此中断，不能留下更多的思想资料。此后，才有伯恩斯坦修正主义的出现，并影响西欧各工人政党，致使这些党成为"民主的社会主义的改良政党"，即"一个力图以民主改良和经济改良的手段来实现社会主义的政党"①，这些党以后奉行"和平长入社会主义"。

第三阶段是两次世界大战时期。第一次世界大战的爆发使各国社会民主党内的左、右两派由于对战争的看法存在分歧而完全分裂了。十月革命胜利后，各国社会民主党左派在列宁的号召和动员下纷纷退出被右派控制的政党，建立共产党，并于1919年3月成立了共产党的国际组织——"共产国际"（"第三国际"）。同年2月，以伯恩斯坦为代表的右翼社会民主党人在伯尔尼举行了国际会议，恢复了在战争期间停止活动的第二国际（"伯尔尼国际"）。1920年2月，以考茨基为代表的原第二国际的中派首领们，在维也纳成立了"社会党国际工人联合会"。1923年5月，这两个"国际"在德国汉堡合并为"社会主义工人国际"，与新建立的各国共产党和共产国际相抗衡。为突出表明与苏维埃国家的对立，社会民主主义者将社会民主主义改称为民主社会主义。从此，民主社会主义就作为以反对暴力革命、反对无产阶级专政、宣扬社会改良为主要内容的概念广泛流传。

第四阶段是二战后的发展。伴随着社会党国际在1951年的成立，社会党国际理论活动的重点转而阐释民主社会主义的"民主"规定性，深化"民主"社会主义的理论论述。《法兰克福宣言》即主张在政治上取消工人阶级这一阶级基础，使社会民主党由"工人党"转变为"人民党"；在经济上，否认公有制的主体地位，主张实行以私有制为基础的混合经济；在社会发展道路，把通过普选取得议会多数作为取得政权的唯一方法；在社会目标上，把社会主义当作一种价值追求而不是客观发展规律。与理论不断修正发展的同时，各国社会党在本国的政坛竞争中长期执政，或成为议会中的最强大力量，先后有40多个社会党、社会民主党通过议会民主竞选上台，单独执政或联合执政。至20世纪70年代中期，素有"白人国际"之称的社会党国际，又开始把民主社会主义推广到亚非拉美地区，尤其重视在第三世界国家中发展组织，这就使民主社会主义在世界范围有了更加广泛的影响。90年代初，西欧以外的亚非拉发展中国家，

---

① 爱德华·伯恩斯坦：《社会主义的前提和社会民主党的任务》，三联书店1963年版，第239页。

仅拉美地区就有 56 个社会党。

第五阶段是从 20 世纪 80 年代末 90 年代初苏东剧变至今。在 20 世纪 80 年代末 90 年代初的苏东剧变进程中，原苏联东欧的 9 个共产党全都改名为社会党或社会民主党。然而这并没有给民主社会主义的发展提供新的机遇和空间，反而促使西方右翼势力把对共产主义的否定延伸到对民主社会主义的摒弃。外部的压力加上传统福利政策所暴露出来的局限性，使得西欧社会党的民主社会主义日益陷入困境。1990—1995 年间，德、英、法、意等国的社会党相继在大选中失利，纷纷沦为在野党。但新上台的右翼势力对社会保障体系的破坏以及各国社会党政策的调整[①]又促使这些国家的社会党相继赢得了大选。从整个世界的范围看，社会党和民主社会主义的影响仍在持续扩大。到 2003 年社会党国际 22 大时，已经拥有 169 个成员党，4000 多万党员，支持的选民达 2 亿多人。

民主社会主义的发展如果从与列宁为代表的激进社会主义的关系、从社会民主党与共产党的关系这一视角加以参考，那么可以划分为三个阶段：

第一阶段：民主社会主义及其社会民主党的统一时期，或称国际工人运动统一时期。时间是 19 世纪中叶至 20 世纪的第一次世界大战。1869 年起，欧洲很多国家先后成立了社会党或社会民主党。社会民主党的指导思想当时通称社会民主主义。马克思当时也同意使用"社会民主主义"的提法。李卜克内西的经典解释是"未来将属于以民主为基础的社会主义和以社会主义为基础的民主"，说明两者互为基础、不可分离。1876 年第一国际解散。1889 年各国社会党和社会民主党又组成第二国际，继续为社会主义而奋斗。

第二阶段：共产党与社会民主党的分裂与对立时期。时间是第三国际成立（1919 年）至苏联解体（1991 年）。总的来说，共产党为之奋斗的社会主义经历了大起大落：曾经有过辉煌的成就，但继而无不遭受重挫，不得不改道易帜，谋求新路。社会民主党经二次世界大战的考验，阵容不

[①] 这种政策的调整实际上也包括对民主社会主义称呼改变的争论，也即用社会民主主义代替民主社会主义，以区别于与科学社会主义相对应的作为社会主义形式之一的民主社会主义，从而突出强调其民主的价值。关于社会民主主义与民主社会主义的概念区别，可参见殷叙彝：《社会民主主义和民主社会主义——概念的起源和历史演变》，载《当代世界社会主义问题》2001 年第 3、4 期。

断壮大，在许多国家纷纷上台执政，其影响超越西欧地区，在国际舞台上成为一种重要的政治力量。

一次大战爆发后，由于对战争看法的分歧致使第二国际分裂。1919年3月，以列宁为首的共产党成立了第三国际（共产国际）。1923年5月，以伯恩斯坦与考茨基为代表的右翼和中派的社会民主党人成立了"社会主义工人国际"。从此，在国际工人运动中出现了互相对立的两个国际组织。1949年，中国革命与其他一些国家革命的胜利，世界范围内形成了社会主义阵营，其领土、人口和工业总产值都约占世界总量的三分之一。此时期社会民主党在世界范围内共有34个，有德、英、法、瑞、丹等十几个社会党在竞选中先后上台执政或联合执政，取得了一定的成效。

从1949年到1991年苏联剧变，40多年间双方继续对峙。共产党最辉煌时曾发展到150个左右，执政的有16个。但在执政中都出现了重大的失误，特别是1989年到1991年，共产党执政的国家垮掉了11个，出现了严重的败局。而此时期社会民主党得到稳步、快速的发展。1951年，社会党国际成立。二次大战后，先后有40多个社会党上台长期执政，且效果显著。此时期社会民主党由欧洲扩展到世界五大洲。至1991年社会党已达151个。至2003年，已达169个。社会民主主义的旗帜遍及全球。苏东剧变后，这些国家的共产党绝大部分改名换姓，转变为社会党或社会民主党。还有一些西欧共产党也改名为社会民主党。

第三阶段：共产党与社会民主党的和解与合作时期，时间是20世纪的80年代至今。1976年社会党国际十三大后，社、共两党超越意识形态障碍，开始对话与合作。1991年苏东剧变后，更进入了密切合作的新阶段。特别对于共产党，总结对立时期的经验教训，认识到社会民主党是值得共产党人借鉴学习的朋友，应求同存异，加强合作，共同促进世界的和平与发展。

"第三条道路"——民主社会主义的理论创新

由于民主社会主义实施福利国家制度后所带来的巨大财政负担，影响了资本主义生产方式的有效运行，引发了失业、通货膨胀等问题，从而严重削弱了民主社会主义的社会基础，使其"不再拥有一个可以为其提供稳定支持的'阶级集团'"①，20世纪70年代之后，一度导致社会党在竞选中受挫。民主社会主义者通过对自身进行反思，修改价值观、改革福利制度、构建新的经济体制，谋求与新社会运动结盟，以积极回应挑战。"第三条道路"②正是民主社会主义政党为了适应在全球化背景下新的世界政治经济形势努力创新的结果。

安东尼·吉登斯认为，"'第三条道路'指的是一种思维框架或政策制定框架。它试图适应过去二三十年来这个天翻地覆的世界。这种'第三条道路'的意义在于：它试图超越老派的社会民主主义和新自由主义。"③德国社会民主党著名理论家托马斯·迈尔把"第三条道路"称为是民主社会主义的"转型"或"范式转移"。在"第三条道路"理论的指导下，1997年英国工党以较大优势击败保守党，重新登上阔别18年的政坛。布莱尔的胜利使德国、意大利、瑞典、丹麦、葡萄牙等国的社会民主党领袖人物纷纷成为"第三条道路"的热心鼓吹者和拥戴者。从1994年荷兰工党率先在大选中取胜，到1998年10月施罗德赢得德国大选上台执政、意大利左翼民主党主席达莱马受权组阁，整个西欧除爱尔兰和西班牙外，已有15个国家的社会民主党人相继获得单独执政或联合执政，出现了民主社会主义"复兴"的政治景观。

作为民主社会主义转型标志的"第三条道路"，主要在以下几个方面对传统民主社会主义进行了创新：

在政治哲学方面，主张"超越左右"的"新政治"。与"传统民主社会主义显然是左派的阶级政治"④不同，"第三条道路"的理论和政策认

---

① 安东尼·吉登斯：《第三条道路：社会民主主义的复兴》，北京大学出版社2000年版，第24—25页。

② 在社会主义运动史上多次出现所谓的"第三条道路"。早在1930年代，奥地利社会党领袖奥托·鲍威尔等人的"奥地利马克思主义"，就曾试图结合或调和主张改良的社会民主主义和主张暴力革命的布尔什维主义，主张以"革命的改良主义"方式实现向社会主义的过渡。1951年，社会党人也把民主社会主义看作是一条介于苏联式共产主义和野蛮资本主义之间的"第三条道路"。前苏联和东欧地区的一些"持不同政见"的经济学家70年代提出的"市场社会主义"，则是不同于苏联式社会主义和民主社会主义的"第三条道路"模式。当然90年代提出的"第三条道路"明显不同于之前的提法，影响力也远甚于前。

③ 安东尼·吉登斯：《第三条道路：社会民主主义的复兴》，北京大学出版社2000年版，第27页。

④ 安东尼·吉登斯：《论"第三条道路"》，载《国外理论动态》1999年第2期。

为，随着工人阶级队伍的快速萎缩和两极世界的消失，阶级政治的突出地位和左右的传统划分已经削弱了，马克思的阶级分析方法显然已经不足以描述当代的社会状况。在这种情况下，"第三条道路"主张：第一，在尊重个人价值的基础上倡导团体精神。主张个人自由依赖于集体资源，认为个人价值必须受到他人和社会的尊重，这才是公正社会的基础，而个人则要积极投身于身边社群的公共生活，为社群服务。这样，社群主义理论实际上成了"第三条道路"重要的理论支柱。第二，确立能够团结各种政治力量的新政治中心。"第三条道路""在接受了社会正义这一社会主义核心价值的同时，抛弃了阶级政治，追求跨阶级的支持，反对威权主义和排外主义"。[1] 借助于政治规则和政党制度在理念和实践上的改革，"第三条道路"旨在团结各种政治力量，尤其是大量的中间力量，从而扩大制度的包容度，壮大社民党的社会基础。

在经济政策方面，主张"公平与效率"相结合的"新经济"。为应对传统民主社会主义经济政策遭遇的挑战，"第三条道路"既不主张国家的全面干预，也不要泛滥的自由放任资本主义，提倡国家干预与自由市场相结合，主张结束市场经济与公有经济之间、公共部门与私营部门之间的论争，寻求促进在政府和工业界之间、在经济部门之间、在工作场所建立现代化的工业伙伴关系，以取得可持续的增长和高就业。为此，它放弃了全面国有化政策，修改了英国工党有关公有化的党章第四条，主张创造新的混合经济，"这种混合经济不同于老左派提出的混合经济，不是在国有与私有之间取得平衡，而是在管制与解除管制之间，在社会生活的经济领域与非经济领域之间取得平衡"。[2] 在混合经济体制中，不仅公司要尊重雇员、顾客和股权人，承担对人力资本培养的责任，政府也要利用激励和控制手段来支持公司的发展，创造一种风险共担、利益共享的企业文化。新混合经济还要求运用宏观手段干预经济，以改革夺回民族国家丧失的经济干预能力。迈尔就主张不放弃国家和政府的责任。总之，新混合经济淡化了所有制问题，强调竞争与管制，凸显经济效益与社会公正的同等地位。

在社会福利方面，主张"权利与责任"并重的"积极福利"。改革传

---

[1] 安东尼·吉登斯：《论"第三条道路"》，载《国外理论动态》1999年第2期。
[2] 同上。

统的福利国家是"第三条道路"政治议程的核心问题。吉登斯认为,"福利机构的工作经常是偏离目的、官僚化。福利的提供创造了既得利益,带有消极后果,与原来制定的目标相悖。"① 布莱尔则认为,福利制度未能有效地缓解贫困,未能恰当地帮助人们更加独立,从福利走向就业,福利仅仅被简单理解为国家为那些需要帮助的人提供符合人道尊严的生活。鉴于此,"第三条道路"强调"没有责任就没有权利"的原则,主张使消极福利变为积极福利,使福利国家成为一个"社会投资国家"。迈尔解释说,"社会投资国家"就是要建立一个"能发挥每一个人积极性的社会"。它把在公益事业上花的钱转为"人力资本投资",即对教育和职业培训投资,增加个人抵抗危机、进入市场的能力,这样通过取消消极的、救济式福利国家制度,把享受福利的权利和个人应承担的责任义务有效地结合了起来。

在政府与公民社会方面,主张培育一个强大的公民社会。"第三条道路"认为,老左派忽视公民社会的做法是不妥当的,国家不能取代公民社会,"庞大和中央集权政府的时代已经一去不复返了"②。"第三条道路"改变了以往"国家干涉越多,社会越公正"的理念,主张以公民为主、政府为辅的公民社会取代政府凌驾于社会之上的"国家责任帝国主义",重建"新的民主国家"。迈尔认为,"第三条道路"将国家定位于"社会调停人"的角色,不再是高高在上的命令发布者。布莱尔认为,第三条道路承认政府在社会领域中作用有限,但也认为在这些限度内,政府需要与非官办部门结成新的伙伴关系。德国前总理施罗德也认为,公民社会需要一个更好的、主动的并且能使人发挥主动性的国家。为此,布莱尔说:"如果我们要将人民与政治体系重新结合起来,我们必须改革政治体系……我们需要通过分散政府职能和赋予地方政府更大的权力使决策重新接近人民"。③ 事实上,在政治改革的实践中,"第三条道路"努力寻求在各个层面上重建政府,推进宪政改革,加大行政的透明度,推动地方民主,实行权力下放,还政于民,恢复民主,重新唤起人民对政治的信念与关心,充分发挥国家和公民社会在解决社会公共事务中两方面的力量。

---

① 安东尼·吉登斯:《论"第三条道路"》,载《国外理论动态》1999 年第 2 期。
② 布莱尔:《新英国》,世界知识出版社 1998 年版,第 303 页。
③ 同上。

在国际政策方面，推行"新干涉主义"。"第三条道路"主张者认为，全球化所带来的全球问题已超出了民族国家治理能力的范围，要解决这些问题，除了依靠各国政府外，还要依靠各种国际组织、非政府组织、全球公民社会、各种社会运动等其他非国家行为体和次国家行为体。全球治理不以创建新的世界秩序为目的，而是要借助于国际法的力量，确认全球伦理责任，建立一种与世界秩序的霸权观念相反的模式。它意味着国家与非国家行为体之间的合作，以及从地区到全球层次解决共同问题的新方式。实际上，"第三条道路"的主张更加强调了西方的价值观念，主张从民主社会主义的意识形态为出发点来处理国际事务。和传统民主社会主义的国际政策相比，"第三条道路"的国际政策明显带有"新帝国主义"的特点。最为突出的表现就是它超越了传统民主社会主义的和平主义政策，提出并推行了以武力干涉别国内部事物的"新干涉主义"政策，坚持人道主义国际干预。

尽管以"第三条道路"为理论指导的社会民主党通过在资本主义的框架内调整政治、经济、社会及国际政策，以适应国际国内形势的变化，并取得了一定成效，但社会民主党并没有完全取得对其他党派的优势地位。"第三条道路"的理论主张仍然存在着缺陷，不能从根本上解决资本主义的种种内在矛盾和当今世界面临的种种复杂问题。英国学者里斯比特指出，"第三条道路"理论缺乏类似于左派以凯恩斯主义经济学为依托及右派以新自由主义经济学说为基础的经济学支撑，这是它的致命伤。而其社会和经济政策，创新力度有限，脱离不了新自由主义的窠臼，实际上是对新自由主义的妥协。尽管如此，当代民主社会主义适应时代的变化、及时更新和发展其理论的态势是值得重视的。

社会主义的世纪遗产

20世纪上半叶，随着苏联（1917）、中国（1949）等国家革命的胜利，社会主义阵营在东方崛起。共产党人对此宣称：社会主义必将取代资本主义而赢得世界范围内的胜利。然而，由于体制的内在缺陷与道路的迷误，社会主义连遭挫折，与原先的期许大相径庭，使人民大失所望。至世纪末，随着1991年苏联的解体，社会主义从此退潮。即使共产党依然执政的国家也不得不改弦易辙，不同程度地脱离原来的发展轨道，另谋新路。与此同时，被共产党视为无产阶级叛徒、长期作为"修正主义"对之批判的社会民主党却不断地扩大执政阵地，他们的力量从大本营的西欧扩展到亚非拉，全球各大洲无不飘扬着民主社会主义的旗帜。至 2003 年，全世界社会党、社会民主党已达 169 个，第二次世界大战后先后执政的达 40 多个；而共产党执政的国家最多时仅 16 个，至 20 世纪末只剩 5 个左右了。两种社会主义，一衰一兴，其中所包含的历史经验教训，是人类的世纪遗产，是值得研究的重大课题。

这里仅提出几个问题。

一是从资本主义到社会主义，是"暴力革命"还是"和平过渡"？这是共产党与社会民主党长期争论的重大问题。如果将其中一种方式作为获得国家政权与争取社会主义的绝对模式，这种思维方式并不可取。无论马克思和恩格斯对此都没有加以绝对化。"暴力"还是"和平"，不应当从革命政党的主观偏好出发，而是取决于各国的实际情况。具体地说，取决于统治者的统治状况。如果有和平的可能，应当以最大的努力去争取这种可能的胜利。暴力是不得已的情况下所采取的一种斗争方式。在已经有了健全民主制的社会里，依然鼓噪暴力，可能会被当作笑谈。我们不应当崇拜暴力，迷恋暴力，但如果以和平的方式争取基本权利的道路被统治者全都堵塞，人们不可能在无限期的忍受中等待死亡！所以，反抗权、革命权是公民的基本权利之一。当然，只有在忍无可忍的情况下才启用这一权利。恩格斯晚年（1895）所声明的关于不放弃"革命权"的遗训，大概也出于这一考虑吧！《独立宣言》（1776）也特别声明这一权利："当一个政府恶贯满盈、倒行逆施、一贯地奉行着那一个目标，显然是企图把人民抑压在绝对专制主义的淫威之下时，人民就有这种权利，人民就有这种义务，来推翻那样的政府，而为他们未来的安全设立新的保障。"过去我们只强调"暴力革命"，视"和平过渡"为修正主义。现在也不能走向另一极端。毕竟任何人都不可能向我们担保：人类在今后将不再出现恶贯满盈、倒行逆施的暴政。从这一意义上说，所谓"告别革命"一说是欠妥的。

二是怎样对待资本主义民主制，是粗暴地否定还是理智地继承？这是共产党与社会民主党更深层次的分歧了。从阶级观点出发，马克思对资本主义民主制不可能作出肯定性的评价。他告诫工人，"不能简单地掌握现成的国家机器，并运用它来达到自己的目的。"这个"现成的国家机器"，就是资本主义民主制。列宁更是大贬资本主义民主制，把它说得一无是处，并声称，"无产阶级民主比资产阶级民主要民主百万倍"。此点对中国共产党影响很大。20世纪的中国,大约整整50年间,无产阶级专政大行其道,对资本主义民主制一直缺乏理性的审视和客观的评价。其结果,自由、民主被一概封杀。至80年代,自由仍作为是资产阶级的专利,横加挞伐;而专政才是无产阶级的,一再坚持而且时有强化。与此相反,民主社会主义的成功和崛起,恰恰是依凭于资本主义民主制。首先,资本主义民主制容纳了社会民主党这个非资产阶级性质的政党的存在;其次,这个政党享有与其他政党平等的资格加入竞选的行列,作为选民们自由选择未来政府中执政的对象;最后,社会民主党执政后,不是"打碎""现成的国家机器",即资本主义民主制,而是尊奉这一制度所体现的自由、平等、人权、法治的普世理念,利用这一制度现成的一套规则对国家进行治理。实际上,它也只能按照资本主义民主制的成规施政。它不可能废除选举制,不可能把议会成为一党的工具,不可能抛弃权力分立与政治竞争的基本制度,也不可能以人治取代法治,更不可能剥夺公民的自由,侵犯公民的人权。它所能做的,只能是在资本主义民主制的基础上,推出某些改革措施,引导民主制向完善化的方向发展,以更利于社会民众。对资本主义民主制的两种态度,两种方法所产生的不同后果,作为世纪遗产值得人们深思。当然,在马克思主义者中,在共产党人中,不是没有人对此作出过反省。俄国早期的马克思主义者普列汉诺夫在他的《政治遗嘱》(1918)中,中共的创始人和早期领导人陈独秀在《我的根本意见》(1940)中,对资本主义民主制都曾作出过中肯的肯定性评价,堪称是两个代表性的例子,只是长期被尘封,无人知晓而已。可以这么说,否定资本主义民主制,我们根本无法建立社会主义民主制。

三是在经济基础方面对资本主义所有制的改造是实行保守疗法还是连根拔除?这是共产党与社会民主党在确立社会经济制度方面的根本分野。剥夺资本,消灭资本主义私有制,建立社会主义公有制,这是马克思改造资本主义社会的根本主张。对此,共产党建政的国家无不照此办理。问题是实践的结果如何?答案是:生产力发展的长期停滞乃至遭受破坏,物质财富的严重匮乏,社会的普遍贫穷。实践证明,此种改造资本主义所有制的方法是失败的。原因是什么?说复杂些可以写一部专著阐述之;如果用最简单的一句话表述之:那就是劳动者对劳动缺乏兴趣;从农村到城市,从体力劳动者到脑力劳动者,概莫能外。整个社会生产由政府包办,劳动者不过是官家的雇佣劳动者,他们不但与生产资料切断了联系,与生产成果也切断了联系。生产得多与少,生产得好与坏,与他们个人没有联系,无须他们去关心。人性中的自利性被放逐了,人人被要求成为一心为公的具有高尚道德情操的共产主义新人。这当然是虚假的。实际情况是,在公有制加计划经济的体制下,每个人再无条件去为自己的利益而奋斗,实现自己的梦想与抱负。每个人都被捆死在大锅饭的体制下,干多干少、干好干坏一个样,饿不死也吃不好,只能苟安地活着。每个人都成了被动的工具,成了螺丝钉。可悲的是,为了坚持社会主义,这些国家的共产党都曾坚守着公有制的一统天下。直到今天,还有人以鄙视的态度将社会民主党执政的国家判定为是资本主义类型的国家呢!理由是:这些国家还是以资本主义私有制为主体。为了认识民主社会主义的社会主义,必须突破陈旧、僵化的社会主义观念。这种社会主义观念将公有制视为社会主义的神圣原则,至于实践的效果如何倒不加以计较。但是,所有制(不论是公有还是私有)不过是一种手段而已。判断一种所有制之孰优孰劣,姓社姓资,不是看它挂的是什么牌子,而应当看其以什么绩效报效社会:第一,是否能为社会提供日益增多的物质财富;第二,这些财富是否能供全体社会成员合理地共享。对此,社会民主党可以理直气壮地说,我们保留资本主义私有制,保留的是经济发展的潜在动力,从而能为社会提供比你们实施公有制的国家提供得多得多的物质财富;有了这丰富的物质财富,政府才可以进行二次分配,调节贫富差别,使全社会共享富裕。这才是人民所需要的社会主义。否则怎能获得人民的普遍支持呢!这种社会主义的基本经验是:国家不掌控生产资料,不包办生产经营,但通过税收集中社会财富进行社会主义的再分配。我们因此把它归结为一个公式:生产由你,分配由我。这是民主社会主义成功的秘密。它还使政府省了不少心,大大降低行政成本。这是对马克思社会主义构想的重要修正和对实践社会主义的重大发展。

苏联东欧剧变之后,这些国家的共产党纷纷改名为社会党或社会民主党,不少资本主义国家的共产党也改名为社会党或社会民主党。共产党与社会民主党在意识形态上的对立已成为历史。整个世界民主社会主义化了。社会主义发展进入了一个崭新的时期。

三 民主的"泛化"

民主的泛化包含着多方面的内容。它表现为由政治的领域向非政治的领域延伸，运用民主的方法和民主的原则来处理经济、社会各种单元之间关系，处理各种单元内部关系以及各种人际关系中的矛盾。它还表现为，民主本来是一个国家的管理法则和制度，现在则将这种法则和制度运用到处理国家与国家之间的关系，运用到国际组织之中。现今的国际政治生活中尊重并运用民主原则已不再是鲜为人知的事了。总之，民主的"泛化"现象是西方民主值得研究和重视的现象，也可视之为当代西方民主的重要特征和重要发展的新趋势。

本章在前几节中所述的内容都已涉及民主的"泛化"现象。本节就社会经济生活的民主和国际组织生活的民主作简单的介绍。

经济、社会非政治领域的民主

当代西方民主发展的另一个显著特点是民主的原则和方法已不局限于政治领域而被广泛运用于企业、社会等非政治领域，特别是广大职工民主参与企业管理即经济民主化更成为西方各国的普遍现象。

工人通过一定的组织形式参与企业管理，在西方国家已制定了专门的法律。职工代表在一定的组织形式中阐明职工观点，维护职工利益，参与企业决策过程。法国工人通过"企业委员会"参与管理。法律规定，凡拥有雇佣人员50人以上的企业都必须成立企业委员会。企业委员会有权了解企业的资本、生产经营、利润收益等情况，并对利润的分配提出建议。联邦德国工人参与企业管理采取共同决定的形式。1976年社会民主党政府颁布"参与决定法"，规定凡是2000人以上的大企业都必须成立最高权力机构监事会，成员由劳资双方对半组成，其权力相同，监事会决定企业的预算与决算、工资与分红、扩建与关闭、任免负责处理企业日常事务的董事会成员等重大问题。80年代初共有480家大企业和康乐思建立董事会、监事会，这些企业的职工超过工业部门雇员总数一半。在5名雇员以上的中小企业中，则按"企业委员会法"规定：必须设立完全由职工组成的企业委员会，企业主在重大问题上作出决定前，必须征得委员会的同意。目前有36300个企业委员会，包括雇员930万人，约占全国雇员总数的40%。这些规定和法令对于遏制资产阶级的权力，扩大工人阶级和劳动人民的各方面权利无疑是颇有益处的。

经济民主化在瑞典表现得更为突出。瑞典1972年通过了关于股份公司和合作经营的企业董事会职工代表制法令，并于次年施行。按照这项法令的规定,在雇佣 100 人以上的私人及合作企业,地方工会有权委任两名职工代表和候补人参加公司董事会。1976 年通过的一项修正案又把董事会雇员代表制的范围扩大到雇员在 25 人以上的所有企业。法令涉及的企业从 2000 家扩大到 8000 家。当时的瑞典首相帕尔梅认为,这项法令的实施"意味着成千上万的蓝领或白领工人能进入董事会议事厅,得到信息和内情,在有关企业长期发展的决定中代表他们同事的利益"。到 1978 年已有工人董事 3000 人。为了实行市场经济与计划经济相结合的政策,瑞典还建立了"全国劳动市场委员会",其理事会由董事长、副董事长、雇主联盟的代表 3 名、工会代表 3 名、白领工人代表 2 名、专业管理人员联盟代表 1 名、妇女代表 2 名和农业代表 2 名组成。该机构直接介入劳动力计划、职业训练计划、就业服务、失业救济、工业设定地区、长期经济规划以及财政、经济资源的控制等方面的工作。1976 年 6 月 2 日,瑞典议会又通过了《劳动生活共决法》,于 1977 年 7 月 1 日生效。法令主要废除了雇主联合会章程中"第 32 款"的规定,由原雇主单独决定企业问题,改由劳资双方共同决定。如工会有权参与决定投资、生产战略、雇员劳动条件等过去由资方决定的问题,工会还可以就有关招工和解雇、劳动组织和企业管理等事项与资方进行谈判,在谈判期间,企业主应推迟作出决定或推迟决定的实施,直到谈判结束为止……当时的瑞典首相帕尔梅把这项法令的通过称作历史性事件,认为这是经济民主化的一个最重要的阶段,"这是自实行普选权以来的最伟大的民主改革"。特别引人注目的是,1983 年底瑞典议会通过了"雇员投资基金"法案,使工人开始拥有集体掌握的资本实权,从而大大改变了工会在社会生活、经济生活中的地位,成为瑞典经济民主化深入发展的重要里程碑。

西方民主的发展除了主要渗透到经济领域,也向社会各个领域扩展。比如,在西方各国所实行的"福利国家"政策,就是民主文化的重要成果。

民主扩大到处理西欧各国之间的关系

战后西方民主的拓展不限于一个主权国家内部,民主还被运用到处理国家与国家之间的关系上。其突出表现在欧洲联盟(以下简称欧盟)的出现。欧盟的前身是"欧洲经济共同体",通常又称"西欧共同市场",它是在 1958 年由法国、西德、意大利、荷兰、比利时和卢森堡西欧六国建立的"欧洲经济共同体"的基础上，与"欧洲钢煤联营"和"欧洲原子能联营"的主要机构合并而成的区域经济集团。20世纪末，随着欧洲一体化进程的推进，"欧洲经济共同体"寿终正寝，取而代之的便是欧洲联盟。目前欧盟成员已扩大到15国，经济上从南到北连成一片，是当今世界规模最大、组织结构最完善、实力最强大的区域性经济组织。随着欧盟的东扩，在未来10年，欧盟成员国数目将有望最终达到27个。[①]

作为一个主权国家的联合体，且联合程度超过迄今为止任何一个国际组织，欧盟虽然不可能拥有像各主权国家那样的权力，也不可能形成一套像西方国家那样完善的民主制度和机制，但为了履行自己的职能，它也必须拥有近似主权国家机构那样的立法、行政、司法等项重要权力，也就必然要设立若干行使这些权力的机构。而一旦把民主的基本原则运用到这些机构产生的方式、组成形式和运作机制上，那么，它就无疑具备了与西方国家相似的民主制度和机制，西方民主也就因此而超出各成员国的疆域而成为处理这些国家之间关系的重要准则。

第一，在产生方式和组成形式上，欧盟各主要机构均由民主方式产生和组合而成。

欧盟共有五个主要机构，包括两个超国家机构——欧盟委员会和欧洲议会；两个国家机构——部长理事会和欧洲理事会；以及一个独立的欧洲法院。欧盟的超国家机构代表欧盟利益，国家机构则代表各成员国利益，它们共同掌握和行使主权国转让给欧盟的各项权力。

欧盟委员会　欧盟委员会负责欧盟的实际事务，是欧盟的常设执行机构，它具有明显的超国家性质。至1989年共有16309名工作人员，委员会设17名委员会（法、德、意、英、西各2名，其他国家各1名）委员，由部长理事会一致同意任命，任期2年，委员一旦当选，只向共同体负责，不向委员的本国政府负责。部长理事会在委员中任命主席1名，副主席6名，任期2年。欧盟委员会是欧盟的执行机构，除拥有与国家政府类似的决策、财政、监督、涉外等方面的权力，还享有立法创议权。其决策

[①] 欧盟1999年赫尔辛基首脑会议，2000年1月发表的《扩大战略文件》以及2000年12月通过的《尼斯条约》草案都承诺将于2003年起开始吸纳新成员，包括波兰、捷克、斯洛文尼亚、爱沙尼亚、匈牙利、斯洛伐克、拉脱维亚、立陶宛、保加利亚、罗马尼亚以及塞浦路斯和马耳他等12国。

方式是召开全体会议集体表决，以多数票通过决议。

欧洲议会　欧洲议会是欧盟各国代表组成的监督咨询机构，议员原先是由各国议会选派，但自1979年6月起，改由成员国直接投票选举本地区议员，任期5年，议席在各成员国的分配主要根据人口比例，同时对小国有一定的照顾。欧洲议会的核心机构主席团由1名议长和14名副议长组成，议长由选举产生，任期两年半。

从职权上看，欧洲议会原先只是欧盟的咨询机构，不具有立法权，这一点上它有别于一般意义的国家议会。1979年实行直接选举之后，权力有所扩大，如获得了立法方面的监督权以及对其他机构包括共同体委员会渎职行为的监督、弹劾权，但其权力仍属有限，充其量只相当于英、法这样的两院制国家议会的下议院，而不是挪威、芬兰等国的一院制议会。不过近年来，欧洲议会随着欧洲一体化进程以及欧盟政治联合机制的强化，越来越多的人相信未来的欧洲将是一个议会制的欧洲，欧洲议会和部长理事会将是它的主体权力机构。

在欧洲议会中，还有一个特别值得注意的现象，那就是跨国议会党团的形成。由于各国议员在欧洲议会中不是按国别就座，而是以欧盟层面上议会党团为活动单位，而且议会规定：21名同一国家的议员才能组成一个党团；15名两个国家的议员就可组成党团；3个以上国家的只需11名，因此，那些分属于本国某一政党而政治倾向相同或近似的议员便很自然地组成跨国议会党团，以扩大和增加其对委员会决策的影响。目前，欧洲议会共有社会党党团、欧洲人民党党团、自由党党团、欧洲民主联盟党团、欧洲民主集团党团、欧洲右翼党团、共产党党团、保守党党团、独立人士党团等若干个跨国议会党团。

在议会讨论中，议员不是站在本国立场说话，而是代表所属党团陈抒意见。各党团几乎每年专门集会两次，集中讨论本党团长远的政策问题。随着欧洲议会权力的扩展，各议会党团越来越致力于议会活动，力求扩大本党团的影响。

欧洲议会跨国党团的出现，引起了许多政治家和政治学家的密切关注，被认为是20世纪西方政党政治发展的某种新的突破，也是当代西方政治发展中出现的一种新现象。

部长理事会　在欧盟目前的机构体系中，部长理事会具有双重性质，它既是欧盟的决策和立法机构，又是成员国政府间机构，主要负责协调成员国各领域的政策活动，制定欧盟的政策和法规。部长理事会由各成员国外交部长或分管某一具体方面的部长出席，理事会主席由12国按字母顺序轮流担任，任期6个月。理事会在决策和立法活动中，根据审议内容的重要程度使用三种不同的表决方式：对次要的问题用"一般多数表决制"，即一国一票，超过半数即可通过；对较重要的问题采用"特定多数表决制"，即主要依据成员国的人数来确定票数的多少。表决时票数超过54票即可作出决定；在决定重大问题时，理事会一律使用"一致同意表决制"。

欧洲理事会 直到1975年才正式成立的欧洲理事会是制度化、机构化的成员国首脑会议。出席欧洲理事会的主要是各国掌握有实权的国家首脑或政府首脑。同部长理事会一样，欧洲理事会主席由各国领导人根据字母顺序轮流担任，任期6个月。欧洲理事会是欧盟的战略机构，凡欧盟重大的战略决策均要由欧洲理事会最后敲定。

欧洲法院 欧盟作为一个主权国家的联合体，制定了一套远比一般国际组织的法律完善得多的法律体系，而且其法律约束力也远比一般国际组织（包括联合国）的法律约束力为大，否则欧盟的联合不可能达到今日之高度。欧盟为了保障其法律约束力，建立并发展了一个具有权威性的司法机构，即欧洲法院。它有13名法官，由成员国提名并经部长理事会批准产生，任期6年，可以蝉联。由法官们推选出的首席法官任期3年，也可续任。欧洲法院是按照西方国家司法独立的原则建立起来的。此外，欧洲法院的裁决与美国最高法院一样，具有不可逆转性，即被告无权对欧洲法院的裁决进行起诉。而且，法院的裁决在成员国有直接适用性。更重要的是，在欧盟只有欧洲法院拥有对共同体法的解释权，独立性、不可逆转性、直接适用性和解释权奠定了欧洲法院的司法权威地位，为提高欧盟法律效力提供了保障。

当然，欧洲法院的地位、权力以及完备程度远不如国家最高法院，它缺少国家司法系统拥有的对违法行为进行严厉制裁的权力，它的制裁权基本上还停留在道义谴责或象征性罚款上。此外，欧盟的法律体系也有待进一步健全和完善。

第二，在运作机制上，欧盟形成了一套独特的民主制衡机制。

欧盟得以实现高度联合的原因之一在于它在政治体系内形成了一套独特的制衡机制。构成该机制的要素是合理的权力分配、精心的组织安排、微妙的机构关系的确立等等。欧盟是主权国家联合体，这就决定了在国家机构与超国家机构之间最易发生失衡现象。一旦国家机构过多垄断共同体的权力，联合就会停滞不前。欧盟制衡机制的形成和发展在很大程度上减少了此类现象的发生。制衡机制最关键的一环是合理的权力分配。欧盟十分重视平衡两种不同性质机构的权力。例如：欧盟最重要的立法权并非由国家机构独享，而是由两种不同性质的机构分享。又如：对欧盟委员会的最大制约权——弹劾权——并非掌握在与之对立的国家机构手中，而是归属于另一个超国家机构——欧洲议会，以减少国家机构对超国家机构的控制。此外，欧盟逐渐加强了超国家机构对国家机构的制约力，1987年欧洲议会被赋予制约部长理事会的立法权的一定权力。

　　制衡机制的另一个环节是机构关系。欧盟内的国家机构、超国家机构以及独立机构——欧洲法院三者间的关系并不是像美国那样，根据三权分立原则建立起的等边三角形的关系，欧洲法院在很大程度上倾向超国家机构一边。联邦主义倾向极强的司法政策可以说是超国家机构天平秤盘上的一个重要的筹码。除了机构关系外，其他的一些关系的发展也有助于增强欧盟的制衡机制。欧盟委员会在同压力集团打交道的过程中，极善于利用压力集团与国家在利益方面的冲突，同国家机构抗衡。诸如此类的因素还在不断增加，从而加强了超国家机构与国家机构之间的制衡力。制衡机制的重要作用之一是制约大国，以求公平分利。在欧盟内，国有大小之分，而大国总是力图谋求特殊政治地位或更多的经济利益。利益不均衡必然导致国家间的纷争，影响联合。欧盟的制衡机制在相当大的程度上减少了此类现象的发生。首先，欧盟条约使大小成员国在立法、决策这一关键问题上享有基本平等的权力。部长理事会在立法、决策中使用的三种表决制都赋予了大小国均衡的权力。尽管在使用特定多数表决制时，大国票数比小国多，但没有8个以上的国家投一致票就无法作出决策，少数大国不可能垄断立法、决策权。这就体现了多数决定的民主政治的基本原则。其次，欧盟司法机构的独立性及其裁决的不可逆转性都有助于防止大国利用其影响干预欧盟司法。再次，在机构人事安排方面，如欧洲议会议员名额分配、委员会委员名额分配，共同体也采取了均衡原则，并且对小国有适当的照顾。简言之，随着欧盟制衡机制的逐步完善，大国想垄断欧盟权力的可能性已大为减少了。

第二十四章 20世纪欧美民主：特征与走势（下）

上述两章从六个方面介绍并粗浅地分析了当代西方民主的特征和走势。从中我们已经不难看到，20世纪特别是第二次世界大战以来的西方民主比19世纪的西方民主确实有了较大的变化，有了新的进步。因此，是否可以认为，如果说18、19世纪的西方民主是属于古典范畴的民主，那么20世纪后半叶已由古典民主发展到现代民主？如同有的西方学者（如美国的丹尼尔·贝尔）所认为的那样，西方社会已由工业社会进入了后工业社会，那么按此方法类推，西方民主是否也可以认为是已进入"后民主社会"呢？这是值得思考、讨论的大问题。西方的现代民主或后民主社会与古典民主有什么区别？有哪些特征？应作何评价？这些都是有待研究并力求获得客观认识的重要问题。

第二十五章　西方民主在亚非的扩展

一　亚洲的民主化进程

与欧洲相比，亚洲的历史更为悠久，文明传统更为多样性。世界四大文明古国有三个属于亚洲，分别是西亚的两河流域文明、南亚的印度河—恒河流域文明，以及东亚的黄河流域文明。因为自然环境的原因，文明的浪潮沿着不同的方向运动。在兴都库什山—喜马拉雅山以西直到黑海—地中海的广大区域，居于中国文明与西方文明之间，则是另外一种情况。文化岩层层层叠叠，文明的力量相互冲击，缺少中国文化与西方文化的明显连续性。

中央集权的帝国是东方的政治遗产，这与西方形成区别。和世界其他非西方地区一样，亚洲的民主化进程，是西方思想与制度输入的结果，因此也是与西方文化相互作用的结果。亚洲的民主化进程开始于19世纪后期，一直延续到20世纪末，还有扩展的趋势。奥斯曼帝国属于伊斯兰文明，从18世纪末，奥斯曼帝国就开始了持续的以西方为榜样的改革，在19世纪70年代制定了第一部宪法。在各个行省先后从帝国分离出去后，帝国终于剩下土耳其了。1923年土耳其共和国成立。作为儒教文化圈的重要国家，日本在与西方接触后一度闭关锁国，但不久发生明治维新改革，此后西方化越来越快。印度继承印度教—佛教和伊斯兰教双重传统，19世纪处在英国直接统治之下，1947年独立后继承了英国的政治框架，直至现在仍然是世界人口最多的民主国家。20世纪中期至80年代，韩国、新加坡、马来西亚等告别威权政治，实现民主化。印度尼西亚、菲律宾告别了军事强人统治。亚洲民主的第二波发生在20世纪末，苏联解体，中亚国家通过颜色革命建立或者完善西方式民主，蒙古进行了大选，柬埔寨也建立党派竞争的立宪政体。

奥斯曼—土耳其的民主化

现代土耳其一开始处于拜占庭帝国边缘，是个信仰伊斯兰教的小酋长国。14 世纪它们的力量已经渗透至拜占庭的中心，14 世纪末控制整个巴尔干北半岛，对拜占庭呈包围之势。

巴耶齐德（1389—1402）时期，在亚洲，征服从爱琴海沿岸到土库曼斯坦的领土；在欧洲，越过多瑙河，直指匈牙利，并不时围困已是孤城的君士坦丁堡。1453 年，君士坦丁堡陷落，拜占庭的首都成了奥斯曼的新首都。索菲亚大教堂变成了清真寺。奥斯曼帝国成了欧洲的强国——虽然是极端的异教的强国。打那以后，"欧洲的这个或那个统治者，这一或那一派别，甚至罗马教皇们，也开始巴结这个城市的奥斯曼统治者，让他们在变幻不定的欧洲均势中成为自己的同盟"。① 16 世纪，是奥斯曼帝国的黄金时代。奥斯曼帝国与哈布斯堡王朝的交锋从多瑙河延伸到地中海，从陆战到海战。海战遍及整个地中海海域。而这个伟大的时期，正是近代史上被人们称作"磨剑"的时期。在整个苏里曼王朝时期，土耳其遏制住了哈布斯堡王朝、威尼斯的神圣同盟，把领土范围由北非沿岸一直扩展到突尼斯和阿尔及利亚。整个欧洲处于"土耳其恐惧症"中。也许从此或更早，土耳其就是欧洲国家；它是亚欧国家不是因为它的地域，而是它在这巨大的地域中起到如此主导的作用。红海和地中海，爱琴海和黑海，几乎都成了奥斯曼帝国的内湖。它是 16 世纪中叶欧洲最强盛的国家。

历史学家说，1566 年是奥斯曼帝国的顶点，从此以后奥斯曼帝国走下坡了。1699 年的《卡洛维兹条约》规定，波多利尔让与波兰，匈牙利和特兰西瓦尼亚割让给奥地利，莫雷厄割让给威尼斯。这是奥斯曼帝国领土收缩的标志，也是持续的衰落的一个阶段性标志。历史学家发现，腐败是衰败的一个重要因素，而这与权力得不到控制（控制权力，在东方的历史条件下是个无法成立的命题）密切相关。

土耳其占领君士坦丁堡后，认为自己是罗马帝国的继承者，而远在彼得大帝以前，俄国人也开始做第二罗马帝国的梦了。16 世纪，欧洲充满着土耳其恐惧症；18 世纪，这种情绪消失了。《卡伊纳雅条约》表明土耳其已经失去大国地位，1792 年的《雅西条约》进一步证明这一点。为什

---

① 戴维森：《从瓦解到新生》，学林出版社 1996 年版，第 42 页。

么俄国胜利了而奥斯曼帝国失败了,这是个千古之谜。

1860年代,自由派知识分子出现了,他们鼓吹立宪政府,在日内瓦、伦敦办报纸偷运回国。最有影响的是《自由报》。自由派支持西化改革,但表现出民族主义倾向:反对帝国内的基督教民族的自决要求,反对苏丹对西方的让步,反对基督徒们的违背伊斯兰教的世俗化。新奥斯曼主义要求成立由选举产生的、代表奥斯曼全体臣民的议会,要求立法权与行政权的分离并确立主权在民的原则,但这一切都必须在伊斯兰教的根本框架下进行,并用爱国主义强化整个奥斯曼人的认同感。

1876年5月,米德哈特·帕夏发动政变,年底,奥斯曼第一部成文宪法公布。成立由苏丹任命的上院和普选产生的下院组成议院;成立独立的司法机构;规定了人权法案;但苏丹仍然有任免大臣、统率军队、对外宣战、解散议会之权。1877—1878年俄土战争和随后的柏林会议使奥斯曼帝国受到重创,它在巴尔干的力量受到削弱。1878年,在民怨沸腾之际,宪法被废除,政变后继位的阿布杜尔·哈米德二世从改革的道路上后退。1881年,法国占领突尼斯,英国占领埃及,奥斯曼帝国处于内外交困状态。基督教地区逐渐独立,伊斯兰教地区逐渐失去控制。高压统治被强化了。政府加强了新闻检查,流放成为对待不同政见者的手段,"宪法"成为日常用语中的禁忌。

青年土耳其党运动出现了。他们先在欧洲接受思想启蒙,然后回国在西式学校,特别是军校中秘密扩散开来。重要人物有里萨,他于1895年创办《协商报》,呼吁恢复宪法,在政治生活中摒弃暴力,维护奥斯曼帝国,反对列强干涉。1902年,来自皇族、帝国不同地方的不满现状的政治派别,组成奥斯曼自由派大会,公开呼吁恢复宪法。1908年,军队发动起义,逼迫阿布杜尔·哈米德二世让步,恢复宪法。7月24日,报纸刊登议会选举通告,"欣喜若狂的群众涌上街头,穆斯林阿訇热烈拥抱希腊和亚美尼亚神甫,到处贴满了团结与进步委员会的标语口号'自由、正义、平等、博爱'"。① 12月17日,议会开幕,里萨当选议长。1909年4月,士兵再次发生骚乱,阿布杜尔·哈米德退位。同年,议会通过宪法修正案,取消苏丹的解散议会之权,内阁向议会负责,苏丹成为虚君。奥斯曼帝国成为君主立宪国家。

---

① 戴维森:《从瓦解到新生》,第142页。

但是，政治的民主化并不能阻止帝国在战场上的失败，因此无法挽回帝国的瓦解趋势。1912年巴尔干战争爆发，1913年签署《伦敦条约》，奥斯曼失去巴尔干半岛。在第一次世界大战中，因为与俄国的世仇，奥斯曼选择与德国结盟，对抗英俄法联盟，导致致命性失败。巴黎和会对于奥斯曼帝国而言是个瓜分会。除伊斯坦布尔周围一小块以外，所有欧洲领土尽失；海峡地区非军事化，置于国际委员会之下；安纳托利亚上的重要城市（处于土耳其的核心部位）伊兹密尔交由希腊人管理；亚美尼亚独立，库尔德斯坦自治；土耳其的财政由协约国控制。一百多年西方化的不倦追求，达到了最绝望的后果。

巴黎和会对土耳其的安排导致最激烈的民族主义运动。年轻的军事将领穆斯塔法·凯末尔所领导的青年土耳其运动起了重要作用。他们从小亚西亚起兵抵抗，既挑战伊斯坦布尔政权的合法性——说它已经变成了卖国的政府，也反对巴黎和会对土耳其的安排。伊斯坦布尔的政府被宣布为不合法（当然，奥斯曼帝国也宣布凯末尔等人为叛军，应该绳之以法，凯末尔本人也被伊斯坦布尔的伊斯兰教长法庭多次缺席判处死刑），而新的军事组织宣称代表国家。凯末尔是立宪时期团结与进步委员会的成员，在对抗协约国保卫海峡的战斗中立下奇功。他既反对泛突厥主义，也反对泛伊斯兰主义，而相信西化——在民族和国家平等独立的基础上推进西方式的民主化。

就像19—20世纪第三世界许多地方一样，政治见解（或者说如何挽救国家危局）的冲突，导致了政府与反政府武装的对抗，出现了都宣称自己才代表国家或人民利益、才拥有权威的两个政府。凯末尔的政权中心在东安纳托利亚的安卡拉，按照西方的方式运行。后来革命成功后，安卡拉便自然成为新的共和国的首都。从1919年至1922年，凯末尔政权连续取得胜利，收复了失地。1922年11月，伊斯坦布尔政府被宣布解散，苏丹制被废除。同月，新政府与相关方在洛桑重新讨论奥斯曼帝国的政治安排。安卡拉代表坚定捍卫主权，取消一切治外法权。但凡尔赛—华盛顿体系的基本安排没有改变：希腊、亚美尼亚、库尔德斯坦独立。1923年，共和国宣布成立。

现在，奥斯曼帝国的确只剩下它在15世纪时的领土了。当四处征战并入帝国的版图又纷纷独立和被割让后，奥斯曼帝国只剩下土耳其了。西化的步伐加快了。1924年，随着哈里发制度最终废除、伊斯兰教教长制和古兰经学校的取消，学校被置于公共指导之下，世俗化取得胜利；宗教法庭被取消；人民共和党控制着国家。1924年宪法规定土耳其伊斯兰共和国主权属于人民议会，拥有立法与行政权，议会选举总统与总理，由总理组阁，向议会负责。

1925年，政府作出换帽规定，禁止土耳其人戴土式（阿拉伯式头巾）或礼拜帽，只能带有沿的西式帽。1926年新民法以意大利、德国和瑞士民法为蓝本。1928年发起"与阿拉伯语告别"、"与东方告别"的字母改革，成人与儿童都必须学习拉丁式书写与拼法的字母，期望在两代人以后土耳其不再有人能读懂阿拉伯语。《古兰经》被译成土耳其语，清真寺改用土耳其语而非阿拉伯语祈祷。几百年前由基督教教堂改为清真寺的索菲亚大教堂，现在改为博物馆。1932年，人民宫或文化宫等社区活动中心建立，通过演讲、展览、放映等方式，塑造人民的公民意识。

日本的民主化进程

日本是儒教文化圈中的重要国家，它的民主化过程是由明治维新开启的，是回应西方、向西方学习的结果。善于学习外来文化，适应变化的环境，据称是日本民族的特征之一。这不仅在儒教文化圈，即使在世界范围内，也是极其少见的。

1842年，中英《南京条约》订立后，日本把加强海防作为国策。同时，荷兰国王劝日本开国。1853年，美国东印度舰队开赴东京湾，欲向天皇递交要求通商的国书，并扬言诉诸武力。1854年，美国舰队再来，幕府被迫签订日美亲善条约，开放两个通商港口，允许美国船只在日本港口补充给养。以后几年，英、俄、荷、法签订类似条约，日本在避免战争的情况下被迫开放。1858年，日美友好通商条约以及相继与其他列强签订的条约，标志着日本不平等体系的完成。这些条约包括：开放神奈川、长崎等港口为经商口岸；与对方互派公使，在通商口岸设立领事馆；关税协定和领事裁判权制度；最惠国待遇。条约体系像在世界各地一样，产生了民族的创伤。日本与清朝的最大的区别在于，这些不平等的条约是在没有战败的情况下签订的。

条约削弱了幕府统治的合法性，引发了德川幕府制度的崩溃。南方下层武士和中央要求"尊王攘夷"的武士合力推翻德川家族，于1868年拥立睦仁天王，开始日本的明治时代（1868—1912）。富国强兵成为明治维新的首要目标。一是推进工业化，创立官营军事工业，保护和扶持民用工业；二是向西方派留学生，学习科学技术与管理；三是加强中央控制，将藩国改为府县，废除武士与大名阶层，废除身份制度，给予迁移和职业自由；四是推行政治改革。和中国的精英一样，日本的一部分知识精英也认为西方的强大是制度造就的，民主制度被视为推进民族富强、重建民族尊严的手段，因此是次要价值，经济与军事比政治具有更优先的地位。80年代以后，日本推进企业振兴计划。对朝战争、甲午战争和日俄战争增加了朝鲜、中华民族创伤，其赔款打开了日本产品的国际市场，刺激了日本经济。军工产业的发展推动了矿山、钢铁、造船业、海运业发展，日本企业达到当时的世界技术水平。20世纪以后，帝国主义成为日本的政策取向。第一次世界大战推动了战争经济，但民用工业、重工业和金融业也得到前所未有的发展。

明治时期实行的开化政策，推动了日本以西方为楷模的社会转型，并引发了思想的变化。强迫武士剪发结（令人想起中国的割辫子），鼓励穿西服、住洋房、吃西餐、喝牛奶。1872年铁路通车，1869年电报被使用，1877电话被使用。1871年文部省改革学制，小学教育为义务教育，内容一半为自然科学。1871年以后大学与师范院校纷纷成立。1877年，拥有法、理、文、医四个学院的东京帝国大学成立。1870年代，留学潮出现，启蒙思想也传入日本。福泽谕吉写作《西洋事情》（1869），介绍西方各国政治、经济、社会；写作《劝学篇》（1872—1876）介绍天赋人权学说，将个人自由与国家独立相联系；写作《文明论概略》，论证日本落后于西方都是汉学之过，因此对儒家思想进行批判。加藤弘之写作《真政大意》（1870）提倡天赋人权学说，主张立宪政体。

1868年明治天皇登基。70年代初年日本就出现自由民权运动，此后，日本就出现了广泛的政治结社运动。1874年，以推进教育、交换不同思想为宗旨的"明六社"成立，当时最重要的启蒙思想家都是其活跃成员。明六社开办讲座，办杂志，次年被封。1874年，板垣退助等提出《设立民选议院建议书》，认为建立民选议院，给人民以选举权、租税共议权，才是国家的拯救之道。70年代中后期，以宣传民权、建立议会为宗旨的立志社、自助社、爱国社成立。1877年，立志社提出建立宪政、减轻地租、改正条约的纲领。1879年，爱国社提出《开设国会恳请协议案》，对政府仅开设县级议会表示不满，呼吁建立全国议会。政治改革团体推动了

"国会运动",1880年爱国社第四次全国代表大会改为"国会期成同盟",征集8万多人签名开设国会请愿书。受到压制后,再次获得24万人签名支持。同年底,若干政治组织联合成立自由党筹备会,把促进人权保障、确立立宪政体作为目标。[①]

在民权运动的压力下,明治政府于1881年下发诏书,约定十年后开设国会。80年代初,自由党和立宪改进党成立。两党虽然以制宪和开国会为目标,但自由党共和倾向明显,主张由议会而非天皇制定宪法;立宪改进党主张保持王室尊严,限制选举权,建立英国式两院制和政党内阁制。1880年10月,自由党宣布成立。次年举行第一次代表大会。这是日本第一个具有纲领与规章的全国性政党。其目标是制宪与国会。1882年,"因政变下台的大隈重信等高级官吏和一部分城市民权派知识分子建立立宪改进党。"该党谋求皇权与民权的某种妥协。

由于立宪成为焦点,在宪法未出台前,约有40多份草案,出自不同政治团体或力量之手。它们可分立宪主义者与君权主义者两类。[②]立宪主义者有的主张一院制,削弱君权;有的主张以英宪为模范,建立两院制;有的主张议会与天皇具有同等最高决定权。属于君权主义的草案很少。立宪主义最有代表的草案是植木枝盛的《日本国宪案》,虽采取君主立宪原则,但强调人权保障,规定抵抗权、革命权、一院制、妇女参政权、联邦制。植木枝盛是日本最重要的启蒙思想家之一,坚定的民主主义者。中江兆民是另一位民权主义者,他以生活之权构造其他自由权。

1889年,《大日本帝国宪法》和皇室典范颁布。第一,仿照欧美宪法,规定了基本人权,如迁移、信仰、言论、集会、结社及所有权神圣不可侵犯;第二,作为立法与预算审议机构,议会由贵族院和众议院两院构成,贵族院由皇族、华族议员、敕选议员、高额纳税人组成,众议院由受严格的财产限制的公民普选产生;第三,作为天皇制国家,天皇总揽统治权,是唯一主权者,他批准法律,统率军队,颁布紧急状态,确定官制,对外代表国家,有权召集、解散议会。从此,日本成为君主立宪的国家。1890年,集会与政治结社法通过,1898年,第一个政党内阁建立。

---

① 吴廷璆主编:《日本史》,南开大学出版社1994年版,第420—429页。

② 江村荣一:《自由民权运动》,载高桥幸八郎等编《日本近代史纲要》,谭秉顺译,吉林教育出版社1988年版,第165—167页。

明治宪法基本上规定了日本民主制度框架，与奥斯曼帝国1870年代的宪法有一定的可比性。政治参与的开放程度、代表制的逐渐建立、各种政治力量的产生以及一定程度上的言论自由，与天皇权力的强化同时进行。要对抗列强、扩张国权、富国强兵，就需要强化权力，保障秩序。所以在现代称得上民主的宪法中，日本的天皇的地位是最高的。1854年第一个不平等条约签订，1889年第一部现代的宪法，时隔仅35年；而中国的情况是：1841年第一个不平等条约签订，1898年康梁变法失败，政治进入动荡时期。

然而，到了20世纪30年代，日本政治走上了军国主义道路，民主政体遭到了破坏。日本在此时期对东南亚的侵略一直成为日本国的污点。

第二次世界大战以后，美国对日本实行了军事占领。在占领期间，美国清除或者废止了日本大量旧式威权主义传统，并敦促了日本的民主化进程，建立了以天皇为国家象征的议会内阁制。战后日本通过清除法西斯军国主义的政治社会基础，制定了更加民主的新宪法，即《日本国宪法》，该宪法第一章规定了天皇只是日本国家的象征，第3条规定"天皇关于国事的一切行为，必须有内阁的建议和承认，由内阁负其责任"，这实际上废除了战前天皇专制的政治制度。新宪法在序言中确立了三项原则，一是和平主义原则，规定日本永远放弃战争，这是针对日本长期发动侵略战争而制定的；二是国民主权原则，规定国家主权属于日本国民；三是尊重基本人权原则。

战后日本的政党政治也有所发展，这是与议会内阁制政治制度相适应的，由国会中的多数党组阁或者联合组阁。日本的政党较多，几经变化，形成了自民党一党独大的局面，在自民党内部则派系林立，基本由这些派系竞争、协商和妥协来组织内阁。

印度的民主化

17世纪末奥朗则布时期，莫卧儿帝国统一了印度次大陆，但他的排挤其他宗教、只推行伊斯兰教的政策，激起印度教徒、锡克教徒的反抗，国内各种矛盾激化。

西方势力在17世纪进入印度。葡、荷、英、法等国都在印度建立了商业据点。18世纪，英国和法国公司为争夺印度的控制地域展开激烈争斗，法国逐渐被挤出印度。印度历史进入英国殖民时代。英国东印度公司获权组建军队，建立文官体系，实行治理。东印度公司在18世纪60年代打败莫卧儿帝国军队，在19世纪上半叶确立在整个次大陆的统治。1858年印度民族大起义，英国取消东印度公司，改由英国政府直接统治。内阁设立印度事务大臣，在印度设立总督代表女王统治。印度政府由印度总督及总督执行委员会（6人）组成，皆由女王任命。执行委员会的扩大会议（68人）负责印度的立法事务。印度分13个省，249个县，此外还有700多个土邦。英国的直接统治在印度建立了一套较为完整的税务、军警、司法、文官、市政、教育体系。

印度的宗教团体比较发达，活动频繁，在莫卧儿时代就如此。英国的统治唤醒了印度人的权利意识。19世纪50年代起，激进知识分子政治社团开始建立，他们办报纸，展开政治辩论，要求实行代议制。1885年，印度国大党成立，成为全国性的政治组织。其主要成员甘地和真纳就像英国殖民地所有重要人物一样，在英国接受教育。国大党是一个为全体殖民地人要求权利的组织，其一开始的目标是采取宪法手段获取权利。20世纪初，受民族主义运动的推动，国大党逐渐改变了政治要求，特别是1919年4月英军杀害印度群众的事件发生后，使用和平和合法手段争取自治、让英国人离开印度，成为国大党的目标。甘地主张非暴力不合作运动，掌握印度教群众，真纳成为国大党内伊斯兰教领袖。建立独立的穆斯林国家成为真纳党的目标。两派分歧逐渐加大，1927年、1929年国大党会议两次通过尼赫鲁提出的印度完全独立决议，1939年，国大党再提出以独立换取支持英国"二战"的提议，但被英方拒绝。1942年，国大党通过甘地提出的英国退出印度的决议。战后独立运动更加高涨。1947年英国提出蒙巴顿方案，巴基斯坦和印度成为英国的两个自治领地。印度就此获得独立。1947年土邦全部被合并。此后英国力量逐渐撤离，逐步实现国家机构和军队的印度化。

1949年11月，印度制宪会议正式通过印度共和国宪法（1950年生效）。宪法规定印度是"独立自主的、社会主义的、世俗的民主共和国"，以总统为国家元首，国家结构为联邦制国家，一切有关财政、国防、外交和国内安全等重大事务都归中央政府管辖；印度公民享有宪法权利，"除法律允许外，任何人的财产不应予以剥夺"，国家征用私人财产必须给予赔偿。宪法规定印度为议会制国家，中央议会是印度的最高立法机构，省级以下的各级议会是同级政权的立法机关，各级政府对同级议会负责。印度的中央议会由总统、联邦院（上院）和人民院（下院）组成。总统由中央议会和邦议会议员选举产生，任期5年。"联邦的行政权授予总统"，但他必须按照以总理为首的部长会议的建议行使其职权，因此他只是国家权力的象征。联邦院的议员不超过250人，从邦议会的议员和中央辖区中选举产生，任期6年，总统无权解散该院，每两年改选其中的1/3；人民院的议员最多不得超过544人，由全国成年居民直接选举产生，任期5年。联邦设一最高法院，法官由总统任命，行使司法权和宪法监督权。印度最高行政机构是以总理为首的联邦部长会议。部长会议由人民院选举中获法定多数席位的政党组成，不足法定多数的政党可以联合其他政党共同组成。联邦部长会议由总理、各部部长、国务部长和副部长组成。总理是部长会议领导人，由总统任命人民院多数党议会党团领袖担任，任期5年，可连任，没有限制。部长会议集体对人民院负责，政府决策机构是内阁。上述由宪法所规定的基本的制度安排历经60年没有改变，议会制民主由此确立。1993年第73号宪法修正案完善地方自治，每个邦必须建立村、区、专区等三级评议会（潘查亚特），评议会所有席位通过直接选举产生，任期5年，决定村、区、专区的各项事务。

　　印度实行政党竞争性的议会制。各种政党有上百个，有的是全国性的，谋求在联邦层面发挥影响；有的是区域性的，只在地区或地方进行权力角逐。自独立直到80年代中期，除短暂的时间外，国大党一直占支配地位。1948年至1964年，尼赫鲁领导的国大党单独执政17年。1965年至1988年，国大党继续执政，进入英·甘地时代。她加强个人对党的控制，国大党的力量有所削弱，为了对付党内的反对和指责，特别是反对派于1974年组织的全国性罢工，英·甘地宣布全印度进入"紧急状态"，一些宪法权利被中止，反对派领导人被逮捕。这种政策导致国大党支持率急剧下降，1977—1979年间短暂失去政权，但在1980年大选中再次获胜。1984年，英·甘地遇刺，其子拉·甘地赢得胜利。

　　1989年以后，印度一党独大体制结束，两党制逐渐形成。1989年国大党在印度第九次大选中落败。印度政党政治进入国大党、印度人民党和全国阵线三足鼎立时期。接下来的十年，印度政府经历频繁的更迭，十年共经历八届中央政府，最短的只执政13天。1999年10月以印度人民党为首的全国民主联盟在大选中获胜，人民党及其联盟稳定执政，但在2004年大选中，国大党战胜人民党及其联盟获得议会多数，印度有向两党制发展的趋势。国大党是印度百年老党,在不同时代有不同的政策走向,独立后一直忠于宪法,这也许是它长期执政的原因之一。成立于1980年的印度人民党是民族主义政党,起初只获得人民院2个议席,1989年便获得88个议席,成为第三大党,这与它强调印度的印度特性、复兴印度文化、顺应印度教的民族主义思潮有关。

在印度,公民的言论自由得到了较好的保障,这可能是由于印度历史的文化多元传统。媒体是检验、衡量民主政治的手段。印度宪法第19条第1款规定,媒体享有充分的新闻自由,任何公民都享有宪法所规定的言论和表达自由,可以在媒体上发表政治见解,评论甚至抨击政府官员包括总理、各党派要员。目前印度注册报刊有4.3万种,其中日报近5000种。不少报刊有百年以上历史,其数量远远超过美国(日报1500种左右)、英、法、日(日报各100种左右)等发达国家。印度报刊绝大部分为私人和财团所有,官方没有报刊,仅一些党派办有报刊。2000年政府修改的电视法,明确规定允许外国电视频道通过卫星覆盖印度,印度电视市场因而更加开放。①

东亚、东南亚的民主化

朝鲜属于"中华文化圈"的一部分,受儒家文化影响,且是单一民族国家。在很长时间内,朝鲜处于中国的藩属关系之内。1910年日本占领朝鲜。1945年"二战"之后,朝鲜分裂为南北两个国家。1948年李承晚当选为韩国第一位总统。1960年,第二共和国成立,不久朴正熙发动政变,最高会议接管了立法、行政与司法权,韩国建立了威权政府。在这段时间内,韩国的工业得到发展,社会结构发生变化,中产阶级崛起,产业工人数量增加。1979年朴正熙遇刺身亡,全斗焕由国民议会(选举团)选为总统。1980年,光州发生大规模平民要求民主的游行示威运动,受到当局镇压。但韩国的民主运动继续发展。全斗焕政权末期,韩国民主化运动日益高涨。1987年6月,全国各地爆发了大规模的游行示威,史称"六月抗争"。迫于民主力量的强大压力,6月29日,执政党民主正义党总统候选人卢泰愚发表宣言,表示要通过修改宪法实行总统直接选举、保障国民基本人权、释放金大中并恢复其政治权利等。这一宣言缓解了当时

---

① 陈昌凤:《印度超前发达的新闻业》,载《中国记者》2003年第2期。

的紧张局势，标志着韩国民主化进程的正式启动。1988年3月，全斗焕发表试图延长总统任期的修宪讲话，引起广泛抗议，半个多月中全国830多万人上街示威游行。1987年10月全民公投通过的"第六共和国宪法"颠覆了军事威权主义的政体。根据新宪法，韩国政体采用总统制：总统既是国家元首，又是行政首脑，由公民直选，任期5年，并不得连任；一院制国会是立法机关，在全国按选区选出，议员任期4年，国会可以动议解除总理和各部部长的职务，可以弹劾总统、总理等行政领导，可以要求行政官员到国会备询；审判机构有大法院、高等法院、地方法院和家庭法院，其中宪法法院由9名审判官组成，任期6年，可连任，主要职责是裁定对总统、总理和法官的弹劾，决定解散政党，审查立法与宪法的一致性等。1992年12月，韩国基本完成了"民主转型"任务，"立法院"全面改选，金泳三当选韩国第14任总统，建立了韩国历史上第一个"文人民主政权"。1997年12月，韩国第一大反对党——新政治国民会议（NCNP）总裁金大中当选为总统。他于1998年2月25日宣誓就职。金大中称他的政府为"国民政府"。它是韩国宪法史上第一个由执政党向反对党和平移交政权而产生的政府。韩国政党繁多且不断分解组合，至今有300多个自称为政党的政治团体，具备政党基本属性的也有好几十个，主要政党有大国家党、新千年民主党、民主劳动党、开放国民党和自由民主联合党等。

蒙古是中国的近邻，但直到辛亥革命之后的中华民国一直是中国的领土。1922年苏联红军占领外蒙古，并帮助外蒙古共产党建立"人民革命政权"。1924年宣布废除君主立宪制，成立蒙古人民共和国。苏联的解体对蒙古的政治民主化产生积极影响。1990年开放党禁，1992年新宪法宣布推行多党制和总统制民主，实行议会制。改革伊始，按民主社会主义模式，在政治、意识形态、经济、社会生活各方面推行多元化。主要政党有执政党蒙古人民革命党，成立于1921年；反对党民主党，成立于2000年12月，由蒙古民族民主党、社会民主党、民主复兴党、宗教民主党和民主党合并而成。1992年至2008年，蒙古已经实施五次大选，虽然伴随有示威、抗议，但总体政治秩序良好。2008年6月议会选举结果公布时，乌兰巴托曾爆发两万人左右的示威抗议活动，并有暴力事件发生，但目前局势稳定，人革党继续掌权。

东南亚地区与东亚地区在民主化时间与进程方面具有相似性，都从日美占领中独立,都曾一度进入军人统治,在80年代以后都先后实现了民主化。但东南亚与东亚有着截然不同的历史遗产。东南亚是一个极为复杂、富于多样性的社会,在人种、民族、语言、宗教与经济社会发展等方面均存在着巨大的差异。东南亚各国几乎都由数种以上的民族所组成,且不同的民族几乎都有自己的语言。泰国、马来西亚各有三十多个民族,菲律宾有43个民族,印度尼西亚的族群则有三百多个。东南亚国家宗教众多,主要有伊斯兰教、佛教、天主教、印度教、儒教及各种原始宗教。文莱和马来西亚(西部)奉伊斯兰教为国教;印度尼西亚约87%的人口信奉伊斯兰教,是世界上穆斯林人口最多的国家;菲律宾南部和泰国南部的居民也信奉伊斯兰教。华人大多信奉佛教,而印度移民多信奉印度教。

早在公元前,印度文化便传入东南亚,13世纪伊斯兰教传入,16世纪葡萄牙人占领马六甲,天主教进入东南亚。此后除了泰国保持独立外,其他地区都沦为西方殖民地。印尼沦为荷兰殖民地,缅甸、马来西亚、新加坡和文莱沦为英国殖民地,菲律宾先后沦为西班牙和美国殖民地,印度支那三国沦为法国殖民地,东帝汶沦为葡萄牙殖民地。20世纪40年代,这些地区先是被日本占领,"二战"后恢复原殖民统治,然后纷纷走上独立道路。战后东南亚国家的政治转型经历了两个主要发展阶段:60至80年代为第一阶段,西方议会民主制向威权主义体制过渡,军人和准军人政府建立,政党和社会团体活动受到严厉控制;80年代以后为第二阶段,威权主义体制向民主体制过渡,军人相继退出政治权力的中心,政党制度和竞争性选举得以复兴,民众和利益集团的政治参与由沉寂变得活跃,民主化进程重新开启。

印尼是东南亚最大的国家。1602年荷兰在印尼成立"东印度公司",开始对印尼长达三百多年的殖民统治。1942年日本入侵,1945年日本投降后宣告成立印度尼西亚共和国。先加入荷印联邦,后独立。1965年陆军后备军团司令苏哈托发动政变,1967年任总统,建立三十多年强人统治。任内苏哈托依靠军队力量对社会实施全面控制,经济虽然得到较快增长(1969—1994年人均GDP从70美元增长到750美元),但腐败盛行,家族垄断国家经济命脉;他采取的反华排华政策(30万华人遭到杀害),使得华人在印尼生活艰难。1997年亚洲金融危机对印尼造成全面冲击,引起局势动荡。1998年5月苏哈托总统被迫辞职,开启了民主改革。1998年5月解除党禁。1999年1月新政党法通过,当年参加大选的合法政党就有48个。2001年梅加瓦蒂担任总统后，继续推动民主化进程。2002年8月，印尼人民协商会议通过宪法修改案，2004年开始正副总统由人民直接选举产生；人民协商会议的议员由国会议员和地方代表组成，军方人员不能再直接进入人民协商会议。根据修改后的宪法，印尼是单一的共和制国家，"信仰神道、人道主义、民族主义、民主和社会公正"是建国五项基本原则（简称"潘查希拉"）。总统为国家元首，由全民直选，每届5年，至多只能任两届；国家立法机构由人民代表会议（国会）和地方代表理事会共同组成，负责制定、修改和颁布宪法及国家大政方针，有权弹劾罢免总统。2004年大选共有五对总统副总统候选人参加角逐，经过复选，民主党候选人苏希洛尤多约诺战胜民主斗争党的时任总统梅加瓦蒂。梅加瓦蒂呼吁人民接受选举结果，称"不管谁在民主选举中获胜，我们都应该大方地接受，因为胜利是属于大家的"，"这是历史性选举，我们能够在和平、安全及顺利的情况下完成……无疑是我们国家的伟大成就。"

马来西亚是伊斯兰教国家，实行君主立宪联邦制。1911年沦为英国殖民地，第二次世界大战期间被日本占领，战后英国恢复其殖民统治，1957年马来亚联合邦在英联邦内独立，1963年马来亚联合邦和新加坡、沙捞越、沙巴合并组成马来西亚（1965年8月9日新加坡宣布退出）。根据1957年马来西亚宪法，最高元首为国家首脑、伊斯兰教领袖兼武装部队统帅，由统治者会议选举产生，任期5年。最高元首名义上拥有立法、司法和行政的最高权力，以及任命总理、拒绝解散国会等权力。统治者会议由柔佛等9个州的世袭苏丹和马六甲等4个州的州元首组成。其职能是在9个世袭苏丹中轮流选举产生最高元首和副元首；审议并颁布国家法律、法规；对宗教与民族问题进行审议。国会是最高立法机构，由上议院和下议院组成，上议院议员58名，其中32名由国家元首直接任命，26名由各州议会推派，任期6年；下议院议员154名，其中西马114名，沙捞越24名，沙巴16名，任期5年。联邦法院分东西两部。还设有军事法庭和伊斯兰教法庭。根据马来西亚宪法规定，政府内阁由议会中占多数的政党组成。多党制是马来西亚的政治特色，不过自1974年以来，由马来民族统一机构（巫统）、马来西亚华人公会、马来西亚印度人国大党等十多个政党组成马来西亚国民阵线一直执政。巫统主席任国民阵线主席，在各党分配国会议席中有决定权。其他成员党主席为最高理事会成员。马来西亚的政治强人马哈蒂尔由低级文职官员做起，1981年至2003年一直任巫统主席、马来西亚总理。在这段时间内，马来西亚经济特别是电子产业发展迅速，中产阶级快速成长。20世纪末，反对党特别是伊斯兰教党在国会选举中表现突出。2003年马哈蒂尔宣布辞职，由巴达维任巫统主席并继任总理，实现权力交接。2004年3月马来西亚第11届国会大选，国民阵线和9个反对党参选，结果国民阵线仍然取得压倒性胜利，主要反对党伊斯兰教党、民主行动党、国民公正党获得的席位比第十届更少。

新加坡1965年从马来亚联合邦中退出，成立新加坡共和国。此后直到1990年，处于政治强人李光耀的统治之下。新加坡的文官制度和经济政策，造就了东南亚这个最繁荣小国。按照宪法，新加坡实行议会共和制，总统为国家元首，原经议会选举产生，1993年起由民选产生，总统委任议会多数党领袖为总理，国会一院制，任期5年。新加坡目前有24个注册政党，人民行动党一直处于执政地位。

菲律宾1946年7月独立，一开始自由党和国民党轮流执政。1965年马科斯就任总统，实行强人政治。1986年爆发大规模示威，马科斯政权被推翻，阿基诺夫人任总统。1992年，马科斯时代的军方要人、推翻马科斯的重要人物拉莫斯任总统。1998年埃斯特拉达任总统。2001年，埃斯特拉达涉嫌贪污遭军方倒戈，被迫下台，由副总统阿罗约接任总统。2004年阿罗约连任成功。在东南亚国家，菲律宾以政治腐败、公共生活混乱、暴力丛生、国家整合力量弱而知名。根据宪法，菲律宾实行三权分立政体，总统行使行政权，由选民直接选举产生，任期6年，不得连选连任；国会由参众两院组成；最高法院拥有最高司法权。菲律宾政党林立，主要力量有基督教穆斯林民主力量党，由几个党派组合而成，1992年成为执政党，1998年被击败，2001年以后成为执政联盟的核心；摩洛民族解放阵线，1968年建立的南部穆斯林武装组织，旨在棉兰老地区建立独立的伊斯兰国家，2007年与政府实现和解；摩洛伊斯兰解放阵线，是菲最大的穆斯林反政府组织，拥有一万多人武装力量，与政府处于冲突状态。

柬埔寨绝对称得上东南亚历史最悠久、文明最深厚的国家。扶南王国公元1世纪就建立，真腊王国、吴哥文化都出现在这块土地上。19世纪成为法国保护国。1940年被日本占领。1945年法国恢复殖民统治。1953年独立，实行君主立宪。1955年，西哈努克建立人民社会同盟获得议会全部席位，1960年国民议会推举其为国家元首。1970年，美国支持的朗诺集团依靠"自由高棉"军队发动政变，西哈努克处于流亡状态。此时，波尔布特领导的"红色高棉"游击队在丛林中进行的"农村包围城市"的实践已经近8年。1975年，红色高棉推翻朗诺政权，"民主柬埔寨"时代到来。1975年至1979年，在4年间柬埔寨约三分之一居民被红色高棉杀害，多达200万人。1979年，越南军队占领金边，1982年，柬联合政府成立。1990年，国名改为柬埔寨王国。1993年在联合国驻柬临时机构的组织和监督下举行大选，产生制宪会议，通过新宪法，恢复君主立宪制。1994年，"民主柬埔寨"被宣布为非法组织。1997年7月，联合执政的人民党和奉辛比克党爆发军事冲突，但第二次大选仍于1998年进行。此后虽然在权力分配问题上两党纷争不断，但战乱似乎结束。2004年第三届两党联合政府成立，同年西哈努克退位，王位推选委员会推选西哈莫尼为国王。2008年国会大选，洪森的人民党获胜。

中亚五国的民主化

亚洲民主最近的进展，当属中亚五国的"颜色革命"。中亚五国指原属苏联的五个加盟共和国，后来独立的哈萨克斯坦、乌兹别克斯坦、吉尔吉斯斯坦、土库曼斯坦和塔吉克斯坦。中亚这块土地地处世界屋脊，位于阿姆河和锡尔河流域的大部分地区，是世界文明的走廊。

11—13世纪，随着突厥人的大举迁入，突厥语民族在中亚占优势，伊斯兰因素和突厥化因素稳定成长，这形成中亚文明的结构性的部分，一直持续到现在。13世纪蒙古人入侵中亚。成吉思汗死后，这个地区属于察合台汗国，后来被同部铁木儿王朝取代。14至18世纪，这些地方成立了若干小汗国，在明清时代的中国、波斯、奥斯曼、俄罗斯之间相互兼并与征战。

18世纪以后，俄国成为影响中亚历史进程的最重要力量。但俄罗斯的历史与文化和中亚并不同质，这个地区基本上是伊斯兰文化，而俄国是东正教文化。俄国基本上以征服者的面目影响中亚。19世纪前期，俄国征服今天哈萨克斯坦的地方。19世纪中叶，陆续征服被称作突厥斯坦的地方，即今天乌兹别克斯坦、吉尔吉斯斯坦、土库曼斯坦、塔吉克斯坦等地。中亚诸汗国变成俄国的若干省。俄国革命以后，从1924年到1936年，五个加盟共和国相继成立。从被俄国征服时起，这些地区的分离主义倾向就没有停止过。

就民族成分而言，这个地区生活着一百多个民族，主要民族是乌兹别克人、哈萨克人、塔吉克人、土库曼人、吉尔吉斯人为主要民族。琐罗亚斯德教、佛教、伊斯兰教、东正教，以及希腊文化、汉文化在历史上都曾发挥影响。20世纪以来，各种文化、各种思潮都试图在历史上发现与确证自己，所以泛突厥主义、泛伊斯兰主义、大哈萨克主义、大塔吉克主义、乌兹别克中心论、伊斯兰原教旨主义、西方近现代思潮相互撞击，包括与之相邻的阿富汗、伊朗在内的区域，成为世界地区冲突的中心之一，便不足为怪。①

中亚五国民主化的新进展，是苏联解体的直接结果。1991年至1995年，是这些国家独立和立宪时期。所有国家几乎都在一夜之间宣布取消共产党的垄断或合法地位，放弃马克思主义和共产主义信仰，实行意识形态的多元化，开放党禁，承诺在三权分立的基础上建设国家。1995年以后，不同的国家则呈现出不同的发展特征。在五国的最大国家哈萨克斯坦和最靠近伊朗的土库曼斯坦，政治稳定，在总统（他们在苏联时期已经大权在握）任期两届以后，相继进行全民公决，给他们以终身总统的待遇。乌兹别克斯坦也是政治稳定的典型。在吉尔吉斯斯坦，则发生了所谓的颜色革命，在位十余年的总统在权力交接时被赶下台，反对派力量强大。塔吉克斯坦是反对派组织发育较充分的国家，但伊斯兰极端势力表现突出，在90年代中期国内政治生活动荡。中亚五国与非洲有某种可比之处。这些国家经济发展水平低，只是在俄国入侵前一个世纪左右才形成一个民族，离欧洲式的民族国家比较遥远。

1991年8月19日，苏联副总统等人发动政变。政变虽然失败，但苏共宣布解散，各共和国共产党组织自己决定自己前途。不久俄罗斯总统叶利钦宣布查封苏共。苏联的解体，有力地推动了中亚五国的民主化进程。

哈萨克斯坦总统、哈共第一书记纳扎尔巴耶夫先是宣布哈共退出苏共和"放弃共产主义原理"，后是把哈萨克共产党改名为哈萨克社会党。1991年11月，哈萨克斯坦举行大选，纳扎尔巴耶夫以绝对优势当选总统；同年12月，哈萨克斯坦宣布独立。哈萨克斯坦于1993年、1995年

---

① 马大正、冯锡时主编：《中亚五国史纲》，新疆人民出版社2005年版，第10页。

先后通过两部宪法。宪法规定，该国是"民主的、世俗的、法制的和社会的国家"，以"人、人的生命、人的权利和自由"为最高价值；国家活动的基本原则是"社会和睦和政治稳定、发展经济造福于民、哈萨克斯坦爱国主义、通过民主方式包括通过共和国全民公决或者通过议会表决解决国家生活中最重大的问题"；哈萨克斯坦国家权力按照"立法、行政、司法三权分立，相互制衡的原则实施"，总统是国家元首，议院由参议院（间接选举产生）和马日利斯（直接选举产生）两院组成，政府为执行机构，总理为政府首脑；实行"司法独立"和多党制。宪法还规定哈萨克斯坦实行"意识形态和政治的多元化"，但禁止建立危害国家安全和社会稳定的政党与社会组织。哈萨克斯坦现有十多个政党。一类类似西方自由党，如祖国党、公民党、人民大会党；一类坚持社会主义，如社会党、共产党等；第三类是民族主义政党，如十二月党、阿扎特党、阿拉什党等。宪法赋予总统很大的权力，他是"人民和国家政权的统一、宪法的不可动摇性、人和公民的权利和自由的象征和保证"，发挥对"所有政权机关行使职权的协调和保障作用"。哈萨克斯坦自从实行总统制以来，纳扎尔巴耶夫一直担任这个职务。2007年5月哈萨克议会通过宪法修正案，规定纳扎尔巴耶夫可以无限期地担任总统职务（1998年，经纳扎尔巴耶夫的提议，总统任期已经由5年改为7年）。

土库曼斯坦1991年10月27日宣布独立，国名由"土库曼斯坦苏维埃社会主义共和国"改为"土库曼斯坦"。同月，土库曼斯坦的共产党改建为议会型的政治组织——民主党，其宗旨是加强国家主权，建立民主、法制的国家。1992年5月土库曼斯坦通过独立后的第一部宪法，规定土库曼斯坦是民主、法制、世俗的国家，以总统制共和国的形式进行国家管理，实行立法权、行政权和司法权三权分立制和多党制。新宪法规定，总统为国家元首和最高行政首脑，由全民直接选举产生，任期5年；原苏维埃成为议会，作为立法机关；原部长会议变为内阁，但由总统领导。土库曼斯坦还专门设立人民委员会，它是人民政权的最高代表机关，由总统、议会代表、每个市辖区一名民选代表、最高法院院长、最高经济法院院长、总检察长、内阁成员、各州市的行政负责人组成，任期5年。其主要职能是审议和通过重大问题的决定，如修改和补充宪法，举行全民公决，拟定有关国家经济、社会、政治发展方向的建议，改变国界和行政区域界线，批准或废除国家间联盟及其他条约，宣布战争与和平状态等。土库曼斯坦政治安排与原苏联的政治安排最接近。土库曼斯坦宪法赋予总统巨大权力。所有法官及总检察长、副总检察长、州检察长均由总统任命，要向总统报告工作。土库曼斯坦独立后与独联体各国一样，在政治上实行多党制，但国内未形成公开的反对派组织。民主党是国内唯一合法政党，其他主要政党和社会团体接受民主党的领导。新总统上任后，承诺在可控的条件下发扬民主，而在尼亚佐夫时代，媒体高度垄断，全国只有一份官方报纸，实行严格的信息控制，只有1%的人使用互联网。

乌兹别克斯坦1991年宣布独立，并实行多党制，国内可以建立各种政党，乌共被解散，建立乌兹别克斯坦人民民主党。1992年12月乌兹别克斯坦通过新宪法，规定乌兹别克斯坦共和国是"人道的民主和法制国家"，实行三权分立和意识形态多元化。虽然实行意识形态多元化，但乌兹别克斯坦共和国承诺全人类的价值，人、人的生命、自由、荣誉、尊严和其他不可剥夺的权利是最高价值。人民的民主权利和自由受共和国宪法和法律保护。1996年9月乌兹别克斯坦颁布了政党法，实行多党制，但禁止以暴力改变现行宪法制度、破坏共和国主权和领土完整、危害国家安全、反对公民宪法权利、宣传战争和煽动社会、民族、种族和宗教仇视、危害人民身心健康和道德的政党和社会组织的建立和活动。现在经乌兹别克斯坦共和国司法部登记的政党有：乌兹别克斯坦人民民主党（其前身为乌共），是执政党；祖国进步党，宣称拥护现行政府政策，主张市场经济；民族复兴党，宣称用爱国主义和乌兹别克民族精神激励人民。现任总统卡里莫夫在1991年大选中上台，1995年修改宪法，将任期延至2000年，在此年的大选中他再次获胜，2002年他启动宪法修正案，把总统任期由5年延长至7年，2007年他再次当选总统。乌兹别克斯坦除了境内一些伊斯兰极端主义试图以武力推翻现政权外，反对派力量没有太大影响。

塔吉克斯坦与前三个国家不同，政治多元性发展得比较充分，伊斯兰极端势力突出，政治生活不太稳定。这个国家1991年宣布独立，同年11月第一次全民直接选举总统，来自共产党的候选人纳比耶夫当选。此时塔吉克斯坦实行总统制，总统也是内阁总理。一年后改总统制为议会制，拉赫莫诺夫任塔最高苏维埃主席（国家元首）。1994年11月又通过新宪法，议会制又改为总统制，拉赫莫诺夫当选为总统。1999年、

2006年再次当选总统。新宪法规定，塔吉克斯坦国体性质是主权的、民主的、法制的、非宗教的单一制国家，国家各级政权均通过民主选举的方式产生；塔吉克实行政教分离，宗教组织不得干预国家事务。宪法规定，禁止以挑起种族、民族、社会和宗教冲突为目的或者煽动暴力推翻宪法制度和组织武装集团的社会团体的建立及活动。塔吉克斯坦境内政党较多，共产党为共和国内最大的政党。此外由塔吉克斯坦伊斯兰复兴党（成立于1990年），该党维护穆斯林的权利，通过非暴力途径争取使伊斯兰教成为国教；塔吉克斯坦民主党，该党要求加快民主变革，改革苏联模式的管理结构，恢复共和国的伊斯兰传统。1993年6月，该党被指控发动内战和危害宪法制度，被最高法院宣布禁止活动。塔吉克的政治势力主要有两大派，一派以塔共为代表，支持现政权；另一派为联合反对派武装（伊斯兰复兴党、民主党）。两派为争夺政权而斗争不止。

吉尔吉斯1991年独立，1993年通过新宪法，规定吉尔吉斯是建立在法制、世俗国家基础上的主权、单一制民主共和国，实行立法、司法、行政三权分立。1996年、1998年两次修订宪法，扩大总统权限延长其任期，限制议会权力，实行土地私有制，强化新闻自由。2003年宪法再次修订，两院制改为一院制，加强议会权力，政府组成、总理和所有内阁成员的任免均需经过议会同意。吉尔吉斯斯坦独立后，在政治多元化和多党制的条件下，相继涌现出许多政治力量。主要有以"自由吉尔吉斯斯坦"民主党和"阿塔—麦金"党为代表的激进民主政党；以吉尔吉斯斯坦共产党为代表的保守政党；中间派政党，包括吉尔吉斯斯坦团结党、人民共和党、农民党、吉尔吉斯斯坦经济团结党等。

二 非洲的民主化进程

非洲大陆的民主化是20世纪末21世纪初世界政治史的独特风景。从1990年到1994年，在短短的四年时间内，非洲53个国家中有42个举行了多党选举。虽然充满着动荡、政变、武装冲突、种族屠杀、饥饿，虽然始终伴随着混乱，但专制并没有确立，民主的因素在非洲大陆迅速地成长起来。从中我们可以真正体会到民主的力量与弱点、善与恶、福祉与灾难。

殖民主义的遗产

非洲和欧洲不同，它不是一个大体上统一的文化体，只是一个地理单元，相互之间差异巨大。北非是文明最早出现的地区之一。埃及是文明古国。地中海沿岸一直属于亚欧文明圈的范围，随古代亚欧文明的发展而浪潮起伏。埃及是希腊文明的来源之一，犹太文明与埃及结下不解之缘。罗马置埃及行省和阿非利加行省，基督教渗透到北非。阿拉伯人则一直把自己的势力从东非扩展到摩洛哥。部落文明、伊斯兰文明和基督教形成非洲大陆的文化底色。在殖民地以前，撒哈拉以南非洲基本上处于部落文明状态。西苏丹地区8—16世纪出现过几个强大帝国，如加纳、马里、桑海。在中南非，从肯尼亚到马拉维湖广大区域，15世纪前也出现几个中央集权国家。16世纪，马达加斯加也出现了一些文明。15世纪起，西方势力开始进入非洲。新航路开辟以后，葡萄牙人在非洲沿海建立了一系列商业据点，西班牙人、荷兰人、英国人相继到来，他们建立贸易据点，从事象牙、黄金与奴隶贸易。直到19世纪70年代以前，西方殖民者除了贸易以外，基本没有对这些地区进行占领或治理。但19世纪最后25年，西方掀起瓜分非洲的浪潮，并且在20年内将非洲瓜分完毕。英国从南北两端向内部扩张，占领南非和埃及，还占领非洲之角和尼日尔河三角洲。法国占领突尼斯，把马达加斯加作为受保护国，在尼日尔河、塞内加尔河流域都占有土地。德国的势力扩展到西南非洲、西非、东非。到20世纪初，英国在非洲占有886万平方公里土地，占非洲面积的29%，法国占有1079万平方公里，占非洲总面积的35%；德国占234万平方公里，占非洲总面积的7.7%。到20世纪初，非洲只有埃塞俄比亚和利比亚两个独立国家。

殖民者分而治之，在地图上以经纬线划定疆界，同一个部族甚至同一个村庄被划归不同的国家，不同的、敌对的部族又被划为一个国家，这种事情经常发生。如索马里族居住区被分割在索马里、埃塞俄比亚、肯尼亚、吉布提、厄立特里亚等国。

到20世纪60年代非洲独立国家建立以前，殖民主义者对非洲的统治分为直接统治、间接统治和保护国三种形式。大体而言，在瓜分非洲之前，直接统治制度比较盛行。殖民者按照自己的意志改变原有的政治机构，废黜非洲原有的统治者，由欧洲人担任政府高级职员，非洲人只能担任低级职务。大部分法国殖民地实行的是直接统治。葡萄牙在莫桑比克和安哥拉、英国在黄金海岸和塞拉利昂都是实行直接统治。在瓜分非洲高潮期间，直接统治被殖民当局广泛采用。间接统治是通过原有的政治权威（哈里发、苏丹、埃米尔、各级酋长）进行统治，虽然政治体系也按照殖民者的要求进行了一定程度的重组。这种制度是英国人在印度先建立的，后来扩展到非洲殖民地，特别是第一次世界大战后，这种制度被其他国家广泛效仿。保护国制度则是非洲国家仍然保留着中央政权和原有的权威体系，欧洲列强掌握军事、外交、财政、司法权力。埃及、桑给巴尔、巴苏陀兰、斯威士兰都被先后宣布为英国的保护国；摩洛哥、突尼斯则被宣布为法国的保护国。

殖民主义者试图根据非洲各地区的社会发展水平、人种分布状态、自然条件等实施不同的统治方式。英国在埃及实行保护国制度，在南非实行半自治状态的联邦制度，在乌干达和尼日利亚实行间接统治制度，在塞拉利昂实行直接统治。法国、比利时和葡萄牙则认为殖民地是母国的一部分，是它们的海外省，因此实行同化政策。法国的同化政策是建立在启蒙观念基础上的，至少在理论上试图把非洲殖民地变成非洲省，把非洲人培育成法国公民。德国在西非的多哥和喀麦隆、西南非洲（纳米比亚）实行直接统治，通常任命军人担任总督；在卢旺达、布隆迪和布科巴（喀麦隆北部），则保留了原有的非洲人行政机构，通过驻扎官进行间接统治。德皇委派的殖民地总督集立法、行政和军事大权于一身，直接对内阁首相负责。

欧洲人一般通过殖民部统治殖民地。英国殖民部设立最早。稍后，法国、德国、意大利纷纷效法。殖民地的事务决策权在宗主国，殖民地总督或总专员、总领事和驻节官只是执行机构。

文官制度、宪法政治、议会、竞争性选举和反对党合法存在，是殖民时期留给非洲民主的遗产。欧洲人的统治对非洲日后民主政治产生三方面的影响。第一，近代政治意识形态的引入，特别是法国在自己的领地实行同化教育，试图使殖民地认同人民主权等启蒙思想。集会自由与言论自由，加入地方行政与立法机构等权利的逐渐确立。第二，法国在殖民地的治理试图将法国省县制与殖民地的村社治理结合起来，认识并利用村社酋长的代表性、老人议事会的作用以及传统村社制的民主特性，在一些地方实行村庄自治实践，选举酋长或村长并对其实行严格的任期限制，在有的地方则承认酋长的贵族特性，由世袭产生。第三，在英国殖民地，立法机构逐渐建立并吸收殖民地人加入。不过总体而言，欧洲人的制度与观念的直接后果，便是启蒙主义强调个人自由的自由主义观念被吸收进强调集体或民族自由（自治、自决）的民族主义观念中，从而导致殖民主义的终结。

非洲民族独立运动及独立后的政治发展

第一次世界大战和俄国十月革命之后，非洲民族主义运动蓬勃兴起。民族主义政党和政治团体陆续出现。埃及19世纪末就出现了民族主义政党。1918年第一次世界大战停战协定签字后，埃及立即向英国提出废除"保护国"的要求。1922年，华夫脱党发动起义，埃及赢得独立。在马格里布，民族主义政党或政治团体，如突尼斯宪政党、阿尔及利亚人民党、摩洛哥民族党等也纷纷建立。在撒哈拉以南地区，部落首领频频发动骚乱，民族主义政党通过组织与报刊展开宣传与请愿，城市工人组织发动罢工。英属西非的黄金海岸（今加纳）、尼日利亚、法属西非和法属赤道非洲的民族主义运动要求宪政改革，反对种族歧视，实现"内部自治"或"半自治"。

第二次世界大战以后，非洲出现非殖民化高潮，民族主义政党大批涌现，非洲国家纷纷独立。在北非，1951年12月，联合国托管的前意大利殖民地利比亚获得独立。1954年11月阿尔及利亚爆发武装起义，建立民族解放军和临时革命政府。1956年苏丹、摩洛哥和突尼斯也先后独立。1957年英属黄金海岸宣布独立，成立加纳共和国。1958年法国宣布由法国本土和海外领地共13个成员国组成"法兰西共同体"，法属非洲领地变为法兰西共同体内的"自治共和国"。1960年法国与共同体中的12个成员国先后签署了"移交"权力的协定，承认这些国家独立。1960年非洲的政治地图发生了巨大变化，共有17个国家取得独立，其中14个国家是法兰西共同体的成员国和法国托管地，其余3国是扎伊尔、尼日利亚和索马里。1961年至1968年非洲又有15个国家独立。

非洲的民族主义运动继承了西方近代以来政治运动的组织政党和开展大众运动的形式。在这方面，黄金海岸具有代表性。1947年，黄金海岸人民大会党成立，其领袖持与英国政府妥协的态度。恩克鲁玛依靠非暴力抗议和罢工来加快非殖民化过程。他领导的人民大会党在有限自治政府的选举中多次执政。1954年恩克鲁玛当选自治政府总理，后任国家元首，黄金海岸改名加纳。加纳的成功鼓励了非洲国家的独立运动。在法国殖民地，1946年，旨在团结所有法属殖民地的非洲民主联盟在科特迪瓦成立，在殖民地的政党组织和大众运动压力下，法国政府虽然作出若干让步，但也阻止不了殖民地独立的大势。

独立后，由于真诚相信殖民主义的错误已经获得纠正，正义已经得到实现，非洲领导人充满着自信。社会服务得到扩展，教会和学校国有化，西式高校得以兴办。和其他发展中国家一样，非洲也走上国家主导的超赶道路。如何用新的民族认同或国家认同取代部落认同，是非洲国家独立后面临的另一大问题。除了国家认同外，非洲认同或泛非主义也在独立前和独立后发展起来。统一的货币与央行、统一的非洲国防军和唯一非洲公民身份下统一的非洲，是独立后泛非主义的理想。①

但是这种理想主义没有持续多久。重建社会面临巨大经济压力，欧洲人的撤离在有些地方（最典型的是刚果）留下权力真空，使得部落主义迅速抬头，部落冲突、内战、政变便成为60年代以后非洲政治的家常便饭。冷战意识形态和地区、部落利益加剧了非洲的冲突。强大的中央权力成为所有在位的政治领袖的诉求。于是，非洲政治从独立前和独立时的多元主义迅速滑向一党制。靠政治多元化上台的那些政治力量开始诅咒多党制。加纳的恩克鲁玛说："如果反对党专心于搞阴谋诡计，抵制议会，抛弃一切责任却唯独象征性地关注投票箱的话"，西方式的多党制便变得非常有害。② 20世纪80年代时，整个非洲只有博茨瓦纳还保持着多党制。

直到80年代末，一党制是黑非洲国家政治的主流倾向。至1989年，51个独立国家中实行一党制的有27个国家，实行军人统治、禁党的有12个国家。③ 一些国家起初就实行一党制，如选择社会主义道路的几内亚、阿尔及利亚、几内亚比绍、佛得角、莫桑比克、安哥拉、圣多美，党的主席即国家元首。几内亚1958年独立，塞古杜尔作为国家党总书记和总统一直到1984年去世。党国合一体制写进宪法。一些独立后采用西方多党

---

① 参见埃里克吉尔伯特，乔纳森·T. 雷诺兹《非洲史》，黄磷译，海南出版社、三环出版社2007年版，第17章。

② 同上书，第381页。

③ 参见丛日云《当代世界的民主化浪潮》第七章，天津人民出版社1999年版；贺文萍：《非洲国家民主化进程研究》，时事出版社2005年版，第69页。

体制的国家，利比里亚、象牙海岸（科特迪瓦）、突尼斯、中非等，逐步过渡到一党制。或者反对党不久便遭到取缔，如肯尼亚、坦桑尼亚、塞拉利昂、喀麦隆。肯尼亚1963年独立，1969年实行党禁，1982年宪法修正案规定肯尼亚为肯尼亚非洲民族党领导下的一党制国家。一些国家军事政变后军事强人实行党禁，解散原议会，刚果为典型。1960年独立，政党林立，国家混乱。1967年5月，国民军总司令蒙博托发动政变，自任总统。马里1968年发生军事政变，全国解放军事委员会解散原执政党苏丹联盟，1974年公布新宪法实行一党制。多哥1967年政变，军政府解散议会和全部政党。

非洲一党制有自己的特征。党宣称代表所有人民而不是某一部分人的利益，这与反对殖民主义的历史环境有关。有的国家把党等同于公民，扎伊尔、卢旺达、几内亚宪法规定全体公民是执政党的自然成员。执政党作为最高权力机构或领导力量被写进宪法，如坦桑尼亚1975年宪法规定执政党坦噶联盟为国家最高权力机构，在重大事情上指导政府；塞舌尔1979年宪法称人民进步党是塞舌尔唯一合法的政党。津巴布韦总统穆加贝称："津巴布韦人民联盟是人民的救星，代表人民，地位高于议会与政府，领导国家，永远执政。"① 这是非常现代的又是符合实际的观念与做法。这是西方理论与非洲实践相结合的产物。分散的部落，没有利益集团，没有政治联盟，使得党自然成为纽带；领导人大多数在西方接受教育，也希望拯救或复兴他们的国家。他们认为非洲传统是一个无阶级的社会，天然处于民主、平等、自由状态；一党制有利于克服部落矛盾、地方主义。扎伊尔有二百多个部族三百多种语言，这样的国家在蒙博托看来只能实行绝对的一党统治。

一党制政权没有能解决黑非洲最紧迫的经济问题。一党制和军人专制导致政治上家长式的个人专制、权力腐败、体制僵化、国家管理的混乱和低效能。黑非洲的政党起初是在民族独立运动中诞生和发展起来的。黑非洲各国政党一开始就不同于现代西方的政党。它们一般都称为"阵线"、"运动"、"联盟"或"大会"等，说明他们属于全民性的民族联合组织。在采行苏联模式的国家，一般都建立了"先锋党"，它也以全民利益代表

---

① 贺文萍：《非洲国家民主化进程研究》，第74页。

者自居，因而否定了其他政党存在的合法性。①

与一党制的盛行相联系的，是领袖权力的膨胀。先是党和国家的界限模糊，后是党和领袖的界限模糊。对领袖的崇拜发展起来了。恩克鲁玛无疑是非洲独立运动的英雄，也是加纳的缔造者。1960年代，加纳规定"缔造者日"来庆祝他的成就，他的生日就是国家的节日。全国各类机构都要在报纸上刊登对他的贺词，他也乐于接受"救世主"的称号。"对我们——他的人民——来说，恩克鲁玛就是父亲，是导师，是兄弟，是朋友，他真的就是我们的生命，因为，如果没有他，我们虽然也能存在，但我们不会有真正的生活，我们将没有希望治愈我们患病的心灵，我们将不会有终身受苦之后迎来光荣胜利的体验。我们仰仗于他的东西甚至比我们呼吸的空气更珍贵。"② 一位西方记者曾这样描述其中的一位领袖："蒙博托像多数非洲总统一样，他是以一半是神，一半是酋长的身份统治他的国家的，把21世纪的通信技术与古老的部族象征结合在一起。"根据他自己颁布的法令，他已成为一种杜撰哲学（称蒙博托主义）的化身，是不可批评的国家的象征。公共场所只许悬挂他的肖像，百姓佩戴他的像章，并要穿着印有他肖像的运动衫，称"蒙博托衫"。③ 这是黑非洲国家典型的个人专制和个人崇拜的例证。

但是腐败问题没有解决，政治生活无比残暴，如阿明统治下的乌干达在8年内有10万—50万人惨遭屠杀。中非的统治者博卡萨1972年宣布自己为党的终身主席和国家终身总统，1976年又废除共和建立帝制，自封为皇帝。1977年举行加冕礼竟耗资3000万美元，占国家财政预算的三分之一。他实行残暴的统治，对犯人实行割耳朵、砍四肢等酷刑。禁止使用"民主"、"选举"等字眼，杜绝任何批评和建议。几内亚前总统塞古·杜尔实行高压政策，迫使200万人流亡国外。一位学者写道："撒哈拉南部非洲有一些毫不知耻的盗窃国库的政权，在这些政权中，独裁者像对待自己的私人所藏那样对待他们的国家，使其臣民极度贫困。他们聚敛了大量财富并将其密藏在国外，并使整个社会都处于一种腐败的交易之中。……

---

① 丛日云：《当代世界的民主化浪潮》第七章，天津人民出版社1999年版。
② 同上书，第382页。
③ 戴维·拉姆：《非洲人》，上海译文出版社1990年版，第61页。

国家一般被看作是一种剥削工具，政府部门极度私人化。"[1] 此外，高压政策并没有带来政治安定和正当领袖们期望的民族团结。在1989年之前三十多年间，非洲共发生政变70起（不包括大量未遂政变），大半国家发生过政变。一党专制并没有融合各个民族，却往往造成一个部族对别的部族的高压，没有一个政治力量能够真正做到如他们所声称的那样代表全体人民或国家。

20世纪末开始的非洲民主化

20世纪末非洲民主化进程，是20世纪乃至世界历史的重要现象。黑非洲的民主化运动集中表现为由一党制向多党制的转变。在1989年前，非洲只有塞内加尔、冈比亚、博茨瓦纳、毛里求斯、津巴布韦等5个国家采取多党制，而实行一党制的国家有29个。另有加纳、几内亚、乌干达等10个军人政权和无党派活动或实行禁党制的国家（纳米比亚当时尚未独立）。然而自1989年起，受世界性民主化浪潮的影响，多党制风潮开始登上这片大陆。这股风潮最初始于原法属殖民地，而后扩展到葡语非洲国家，接着蔓延到英语东非和南部非洲。[2] 仅在二至三年的时间里，绝大多数国家通过修宪立宪、全民公决、议会和总统的直接选举等程序，实现了由一党制向多党制的过渡。1989年，阿尔及利亚修改宪法，删除"社会主义是阿尔及利亚不可逆转的选择"，终止一党制，实行多党制；1989年7月，莫桑比克解放阵线党五大删除所有马列主义词句，次年宣布实行多党制；1990年，坦桑尼亚革命党主席尼雷尔称：永远保持一党制是不可能的，多党制不可避免。这是他造访东欧后的讲话。1991年，奉行社会主义的索马里总统西亚德、埃塞俄比亚总统门格斯图、赞比亚总统卡翁达全都下台。1990—1994年，42个非洲国家实行多党选举。80年代末，非洲至少有35个国家举行了多党议会选举。1999年底，有22个非洲民主国家进行第二次多党选举。有学者在2001年把南非、贝宁、马里、纳米比亚、圣多美、马拉维、塞舌尔等14国列为自由选举的民主国家，而把科特迪瓦、科摩罗、加蓬、布吉纳法索、喀麦隆、毛里塔尼亚、加纳、肯

---

[1] 转引自李继东《现代化的延误——对独立后非洲病的初步分析》，中国经济出版社1997年，第260—261页。

[2] 丛日云：《当代世界的民主化浪潮》第七章。

尼亚等列入假民主国家。第二次选举质量有所下降：执政党和总统权力对选举法施加限制；暴力事件时有发生；2004年，几内亚比绍、南非、阿尔及利亚、马拉维、突尼斯、博茨瓦纳、喀麦隆、布隆迪、纳米比亚、加纳举行了大选。[1]

埃及政治民主化改革启动较早。1974年，萨达特总统实行经济自由化改革，并把改革扩大到政治领域：有限的多党选举和新闻自由，独立的司法制度，但反对派仍然受到排斥。1980年经公民投票修改宪法，规定政治制度"建立在多党制基础上"；总统任期6年，可连选连任；人民议会是最高立法机关，议员由普选产生，任期5年。建立协商会议，为咨询机构，无立法权和监督权。1981年继任（2009年仍然在位）的穆巴拉克延续了政治改革。20多年中，埃及有限的多党制、选举制、议会制和政治协商制基本确立起来。1990年10月，议会选举中两个主要的反对党联合抵制选举，抗议不公平的政治竞争。2005年是埃及民主化的重要一年，这一年埃及举行首次自由的总统大选。在竞选过程中，候选人对现政府和执政党——民族民主党候选人穆巴拉克进行攻击，反对党不断组织游行和集会，公开表示要通过这次总统直接选举结束穆巴拉克"24年的高压统治"。不过穆巴拉克仍然在10位候选人中胜出，开始其第五任总统任期。同年的议会选举中，伊斯兰温和组织穆斯林兄弟会取得88个席位，占议会席位总数的20%，仅次于执政的民族民主党。

南非的民主化是非洲民主的希望。南非1910年独立后一直实行种族隔离政策。从独立开始，黑人就开始了争取权利的斗争。1912年，南非土著人国民大会成立，1923年更名为南非非洲人国民大会（非国大），开始长期的争取民权运动，把民族自决、反对任何形式的白人统治作为口号，采取罢工、游行、不服从等抗议方式。1955年，非国大和印度人大会、有色人种组织及白人民主运动组织召开人民大会，通过的《自由宪章》，提出居住南非的各民族有平等的公民权、拒绝一切种族歧视的要求。60年代，种种结社纷纷出现，抗议活动一度呈现暴力特征，尤其是南非工会大会的大罢工，影响甚大。面对非洲人的压力，20世纪80年代初，执政的国民党采取"隔离但平等"的政策，在议会中单独为非白种人建立会议厅。1989年德克勒克担任总统，实行开放党禁的政策。非国

---

[1] 参见贺文萍《非洲国家民主化进程研究》，第174页。

大、泛非主义者大会等迅速扩张其影响力。为争取非洲人政治权力已经奋斗近一个世纪的非国大宣布停止武力对抗，成为南非政治斗争的主力军。1994年，不分种族的多党选举进行，非国大领导人曼德拉当选首任民选总统。南非的民主化与欧洲的民主化、特别是与英国的民主化有相似之处：给予白人的选举权平等地给予南非的所有居民，就好像近代英国终于把选举权扩大到所有成年男女一样。南非为了彻底实施其分权理念，议会、行政和司法分设于三个城市，因此拥有三个首都。

南非是非洲经济强国，它的稳定的民主制也许使人想到民主制度对经济发展的依赖性。贝宁是非洲最贫穷的国家之一，它的民主化却是另一个典型。1989年以前，这个前法国殖民地、近600万人口分为60个部族的国家实行一党统治，坚信马克思主义，靠军事政变上台的总统克雷库也已经执政16年（从1960年独立至1972年，贝宁共发生5次军事政变）。1989年国家发生危机，罢工罢课不断。1990年初，克雷库政府不得不召开由反对党、争取公民自由权组织、职业团体和宗教代表等组成的协商会，这个会议便成了国民议会。同年，贝宁的第七部宪法经由全民公决产生，称贝宁为"建立一个法制和民主多元化的国家"，实行行政、立法和司法分离的原则和总统内阁制。总统由直接普选产生，任期5年，可连选连任一次。国民议会为最高立法机构，实行一院制，议员由直接普选产生，任期4年，可连选连任。它的议会首都和行政首都分别设在两个城市。在改革后第一次选举中，克雷库便被反对党领袖击败。2006年，贝宁已经实行三次自由选举，度过了所谓的"二次反转测试法"（所有第一次自由选举上台的领导人和平地让位于新一次自由选举的领导人，第二轮自由选举的领导人再和平地让位于下一次自由选举的领导人）。

阿尔及利亚是北非另一个重要的伊斯兰—阿拉伯国家，是法国在非洲最重要的殖民地。1954年，民族解放阵线开始抗法武装起义。1958年法国虽然再次强化它是法国"整体的一部分"，由阿尔及尔总代表团直接统治，但坚持独立的临时政府宣布成立。1962年最终获得独立。1989年，阿尔及利亚政府颁布新宪法，取消了执政近30年的民族解放阵线为"国家唯一政党"的规定，改行多党制，并确定了公民的言论自由和组建"政治性团体"的权利。短时间内，这个国家政党林立。有世俗主义政党，主张政治与经济改革，如社会主义力量阵线、文化与民主联盟，主张党政教分离，建立市场经济，改革教育制度；最重要的特征是伊斯兰主义抬头，如原名哈马斯的争取和平社会运动，代表温和伊斯兰势力，既倡导伊斯兰化，也主张民主、共和、轮流执政；特别是原教旨主义性质的伊斯兰救世阵线力量迅速强大。在1990年6月举行的首次多党自由竞争的地方选举中，伊斯兰救世阵线获得出人意料的胜利，而执政的民阵遭到惨败。后来立即发生军人干政事件，宣布选举无效并修改选举法，但是在1991年12月的国民议会第一轮选举中，伊阵还是获得了压倒性胜利。执政多年的民阵成为反对党。直到1995年11月，阿尔及利亚举行了首次多党总统选举，独立候选人泽鲁阿勒当选为总统。1996年经全民公决通过宪法修正案，确立阿尔及利亚的伊斯兰、阿拉伯、柏柏尔属性；禁止在宗教、语言、种族、性别、社团主义和地方主义的基础上成立政党；议会由国民议会和民族院组成；总统在议会产生前及其休会期间可以法令形式颁布法律等。

三 关于民主化的反思

在20世纪的政治词汇中，民主是一个最闪亮的词。民主这个词的词源来自希腊，原指与君主制（一个人统治）、贵族制（少数人统治）相并列的第三种政体（人民统治）。古代罗马人认为它们的政体综合了三个政体的优点，因此不称民主制也不称君主或贵族制，而只称"共和国"，字面的意义是"人民的财产"；而"人民"在罗马人看来，包含所有公民，既包含贵族，也包含平民，他们都享有否决权和选举权。公民通过投票决定国家的重要事务，既包括选举公共职位，也包括通过重大决策，这种情况在古代并不多见。希腊人说波斯人是有主子的，是处于奴役状态的，而希腊人热爱自由，意思即指希腊人行使这两个方面的权利。但是希腊人特别是后来的罗马人，他们并没有将自己的民主制度推销到他们征服的地区，因为罗马人对行省的统治与对罗马的统治是不一样的，他们通过派遣总督的方式而不是让地方选举总督的方式进行其行省的统治。对于罗马人来说，所谓民主的扩展，就是罗马公民权的扩大，但这种公民权除了上层以外，并未扩展到意大利本土以外的行省。到了近代特别是19世纪，西方人特别是法国人认为民主是普遍价值，是一种把效益与公正结合起来的统治方式。这与18世纪的启蒙运动认为建立在人权基础上的政治制度才是合法的与人道的假定相关联。组成19世纪殖民主义内容之一的"白人的责任",其重要内容竟包括帮助被征服的民族建立其自己的民主政治,这一点似乎一直为人们所忽视。只有这种政治,才是文明的,才使他们真正脱离野蛮状态(野蛮人多实行专制制度,即官员不是由选举产生,即没有公民权观念)。正如上面简单叙述的,世界其他具有悠久历史的民族,在受到西方的欺侮以后,也认识到民主是西方力量之源和自己走出困境的正确选择。民主作为普遍价值已经成为非西方国家文明史中的宝贵经验。这一点,无论在亚洲或非洲都有许多生动的故事。

当代世界政治发展或者说民主史的最重要的内容,至少从20世纪80年代末开始,竟然是"人民民主"(或曰"最先进"的、"真正"的民主)向"民主"的"倒退",这真是意味深长的现象,也是世界上为数不多的持自己为"例外论"的政治共同体中出现的令人无法理解和感到失望的现象。但是,不管怎么说,西方方式,或者西方民主的扩展势头是无法改变的。不管有多困难,甚至陷入多么深重的危机,要让那些已经改变方向的国家再改变方向,似乎很难。毕竟,直接选举共同体的领导人(包括行政领袖和立法机构成员),竞争性的政党或政治力量的存在,对公共事务的自由讨论以及不受权力控制的媒体的存在,行政、立法与司法权的分立与相互监督相互制约,这样一种政治生活,已占了世界历史的上风。

在回顾西方式民主的扩展的时候,仍然会产生众多问题。第一类问题便是,实施西方式民主是否需要资格?虽然20世纪50—60年代,政治社会学家在所谓多元的民主与经济社会发展之间发现了许多经济的联系,并且曾经作出过种种预测;但是如果联系整个世界历史和近20年的民主实践,人们会发现,民主与经济发展的关系并没有著作家们想象的那么密切。从概念上讲,民主涉及的一套价值,与经济涉及的那套价值,并没有实质的关联;我们至多只能这样说:自由是好的,面包也是好的,但没有什么必然性一说,在没有面包的情况下人们就不能认为自由是好的。选举自己的政治领导人,对政策发表自己的意见,有序地投票,这些东西,有可能属于人的最重要的诉求。从历史的角度来看,那些援引非洲的混乱来试图证明民主需要经济前提的人,可能忘记了,当代非洲人的经济发展,就其与政治生活的关联而言,并不比古典时代的希腊与罗马更差,甚至更高。在这个世界上如果有一个现象有助于我们对民主的思考的话,那就是,普通人,平民百姓总是守规则的;而只有那些掌握了组织、暴力机构甚至控制了军队的政治强人们才不守规则，他们谋求一任后再谋求一任，直至获得终身任职；他们吞噬着经济发展的巨大成果，享受着这个共同体一般人根本无法享受的种种特权。这种体制对这部分人来说已经是"最先进"的了。把经济社会不发达、百姓因而没有资格享受民主的蛊惑堂而皇之地赋予某种天条的色彩，是我们这个最不乏洞见的世界上最荒谬的理论之一。

民主到底是否值得拥有？我们且不问它是不是普世价值，因为这其中涉及许多形而上学的迷雾，我们只需要问这样一个问题：它难道不是我们真正需要的吗？如果它不是最高的价值或者最高价值之一，我们还如何评价我们至少两百年的政治史，我们还如何评价18世纪以来的世界历史？我们毕竟曾经并且现在仍然为民主而努力，虽然方式有所不同。

实际上，民主的外源性与内生性，或者民主的特殊性与普世性问题，并没有表面上所认为的那么重要。历史研究或者对政治制度的性质的研究也许表明，西方是独特的，除了希腊—罗马—基督教文明以外，别的文明根本就缺乏民主的基因；所谓亚洲、非洲的民主化，不过是西方势力渗透的结果，是西方将自己的政治制度与意识形态强加于人的结果。但是这不是问题的要害。问题的要害是现代性的：为什么"我们"，而不仅仅是"他们"，也把民主的制度，也就是把人的权利及其保护，作为政治生活的首要价值，至少在表面上是；为什么，是同样的"我们的先辈"，为着实现这种理想，而不惜牺牲自己的物质生活、名誉甚至生命？因此，它绝不是虚幻的。民主是西方的权力运行规则，这样一种历史的判断并不能解决我们的价值承诺，因为人的要求是变化的，人性也是变动的。

从其在世界历史上出现的时刻起，围绕着民主就充满着争论与分歧。这种争论既发生于政治界或权力实施的领域，也发生在对其进行反思的学术领域。从世界上"伊斯兰人民民主"和"社会主义人民民主"的制度安排，变为简单的"某某共和国"，这种名称上的改变，仍然标志着某种重要的变化。它也引导我们去问另一个问题：民主这个概念是否拥有"内核"？民主的民族性的限度在哪？什么样的制度安排会突破人们对民主这个词的一般理解甚至期待？还有，纵然我们接受它的民族性，但是在同一政治单元内毕竟还有许多别的人，对这个词，这个词所指示的制度安排，有不同的看法，这种看法本身，难道不是民主的开放性标志吗？此外，民族性与民主实施的步骤性是不同的。例如直选，说因为我们对民主的不同理解而拒绝直选，因此这种对直选的拒绝本身，就代表我们对民主的固定的甚至是正确的见解，这是一回事；而说我们的选民还没有足够的能力，我们实施这种做法可能会冒着动荡的危险，因此它的收益可能低于它付出的代价，因此，我们不得不把反对机制、竞选制度等放到不能确定时间表的未来，这却是另一回事。

亚洲和非洲，与欧洲相比，有着不同的历史传统，不同的文化背景，不同的经济发展水平，不同的宗教信仰，不同的种族、民族，不同的地理环境。就亚非之间以及亚洲与非洲内部，各国的情况又存在着诸多差别（如有中国、印度这样的大国，又有韩国、新加坡、尼泊尔这样的小国，有的是内陆国家，有的是海岛国家，中非与南北非也存在很大差别）。各国之间无论存在怎样的差别，却并不影响它们共同走上民主化的道路。从文化类型上看，世界性的民主发生，已波及了各种文化形态，无论是基督教文化、儒教文化、伊比利亚文化，还是伊斯兰教文化、黑非洲文化等都无一例外；从经济发展水平上看，它既包括了作为超级大国的苏联和东欧各国以及实现了经济腾飞的亚洲四小龙，也将不少最不发达的非洲国家裹挟其中。经过它的洗礼，世界的政治版图现已大大改观，一种渐趋成熟的民主化的时代精神，为人类形成普世的生存方式提供了共同的价值资源。环顾今日之世界，欧洲、北美洲、拉丁美洲、大洋洲都已经成了"一人一票"的民主化大陆。在非洲，专制政权正成为民主化浪潮中随时都会陷落的孤岛。即使在亚洲，少数人统治也只剩下断壁残垣。这意味着，人类在不远的将来，一定会生活在一个民主政治的世界里。这只能说明，自由与民主是现今世界各国的共同目标，是人类的普世价值。如果说，在人类的历史上，君主制曾经是一种普遍的政治制度（那时民主制是一种例外），那么，到了20世纪末，民主制已成为世界各国所享用的政治制度，倒是君主制成为一种例外了。这是人类文明划时代的进步。民主制之所以被全世界多数国家所实行，因为这是一种适应人性需要的制度。

一百多年前，伟大的民主革命家孙中山就说过：世界潮流，浩浩荡荡，顺之者存，逆之者亡。今日之世界，绝大多数国家已走上民主化之大道，那么，中国宪政民主之前景，就如毛泽东在"星星之火，可以燎原"（1930）一文的结尾处所说的："它是站在海岸遥望海中已经看得见桅杆尖顶了的一只航船，它是立于高山之巅远看东方已见光芒四射喷薄欲出的一轮朝日，它是躁动于母腹中的快要成熟了的一个婴儿。"

第三版续论

本书在"再版前言"中提出:"建立民主制,必须与国情相结合,但必须改造国情(体制、观念、习惯)中的种种非民主因素,才能吸纳先进文化——民主。对我们来说,确立正确的民主概念,建立现代民主制度,一要清理传统的专制主义影响,二要清理支撑苏俄政治模式的理论体系。后者的任务,尤为艰巨。"

清理传统的专制主义与苏俄政治模式的理论体系也是作者的职责,但在"再版"时知难而退,只提出了任务,而没有在理论上去完成任务。此事几年来一直萦绕于心。值此三版之际,决心向读者交出这份答卷。

本书全方位地介绍西方民主,便于读者便捷地认识西方民主,目的在于借鉴西方民主,建设中国特色的现代民主制度。为此必须打通中西文化的壁障,使人类的先进文化融入中国,使中国文化注入新的血液,嫁接新的基因。这实际上是"五四"新文化运动的先贤们所从事的工作,我们只是后继者而已。这样,第三版续论就成为本书的一个有机组成部分。

一 民主及其歧见

人类生存与制度依赖

人类乃万物之灵,但又依赖万物而生存。大自然是人类之母。人类再强大,也必须依赖自然才能生存、繁衍与发展。

人类的生存还必须依赖社会。像鲁宾逊在荒岛上生活,像白毛女在山林中生存,那是个体的特例。那种在离群索居环境下生存所面临的艰难,说明人类不能脱离社会而生存。而社会从它诞生起就产生出一定的组织制度。以血缘为纽带的氏族制度可算是人类最早的赖以生存的组织制度。氏族制度瓦解后,人类发明了以地域为疆界的国家制度,每个人便都在国家这种组织制度下生活。国家需要有一个王,一个国君的统治。所以,君主制一直被认为是常规的国家形态。像希腊、罗马早在两千多年前就曾出现过民主与共和制度乃是人类历史上的一种稀罕的现象，对于世界上其他地区的人来说，了解这一情况乃是很久以后的事。对于古代中国人来说，除了君主制他们不认为还能有别样的国家形态；既然君主制是他们唯一赖以生存的国家制度，他们也只能做国家的顺民了。在被专制暴虐的统治者逼得无法生活下去的时候，顺民们起而反抗，成了暴民。但暴民们的造反只是周期性的王朝换主，专制再生。众生们无论如何都解脱不了这种生存的制度依赖。中国人知道除了皇权专制制度外，还有一种可以为人民所主宰的民主制度，那是近代以来的事。

16、17世纪以来，欧洲人对人类的文明作出了两大贡献。一大贡献是科学技术领域中的许多重大的（有的可以称为划时代的）发现和发明，它使人类从农业文明跨入到了工业文明，社会生产力的发展出现了令人眼花缭乱的奇迹，人类的生活方式大为改观。这对于人的自由解放具有里程碑式的意义。但这种自由只是人类在大自然面前的自由。欧洲人的另一个大贡献就是发明了民主制。这个贡献比第一个贡献的意义更为巨大，它从根本上改变了人类的生存依赖：使人成为人，即由被奴役者成为自由人，成为自己的主人，最终脱离了动物状态。我们知道，在动物群体中，也有一个王统治着这个群体，什么猴王、蚁王、蜂王、狮王，等等。群体中的每一个个体都屈尊于它，战战兢兢地向它摇尾乞怜，否则就可能遭致灭顶之灾，这很类似于绝对君主之下仆民们的生存状态。自发明了民主制后，这一状况开始有了根本的变化：原先的统治者成了公仆，而众多被统治者成了主人。当然，从民主制的发明到它的基本实现是有一个历史过程的。民主制也是人类生存的制度依赖，区别在于：君主制对它统治下的国民是异己的，强制的，非人的；民主制下的公民则主宰着这一制度，他们成了自由人；专制制度下的非人状况成了遥远的故事。

什么是民主——西方民主要义概括

在回答什么是民主这个问题时，人们往往首先引用古希腊时代流行的民主观，即民主是"人民的权力"或"人民的统治"。

由于近代以来，无论是民主理论还是民主制度，在观念、内容和形式上，相对古希腊时代的民主都发生了很大的变化，因此，对于什么是民主的问题的回答也就复杂起来了；学者们对此的答案可以说是五花八门，仁智各见，难以求得一致的认识。难怪有人说，民主这个概念是朦胧的，说不清，只能说，什么不是民主。

在解析这个问题前，首先要明确，我们说的民主，是指民主理论，还是民主制度？

应当说，这属于民主制度范畴的内容。但是，制度是由理论所支撑的，制度体现着民主理论与民主精神。

民主制度体现着一个基本原则，就是"主权在民"。林肯表述为"民有、民治、民享"。我国的宪法表述为："中华人民共和国的一切权力属于人民。"

但是，这个原则必须落实于制度，必须有制度的保障。否则，便无实际意义。

说到制度，就复杂了。因为民主制度是一个体系，你可以从不同侧面、不同层面去阐述它，因此就有了对民主的不同答案。实行民主制的国家，都设有议会，举行定期大选，搞多党竞争，三权分立等；人权与公民权利得到法律保障；一些老牌的民主国家还有比较健全的四大机制：参与机制，竞争机制，制衡机制与法治机制。你从哪个环节入手来诠释民主呢？

在西方人看来，民主有一个底线，就是说，应当有一个最起码的鉴别标准：就是你这个政府是不是民选的政府。政府是民选的，是民主国家；不是民选的，就不能认为是民主国家。有些独裁者也宣称自己是代表人民的，是关心人民疾苦的，等等。但执政者的主观承诺还不能说明这个国家是不是一个民主国家。

因为，选举可以有猫腻，对大选可以进行操纵、控制，结果呢？选举出来的仍然是独裁政府、专制国家。萨达姆统治下的伊拉克不是也搞大选吗？媒体公布选举结果100%选举萨达姆当总统。这说明，光有选举，民主还靠不住。所以，西方民主理论认为，选举还必须有一个制度垫脚，那就是多党制。一党制下或者不搞选举，或者搞点假选举，往往搞那种选民无可选择的选举。西方国家所通行的多党制，奉行各党互相独立、彼此平等的原则，大家都服从选民的选择，只对选民负责。在西方人看来，彼此不独立、不平等的多党制，还不是现代民主制下的多党制。

经过多党竞选之后，那个获得竞选胜利的政党就享有执政的资格了，成了执政党了。可是，这个执政党是否可以独揽国家权力呢？不。它只享有国家的行政权,而不能同时享有立法权与司法权。如果它享有集国家三种权力之大权,那么,很容易由集权主义而走向专制主义。所以需要三权分立,互相制衡。它是堵塞扼杀民主、导致极权的一个有效手段。

这个民选的政府不但不能独揽国家的全权,它还必须尊重与保障公民的权利。这是民主政府的又一个权力界限。

重视与保障公民的权利,是西方近代民主所确立的一个重要特点。人权是"天赋"的,人人相同,人人平等,没有特殊公民可以享有特权。这是西方近代民主与古代民主的一大区别,也是洛克的自由民主与卢梭的极权民主的一大区别。卢梭虽然也承认人权,宣扬民主、自由。但是,他认为,当人们有了政府,形成了共同体(国家)之后,就把"自身的一切权利全部转让给了整个集体",这个集体是有自己的意志的,这就是他所杜撰的"公意"。他说:"任何人拒不服从公意,全体就要迫使他服从公意。"卢梭的民主理论与自由主义的民主理论有两个区别:第一,前者不但将管理公共事务的权力让渡、委托给了政府,而且也将公民的个人权利给了政府;而自由民主理论只将公共权力委托给政府,公民的个人权利没有让渡给政府。因为,人们建立政府的目的,就是为了保护每个人的天赋权利。第二,前者要求在政府建立之后每个人都绝对地服从代表"公意"的政府,因为"公意"中就包含着每个人的权利,所以,你如果不服从,全体就要强迫你服从。所以罗素说,卢梭的学说"虽然对民主政治献嘴皮殷勤,倒有为极权主义国家辩护的倾向";他是"伪民主独裁的政治哲学的发明人"。① 卢梭是带着民主桂冠的独裁主义。这或许不是他的本意,但历史效果就是如此。卢梭的思想与法国革命的雅各宾专政、与斯大林模式的无产阶级专政的理论和实践有内在的思想联系,我们不能忽视。而自由民主理论反对人们绝对服从政府,反而认为可以监督与批评政府。如果这个政府滥用权力,践踏民意,治理无方,在新一轮的大选中还可以请它下台。

突出公民权,保障公民权,是近代以来民主的重大成就。这种制度,以公民权利为本,不但实现了公民权利与国家权力的大体平衡,而且实现了权利对于权力的驾驭。这确实是人类治理自身的重大进步,它使人类摆脱了权力的奴役而成为自由人。公民权包括人权与公民政治权利。关于人

---

① 罗素:《西方哲学史》下卷,商务印书馆2004年版,第236、225页。

权的基本内容，洛克开出的单子很有代表性：即生命权、财产权和自由权。这在以后为各国宪法所采用。人权和公民权利虽早在18世纪就已提出，但逐步实现则是在20世纪。特别要注意的是，民主是"多数决定"，而不是要求"少数服从多数"。全体中即使有一人与全体意见相反，就应当尊重与保护这个人的反对权，而不是要他服从全体。少数甚至个别人的反对权与多数人的决定权其价值大致相等。有少数反对权的存在才有民主，取缔他们便取缔了民主。这是西方近代以来民主之真谛。

民主制中还有一项重要的原则，就是对权力的制约。对权力的制约，有两个层次：一是国家权力的相互制约，即立法、行政、司法三种权力的相互制约，称为"以权力制约权力"的法则，最早为孟德斯鸠所提出。二是国家外部力量对国家权力的制约，主要有民间社团（特别是各种利益集团）、反对党（在野党）、新闻舆论的监督制约。由于国家权力受到内部和外部广泛、严密的制约与监督，促使权力在法律轨道上运行，可有效地杜绝权力的滥用。民主国家权力制约网络（或权力制约机制）的形成与完善是当代民主的显著成就。

所以，第二次世界大战之后西方民主进入了一个新阶段，就是"当代民主"阶段。其实，当代民主比之近代民主，在理论上与制度上似乎无重大创新，区别只是民主的各种机制（参与机制，竞争机制，制衡机制，法制机制）的完善化，从而保障了人权与公民的政治权利比较普遍地实现。当代民主还有一个特点，就是民主开始突破欧美地区，突破老牌民主国家，向亚洲、非洲与拉美地区与国家扩展。在那里，非民主的独裁政权或专制国家纷纷被民主制所取代，出现了民主全球化的景象。21世纪，全球民主化前景看好。

总起来说，民选政府的权力是有限的，或者说执政党的权力是有限的。这种有限性，表现在空间上，它只拥有行政权，不拥有国家的立法权与司法权（当然，它可以参与、影响这两种权力）；还表现为它不能侵犯公民的权利。因为，政府行使公共权力的目的是为了保障公民的个人权利，如果它不能保障公民的权利，它就是一个失职的政府；如果它侵犯了公民的权利，就是一个违法的政府，是一个专横的政府，是一个恶的政府。执政党权力的有限性，还表现在时间上，它的执政年限是受到限制的。在新一轮的大选中，它是否继续执政，就由选民们来决定了。终身制和世袭制在这些国家已成了遥远的故事。

这种民选的、权力有限的政府，实现了国家权力在民主和法治轨道上的运行。这样的国家，政府是向善的，依法执政的，公民是自由的，又是守法的，社会是和谐而又稳定的，文化必定繁荣，经济必定富有，人民必定有更多的幸福。

以上，是西方人对民主的认识，我们从中可以得到启迪。

但是世界上没有理想国、理想社会与理想制度。世界上只有比较好的东西，而没有最好的东西，民主亦然。如同丘吉尔所说，民主是比较不坏的政府形式。

民主的歧见：举三例说明之

在实现民主过程中，我们还面临着某些思想迷雾，存在某些认识上的歧见。这些迷雾与歧见，多少年来影响着中国民主政治的顺利推进。

一曰民主的阶级性。

马克思主义的国家学说派生了民主阶级性的观念。"国家无非是一个阶级镇压另一个阶级的机器，这一点即使在民主共和制下也丝毫不比君主制下差。"（恩格斯，1891年）就是说，资产阶级民主制，对无产阶级来说，仍然是一架压迫机器。几年之后，恩格斯的思想有了变化。尤其是他去世前5个月即1895年3月，为《法兰西阶级斗争》一书所写的"导言"中，明确指出应当"使用普选权"，这是工人阶级在资本主义制度下"最锐利的武器中的一件武器"。一年之前，即1894年3月恩格斯致拉法格的信中就认为："共和国是无产阶级将来进行统治的**现成的政治形式**。"（黑体字为文本原有）[①] 这表明，恩格斯晚年承认了民主制具有普适性。

十月革命后，列宁为首的布尔什维克夺取了政权。列宁高举暴力革命和无产阶级专政的旗帜，他强调民主的阶级性，指出资产阶级民主对富人是天堂，对穷人是骗局和陷阱，认为"无产阶级民主比资产阶级民主要民主百万倍"。列宁的这些言论对新生的中国共产党影响极大，以致一时间改变了陈独秀的思想。

陈独秀在"五四"新文化运动中以倡导民主与科学成为思想界领袖。1919年1月他疾呼，只有德（democracy）和赛（science）"两位先生，

[①] 《马克思恩格斯选集》第4卷，人民出版社1972年版，第508页。

可以救治中国，治好政治上、道德上、学术上、思想上一切的黑暗"。并誓言，即使为之"断头流血，都不推辞"。1919年12月他还说，"我们现在要实行民治主义（democracy），是应当拿英、美做榜样"。可是，到了1920年9月就改口说，德谟克拉西"是资产阶级专有物，也就是资产阶级永远把持政权抵制劳动阶级底利器"。两个月后在《共产党》月刊创刊号上他号召："我们只有用阶级战争的手段，打倒一切资本阶级，从他们手（中）抢夺来政权，并且用劳动专政的制度，……建设劳动者的国家"。

陈独秀这一重要的思想转变的导因是十月革命后开始接受马克思主义，马克思尤其是列宁的无产阶级专政理论，使他否定了他自己原来对民主的主张。

但是，最早从"民主阶级性"的认识误区中走出来的，可能也是陈独秀。

他在1940年9月《给西流的信》中写道："资产阶级的民主和无产阶级的民主，其内容大致相同"，"如果说无产阶级民主与资产阶级民主不同，那便是完全不了解民主之基本内容"。11月在《我的根本意见》中进一步写道：" '无产阶级民主'不是一个空洞名词，其具体内容也和资产阶级民主同样要求一切公民都有集会、结社、言论、出版、罢工之自由。特别重要的是反对党派之自由，没有这些，议会或苏维埃同样一文不值。"陈独秀已省悟到，将民主区分为两种互相对立的类型，抬高一个，否定一个是错误的。可惜此时陈独秀已不是五四时期叱咤风云的陈独秀。他贫病衰老，偏处江津小城，又拖着"托派"的身份，只有他的老朋友胡适才加以重视，予以刊布，高度评价为"中国现代政治思想史上稀有的重要文献"，他说："在'特别重要的是反对党派之自由'这十三个字的短短一句话里，独秀抓住了近代民主政治制度的生死关头。"

这样的重要文献在1949年之后一直尘封，主旋律是大力张扬民主的阶级性，至少我们这一代人在这种教育下，对民主的阶级性一直深信不疑。大概又经过了一个甲子年（20世纪40年代至80—90年代），中国的思想界才有人对民主的阶级性提出质疑。

1986年以来，我国有学者指出，民主"实质上是没有阶级性的"。"正像科学真理没有阶级性一样，对这些概念（指民主、自由、人权）也没有理由要加上'资产阶级'、'资本主义'或'社会主义'这类限定词,它们是属于全人类的,是现代精神文明的基础",是"全人类共同的最宝贵的精神财富,是一切现代国家的立国之本","是超民族、超阶级的,不存在所谓东、西方之分"。有学者经过"反右"、"文革"后,也慢慢体会到原来实质民主必须有形式民主作保证,两者只要真干而不是假干,就不应该、也不可能有任何差别。

我们发现,最早否定民主阶级性的应当是俄国最早的马克思主义者普列汉诺夫。他在1918年生命弥留之际口授了"政治遗嘱",也简单地说到这个问题:"民主即人民的权力不可能是资产阶级的,也不可能是无产阶级的,因为资产阶级也好,无产阶级也好,只是人民的一部分,而且远非是一大部分。""资产阶级民主,即使是打了折扣的,毕竟仍然是民主。"他谴责把"不受任何限制的阶级恐怖"标榜为"无产阶级民主"。这份"政治遗嘱"长期被秘密保存,直到1999年11月,俄罗斯《独立报》才公开发表,为世人所知。①

强调民主的阶级性,从而否定资产阶级民主,使我们对民主的认识陷入了重大的误区。可是,无论是民主理论还是民主制度都是人类的伟大创造,是人类共同的精神财富,不是哪个阶级的私产。恩格斯早在1875至1876年间撰写的《自然辩证法·导言》中讲到文艺复兴时期的思想家时指出:"这是人类从来没有经历过的最伟大的、进步的变革,是一个需要巨人而且产生了巨人——在思维能力、热情和性格方面,在多才多艺和学识渊博方面的巨人的时代。给现代资产阶级统治打下基础的人物,决不受资产阶级的局限。"这种眼界放在资本主义文明贡献的权力运作的工具性价值上,我们必须承认,蔑视人类文明成果,企图另搞一套,结果必然使民主陷入虚无,荡然无存。

二曰民主不能照搬。

照搬不照搬,这是一百多年争论不休的老问题了。不过,过去不叫"照搬",叫"西化"或"全盘西化",意思差不多。

中国要脱胎于传统社会,要不要引进西方文明呢?形而下之物质层面的文明,异口同声"拿来主义"。分歧在形而上的制度层面。邓小平在1992年南方谈话中指出:"社会主义要赢得与资本主义相比较的优

---

① 参见中央编译局编《马克思恩格斯列宁斯大林研究》(北京)2000年第2期,第114页。

势,就必须大胆吸收和借鉴人类社会创造的一切文明成果。"西方文明的亮点(核心)是民主:启蒙时代以来的民主理论与近代以来的民主制度。

学习西方民主,现在谁也不表示反对。问题是"不能照搬"。

"不能照搬"是对的。就某一国家的制度模式不能照搬,也没法照搬。比如,能将美国的一套政治制度原封不动地搬到中国来吗?不能。或能将英国的一套政治制度原封不动地搬到中国来吗?也不能。可是,谁主张过这种生搬硬套式地学习西方民主呢?没有,过去没有,现在也没有。因此,这种"照搬"说,是无的放矢。

那么,西方的民主制度能不能照搬呢?

西方民主制度是指西方各国不同的民主制模式(如英国是议会制,美国是总统制,法国是半总统半议会制,瑞士是委员制)中所实施的共同制度框架,主要有选举制、议会制与多党制。也就是说,制度框架中,异中有同:异是各自形式,同是共同规则。

不能照搬的应当是各自形式。但是,如果对共同规则即共同的制度框架也言称照搬,就要分析了。因为,对制度框架,用"照搬"一词不确切,应当说是学习、借鉴。照搬也是学习的一种方式,但那是一种低级的学习方式,是模仿、移植、引进。对于物质生产中的科学技术可以采用这种方式,制度就不行。学习、借鉴外国制度,有一个两种制度对接的问题。要将外国的制度移植到中国,就要对中国原有的制度弊端进行一番改造,抛弃制度中不合时宜的成分,添加符合民主原则的制度基因;如果基于对原有制度采取革新态度的学习与改进,也称为"照搬",也要反对,那只能说是拒绝借鉴西方民主制度了。

比如,民主就要进行选举。选举本身是一门学问,其中包括经验的积累,还有民众的习惯,在实践中需要摸索试验,不断完善。你不能把针对选举中存在的问题提出的改进意见斥为"照搬";否则,不就是拒绝民主吗?

现代民主制是有客观标准的,那就是看你是否有三项基本制度:选举制、议会制与多党制。这些制度我们都有,但对照民主原则还相去甚远。改革迫在眉睫。改革,谁都在吆喝。真要改掉这些制度中的非民主成分,往往又遭遇"照搬"之责难,"反对照搬"往往成了阻止改革者的挡箭牌。

反对照搬的一个王牌理由，是"国情特殊"论。

我最近读到延安时代就成名的马克思主义理论家艾思奇的一段文字，可以回答"国情特殊"论。他说："近代中国的一切反动思想，都有着一个特殊的传统，如果要给它取一个名字，那也许可以叫做思想上的闭关自守主义。……不管它的外表形式怎样千变万化，它的基本内容不外是这样的：强调中国的'国情'，强调中国的'特殊性'，抹杀人类历史上的一般规律，认为中国的社会发展只能依循着中国自己特殊的规律，中国只能走自己的道路。"艾思奇还指出，这种不断翻新的"国情论"，是近代以来中国守旧派与顽固派"所应用着的根本思想武器"，其目的"在于保存这种旧的国情"。[①]

百余年来，中国国情一直变动不已。中华人民共和国建立之后，不是发生了翻天覆地的变化吗？改革开放以来，中国国情更有大变。搞现代化，建设小康社会，融入全球化，无不在深刻改变着中国国情。对改革者来说，重要的是改革国情。不是不应有国情意识，而是不应以"国情"为借口，堵塞改革者的口，捆绑改革者的手脚。

三曰民主是"少数服从多数"。

这是对民主的误导。

民主有这么一条原则：多数决定；但不能理解为"少数服从多数"。两者有原则区别，不能混同。

"少数服从多数"与"多数决定"两者都有按多数意愿行事的意思，似乎类同，原则区别在哪里呢？

关键是在少数与多数的关系上，两者是截然不同的。

"多数决定"是，在有关国家（或共同体）公共生活的重大问题的决定中，按多数人意愿行事，但并不要求少数与多数保持一致，跟在多数后面，去迎合多数。作为少数，不但可以不服从多数，而且可以与多数唱反调，反对多数。这是少数的权利。中国的极"左"年代，这种少数的权利是受到蔑视的。敢于行使这种权利的人，往往会遭到迫害，顷刻间大祸临头。"多数决定"意味着对于重大国务决策存在着两种不同的意见与选择，其中少数者不会因与多数意见不同而惶恐不安；他们处之泰然，他们

[①] 艾思奇：《论中国的特殊性》，见罗荣渠主编的《从"西化"到现代化》，北京大学出版社1990年版，第592—607页。

无所顾忌地表述自己的意见，他们的这一行为是正当的，权利是神圣的。当然，在决定通过后，每个公民，无论少数、多数都得遵行，但并不意味着，少数就此应当放弃自己的意见；他们仍可以坚持自己的意见，还可以自由地宣传自己的意见。这是民主制的一项重要原则：保护少数。保护少数不仅仅是保护少数人的权利，也为着维护共同体全体公民的利益（至少是一部分公民的利益不致受到湮没）。因为多数的决定并不一定正确，而真理往往首先为少数人所发现。所以，民主制下的自由与宽容，保护少数异见，不失为使人类少犯错误的一种理性方法。由此可见，保护少数的原则的意义并不亚于多数决定，在某种情况下甚至比多数的决定更为重要。

"少数服从多数"，要害在"服从"。在这一潜在思维驱使下，少数的权利无形中受到约束与侵犯：他们不能充分地表达自己的意见，更不要说与强势的多数进行争辩了；他们不敢行使反对权；他们只能违心地附和多数。虽然理论上也讲，当少数意见被否定之后，他们仍可"保留"自己的意见；但面临的现实是有形与无形的压力：冷遇、歧视、记录在案、秋后算账……在阶级斗争为纲的年代，他们便是批判的靶子。

这种无视甚至践踏少数人权利的现象，被西方政治思想家称为多数人的暴政（如托克维尔），是多数对少数的思想暴力（如伯林）。法国大革命的雅各宾专政，希特勒的法西斯专政，都上演过这种血腥暴政，至于思想暴力更是习以为常了。所以，要求全体服从的民主往往无民主可言。

二　民主：内生与借鉴

习惯认为，西方民主是经过文艺复兴、宗教改革，特别是启蒙运动之后才不可遏制地生长起来的。这种认识其实不够全面。不可否认，中世纪的西欧也经历了千年漫漫的黑暗岁月，但同中国大一统的皇权专制相比，却存在着不可忽视的差别。其一，古希腊与罗马的民主传统进入中世纪后不可能完全绝灭，在各国的政治生活中以当时可能的方式有所再现。其二，西欧国家众多，所实行的又是分封制，各封建主的相对独立，以及封建贵族与王权的斗争，使王权不时受到掣肘，这又为第三等级的兴起提供了社会条件，从而孕育了国家与社会的二元化结构。其三，教皇与国王的长期争雄，教权与王权的不断纷争也大大削弱了世俗的国家权力。第四,古代的法治理念仍是中世纪社会的生活准则。中世纪的这些社会因素,到了近代,随着一个新阶级的崛起,经过一系列的社会改革,民主便应运而生了。所以,西方的民主是由社会内部孕育而成的,即是内生的。对比中国的历史传统与意识形态,我们认为古代中国缺乏民主自然生长的条件。

以下的阐述,以中世纪的西欧为背景,对中西民主缘起的巨大差别逐一加以说明。

多元的政体资源与万代不变的专制政体

在希腊这块土地上,早在 2500 多年之前,就出现了一批具有不同政体形态的城邦国家。理论家对这些政体模式进行理论概括,便是人类最早的政体学说。

柏拉图(公元前 427—前 347)在《理想国》中提出了四种政体:斯巴达政体,寡头政体,民主政体与僭主政体。他认为每种政体都有不可避免的缺点。他最为谴责的是僭主政体。他写道,一个僭主,"一旦他取得权力,他就无所不为,当权的时间越长,其暴虐的本性也就愈加疯狂","其专制的权力越大,国家的灾难也就越多"。专制暴政下,"国家成了他们手中的玩物,成了自己的奴役品"。"人民任由他们宰割","谁敢稍有反对与怨言,他们就动用国家机器进行屠杀性报复"。所以,这是"一个不幸中最为不幸的国家"。[①]

鉴此,他构想了"理想国"。这类国家中,财产公有,男女平等,人人劳动。"国王是被选出来的最优秀人物"[②]。这种"最优秀人物"在柏拉图心目中就是"哲学家—国王",哲学王以他的知识、智慧和美德治理国家。到了晚年,柏拉图意识到他所设想的"理想国"在现实中不可能实现,在《法律篇》中提出了"混合式"政体,即君主制的智慧和民主制的自由的结合,使各种力量均衡的思想。他指出,君主的专制权力如果不受制约,就会导致国家的衰亡,如波斯;另一方面,民主政体下的自由如果毫无约束,国家亦会遭到毁灭,如雅典。如果这两个国家能保持应有的节制,使权力同智慧相结合或自由同守法相结合,本来都是可以继续繁

[①] 柏拉图:《理想国》,人民日报出版社 2005 年版,第 188、187、190 页。
[②] 同上书,第 166 页。

荣昌盛的。正是由于两者都走向极端，结果便同归于尽。①

之后，亚里士多德（公元前384年—公元前322年）对当时希腊各城邦国家的政体进行了分类。其一是有三类"常态政体"：君主政体，贵族政体，共和政体。其二是有三类与之相对应的"变态政体"：僭主政体，寡头政体，平民政体。两类政体的区别是，前者执政者谋求公共福利，后者执政者追逐私利。亚氏认为，每种常态政体都可能蜕变为变态政体；并指出，优良政体是各种力量平衡的混合政体，这种政体兼顾富人和穷人的利益，合理地"分配政治权利"，不让其中一方过分伸张进而侵犯另一方的利益。亚氏所说的"不让任何人在政治方面获得脱离寻常比例的超越地位"一言，包含着权力制衡的思想萌芽。

罗马共和国时期的思想家波里比阿（公元前204年—公元前122年）、西塞罗（公元前106年—公元前43年）也都推崇混合政体。波里比阿高度重视政体，认为"在各种国家事业中，政制形式是兴衰成败的最有力的动因"。② 他还认为，罗马共和国强大在于它将共和国的权力合理地分配于元老院、人民大会和执政官三个部门，各部分"拥有牵制或配合其他部门的权力"，这是"最好的国家制度"了。③ 西塞罗主张对国家的三种权力不是平均地加以混合与制衡，而是主张以元老院为中心，突出对执政官的制约，这是他对政体理论的新贡献，有普遍意义。他认为，如果执政官的权力高于一切，即使没有国王的称号，也就等于保留了君主制制度之实。

进入中世纪后，西欧各国出现了大小不等的封建国家。国王或封君与封臣（领主）的契约关系，使受封领主在承担义务的同时享有自主的权利。领主的这种独立性，使中世纪欧洲自由与民主没有被完全湮灭，这也是城市共和国与等级代表会议出现的重要原因。西欧封建国家权力的分散性同中国单一的皇权专制政体孕育着历史发展的不同走向。

到了近代，经过启蒙运动和资产阶级革命，新型的民主政体国家先后在西欧和北美崛起。这类新型政体与古代城邦民主政体相比较有着很大的区别。简言之，它们是代议制民主，属间接民主范畴的民主政体，而城邦民主则是直接民主政体，它只宜于地域十分狭小的城邦，不适应于大陆民

---

① 萨拜因：《政治学说史》（上），商务印书馆1986年版，第108页。
② 波里比阿：《罗马史》第6卷。
③ 世界史资料丛刊初集《罗马共和国时期》（上），第52页。

族国家。然而，对这类新型民主政体的理论界定，一些思想家不知所措，他们仍囿于亚里士多德以来的政体理论，如洛克、孟德斯鸠、卢梭等，仍以执政者人数多寡区分政体的类型。卢梭甚至说："就民主制这个名词的严格意义而言，真正的民主制从来不曾有过，而且永远不会有。"他显然僵守于城邦民主制的老观念。所以他说："民主政府就适宜于小国，贵族政府就适宜于中等国家，而君王政府则适宜大国。"① 这种说法就近于荒谬了。对近代民主政体第一个作出科学界定的是英国思想家约翰·密尔（1806—1873）。他在《论代议制政府》中指出，"理想上最好的政府形式是代议制政府。"这种政府是"由全体人民或多数人民按一定期间选出的代表选出统治者的政府"②。这一时期各国出现的民主政体虽各有特色，然就其实质而言，都属代议制民主范畴。密尔的代议制政府论是对当时各种形式民主政体的理论概括。这一时期政体理论的另一贡献是由洛克提出经孟德斯鸠完成的"分权制衡"说，这是民主政体正常运转并不被腐蚀的利器。

在古代中国，从未出现像古希腊那样多样的政体形态。我国最早国家夏朝建立于公元前 2200 年左右。一国之首为君王，王位世袭。就政体范畴属君主政体。商承夏制。周实行分封制，以周王室为中心，封邦建国，分土列侯。各国"诸侯有权委置下属，其卿、大夫、士享有封地"。"各诸侯国共尊天子，为天下共主，定期向王室朝贡"③。周王朝应当说是一个封建国家，周天子以及诸侯、大夫都有自己的疆土、臣民、政权、法律与财赋，形成了"国中之国"，所以，周朝所实行的是等级君主制。正因此，各诸侯国相对独立，列国并峙，使周室衰微，失去了天下共主地位。春秋以降，"礼乐征伐"自诸侯出，各诸侯自称为"王"、"公"、"伯"，周王反成了诸侯国的附庸。战国时期是各诸侯割据走向中央集权国家的过渡时期。公元前 221 年秦灭六国，结束战乱，废分封诸侯，建立由中央政府直接管辖郡、县的统一帝国。"海内为郡县，法令由一统。"（《史记·秦始皇本纪》）中央集权下的皇帝专制遂由此始。秦皇朝虽仅统治 16 年（公元前 221 年—公元前 206 年）就猝然而亡，然这一制度却被历朝传承

---

① 卢梭：《社会契约论》，商务印书馆 1982 年版，第 87 页。
② 严家其：《国家政体》，人民出版社 1982 年版，第 11 页。
③ 张晋藩、王超：《中国政治制度史》，中国政法大学出版社 1987 年版，第 51 页。

下来，一直沿袭到清朝，统治中国达两千余年之久。

两千余年，多少皇朝兴衰、皇位更替，却没有动摇皇权专制（不是"封建专制"）制度。由于与西方文明隔绝，在中国人的心目中，除君主政体外，似乎再没有别的政权组织形式了。君主政体既然是唯一的政体形式，那么，君王便是国家的象征了，帝王统治天下乃天经地义。所谓"天不可一日无日，国不可一日无君"，"一正君而国定"（《孟子·离娄上》）。所谓"为政在人"，"其人存则政举，其人亡则政息"（《礼记·中庸》）。这类说教千百年来禁锢着人们的思想。既然君主政体万古不易，人们便把国家的兴盛与百姓的祸福只好寄希望于一国之君，于是企盼"明君"、"清官"的思想经久不衰。当政治腐败、民不聊生时，以为只要换上一个好皇帝，就会政治清明，百姓便可安居乐业了。这种思想长期腐蚀着深受压榨的劳苦民众。

中国的政体实践不可能给中国的政治思想家提供多种类型政体的思想资料，他们不可能从各类政体的比较中探索政治好坏、国家兴衰的原因。包括明清之际的思想家黄宗羲（1610—1695），他虽激烈抨击君主专制，却未能跳出君主统治的思想藩篱。他认为，古代国君尧、舜、禹"兴天下之公利，除天下之大害"；而历代君王"以天下之利尽归于己，以天下之害尽归于人"，"敲剥天下之骨髓，离散天下之子女，以奉我一人之淫乐，视为当然"。他感叹："古者，天下之人，爱戴其君，比之如父，拟之如天，诚不为过也。今也，天下之人，怨恶其君，视之如寇仇，名之为独夫，固其所也。"[①]

直至19世纪中叶以后，西方文明扑面而来，中国人才知道西方国家早已废专制而行共和，于是起而效仿。1911年辛亥革命推翻帝制，创建民国。1949年革命又推翻蒋介石独裁统治，建立中华人民共和国。遗憾的是，无论政体如何变换，中国人与真正的民主思想与民主政体还是有相当大的差距，有些地方甚至大相径庭。出现这种历史现象同中国自古缺乏民主政体的思想渊源有着内在的历史联系。

国家、社会的二元结构与国家控制社会的集权结构

国家是凌驾于社会之上的一种力量；它依赖社会供养，又控制与奴役

---

① 杨幼炯：《中国政治思想史》，上海书店1984年版，第283页。

社会。国家的这种特性源于掌握国家权力的人的本性。如果中央集权的全能国家统治社会的一切，它会遏制社会生机，更遏抑民主的生长。但在国家与社会的分化中，社会会获得一定的自由空间；这种社会为民主提供了滋生的土壤。中世纪的西欧就属于这种情况。

中世纪欧洲的各封建国家，国王将土地、财产封赐给贵族，形成封君与封臣的契约关系，双方承担相应的权利与义务。封臣贵族，即领主在其所辖领地享有行政、司法等自主权。国王常召集由封臣贵族参加的封臣会议，商讨重大事务，颁布重要法律，以实施对全国的统治；而各地封臣也在会议上提出与自身权利相关的问题。因此，封臣会议也起着限制王权的作用。具有典型意义的是1215年英王被迫签署的《大宪章》。其中规定未经会议同意，国王不得征税。这意味着国王不是惟一的权力，也不是最高的权力。封臣会议的参加者后来扩大到城市商人、市民、乡绅，成为等级代表机构。那些与王权作斗争的贵族，或迎战贵族的国王，都需要第三等级即市民阶级的支持。这为市民社会的兴起提供了有利的条件。1343年，英国的骑士和市民单独召开会议，两院开始产生。14世纪90年代后，征税批准权移至下院，标志着英国市民阶级已主宰议会，也标志着市民社会在英国的出现。国王自然要限制议会的权力。1566年，英女王针对下院经常反驳政府的提案说道：有些问题无须下院"摇唇鼓舌"，"上帝不会允许你们（指下院）的自由成为我们的枷锁。"[①] 女王因此很不愿意召开会议，在位45年仅召开10次。英王对下院的压制与专横，说明君主专制制度在伊丽莎白一世时期已开始走向衰落。正如马克思所说，"君主制所扮演的暴虐、反动角色只是表明在旧社会的孔隙中已形成新社会。"[②]

法国封建化时期存在由国王召集的教、俗贵族参加的王室大会议。由于城市经济的发展，也吸收工商业代表参加王室会议。1302年4月10日，腓力四世在巴黎举行了首次三级会议，它反映王室会议由封闭走向社会，标志对"新的阶级的政治上的承认"[③] 与等级代表会议的最终形成（尽管在形式上仍是国王封建统治机构的一个组成部分）。税收和财政是

---

① 施治生、郭方主编：《古代民主与共和制度》，中国社会科学出版社1998年版，第430—431页。
② 马克思：《道德化的批评和批评化的道德》，载《马克思恩格斯全集》第4卷，第341页。
③ N. 泽库尔：《中世纪制度导言》，见《古代民主与共和制度》，第438页。

三级会议的主要议题。会议一般是在国家遇到紧急情况、国王需要得到各等级的支持而召开。14至15世纪，三级会议不断召开并逐渐制度化，加强了王权，推动了法国的统一。1438年三级会议甚至授予国王建立常备军和不必经三级会议同意征收军役人头税（教、俗贵族享有免征此税的特权）的权力；此后，国王征收军役人头税的权力成为惯例。16世纪后国王逐渐建立起专制统治，已不再需要三级会议了；1614年之后干脆不再召集三级会议，时间长达160多年。但不能因此认为，三级会议在英国走向宪政，在法国则走向集权。第三等级在会议中反抗贵族、限制王权、表达自己意愿的精神，以及三级会议这一组织形式和政治原则，都为近代法国的议会政治奠定了基石。18世纪的法国资产阶级正是第三等级的后继者。

类似的情况普遍地出现于欧洲各地。早在12世纪前半叶，西班牙的王室议会已对平民开放；在德意志，议会必须听取城市代表的意见。在瑞典，人民代表在1359年就参加了议会的第一次会议；在丹麦，议会成立于1314年，城市代表从来享有应有的席位；在瑞士，自由民成功地利用议会捍卫他们的权利；在荷兰，早在13世纪各国的议会中就有第三等级的代表参加。[①]

国家与社会的二元化趋势还表现在自治城市的出现。

约从10世纪起，在意大利中北部就涌动着城市自治运动。历史上的民主传统，工商业的发展，促使城市居民要求政治自由。他们在同管辖城市的主教斗争中，与王权结成同盟，被国王授予城市特权，准许城市自治。如945年维洛纳就出现了"公民的会议"，讨论城市的公共问题；958年热那亚获得土地的特权，1056年又获得市场的权利。曼度瓦与费拉拉于1014年与1055年先后获得城市特权；1081年，国王亨利四世保证不在卢卡城建立宫殿，也放弃了对该城的司法权。随着城市自治运动的发展，11世纪末和12世纪初，一批城市共和国或公社在意大利中北部出现了，其主要标志是民选执政官的出现。如：比萨（1081—1085），米兰（1097），热那亚（1099），卢卡（1115），波洛尼亚（1123），威尼斯（1142）等。在1183年的康斯坦斯和约中，国王广泛承认了各城市的自

[①] 房龙：《人类的故事》，河北教育出版社2005年版，第157—158页。

治权。①

市民社会以及黑格尔从理论上确立与国家相对应的"市民社会"的概念，是较晚的事。但欧洲中世纪在王权之外所普遍出现的第三等级与城市自治运动，表明在国家之外一种独立的力量在涌动、在生长，正是这种力量孕育着国家与社会的二元结构，促使君主政体解体，召唤近代民主的来临。

古代中国的传统是国家一统，中央集权，皇帝专制。国家对社会实行绝对统治。社会对于国家只是仆从，国家对于社会只有奴役。在中国，缺乏国家与社会相区别、相分离的思想，更无社会自治与社会制衡国家的概念，也就压根不会产生国家与社会的二元结构。

皇权主义认为，普天之下，莫非王土；率土之滨，莫非王臣。天下的一切，都为皇帝所有。在这里，只有江山、天下、臣民、效忠等一类的词语，没有社会、契约、权利、公民一类的概念。集权主义是组织国家的唯一原则，也是治理国家的根本方法。一切决策由皇帝裁定、颁布，一切官员（中央与地方官员）由皇帝任命、派遣，并由皇帝任命的机构加以监察。皇帝还操控生杀之权。集权主义下没有社会自由发展的空间。

秦统一中国后，以中央集权取代分封诸侯，皇权专制延续两千余年而未有改变。因此，在中国不可能有欧洲那种"封臣会议"与"王室会议"，不可能出现王室与各诸侯、封君与各封臣之间的利益博弈。在中国历史上，小农经济是历代皇朝的统治基础。分散、闭塞、弱小的小农需要强大的皇权从上面赐予阳光与雨露，专制统治也需要这种忍耐性特好的顺民。"重农抑商"政策下古代中国不可能出现西欧那种工商业者，即第三等级与市民阶级，因此古代中国也不可能出现等级代表会议与等级君主制。在古代中国，永远是国家的一元结构与绝对的君主制。皇权专制的不断完善与不断加强永远把社会踩在脚下，几千年从来未让它抬起过头。

那么，在古代中国的专制政体下，至高无上的皇权是否不受到任何制约呢？对于这一问题，不能以"是"与"否"作出简单的回答。皇权至上，朝纲独断，其权力不受约束，这只是原则上的结论。但由于皇帝事实上不可能独身统治国家，他需要臣僚作为他的股肱与耳目，必须依靠他们才能在皇帝的宝座上发号施令，发挥最高统治者的作用。从这一意义上

---

① 施治生、郭方主编：《古代民主与共和制度》，第385—386页。

看,皇权是受到来自相权与察权(谏官)的一定制约的。但是这种制约是十分有限的,又是很不稳定的。这是因为,第一,专制政体下,皇帝是最高的权力主体,相权和察权,由皇帝赋予,是服务于皇权的工具。大臣与谏官虽可以谏诤言事,匡正君主,但以不触动皇权为前提,因而不可能有力地制约皇权。第二,人治政治下,皇帝的开明与昏庸直接关系着制约状况之好坏。两千余年的专制史中,皇权受到相权与察权的监督制约,除了几代开明君主外,都颇为苍白无力;而正直贤臣冒险劝谏进言反遭迫害的悲惨结局,在历史上举不胜举。像初唐有良好的三省制、政事堂制与谏议制,在历史上只是瞬间而存。魏晋以来,设谏官,对皇上的失误进行劝谏与封驳,至明朝罢谏院,废除各谏议大夫,台谏之风日衰。明中期以后,谏官已名存实亡。至清雍正将六科给事中并入都察院,标志言谏制度告终。明清之际,专制统治日趋腐朽没落,中央集权日益强化,此时的皇权一方面加强对大臣百僚的控制,另一方面谏官制度日益萎缩,最终销声匿迹。这表明了古代中国专制时代的衰落,皇权的丧钟敲响了!

宗教与政治、教权与王(皇)权关系上的重大差异

这种差异集中表现为,在西欧存在着统一的强盛的教权,并与王权相抗衡。在古代中国,宗教力量是弱小而分散的,而且臣服于官方,不可能成为与皇权相抗衡的政治力量。

中世纪西欧,宗教或宗教社会是与国家权力相抗衡的重要方阵,此时国家与社会的二元化趋向还表现为教权与王权的二元对立。"教会所争取的,首先是独立于世俗权力之外,然后是凌驾于它之上,这种斗争可以说是中世纪历史的主要动力。"[1]

在与世俗王权的斗争中,奥古斯丁(354—430)的《上帝之城》不失为重要的理论支撑。有两座对立的城:一座是天上之城,另一座是地上之城。地上之城充满暴力与罪恶。国家的建立虽维护了秩序,但并未改变其本质。天上之城的体现者是基督教会,但与地上的基督教会并不完全相等,它只包括上帝的选民,不包括教会中的败类。世俗国家只有臣服教会,才可能成为上帝之城的一部分,死后才能进入天国。这一理论意味着教皇的权力超越于世俗统治者的权力。至11、12世纪又提出了"日月

---

[1] G. F. 穆尔:《基督教简史》,商务印书馆1981年版,第164页。

说"、"双剑说"。"日月说"声称,教皇的权力是"太阳",国王的权力是"月亮",其权力之光来之教权,因此王权应受制于教权。"双剑说"认为,基督把两把剑即宗教权与世俗权交给了教会,一把供它使用,一把为它使用,教权应领导俗权。

1073 年,教皇格列高利七世发布《教皇敕令》,宣称"唯有教皇具有任免主教的权力"(公元 8 世纪末法兰克王查理曼时期主教均由皇帝任命,选立新教皇也需经皇帝批准);"唯有教皇有权制定法律";"一切君王应亲吻教皇的脚";"教皇有权废黜国王";"教皇永不受审判"等。格列高利七世大大加强了教会的权力,树立了教皇的权威。

1075 年,教皇与德皇亨利四世为争夺米兰大主教的控制权互相争斗。教皇要废黜亨利四世,亨利四世则要废黜教皇。由于教皇得到德国贵族、修道士的支持,使亨利四世陷于孤立,不得不向教皇屈服。1077 年初,亨利四世到罗马向教皇请罪,但教皇不在罗马,又赶到教皇驻地卡诺沙,时值严冬,在城堡外赤足披毡等候了三天,请教皇宽恕。真是脸面扫地!这是教权战胜王权著名的"卡诺沙事件"。

此后教皇的权力继续强化。1198 年,英诺森三世(1198—1216 年间在位)继任教皇,他提出了历任教皇追求的世俗最高目标:教皇是"世界之主",是"真正的上帝的代理人"。因为"主交给彼得治理的不仅是整个教会,而且是整个世界"。教皇的权力直接来自上帝,一切世俗君主都应臣属于教皇,由教皇授予世俗权力。为了实现这一目标,英诺森三世不惜使用任何手段,使教皇的权力达到了历史的顶峰。1214 年,他控制德国政局后,又顺势干预西欧各国内政。他迫使法王、莱昂国王、葡萄牙王、阿拉贡王、保加利亚王等先后臣服,再出面仲裁匈牙利、瑞典、挪威等国纠纷,并最终使英王约翰屈服。英诺森三世还多次组织十字军,征服拜占庭,镇压法国南部异端教派,侵略波罗的海沿岸的斯拉夫人居住地;他对各国征收名目繁多的教会捐税,并开始大量出售"赎罪券"。

从 11 世纪中叶开始的教皇与国王的斗争,历时 200 余年,教皇取得了节节胜利,教权也不断扩张。教会不但控制信仰,在世俗领域还享有种种特权,如立法与司法权、行政管辖权、财政税收权等。教会法原是约束信徒和神职人员的法规、条例,到 12 世纪,其范围已包罗万象了。中世纪各种活动都是在宗教名义下进行的,所以教会法庭实际上包揽了许多世俗案件。主教充任法官。教皇在罗马设有教皇法庭,为最高法院。随着教权的膨胀,教会上层成为特权阶层,他们骄奢暴虐,腐化荒淫,由此导致社会矛盾的激化。1375年,佛罗伦萨、米兰、热那亚、比萨和教皇国等80个城市联合起来,要求推翻教皇的神权统治,获得自由。之后,又出现了1378年开始的40余年教会大分裂,教皇权势就此一蹶不振,逐渐成为一个盘踞意大利中部的小君主。至14、15世纪,西欧各国的王权得以强化。不过,此时西欧已是中世纪晚期,君主专制是短命的。在即将来临的资产阶级革命中,各国君王的皇冠纷纷落地,有的还上了断头台。

古代中国与西欧相比,宗教的社会地位与历史作用存在很大差异。

基督教是一统西欧各国的宗教,有严密的组织,享有广泛的权力,有最高的领袖(教皇)与最高的权力中心(罗马教廷)。在古代中国,则无大一统的宗教,因而也没有严格意义的国教,但却有一统天下的强大国家政权。在西欧,王权与教权、国家与教会是分离的,虽有互相渗透的一面,如教权也拥有俗权,或干涉俗权,王权亦曾有参与教会事务之权(如任命主教),但总的来说,无论理论上还是实践上,两种权力是分立的。在古代中国,皇权与神权是合一的,或者说是贯通的。天是由有意志的至高无上、充满精神威慑力的神所主宰。皇帝则是"天"派到人间的统治者,故称"天子"。《汉书·鲍宣传》说:"陛下上为天子,下为黎庶父母。"班固在《白虎通》中说:"王者父天母地,为天之子也。"皇帝对臣民的统治是"天意之所予也"。故顺从皇帝的统治,也就顺应了天意。在西欧,王权没有如此神圣光环,神学理论宣传的是,王权来自教权。国王登位需教皇为之加冕,教皇因而可以废黜皇权,开除国王的教籍。更为重要的是,中世纪的西欧在几个世纪中教权与王权一直互相抗衡,彼此争雄。宗教势力在西方社会是举足轻重的政治力量。教会获得独立后,不断强化权势,限制王权,向王权频频挑战,有时王权不得不屈服于教权,拜倒在教皇的脚下。到了英诺森三世时期,教权达到巅峰,各国世俗权力皆归顺于教皇。当然,权力独大,失去制约,必然会腐化衰落,罗马教会同样逃脱不了这一规律。

在古代中国,宗教不但不是一种政治力量,甚至也不是一种独立的社会力量。在观念上,不可能提出教权优于皇权的任何理论。古代中国的宗教只提供给人们信仰的选择,而不是占统治地位的意识形态,它们依附于皇权,并且为维护专制皇权效力。在这里,皇权受到宗教势力的限制,那是天方夜谭、日出西边了;倒是宗教活动、宗教势力时紧时松地受到世俗政权的控制。世俗统治者为了防范宗教发展成为威胁国家权力的异己力量，采取种种措施加以限制。如实施一种横向切割法，即将京师的宗教领袖与地方的教徒分开，把宗教领袖置于中央朝廷的直接监控之下，从而使中央的僧道官不能纵向地指挥地方的僧道官与教徒，所以也就几乎没有全国性的宗教活动。古代中国的宗教不像西方那样有层层的权力中心和活动中心，其各级主教由教会选举产生。由于僧道官主要是由官方选任的，僧道官也就主要对官方负责，这样，僧道机构就成为国家机构的一个特殊组成部分了。更为重要的是，自古代以来，世俗统治者一定程度上断绝了出家人与未出家信徒及广大人民之间的联系，加之释、道二教在百姓中虔诚的信徒只是少数，由于官方的禁止，他们没能组织起来，由此，佛、道教上层人士很难成为有广泛组织基础的宗教领袖，官方从而达到有效地遏制宗教势力在政治上发展的目的。①

中世纪的欧洲，教皇与王权争雄，使王权远比古代中国弱小。但教权与王权之间的争斗，双方都是为了获得统治社会、主宰民众更大的权力，而不是为了人民的福祉，教权的膨胀对人民来说同样是灾难。因此，文艺复兴、宗教改革与启蒙运动，其批判的指向是双重的：神权与王权。这是同中国的又一个区别。

源远流长的法治理念与根深蒂固的人治传统

在西欧，早在古希腊时期的雅典等城邦，平民与贵族斗争中所取得的胜利都以法律的形式确定了下来。如雅典城邦公元前621年的德古拉立法，公元前594年开始的梭伦立法，公元前509—前508年的克里斯提尼立法及公元前462年后的阿非埃尔特立法、伯里克利"宪法"等，都大大推动了雅典的民主与法治，孕育了西方的法治主义精神。正如伯里克利所说："在我们私人生活中，我们是自由和宽恕的；但是在公家的事务中，我们遵守法律。这是因为这种精神使我们心服。"②

关于法治的必要性，古希腊智者柏拉图作出了深刻的哲理论述。他在《法律篇》中写道："人类必须有法律并且遵守法律，否则他们的生活将像是最野蛮的兽类一样。"他认为"人类的本性将永远倾向于贪婪与自私"，"人们的心灵是一片黑暗，他们的所作所为，最后使得他们本人和

---

① 彭琦：《中西政教关系史比较研究》，首都师范大学出版社1998年版，第136页。
② 修昔底德：《伯罗奔尼撒战争史》，商务印书馆1980年版，第130页。

整个国家充满了罪行。"当然,"如果有人根据理性和神的恩惠的阳光指导自己的行动,他们就用不着法律来支配自己;……但是,现在找不到这样的人,即使有也非常之少;因此,我们必须作第二种最佳的选择,这就是法律和秩序"。①

古希腊另一位哲人亚里士多德也推崇法治并贬斥人治。他认为,"人在达到完美境界时,是最优秀的动物,然而一旦离开了法律和正义,他就是最恶劣的动物"。所以每个人都应该在法律的约束下生活。他指出"法律的实际意义"在于"促成全邦人民都能进入正义和善德的制度"②。他排斥人治,认为"法治应当优于一人之治"。"谁说应该让一个个人来统治,这就在政治中混入了兽性的因素。"③ 法律是否妨碍人们的自由呢?他的回答是:"法律不应该看做〔和自由相对的〕奴役,法律毋宁是拯救。"④ 他进而断言,"凡不能维持法律威信的城邦都不能说它已经建立了任何政体。法律应在任何方面受到尊重而保持无上的权威"。⑤ 当然,这里所说的法律必须是良法,亚氏对法治的见解是:"法治应包含两重意义:已成立的法律获得普遍的服从,而大家所服从的法律又应该本身是制订得良好的法律。"⑥

公元前5世纪中叶罗马共和国颁布的《十二铜表法》,是古罗马第一部成文法典。制定该法是为了限制贵族的专横。法律虽仍保留了贵族的种种特权,但毕竟第一次在罗马市民中实行了法律上的平等,是平民与贵族斗争成果的历史文献,它奠定了罗马法的基石,对西方法制建设有着深远的影响。

西塞罗是罗马共和国末期的思想家,也是西方法治主义的奠基者之一。他认为,法律是根据正义的原则制定的,具有普遍的适用性,是国家和人民的最高行为准则。在他看来,国家之所以能够把众多的人集合成一个政治共同体,就在于拥有法律,相互承认权利和义务。因此,只有建立

---

① 柏拉图:《法律篇》,引自《西方法律思想史资料选编》,北京大学出版社1983年版,第27页。
② 亚里士多德:《政治学》,商务印书馆1982年版,第138、163页。
③ 同上书,第169页。
④ 同上书,第276页。
⑤ 同上书,第192页。
⑥ 同上书,第199页。

在法律基础上的政府，才是合法的政府；只有切实地按照法律行事的政府，才是正当和合理的政府。他还提出"权力从属于法律"的重要论断。他认为，官吏之所以拥有权力，其根据就是法律，甚至官吏本身就是法律的创造物。"因为法律统治执政官，所以执政官统治人民，并且我们真正可以说，执政官乃是会说话的法律，而法律乃是不会说话的执政官。"①法律统辖权力，又是人们行为的准绳，所以全体公民，包括执政官，在法律面前一律平等。

13世纪初德意志通行的《萨克森明镜》规定，法官对国王的不正当行为必须加以抵制和阻止，这并不因此违背他的忠诚。阿拉贡的法律也认为，国王若履行职责，臣民就要服从他，"否则的话就不然"②。从12世纪开始，西欧各国各地区的封臣会议上常发布由封臣集体通过、国王或最高封君签署颁行的宪章和特许状。这类宪章或特许状具有长久的效力。英格兰的《大宪章》堪称典型。

1215年英国的《大宪章》是教、俗贵族、骑士、市民联合起来强迫英王约翰签署的。宪章的实施标志社会各阶级联合的力量超越了国王的权势，为后来议会之权力超越王权埋下了伏笔，也标志英国开始进入了宪政与法治的时代，即国王应依法行使其权力。如：未经议会同意国王不得征税；任何自由民不受逮捕、监禁、放逐、没收财产或任何形式的伤害；只有通晓法律的人才能被任命为法官、治安长官、郡长或执行吏；伦敦和其他市镇的自由和特权必须尊重；全国封臣中自由推选25人以监督宪章遵行，如果国王及其官吏违抗，这25人有权联合全国人民强迫国王遵守宪章。③

11世纪在意大利中北部兴起了一批城市共和国，它们是民主的，也是法治的。作为城市行政长官的总监，要求受过法律训练，他们上任时所带随员中总有法律行家。如13世纪佛罗伦萨一位总监的随员中就有10名法律博士与24名公证人员。总监上任时，在官邸宣誓遵守法律、主持正义、不冤枉好人，等等。任期届满后，还要接受调查。如有违法行为，就

---

① 《西方法律思想史资料选编》，第79页。
② 伯尔曼：《法律与革命》，贺卫方等译，中国大百科全书出版社1993年版，第357页。
③ 施治生、郭方主编：《古代民主与共和制度》，第377—378页。

得接受处罚。① 此外，各城市共和国公民都得宣誓效忠守法。

特别应当重视的是，西方源远流长的自然法理念。

亚里士多德首先将法律分为"自然法"与"人定法"。斯多噶派奠基人芝诺认为，"自然法就是理性"，人类应当"服从理性的命令"，根据"自然法则安排生活"。②

西塞罗对自然法作出了新的建树。他将自然法界定为"一种符合自然的、适用于一切人、永恒不变的、真正的法，即正义的理性"。他认为，自然法高于一切人定法，是制定人定法的准则。凡违背自然法的人定法乃是"恶法"；"恶法"只能认为是"一伙强盗在其集团内制定的规则"。③

中世纪的神学家如奥里根、托马斯·阿奎那，也强调自然法，不过他们给自然法披上了神的外衣，宣扬自然法是上帝制定的法律，违背自然法就是违背上帝的意志，就是非正义的。

近代思想政治家继承了自然法的概念，其内容有了重要创新。霍布斯将自然法与"自然状态"相联系。他认为，人们为了摆脱"自然状态"，理性迫使人们遵守共同的生活规则，这些规则便是"自然法"，所以自然法也是善的规则，遵守自然法便是善，否则便是恶。格老修斯的自然法思想抛弃神学外衣，开始与人性、人权相联系。他认为，"自然法是理性的命令，是一切行为的善恶标准"。上帝也得受自然法的支配。④ 他指出，自然法的一切规范源于人性，违背自然法就是反人性。他还指出，自然法不仅尊重那些自然产生的东西，也尊重那些由人类的行为所产生的东西，例如现实存在的"财产"，一经承认，就得尊重。将自然法与自然权利相结合，在洛克那里更明显了。他说，自然法教导全人类，"人们既然都是平等和独立的，任何人就不得侵害他人的生命、健康、自由或财产"。⑤ 他特别将财产权作为自然法的核心。孟德斯鸠则认为，只有否定封建专制才能有自然法的建立。因为封建专制制度是违背人类理性、与人类的自然

---

① 施治生、郭方主编：《古代民主与共和制度》，第388—389页。
② 倪正茂：《法哲学经纬》，上海社会科学出版社1996年版，第29页。
③ 同上书，第35—36页。
④ 同上书，第82页。
⑤ 洛克：《政府论》下篇，商务印书馆1981年版，第6页。

规律相抵触、与自然法的精神是格格不入的。①

同西方的法治文明相反,古代中国是根深蒂固的人治传统。

在古代中国,几千年的皇权主义盛行的是人治文化。朕即国家,皇上口含天宪,言出法随,定于一尊。国君"明于治礼之道"(《管子·正世》),"审于是非之实"(《韩非子·奸劫弑臣》),凡国政要事"此人主之所以独擅也"(《韩非子·主道》)。君主发布的诏、令、诰、谕、敕是具有最高效力的法律形式。先秦时期就有所谓"礼乐征伐自天子出"(《论语·季氏》)。秦建立中央集权后更定下了"天下之事无大小皆决于上"的定规,在长达两千余年的皇权专制社会中,帝王一直统率司法大权。

直到晚清出现了中国历史上第一部宪法——《钦定宪法大纲》。《大纲》第一条规定:"大清皇帝统治大清帝国,万世一系,永永尊戴。"第二条规定:"君上神圣尊严,不可侵犯。"还规定,"大清皇帝"有权钦定法律、解散议院、发布"代法律之诏令"以及总揽司法大权等等。甚至还规定:"用人之权操之君上,议院不得干涉。""国交之事由君上亲裁,不付议院议决。"这样的"钦宪"不过是人治主义的宪章。②

中华人民共和国建立后,1954年诞生了第一部宪法,但宪法的许多条规,从未得到认真贯彻实施,有法不依、无法可依的现象曾十分普遍,以党的文件、领导人的指示代法的情况十分通行。原因之一是领导人法制意识淡薄,人治情节深厚。至于"无法无天"的"文化大革命"年代,"最高指示"更使一切法律为之消遁。浩劫过后,痛定思痛,上下国人,呼唤法治,中国的法制建设才开始快速起步。

纵观几千年古代中国社会的人治政治,可概括为以下特征:

第一,君主至尊,替天行道,独擅国家大权。法自君出,言出法随,帝王的意志就是法律,一言可以立法,一言也可以弃法。

第二,法是封建皇朝统治社会的工具。法的指向是管制与惩治人民,历代的法制因而都以刑事法规为中心,以所谓"严刑峻法"规范庶民充当王朝的顺民。对百姓来说,根本不可能产生以法律来保护自己权利的意识,更多的是对法律的疑惧和憎恶。

---

① 倪正茂:《法哲学经纬》,第112页。
② 许崇德主编:《中国宪法参考资料选编》,中国人民大学出版社1990年版,第157页。

第三，法律不合正义与平等的精神。整个法律体系盈溢着"威权主义"气息，充斥着"身份差别"的色彩，维护着官为本、官为上、官为大的专制特权。官僚阶层又利用其特权得以进一步侵害民众的基本权利。法律既然无正义可言，臣民们便不可能心悦诚服地遵守王法。建立在这种法律体系上的国家政权自然不可能长治久安。

第四，由于法律的功能是规范民众维护专制，由于法律不合正义与平等的精神，法律的制定与执行又与民众相隔绝，这种法律规则本身就是一种违法，违反人类的本性与理性，蔑视与蹂躏人的自然权利，因此，专制社会的主权者既是法律的制定者，往往又是法律的破坏者。

第五，在人治主义主宰下，也存在着所谓法治与礼治、王道与霸道的争论。但这种法治不过是专制之治，是严刑峻法。而儒家所鼓吹的礼治主张依靠道德高尚的圣贤通过道德教化使百姓从内心接受专制统治，从而在道德上蒙受封建礼教的重重禁锢，在心理上笼罩于违背纲常礼教等于违法叛道的精神恐惧。所谓"迩之事父，远之事君"，在家行孝，在外尽忠，视"违命不孝，弃事不忠"为伤风败俗，天理不容。因此，东汉以后实际上熔法治与礼治于一炉，并王道与霸道双管齐下，人民承受着强权与精神的双重奴役。

结论

通过上述几个方面的比较，我们便知道，自古代至中世纪，西欧与中国在政治文化、社会结构和历史传统上存在着明显的差异，这种差异导致进入近代社会后，西欧与中国在政治、经济等方面的发展出现了完全不同的面貌。其中，西欧的民主纷纷脱颖而出，这同中世纪千年的历史嬗变不无关系。由此可见，西方的民主是从社会内部自然生长起来的，中国则没有这样的历史基础。由此我们不难得出以下结论：中国的民主化只能借鉴，只有通过学习，才能创造出有中国特色的民主制。晚清以来直至当代，走的一直是这条路，只是时有中断而已。

三 古代中国专制集权主义剖析

古代中国没有民主的自然生长，除了社会结构还有更深刻的原因，那就是"文化基因"或者如有的学者所论的"文化传统"。"基因"具有稳定、单一、顽强的遗传性等特性，是生物体发展的根脉。将之移植到文化领域，称"文化基因"，以解释一国一民族的历史面貌，或许更为确当。

古代中国的文化基因之一是专制主义，恰好也奠定于秦代。所以秦始皇实际上修筑了"两条长城"，一条是有形的，以抵御异族入侵；另一条是无形的，那就是从制度框架到意识形态的专制主义，它既扼制本民族的人身与思想自由，也排斥外来的进步文化，以独霸的一元文化形态主导中国历史，其作用至今未消。而且，经过革命与西化，有时反而变本加厉。中国要建立现代民主，必须清除这条延续两千余年之久的专制主义"长城"。

文化的"一元"与"多元"

人类的文化从根本上说是一元的。这是因为人性（无论何种族、何民族、何阶级）是共通的，大家都谋求幸福，崇尚自由，反抗奴役与压迫。所谓人同此心，心同此理。

由于人们总是在政治国家的统治下生活，人性常常受到扭曲，在这种条件下，被统治者或统治者从自身利害出发，提出实现人性或扼杀人性的不同学说，产生了多元的文化价值。中国春秋战国时期出现的诸子百家的学说，很能说明这一点。如孔子的"仁"的学说，主张"礼治"，就是以人性"善"为出发的。荀子则主张性"恶"说，是对儒家学说的一大修正，因而认为仅礼不足以治天下，须以法辅之。法家则更笃信性"恶"说，故反礼治而主法治。管子认为，"赏罚以为君"，君主应以赏罚作为治国的基本方法。法家的集大成者韩非为即将兴起的专制国家提供了完备的法治理论，对中国后世政治文化影响深远。老子对人性别有一番深刻的理解，虽然他不明言人性是"善"还是"恶"。他的核心思想是"无为"，这几乎是一种空想。因为一国之君怎能以"无为"为治国的基本原则呢？即使在今天，我们还在强调这"坚持"、那"坚持"。但是，好好体会老子的思想，实在可称是中国乃至人类自由主义的思想鼻祖。比如，他认为，"我（此"我"大概是指国君吧——笔者）无为而民自化，我好静而民自正，我无事而民自富，我无欲而民自朴。"他说，"民之难治，以其上之有为"；有为，反"不足以治天下"。故"政苛者民乱。上多欲，即下多诈；上多求，即下交争"。而"圣人事省而治，求寡而赡，不施而仁，不言而信，不求而得，不为而成"。他的箴言便是"道常无为，而无不为"矣。他要求人们懂得，"人法地，地法天，天法道，道法自然"。所谓"道"，"先天地生"，"独立不改，周行而不殆"，人类必须遵循这一自然规律。庄子则更带有极端自由主义倾向，认为人皆各得尽其性而天下安矣。法天道之自然，尚无为以致治，是他思想之中心。春秋战国时期诸子各派的思想奠定了中国古代多元文化的格局，造就了古代中国多元的文化基因。当时，没有哪一派学说独占鳌头，是主流意识形态，钦定为各派的指导思想。但这多元的文化基因都衍生于人性之母，所以，文化价值从本质上看是一元的，都是从人性出发，又为了人性的实现；只是，人性的实现太艰难了。

可是，一元论的文化价值并非只有一种。可以有张扬人性的一元论，如自由主义；也可以有反人性的一元论，如专制主义。前者是自然的一元论，后者是以国家强力为背景的一元论。古代中国从公元前221年秦帝国建立专制集权国家起，便始终处于以压制人性为主题的一元论时代，其影响甚巨，至今不能说我们已经完全结束了这种时代。这是人性遭受扭曲的漫长时代。尽管1911年辛亥革命革除帝制，创建民国；1949年革命也取缔了一党统治，建立了人民共和国，但专制主义与集权体制却在新的名义下延续了下来。"民国"、"共和"，只是时代追求的目标而已。因此，古代中国自秦以来的两千余年是以皇权为载体的专制集权主义时代，其主流、独霸的文化价值是专制集权主义，形成了压制人性的一元文化传统，不幸地沉淀为中华民族的一个文化基因。

这里有一个基本的历史概念需要纠正，那就是秦以来是封建社会之说。作者个人认为，此说约定俗成，广为流传，以讹传讹，是对中国历史的一大曲解。事实是，秦始皇"废封建，立郡县"，所建立的是皇权一统之下的专制集权社会。现在，把"专制"、"暴政"、"迷信"等罪名都冠之以"封建"，诸如"封建专制"、"封建暴政"、"封建迷信"，实在名不符实。中国封建社会始自先秦的西周时代。周天子将国家领土分封给各诸侯，各诸侯便是分封领土上的国君，所谓"封土建国"；各国君承认周天子为天下共主，在经济、政治、法律上享有自主权，其王权世袭。这同秦统一之后所实行的中央集权的郡县制有着本质的差别，这是两个不同的历史时期与两个不同的历史概念。因此，秦一统中国之后社会发生了质变，即由封建社会转变为专制集权社会，秦以来的文化传统也由专制集权主义取代了封建主义。当然，从社会经济形态来看，秦以来的专制社会与此前的封建社会，都是农业社会。

秦皇朝的专制集权主义遗产

秦皇朝虽15年而亡，但其历史影响逾两千年而不衰。

1. 中央集权的政治体制为历代皇朝所传承，"百代多行秦政制"。"秦政制"即中央集权制。概而言之，是双层次专制主义的全能国家体制：皇帝对于统治阶级的专制主义；统治阶级对于人民的专制主义。① 帝王掌控大臣与地方重臣的生、杀、富、贫、贵、贱"六柄"之权。中央牢牢控制地方，地方完全听命中央，服从帝王旨意。如柳宗元所言，"令海内之势，如身之使臂，臂之使指，莫不从制"。总之，郡县制使地方之权集中于中央，中央之权受控于帝王。

2. 君主专制之"术"，为历代帝王所效仿。所谓"术"，即君主制御群臣之权术，以免独专的大权旁落他人。这是君主专制的核心。君主要驾驭国家，对文武大臣、宗室妻妾，既要用之，又须防之。因为君臣之间有利益相同的一面，也有利益不同乃至冲突的一面。君王的危险，恰恰是来自爱臣、宠妾与兄弟。"犯法为逆以成大奸者，未尝不从尊贵之重臣也。"（韩非《八经》）"为人主而大信其子，则奸臣得乘于子以成其私"。所以，"以妻之近与子之亲而犹不可信，则其余无可信也"（韩非《备内》）。作为君王，应"尽敌之"；"尽敌之，无患也"。统统不可信，统统加以防备，才可防患于未然。

至于御臣之"术"，韩非所论也颇为周到。大致为：第一，御臣之辔在赏罚。臣下的生杀予夺、富贵贫贱，都应独操于君王，用赏罚制导群臣，控制全国。第二，君王务必保持自己至高、至贵、至尊、至重、至隆的地位。若有人臣威势过盛，能与君王抗衡，应迅速改变，杜绝"一栖两雄"。对于难于控制的人臣，则"除之"；"除"分"阴除"与"显除"。臣民的言论必尊君利上。若"为人臣常誉先王德厚而愿之，是诽谤其君者也"。若借古非今，则更是大逆叛君。第三，"备内"，即防备家内之乱。"虽有亲父，安知不为虎？虽有亲兄，安知不为狼？"第四，君王要经常砍削、调整人臣与左右的权势。"为人君者，数披其木，毋使木枝挟疏"，"毋使枝大本小"，"厚者亏之，薄者靡之，亏靡有度"。第五，严

---

① 尹振环：《从粮价看秦家店》，载《炎黄春秋》2007年第10期。

禁朋党结私。"朋党相和，臣下得欲，则人主孤；群臣公举（检举），下不相和，则人主明。"任何朋党的雏形，都必须解散，所谓"必伐其聚"。第六，官再大，也不能以其所辖地盘成其势位。不能征税，不能拥兵，不得互相私传文书，等等。此外，君王之"术"，都要绝对秘密，"言通事泄，则术不行"；同时，人主使术，要"若雷若电"。仅以上简单所列，可知韩非堪称是举世无双的君主专制理论家，他所提出的一套不为任何道德束缚的、系统完整的君主专制理论，使马基雅维利（1469—1527）的《君主论》相形见绌。

3. 滥用专制皇权的先河。中央集权政体加上帝王专制的权术，使皇权为所欲为，滥用无忌。

第一，滥用民力。秦灭六国，无年不战，无岁不征。交战规模少则数十万，多则一两百万。统一后不让人民休养生息，急忙大兴土木，修宫建殿，"治驰道，兴游观"，建国头五年，出巡三次。之后，公元前215年到前210年间，发兵30万北击胡，50万人屯守五岭，令20万人筑长城，驱70余万人修阿房宫、建坟墓，共征民力兵力160余万。秦皇为实施宏伟计划，增大赋税，加重徭役，使民众实在活不下去。陈胜等铤而走险，揭竿而起，是暴虐无道的统治者强行逼出来的。

第二，滥用暴力。巨大的工程，超重的徭役，势必横征暴敛，刀斧相逼。"隐宫徒刑者70余万人"，那修阿房宫、建陵墓的70余万人是触犯国法的"犯人"，遭割生殖器等刑法后强制服役，其中还有不少人受刑后死去。秦始皇时，严刑的主要对象是被统治阶级和统治阶级的下层。胡亥、赵高之时，严刑对象发展到大臣、诸公子，范围不断扩大。

第三，焚书坑儒，仇士钳口。仇视知识分子，焚书坑儒，思想专制，也为秦始皇所首创。焚书坑儒内容有五：（1）秦之外各国历史记述皆烧之；（2）天下敢有藏诗、书、百家语者，悉烧之；（3）偶语者弃市，腹诽者诛；（4）以古非今者族（灭父母、兄弟、妻子之族），吏见知不举者同罪；（5）若欲有学，以吏为师，以法为教。上述举措引起了知识分子的议论，引发名震后世的坑儒。秦皇长子扶苏为此事说了几句恐天下不安的话，请他老子注意，结果惹怒了秦皇，将之下放到边境监军。连自己的长子、接班人都不能说一句规谏的话，可见中国第一朝皇权专制暴戾之烈。以后历代帝王都效法秦皇，将钳制思想、以言入罪作为基本统治政策。

秦始皇或秦政制是一个重要的历史标志。它表示各国之间战乱的结束，一统国家对人民征战的开始；表示封建制下自主、自治的结束，集权制下独裁、暴政的开始；表示百家争鸣多元文化时代的结束，专制主义一元文化时代的开始。总之，秦始皇代表统一，也代表专制。漫长的中世纪启幕了，历史在两千余年间艰难而缓慢地跋涉；也由此，出现了中西文化的巨大差异。

儒法合流——专制主义的完备形态

法家理论为专制主义奠定了基础。但秦政的苛暴，15年便亡，说明仅有严刑峻法与帝王的一套权术，还不能使统治维持久远。因此，自西汉开始，统治者认识到秦始皇所笃信的"仁义惠爱不足用，而严刑重罚之可以治国"这一法家理念的局限性，开始调整统治策略和控制社会的方式，尊儒崇孔，以儒家伦理对冷酷、暴虐的专制主义进行包装、缘饰，使专制主义由赤裸裸的霸权之术演化为驯服人性的准宗教，诱使民众心悦诚服地做帝王的子民、顺民。儒学改造为儒教之后，其要义大概可以概括为两点：

第一，神化君王，其至高、至尊的地位披上"天"的外衣，成为民众顶礼膜拜的偶像。西汉早期，董仲舒提出"君权天予"说，他写道："惟天子自受命于天，天下受命于天子。"（《春秋繁露》）"王，承天意以成民性者也。""无圣人以礼乐道术化民，势必各从其欲，父不能使子，君不能使臣，乱不可止。"（《天人三策》）所谓"天不可一日无日，国不可一日无君"，"一正君而国定"（孟子语），也是这个意思。

第二，以纲常礼教构建君王为核心的社会秩序，这就是"君为臣纲，父为子纲，夫为妻纲"的"三纲说"（"三纲"中，"君为臣纲"至高无上，为其核心与统帅），以是，"地维赖以立，天柱赖以尊"。"君虽不仁，臣不可以不忠；父虽不慈，子不可以不孝；夫虽不贤，妻不可以不顺。"（《曾文正公全集·家训卷下》）以此为指导，君、臣、民各自的权力与义务是："君者，出令者也；臣者，行君之令而致之民者也；民者，出粟米麻丝，作器皿，通货财，以事其上者也。"民若不能"以其事上，则诛"（韩愈《原道》）。北宋朱熹提出了"天理"的概念。认为宇宙万物，包括自然法则和社会秩序皆产生于"理"（类似黑格尔的"绝对精神"）。"三纲"、"五常""皆此理之流行，无所适而不在。"违背"纲常"就是逆天，为世所不容。要为"三纲"而献身，就得"存天理，灭人欲"。可见，儒学融入法家的专制主义之后，提升了皇权的神圣性与合理性，它使"政治伦理化，伦理政治化"，使严酷、血腥的专制主义罩上了一层"忠孝"、"仁义"温情脉脉的面纱，从此，专制主义有了制度框架（郡县制），有了统治权术（方法），还具备了意识形态。儒表法里，阳儒阴法，"王霸道杂"，是古代中国专制主义简明、确切的概括，是两千多年来历代统治者的法统与道统。

我国的新儒学者，提出通过光复儒学，实现中国的民主化、现代化，只能认为是缘木求鱼。当然，对儒学的审慎研究，从传统文化中挖掘其中某些积极的文化因素，作出实事求是的评价，这是应当赞许的。

奴隶主义是专制主义的基石

专制主义的另一面是奴隶主义。没有奴隶主义，专制主义就不能成立，两者相辅相成。古代中国的黎民百姓称为"子民"，意思是，皇帝是"老子"，百姓是"儿子"。皇帝的威严至尊与大臣的谄媚和百姓的卑微相映衬。万岁爷一出场，众生们便齐刷刷跪下，山呼"万岁，万岁，万万岁"！对皇上的忠诚，是朝廷的最高原则。你可以平庸无为，你可以坑害百姓，甚至渎职、贪污，只要你对皇上忠贞不贰，你就平安无事。说句实在话，在专制皇权的超强控制下，做奴隶成了惟一的选择。鲁迅认为，对老百姓而言，中国历史只有"暂时做稳了奴隶的时代"与"想做奴隶而不得的时代"，前者是皇权相对稳定的时期，后者是皇权遭到破坏的乱世。在这样的社会里，"先天下之忧而忧，后天下之乐而乐"的士大夫只能远离尘世，隐居山林。普天之士则纷纷"跻之仆妾之间而以为当然"（黄宗羲《明夷待访录·原臣》）。这就是在专制权力格局下绝大多数知识分子的人生状态。中华人民共和国《国歌》第一句："起来！不愿做奴隶的人们……"中国人有了这个觉悟，不再做"驯服工具"，才能埋葬专制主义。

民本主义与民主主义：我们有什么？

中国的传统文化中具有丰富而深刻的民本主义思想。对此，有的学者认为，民本思想是"中国古代思想中的民主性因素"（《论民主》，李铁映主编）。有的甚至认为，"民本思想中隐藏着从君主制向民主制发展的种子"（李存山，2000）。孙中山晚年也将"民本主义"比附为西方的民权思想。他在宣讲民权主义时说："两千多年前的孔子、孟子便主张民权……尧舜的政治，名义上虽然是用君权，实际上是行民权。"（《三民主义·民权主义》第一讲）

民本思想最简要的表述是："民惟邦本，本固邦宁。"（《尚书》）孟子的"民为贵，社稷次之，君为轻"之说影响颇大，似乎是"民主性因素"的一个证明。不可忽视的是，他接着说，"是故得乎丘民（庶民）而为天子"。"得天下有道：得其民，得其心，则可得天下矣。"孟子的"民贵君轻"说的落脚点原来是天子得天下——君本也！并非民真的比君贵。

孔子说了些什么呢？他说："君以民存，亦以民亡。"管子也说："政之所在，在顺民心；政之所废，在逆民心。"孔孟之言，所表述的思想盖出一炉，都在说明民对君的重要。民对君何以如此重要？唐甄回答："封疆，民固之；府库，民充之；朝廷，民尊之；官职，民养之；奈何见政不见民也！"（《明鉴》）就是说，没有民众的奉献，哪有边疆之安固、府库之充裕、朝廷之尊严、百官之供养？可见，以民为本可以保障以君为本。这里有两个层次的"本"：君本是目的，民本是手段，两者不可混淆，不可颠倒。

民本主义是君、民关系的一种学说，或者说是巩固君权的一种学说。荀子在《王制篇》中有比较详细的阐述："选贤良，举笃敬，兴孝弟，收孤寡，补贫穷。如是，则庶人安政矣。庶人安政，然后君子安位。传曰：'君者舟也，庶人者水也；水则载舟，水则覆舟。'此之谓也。"显然，民本主义的实质在于"君子安位"，使"水"永远"载舟"，保王朝万年。君子"爱民"是为了"驭民"，"利民"是为了"利君"，"民本"是为了"君本"。民本主义是维护君主统治的一种说教，这不该再有疑义了。而且，爱民、重民、为民的主体是君主，民众是施惠泽恩的客体。这意味着人民的福祉是万岁爷恩赐的。这里，民权何在？民主何在？①

儒家的"三纲"只涉及君臣、父子、夫妻三者的关系。君、民关系

---

① "民权"和"民主"是两个不同的概念。民权有多有少，可缩可伸。民主表示主权在民，国家由人民主宰，它必须有充分的民权保障；故有民主必有民权，有民权不一定有民主。两个概念交叉或重叠。实行民本主义或许有一定的民权，但这种民权是君主赐予的，与天赋的或自然享有的民权在性质上是不同的。

实应是儒家思想的一个主题。孔孟以来，民本思想长盛不衰。士大夫苦口婆心地游说，说明为政者多为违逆民意，暴虐无道，官场黑暗，搜刮民脂民膏无度，导致君民、官民关系的极度紧张，引发社会动乱与王朝危机，民众更是苦难深重。当然，民本主义鼓吹施仁政，省刑罚，薄税敛，博世济众，与民休息，这在皇权专制时代还是有一定积极意义的。

游民文化：另一种文化基因

王学泰《游民文化与中国社会》的出版，对中国历史增添了一种新认识。

游民的社会成分概有兵痞、地痞、流氓、盗贼、乞丐等，他们是无固定职业、无固定经济收入与无固定生存空间的社会群体。

游民群体是专制集权体制下长出的一个社会肿瘤。由于皇权与官僚集团追逐私利是不受任何约束的，他们暴虐无道，横征暴敛，官贪吏污，兼并土地，使社会中一部分人失去任何生活资料，沦为游民（其中，不排除一部分主观原因）。从社会结构与体制角度加以分析，他们是被抛向专制体制之外的社会群体，是与主流社会相抗衡的隐性社会。儒家奔走的是朝廷庙堂，道家向慕的是山林归隐，游民则活动于专制社会缝隙的"江湖"，用现代的话语讲，就是"根据地"。每当帝国衰败，社会进入乱世，他们便凸显于世，甚至举起义旗，领航社会，干出一番轰轰烈烈的事业。

对游民社会虽一直缺乏研究，但《水浒传》与《三国演义》则广为流传，其精彩篇章，妇孺皆知。就是说反映游民的社会理想、人际关系、组织形式，以文艺作品的形式早已问世流传，且家喻户晓。鲁迅解释这种现象："这是因为社会有三国气、水浒气的缘故"。可见游民文化并不是人们所生疏的东西。

值得重视的是游民文化或游民意识，虽与主流、正统的意识形态有着明显的差别，但有不少却成为民间谚语，为人们所津津乐道。如"江湖义气"，这是游民意识中的一个核心概念。"在家靠父母，出外靠朋友"，"为了哥们，两肋插刀"，拉帮结派，桃园结义，"路见不平，拔刀相助"等，这些话语至今挂在一些人的嘴上。痞子与土匪的做派是他们的求生之道。如"恨小非君子，无毒不丈夫"，"神鬼怕恶人"，"我是流氓我怕谁"，"撑死胆大的，饿死胆小的"，"人善有人欺，马善有人骑"等。这些谚语也成了国民性中的一些原子与分子。他们反抗现存秩序与法规，无法无天，但内部纪律却严格而残酷，所谓"欺师灭祖，三刀六洞"。入盟时都要发誓：如不忠不义"五雷轰顶"，"万刀砍杀"。他们称兄道弟，似乎上下平等，但为首者占山为王，"忠义堂"上排座次十分讲究。他们执迷暴力，为实现其目标，除了暴力再没有别的。造反、抢劫、摆平等，无非是暴力的不同说法而已。生存靠暴力，壮大靠暴力，造反更是靠暴力。只有招安了他们才无须暴力。他们嫉恶如仇，杀富济贫，似乎代表社会正义，一旦改朝换代，自己坐上皇位，便是"溥天之下，莫非王土，率土之滨，莫非王臣"。

鲁迅笔下的阿Q是流浪于城乡之间的一个游民，是一个痞子，却是"国民性"的典型，是"现代的我们国人的灵魂"（鲁迅语），可见游民意识在国人文化基因中的重要。后来，阿Q"革命"了，他立即念着要做三件大事：抢东西（要什么，有什么），抢人（女人，漂亮的，我自己挑），报仇（与我结过仇的，过去看不起我的，统统地"嚓"）。作者给阿Q安排的结局（"大团圆"）是送上断头台，因为：一则阿Q算不上是什么革命，二则他的"革命"成了之后，对社会而言是新的灾难的降临。闻一多在分析中国人的思想意识时也说过："在大部分中国人的灵魂里，斗争着一个儒家，一个道家，一个土匪。"① 这"土匪"就是游民中敢于冒险、进行反社会活动的那一部分人。

游民对社会没有建设意义，可是在乱世时代，他们中的勇敢分子呼风唤雨，在历史乱、治交替、王朝循环、专制再生中起着主导作用，此点尤应注意。王学泰的研究表明，自秦以后在中国疆域内所建立的三十余个朝代与国家的开国之君，出身游民和社会下层的约占了一半左右。五代十国之间的开国之君十有七八是兵痞、无赖、流浪汉。② 某著名学者也同样认为，"中国革命的主体本来是农民战争，但是中国历史上的农民战争最后成功都要靠一批游民勇敢分子和游民知识分子为其领袖"。"中国两千多年的历史上，除了以异族入主中原者外，游民出身的开国皇帝竟占绝大多数。不过他们成为'太祖高皇帝'以后，都要自命为'奉天承运'、'继天立极'"，即是说，一当上皇帝，游民摇身一变，成了"天子"了。刘

---

① 王学泰：《游民文化与中国社会》，学苑出版社1999年版，第5页。
② 王学泰：《从韦小宝说到知识分子的价值取向》，载《皇帝与流氓》，太白文艺出版社2001年版，第252页。

邦、朱元璋的出身是带流氓气的游民。陈胜、吴广，黄巾、赤眉，也不能算是纯粹的农民起义。黄巢、李自成、张献忠等造反者，都是游民之雄。① 这些游民之雄当了皇帝，游民意识将带进他的统治生活，是不言而喻的。

专制主义、游民文化与百年中国

近代以来，西学东渐，西方文明潜入中国，与本土的专制主义相碰撞，双方便展开了激烈的交战。虽然自由、民主的影响时有扩大，但在上层建筑中其主角仍是专制主义，政治舞台上传来了一曲又一曲的专制主义绝唱。

辛亥革命后，袁世凯窃取中华民国大总统职位；后密谋刺杀宋教仁，解散国会，实行独裁。1916年元旦称帝登基，恢复帝制。在全国讨伐声中，于3月22日被迫取消帝制，做了81天的皇帝梦。1917年，张勋又上演了前后仅12天短命的复辟丑剧。此后各派军阀割据，战乱不息，人民陷于水深火热中。1927年，蒋介石在消灭北洋军阀的同时，突然杀向共产党，从此开始了"一个领袖，一个政党，一个主义"的专制统治。1937年面对日寇大举侵华，蒋介石在全国人民的压力下，遂联合中共一致抗日。抗战胜利后国共和谈破裂，错失民主宪政、创建共和的历史机遇，经三年内战，国民党败退台湾，孤守海岛。

1949年，中华人民共和国成立，历史翻开了新的一页。人民憧憬着美好的未来。遗憾的是，由于主要领导人脱离实际的"左"的思想与个人专制相结合，使党内民主和国家民主均遭受严重扼杀，导致错误决策频频出台：1957年的"反右"斗争，对知识分子进行整肃，使知识分子群体失声，知识成为"原罪"，民族精神受到重创；1958年发起"大跃进"；针对党内不同声音，1959年开展大规模的"反右倾"斗争，对党内异见者进行了全方位的搜索、批判，又直接导致了1959年至1962年"大饥荒"的严重恶果！不久，便是"文革"浩劫的降临……

"文革"之后，痛定思痛，叶剑英、李维汉等中共元老提出要肃清封建主义（应当是"专制主义"）影响。邓小平在《党和国家领导制度的改革》（1980年8月）的报告中专门讲了这个任务。他说："肃清思想政治

---

① 王学泰：《游民文化与中国社会》，第6、8页。

方面的封建主义残余影响这个任务，因为我们对它的重要性估计不足，以后很快转入社会主义革命，所以没有能够完成。现在应该明确提出继续肃清思想政治方面的封建主义残余影响的任务，并在制度上做一系列切实的改革，否则国家和人民还要遭受损失。"①

四　马克思主义与自由主义

"十月革命一声炮响②，给我们送来了马克思列宁主义。"（毛泽东语）马克思列宁主义给当代中国打上了深深的烙印。近年来，一些学者认为，十月革命之后送来的是列宁主义而非马克思主义，这是对马克思主义与列宁主义认识上的一种进步。其实，马克思主义与列宁主义属同一理论体系，它们之间只是源和流的差别。如果讨论它们对20世纪中国历史进程的影响，恐怕还得分析这个主义原创者的思想内涵。

近代以来西方社会的文明发展绽放璀璨之花，结出丰硕之果，无不由于得自由主义这一主流价值的浸润。自由主义与马克思主义都追求人的自由解放，但在如何实现人的自由解放的途径和方法的选择上，马克思主义独辟蹊径，在实践中与自由主义渐行渐远，所产生的后果也因此与这一学说的预设初衷大相径庭。尤其对于中国人来说，这是争取自由、民主应当研究的大课题。

马克思主义的两次嬗变：问题的提出

近代以来，进步的思想家人才辈出，马克思是其中突出的代表。无论是他早期的"异化劳动"思想，或稍后的社会主义思想，都是他探索人类解放的思想结晶。马克思的理论在他在世之时没有看到明显的实践成果。整个20世纪，马克思主义成为东方国家共产党人革命与建设的行动指南，极大地改变了这些国家人民的生活方式。然而，人们终于发现，人们生活方式的变化不是实现着马克思主义的初衷——人的自由解放，而是远离着这一目标。这是怎么一回事呢？

原来，马克思主义发生过两次嬗变。第一次嬗变发生于马克思本人；

---

① 《邓小平文选》第2卷，第335页。
② 现行俄罗斯教科书已将"十月革命"改称为"十月政变"。

第二次嬗变发生于马克思的后继者如列宁、斯大林等人。

马克思主义的出发点是人的自由,是无产阶级和人类的解放。为了达到这一目标,马克思主张对资本主义社会进行彻底改造,重建一个崭新的社会。那就是:经过无产阶级暴力革命,推翻资本主义制度,建立无产阶级专政,废除资本主义所有制,由国家掌握一切生产资料,进行计划生产,并统一分配生活资料。问题在于,马克思关于改造与重建社会的一整套理论设想是否能够达到他所设定的目标。

马克思的理论迎合了贫困的无产阶级,但有两个问题值得重视:第一,对资产阶级以及资本主义制度,在批判与否定的同时,缺乏客观、公正的评价。马克思撰写巨著《资本论》揭示了资本对劳动的剥削(此处暂不论建立于劳动价值之上的资本剥削论所存在的片面性),但是他没有看到资产阶级在当时仍是一个进步的阶级:它是先进生产力的代表,是工业化大生产的主导者,是资本主义文明的创建者。因此,当马克思号召无产者剥夺资本、推翻资产阶级统治时,等于把脏水和婴儿一起泼掉了。消灭先进生产力的代表,对资产阶级固然是灭顶之灾,对社会、对无产者是否是福音呢?这在逻辑上是不难作出判断的。

第二,在消灭资本主义制度之后,马克思设想了未来社会的制度框架——无产阶级专政,公有制,计划经济,国家分配生活资料。这些制度安排都是马克思头脑中的主观设想,既不是来自实践经验,也未经实践的检验,空想性和种种缺陷在所难免。正是这种先验的、空想性的理论设想潜伏着背离马克思关于人的自由解放崇高目标因素。这是马克思的理论与这一理论所要达到的目标之间的内在矛盾;这一矛盾只是在以后的实践中遭遇了种种挫折才逐渐被人们所认识。这种建立于先验、空想基础上的理论中的内在缺陷导致马克思主义的嬗变。

列宁、斯大林的执政实践,使马克思主义发生了第二次嬗变。这次嬗变对马克思主义中不成熟的理论观点加以教条化、绝对化,并在实践中进一步提升,使之更加远离马克思关于人的自由解放的崇高目标,使承受实践马克思主义的国家和人民付出了沉重的代价。比如,对"暴力革命"的崇拜;比如,"无产阶级专政"主体的缩小与客体的扩大;比如,对"阶级斗争"的滥用;比如,使计划经济成为包办经济和长官意志经济,使公有制经济成为国家所垄断的经济,从而导致社会政治与经济生活的集权与专制,公民个人权利横遭践踏。

马克思主义的嬗变之分析

下面,我们仅从马克思主义与自由主义在人学、自由论与国家学说的比较中,说明马克思主义嬗变的情形。

(一) 两种人学论

人学即关于人性、人的本质以及与此相联系的人的权利的学说。马克思主义与自由主义在人学上的基本区别,在于是否从阶级性去考察人的本质。

首先,自由主义或自由民主主义者,其人学的研究方法奉行价值中立原则,即对所有的人一视同仁,不厚此薄彼。不管富人、穷人,不管权贵、平民,都用同一尺度去研究它、对待它。费尔巴哈说,"人是人的最高本质",大概就是这个意思。其次,自由主义者人学研究着眼于个体的人。比如自由,那就看每一个体的人是否自由。如果每个人是奴隶,这个国家怎能称是自由国家呢?个人好比国家的细胞,如果人体中各种细胞都是健康的,人体也就健康。第三,自由主义者所关注的是人的共性,人的共同本质。这种共性、共同本质又分为几个方面。如生理与心理方面的本质,表现为人都有生存与性爱的欲望,所谓"食、色,性也";还有社会方面的本质,要求自由、平等,反对奴役与压迫,反对国家或他人对个人权利的侵犯。第四,自由主义者主张每个人都应当享有同等的权利。比如,康德就认为:"1. 社会中的每一个分子,作为人,都是自由的。2. 社会中的每一个分子,作为臣民,同任何一个其他的分子,都是平等的。3. 一个普通的政体中的每一个分子,作为公民,都是独立的。"他强调,这是一切国家制度基本的法则,在康德看来,"每个人理所当然应当成为自己的主人,这是他们天生的权利。"[①] 由此可见,自由民主主义思想家的人学理念是近代民主的逻辑起点,是民主政宪的基石。

马克思不满足于对人的共同本质的空泛议论。他认为,现实的社会是一个阶级对立的社会,各阶级的人生活在不同的经济关系与政治关系之中,因此,应当关注不同社会关系中不同人的特殊本质。所以,马克思强调:"人的本质并不是单个人所固有的抽象物。在其现实性上,它是一切

---

① 康德:《论"这在理论上可能是正确的,但是它对实践毫无用处"这句俗语》,转引自《西方思想宝库》,吉林人民出版社1988年版,第996页。

社会关系的总和。"① 虽然马克思不否认"人的一般本性",他说过:"首先要研究人的一般本性,然后要研究在每个时代历史地发生了变化的人的本性。"② 他也说过:"人类的特性恰恰就是自由的自觉的活动。"③ 但在私有制和阶级压迫下,人的这种本质不可能得到实现,如同卢梭所说:"人生而自由,但却无往不在枷锁之中。"因此,马克思所关注的重点不是人的共性、"人的一般本性",而是从社会关系总和中认识人的本质。他说,我们所见到的人,"不是处在某种幻想与世隔绝、离群索居状态的人,而是处于一定条件下进行的现实的、可以通过经验观察到的发展过程中的人"。④ 王若水对马克思的人性论作了这样的评述:"马克思主义不承认抽象的永恒不变的人性,但承认具体的在历史中变化的人性。马克思对具体的、在历史中变化的人性的研究,就是马克思主义的人性论。"⑤

自由主义与马克思主义两种人学论的意义在于:从一般的、共同的人性出发,每个人都有共同的人权诉求:自由、平等、生命、财产等。从人的社会性出发,不同的类,不同的阶级有着不同的诉求指向。对无产阶级来说,在资本主义的社会关系下,合理的人权诉求是不可能实现的,这样,便合乎逻辑地引出了革命的结论:只有首先改变现存不合理的社会关系,无产阶级才可能获得正当的人权;只有消灭阶级对立,一切人才可以享有自由与平等。

于是,在马克思关于人的本质的概念中发生了一种裂变,即人的"一般本质"与人的"社会本质"的分裂,并彼此冲突,最终导致后者对前者的否定。

马克思人学理论中的这个分裂,是马克思过分强调人的"社会本质",忽视人的"一般本质"的结果。不过,这在马克思的思想中只是一个开端,还没有以"社会本质"完全取代"一般本质"。后人则以此为开端,只承认其"社会本质",而根本取缔了人的"一般本质"。

譬如,毛泽东就此认为:"有没有人性这种东西?当然有的。但是只有具体的人性,没有抽象的人性。在阶级社会里就是只有带阶级的人性,

---

① 《马克思恩格斯选集》第 1 卷,第 18 页。
② 《马克思恩格斯全集》第 23 卷,第 669 页。
③ 马克思:《1844 年经济学哲学手稿》,第 50 页。
④ 《马克思恩格斯选集》第 1 卷,第 31 页。
⑤ 王若水:《为人道主义辩护》,三联书店 1986 年版,第 254 页。

而没有什么超阶级的人性。"① 这等于说，人只有阶级性而无共同的人性这种东西。这种认识以后成为人们批判、否定人性的根据之一。一段时期内，在中国内地，人们因此畏言人性，社会因此屠戮人性。人性论被打入冷宫，索性免谈而逐出人们的思维。根据人性所天赋的自由、民主、平等的权利，也遭到野蛮践踏。这种思维禁锢中国人至少达半个世纪之久。直到 20 世纪 80 年代前期，在人性、人道主义的争论中，有人仍以这一观点批判资产阶级人性论与人道主义。② 当然，这样的时代已经与我们渐行渐远了。

对人性的否定是马克思主义（在人学论上）第二次嬗变的一个典型例子，它表明，人学理论对自由的生长至关重要。

（二）两种自由论

这里所讨论的自由是公民个人自由，不是认识论中所讨论的自由与必然关系中的自由。

自由主义的自由论所阐述的是公民权利在国家制度下的实现状态，所以，第一，自由主义也是一种国家学说，或者说是与国家制度相联系的学说，是在国家存在的前提下来考察人们的自由。第二，自由仅仅指公民的个人权利是否得到国家法律的保障而不受政府干预的权利。现代自由主义奠基人之一——贡斯当（1767—1830，他的思想在第二次世界大战后才受到重视）对自由概念的表述是："自由只是受法律约束、而不因某一个人或若干人的专断意志而受到某种方式的逮捕、拘禁、处死或虐待的权利。"这种权利包括每个人表述意见、选择职业、支配财产、迁徙、结社、信仰以及每个人选择与影响政府的权利。③ 当代自由主义思想家以塞亚·柏林（1909—1998）对自由的定义仍守卫同样的边界："自由是一个人能够在不受他人阻碍的情况下活动的空间。如果我被别人阻止去做我本来可以去做的事情，那么，在这个程度上，我是不自由的。"④

马克思一生著作恢弘，其目的无不执著地探求人类的自由与解放。在《共产党宣言》中有一段马克思自由观的名言——"代替那存在着阶级和

---

① 《毛泽东选集》第 3 卷，人民出版社 1991 年版，第 870 页。
② 胡乔木：《关于人道主义和异化问题》，人民出版社 1984 年版。
③ 贡斯当：《古代人的自由与现代人的自由之比较》，载《公共论丛》第 4 辑，三联书店 1997 年版，第 308 页。
④ 李强：《自由主义》，中国社会科学出版社 1998 年版，第 177 页。

阶级对立的资产阶级旧社会的,将是这样一个联合体,在那里,每个人的自由发展是一切人的自由发展的条件。"——这段文字已被国内学界公认为马克思自由观的经典表述。我们且以这段文字并联系马克思的整体思想来试析马克思的自由观与西方自由主义的自由观的区别。

第一,现实的自由与未来的自由。马克思认为,在现实的资本主义社会里,每个人特别是受剥削的无产阶级不可能获得自由,只有消灭"资产阶级旧社会",只有阶级消灭、国家消亡、对抗消失之后,在"一个联合体"里,每个人才获得了自由的条件。可见马克思所说的自由,不是现实的、此岸世界的自由,而是未来的、彼岸世界的自由。因为在现实社会制度下不可能获得自由,你要争得自由,就得去革命,推翻现存不合理的社会制度,为美好的未来而奋斗。所以,马克思的自由观首先把人们引导到革命。自由民主主义则是向不自由或不完全自由的现实去争取自由,它立足于现实,去一点一滴地、一步一步地去争取自由,扩大自由。不能一味地寄希望于未来。不能认为革命成功了,大家就全自由了。自由不是一次性的批发,不可能一步到位,有一个逐步扩大和提升的过程。这种自由观(应当说是争取自由的方法)是切合实际的。马克思的自由观带有一种宗教色彩(尽管他是反宗教的);因为宗教总是将人们的幸福、自由这些美好的憧憬都寄托于来世、天堂、天国。而马克思把自由与幸福寄托于未来的十分美好的共产主义社会。为了共产主义的未来世界,马克思号召人们以暴力摧毁旧世界,实现无产阶级专政。这是与一切宗教相区别的。

第二,国家的自由与无国家的自由。自由主义的自由始终是指国家存在条件下的自由。社会不能没有公共权力,有公共权力就会有国家;而行使公共权力的国家往往会超越权力边界侵犯公民的权利。自由主义所讨论的问题就是国家既要尽职,又不能滥用权力、侵犯公民的权利。所以,自由主义就是关于国家权力与公民权利关系的一种学说。马克思则认为国家是阶级压迫的机器,有国家就不可能有自由。只有阶级消灭,国家消亡,才能有真正的自由。也就是说,自由在国家消亡之后才能普降人间。所以马克思提出了"联合体"的概念,以有别于国家。但"联合体"是什么样的组织机构?其功能和职责是什么?它同国家有什么区别?这一切马克思没有说。可是,人类社会总得有公共管理机构呀!不管你称它为什么:政府,国家,共同体,联合体,等等,只要有这个机构存在,就存在公共权力,就存在这个机构与它治理下的公民之间的关系。如果认为这种机构的存在也不能使公民获得自由因而也必须加以废除,那么,人类不是陷入了无政府状态的恐怖景象,或回到史前的蛮荒时代了吗?马克思的自由观中存在这种令人困惑的疑团,是他把国家概念狭隘地定位于阶级压迫的机器所致,也因此,使他的自由观成了一种面向未来的信仰,相比之下,自由主义的自由观则世故得多。

第三,个人的自由与集体(一切人)的自由。自由主义的自由仅指个人自由。如同贡斯当所一再强调的,"个人自由是真正的现代自由。"[①]它不顾及集体自由与国家自由。马克思的自由其内涵包括:(1)个人的自由发展;(2)个人的自由发展与集体(一切人)自由发展的关系。马克思说:"每个人的自由发展是一切人的自由发展的条件。"从语义来看,可理解为个人自由是集体(一切人)自由的基础(条件),但也可以理解为个人自由是为了集体自由,个人自由是手段,集体自由是目的。因此,个人自由应当有利于集体自由,服从集体自由,亦可推理出,为了集体(一切人)的自由应当限制乃至放弃个人自由。结论是集体至上,国家至上。因为马克思限定了"个人的自由发展是一切人的自由发展的条件",但在现实性中存在两种可能性:个人自由可能有利于一切人的自由;个人自由也可能不利于一切人的自由。这后一种情况是绝不允许的。但是,我们用什么尺度以及由谁来判断个人自由是有利还是不利于一切人的自由呢?当然,这样的问题只有在非民主的制度下才会向人们提出,在民主制度下个人自由只要不超越法律的边界,不需要别人说三道四,也不允许政府加以干预。还有,应当特别当心的是,"一切人"是指什么呢?对于某一团体的成员来说是"集体",对于每个公民来说是"国家",而且只能是"国家",因为人类进入大同世界还是遥远的梦想。因此,只有国家才有资格代表"一切人",比如,国家领导人可以说代表全国政府,代表全国人民,于是,所谓个人自由应有利于"一切人"的自由实际上是:个人自由应有利于国家自由。

对马克思"自由人联合体"思想的新思考虽发觉其中的一些疑惑,但并不影响它在马克思主义思想史中享有重要地位。1894年1月,意大

[①] 贡斯当:《古代人的自由与现代人的自由之比较》,载《公共论丛》第4辑,三联书店1997年版,第321页。

利创办了《新纪元》周刊,两位记者要求恩格斯"用简短的字句来表述未来社会主义纪元的基本思想"。恩格斯在回信中坦言:"要用不多几个字来表述未来新时代的思想……这个任务几乎是难以完成的。……除了从《共产党宣言》中摘出下列一段话外,我再也找不出合适的了。"恩格斯摘出的就是《宣言》中"自由人联合体"那段54字的名言。在这段名言中,马克思崇尚自由,向往自由,视个人自由为社会的理想目标,是一望而知的。这应当认为是马克思主义的核心价值观。只是面对当时的制度,认为有不可逾越的障碍,因此在实现自由的途径上,有别于自由主义。总起来说,马克思和人类进步思想家一样,都视个人自由为人类最高的价值理念;区别在于马克思认为,要获得自由,到达彼岸世界的自由王国,必须经过无产阶级革命和无产阶级专政。可见,革命和专政只是实现自由的手段。遗憾的是,后人竟把手段当目的加以"坚持",而自由的崇高目标却弃若敝屣,横遭批判,岂不哀哉!

这种目的与手段的倒置是对马克思主义自由观的一次重大嬗变,以致在以后对自由和民主出现了如下的表述:"我们主张有领导的自由,主张集中指导下的民主。"① 所谓"有领导的自由",事实上变成领导限定下的自由,或至多是领导赐予你才有自由;所谓"集中指导下的民主",也变成集中者(领导)做主。这是被1949年之后的无数事实所证明了的。可是,这与自由、民主之真义相差何止万里!因为,在民主制下是权利本位,公民权利派生国家权力;而在此实践中的表现则相反。

(三)两种国家论

国家的理论对于自由太重要了。自由主义以人权价值为基石建树其国家学说。密尔就说过:"国家的价值,归根结底还在组成它的全体个人的价值。"② 马克思主义则以阶级概念构建起国家理论。

关于国家的起源。自由主义认为,国家起源于人们之间的契约。人们为了结束无政府状态,使人与人之间的纷争、冲突有一个公共机构加以公正的裁决,保障人们生命与财产的安全,因此将管理公共事务的权力让渡给了一些人,授予他们相应的职权,国家(政府)就产生了。在"契约说"之前,关于国家权力的合法性,大约有三种解释:(1)君权神授说

---

① 《毛泽东选集》第5卷,第368页。
② 密尔:《论自由》,商务印书馆1986年版,第125页。

（或天授说）；（2）君权世袭说（或元老钦定说）；（3）暴力竞争说（成者王，败者寇）。这些都存在于前民主制时代。契约说的创立标志着民主制的降临，民选政府的诞生。一个新的时代开始了。马克思主义对国家的出现提出了另一种解释，认为国家是阶级斗争不可调和的产物，如恩格斯所言："国家是从控制阶级对立的需要中产生的。"

关于国家的性质与功能。自由主义者把国家看成是管理全社会共同事务的公共权力机构，它代表管辖范围内的全体公民的共同利益，并有责任保障每个公民的权利不受外来势力或社会中某些人以及政府权力的侵犯。如同爱因斯坦所言："国家是为人而建立，而人不是为国家而生存。"（2005年德国政府把这一信条镌刻在德国政府的大楼上）马克思主义则认为，国家是阶级统治的工具，如列宁所言，"是一个阶级压迫另一个阶级的机器"[1]。恩格斯甚至认为："国家无非是一个阶级镇压另一个阶级的机器，这一点，即使在共和制下也丝毫不比君主制下差。"[2]

两种国家论，一种以人权概念为基石，一种以阶级概念为基石；一种以保障全体国民的人权为职责，一种以维护统治者的利益、对被统治者实行专政为职责；一种使世界上涌现一批民主国家，一种导致大小不等的"新型专政"国家的诞生。

是否要对国家权力进行限制、制约、分立与制衡，自由主义与马克思主义亦存在原则差别。洛克最早提出"限权政府"的思想。孟德斯鸠完成了"三权分立与互相制衡"的理论，成为美国立宪的框架，并为世界许多国家效仿。以后，杰斐逊等人又将对国家权力的制约扩展到社会领域，如利益集团、"反对党"、特别是大众媒体对国家权力的制约。这是对"以权力制约权力"的重要发展。这些原则的确立与实施，构建了防范权力运行中出轨的安全装置，使权力滥用与权力腐败的恶行无法抬头。与此相反，马克思认为，无产阶级的国家权力应当是统一的，不应当是分立的。他批评资产阶级议会是"空谈馆"。他赞赏巴黎公社实行"议行合一"。他说："公社不应当是议会式的，而应当是同时兼管行政和立法的工作机关。"[3] 马克思的这些思想是以后社会主义

---

[1] 《列宁全集》第28卷，人民出版社1963年版，第409页。
[2] 《马克思恩格斯选集》第4卷，人民出版社1973年版，第336页。
[3] 《马克思恩格斯选集》第2卷，第375页。

国家集权体制的一个思想渊源。列宁主政时消灭了布尔什维克之外的一切党派，这种"一党专政"的体制为斯大林日后个人专制铺平了道路。在中国，即使到了邓小平时代，对"三权分立"仍十分忌讳。他说，我们"不能搬用资产阶级民主，不能搞三权鼎立那一套"。① 现实结果：权力的高度垄断，必然是高度腐败！

一切国家都具有阶级性，都是阶级压迫的工具，那么，无产阶级的国家情形如何？

马克思对此有简要的回答。

马克思在《1848年至1850年的法兰西阶级斗争》一文中总结了这次革命失败的教训，提出了"无产阶级夺得国家政权"、"实现无产阶级的阶级专政"的命题。

1871年法国巴黎公社失败后，马克思在《法兰西内战》中指出："工人阶级不能简单地掌握现成的国家机器，并运用它来达到自己的目的。"

1875年，马克思又写了《哥达纲领批判》这一名篇，提出了一条著名的原理（应当认为是"假说"）："在资本主义社会和共产主义社会之间，有一个从前者变为后者的革命转变时期。同这个时期相适应的也有一个政治上的过渡时期，这个时期的国家只能是无产阶级的革命专政。"

"无产阶级专政"一直被认为是马克思国家学说的重要概念。在马克思看来，无产阶级的国家，仍然是一个阶级统治、阶级压迫的工具；这个国家是通过无产阶级的暴力革命，摧毁资产阶级国家机器后建立起来的；这个国家随着阶级的消灭而自行消亡，它是阶级社会到无阶级的共产主义社会这一历史时期的国家形态，也是人类历史上最后的国家形态。

在马克思之后，19世纪90年代，恩格斯对无产阶级的国家问题，却作出了另一番表述。

在《1891年社会民主党纲领草案批判》的文献中，恩格斯指出："如果说有什么是无可置疑的，那就是，我们党和工人阶级只有在民主共和国这种形式下，才能取得统治。"

1894年3月，恩格斯致拉法格的信中又提出："对无产阶级来说……共和国是无产阶级将来进行统治的现成的政治形式。"

1895年3月（即恩格斯去世前5个月），恩格斯写了"卡尔·马克思

---

① 《邓小平文选》第3卷，第195页。

《1848年至1850年的法兰西阶级斗争》一书导言",这是恩格斯对上述意见的详细说明,也可以认为是恩格斯留给第二国际社会民主党人的政治遗嘱。

在"导言"中,恩格斯说:"历史表明,我们以及所有和我们有同样想法的人,都是不对的。""历史清楚地表明,当时欧洲大陆经济发展的状况还远没有成熟到可以铲除资本主义生产的程度。""在1848年要以一次简单的突然袭击来实现社会改造,是多么不可能的事情。"还说,普选权是"最锐利的武器中的一件武器"。

在恩格斯看来,工人阶级可以利用资本主义民主制和平地获得国家政权;工人阶级与它的政党应当利用资本主义现成的政治形式,即民主共和国这种政治形式来进行统治。暴力革命与无产阶级专政的概念在恩格斯晚年的著作中被隐匿了。

1917年十月革命后以列宁为首的俄国共产党崛起,并于1919年建立第三国际,与第二国际分道扬镳。在无产阶级专政问题上,列宁在马克思的基础上又有大发展。

在列宁看来,第一,"不用暴力破坏资产阶级的国家机器,不用新的国家机器代替它,无产阶级革命是不可能的。"(《无产阶级革命和叛徒考茨基》)

第二,"只有承认阶级斗争,同时也承认无产阶级专政的人,才是马克思主义者。"只有承认"对介于资本主义和'无阶级社会'即共产主义之间的整整一个历史时期"都必须实行无产阶级专政的人,"才算领会了马克思国家学说的实质"。(《国家与革命》)

第三,"无产阶级的革命专政是由无产阶级对资产阶级采用暴力手段来获得和维持的政权,是不受任何法律约束的政权。"(《无产阶级革命和叛徒考茨基》)

第四,"无产阶级的专政不能由包括整个这个阶级的组织来实现",只能由它的"先锋队"——共产党,"才能实现这种专政"。(《论工会、目前局势及托洛茨基的错误》)就是说,无产阶级专政实际上是一党专政。列宁甚至认为:"在革命运动史上,个人独裁成为革命阶级专政的表现者、代表者和执行者,是屡见不鲜的事。""苏维埃的(即社会主义的)民主制与实行个人独裁之间,绝无任何原则上的矛盾。"(《苏维埃政权的当前任务》)

由此，在马克思主义史上或在社会主义史上，在西方和东方，对于无产阶级的国家问题，存在两种不同的意见，两个不同的派别。

1949年6月，中共在内战中胜利在即，毛泽东写了立国之纲《论人民民主专政》。在文中，毛泽东写道："总结我们的经验，集中到一点，就是工人阶级（经过共产党）领导的以工农联盟为基础的人民民主专政。"毛泽东强调："这就是我们的公式，这就是我们的主要经验，这就是我们的主要纲领。"

除1954年《中华人民共和国宪法》外，1975年至1982年所颁布的各部宪法，都将无产阶级专政作为宪法的基本条款。

1954年宪法第一条：中华人民共和国是工人阶级领导的、以工农联盟为基础的人民民主国家。（请注意：没有"专政"的概念）

1975年、1978年宪法第一条：中华人民共和国是工人阶级领导的以工农联盟为基础的无产阶级专政的社会主义国家。

1982年及之后修正的各部宪法第一条：中华人民共和国是工人阶级领导的、以工农联盟为基础的人民民主专政的社会主义国家。

长达10年（1966—1976）之久的"文化大革命"，毛泽东称之为："无产阶级专政下的继续革命"。"文化大革命"期间发表了"论对资产阶级的全面专政"的"重要文章"，从此，"无产阶级专政"升级为"全面专政"。"文化大革命"之后，坚持无产阶级专政一直是我们党和国家的一项基本原则。

上述内容简单地介绍了关于马克思主义国家论的基本概念——无产阶级专政的代表性历史资料，供读者思考。

五　民主社会主义评析

1991年8月24日，被称为"世界上第一个社会主义国家"的苏联解体，它标志以列宁为代表的激进社会主义[①]与第二国际（之后为社会党国

[①] 列宁所创立的苏式社会主义模式，国内有学者称之为"暴力社会主义"（如谢韬、辛子陵），有学者称之为"科学社会主义"（如高放），我则称之为"激进社会主义"。苏式社会主义，暴力占有很重要的地位，但有些方面似乎难以归之为暴力（如社会经济生活）；称之为"科学社会主义"，似乎也不妥。因为经过70余年的实践检验终以失败而退出历史舞台，说明它并非科学。

际）的民主社会主义之间近百年的争论有了历史的结论。

对于中国人来说，苏联解体，是思想观念的一次大转变，它包含对苏式社会主义与民主社会主义的再认识、再评价。长期的闭关锁国与思想禁锢，中国人不仅不了解西方资本主义文明的成就，也不了解西方民主社会主义的建树，却对民主社会主义长期以来嗤之以鼻，斥之为"修正主义"，予以简单排斥与武断批判。

现在，国人对民主社会主义由"敌意"转变为"好意"，甚至提出要学习民主社会主义。这意味着，中国的思想理论界在社会主义价值观上发生了重大变化：由激进社会主义转向民主社会主义。如果这种变化是理性而非情绪化的，首先得弄清"民主社会主义"的内涵，弄清民主社会主义与激进社会主义的区别及其根源。

民主社会主义与激进社会主义：从对立到和解

有一种观点在学术界颇为流行，即认为，"民主社会主义核心是民主"。这虽然是对的，而且对渴望民主的中国人来说是可以理解的；但它毕竟没有概括出民主社会主义的全部内涵与内在本质。为此，先将民主社会主义与激进社会主义之区别分列说明之。

以列表方式（见下页表）加以比较，民主社会主义与激进社会主义之差别一目了然，却难以彰显两者差别之根源（即内在本质）。这个根源，就是对待资本主义的不同方法。民主社会主义对于资本主义的文明成就，不论是上层建筑中的国家民主政治制度和经济基础中的资本主义所有制，首先是利用之，利用其对社会有用的东西，对于不利的因素加以限制，并实施社会主义性质的政策进行改良。这种思维方式就是，社会主义与资本主义的关系，不是绝对对立、互不相融的，而是互相联系，互相包容，应当而且也可以在继承资本主义文明基础上，根据社会主义原则，加以利用、限制、创新和发展。民主社会主义在西欧政坛上各领风骚，持续执政，深得民心，其原因皆在于此。它曾被人误解，指责为"修正主义"，其实这正是它的可贵之处、成功之处。激进社会主义则正好采取相反的思维方式，它们视社会主义与资本主义水火不容、全然对立。因此，要建立社会主义，先要彻底消灭资本主义：摧毁资产阶级国家机器，与传统的所有制关系彻底决裂，等等。在此基础上，建立专政集权的政治制度，建立单一公有制的经济制度，思想文化上实施一统、一律、一元化的管制模式。总之，处处与资本主义对着干！这种社、资绝对对立的思维方式只会把社会主义引向绝路！

民主社会主义与激进社会主义比较

	民主社会主义	激进社会主义
1. 党名	社会民主党、社会党、工党	共产党
2. 获得政权的道路	普选、议会斗争	暴力革命
3. 所有制	私有制为主体，国有制为补充	单一公有制
4. 经济运行方式	市场经济＋国家适度干预	计划经济
5. 分配制度	按资、按劳分配（一次分配）＋国家公共需要分配（二次分配）	按劳分配（平均分配）＋特权分配
6. 党的组织制度	民主制	民主集中制（即"集中制"）
7. 存在地区	经济发达的宪政民主国家	经济较落后的前宪政民主国家

正是由于对资本主义采取不同方法的本质差别，使激进社会主义与民主社会主义互相排斥、互相敌视。1889年第二国际成立。到第一次世界大战期间，国际内部出现了"保卫祖国"和"变帝国主义战争为国内革命战争"两个派别，第二国际由此分裂。1917年，俄国十月革命胜利。1918年列宁将俄国"社会主义民主党"改名为"共产党"，表示与第二国际各党划清界限。1919年共产国际（第三国际）成立，与第二国际分庭抗礼。世界社会主义运动[①]因此存在着两个对立的国际组织。以列宁为首的共产国际实际上成了各国激进社会主义政党的司令部。针对暴力革命

---

① "世界社会主义运动"是笔者提出的一个概念，区别于过去国内学术界、教育界所流行的"国际共产主义运动"。世界社会主义运动包括以列宁为代表的东方（体系）激进社会主义运动，还包括西方社会民主党所从事的民主社会主义运动。国际共产主义运动则仅指从马克思开创的由列宁进一步"左"倾化的社会主义运动，它不承认民主社会主义运动是社会主义运动。

与无产阶级专政等问题，列宁以激烈的言辞抨击第二国际阉割、修正了马克思主义，是无产阶级的叛徒。其实，以完整的马克思主义来评价社会主义运动中的这两个派别，他们都"修正了"马克思主义。马克思主义是应当在实践中不断地加以修正的，否则它不是成了教条了?! 问题在于，修正得是否正确。列宁所依据的是马克思著作中具有"左"倾色彩和空想性质的社会主义思想，却罔顾恩格斯晚年对前期思想所作出的重要修正，也抛弃了马克思关于社会主义只能建立在资本主义充分发达的基础上的唯物主义原则；反认为落后国家可以取得社会主义革命的胜利并首先建成社会主义，并宣称是发展了马克思主义。历史已经证明，它违背了马克思主义，违背了历史发展的规律。第二国际（以及此后的社会党国际）各国社会民主党也修正了马克思主义，他们所修正的是为列宁所秉持的马克思主义中的那些原则；面对激进社会主义的歧视与指责，他们我行我素，不为所动，坚持从实际出发，实行切合本国情况的社会主义方案。他们修正得是否正确，历史也作出了结论。

激进社会主义也曾有凯歌行进的历史。第二次世界大战后，中国等国家的共产党领导的革命先后夺取政权，在世界上形成社会主义阵营，其领土、人口和工业总产值都约占世界总量的三分之一，共产党组织总数达八十多个（其中20个系原第二国际中社会民主党改名）。这是激进社会主义鼎盛之时。然而，仅仅经过50年间的光阴，共产党由大起变为大落。苏东剧变后，激进社会主义急剧衰落。原苏东共产党大部分改名换姓为社会党或社会民主党，一些西欧共产党亦取名社会民主党。中国等社会主义国家，也推行改革，与资本主义握手言和。至此，世界范围内冷战结束，社会主义运动内部的对立格局也就此消遁。世界进入了和平与发展的时代。1987年4月6日，邓小平与瑞典首相、瑞典社会民主党主席卡尔松会谈时说："我们都是左翼。"[①] 这象征共产党和社会民主党由对立转变为合作，走上了同一条道路。这是全球化潮流中一道让人释怀的景象。

民主社会主义模式与社会性质

20世纪欧盟15国中有英、法、德、瑞典、意大利等13国是社会民主党或工党执政，形成了民主社会主义模式。这一模式可以概括为：

---

① 高放：《科学社会主义与民主社会主义的百年分合》，载《南方周末》2007年5月31日。

宪政民主＋资本主义私有制＋市场经济＋全民福利政策

这里要说明的是，所有制是"资本主义私有制"，并不表示没有一定成分的国有制（各国情况不一），只是表示它在所有制结构中的基础地位。同样，经济运行方式的"市场经济"，也并不表示没有一定程度的国家干预（各时期干预情况不一），只是表示它是经济运动中的基本形式，作为公式，只能列出最基本的要素。

不能认为，构成此模式中的四项要素全是民主社会主义创造的。不是的。宪政民主、资本主义私有制与市场经济都是资本主义的文明成果，它们在社会民主党上台执政之前就已经存在了。说"民主社会主义的核心是民主"没有说在点子上，因为民主的国家制度不是民主社会主义所原创，不是民主社会主义的独特贡献。事实上，没有这个民主的国家制度，社会民主党能否上台执政也很难说；正是资本主义民主制，为它提供了上台执政的平台，并且在执政后进一步扩大和完善了这一民主制，而不是将之摧毁，重起炉灶，另搞一套。民主社会主义高明之处是保护了资本主义的文明成果，并融入它们的执政模式。真正由民主社会主义创新的东西仅是模式中的第四项要素：全民福利政策。它的本质是，政府通过对社会财富的再分配，消灭贫富的两极化，实现繁荣共享，体现社会公平，消弭资本主义弊端。这里，所有制、市场经济、福利政策，都是手段，这些手段都是为社会正义与和谐、人的自由与幸福之目的服务的。这是民主社会主义深得人心的秘密。

那么，社会民主党执政的国家是什么性质的国家呢？你看，它保留资本主义政治制度的框架，它保留资本主义私有制的经济基础（瑞典有94%的生产资料还集中在100家大资本家手中）。因此，有相当一部分人认为，瑞典"还是一个资本主义国家"。但是，社会主义因素在这些国家的生长是不争的事实，于是，有的学者提出了一个新概念，称之为"社会资本主义的新阶段"[①]。这是一个符合实际的提法。恩格斯在《自然辩证法》中批评过"非此即彼"的形而上学的思想方法。认为，在生物的分类中，除了"非此即彼"，还有"亦此亦彼"，如某种生物体既有爬行动物的特征，又有飞行动物的特征。对于社会主义的判断，长期以来也受着"非此即彼"思想方法的支配，或者是社会主义，或者是资本主义，

---

① 参见高放《科学社会主义与民主社会主义的百年分合》，载《南方周末》2007年5月31日。

两者不可融合。

但是,笔者还是比较赞同瑞典社会民主党人的看法:瑞典是社会主义国家。这涉及有关社会主义观念的更新。传统的社会主义观(其理论框架由马克思奠基,为列宁、斯大林所实践)是:公有制+计划经济+按劳分配。中国的改革开放冲击了这一观念,现在只剩下了所有制这块地盘——以是不是公有制作为衡量是社会主义还是资本主义的标准了。

社会主义的标准不应当狭隘地定位在所有制性质上,它应当有多项测评标准。笔者的考虑是:社会主义应当体现在公民权利与政治权利[①]得到普遍切实的保障,体现在法纪和伦理规范的普遍遵奉,体现在社会生产和消费的合理(不损害生态与环境)增长,体现在社会财富的公平分配(具体地说,经过税收调节的政府财政收入主要用于医疗、教育、养老、失业救助等各项社会福利保障的支出),体现在工农、城乡、体力劳动与脑力劳动以及贫富差别的缩小,体现在国家、社会与公民的关系、人与自然的关系、人与人之间的关系的和谐,总之,体现在国家的民主与法治,社会的公正与和谐,个人的自由与幸福。这种社会主义的新理念、新标准,一方面融合了资本主义的文明成果,另一方面鉴于苏式社会主义失败的历史教训,对社会主义推陈出新,赋予了新的生命,这是对过去长期遵循的传统的社会主义模式的超越。

至于所有制,对此重大问题,数言难以尽说,关键在于所有制形式是否有利于生产力的发展以及是否有利于增进国民的福祉。"所有制崇拜",无论对公有制的崇拜或对私有制的崇拜,都不可取。马克思的公有制一说并非实践经验的总结,而是先验的假说。今天,我们不能不面对实践的经验,重建合理的所有制结构。一定要把公有制作为社会主义性质的标准,瑞典社会民主党曾有过深刻的教训。1920 年,用赎买的办法将一大批私有企业变为国有企业,结果企业效益下降,政府负担加重,导致 1924 年大选中,社民党退出内阁,失去执政党资格。之后,他们深刻反省,总结教训,修改了党纲,于 1932 年大选中重新执政,此后,连续执政达 44 年之久。在此期间,他们把瑞典从一个欧洲经济

[①] 公民权利与政治权利,前者指人的生命、财产和各项自由权利,后者是公民的各项政治参与权,如选举权,知情权,对政府的监督、批评权等。

最落后的国家建设成为世界上人均国内生产总值占第二位的经济发达国家、世界上社会福利最多的国家。瑞典的经验告诉我们,以私人所有制为主要经济形式维护了经济发展的动力与效率,国家参与分配则维护了社会的公正与公平。这种模式意味着,生产经营由你(私人资本),财富分配由我(国家)。这一模式的内在精髓对我国尚未完成的经济体制改革提供了有益的启示。当然,从笔者提出的社会主义标准来衡量瑞典各方面情况,不尽如人意之处在所难免。过高的累进所得税(目前瑞典税收占 GDP 的比例高达 71%。收入累进税最高达 88%。如果一个瑞典人月收入是 20000 瑞典克朗,那么他们的纳税率为 45%),影响了资本所有者和创业者的积极性,完备的高福利政策使一部分人产生依赖的惰性,失去进取精神。

资本主义与社会主义:从对立到融合

马克思主义诞生之后,社会主义与资本主义就进入战争状态。问世于 1848 年的《共产党宣言》,就是向资本主义开战的檄文。两军对战,民主社会主义早早退场;激进社会主义只是在元气大伤、无力拼杀、自身难保(甚至不保)之后才不得不偃旗息鼓,直至 20 世纪 80—90 年代,这些国家以不同的方式融入资本主义世界。

中国,曾经是社会主义与资本主义拼杀得最激烈的战场。战场有两个:一个对外,反对帝、修、反,直至消灭帝、修、反,解放全世界三分之二受压迫的人民;一个在国内,毛泽东领导时期(1949—1976),反资、批资、防资,曾被确立为党和国家各项工作的"总纲",是坚持走社会主义道路的"基本路线",是压倒一切的政治任务。"三大改造"(1956)之后,中国已是公有制一统天下,资本主义已经绝了种。可是,到 1966 年发动"文化大革命"运动,目的仍是"反修防修,防止资本主义复辟"。这是一场与虚幻的资本主义和资产阶级的持久战,结果把国家引到"崩溃的边缘"。至 80 年代初,中国改革开放,外资入门,内资再生,中国春潮涌动,生机勃勃,经济开始起飞。至 2003 年人均国民生产总值达到 1090 美元(1978 年城镇居民人均收入仅 343 元人民币[①])。2005 年,内资民营经济在全国 GDP 中已上升到 50%。

[①] 高尚全:《深化改革是中国的唯一出路》,载《炎黄春秋》2006 年第 9 期。

苏联东欧诸国则以自我剧变的方式放弃原来正统的社会主义模式，在体制转型过程中虽承受过短时期的阵痛，但它们都明白，这是摆脱一党专政下"三垄断"（垄断权力、垄断财富、垄断真理）、融入资本主义文明体系所必须付出的代价。人们已经看到，一个新的俄罗斯与一个新的东欧正在崛起。2003年4月，捷克、匈牙利、立陶宛、波兰等10个东欧国家加入了欧盟大家庭，标志第二次世界大战后东西欧分裂局面的终结。这是社会主义与资本主义由对立到融合的重大事件。

融合不是单方面的行为。资本主义也在借鉴社会主义的某些因素，这已不是新鲜事了。

我们可以将1933年"罗斯福新政"视为资本主义大国移植社会主义（某些方法）的先驱。面对1929—1933年一场空前的大危机，罗斯福摒弃了自由放任的资本主义传统原则，实现国家干预经济和社会生活，改造资本主义经济体制，国家安置就业，发放救济金等等，这些带有社会主义色彩的政策，拯救了美国，拯救了资本主义。

英国1945年的"民主社会主义改革"是在资本主义大树上嫁接社会主义的典型事件。这次改革包括：（1）部分企业实行国有化（占总量的20%）；（2）通过累进所得税，国家实行再分配；（3）实行"全民福利"，使英国成为"福利国家"。当时斯大林在同英国工党拉斯基的一次谈话中承认，这种改革可能是通向社会主义道路的一种途径。此次改革也得到美国的资助而得以进行[①]。改革在英国进行，却同时得到社会主义和资本主义的两个大国的赞同。

如果说，"罗斯福新政"对社会主义的借鉴还并非是会心的理念（当时所参照的理论是凯恩斯主义），那么，到了20世纪60年代，资本主义借鉴社会主义几乎成了共识，其代表性事件是1965年在美国费城召开的"世界资本主义大会"。大会发表的《资本家宣言》提出："借鉴社会主义人民当家做主的经验，实现股份制的人民资本主义；借鉴社会主义福利制度的经验，实行从生到死包下来的福利资本主义；借鉴社会主义计划经济的经验，实行国家干预的计划资本主义。"[②] 2000年6月，克林顿在柏林召开的第三道路首脑会议上说："我们要经济增长又要社会公正。我们不

[①] 吴江：《读"一篇迟到的考察纪要"》，载《炎黄春秋》2007年第6期。
[②] 卞洪登：《资本运行方略》，改革出版社1997年版，第227页。

相信自由放任主义，但我们也不相信单靠政府能解决这些问题。"会议公报强调："我们相信市场经济必须同社会责任相结合，从而创造长期的经济增长、稳定和全面就业，而国家必须在宏观经济政策方面维持稳定，支持健全的公共财务措施，坚决制止通货膨胀；国家也应促进金融市场稳定，提高透明度和提倡公平竞争。"① 由此可见，那些不是社会民主党执政的国家，也显露出某些民主社会主义化的倾向。

  世界发展的大趋势表明，人类历史的走向，并不是完全像马克思与列宁所设想的那样：社会主义与资本主义是两种截然对立的制度；社会主义必定战胜、取代资本主义。事实上，无论人类历史发展的终结点如何，在笔者看来，至少在一个历史时期内，社会主义与资本主义存在着一段共存共生，相互融合的发展阶段。两种主义、两种制度相对立的思维框架长期来困扰着中国的进步，直至改革开放之后，这种凝固的偏见才受到有力的冲击。整个20世纪，无论是资本主义还是社会主义，由于各自的困难和危机都或先或后地调整了这种狭隘的思维模式，把目光转向对方，借鉴其可取之处，各自在不同程度、不同方面改变了自己的发展模式，结果都大受其益。中国在这方面正在迎头赶上。世界的大气候确实变了。社会主义与资本主义互相融合，和平发展，这是21世纪人类的福音。

---

  ① 阮宗泽：《第三条道路与新英国》，东方出版社2001年版，第290—291页。

主要参考文献

阿尔温·托夫勒：《第三次浪潮》，三联书店1983年版。

《阿奎那政治著作选》，商务印书馆1982年版。

阿兰·佩雷菲特：《官僚主义的弊病》，商务印书馆1981年版。

阿·索贝尔：《法国大革命史》，中国社会科学出版社1989年版。

埃德温·埃默里等：《美国新闻史——报业与政治、经济和社会潮流的关系》，新华出版社1980年版。

爱德华·麦克诺尔·伯恩斯、菲利普·李·拉尔夫：《世界文明史》第三卷，商务印书馆1987年版。

安东尼·吉登斯：《第三条道路：社会民主主义的复兴》，北京大学出版社2000年版。

巴尔的摩：《精英与社会》，企鹅图书公司1979年版。

柏拉图：《理想国》，商务印书馆1957年版。

贝尔：《后工业社会的来临》，商务印书馆1984年版。

波里阿比：《罗马史》第6卷。

波普：《猜想与反驳》，上海译文出版社1986年版。

波普尔：《开放社会及其敌人》，中国社会科学出版社1999年版。

伯恩斯坦：《社会主义的前提和社会民主党的任务》，三联书店1963年版。

伯尔曼：《法律与革命》，贺卫方等译，中国大百科全书出版社1993年版。

伯林：《自由四论》，台北联经出版公司1986年版。

勃兰特等：《未来的社会主义》，中央编译出版社1994年版。

布莱尔：《新英国》，世界知识出版社1998年版。

蔡拓：《契约论研究》，南开大学出版社1986年版。

陈家刚：《协商民主》，上海三联书店2004年版。

《从文艺复兴到十九世纪资产阶级文学艺术家有关人道主义人性言论选辑》，商务印书馆1973年版。

《从文艺复兴到十九世纪资产阶级哲学家政治思想家有关人道主义人性论言论选辑》，商务印书馆1966年版。

丛日云：《当代世界的民主化浪潮》，天津人民出版社1999年版。

达尔：《多头政制》，耶鲁大学出版社1971年版。

达尔：《多元主义民主的困境》，求实出版社1989年版。

达尔:《民主及其批评者》,吉林人民出版社2006年版。

达尔:《民主理论导言》,芝加哥大学出版社1958年版。

戴维·赫尔德:《民主的模式》,中央编译出版社1998年版。

戴维·麦克莱兰:《马克思主义以后的马克思主义》,东方出版社1986年版。

戴维·米勒、韦农·波格丹诺编:《布莱克维尔政治学百科全书》,中国政法大学出版社1992年版。

戴维森:《从瓦解到新生》,学林出版社1996年版。

德·杜蒙特:《现代美国》,商务印书馆1984年版。

《邓小平文选》第二、三卷,人民出版社1993年版。

董郁玉、施滨海编:《政治中国》,今日中国出版社1998年版。

董云虎、刘武萍编著《世界人权约法总览》,四川人民出版社1990年版。

福尔默·威斯蒂主编:《北欧式民主》,中国社会科学出版社1990年版。

《格林文集》,伦敦朗曼公司1941年版。

葛兰西:《狱中札记》,人民出版社1983年版。

《公共论丛》第四辑,三联书店1997年版。

《公共论丛》第一、二辑,三联书店1995年版、1996年版。

贡斯当:《古代人的自由与现代人的自由》,商务印书馆1999年版。

《古希腊罗马哲学》,商务印书馆1961年版。

顾俊礼主编:《福利国家论析》,经济管理出版社2002年版。

顾肃:《自由主义基本理念》,中央编译出版社2005年版。

哈耶克:《法律、立法和自由》第1卷《规则和秩序》,伦敦1973年版。

哈耶克:《法律、立法与自由》第1、2卷,中国大百科全书出版社2000年版。

哈耶克:《经济、科学与政治——哈耶克思想精粹》,江苏人民出版社2000年版。

哈耶克:《通往奴役之路》,中国社会科学出版社1997年版。

哈耶克:《自由宪章》,中国社会科学出版社1999年版。

C. J. 海斯:《近代欧洲政治社会史》两卷集,曾绍濂译,商务印书馆1940年版。

汉默顿编:《西方名著提要》(哲学社会科学部分),中国青年出版社1957年版。

汉娜·阿伦特:《极权主义的起源》,三联书店2008年版。

何怀宏:《西方公民不服从的传统》,吉林人民出版社2003年版。

贺文萍:《非洲国家民主化进程研究》,时事出版社2005年版。

亨德里克·威廉·房龙:《人类的故事》,河北教育出版社2005年版。

亨利·卡略尔:《多元主义》,《国际社会科学百科全书》,纽约1968年版,第12卷。

亨廷顿:《第三波——20世纪后期民主化浪潮》,上海三联书店1998年版。

洪波:《法国政治制度变迁》,中国社会科学出版社1993年版。

胡康大：《英国的政治制度》，社会科学文献出版社 1993 年版。

胡乔木：《关于人道主义和异化问题》，人民出版社 1984 年版。

黄文扬主编：《国内外民主理论要览》，中国人民大学出版社 1990 年版。

霍布豪斯：《论自由主义》，伦敦威廉斯和诺伽特公司 1923 年版。

霍布森：《社会问题》，伦敦 1901 年版。

霍布斯：《利维坦》，商务印书馆 1982 年版。

吉尔贝·希纳尔：《杰斐逊评传》，中国社会科学出版社 1987 年版。

中共中央文献研究室编：《建国以来毛泽东文稿》第 12、13 册，中央文献出版社 1987 年 11 月至 1998 年 1 月版。

江明修：《公共行政学：理论与社会实践》，云南图书出版有限公司 1997 年版。

蒋孟引主编：《英国史》，中国社会科学出版社 1988 年版。

卡里略：《"欧洲共产主义"与国家》，商务印书馆 1982 年版。

科拉科夫斯基：《马克思主义的主要流派》第 3 卷，牛津大学出版社 1978 年版。

科斯明斯基等：《十七世纪英国资产阶级革命》，两卷，商务印书馆 1990 年版。

G. N. 克拉克主编：《新编剑桥世界近代史》，第 9 卷，中国社会科学院世界史所编，中国社会科学出版社 1992 年版；第 11 卷，1987 年版。

克罗利：《美国生活的前途》，纽约达顿公司 1963 年版。

克罗齐、亨廷顿等：《民主的危机》，求实出版社 1984 年版。

拉斯基：《主权的基础及其他》，伦敦哈考·布莱斯出版公司 1921 年版。

拉斯基：《主权问题研究》，耶鲁大学出版社 1977 年版。

拉斯韦尔：《精英的比较研究》，桑福德公司 1952 年版。

拉斯韦尔等：《权力与社会》，纽约 1950 年版。

李道揆：《美国政府和美国政治》，中国社会科学出版社 1990 年版。

李普曼：《公共哲学》，波士顿利特耳—布朗公司 1955 年版。

李强：《自由主义》，中国社会科学出版社 1998 年版。

《李慎之文集》第一、二卷，2004 年版。

里奇：《国家干预的原则》，伦敦斯万·索伦斯金公司 1981 年版。

《联邦党人文集》，商务印书馆 1981 年版。

梁守德等编：《战后亚非拉民族民主运动》，北京大学出版社 1989 年版。

《列宁选集》第二、三、四卷，人民出版社 1972 年版。

林顿·罗宾斯主编：《英国政治机构的发展与变化》（英文版），1987 年版。

刘鹤守、尉天纵、樊百华编：《皇帝与流氓》，太白文艺出版社 2001 年版。

刘李胜：《制度文明论》，中共中央党校出版社 1993 年版。

刘绍贤主编：《欧美政治思想史》，浙江人民出版社 1987 年版。

刘文富：《网络政治——网络社会与国家治理》，商务印书馆 2002 年版。

卢卡奇：《历史和阶级意识》，华夏出版社 1989 年版。

卢梭：《论人类不平等的起源和基础》，

商务印书馆 1982 年版。
卢梭：《社会契约论》，商务印书馆 1982 年版。
罗尔斯：《正义论》，中国社会科学出版社 1988 年版。
罗荣渠：《从"西化"到现代文化》，北京大学出版社 1990 年版。
《罗斯福选集》，商务印书馆 1982 年版。
罗素：《西方哲学史》上、下卷，商务印书馆 2004 年版。
洛克：《政府论》下篇，商务印书馆 1982 年版。
马大正、冯锡时主编：《中亚五国史纲》，新疆人民出版社 2005 年版。
马尔库塞：《单向度的人》，上海译文出版社 1989 年版。
马尔库塞：《工业社会与新左派》，商务印书馆 1982 年版。
N. 马基雅维利：《佛罗伦萨史》，商务印书馆 1982 年版。
马克思：《摩尔根〈古代社会〉一书摘要》，人民出版社 1965 年版。
马克思：《1844 年经济学—哲学手稿》，人民出版社 1979 年版。
《马克思、恩格斯、列宁、斯大林论政治和政治制度》上、下，群众出版社 1984 年版。
《马克思恩格斯列宁斯大林研究》，中央编译局 2000 年第 2 期。
《马克思恩格斯全集》第 1、2、3、4、6、23 卷。
《马克思恩格斯选集》第 1—4 卷，人民出版社 1972 年版。
马克斯·韦伯：《经济与社会》，加利福尼亚大学出版社 1978 年版。

《马克斯·韦伯选集》，牛津大学出版社 1972 年版。
《马列主义发展史参考资料》，中国人民大学马列主义发展史研究所编（民主社会主义专集）1982 年版。
马啸原：《近代西方政治思想》，云南人民出版社 1987 年版。
《毛泽东选集》第五卷，人民出版社 1977 年版。
孟德斯鸠：《论法的精神》上、下册，商务印书馆 1982 年版。
密尔：《代议制政府》，商务印书馆 1982 年版。
密尔：《论自由》，商务印书馆 1986 年版。
密利本德：《英国资本主义民主制》，商务印书馆 1988 年版。
摩尔根：《古代社会》上、下册，商务印书馆 1983 年版。
K. O. 摩根：《牛津英国通史》，商务印书馆 1993 年版。
S. A. 莫里森等：《美利坚共和国的成长》上卷，天津人民出版社 1980 年版。
莫斯卡：《统治阶级》，纽约麦格劳—希尔公司 1939 年版。
G. F. 穆尔：《基督教简史》，商务印书馆 1981 年版。
倪正茂：《法哲学经纬》上海社会科学院出版社 1996 年版。
涅尔谢相茨：《古希腊政治学说》，商务印书馆 1991 年版。
《欧洲共产主义问题资料选编》（一），中国人民大学科学社会主义系 1983 年编印。
帕尔默、科尔顿：《近现代世界史》（三册），商务印书馆 1992 年版。

《潘恩选集》，商务印书馆 1987 年版。
佩特曼：《参与和民主理论》，上海人民出版社 2006 年版。
彭琦：《中西政教关系史比较研究》，首都师范大学出版社 1998 年版。
皮埃尔·米盖尔：《法国史》，商务印书馆 1985 年版。
K. S. 平森：《德国近现代史：它的历史和文化》上、下册，商务印书馆 1987 年版。
乔·萨托利：《民主新论》，东方出版社 1993 年版。
乔治·埃斯蒂厄弗纳尔：《德意志联邦共和国政党》，上海人民出版社 1976 年版。
乔治·勒费弗尔：《法国革命史》，商务印书馆 1989 年版。
乔治·马歇等：《建设法国色彩的社会主义》，人民出版社 1984 年版。
日知主编：《古代城邦史研究》，人民出版社 1989 年版。
荣剑、杨逢春：《民主论》，上海人民出版社 1984 年版。
萨拜因：《政治学说史》上、下册，商务印书馆 1986 年版。
萨尔沃·马斯泰罗内：《欧洲民主史》，社会科学文献出版社 1990 年版。
萨托里：《民主理论》，纽约 1965 年版。
色诺芬：《回忆苏格拉底》，商务印书馆 1984 年版。
瑟诺博斯：《法国史》，商务印书馆 1964 年版。
《社会党重要文件选编》，中共中央党校科研办公室 1985 年编印。
施治生、郭方主编：《古代民主与共和制度》，中国社会科学出版社 1998 年版。
《十六至十八世纪西欧各国哲学》，商务印书馆 1975 年版。
世界史资料丛刊初集《罗马共和国时期》（上），三联书店 1957 年版。
斯宾诺莎：《伦理学》，商务印书馆 1981 年版。
斯宾诺莎：《神学政治论》，商务印书馆 1982 年版。
斯·英格尔：《英国的政党制度》（英文版），1987 年版。
《孙中山选集》，人民出版社 1981 年版。
托克维尔：《旧制度与大革命》，商务印书馆 1992 年版。
王若水：《为人道主义辩护》，三联书店 1986 年版。
王学泰：《游民文化与中国社会》，学苑出版社 1999 年版。
王亚南：《中国官僚政治研究》，中国社会科学出版社 1981 年版。
维尔：《美国政治》，商务印书馆 1981 年版。
魏特夫：《东方专制主义》，东方出版社 1987 年版。
文森特·赖特：《法国政府与政治》，伦敦 1983 年版。
西奥多·怀特：《美国的自我探索》，中国对外翻译出版公司 1985 年版。
《西方法律思想史资料选编》，北京大学出版社 1983 年版。
《西方马克思主义译文集》，中共中央党校科研办公室 1986 年编印。
《西方思想宝库》，吉林人民出版社 1988 年版。
《西方著名哲学家评传》第 4 卷，山东

人民出版社 1984 年版。

《新编剑桥近代史》第 7、8、9、10 卷，中国社会科学出版社 1999 年版。

熊彼特：《资本主义、社会主义和民主主义》，商务印书馆 1979 年版。

休·塞西尔：《保守主义》，商务印书馆 1986 年版。

修昔底德：《伯罗奔尼撒战争史》，商务印书馆 1960 年版。

徐大同、吴春华：《当代西方政治思想》，天津人民出版社 2001 年版。

徐大同主编：《20 世纪西方政治思潮》，天津人民出版社 1991 年版。

亚当·斯密：《国民财富的性质和原因的研究》，商务印书馆 1972 年版。

亚里士多德：《雅典政制》，商务印书馆 1978 年版。

亚里士多德：《政治学》，商务印书馆 1982 年版。

严家其：《国家政体》，人民出版社 1982 年版。

《炎黄春秋》（北京）2007 年第 2、10 期，2008 年第 4 期。

杨柏华、明轩：《资本主义国家政治制度》，世界知识出版社 1984 年版。

杨幼炯：《中国政治思想史》，上海书店 1984 年版。

杨祖功、顾俊礼等：《西方政治制度比较》，世界知识出版社 1992 年版。

约翰·奈斯比特：《大趋势——改变我们生活的十个新趋向》，新华出版社 1984 年版。

约翰·帕夫利克：《新媒体技术——文化和商业前景》，清华大学出版社 2005 年版。

詹姆斯·M. 伯恩斯、杰克·W. 佩尔塔森、托马斯·E. 克罗宁：《民治政府》，中国社会科学出版社 1996 年版。

詹姆斯·博曼：《公共协商：多元主义、复杂性与民主》，中央编译出版社 2006 年版。

张晋藩、王超：《中国政治制度史》，中国政法大学出版社 1987 年版。

张契尼、潘琪昌：《当代西欧社会民主党》，东方出版社 1987 年版。

《中国百科全书：政治学》，中国大百科全书出版社 1992 年版。

中国科学院哲学所编：《哈贝马斯在华讲演集》，人民出版社 2002 年版。

《中国宪法参考资料选编》，中国人民大学出版社 1990 年版。

朱庭光主编：《外国历史名人传》（古代部分）上册，中国社会科学出版社、重庆出版社 1982 年版。

《资产阶级政治家关于人权、自由、平等、博爱言论选录》，世界知识出版社 1963 年版。

邹永贤主编：《国家学说史》上、下，福建人民出版社 1987 年版。

人名译名对照表

A

阿尔蒙德，加布里埃尔	Gabriel A. Almond
爱尔维修	Claude – Adrien Helvetius
阿克顿	J. E. Acton
阿奎那，托马斯	Thomas Aguinas
奥古斯丁	Aurelius Augustinus
奥古斯都	Augustus

B

巴尔的摩，T. B.	T. B. Bottonmore
巴赫拉克，彼得	Peter Bachrach
巴枯宁	Bakunin
贝尔，丹尼尔	Daniel Bell
贝尔，克瑞斯顿	Christion Bay
贝林格，恩里科	Enrico Berlinguer
边沁，杰里米	Jeremy Bentham
伯恩斯坦，爱德华	Edward Bernstein
伯克	E. Burke
勃兰特，维利	Willy Brundt
柏拉图	Plato
波利比阿	Polybius（Polybios）
伯里克利	Pericles
波拿巴，拿破仑	Napoléon Bonaparte
伯纳姆，詹姆斯	James Burnham

波普，卡尔	Karl Popper
布洛姆，查尔斯·林德	Charles L. Bloom
布鲁诺，乔达诺	Giordano Bruno
波赞克特，伯纳德	Bernard Bosanquet

D

达尔，罗伯特	Robert A. Dahl
戴高乐	Charles – Andre – Marie – Joseph de Gaulle
戴维斯，兰尼	Lane Davis
狄德罗，丹尼斯	Denis Diderot

E

恩格斯	Friedrich Engels

F

费吉斯，内维尔	Nevelle Figgis
伏尔泰	Voltaire
傅立叶	Fourier
弗洛伊德，西格蒙德	Sigmund Freud

G

葛德温，威廉	William Godwin
格拉古，泰比里厄斯	Tiberius Gracchus
葛兰西，安东尼奥	Antonio Gramsci
格劳修斯，雨果	Hugo Grotius
格林，托马斯·希尔	Thomas H. Green
哥伦布，克里斯多弗	Christopher Columbus

H

哈贝马斯	Jürgen Habermas
汉密尔顿，亚历山大	Alexander Hamilton
哈耶克，弗里德利克	Friedrich Hayek
黑格尔，乔治	George W. F. Hegel
亨廷顿，塞缪尔	Samuel Huntington
华盛顿，乔治	George Washington
霍布斯，托马斯	Thomas Hobbes
霍布豪斯，伦纳德	Leonard Hobhouse
霍布森，约翰	John Hobson
霍克海默，马克斯	Max Horkheimer

J

加尔布雷斯，肯尼斯	Kenneth Galbraith
加尔文，琼	Jean Calvin
加赛特，奥尔特加·伊	Ortega Y. G.
杰斐逊，托马斯	Thomas Jefferson
杰克逊，安德鲁	Andrew Jackson
吉尔克，冯	Vor Gierke

K

凯恩斯，约翰	John M. Keynes
凯尔森，汉斯	Hans Kalson
恺撒	Gaius T. Caesar
卡里略，圣地亚哥	Santiago Carrillo
克罗利，赫伯特	Herbert Croly
卡略尔，亨利	Herry Kariel
康德，伊曼纽尔	Immanuel Kant
考茨基，卡尔	Karl Kautsky
柯尔施，卡尔	Karl Korsch

柯克，拉赛尔	Russell Kirk
克赖斯基，布鲁诺	Bruno Kreisky
克里斯托尔，欧文	Irving Kristol
克伦威尔，奥利弗	Oliver Cromwell

L

拉萨尔，斐迪南	Ferdinand Lassalle
拉斯基，哈罗德	Harold Laski
拉斯韦尔，哈罗德	Harold D. Lasswell
列斐伏尔，亨利	H. Lefebvre
列宁	V. Lenin
李嘉图，大卫	David Ricardo
林肯，亚伯拉罕	Abraham Lincoln
李普曼，沃尔特	Walter Lippmann
李普赛特，塞穆尔	Seymour Lipset
里奇，戴维	David Ritchie
罗伯斯庇尔	Robespierre
罗尔斯，约翰	John Rawls
洛克，约翰	John Locke
罗斯福，富兰克林	Franklin Roosevelt
罗素，伯特兰	Bertrand Russell
卢梭	Jean–Jacques Rousseau
卢卡奇，捷尔吉	Georgy Lukacs
路易十六	Louis XVI

M

马尔库塞，哈伯特	Herbert Marcuse
麦迪逊，詹姆斯	James Madison
马基雅维利	Niccolò Machiavelli
马克思，卡尔	Karl Marx
梅特兰	W. Maitland
孟德斯鸠，查尔斯	Charles Montesquieu

米利班德，拉尔夫	Ralph Millband
密尔，约翰	John S. Mill
密特朗	Frarcuis Mitterand
米歇尔斯，罗伯特	Robert Michells
莫尔，托马斯	Thomas More
摩尔根，路易斯	Lewis H. Morgan
莫尼汉，丹尼尔	Daniel P. Mognihan
莫斯卡，盖塔诺	Gaerano Mosca

N

| 拿破仑，路易 | Charles Louis Napoléon Bongaparte |
| 尼采，弗里德利克 | Friedrich Nietzsche |

O

| 欧文 | Owen |

P

帕尔梅，奥	Olof J. Palme
帕雷托，维尔杰雷多	Vilfredo Pareto
潘恩，托马斯	Thomas Paine
潘聂库克，安东尼	Antorle Pannekock
培根，罗杰	Roger Bacon
蒲鲁东	Proudhon

S

萨拜因，乔治	George H. Sabine
萨多里，吉瓦利	Giovarni Sartori
撒切尔夫人	Mrs. Margaret Thatcher
萨特，让·保罗	Jean-Paul Sartre
斯宾诺莎	Barach Benedictus de Spinoza

人名译名对照表　625

色诺芬　　　　　　　　　　　Xenophon
圣西门　　　　　　　　　　　Claude Henri de Saint – Simon
斯密，亚当　　　　　　　　　Adam Smith
苏格拉底　　　　　　　　　　Sokrates
梭伦　　　　　　　　　　　　Solon

T

汤因比，阿诺德　　　　　　　Arnold Toynbee
托克维尔　　　　　　　　　　De Tocqueville

W

瓦克，杰克　　　　　　　　　Jack Walker
韦伯，西德尼　　　　　　　　Sidney J. Webb
韦尔，沃尔特　　　　　　　　Walter Weyl
维雷克，彼得　　　　　　　　Peter Viereck
沃尔佩，德·拉　　　　　　　Della – Volpe

X

希罗多德　　　　　　　　　　Herodotos
西塞罗，马库斯　　　　　　　Marcus Cicero
希特勒，阿道夫　　　　　　　Adolf Hitler
修昔底德　　　　　　　　　　Thucydides
熊彼特，约瑟夫　　　　　　　Joseph Schumpeter

Y

亚里士多德　　　　　　　　　Aristotles
伊壁鸠鲁　　　　　　　　　　Epikouros

人名索引

（按汉语拼音顺序）

阿尔蒙德　428，434
阿伦特　445，446，449，450
埃贝尔　248
埃德温·布莱克　466
埃尔斯特　454，455，457，458
艾森豪威尔　308
艾思奇　566
爱因斯坦　602
安德罗波夫　277
昂纳克　277
奥本格　28
奥夫　428，433
奥古斯丁　92，403，575
巴贝夫　249
巴伯　445，447，451
巴赫拉克　443
巴克利　409，410
巴伊　242，243
柏拉图　51，70，71，72，80，81，
　　403，435，436，568，578，579
班固　577
贝尔　31，248，402，409，412，413，
　　414，415，416，417，443，523
贝弗里奇　425
俾斯麦　259，263，273，274
边沁　170，171，181
波尔布特　539

波里比阿　78，79，80，81，82，83，
　　84，85，86，569
波普　397，435，440，441，442
伯恩斯坦　506，507，509
伯里克利　39，40，41，42，45，46，
　　47，51，578
伯林　127，128，397，401，402
伯纳姆　409，412，413
伯纳姆·加尔布雷　412
勃兰特　422
博曼　454，458，461，462
博纳尔　253
薄伽丘　95
布坎南　397
布莱尔　510，512
布兰代斯　399
布朗基　255，256，261
布朗热　259
布什　222，301，358，505
查理十世　253，254
查理一世　98，188，195，196，197，
　　198，207，209
陈独秀　515，562，563
陈胜　587，593
达尔　11，383，428，429，430，431，
　　432，433，434，435，448
戴高乐　316，317，318，325，326，328，

349，352，357，358，359，375，
385，477，480，482，483，488
戴维·赫尔德 434
丹东 247，248，261
丹尼尔·贝尔 409，417，523
但丁 94，95
德沃金 397
邓小平 再版前言 4，5
迪斯累里 206，292
董仲舒 588
杜尔哥 240
杜鲁门 301，310，499
多尔蒂 204
恩格斯 6，7，12，17，24，25，26，
30，32，36，39，40，43，68，89，
90，91，92，94，103，106，108，
119，506，514，562，564，572，
597，601，602，603，604，608，609
费尔巴哈 596
费希尔·艾姆斯
费希特 265
伏尔泰 119，246，250，265
富兰克林 216，219，308，399
盖洛韦 215
甘必大 259
戈尔巴乔夫 277
哥穆尔卡 277
格拉古 61，65
格莱斯顿 206
格老修斯 96，97，98，106，107，
108，581
格林 397，398
贡斯当 126，127，128，253，396，
598，600
古特曼 455，461

管子 582，584，590
哈贝马斯 454，458，459，462
哈登堡 266
哈耶克 382，397，402，403，404，
405，406，407，408，409，411
韩非 582，584，586，587
汉密尔顿 164，219，220，223，224，
225，311
荷尔德林 265
贺龙 454
赫尔德 265，434，453
赫鲁晓夫 277
赫瑟林顿 205
黑格尔 103，138，265，574，588
亨廷顿 410，415，416，417，445，
485
亨利八世（英国） 194
亨利三世（英国） 192
洪秀全 再版前言 1
胡乔木 598
胡适 563
华国锋 再版前言 2
黄巢 593
惠特曼 233
霍布豪斯 398，399，400
霍布森 399
霍布斯 98，99，100，102，106，108，
109，110，111，112，113，581
基佐 253，259
加尔布雷斯 409，412，413
加富尔 273
江青 再版前言 2
蒋介石 571，593
蒋介石 再版前言 4
杰斐逊 3，150，151，152，160，161，

162, 163, 164, 165, 215, 216,
220, 223, 224, 225, 226, 227,
229, 231, 309, 311, 377, 602
久加诺夫 2
瞿秋白 再版前言 4
卡尔松 608
卡芬雅克 256
卡略尔 434, 443
卡洛纳 240
卡姆佩 265
卡特 201, 202, 312, 370, 379, 503
卡特莱特 201, 202
凯恩斯 349, 397, 424, 425, 513, 612
恺撒 66, 67, 68, 162, 437
康德 5, 265, 596
康有为 再版前言 1, 4
考茨基 5, 419, 507, 509, 604
柯尔伯 239
柯克 409, 411, 414, 415
科恩 454, 456, 459, 460, 462
科尔 30, 31, 445, 471
科尔曼 471,
克里孟梭 259
克里斯托尔 410, 417
克利斯提尼 37, 38, 39
克林顿 612
克伦威尔 188, 196, 197, 198
克罗利 399
克罗齐 11
克罗斯兰 425
孔多塞 241, 247, 403
孔子 186, 462, 584, 590
拉法格 260, 562, 603
拉法夷特 241, 243

拉罗什富科 241
拉马丁 253, 256
拉斯基 429, 430, 431, 612
拉斯基 429, 430, 431, 612
拉斯韦尔 435, 440, 442
拉夏洛泰 240
莱恩格尔德 466, 469
赖得津·洛兰 256, 506
老子 584, 587, 589
雷姆·布朗宁 467
李尔本 196, 197
李普曼 410, 411, 414
李维汉 593
李自成 593
里奇 362, 398, 425
利文斯顿 216
列宁 6, 126, 276, 329, 344, 351,
507, 508, 509, 514, 562, 563,
594, 595, 602, 603, 604, 605,
607, 608, 610, 613
林德布洛姆 428
林肯 230, 231, 232, 233, 234, 559
刘邦 592
卢梭 4, 89, 101, 102, 103, 104,
105, 106, 115, 119, 120, 121,
122, 123, 124, 125, 126, 127,
128, 161, 167, 185, 186, 246,
247, 265, 386, 396, 403, 428,
439, 445, 449, 560, 570, 597
鲁迅 589, 591, 592
路德 143, 144
路易·勃朗 253, 506
路易十八 252, 253
路易十六 166, 241, 242, 243, 244,
246, 252, 265

路易十三　239，244

路易十四　239，244，251

路易十五　239，240

伦弗鲁　28

罗伯特·哈默尔　485

罗伯特·李　232，261

罗尔斯　397，401，454，456

罗斯福　299，300，308，310，372，399，400，480，612

罗素　51，560

洛克　100，101，106，113，115，116，117，118，119，122，125，126，127，133，134，135，136，137，153，154，155，156，158，159，160，161，163，185，203，213，235，382，386，393，394，396，439，448，560，561，570，581，602

洛维特　205

马丁·哈根　465，466，468，469，470，471

马基雅维利　436，587

马克思　2，6，8，12，17，18，24，25，26，32，36，39，40，43，68，89，90，91，92，94，103，106，108，119，133，201，206，255，256，260，276，325，351，394，396，397，418，419，445，446，455，458，459，506，508，510，511，514，515，516，540，552，562，563，564，566，572，594，595，596，597，598，599，600，601，602，603，604，605，607，608，610，611，613

马拉　247，248，524，544，550，551

马略　65，66，69

马尼乌　277

马扎然　239

马志尼　269

麦迪逊　161，219，220，223，225，226，227，309，389

麦克马洪　259，326

毛泽东　再版前言　1，2，3

梅特涅　263，264，268，270，275

孟德斯鸠　2，119，136，155，156，157，158，159，160，161，163，164，185，218，235，246，265，393，396，561，570，581，602

孟子　186，571，588，590

米尔格雷　259

米拉波　241

米勒兰　260，324

米利班德　10

米什莱　253，276

米什莱奇克　276，

米歇尔斯　432，436

密尔　4，5，137，140，141，142，143，144，145，146，147，148，149，150，164，166，169，170，171，172，173，174，175，176，177，178，179，180，181，182，185，219，220，223，224，225，311，329，393，396，448，527，570，601

密特朗　325，328，358，477，489

摩尔根　15，16，18，20，21，22，23，24，25，26，27，30

莫里尔　191

莫尼汉　410，412

莫斯卡　414，436，440

拿破仑·波拿巴 315
纳吉 277
奈斯比特 445，452，469
内克尔 240，242
尼克松 305，308，309，312，379，387，490，502，505
牛顿 143
欧仁·苏 253
帕雷托 436，440
潘恩 1，166，167，168，169，202，203，216，222，247
佩特科夫 277
佩特曼 445，446，448，450，451，452，453
佩特森 220
彭德怀 再版前言
皮特 203，290，292
普莱斯 202，203
普列汉诺夫 515，564
乔治三世 201，203，214，215，216，217
乔治·桑 253
丘吉尔 562
饶勒斯 260，324，325
日夫科夫 277
日知 26，36
萨达姆 559
萨托利 440，441，450
塞尔维斯 28
莎士比亚 95
圣鞠斯特 248
施罗德 510，512
施泰因 266
史蒂文·克利夫 465，467
舒瓦瑟尔 240

斯巴达克 65
斯宾诺莎 106，113，114，115，122，129，130，131，132，133，137
斯大林 277，397，560，595，603，610，612
斯彭斯 204
宋教仁 593
苏拉 66，68，69
孙中山 556，590
塔列朗 241
台德·贝克尔 465，467
汤普森 461
唐甄 590
梯也尔 253，258，259，261
托夫勒 445，451，452，453，465，468
托克维尔 229，396，403，567
托洛茨基 327，604
托马斯·阿奎那 93，581
托马斯·迈尔 510
瓦克 443，444
瓦文萨 278
王若水 597
王学泰 591，592，593
威尔克斯 201
威廉四世（普鲁士国王） 269，272，273
韦伯 278，435，436，437，438，439，448
闻一多 592
沃波尔 201，290
渥大维 68，69
吴广 593
西哀士 241，250
西塞罗 56，78，83，84，85，86，

229，403，569，579，581
希罗多德 39
席勒 265，448
夏多布里昂 253
谢尔曼 216
熊彼特 414，431，432，435，436，437，438，439，440，441，442，443，448，450
荀子 584，590
雅克什 277
雅鲁泽尔斯基 278
亚当斯 213，214，215，216，218，223，224，225，226，227，228，309，311
亚当·斯密 137，138，139，140，396，403
亚里士多德 1，33，34，35，36，37，40，41，42，43，44，45，46，47，49，70，71，72，73，74，75，76，77，78，79，80，81，102，185，229，382，403，569，570，579，581
严复 再版前言 1
叶剑英 再版前言 2
伊壁鸠鲁 106
英诺森三世 576，577
袁世凯 593
袁世凯 再版前言 4
袁伟时 再版前言 3
约瑟夫·毕塞特 454
张伯伦 207
张献忠 593
张勋 593
芝诺 80，581
朱尔·雷里 259
朱熹 588
朱元璋 593

后　记

民主，作为一种信念和理想目标，令多少学者激动和困惑，又令多少志士前赴后继地奋斗。自近代民主肇始以来近4个世纪的岁月中，它确实深刻地改变了人类社会的面貌与人们的心灵。

"文化大革命"之后，民主是我常思考的一个问题，希望能从中寻求中国发展何以遭受多种挫折的原因，并探索其健康发展的道路。但是，这种研究多半是在对民主的认识处于一知半解的情况下进行的。因此，20世纪从80年代中期之后，我开始注重西方民主的研究，目的是为了完整地认识民主，以便为探索中国的发展提供一个方面的依据。1992年，由我申报的国家项目《西方民主史》获得批准，更推动我深入地研究这一问题。现在问世的这部著作，就是这一项目的研究成果。

由此，力求完整地反映西方民主的历史过程，科学地评述西方民主，便成为该项目的研究宗旨。

坦率地说，要实现上述研究目标，对我们来说是勉为其难的事。困难至少有四：一是该研究项目时间跨度大，内容纷繁，工程甚巨；二是在搜集资料方面，尤以古代阶段和20世纪80年代以来的当今阶段感到甚缺；三是关于西方民主的发展规律问题，基本上无可供借鉴的资料；四是在评述西方民主中，如何遵循马克思主义的历史观和辩证法，扬弃长期以来对西方民主认识中的某种简单化的思维方式，给人们一个以理服人的说法，更是一项开拓性的学术难题。为克服上述四难，虽经艰辛努力，交了这份卷子，当必有种种不足，我们期待着读者与行家的批评。

关于本书的撰写，有以下三点说明。

纵横结合是构思本书逻辑结构的主要方法。揭示历史轨迹的基本方法无疑是纵。但近代民主作为西方民主发展过程中十分重要的阶段，应当剖其横断面仔细加以描述，因而就设立了民主理论、民主运动、民主制度三篇，这就是纵中有横。而这三篇，以民主理论为前导，经过民主运动，到民主制度，又体现了近代民主发展的逻辑进程，这就是横中有纵。全书以纵为主，纵横结合，纵中有横，横中有纵，可谓构建本书结构的方法。

对于西方民主的发展，我们持古代民主、近代民主与当代民主的三阶段论。与此相适应，西方民主的发展就存在着两次历史性的跨越，即从古代民主到近代民主的跨越以及从近代民主到当代民主的跨越。第一次跨越已成历史，第二次跨越则是尚在进行、尚待研究的历史现象。虽然我们已认识到当代民主是一个新的发展阶段，并尽可能从机制、特征与走势（见第十九章、第二十二章）等方面去说明它，但其认识毕竟还比较初步，因此，愿与同仁深入探讨，也请有研究的学者弥补我们的不足。

关于评论西方民主，我们所采用的方法是：第一，除各章分别就某一问题作提要性评论外，在"导论"中作了集中评论，以弥补以往有关西方民主的著作中缺乏总体评论的不足；第二，将马克思、恩格斯、列宁有关评论西方民主的思想资料渗透于全书，而不是专设一章予以集中介绍；第三，力求辩证地对待西方民主，即肯定中有否定，否定中有肯定，以体现事物的两重性共寓于一体；第四，历史地评价西方民主。西方民主经历着从低级到高级的发展，人们的主观评价应力求符合不同时代的实际情况。譬如，以19世纪对西方民主的评价尺度来看待20世纪的西方民主，显然是不尽合适的。

在本书的研究、写作中，吸收、借鉴了国内外学者有关这一问题的研究成果，在此特致谢忱。

该项目主持主撰人应克复，负责申请立项，书稿设计，组织写作，修改定稿，联系、落实出版。金太军、胡传胜分别撰写了有关篇章。

1996年2月8日，该项目得到了鉴定与验收。鉴定组由张永桃（南京大学副校长、江苏省社联主席、省政治学会会长）、陈兆德（江苏省委党校副校长、江苏省社联副主席）及刘钰（江苏省社会科学院副院长）、汪锡奎（江苏省委党校教育长）、公丕祥（南京师范大学副校长）5教授组成，张永桃教授为鉴定组负责人。鉴定组成员经认真、严肃的讨论，一致认为："该书稿能较好地运用马克思主义的立场、观点和方法"，"全面系统地介绍了西方民主的发展过程"和"各个侧面，在国内现有有关西方民主的论著中是最全面的"，"其逻辑体系是严密的"；该书"对于正确认识西方民主制的历史进步作用及其局限性，借鉴西方民主制的某些形式和具体做法，建设有中国特色的社会主义民主政治，具有重要的理论价值和现实意义"。这一较高的评价是对我及二位年轻学者几年来艰辛劳动的珍贵的精神奖励；我们感到欣慰，我们更期待着这一结论被时间所证实。

该项目的研究曾得到我国知名政治学家王惠岩教授的支持和指导。1996年4月1日，我收到他为本书精心撰写的序稿。他给我的每次来信不仅使我获得学术上的教益，而且使我感佩他那朴实无华、平易近人的学者风范，在此谨向他致以由衷的敬意。

感谢中国社会科学出版社的领导和陈彪先生，是他们的远见和胆识，并克服了经济上的困难，积极地向社会推出此书，遂使这一学术新著在学术、思想与教育界得以流传。他们的敬业精神以及对作者劳动的尊重和对学者处境的理解，使我深受感动。

应克复
1996年4月1日
江苏省社会科学院